한글미니텝과 함께하는

실험계획법

이론 및 실무중심의 실험계획법을 통한
품질 경영 의사결정에 필요한
현장 실험 자료 분석 구현!

Minitab Design of Experiment

한울출판사

머리말

실험 계획법은 기업이 근대적 통계해석법(統計解析法)을 기반으로, 이상변동을 가져오는 많은 원인 중에서 중요한 원인을 적은 비용으로 선정, 그 효과를 수량적으로 측정하는 방법이라고 할 수 있다. 제품의 특성에 영향을 미치는 여러 가지 인자를 선정하고 이들의 관계를 알아보기 위한 실험을 실시하여 자료를 얻고 이를 분석함으로써 올바른 행동방안 즉, 제품의 최적 제조 조건을 경제적으로 찾아내고자 하는 학문이 실험 계획법의 목표라고 할 수 있다.

최근의 실험계획법 [實驗計畫法, experiments design] 은 영국의 수학자 R.A.피셔에 의한 농산물 품질의 양부(良否)나 비료 효과의 차이 등 농업시험의 계획과 그 자료에 대한 해석에서부터 발전한 이 실험계획법은 오늘날 생물학·의약학·공학·심리학 등과 추측통계학이나 공장실험 등에 널리 이용되고 있다.

실험 계획법에 있어서 실험의 목적과 연구할 인자 및 실험 설계, 데이터 분석 등에 대한 사전 지식을 이해하는 것은 필수적이고 이에 따른 결과를 해석하고 조치를 내리는 과정은 중요하다.

오늘날 선진국의 산업이 비약적으로 발전된 동기는 산업현장에서 품질의 향상, 품질의 고급화, 품질 경영의 강화 등을 이용한 통계적 방법이 동원되었기 때문이다.

이 책의 내용은 실험계획법에 처음 입문하는 학생들을 독자층으로 겨냥하고 서술한 내용으로 전반적인 실험계획법내용을 개괄적 형식에 의한 입문서에 불과하다. 이 책을 통하여 기초적인 실험계획 이론을 접하게 되고 이에 대한 분석과 고찰, 토론 등의 활동을 하게 될 것이다. 그리고 수식 풀이 뒤에 한글 Minitab 패키지를 이용하여 결과내용을 확인 하도록 Minitab 사용법도 소개 하였다.

이 책은 산업경영공학 및 통계학과 실험계획법기초 과목의 강의 노트를 중심으로 작성된 것으로서 국내외의 많은 실험계획법서적들을 참조하였다.

따라서 이 책의 도출된 실험계획법개론 수준의 내용들이 모두 집필자의 독창적인 연구결과로 도출된 것이 아님을 밝히고 싶다.

이 분야의 국내의 훌륭한 저술서는 많이 있다. 강의 경험에 비추어볼 때 1학기에 내용을 모두 강의하기에는 벅찰 정도로 분량이 많다. 따라서 본 저서는 1, 2 학기에 충분히 소화할 수 있는 분량으로 압축하여 저술하였다. 내용 중 많은 부분들이 국내외의 서적, 보고서, 논문, 강의 노트와 인터넷에서 얻어진 자료 등을 인용하였고 내용 중 일부는 인용표시 및 자료의 출처가 표시되어 있지 않거나 정확하게 표시 못한 점에 대하여 머리 숙여 깊은 양해를 구하고자 한다.

본서는 현대 실험계획법(박성현, 민영사, 2003)과 실험계획법(송서일, 한경사, 2005), Design and Analysis of Experiments(4th ed.)(D.C. Montgomery, John Wiley and Sons, 1997)을 많이 참조했음을 밝혀 둔다. 내용에 도움을 준 참고문헌은 부록에 나열하였다.

특히 이 책이 나오기까지 열과 성을 다하여준 자료 분석법을 수강한 산업경영공학과 및 실험계획법을 수강한 산업공학과 학생, 특히, 적극적으로 원고 정리를 도와 준 김혜진 학생과 유진우 및 권효정 학생에게 고마움을 전하고 싶고 많은 조언을 해주신 동료 교수님들께 감사와 고마움을 전한다. 그리고 출판하는데 애써 주신 한올출판사 여러분께 감사를 표한다.

2009. 5

매주리 연구실에서 저자 씀

CONTENTS

Chapter 1 실험계획법이란? / 1

Chapter 2 일원배치법 / 23

Chapter 3 이원배치법 / 75

Chapter 4 삼원배치법 / 159

CONTENTS

Chapter 5 요인배치법 / 211

Chapter 6 교락법과 일부실시법 / 265

Chapter 7 라틴방격과 그레코라틴 방격 / 323

Chapter 8 분할법 / 367

CONTENTS

Chapter 12 다구찌에 의한 실험계획 / 525

1

Introduction to Design of Experiments

실험계획법이란?

실험 계획법은 기업이 근대적 통계해석법(統計解析法)을 기반으로, 이상변동을 가져오는 많은 원인 중에서 중요한 원인을 적은 비용으로 선정, 그 효과를 수량적으로 측정하는 방법이라고 할 수 있다. 제품의 특성에 영향을 미치는 여러 가지 인자를 선정하고 이들의 관계를 알아보기 위한 실험을 실시하여 자료를 얻고 이를 분석함으로써 올바른 행동방안 즉, 제품의 최적 제조조건을 경제적으로 찾아내고자 하는 학문이 실험 계획법의 목표라고 할 수 있다.

1. 실험계획법의 의의?

실험계획법[實驗計畫法, experiments design]은 영국의 수학자 R.A.피셔에 의한 농산물 품질의 양부(良否)나 비료 효과의 차이 등 농업시험의 계획과 그 자료에 대한 해석에서부터 발전한 이 실험계획법은 오늘날 생물학·의약학·공학·심리학 등과 추측통계학이나 공장실험 등에 널리 이용되고 있다. 자연과학뿐만 아니라 사회과학에 있어서도 실험은 중요한 연구수단의 하나이지만, 종래에는 실험계획에 있어 특히 고려되는 하나의 조건(인자)만을 변화시키고, 실측치(實測値)에 영향을 미치는 그 밖의 많은 요소를 일정하게 유지함으로써 고찰해야 할 인자의 효과를 측정하는 방법이 취해져 왔다. 이와 같은 실험계획이 가능한 것은 극히 국한된 문제뿐이었다. 이를 극복하기 위하여 고안된 것이 실험계획법이다. 피셔는 농사시험에 있어서 시험지를 여러 개의 균일화된 지구(地區)로 분할하고(층별의 원칙), 그 지구를 다시 세분하여 그들 각 소지구에 어떤 품종을 심을 것인가, 또 어떤 비료를 쓸 것인가를 무작위로 결정하고(확률화의 원칙), 각 지구에 같은 방식의 실험을 충분하게 되풀이하는(반복의 원칙) 방법을 채용하였다.
즉, 기업이 근대적 통계해석법(統計解析法)을 기반으로, 이상변동을 가져오는 많은 원인 중에서 중요한 원인을 적은 비용으로 선정, 그 효과를 수량적으로 측정하는 방법이라고 할 수 있다. 즉. 제품의 특성에 영향을 미치는 여러 가지 인자를 선정하고 이들의 관계를 알아보기 위한 실험을 실시하여 자료를 얻고 이를 분석함으로써 올바른 행동방안 즉, 제품의 최적 제조 조건을 경제적으로 찾아내고자 하는 학문이라고 할 수 있다.
따라서 실험계획법은 최소의 실험회수로부터 최대의 정보를 얻을 수 있는가를 계획하는 것을 지칭하며 하나의 실험계획법을 수립했다는 것은 해결하고자 하는 문제에 대하여 인자(Factor)를 선정하고 실험방법을 택하였으며 실험순서를 정하고 실험 후 얻어지는 자료에 대한 최적분석 방법을 선택되었다는 의미로 해석 할 수 있다.

2. 기본 용어

실험계획법에 사용되는 기본 용어를 잘 이해하면 실험 계획법에 대한 개념을 이해하는데 많은 도움이 된다. 본 절에서는 이러한 몇 가지 기본 용어에 대하여 알아본다.

(1) 인자(factor)와 인자 수준

실험 계획법에 가장 많이 사용하는 인자의 개념은 어떤 실험에서 가능한 변동의 원인으로서 관측대상이되는 요인이라고 할 수 있다. 예를 들면 종자의 발아를 촉진시키는 인자로서는 온도·습도·산소를 들 수 있다. 따라서 반응변수에 영향력을 가진 온도, 습도. 산소들의 하나하나를 인자라고 할 수 있다.

한 인자가 취할 수 있는 값들이 인자의 수준이라고 할 수 있으며 양적인 단계를 나타낼 수도 있고 경우에 따라서는 질적인 종류를 나타 낼 수 도 있다. 예를 들면 온도라는 인자를 $10^{o}C$, $20^{o}C$, $30^{o}C$로 하여 실험을 하고자 할 때 혹은 습도 인자를 60%, 80%, 100% 라고 했을 때 온도 인자가 취하는 값($10^{o}C$, $20^{o}C$, $30^{o}C$)이나 습도 인자가 취하는 값(60%, 80%, 100%)들을 인자의 수준(level) 이라고 한다.

(2) 처리(treatment)

사전적 의미로의 처리는 실험의 제요건에 따라 실험재료에 가해지는 물질, 자극을 가하는 과정 또는 행위를 일괄하여 처리라고 한다.

예를 들면 종자의 발아를 촉진시키는데 최적온도와 습도를 알아보기 위하여 온도 인자를 $A_1 = 10^{o}C$, $A_2 = 20^{o}C$, $A_3 = 30^{o}C$로 하여 실험을 하여 최적 온도를 추정하기 위한 실험의 경우와 또 습도 인자를 B_1=60%, B_2=80%, B_3=100% 라고 하여 실험 하는 경우, 경우에 따라서는 온도 인자와 습도 인자를 결합하여 만들어지는 9가지의 조합 A_1B_1, A_1B_2, $\cdots$, A_3B_3을 이용하여 실험을 하게 된다. 이러한 실험의 경우에 반응변수에 영향을 미치는 단일 인자수준 이나 두 인자의 조합들을 처리라고 한다.

(3) 블록(block)

동질적인 실험 단위(측정이 가능한 최소의 단위)의 묶음을 블록이라고 할 수 있으며 예를 들면 연속되는 한 구획의 땅, 한 배에서 태어난 동물, 특정지역에 대하여 일정기간동안의 기상 관측 등이 블록이 될 수 있다. 실험에서의 변동은 블록간의 차이의 효과와 블록내의 편차에 의한 효과 로 구분 해 볼 수 있다. 실험하려는 처리를 모두 수용하면 완비블록이고 다 수용하지 못하면 불완비 블록이라고 한다.

(4) 반복(replication)

정도(precision)를 높이고 표본 오차(sampling error)를 보다 정확하게 추정하기 위하여 실험이나 조사를 2회 이상 실행하는 것을 의미한다. 즉, 인자의 수준이나 처리를 뒤풀이 하는 것으로 실험의 상황에 따라 반복수를 같게 하거나 상이하게 할 경우도 있다.

3. 일반적인 실험계획의 순서

실험계획법에 있어서 실험의 목적과 연구할 인자 및 실험 설계, 데이터 분석 등에 대한 사전 지식을 이해하는 것은 필수적이고 이에 따른 결과를 해석하고 조치를 내리는 과정은 중요하다. 일반적으로 실험계획의 순서는 다음과 같이 진행된다.

1) 문제의 정의

최적의 실험방법과 분석방법을 찾아내기 위해서는 실험을 통하여 얻고자 하는 목표를 명확히 설정해야한다. 기업에서 실험을 할 경우에는 다양한 부서로부터 필요한 정보를 입수하는 것도 하나의 정보입수 과정이 된다.

2) 인자와 인자의 수준 및 범위 결정

실험의 목적을 달성 할 수 있는 인자는 모두 선택하는 것이 원칙이지만 과도한 인자의 수는 실험의 정확도를 떨어뜨리는 경우도 있고 실험비용도 너무 크기 때문에 실험 환경에 제약을 받을 수 있다. 인자는 기술적(경험적)으로 수준이 지정될 수 있는 인자(예를 들면 온도, 압력, 조작방법이나 장치 등)와 기술적으로 지정되지 않아도 되는 시간(오전, 오후)과 날짜와 같이 다른 인자의 효과에 충분한 영향을 줄 가능성이 있는 인자를 선택 할 수 있다. 인자의 수준의 선택은 현재 사용되고 있는 인자의 수준과 최적이라고 예상되는 수준도 포함시키는 것이 좋으며 수준 수는 대략 2~5 수준이 적절하다고 알려져 있다. 인자가 계량인자(온도, 습도, 압력)의 경우는 수준의 최대값과 최소값을 흥미영역(실험자가 관심을 가지고 있는 인자수준이 변화할 수 있는 범위)의 최대값과 최소값으로 취급해 주는 것이 좋고 중간 수준은 흥미영역을 등간격으로 나누어 취급하는 것이 좋다고 한다. 인자가 계수값을 가지는 경우에는 인자의 종류의 수만큼을 수준수로 정해주는 것이 좋다고 알려져 있다.

3) 반응변수의 설정

실험자는 연구 목적에 부합되는 반응변수를 조사하고 측정 오차의 분산을 통제하여야 한다. 측정오차의 분산이 크면 처리의 효과를 실험의 정도를 떨어뜨릴 수 있기 때문에 반복수를 크게 하는 등 일련의 조치가 필요하다.

4) 실험 계획법 선정

실험목적, 인자 및 인자 수준 수, 실험 환경이나 실험재료의 특성 등을 고려하여 적합한 실험계획을 선택한다.

5) 실험의 실시

실험을 수행단계에서 처음에 계획되었던 대로 적절하게 진행 되어 있는지를 체크한다. 미리 정한 특성치 이외에도 실험과 관련된 중요한 자료(기후, 기온, 실험자 성명, 재료의 품질)는 보조 측정치로 간주하여 기록하여 둔다. 이러한 보조 측성치는 실험의 관리상태의 검토와 실험의 반복 등에 유용하게 사용 할 경우도 생긴다.

6) 데이터 분석

통계적 분석에 앞서서 데이터가 관리상태에서 얻어졌는지, 오차가 등분산 가정을 만족하는지를 체크하여 보고 데이터를 취하는 과정에서 결측치가 발생하거나 이상치로 판명되면 그 처리 방법에 따라 적당한 조치를 취하여 준다. 이러한 모형의 타당성 검토를 시행한 이후에 결과의 신뢰성과 유의성을 확보하기 위하여 통계적 분석 기법을 적용 한다.

데이터의 분석은 반응 측정치의 변동 상황이나 최적 조건의 위치를 짐작할 수 있도록 가능하면 그래프화 하여 시각화하는 것이 좋다. 데이터 분석으로 주로 사용하는 기법은 분산분석 기법이고 이와 연관된 통계적 추정 및 검정, 상관과 회귀분석이 사용된다.

7) 결론 및 조치

데이터 분석의 결과로 최적 실험조건이 선정되면 이 조건에서 반응특성값에 대한 추정을 실시하고 확인 실험을 통하여 그 결과가 실제로 재현성이 있는지를 확인하게 된다.

최적조건의 재현성이 확보되면 다음의 실험계획에 결과를 반영하거나 작업 표준 등의 개선을 통하여 현장에 적용하도록 하는 합당한 조치가 필요하다.

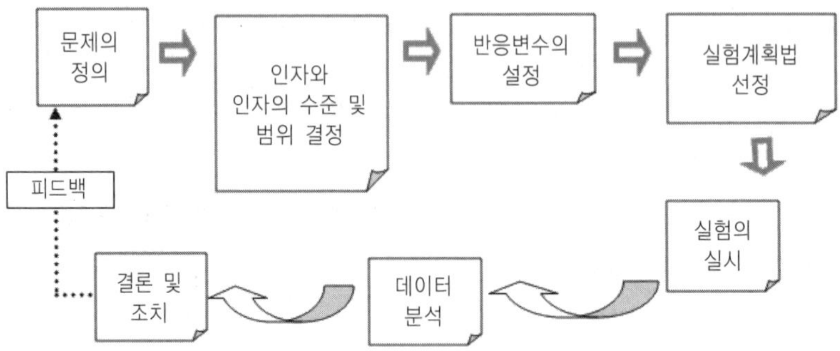

그림 1.1 ●●● 실험 계획의 순서

4. 실험계획의 기본 원리

비교실험(계획된 실험)에서는 연구하고자 하는 반응에 관여하는 인자들의 수준을 설정하여 이에 따른 수준수를 설정하여 각 수준 조합마다 같은 조건에서 실험하여 처리수준에 따른 결과 반응값들 사이에서 통계적으로 유의한 차이를 조사하는 것이 비교 실험의 목적이라고 할 수 있다.

이러한 실험에서 고려되지 않은 나머지 수준들은 동일한 조건을 부여해야 한다. 그러나 실험 재료나 인자 수준 등의 완벽한 동질성을 확보하는 것은 거의 불가능하다. 이런 연유로 해서 확률화된 실험 계획과 통계분석 방법이 필요하게 된다.

따라서 비교 실험의 통계적 해석을 하기 위한 근본 원리는 랜덤화, 반복화 및 블록화라는 세가지 측면에 대한 이해가 필요하다.

1) 랜덤화

일반적으로 실험을 계획 할 때에는 통제가 가능한 인자들을 주인자로 채택하고 통제가 불가능한 인자들을 잡음 인자로 취급하여 인자들의 효과가 비교분석하고자 하는 각 처리의 효과에 골고루 나타나게 해야 한다. 따라서 랜덤화는 잡음 인자들의 효과를 평준화하여 특정 처리에 치우침이 발생하지 않도록 하기 위하여 사용되는 기법이다. 이러한 랜덤화란 실험 재료의 배치와 각 실험의 실행 순서가 무작위로 결정됨을 의미하고 공정하고 불편성 있는 처리효과와 실험 오차의 분산을 추정할 수 있게 하여 관측값들에 대한 독립성을 보장 한다. 이러한 독립성은 분산분석의 기본 요건이 된다. 이러한 랜덤화 및 독립성은 통계적 분석을 가능하게 하는 기초가 된다.

2) 반복화

특정 조건에서 1회 만의 실험으로 얻어진 데이터는 실험이 정확하게 되었는지를 확신 할 수 없기 때문에 신뢰성이 떨어진다. 각 실험 조건을 반복함으로서 데이터의 재현성을 확보하는 것이 일반적 현상이다. 이러한 반복 실험을 통해서 실험오차의 추정을 가능하게 하고 오차항의 자유도를 크게 해 줄 수 있어서 오차분산의 정도를 높여 줄 수 있다. 또, 교호작용(인자조합의 효과)를 분리하고 실험의 관리 상태를 파악할 수 있다. 반복을 실시하면 실험 횟수가 증가하여 비용이 소요되므로 비용에 따른 측면도 고려하여 실험 증가가 이루어 져야 한다.

3) 블록화

단순한 랜덤화는 실험 환경의 동질성 확보에 한계가 있다. 따라서 실험 환경을 시간적이나 공간적으로 분할하고 층별로 취급하여 블록으로 만들면 각 블록내에서는 데이터의 동질성이 확보되고 실험 환경이 균일하게 되어 실험의 정도를 보다 높여 줄 수 있다. 즉, 블록을 하나의 인자로 간주하여 실험을 하면 블록간의 효과를 분리할 수 있어서 오차 변동이 작아진다. 이 원리를 이용한 기법이 난괴법(randomized block design)이라고 한다. 이러한 난괴법은 실험일 등을 하나의 인자로 취급 할 수 있다. 이러한 방법 이외에도 실험의 효율를 높여 줄수 있는 교락법과 직교화가 있다.

(1) 교락(confounding)

실험의 목적에 위배되거나 의미가 없는 2인자 교호작용이나 고차의 교호작용을 블록과 교락 시키는 방법으로 검출 할 필요가 없는 요인이 블록의 효과와 교락 시킴으로서 실험의 효율을 높일 수 있다.

(2) 직교화(orthogonality)

요인들 간에 직교성을 가지도록 실험 계획하여 데이터를 구하면 동일한 횟수의 실험이라도 검출력이 보다 좋은 검정과 더 좋은 추정을 할 수 있다고 알려져 있다. 이러한 속성을 나타나게 하여 만들어진 표가 직교배열표인데 이 표를 이용하면 기술적으로 무시 될 수 있는 교호작용 등을 보다 쉽게 주효과와 교락 시킴으로서 실험의 크기를 줄일 수가 있어서 효율적 실험을 설계 할 수 있다.

5. 통계자료와 컴퓨터

통계학은 자료를 수집·정리하고 관측된 자료로부터 유용한 정보를 도출하는 통계분석과정이 요구된다. 이 과정에서 분석자는 방대한 자료를 다루며 복잡한 수식을 계산해야만 한다. 이러한 관측값들로 구성된 자료를 이용하여 통계분석을 하여야 한다. 따라서 통계분석을 용이하게 수행하기 위해서 컴퓨터의 사용이 필요하며 오늘날 다양한 정보의 요구는 이런 필요성을 더욱 증진시키고 있다. 따라서 개인컴퓨터로도 일반통계와 관련된 방대한 자료를 이용하여 통계분석이 가능하며 컴퓨터를 이용한 통계분석기법도 다양하게 발전하고 있다.

컴퓨터로 통계분석이 가능하도록 계산과정을 정리해 놓은 프로그램을 통계 패키지(statistical package)라고 하는데 일반적으로 통계 분석을 위한 대표적인 통계 패키지로는 SPSS, SAS, Minitab, S+ 등이 있다. 컴퓨터 언어로는 C언어. 비주얼베이직, JAVA 등도 가능하다. 그러나 기본적인 자료 처리를 위해 Microsoft Excel 소프트웨어를 이용해도 필요한 자료분석이 가능하도록 기본적인 통계분석도구를 제공하고 있다. 학습용 및 전문가용으로 비교적 쉽게 이용할 수 있는 팩키지가 Minitab이다.

미니텝 기본 사용법

통계적 분석방법을 사용하기 위하여 모든 사람들이 통계학의 이론적인 과정을 이해하고 분석방법을 사용하는 것은 불가능하고 또 불필요한 일이므로 통계 전문가들이 통계에 관한 문제들을 전형적으로 해결하기 위해 프로그램이나 관련 서브루틴을 작성하여 모아두었는데 이를 통계 패키지라고 부른다.

1. 미니텝 사용법

(1) 미니텝의 기본구성

1) 미니텝 구성 윈도우

한글 미니텝 14 버전의 기본적인 윈도우는 다음 그림과 같다.

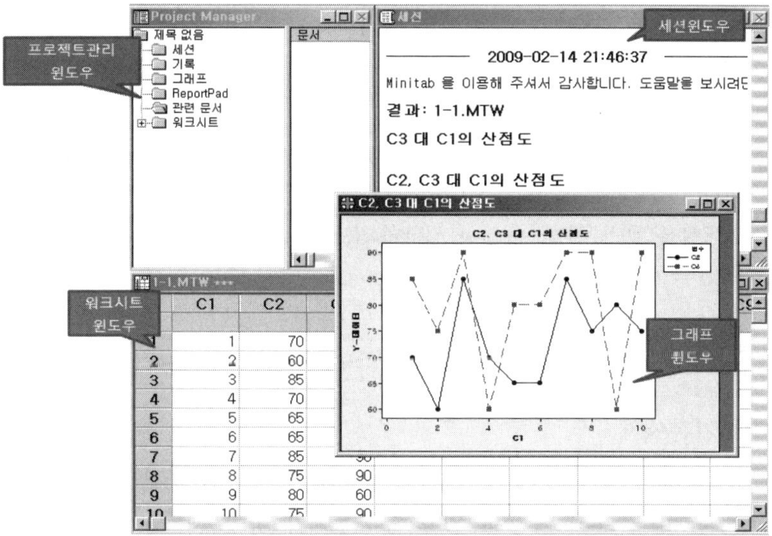

화면의 각 요소의 기능을 설명하면 다음과 같다.

① 세션 윈도우(Session Window) : 미니텝을 수행한 결과를 보여준다.

② 워크시트윈도우(Worksheet Window) : 데이터를 입력, 수정하고 입력된 데이터를 볼 수 있다.

③ 프로젝트 관리 윈도우(Project Manager Window) : 프로젝트를 구성하는 여러 요소들, 세션윈도우, 워크시트, 인포윈도우(Info Window), 히스토리 윈도우(History Window), 그래프윈도우 등을 조작, 관리한다.

④ 그래프 윈도우(Graph Window) : 고해상도 그래프를 보여준다.

2) 미니텝의 시작과 끝내기

바탕화면에서 미니텝 아이콘 을 더블 클릭하여 미니텝을 시작하면 다음 그림과 같이 초기화면이 나타난다.

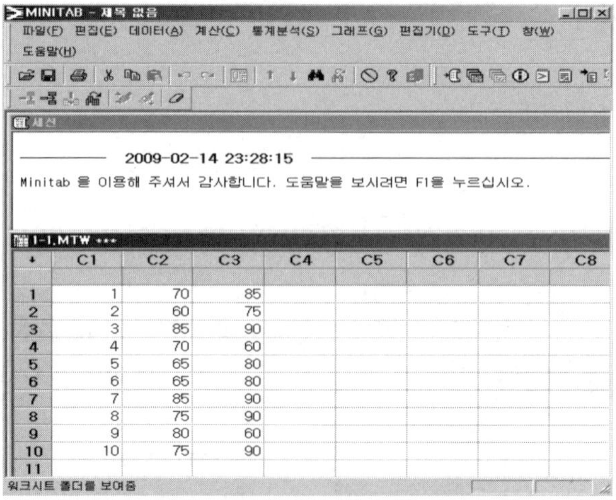

미니텝을 마치려면 메뉴에서 [파일(F)] ▸ [종료(X)]를 선택한다.

2. 미니텝 맛보기

기본예제

공업통계학을 수강한 10명의 학생들을 대상으로 중간고사와 기말고사의 관계를 알아보기 위하여 다음과 같은 중간과 및 기말 점수를 기록하였다.

고사 \ 학생	1	2	3	4	5	6	7	8	9	10
중간고사	70	60	85	70	65	65	85	75	80	75
기말고사	85	75	90	60	80	80	90	90	60	90

1) 변수명

워크시트에서 정의되는 변수의 이름은 해당 변수의 열 번호 아래 셀에 이름을 입력한다.

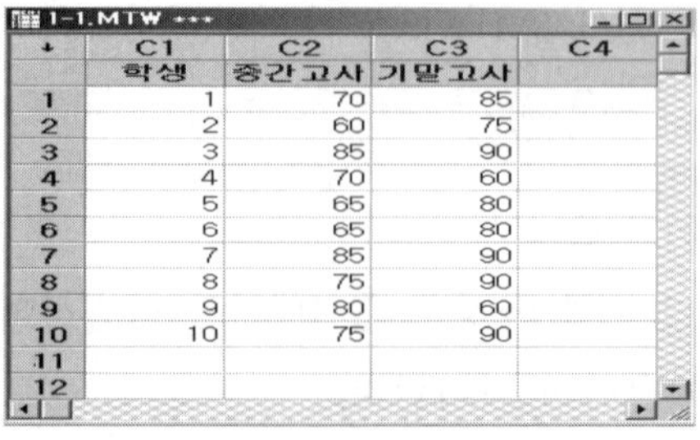

변수명을 지정할 때 유의해야 할 점은 다음과 같다.

• 변수명은 31자를 넘지 못하며 영문자, 한글로 변수명을 작성할 수 있다.

• 변수명을 지정하지 않으면 각종 대화상자나 결과물에 열 번호가 변수명을 대신한다.

2) 데이터 입력

워크시트 윈도우에서 키보드를 통해 데이터를 직접 입력하면 된다.

• 데이터 입력을 원하는 셀로 셀 포인터를 이동 시킨 후 데이터를 입력하고 [Enter↵] 키를 누른다.

• 데이터창의 첫 번째 줄 첫 번째 칸에 있는 데이터 입력방향 화살표가 →인 경우 [Enter↵] 키를 누르면 셀 포인터는 오른쪽으로 이동되고 화살표가 ↓인 경우 아래쪽으로 이동된다. 데이터 입력 방향 화살표를 누를 때 마다 화살표 방향이 바뀐다.

3) 변수 유형

미니텝에서 정의되는 변수의 종류와 이들이 표현되는 형태는 숫자, 문자, 시간 및 날짜 등의 세 가지로 구분된다.

• 변수유형은 따로 지정하지 않으면 셀에 입력된 값의 형태에 따라 자동으로 결정된다.

• 열변수가 숫자가 아니면, 열 번호 옆에 데이터 종류를 알리는 문자가 추가된다. 예를들어 4번째 열변수가 문자이면 C4-T, 5번째 열변수가 날짜, 시간 변수이면 C5-D가 된다.

1-1.MTW ***

↓	C1	C2	C3	C4-T	C5-D
	학생	중간고사	기말고사	학점	시험일
1	1	70	85	B	2009-03-20 0:00:00
2	2	60	75	C	
3	3	85	90	B	
4	4	70	60	C	
5	5	65	80	C	
6	6	65	80	C	
7	7	85	90	B	
8	8	75	90	B	
9	9	80	60	C	
10	10	75	90	B	
11					
12					

4) 데이터 저장

데이터 윈도우에서 입력된 데이터는 디스크에 저장하여 다음에 다시 사용할 수 있다. 데이터를 파일로 저장하려면 메뉴에서 파일(F) ▸ 다른 이름으로 현재 워크시트 저장(E)... 를 선택한 후, 워크시트를 다른 이름으로 저장 대화상자에서 파일이 저장될 위치를 지정하고 파일의 이름을 입력하며 파일형식을 선택하고 [저장] 버튼을 누르면 된다.

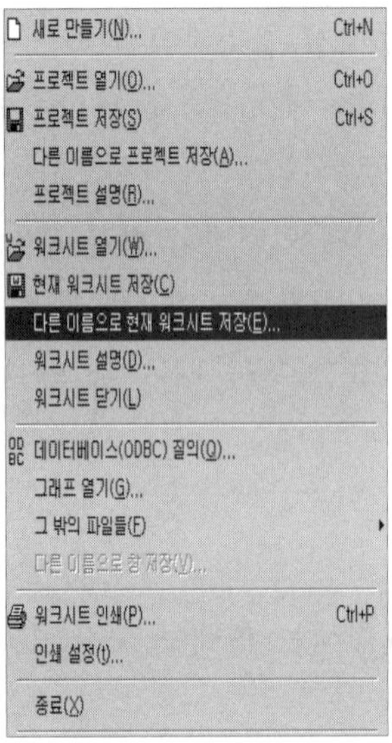

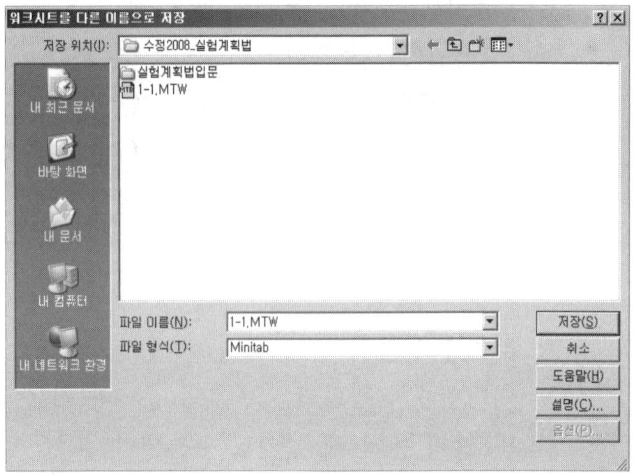

• 저장될 파일의 형식과 확장자는 다음 표와 같다.

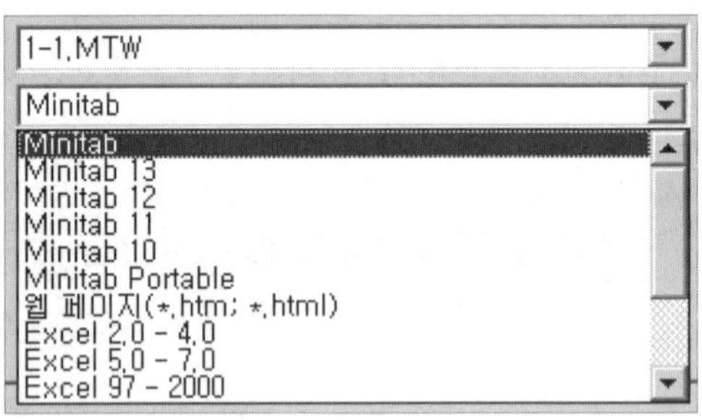

5) 새로운 워크시트 윈도우 열기

데이터를 입력하기 위해 새로운 워크시트 윈도우를 열려면 메뉴에서 파일(F) ▸ 새로 만들기(N)... 를 선택한 후 새로 만들기 대화상자에서 [Minitab Worksheet]를 선택하고 OK 를 누른다.

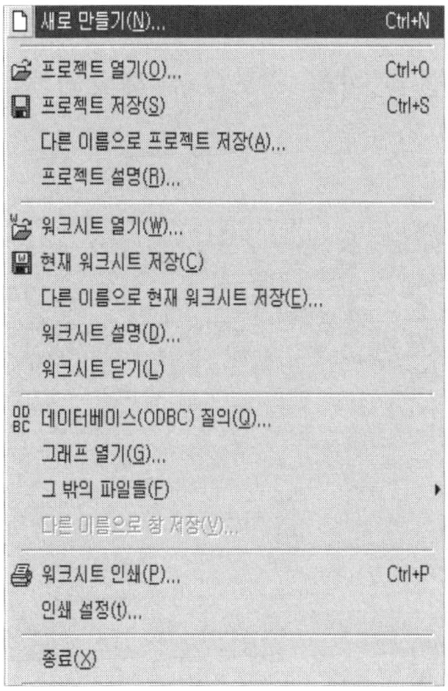

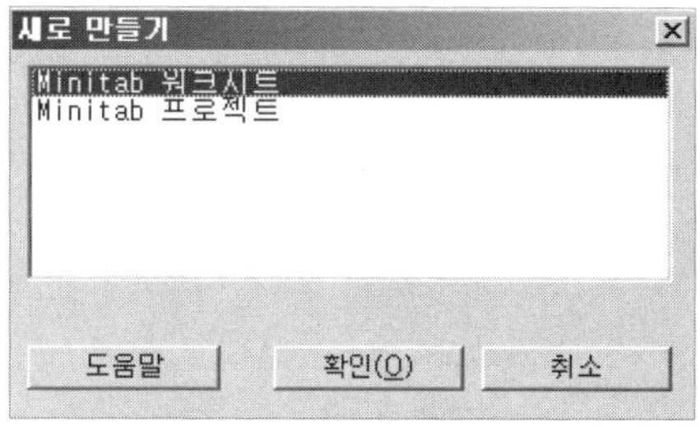

6) 데이터 파일 불러오기

데이터를 입력할 때 키보드를 이용하여 데이터 윈도우에 직접 입력하거나 외부에 있는 데이터 파일을 데이터 윈도우에 불러올 수 있다.

외부 파일을 미니텝에 불러올려면 메뉴에서 파일(F) ▸ 워크시트 열기(W)... 를 선택한 후 대화상자에서 원하는 파일을 지정한다.

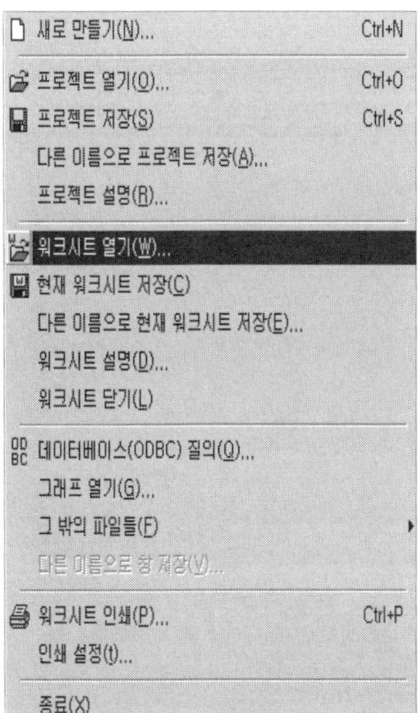

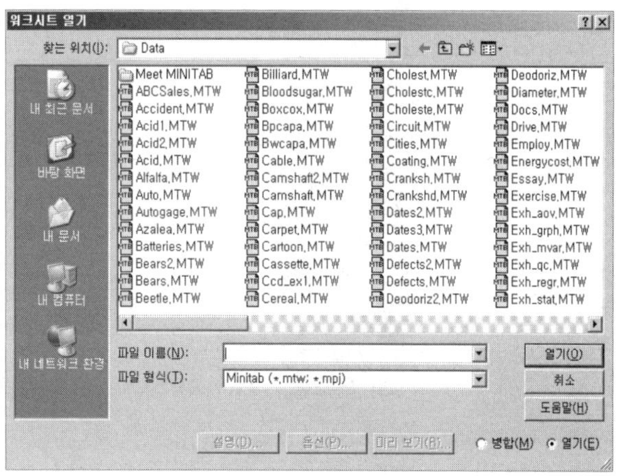

• 워크시트 열기 대화창에서 미리 보기(R)... 를 누르면 지정된 파일의 내용을 미리 볼 수 있다. 파일 불러오기가 수행되면 데이터 윈도우에 해당되는 파일이 나타난다.

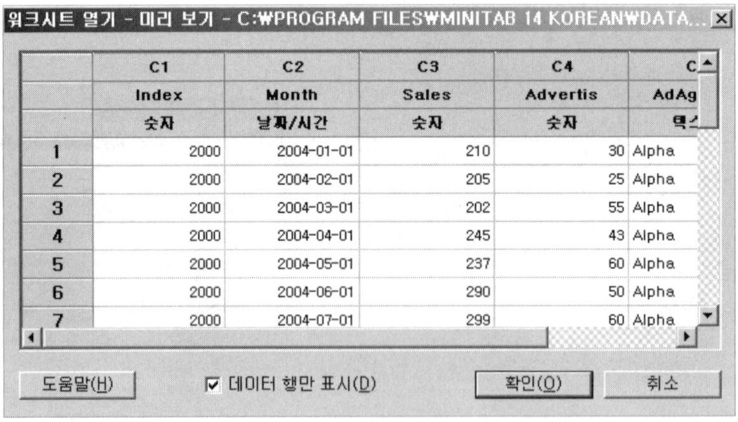

7) Excel 파일 불러오기

최근에는 데이터 파일을 생성, 관리하는 소프트웨어로 엑셀(Excel)을 많이 사용하고 있다. 자료가 엑셀 파일로 저장되어있는 경우 미니텝으로 읽어 들이는 방법은 다음과 같다.

• 메뉴에서 파일(F) ▸ 워크시트 열기(W)...를 선택한다.

• **워크시트 열기** 대화상자에서 파일형식을 Excel(*.xls)로 지정하고 파일목록에서 해당 Excel 파일이름을 선택한 후 옵션(P)... 를 누른다.

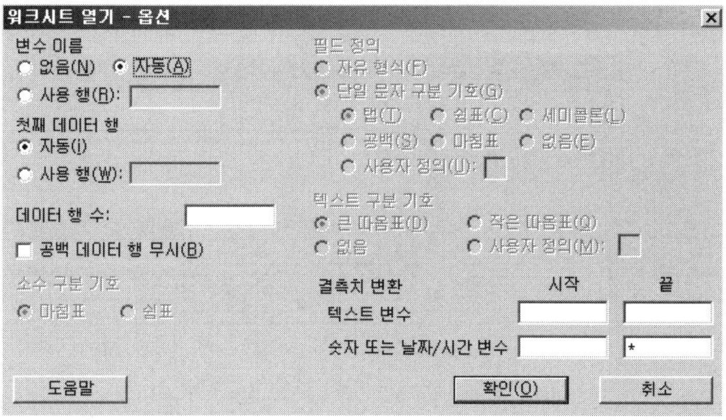

• [워크시트열기-옵션] 대화상자의 변수이름항목에 [자동(A)](엑셀 파일 첫 글에 변수명이 있는 경우에 선택)을 선택하고 첫째 데이터 형 항목에 [자동(i)](엑셀 파일 변수명 다음부터 데이터가 시작될 때 선택)을 선택 한 후 [확인]를 누른다. 위의 절차에 의하여 데이터 윈도우에 엑셀파일이 다음과 같이 읽혀진다.

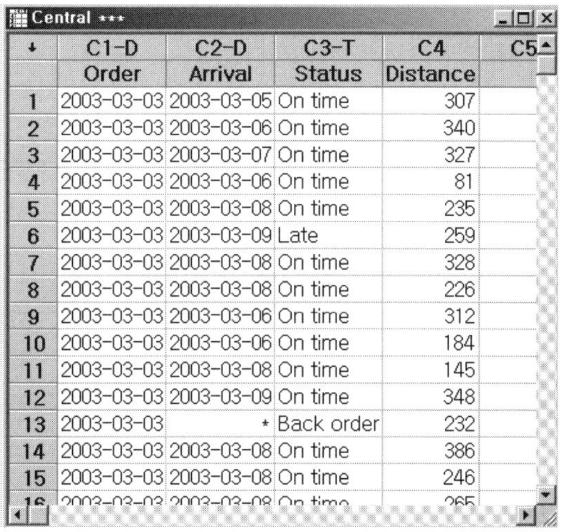
Central ***

↓	C1-D	C2-D	C3-T	C4	C5
	Order	Arrival	Status	Distance	
1	2003-03-03	2003-03-05	On time	307	
2	2003-03-03	2003-03-06	On time	340	
3	2003-03-03	2003-03-07	On time	327	
4	2003-03-03	2003-03-06	On time	81	
5	2003-03-03	2003-03-08	On time	235	
6	2003-03-03	2003-03-09	Late	259	
7	2003-03-03	2003-03-08	On time	328	
8	2003-03-03	2003-03-08	On time	226	
9	2003-03-03	2003-03-06	On time	312	
10	2003-03-03	2003-03-06	On time	184	
11	2003-03-03	2003-03-08	On time	145	
12	2003-03-03	2003-03-09	On time	348	
13	2003-03-03	*	Back order	232	
14	2003-03-03	2003-03-08	On time	386	
15	2003-03-03	2003-03-08	On time	246	
16	2003-03-03	2003-03-08	On time	265	

8) 데이터 변환

워크시트 윈도우에 데이터가 입력되면 이것을 변환하거나 새로운 변수를 생성할 필요가 있다. 예를 들어 C2열에 중간고사, C3열에 기말고사 점수가 입력되어 있다고 할 때 C6열에 합을 나타내기 위하여 즉, C2+C3을 나타내고자 하는 경우는 다음과 같은 절차로 이루어진다.

- 메뉴에서 계산(C) ▶ 계산기(L)...를 선택하면 대화상자가 나타난다.

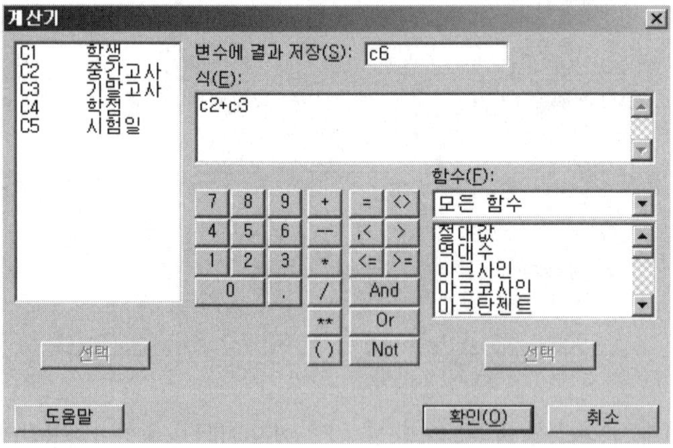

- [계산기] 대화상자의 [변수에 결과 저장]에 새로 생성될 변수명을 입력하고 [식]항목에 "C2+C3"을 입력 한 후 [확인] 버튼을 누른다. 위의 과정이 수행되면 워크시트 윈도우에 새로운 변수가 입력된다.

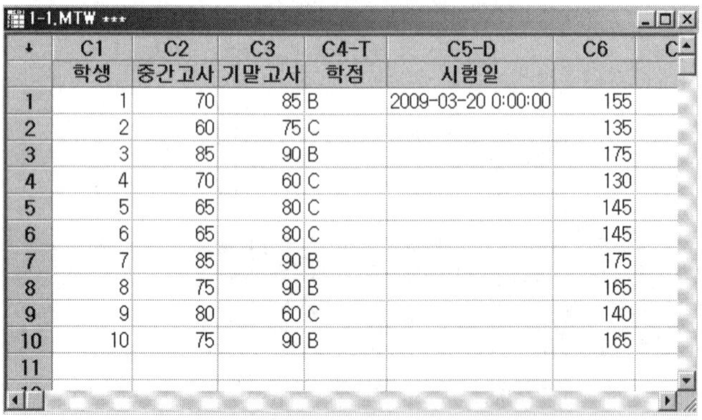

↓	C1	C2	C3	C4-T	C5-D	C6
	학생	중간고사	기말고사	학점	시험일	
1	1	70	85	B	2009-03-20 0:00:00	155
2	2	60	75	C		135
3	3	85	90	B		175
4	4	70	60	C		130
5	5	65	80	C		145
6	6	65	80	C		145
7	7	85	90	B		175
8	8	75	90	B		165
9	9	80	60	C		140
10	10	75	90	B		165
11						

3. 명령어 수행 절차

미니탭에서 명령어를 수행하는 방법은 메뉴 바 또는 툴 바를 통하여 명령어를 선택하는 방법과 키보드로 직접 명령어를 입력하는 방법이 있다. 키보드를 이용하여 명령어를 입력하는 경우에는 세션 윈도우나 커멘드 라인에디터(Command Line Editor)에서 입력할 수 있다. 메뉴를 통하여 명령어를 선택하는 경우 상대적으로 절차가 간편하나 반복적이고 익숙한 명령어인 경우 키보드를 이용하는 것이 효과적이다.

1) 메뉴에 의한 명령어 수행

메뉴 바를 이용하여 명령어를 수행하는 예를 보자.

- 메뉴에서 통계분석(S) ▸ 기초통계(B) ▸ 기술 통계량 표시(D)...을 선택한다.

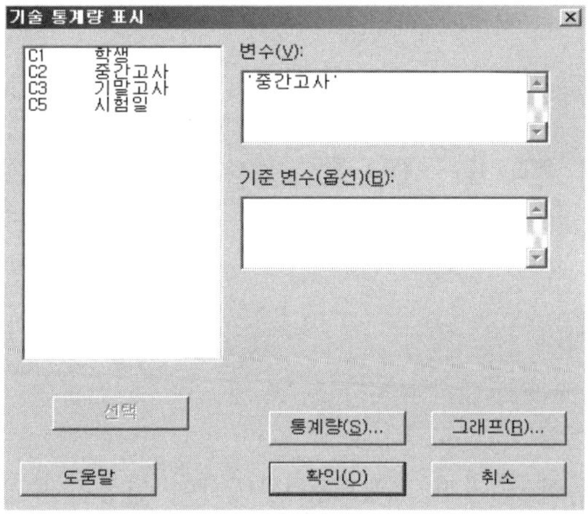

- 변수 항목에 마우스 포인터를 올려놓고 [기술통계량 표시] 대화상자의 변수에 해당되는 변수들 중에서 “C2”를 더블클릭하여 입력하고 확인(O) 를 누르면 세션 윈도우(Session Window)에 다음 그림과 같이 중간고사에 대한 기술통계량의 결과가 나타난다.

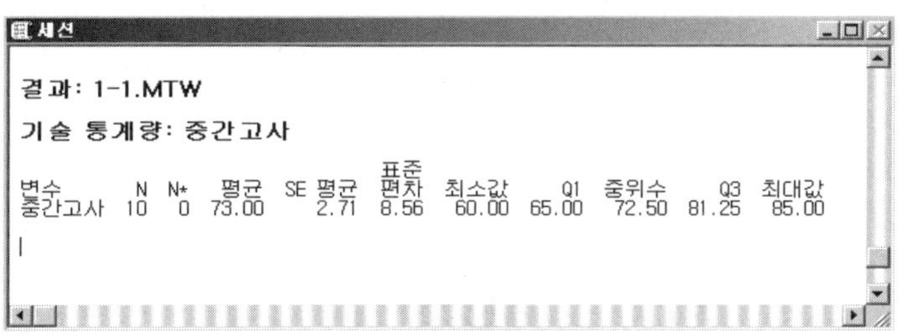

2) 세션 윈도우에서 명령어 입력

세션 윈도우에서 명령어 입력 수행하려면 우선 세션 윈도우를 클릭한 후 메뉴에서 편집기(D) ▸ 명령 사용(E)를 선택한다. 세션 윈도우에 “MTB”〉 프롬프트

(prompt)가 나타나면 "MTB" 〉 다음에 명령어를 입력하고 [Enter] 키를 누르면 명령어가 수행된다.

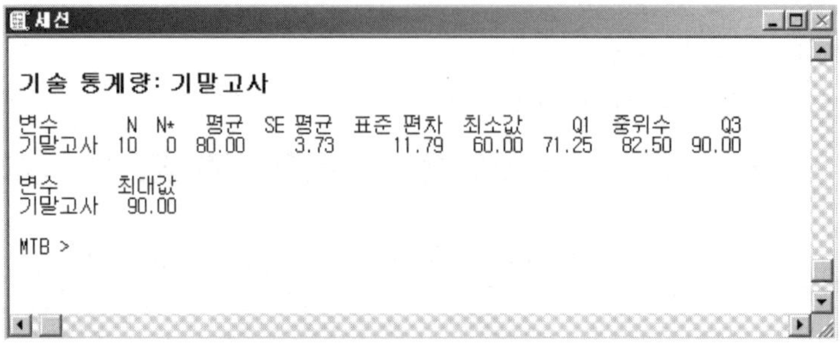

• 메뉴에서 편집기(D) ▸ 명령 사용(E) 를 선택하면 원래의 세션 윈도우 상태로 되돌아온다.

4. 그래프 다루기

1) 그래프 생성

Graph 메뉴에서 여러 그래프를 선택하여 생성할 수 있으며 기본적인 그래프에 몇 개의 옵션들을 추가하여 보다 정교한 그래프들도 만들 수 있다.

미니텝 데이터에서 산점도(Scatter Plot)를 그려보기로 하자.

① 메뉴에서 그래프(G) ▸ 산점도(S)... 를 선택하면 다음과 같은 대화상자가 나타난다.

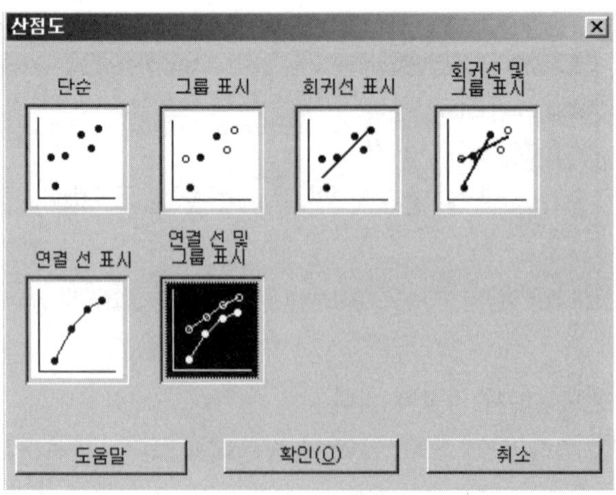

이 대화상자에서 원하는 형태를 선택하고 [확인(O)] 버튼를 누르면 다음과 같은 대화 상자가 나타나는데 이 대화상자에서 Y변수와 X 변수에 해당하는 변수를 입력하고 [데이터 보기(D)...] 버튼을 클릭한다.

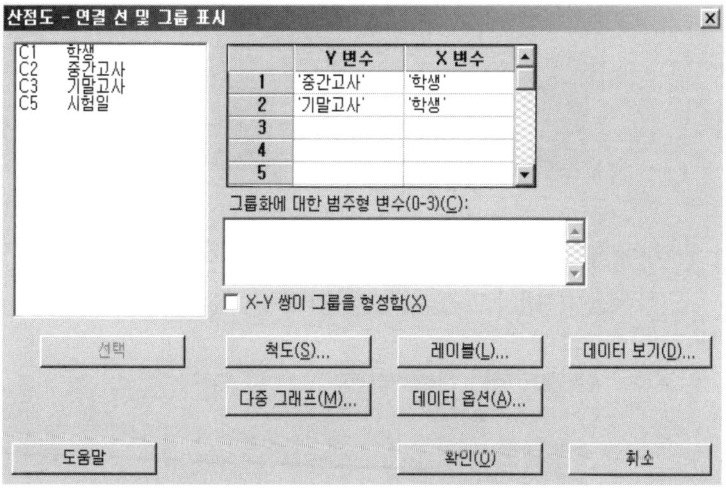

② 다음과 같은 대화상자가 나타나면 [데이터 표시] 탭을 클릭하여 필요한 항목을 체크하고 [확인(O)] 버튼을 클릭한다.

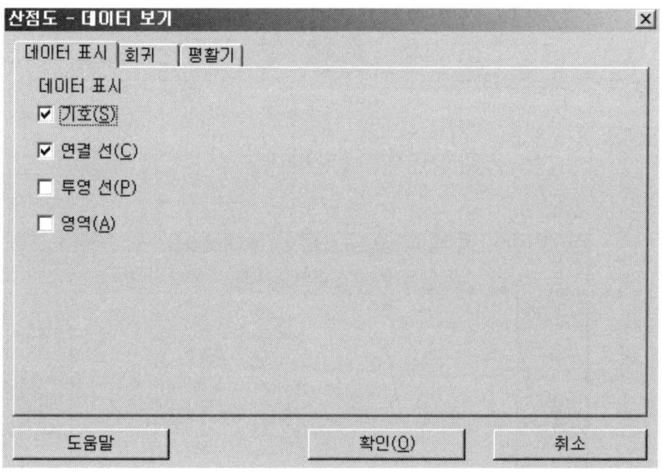

③ 한 그림 위에 중간고사와 기말고사를 나타내기 위하여 [다중 그래프(M)...] 버튼을 클릭한다.

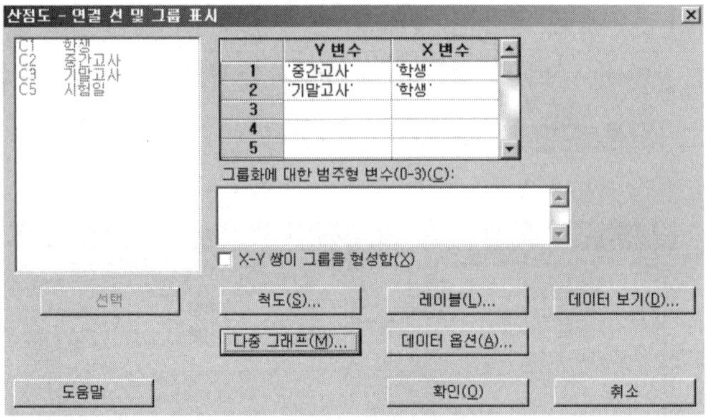

④ 다음과 같이 나타난 대화상자에서 다중변수 탭에서 [동일한 그래프에 겹쳐짐]항목을 선택하고 [확인(O)]버튼을 클릭한다.

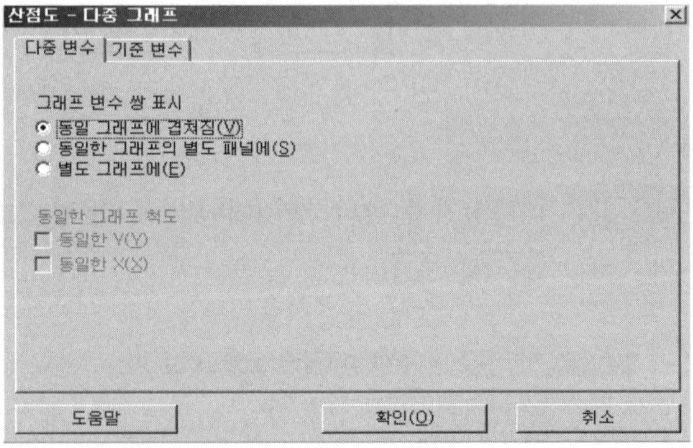

⑤ 다음과 같은 결과화면이 나타난다.

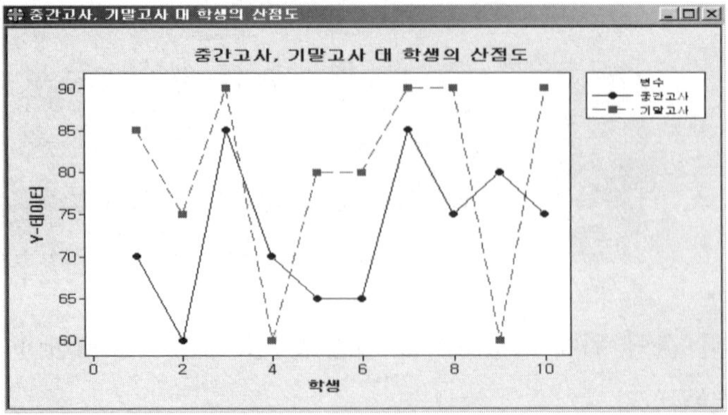

5. 분산 분석

① "C1", "C2", "C3"에 다음과 같이 자료를 입력한다.

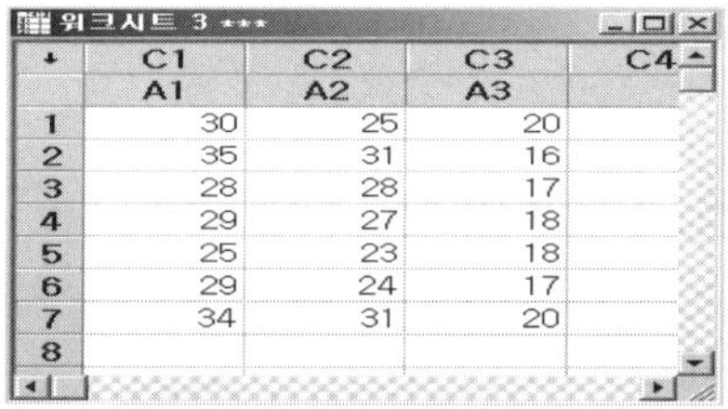

② 메뉴에서 통계분석(S) → 분산 분석(A) → 일원 분산 분석(분할된 데이터)(U)... 을 클릭 하고 나타난 대화상자에서 데이터 입력창에 마우스를 올려놓고 "C1", "C2", "C3"을 더블 클릭하여 데이터 입력을 마친 후 확인(O) 버튼을 클릭한다.

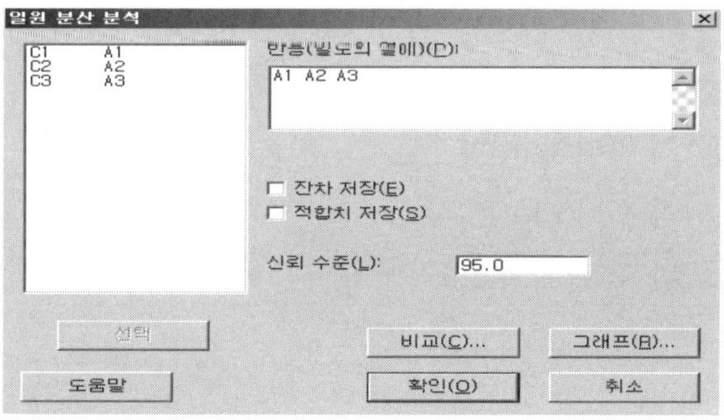

③ 다음과 같은 결과 화면이 나타난다.

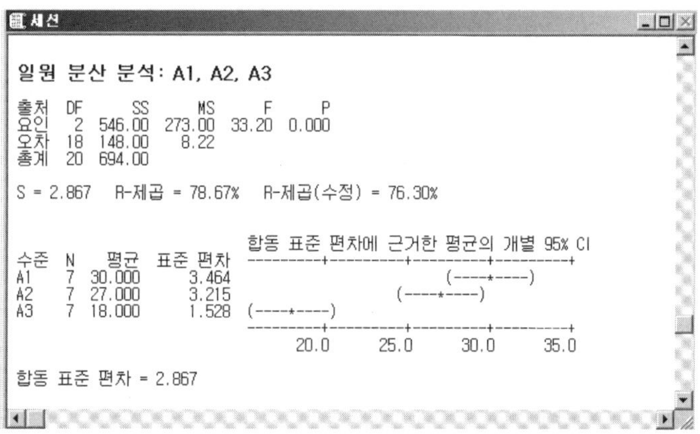

연습문제

1 실험계획의 일반적인 순서에 대하여 약술하시오

2 실험계획의 기본 원리에 대하여 약술하시오.

3 다음 용어를 설명하시오

① 인자(factor)와 인자의 수준

② 처리(treatment)

③ 블록(block)

④ 반복(replication)

4 교락법과 직교화에 대하여 설명하시오.

5 일반적인 통계 패키지(statistical package)의 종류와 특성에 대하여 설명하라.

2

Introduction to Design of Experiments

일원배치법

일원배치 완전 확률화 계획법은 실험단위가 동일하고 3개 이상의 처리에서 모평균은 차이가 있는지를 비교 할 수 있는 가장 단순한 실험계획법이다. 즉, 랜덤화로 얻어진 자료를 이용하여 비교하고자 하는 방법이다. 기술적인 의미의 모수인자와 변량 의미를 가진 변량 인자로 구분하여 분산분석, 추정 등에 대하여 알아본다.

1. 실험계획법과 분산분석

어떤 속성이 여러 가지 조건에 처해 있을 때 그 차이에 관심을 가질 수 있다. 예를 들면 흡연자가 수명에 영향을 주는지, 약품의 종류에 따른 치료기간 등의 변화가 어떤 영향을 주는지 등이다. 이런 문제에서는 일반적으로 실험을 계획하고 실험을 실시한 후에 얻은 자료를 기초로 하여 문제를 분석하게 된다. 따라서 실험의 목적을 달성하기 위해서는 실험을 실시하기 전에 철저한 계획을 세워야 한다. 실험계획법(experimental design)은 이러한 실험을 실시하는데 필요한 제반계획을 세우는 방법을 연구하는 분야이다. 즉, 어떻게 실험을 실시하며, 어떻게 자료를 얻으며, 이 자료를 어떤 통계적 방법으로 분석하여 최소의 비용으로 최대의 정밀한 정보를 얻을 수 있는가를 연구하는 것이다.

실험계획법에서 흔히 사용하는 분석방법으로는 분산분석(analysis of variance; ANOVA), 회귀분석(regression analysis), 상관분석(correlation analysis) 등이 있다.

실험계획법에서 흔히 사용되는 용어는 인자(factor)와 인자수준(factor level)이 있는데 인자는 어떤 실험에서 관측값에 영향을 주는 조건의 종류를 말하고 인자수준은 실험을 하기 위한 인자의 여러 가지 조건을 의미한다.

분산분석은 실험계획법에서 가장 많이 사용하는 분석방법으로서, 이름이 뜻하는 대로 특성값의 분산 또는 산포를 분석하는 방법이다.

즉, 특성값의 산포를 제곱합(sum of square)으로 나타내고, 이 제곱합을 실험에 관련된 요인들을 요인별로 분해하며, 순수한 오차에 의한 영향보다 큰 영향을 주는 요인이 어떤 것인가를 규명하는 분석방법이다.

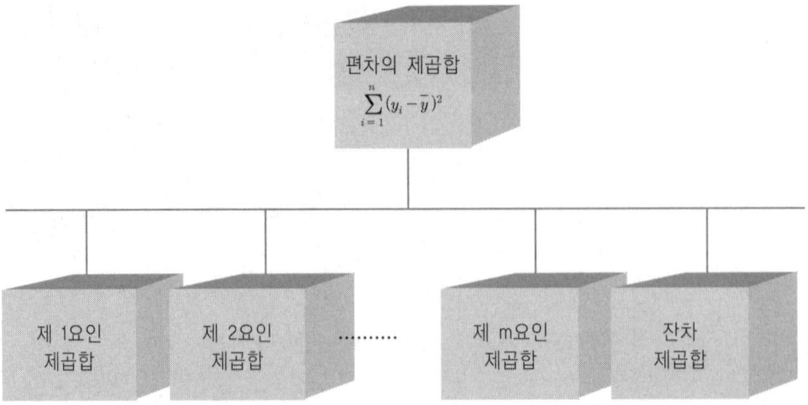

그림 2.1 ••• 편차의 제곱합에 대한 요인

예를 들어, 어떤 실험의 관측값이 $y_1, \cdots, y_n$ 으로 주어질 때, 평균에 대한 편차는 $y_i - \overline{y}$ 로 표시하고, 편차의 제곱합은 $\sum_{i=1}^{n}(y_i - \overline{y})^2$ 로 표시된다. 이것은 그림(2.1)처럼 요인별로 분해 할 수가 있다.

위의 그림에서 처리제곱합(treatment sum of squares)은 요인의 변화에 따른 반응의 차에 의한 제곱합이며, 잔차제곱합(residual sum of squares)은 아직 원인이 규명되지 못한 요인에 의한 제곱합을 뜻한다. 여기서 다룰 분산분석법으로는 간단한 실험계획법인 일원배치법과 이원배치법이다. 일원배치법에서는 각 처리에서의 반복수가 같은 경우와 다른 경우로 나누어 생각하고 이원배치법에서는 각 처리에서 반복이 없는 경우와 있는 경우로 나누어 생각하기로 한다.

2. 일원배치법

일원배치법은 특성값에 대한 한 종류의 인자의 영향을 조사하고자 할 때에 사용하는 실험 계획법으로서 인자의 각 수준이 처리가 된다. 3개 이상의 처리효과를 비교할 때는 F검정을 이용한다. 일원배치법에서는 2개 이상의 처리 효과를 비교하는 것에 관심이 있게 되며 일원배치법은 다음과 같은 특징을 가진다.

① 각 수준에서의 반복수는 같지 않아도 좋으며, 많이 사용되는 수준 수는 3~5 반복수는 3~10이다. 그리고 결측값(missing value)이 존재해도 이를 추정하여 넣어 줄 필요 없이 그대로 해석이 가능하다.
② 실험의 측정은 랜덤하게 선택된 순서에 의하여 독립적으로 시행되어야 한다(혹은 완전 확률화법(Completely randomized design)이라고도 한다).

1) 반복수가 일정한 경우의 모수 모형

실험의 목적을 달성하기 위하여 관련 인자들을 모두 선택하는 과정에서 실험의 정도와 실험 비용 등을 고려하여 최소한의 인자들을 가지고 목적을 달성해야 한다. 여기에서 온도와 압력, 장치등과 같이 기술적으로 수준이 지정 가능한 인자를 모수 인자(fixed factor)라고 한다.
이와 같이 모수 인자만으로 구성된 모형을 모수 모형이라고 한다.

(1) 데이터 구조식

각 처리에 대한 반복수가 같은 일원배치법의 자료구조 즉, 인자 A의 수준이 k이고 각 수준에서 빈복수가 n인 데이터는 다음의 표와 같다.

	A_1	A_2	$\cdots$	A_k	
	y_{11}	y_{21}	$\cdots$	y_{k1}	
	y_{12}	y_{22}	$\cdots$	y_{k2}	
	$\vdots$	$\vdots$		$\vdots$	
	y_{1n}	y_{2n}	$\cdots$	y_{kn}	
합 계	$T_1 \cdot$	$T_2 \cdot$	$\cdots$	$T_k \cdot$	T
평 균	$\overline{y}_1 \cdot$	$\overline{y}_2 \cdot$	$\cdots$	$\overline{y}_k \cdot$	$\overline{\overline{y}}$
제곱합	$\sum_{j=1}^{n}(y_{1j}-\overline{y}_1 .)^2$	$\sum_{j=1}^{n}(y_{2j}-\overline{y}_2 .)^2$	$\cdots$	$\sum_{j=1}^{n}(y_{kj}-\overline{y}_k .)^2$	

단, $$\overline{y}_i \cdot = \frac{T_i \cdot}{n} = \frac{\sum_{j=1}^{n} y_{ij}}{n}, \quad T = \sum_{i=1}^{k} T_i \cdot = \sum_{i=1}^{k}\sum_{j=1}^{n} y_{ij}$$

$$T_i \cdot = \sum_{j=1}^{n} y_{ij}, \quad \overline{\overline{y}} = \frac{\sum_{i=1}^{k}\sum_{j=1}^{n} y_{ij}}{kn} = \frac{\sum_{i=1}^{k} T_i \cdot}{kn} = \frac{T}{kn}, \quad (i=1,2,\cdots,k,\ j=1,2,\cdots,n)$$

k수준의 처리효과를 비교하기 위하여 위의 자료를 통계적으로 검정하기 위해서는 처리에 대한 모집단 모형이 필요하다. 이제, 제1수준에서 n개의 데이터가 얻어진 원래의 모집단을 고려하여 제1수준에서 충분한 수의 실험을 행하였다고 하면 정규분포를 따른다. 이 분포의 평균치를 μ_1이고, 분산이 σ_E^2인 정규분포 $N(\mu_1, \sigma_E^2)$에서의 크기 n인 확률표본으로 가정할 수 있다. 즉,

$$Y_{1j} = \mu_1 + \varepsilon_{1j}, \quad j = 1,\ 2, \cdots, n$$

으로 표시할 수 있으며, 여기서 ε_{1j}는 실험의 오차에 해당되는 확률변수로서 평균 0, 분산 σ_E^2인 정규분포 $N(0, \sigma_E^2)$에 따른다.

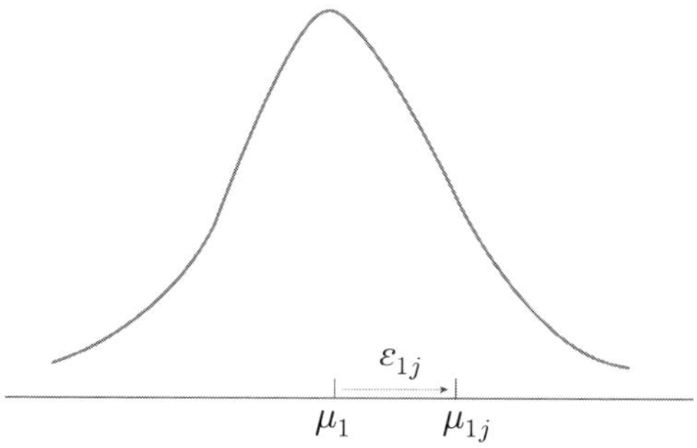

이제 다른 수준 , $i(i=1,2,\cdots,k)$번째 처리에서 얻어진 관측값을 생각해보자. 이들은 평균이 μ_i 이고, 분산이 σ^2 인 정규분포 $N(\mu_i, \sigma^2)$에서의 크기 n 인 확률표본으로 가정할 수 있다. 즉,

$$y_{ij} = \mu_i + \varepsilon_{ij}, \quad i=1,2,\cdots,k, \quad j=1,2,\cdots,n \tag{2.1}$$

으로 표시할 수 있으며, 여기서 ε_{ij}는 실험의 오차에 해당되는 확률변수로서 평균 0, 분산 σ_E^2인 정규분포 $N(0, \sigma_E^2)$에 따른다.

이 실험에서 실험전체의 모평균을 μ 라고 하면 μ 는

$$\mu = \sum_{i=1}^{k} \mu_i / k \tag{2.2}$$

로 정의되며 μ_i와 μ 의차를 $a_i = \mu_i - \mu$ 으로 표시하고 (2.1)식과 연관하면 다음과 같이 유도 할 수 있다.

$$y_{ij} = \mu_i + \varepsilon_{ij} = \mu + (\mu_i - \mu) + \varepsilon_{ij} = \mu + a_i + \varepsilon_{ij} \tag{2.3}$$

(2.3) 식에서 $a_i = \mu_i - \mu$ 는 수준 i 에서의 모평균 μ_i 가 전체모평균 μ 로부터 어느 정도 치우침이 발생하는가를 나타내는 수치이므로 이 a_i를 A의 주효과(main effect)라고 하며 모수인자의 경우는 다음과 같은 성질을 가진다.

$$\sum_{i=1}^{k} a_i = \sum_{i=1}^{k} (\mu_i - \mu) = k\left(\sum_{i=1}^{k} \frac{\mu_i}{k} - \mu\right) = 0 \tag{2.4}$$

이를 요약하면 다음과 같다.

> **A가 모수인자의 경우 일원배치법의 구조식**
>
> $Y_{ij}=\mu+a_i+\varepsilon_{ij},\quad i=1,2,\cdots,k,\quad j=1,2,\cdots,n$
>
> 여기서 μ : 총평균
>
> a_i : A의 주효과로서 $\sum a_i=0$
>
> ε_{ij} : 오차항으로서 서로 독립인 $N(0,\sigma_E^2)$ 확률변수

(2) 변동(제곱합)의 분할

총제곱합을 처리제곱합과 잔차제곱합으로 분해하는 방법을 생각해 보자. 관측값 y_{ij}와 총평균 $\bar{\bar{y}}$와의 차인 총편차(total deviation) $y_{ij}-\bar{\bar{y}}$를 분해하여

$$(y_{ij}-\bar{\bar{y}})=(y_{ij}-\bar{y}_{i\cdot})+(\bar{y}_{i\cdot}-\bar{\bar{y}})$$

로 나타낼 수 있다. 여기서, 편차$(y_{ij}-\bar{y}_{i\cdot})$는 실험에서 본질적인 불확실성을 나타내는 오차를 의미하며 이를 잔차(residual)라고 한다. $(\bar{y}_{i\cdot}-\bar{\bar{y}})$는 i 번째 처리의 평균과 총평균의 편차로서 이를 처리효과의 크기라고 한다. 이제, 위의 분해된 식의 양변을 제곱하여 더하면

$$\begin{aligned}
&\sum_{i=1}^{k}\sum_{j=1}^{n}(y_{ij}-\bar{\bar{y}})^2\\
&=\sum_{i=1}^{k}\sum_{j=1}^{n}[(y_{ij}-\bar{y}_{i\cdot})+(\bar{y}_{i\cdot}-\bar{\bar{y}})]^2\\
&=\sum_{i=1}^{k}\sum_{j=1}^{n}(y_{ij}-\bar{y}_{i\cdot})^2+\sum_{i=1}^{k}\sum_{j=1}^{n}(\bar{y}_{i\cdot}-\bar{\bar{y}})^2+2\sum_{i=1}^{k}\sum_{j=1}^{n}(y_{ij}-\bar{y}_{i\cdot})(\bar{y}_{i\cdot}-\bar{\bar{y}})
\end{aligned}$$

여기서, 우변의 끝항은

$$\begin{aligned}
\sum_{i=1}^{k}\sum_{j=1}^{n}(y_{ij}-\bar{y}_{i\cdot})(\bar{y}_{i\cdot}-\bar{\bar{y}})&=\sum_{i=1}^{k}(\bar{y}_{i\cdot}-\bar{\bar{y}})\left(\sum_{j=1}^{n}(y_{ij}-\bar{y}_{i\cdot})\right)\\
&=\sum_{i=1}^{k}(\bar{y}_{i\cdot}-\bar{\bar{y}})\cdot 0\\
&=0
\end{aligned}$$

과 같이 0이 되므로 이를 정리하면 다음과 같다.

$$\sum_{i=1}^{k}\sum_{j=1}^{n}(y_{ij}-\bar{\bar{y}})^2=\sum_{i=1}^{k}\sum_{j=1}^{n}(\bar{y}_{i\cdot}-\bar{\bar{y}})^2+\sum_{i=1}^{k}\sum_{j=1}^{n}(y_{ij}-\bar{y}_{i\cdot})^2 \tag{2.5}$$

(총제곱합(SST) = 처리제곱합(SSA) + 잔차제곱합(SSE))

여기서 총제곱합은 총변동이라고도 하며 처리제곱합은 급간변동(A의 변동)이라고도 하며 잔차제곱합은 급내(오차)변동이라고도 한다.

즉, 데이터의 총변동이 인자수준의 변화에 의한 변동과 수준내의 오차변동이라는 두 개의 요인으로 분해되었음을 의미한다.

실제로 데이터로부터 총변동(SST), A의 변동(SSA), 잔차변동(SSE)를 계산하는 과정에서 편차를 일일이 계산한 다음에 변동을 구하는 경우에는 다음과 같은 간편 계산법을 사용하는 것이 보다 간단하다.

간편 계산법의 규칙은 각 변동의 정의에서 평균의 합을 반복수로 나눈 결과로 대치하면 된다. 즉, 총평균 $\overline{\overline{y}}$ 대신에 $\dfrac{T}{kn}$을, $\overline{y}_{i}\cdot$에 대신에 $\dfrac{T_{i\cdot}}{n}$을 대치하면 되고 $\dfrac{T^2}{kn}$을 총평균에 대한 수정항(CT; correction term)이라고 하며 일반적으로 다음과 같이 나타낸다.

$$CT=\frac{T^2}{kn}$$

$$\begin{aligned}
SST&=\sum_{i=1}^{k}\sum_{j=1}^{n}(y_{ij}\quad \overline{\overline{y}})^2-\sum_{i=1}^{k}\sum_{j=1}^{n}\left(y_{ij}^2-2\,y_{ij}\,\overline{\overline{y}}+\left(\overline{\overline{y}}\right)^2\right)\\
&=\sum_{i=1}^{k}\sum_{j=1}^{n}y_{ij}^2-2\overline{\overline{y}}\sum_{i=1}^{k}\sum_{j=1}^{n}y_{ij}+nk\left(\overline{\overline{y}}\right)^2\\
&=\sum_{i=1}^{n}\sum_{j=1}^{n}y_{ij}^2-2\frac{T^2}{kn}+\frac{T^2}{kn}\\
&=\sum_{i=1}^{k}\sum_{j=1}^{n}y_{ij}^2-\frac{T^2}{kn}\\
&=\sum_{i=1}^{k}\sum_{j=1}^{n}y_{ij}^2-CT
\end{aligned}$$

$$\begin{aligned}
SSA&=\sum_{i=1}^{k}\sum_{j=1}^{n}(\overline{y}_{i.}-\overline{\overline{y}})^2=\sum_{i=1}^{k}n(\overline{y}_{i\cdot}-\overline{\overline{y}})^2\\
&=\sum_{i=1}^{k}n\left(\frac{T_{i\cdot}}{n}-\frac{T}{kn}\right)^2\\
&=\sum_{i=1}^{k}\frac{{T_{i\cdot}}^2}{n}-\frac{T^2}{kn}\\
&=\sum_{i=1}^{k}\frac{{T_{i.}}^2}{n}-CT
\end{aligned}$$

$$SSE=\sum_{i=1}^{k}\sum_{j=1}^{n}(y_{ij}-\overline{y}_{i.})^2=(\sum_{i=1}^{k}\sum_{j-1}^{n}y_{ij}^2-CT)-\left(\sum_{i=1}^{k}\frac{{T_{i\cdot}}^2}{n}-CT\right)=SST-SSA$$

(3) 자유도 계산

이제, 각 제곱합의 자유도(degress of freedom)에 대해서 살펴보자. 제곱합의 자유

도는 제곱을 한 편차의 개수에서 편차들의 선형제약조건의 개수를 뺀 것과 같다. 즉,
(제곱합의 자유도) = (제곱을 한 편차의 개수) − (편차들의 선형제약조건의 개수)
먼저, 총제곱합에서 제곱을 한 편차의 개수는 $N=kn$ 개며 선형제약조건은

$$\sum_{i=1}^{k}\sum_{j=1}^{n}(y_{ij}-\bar{\bar{y}})=0$$

인 한 개가 있으므로 SST의 자유도는 $\phi_T=N-1(=kn-1)$이다.
그리고 처리제곱합에서 제곱을 한 편차의 개수는 k개이며 선형제약조건은

$$\sum_{i=1}^{k}(y_{i\cdot}-\bar{\bar{y}})=0$$

인 한 개가 있다. 따라서, SSA의 자유도는 $\phi_A=k-1$ 이다.
마지막으로 잔차제곱합에서 제곱을 한 편차의 개수는 $N=kn$개이며 선형제약조건은

$$\sum_{j=1}^{n}(y_{ij}-\overline{y_i}\cdot)=0 \qquad i=1,2,\cdots,k$$

로서 k개가 있다. 따라서 SSE의 자유도 ϕ_E 는

$$N-k=\mathrm{k}(\mathrm{n}-1)$$

이 된다. 또한, 총제곱합의 자유도는
(총제곱합의 자유도; ϕ_T)=(처리제곱합의 자유도; ϕ_A)+(잔차제곱합의 자유도; ϕ_E)
로 분해됨을 알 수 있다.

(4) 불편 분산의 기대값 유도

A_i의 수준의 평균 $\overline{y_i}\cdot$과 총(전체) 평균 $\bar{\bar{y}}$은 (2.3)식과 (2.4)식의 관계를 이용하여 다음과 같이 나타 낼 수 있다.

$$\overline{y_i}\cdot=\frac{\sum_{j=1}^{n}y_{ij}}{n}=\frac{\sum_{j=1}^{n}(\mu+a_i+\varepsilon_{ij})}{n}=\frac{n(\mu+a_i)+\sum_{j=1}^{n}\varepsilon_{ij}}{n} \tag{2.6}$$

$$=\mu+a_i+\overline{\varepsilon_i}\cdot$$

$$\bar{\bar{y}} = \frac{\sum_{i=1}^{k} \bar{y}_{i\cdot}}{k} = \frac{\sum_{i=1}^{k} (\mu + a_i + \bar{\varepsilon}_{i\cdot})}{k} = \mu + \frac{\sum_{i=1}^{k} a_i}{k} + \frac{\sum_{i=1}^{k} \bar{\varepsilon}_{i\cdot}}{k} \tag{2.7}$$

$$= \mu + \bar{\bar{\varepsilon}}$$

변동에 대한 기대값은 다음과 같이 유도 할 수 있다.

$$\begin{aligned} E(SST) &= E\left(\sum_{i=1}^{k}\sum_{j=1}^{n}(y_{ij} - \bar{\bar{y}})^2\right) \\ &= E\left(\sum_{i=1}^{k}\sum_{j=1}^{n}[\mu + a_i + \varepsilon_{ij}) - (\mu + \bar{\bar{\varepsilon}})]^2\right) \\ &= E\left(\sum_{i=1}^{k}\sum_{j=1}^{n}[a_i + (\varepsilon_{ij} - \bar{\bar{\varepsilon}})]^2\right) \\ &= E\left(\sum_{i=1}^{k}\sum_{j=1}^{n} a_i^2 + 2\sum_{i=1}^{k}\sum_{j=1}^{n} a_i(\varepsilon_{ij} - \bar{\bar{\varepsilon}}) + \sum_{i=1}^{k}\sum_{j=1}^{n}(\varepsilon_{ij} - \bar{\bar{\varepsilon}})^2\right) \\ &= \left(\sum_{i=1}^{k} n\, a_i^2\right) + E\left(\sum_{i=1}^{k}\sum_{j=1}^{n}(\varepsilon_{ij} - \bar{\bar{\varepsilon}})^2\right) \end{aligned} \tag{2.8}$$

단, $E\left(\sum_{i=1}^{k}\sum_{j=1}^{n} a_i(\varepsilon_{ij} - \bar{\bar{\varepsilon}})\right) = 0$.

A의 효과의 모분산을 다음과 같이 정의 된다.

$$\sigma_A^2 = E\left(\sum_{i=1}^{k} \frac{(a_i - \bar{a})^2}{(k-1)}\right) \tag{2.9}$$

위 식에서 $(k-1)$는 인자 A의 자유도를 의미하고 모수 모형의 경우에는 $\sum_{i=1}^{k} a_i = 0$ 를 만족함으로서 $\bar{a} = 0$ 이기 때문에 다음과 같이 나타 낼 수 있다.

$$\sigma_A^2 = \sum_{i=1}^{k} \frac{a_i^2}{(k-1)} \tag{2.10}$$

그리고 오차분산 다음과 같이 나타낸다.

$$\sigma_E^2 = E\left(\frac{\sum_{i=1}^{k}\sum_{j=1}^{n}(\varepsilon_{ij} - \bar{\bar{\varepsilon}})^2}{(kn-1)}\right) \tag{2.11}$$

따라서 (2.8) 식은 (2.10)과 (2.11)식을 이용하면 다음과 같이 유도 된다.

$$
\begin{aligned}
E(SST) &= E\left(\sum_{i=1}^{k}\sum_{j=1}^{n}(y_{ij}-\overline{\overline{y}})^2\right) \\
&= \left(\sum_{i=1}^{k} n\, a_i^2\right)+E\left(\sum_{i=1}^{k}\sum_{j=1}^{n}(\varepsilon_{ij}-\overline{\overline{\varepsilon}})^2\right) \\
&= n(k-1)\left(\sum_{i=1}^{k}\frac{a_i^2}{k-1}\right)+(kn-1)\times E\left(\frac{\sum_{i=1}^{k}\sum_{j=1}^{n}(\varepsilon_{ij}-\overline{\overline{\varepsilon}})^2}{(kn-1)}\right) \\
&= n(k-1)\sigma_A^2+(kn-1)\sigma_E^2
\end{aligned}
\tag{2.12}
$$

SSA 의 기대값은 다음과 같이 유도 된다.

$$
\begin{aligned}
E(SSA) &= E\left(\sum_{i=1}^{k}\sum_{j=1}^{n}(\overline{y}_{i.}-\overline{\overline{y}})^2\right) \\
&= E\left(n\sum_{i=1}^{k}[(\mu+a_i+\overline{\varepsilon}_{i\cdot})-(\mu+\overline{\overline{\varepsilon}})]^2\right) \\
&= E\left(n\sum_{i=1}^{k}[(a_i+(\overline{\varepsilon}_{i\cdot}-\overline{\overline{\varepsilon}})]^2\right)
\end{aligned}
\tag{2.13}
$$

그리고 오차분산 다음과 같이 나타 낼 수 있다.

$$
E\left(\frac{\sum_{i=1}^{k}(\overline{\varepsilon}_{i\cdot}-\overline{\overline{\varepsilon}})^2}{(k-1)}\right)=\frac{\sigma_E^2}{n}
\tag{2.14}
$$

단, (2.14) 식에서 $(\overline{\varepsilon}_{i\cdot}-\overline{\overline{\varepsilon}})$의 자유도는 $(k-1)$이고 $\overline{\varepsilon}_{i\cdot}$ 의 모분산은 $\frac{\sigma_E^2}{n}$ 이다. 따라서 A효과와 오차의 독립성을 가정하면 (2.13)식은 (2.10)과 (2.14)을 이용하여 다음과 같이 나타 낼 수 있다.

$$
\begin{aligned}
E(SSA) &= E\left(\sum_{i=1}^{k}\sum_{j=1}^{n}(\overline{y}_{i\cdot}-\overline{\overline{y}})^2\right) \\
&= E\left(n\sum_{i=1}^{k}[(a_i+(\overline{\varepsilon}_{i\cdot}-\overline{\overline{\varepsilon}})]^2\right) \\
&= \left(\sum_{i=1}^{k} n\, a_i^2\right)+n\,E\left(\sum_{i=1}^{k}(\overline{\varepsilon}_{i\cdot}-\overline{\overline{\varepsilon}})]^2\right)
\end{aligned}
$$

$$= n(k-1)\left(\sum_{i=1}^{k}\frac{a_i^2}{k-1}\right)+n(k-1)\times E\left(\frac{\sum_{i=1}^{k}(\overline{\varepsilon}_{i\cdot}-\overline{\overline{\varepsilon}})^2}{(k-1)}\right)$$

$$= n(k-1)\sigma_A^2+(k-1)\sigma_E^2 \tag{2.15}$$

또, $E(SSE)$에 대하여 알아보자.

$$E(SSE)= E\left(\sum_{i=1}^{k}\sum_{j=1}^{n}(y_{ij}-\overline{y}_{i\cdot})^2\right)$$

$$= E\left(\sum_{i=1}^{k}\sum_{j=1}^{n}[(\mu+a_i+\varepsilon_{ij.})-(\mu+a_i+\overline{\varepsilon}_{i\cdot})]^2\right)$$

$$= E\left(\sum_{i=1}^{k}\sum_{j=1}^{n}(\varepsilon_{ij}-\overline{\varepsilon}_{i\cdot})^2\right) \tag{2.16}$$

그리고 또 다른 오차분산 다음과 같이 나타 낼 수 있다.

$$E\left(\frac{\sum_{j=1}^{n}(\varepsilon_{ij}-\overline{\varepsilon}_{i\cdot})^2}{(n-1)}\right)=\sigma_E^2 \tag{2.17}$$

따라서 (2.16)식은 다음과 같이 유도 된다.

$$E(SSE)= E\left(\sum_{i=1}^{k}\sum_{j=1}^{n}(y_{ij}-\overline{y}_{i\cdot})^2\right)$$

$$= E\left(\sum_{i=1}^{k}\sum_{j=1}^{n}(\varepsilon_{ij}-\overline{\varepsilon}_{i\cdot})^2\right)$$

$$= k(n-1)\sigma_E^2 \tag{2.18}$$

$$= E(SST)-E(SSA)$$

따라서 불편분산의 기대값은 다음과 같이 유도 된다.

$$E(V_A)= E\left(\frac{SSA}{k-1}\right)=\sigma_E^2+n\,\sigma_A^2 \tag{2.19}$$

$$E(V_E)= E\left(\frac{SSE}{k(n-1)}\right)=\sigma_E^2 \tag{2.20}$$

여기에서 V_E의 값은 σ_E^2의 불편추정값이므로 다음과 같이 표기하여 사용된다.

$$\widehat{\sigma_E^2} = V_E \tag{2.21}$$

(5) 분산분석표 작성

인자 A의 각 수준에서 특성치의 차이가 있는지(유의한지)를 알아보기 위해서는 분산 분석표를 이용 할 수 있다. 따라서 각 수준에서 주효과를 a_i $(i = 1,2,\cdots,k)$라 할 때 귀무가설과 대립가설은 다음과 같이 설정 할 수 있다.

$$H_0: a_1 = a_2 = \cdots = a_k = 0 (\equiv \mu_1 = \mu_2 = \cdots = \mu_k)$$
$$H_1: a_i \text{ 는 모두 0은 아니다 } (\equiv \text{ 모두 같지는 않다})$$

(2.10)식을 이용하여 가설을 다르게 표현하면 다음과 같이 표현 할 수 있다.

$$H_0: \sigma_A^2 = \sum_{i=1}^{k} \frac{a_i^2}{(k-1)} = 0$$
$$H_1: \sigma_A^2 = \sum_{i=1}^{k} \frac{a_i^2}{(k-1)} > 0$$

위 귀무가설이 성립($H_0: \sigma_A^2 = 0$) 할 때 제곱 평균 V_A와 V_E의 비

$$F_0 = \frac{SSA/\phi_A}{SSE/\phi_E} = \frac{SSA/(k-1)}{SSE/k(n-1)} = \frac{V_A}{V_E} = \frac{V_A/\sigma_E^2}{V_E/\sigma_E^2} \tag{2.22}$$

은 동일한 모분산 σ_E^2을 가지는 모집단으로부터 독립된 2개의 분산의 비를 의미하므로 자유도가 ϕ_A, ϕ_E을 F 분포를 따른다.

따라서 가설 검정에 대한 의사결정은 유의수준 α가 주어졌을때 $F_0 > F(\phi_A, \phi_E; \alpha)$이면 귀무가설 H_0을 기각하고 그렇지 않으면 채택한다.

그리고 $E(V_A) = E\left(\frac{SSA}{k-1}\right) = \sigma_E^2 + n\sigma_A^2 \geq \sigma_E^2 = E(V_E)$의 조건을 만족함으로서 $F_0 = \frac{V_A}{V_E} < 1$ 인 경우에는 귀무가설은 항상 귀무가설 $H_0: \sigma_A^2 = 0$을 채택하게 된다.

참 고 **$F(n_1-1,\ n_2-1)$ 분포**

$X_1,\ X_2,\ \cdots, X_{n1}$과 $Y_1,\ Y_2,\ \cdots, Y_{n2}$를 각각 두 정규모집단 $N(\mu_1, \sigma_1^2)$, $N(\mu_2, \sigma_2^2)$에서의 서로 독립인 확률표본이라 하면

$$F = \frac{\sum (X_i - \overline{X})^2}{(n_1-1)\sigma_1^2} \Big/ \frac{\sum (Y_i - \overline{Y})^2}{(n_2-1)\sigma_2^2} \sim F(n_1-1,\ n_2-1)$$

따라서 분산분석표는 다음과 같이 요약 할 수 있다.

●● 반복수가 같은 일원배치법의 분산분석표

요인	제곱합	ϕ	평균제곱(V)	F_0	$E(V)$	$F(\alpha)$
A	SSA	ϕ_A	V_A	V_A/V_E	$\sigma_E^2 + n\,\sigma_A^2$	$F(\phi_A,\ \phi_E;\ \alpha)$
E	SSE	ϕ_E	V_E		σ_E^2	
계	SST	ϕ_T				

(6) 분산분석후 추정

인자 A_i의 수준에서 모평균 $\mu_i.$의 점추정값은 (2.6)식을 이용하면 다음과 같이 유도된다. 즉, $E(\bar{\varepsilon}_i.) = 0$ 이므로 $E(\bar{y}_i.) = E(\mu + a_i + \bar{\varepsilon}_i.) = \mu + a_i$을 만족함으로서

$$\hat{\mu}_i = \widehat{\mu + a_i} = \bar{y}_i. \tag{2.23}$$

이 된다. 따라서 A_i 평균 μ_i의 점추정값은 $\bar{y}_i.$가 되며 분산은 다음과 같이 유도 된다.

$$\begin{aligned} Var(\bar{y}_i.) &= Var(\mu + a_i + \bar{\varepsilon}_i.) = Var(\bar{\varepsilon}_i.) \\ &= Var\left(\frac{\varepsilon_{i1} + \varepsilon_{i2} + \cdots \varepsilon_{in}}{n}\right) \\ &= \frac{\sum_{j=1}^{n} Var(\varepsilon_{ij})}{n^2} = \frac{1}{n^2}(n\,\sigma_E^2) \\ &= \frac{V_E}{n} \end{aligned} \tag{2.24}$$

결국, A_i 수준에서 모평균 μ_i 의 $100(1-\alpha)\%$의 신뢰한계는 다음과 같다.

$$\bar{y}_i. \pm t\left(\phi_E; \frac{\alpha}{2}\right)\sqrt{\frac{V_E}{n}} \tag{2.25}$$

인자 A의 두 수준 A_i와 $A_{i'}$ 사이의 모형균 차의 추정은 다음과 같이 유도 된다.

$$\widehat{\mu_i} - \widehat{\mu_{i'}} = (\widehat{\mu + a_i}) - (\widehat{\mu + a_{i'}}) = \overline{y_i}. - \overline{y_{i'}}. \tag{2.26}$$

분산은

$$\begin{aligned} Var(\overline{y_i}. - \overline{y_{i'}}.) &= Var(\overline{y_i}.) + Var(\overline{y_{i'}}.) - 2cov(\overline{y_i}., \overline{y_{i'}}.) \\ &= \frac{\sigma_E^2}{n} + \frac{\sigma_E^2}{n} \\ &= \frac{2V_E}{n} \end{aligned} \tag{2.27}$$

따라서 $\mu_i - \mu_{i'}$의 $100(1-\alpha)\%$의 신뢰한계는 다음과 같다.

$$(\overline{y_i}. - \overline{y_{i'}}.) \pm t\left(\phi_E ; \frac{\alpha}{2}\right) \sqrt{\frac{2\ V_E}{n}} \tag{2.28}$$

(2.28) 식에서 구한 신뢰구간이 0을 포함하는 경우는 $\mu_{i}.$ 와 $\mu_{i'}.$ 간에 유의한 차가 있다고 볼 수 없다. 따라서 $|\overline{y}_i. - \overline{y}_{i'}.|$와 $t\left(\phi_E ; \frac{\alpha}{2}\right) \sqrt{\frac{2\ V_E}{n}}$ 을 비교하여 $|\overline{y}_i. - \overline{y}_{i'}.| > t\left(\phi_E ; \frac{\alpha}{2}\right) \sqrt{\frac{2\ V_E}{n}}$ 을 만족하면 2수준 $A_i.$ 와 $A_{i'}.$의 모형균의 차이는 유의 수준 α 하에서 유의하다는 의미를 가지게 된다. 여기서 $t\left(\phi_E ; \frac{\alpha}{2}\right) \sqrt{\frac{2\ V_E}{n}}$ 을 최소 유의차(LSD; least significant difference)라고 한다.

한편, 오차변동 $SSE = \sum_{i=1}^{k} \sum_{j=1}^{n} (y_{ij} - \overline{y}_i.)^2$을 y_{ij}의 분산 σ_E^2과 연관하면 다음의 사실이 알려져 있다.

$$\chi^2 = \frac{SSE}{\sigma_E^2}$$

즉, 자유도가 ϕ_E 인 χ^2 분포를 가진다.

참 고 **$\chi^2(n-1)$ 분포**

$X_1, X_2, \cdots, X_n$ 이 $N(\mu, \sigma^2)$으로 부터의 확률표본이라 하면

$$\frac{\sum (X_i - \overline{X})^2}{\sigma^2} \sim \chi^2(n-1)$$

결국, 다음과 같은 신뢰구간을 설정 할 수 있다.

$$p\left[\chi^2\left(\phi_E; 1-\frac{\alpha}{2}\right) \le \frac{SSE}{\sigma_E^2} \le \chi^2\left(\phi_E; \frac{\alpha}{2}\right)\right] = 1-\alpha$$

위 식을 σ_E^2 에 대하여 정리하면 다음과 같이 표현 된다.

$$p\left[\frac{SSE}{\chi^2\left(\phi_E; \frac{\alpha}{2}\right)} \le \sigma_E^2 \le \frac{SSE}{\chi^2\left(\phi_E; 1-\frac{\alpha}{2}\right)}\right] = 1-\alpha$$

결국 오차 분산 σ_E^2에 대한 신뢰계수 $(1-\alpha)$의 구간 추정은 다음과 같다.

$$\frac{SSE}{\chi^2\left(\phi_E; \frac{\alpha}{2}\right)} \le \sigma_E^2 \le \frac{SSE}{\chi^2\left(\phi_E; 1-\frac{\alpha}{2}\right)}$$

기본 예제 2.1

어떤 약이 식후 30분 경과해서 복용하도록 지시되었지만 약의 효과가 없다는 정보가 있어서 식전 30분, 식후 30분, 식후 1시간인 3가지 시간대를 설정하여 복용시간에 따라 효과에 차이가 있는지를 결정하는 실험을 실시하였다. 체형, 신체적 상황이 유사한 21명의 환자를 랜덤으로 7명씩 3조로 나누어서 각 방법으로 약을 복용하도록 하여 그 질병이 완치하기까지의 일수를 기록하여 다음 표와 같은 정보를 얻었다. 약의 효과가 3가지 복용시간대에 차이가 있다는 사실을 유의수준 5%로 검정하라.

식전 30분(A_1)	30, 35, 28, 29, 25, 29, 34
식후 30분(A_2)	25, 31, 28, 27, 23, 24, 31
식후 1시간(A_3)	20, 16, 17, 18, 18, 17, 20

결과

❶ 분산 분석표 작성

각 수준의 평균은 30, 27, 18이므로 외관상으로는 차이가 있는 것 같아 이 차이가 모집단의 평균의 차이에 의한 것인지를 확인하기 위해 분산분석표를 행할 수 있다.

데이터에서 총평균은 (30+27+18)/3 = 25가 된다.

	A_1	A_2	A_3
	30	25	20
	35	31	16
	28	28	17
	29	27	18
	25	23	18
	29	24	17
	34	31	20
합	210	189	126
평균	30	27	18
전체평균		25	

$$SST=\sum_{i=1}^{k}\sum_{j=1}^{n}(y_{ij}-\bar{\bar{y}})^2=(30-25)^2+(35-25)^2\cdots+(20-25)^2=694$$

$$SSA=n\sum_{i=1}^{k}(\bar{y}_{i\cdot}-\bar{\bar{y}})^2 \quad =7\times(30-25)^2+7\times(27-25)^2+7\times(18-25)^2=546$$

$SST=SSA+SSE$를 만족하므로 $SSE=694-546=148$이 된다.

간편 계산식을 이용하여 계산해보면 $CT=\dfrac{T^2}{kn}=\dfrac{525^2}{(3\times7)}=13125$

$$\begin{aligned}SST&=\sum_{i=1}^{k}\sum_{j=1}^{n}(y_{ij}-\bar{\bar{y}})^2\\&=\sum_{i}^{n}\sum_{j=1}^{n}y_{ij}^2-CT\\&=13819-13125=694\end{aligned}$$

$$\begin{aligned}SSA&=\sum_{i=1}^{k}\sum_{j=1}^{n}(\bar{y}_{i\cdot}-\bar{\bar{y}})^2\\&=\sum_{i=1}^{k}\frac{T_{i.}^{\,2}}{n}-CT\\&=13671-13125=546\end{aligned}$$

$$SSE=SST-SSE=694-546=148$$

즉, 분산분석표는 다음과 같다.

요인	제곱합	자유도	평균제곱	F 비	$F(2:18;\ 0.05)$
처리	546	2	273.0	33.2*	3.56
잔차	148	18	8.2		
계	694	20			

해석 즉, $F=33.2>F(2:18;\ 0.05)=3.56$이므로 귀무가설이 기각되고 시간대에 따른 약의 효과에 대한 차이가 인정된다.

참고로 각 요인의 순 변동 SS'를 추가하여 보자.

$$SS_A{}' = SSA - \phi_A \times \frac{SSE}{\phi_E} = SSA - \phi_A \cdot V_E = 546 - 2\times 8.2 = 529.6$$

$$SS_E{}' = SST - S_A{}' = 694 - 529.6 = 164.4$$

따라서 각 변동의 기여율 ρ는 다음과 같이 계산된다.

$$\rho_A = \frac{SS_A{}'}{SST}\times 100 = \frac{529.6}{694}\times 100 \simeq 76.31(\%)$$

$$\rho_E = \frac{SS_E{}'}{SST}\times 100 = \frac{164.4}{694}\times 100 \simeq 23.69(\%)$$

❷ 수준에 대한 모평균 추정

A_i 수준에서 모평균 $\mu_{i\cdot}$의 $100(1-\alpha)\%$의 신뢰한계는 다음과 같다.

$$\overline{y}_{i\cdot} \pm t\left(\phi_E ; \frac{\alpha}{2}\right)\sqrt{\frac{V_E}{n}}$$

각 수준의 평균은 $\overline{y}_{1\cdot}=30$, $\overline{y}_{2\cdot}=27$, $\overline{y}_{3\cdot}=18$ 이고 , $V_E=8.2$, $\phi_E=18$, $n=7$ 이므로 다음과 같이 95% 신뢰구간의 폭은 계산된다.

$$t(18\,;0.025)\sqrt{\frac{8.2}{7}} = 2.101\times\sqrt{1.171} = 2.27$$

따라서 각 수준의 모평균의 신뢰구간은 다음과 같다.

$\widehat{\mu_1}$: $30\pm 2.27 = (27.73,\ 32.27)$

$\widehat{\mu_2}$: $27\pm 2.27 = (24.73,\ 29.27)$

$\widehat{\mu_3}$: $18\pm 2.27 = (15.73,\ 20.27)$

❸ 모평균 차의 추정 및 검정

따라서 $\mu_{i\cdot} - \mu_{i'\cdot}$의 $100(1-\alpha)\%$의 신뢰한계는 다음과 같다.

$$(\overline{y_{i\cdot}} - \overline{y_{i'\cdot}}) \pm t\left(\phi_E;\frac{\alpha}{2}\right)\sqrt{\frac{2\,V_E}{n}}$$

따라서 신뢰폭은 다음과 같이 계산된다.

$$t\left(\phi_E;\frac{\alpha}{2}\right)\sqrt{\frac{2\,V_E}{n}} = t(18;0.025)\sqrt{\frac{2\times 8.2}{7}} = 2.101\times 1.53 = 3.21$$

따라서 각 수준간의 모평균차에 대한 신뢰구간은 다음과 같다.

$$\widehat{\mu_1 - \mu_2}:\quad (30-27)\pm 3.21 = 3\pm 3.21 = (-0.21\ ,\ 6.21)$$

$$\widehat{\mu_1 - \mu_3}:\quad (30-18)\pm 3.21 = 12\pm 3.21 = (8.79\ ,\ 15.21)$$

$$\widehat{\mu_2 - \mu_3}:\quad (27-18)\pm 3.21 = 9\pm 3.21 = (5.79\ ,\ 12.21)$$

위 세 구간 중 1번 째 구간만이 0을 포함하고 있으므로 μ_1와 μ_2간에는 유의한 차가 있다고 할 수 없지만 그 외의 구간은 유의한 차가 있다고 할 수 있다.

모평균차이가 유의한가를 LSD(최소유의차)를 이용하여 알아보기 위하여 LSD를 다음과 같이 계산된다.

$$LSD = t\left(\phi_E;\frac{\alpha}{2}\right)\sqrt{\frac{2\,V_E}{n}} = t(18;0.025)\sqrt{\frac{2\times 8.2}{7}} = 3.21$$

$|\overline{y}_{i\cdot} - \overline{y}_{i'\cdot}|$의 값이 3.21 이상인 것은 μ_i와 $\mu_{i'}$ 간에 차이가 있다고 볼 수 있고 3.21 이하이면 차이가 있다고 볼 수 없다. 따라서 $|\overline{y}_{1\cdot} - \overline{y}_{2\cdot}| = 3$ 만이 3.21이하이고 모두 3.21를 이상으로 나타났으므로 μ_1와 μ_2 간에는 유의한 차가 없으나 그 외에는 차이가 인정된다. 따라서 모평균 차이의 구간 추정 결과와 유사함을 알 수 있다.

❹ 오차분산의 추정

$\hat{\sigma}_E^2 = V_E$이며 오차 분산 σ_E^2에 대한 95%의 신뢰구간은 다음과 같다.

$$\frac{SSE}{\chi^2\left(\phi_E;\frac{\alpha}{2}\right)} \le \sigma_E^2 \le \frac{SSE}{\chi^2\left(\phi_E;1-\frac{\alpha}{2}\right)}$$

따라서 $SSE = 148$, $\chi^2(18\ ;\ 0.025) = 31.53$, $\chi^2(18\ ;\ 0.975) = 8.23$ 이므로 다음과 같이 계산된다.

$$\left(\frac{SSE}{\chi^2\left(\phi_E;\frac{\alpha}{2}\right)}\ ,\ \frac{SSE}{\chi^2\left(\phi_E;1-\frac{\alpha}{2}\right)}\right) = \left(\frac{148}{31.53}\ ,\frac{148}{8.23}\right) = (\ 4.69\ ,\ 17.98\ )$$

Minitab

1 다음과 같이 자료를 입력한다.

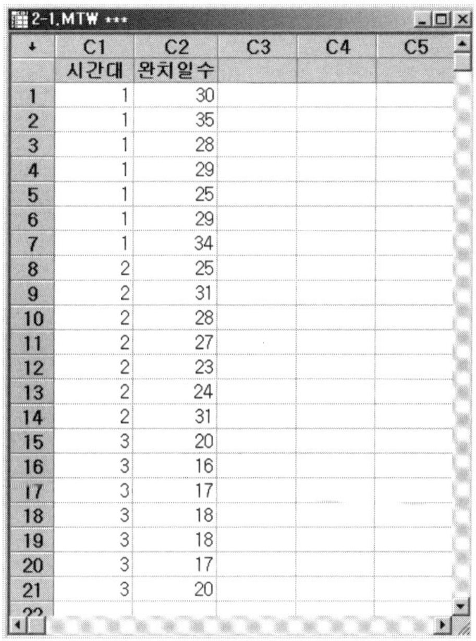

2 통계분석(S) → 분산 분석(A) → 일원 분산 분석(O)...을 선택하고 나타난 일원분산분석 대화상자에서 반응 항목에 마우스 포인트를 올려놓고 C2을 더블클릭한다. 물론 요인 항목에는 C1를 클릭하여 데이터 입력을 마감한다. 그리고 비교(C)... 아이콘을 누른다.

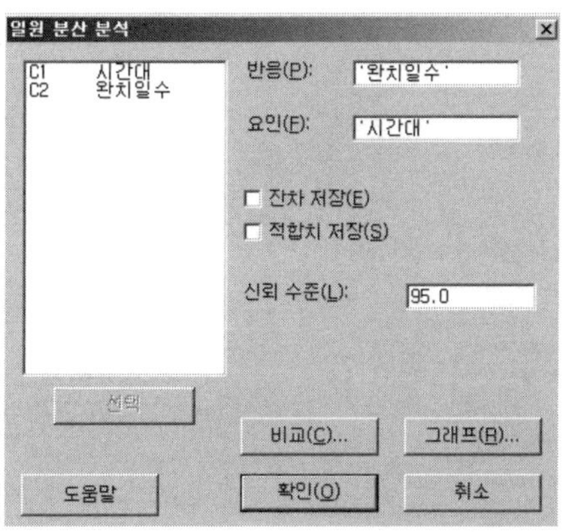

3 일원 다중 비교 대화상자에서 [Tukey의 모임 오류율] 항목과 [Hsu의 MCB, 모임 오류율] 항목을 체크한다. 그리고 확인(O) 버튼을 누른다.

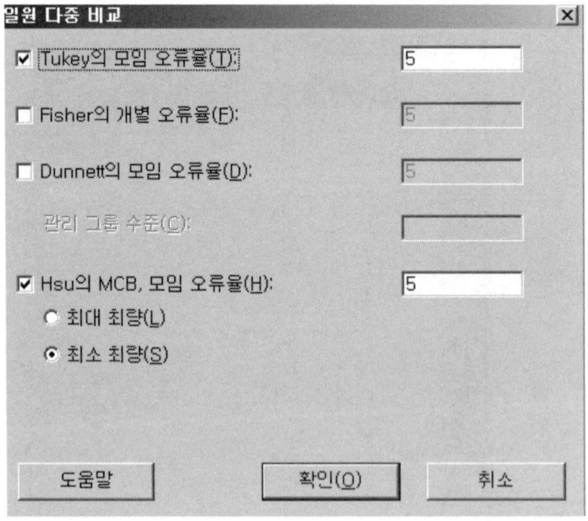

4 그래프(B)... 버튼을 클릭하고 다음의 대화상자에서 [개별 값 그림], [상자 그림]와 [네 개 모두] 항목을 체크하고 확인(O) 버튼을 누른다. 그리고 원래의 화면으로 돌아오면 다시 확인(O) 버튼을 누른다.

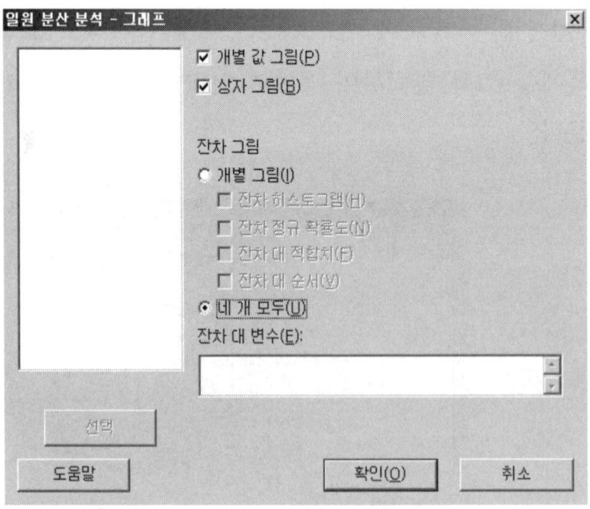

●●● 참고하세요!!

- **모임 오류율**: 수준 평균 사이의 실제 차이를 포함하지 않는 하나 이상의 신뢰구간을 얻을 최대 확률
- **개별 오류율**: 주어진 신뢰구간이 수준 평균의 실제 차이를 포함하지 않을 확률
- **Tukey의 모임 오류율**: Tukey의 방법(불균형적인 경우에는 Tukey-Kramer 방법이라고도 함)을 사용하여 쌍을 이루는 모든 데이터의 수준 평균 간 차이에 대한 신뢰 구간을 구하려면 이 항목을 선택한 다음 모임 오류율(0.5~0.001)을 입력한다. 값이 1.0보다 크거나 같으면 백분율로 해석되고 기본 오류율은 0.05.
- **Fisher의 개별 오류율**: Fisher의 LSD 절차를 사용하여 쌍을 이루는 모든 데이터의 수준 평균간 차이에 대한 신뢰 구간을 구하려면 이 항목을 선택한 다음 개별 오류율(0.5~0.001)을 입력하고 값이 1.0보다 크거나 같으면 백분율로 해석되고 기본 오류율은 0.05.
- **Dunnett의 모임 오류율**: 각 처리 수준 평균과 관리 수준 평균 간의 차이에 대한 양측 신뢰 구간을 구하려면 이 항목을 선택한 다음 모임 오류율(0.5~0.001)을 입력하고 값이 1.0보다 크거나 같으면 백분율로 해석되며 기본 오류율은 0.05.
- **관리 그룹 수준**: 관리 그룹의 요인 수준 값을 입력한다.(중요: 텍스트 변수의 경우에는 변수에 공백이 들어 있지 않아도 요인 수준을 큰 따옴표로 묶어야 한다.)
- **Hsu의 MCB, 모임 오류율**: 각 수준 평균과 다른 수준 평균 중에서 최량인 평균 사이의 차이에 대한 신뢰 구간을 계산 한다 "최량"에 대한 선택 방법에는 두 가지가 있다. 가장 작은 평균을 최량으로 간주하면 K = -1로 설정하고, 가장 큰 평균을 최량으로 간주하면 K = 1로 설정한다. 모임 오류율은 0.5와 0.001 사이의 값으로 지정되고 값이 1.0보다 크거나 같으면 백분율로 해석 되며 기본 오류율은 0.05이다.
- **최대 최량**: 가장 큰 평균을 최량으로 간주,
- **최소 최량**: 가장 작은 평균을 최량으로 간주

5 분산 분석표 및 각 수준의 개별 신뢰구간

```
세션

일원 분산 분석: 완치일수 대 시간대

출처    DF      SS      MS      F      P
시간대   2  546.00  273.00  33.20  0.000
오차    18  148.00    8.22
총계    20  694.00

S = 2.867   R-제곱 = 78.67%   R-제곱(수정) = 76.30%

                              합동 표준 편차에 근거한 평균의 개별 95% CI
수준  N    평균  표준 편차  ---------+---------+---------+---------+
1     7  30.000      3.464                      (----*----)
2     7  27.000      3.215                 (----*----)
3     7  18.000      1.528  (----*----)
                            ---------+---------+---------+---------+
|                                 20.0      25.0      30.0      35.0

합동 표준 편차 = 2.867
```

해석 p 값이 0.000으로 나타나 통계적으로 유의적이어서 수준 간에 차이가 있음을 인정한다는 의미가 된다. 즉, 귀무가설이 기각되고 시간대에 따른 약의 효과에 대한 차이가 인정된다.

6 다중 비교

```
세션

Hsu의 MCB(최량과의 다중 비교)

모임 오류율 = 0.05
임계값 = 2.04

{수준 평균 - 다른 수준 평균 중 최소값}의 구간

수준      하한    가운데     상한  -------+---------+---------+---------+--
1        0.000   12.000   15.127                   (-----------------+-----)
2        0.000    9.000   12.127                   (------------+---)
3      -12.127   -9.000    0.000  (---+------------)
                                  -------+---------+---------+---------+--
                                      -7.0       0.0       7.0      14.0


Tukey 95% 동시 신뢰 구간
시간대 수준에서의 모든 쌍 비교

개별 신뢰 수준 = 98.00%

시간대 = 1을(를) 다음에서 뺌:

시간대      하한    가운데     상한    +---------+---------+---------+---------
2         -6.912   -3.000    0.912              (----+----)
3        -15.912  -12.000   -8.088    (----+----)
                                      +---------+---------+---------+---------
                                    -16.0      -8.0       0.0       8.0

시간대 = 2을(를) 다음에서 뺌:

시간대      하한    가운데     상한    +---------+---------+---------+---------
3        -12.912   -9.000   -5.088       (----+----)
                                      +---------+---------+---------+---------
                                    -16.0      -8.0       0.0       8.0
```

해석 Hsu의 MCB의 다중 비교는 각 수준 평균과 다른 수준 평균 중에서 최량인(최소) 평균 사이의 차이에 대한 신뢰 구간을 나타내고 있다. 1, 2수준은 신뢰구간에 양수인 값이 있어서 최량이 될 수 있지만 3수준은 그렇지 않고 음의 수들로 되어 있어서 3수준이 최량이라는 증거는 없다. 만약, 1수준이 최량이라고 하면 경쟁하는 수준보다 15.127 정도 좋다는 의미이고 가운데 값 12는 1수준의 평균(30)에서 3수준의 평균(18)을 뺀 값이고 하한과 상한은 Hsu의 MCB의 공식에 의해 계산된 값이다. Tukey 95% 신뢰구간 중에서 μ_1과 μ_2간에만 0을 포함하고 있으므로 μ_1와 μ_2간에 두 수준간의 평균의 차이가 통계적으로 유의한 차가 있다고 할 수 없지만 그 외의 구간은 유의한 차가 있다고 할 수 있다. 즉 1수준에서 2수준의 평균값을 뺀 차이에 대한 신뢰구간은 (-0.912, 6.912)이 된다.

7 점도표 및 상자그림

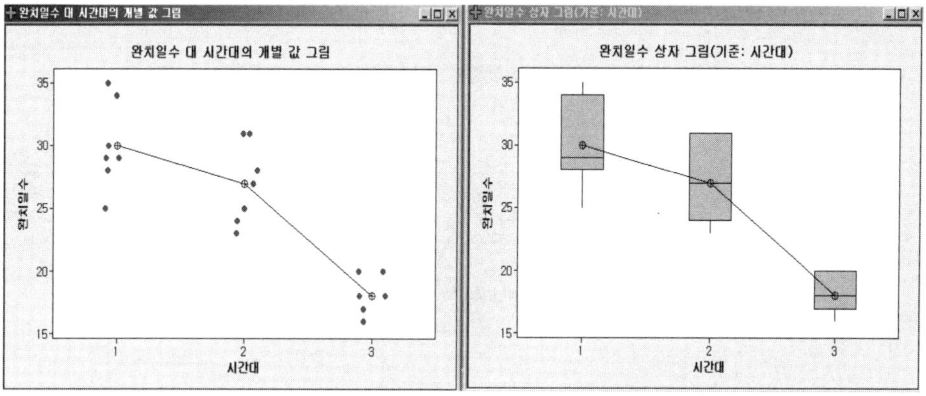

해석 점도표와 상자 그림에서는 3수준이 산포가 다른 수준에 비해서 작음을 나타내고 있다.

8 잔차그림

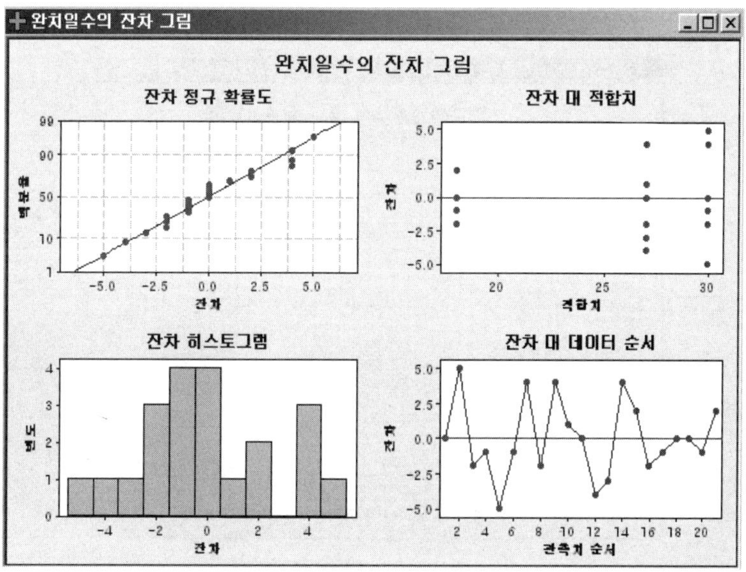

해석 [잔차 정규 확률도]에서는 직선주위에 점들이 몰려 있어서 정규성을 가진다고 할 수 있고 [잔차 히스토 그램]에서는 정규성을 가지기 위해서는 종모양을 가져야 하나 위 그림에서는 데이터가 적기 때문에 종모양의 형태를 가진다고 할 수 없지만 이 그림 하나로만 평가 할 수는 없다. [잔차 대 적합지] 그림에서는 특별한 패턴이 없으므로 등분산성을 가지고 있고 [잔차 데이터 순서]그림에서도 특별한 형태가 없는 랜덤으로 보이기 때문에 오차는 독립성을 가진다고 할 수 있다.

9 통계분석(S) → 분산 분석(A) → 등분산 검정(V)...을 선택하고 반응 항목과 요인 항목에 각각 C1과 C2를 입력하고 [확인(O)] 버튼을 누른다.

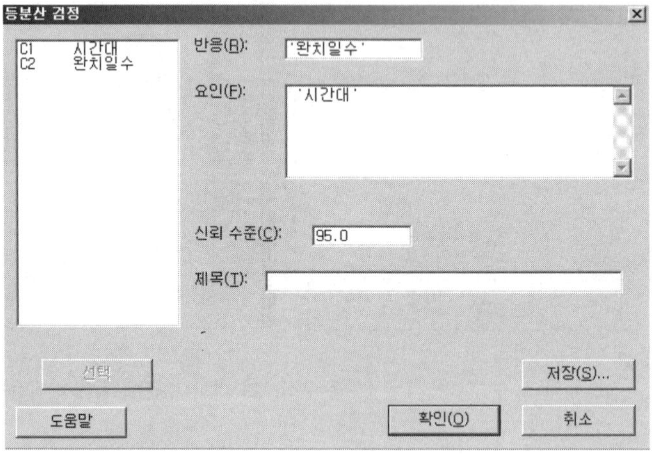

10 다음과 같은 등분산 검정 결과가 나타난다.

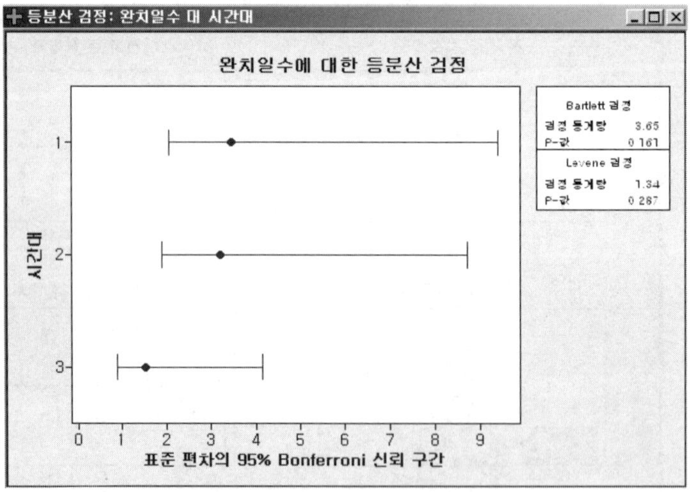

해석 Bartlett 와 Levene 검정을 실시한 결과 p-값이 각각 유의수준 0.05보다 큰값을 가지므로 수준마다 분산이 같다고 할 수 있다. 즉, 실험이 정상적으로 시행 되었다고 간주 할 수 있다.

●●● **참고하세요!!**

- 등분산 검정: Bartlett의 검정과 Levene의 검정을 사용하여 분산의 동일성(또는 동질성)에 대한 가설 검정을 수행하려면 분산 검정(F 검정)을 사용한다. 분산 분석을 포함한 대부분의 통계 절차에서는 표본들이 서로 다른 평균을 갖는 모집단에서 추출되었더라도 분산이 동일하다고 가정한다. 추론에 대한 이 분산의 효과는 부분적으로 모형에 고정 또는 랜덤 효과가 포함되어 있는지 여부, 표본 크기의 불일치 및 다중 비교 절차의 선택에 따라 달라진다. 모형에 고정 요인만 포함되어 있고 표본크기가 같거나 유사할 경우 분산의 비동일성이 분산 분석 F-검정에 미치는 영향은 아주 작지만 랜덤 효과를 포함하는 F-검정은 큰 영향을 받을 수 있다
- Bartlett의 검정과 Levene의 검정: 분산이 같다는 귀무가설과 모든 분산이 같지 않다는 대립가설을 놓고 Bartlett의 검정과 Levene의 검정에 대한 검정 통계량 및 p-값을 계산하고 표시한다. 2개의 수준만 있는 경우에는 Bartlett의 검정 대신 F-검정이 수행된다.

  데이터를 정규 분포에서 얻은 경우에는 Bartlett의 검정을 사용하고 데이터가 정규분포를 벗어날 경우 Bartlett의 검정은 로버스트하지 않고, 정규 분포 여부에 상관없이 연속형 분포의 데이터인 경우 Levene의 검정을 사용한다. 이 방법에서는 표본평균 대신 표본 중위수로부터 관측치까지의 거리를 사용하므로 표본 크기가 작을수록 보다 로버스트한 검정이 수행된다.

2) 반복수가 일정하지 않은 경우의 모수 모형

반복수가 일정하지 않는 경우는 측정에 실패하였거나 결측값(missing value)이 생겨 같은 수의 시료(표본)를 얻기 힘든 경우이거나 경우에 따라서는 어떤 특정 수준에 대하여 모평균 추정의 정도(precision)를 높이기 위하여 반복수를 다르게 하는 경우 등의 이유로 인하여 반복수가 일정하지 않는 경우의 모형을 사용하게 된다.

(1) 데이터 구조

각 처리에 대한 반복수가 같지 않은 일원배치법의 자료구조 즉, 인자 A의 수준이 k이고 각 수준에서 반복수가 n_i인 데이터(전체 데이터의 수 $N=\sum_{i=1}^{k} n_i$)는 다음의 표와 같다.

	A_1	A_2	$\cdots$	A_k	
	y_{11} y_{12} $\vdots$ y_{1n_1}	y_{21} y_{22} $\vdots$ y_{2n_2}	$\cdots$ $\cdots$ $\cdots$	y_{k1} y_{k2} $\vdots$ y_{kn_k}	
합 계	$T_1 .$	$T_2 .$	$\cdots$	$T_k .$	T
평 균	$\overline{y}_1 .$	$\overline{y}_2 .$	$\cdots$	$\overline{y}_k .$	$\overline{\overline{y}}$
제곱합	$\sum_{j=1}^{n_1}(y_{1j}-\overline{y}_1 .)^2$	$\sum_{j=1}^{n_2}(y_{2j}-\overline{y}_2 .)^2$	$\cdots$	$\sum_{j=1}^{n_k}(y_{kj}-\overline{y}_k .)^2$	

제곱 변동은 반복이 같은 경우와 유사하게 다음과 같이 유도 된다.

$$CT=\frac{\left(\sum_{i}^{k}\sum_{j=1}^{n_i}y_{ij}\right)^2}{\sum_{i=1}^{k}n_i}=\frac{T^2}{N}$$

$$SST=\sum_{i=1}^{k}\sum_{j=1}^{n_i}(y_{ij}-\overline{\overline{y}})^2=\sum_{i=1}^{k}\sum_{j=1}^{n_i}y_{ij}^2-CT$$

$$SSA=\sum_{i=1}^{k}\sum_{j=1}^{n_i}(\overline{y}_i .-\overline{\overline{y}})^2=\sum_{i=1}^{k}n_i(\overline{y_i}.-\overline{\overline{y}})^2$$

$$=\sum_{i=1}^{k}\frac{T_{i.}^{\ 2}}{n_i}-CT$$

$$SSA=\sum_{i=1}^{k}\sum_{j=1}^{n_i}(y_{ij}-\overline{y}_i .)^2=SST-SSE$$

(2) 자유도 계산

제곱합의 자유도는 제곱을 한 편차의 개수에서 편차들의 선형제약조건의 개수를 뺀 것과 같다. 즉, (제곱합의 자유도) = (제곱을 한 편차의 개수)-(편차들의 선형제약조건의 개수) 따라서, SST의 자유도는 $\phi_T=N-1$, SSA의 자유도는 $\phi_A=k-1$이고 SSE의 자유도 ϕ_E는 $N-k$이 된다. 단, $N=\sum_{i=1}^{k}n_i$.

(3) 평균 제곱의 기대값 유도

반복수가 같지 않은 데이터 구조식은 다음과 같이 표현 할 수 있다.

$$y_{ij}= \mu + a_i + \varepsilon_{ij}, \quad i=1,2,\cdots,k, \quad j=1,2,\cdots,n_i \tag{2.29}$$

A_i 의 수준의 평균 $\overline{y}_i.$과 총(전체) 평균 $\overline{\overline{y}}$ 은 각각 $\overline{\varepsilon}_i. = \sum_{j=1}^{n_i} \frac{\varepsilon_{ij}}{n_i}$,

$\overline{\overline{\varepsilon}} = \sum_{i=1}^{k} \sum_{j=1}^{n_i} \frac{\varepsilon_{ij}}{N}$ 이라고 하면

$$\overline{y}_i. = \mu + a_i + \overline{\varepsilon}_i. \tag{2.30}$$

$$\overline{\overline{y}} = \mu + \overline{\overline{\varepsilon}} \tag{2.31}$$

으로 유도 할 수 있고 A 가 모수 인자라면 다음을 만족한다.

$$\sum_{i=1}^{k} n_i a_i - 0 \tag{2.32}$$

따라서 SSA 의 기대값은 다음과 같이 유도 된다.

$$\begin{aligned} E(SSA) &= E\left(\sum_{i=1}^{k}\sum_{j=1}^{n_i}(\overline{y}_i. - \overline{\overline{y}})^2\right) \\ &= E\left(\sum_{i=1}^{k} n_i [(\mu + a_i + \overline{\varepsilon}_i.) - (\mu + \overline{\overline{\varepsilon}})]^2\right) \\ &= \left(\sum_{i=1}^{k} n_i \ a_i^2\right) + E\left(\sum_{i=1}^{k} n_i (\overline{\varepsilon}_i. - \overline{\overline{\varepsilon}})^2\right) \end{aligned} \tag{2.33}$$

즉, $\varepsilon_{ij} \sim N(0, \sigma_E^2)$ 이고 독립이라는 가정하에서

$$E\left(\sum_{i=1}^{k} n_i (\overline{\varepsilon}_i. - \overline{\overline{\varepsilon}})^2\right) = (k-1)\sigma_E^2$$

이 되므로 V_A 의 기대값은 다음과 같이 된다.

$$\begin{aligned} E(V_A) &= \frac{1}{k-1} E(SSA) = \frac{1}{k-1}\left(\sum_{i=1}^{k} n_i \ a_i^2 + (k-1)\sigma_E^2\right) \\ &= \sigma_E^2 + \frac{\sum_{i=1}^{k} n_i \ a_i^2}{k-1} \end{aligned}$$

$E(SSE)$에 대하여 알아보자.

$$E(SSE) = E\left(\sum_{i=1}^{k}\sum_{j=1}^{n_i}(y_{ij} - \overline{y}_{i}.)^2\right)$$

$$= E\left(\sum_{i=1}^{k}\sum_{j=1}^{n_i}[(\mu + a_i + \varepsilon_{ij}) - (\mu + a_i + \overline{\varepsilon}_i.)]^2\right)$$

$$= E\left(\sum_{i=1}^{k}\sum_{j=1}^{n_i}(\varepsilon_{ij} - \overline{\varepsilon}_i.)^2\right) \tag{2.34}$$

그리고 (2.34) 식은 다음과 같이 유도 가능하다.

$$\sum_{i=1}^{k} E\left(\sum_{j=1}^{n_i}(\varepsilon_{ij} - \overline{\varepsilon}_i.)^2\right) = \sum_{i=1}^{k}(n_i - 1)E\left(\sum_{j=1}^{n_i}(\varepsilon_{ij} - \overline{\varepsilon}_i.)^2/(n_i - 1)\right) = \sum_{i=1}^{k}(n_i - 1)\sigma_E^2$$

따라서 $E(SSE) = \sum_{i=1}^{k}(n_i - 1)\sigma_E^2 = (N-k)\sigma_E^2$ 이므로 V_E의 기대값은 다음과 같다.

$$E(V_E) = \frac{1}{(N-k)}E(SSE) = \sigma_E^2 \tag{2.35}$$

(4) 분산 분석표의 작성

위에서 유도한 결과에 의한 분산분석표는 다음과 같이 요약 할 수 있다.

●● 반복수가 다른 일원배치법의 분산분석표

요인	SS	ϕ	V	F_0	$E(V)$	$F(\alpha)$
A	SSA	$k-1$	V_A	V_A/V_E	$\sigma_E^2 + \sum_{i=1}^{k} n_i a_i^2/(k-1)$	$F(k-1, N-k; \alpha)$
E	SSE	$N-k$	V_E		σ_E^2	
계	SST	$N-1$				

위 분산표에서 인자 A의 귀무가설 $H_0: \sum_{i=1}^{k} n_i a_i = 0$이며 이 사실은 다음과 같은 측면으로 생각해 볼 수 있다. 즉,

$$H_0: a_1 = a_2 = \cdots = a_k = 0 (\equiv \mu_1 = \mu_2 = \cdots = \mu_k)$$

만약 $F_0 = \frac{V_A}{V_E} > F(k-1, N-k; \alpha)$이면 귀무가설을 기각하고 아니면 채택하게 된다.

(5) 분산분석후 추정

인자 A_i 의 수준에서 반복수가 같은 경우와 모평균 $\mu_{i\cdot}$ 의 점추정값은 동일하지만 분산은 n 대신에 n_i 을 총데이터 합 $N = \sum_{i=1}^{k} n_i$ 을 사용하면 유사하게 유도 할 수 있다. 즉,

$$Var(\overline{y_{i\cdot}}) = \frac{V_E}{n_i}$$

결국, A_i 수준에서 모평균 $\mu_{i\cdot}$ 의 $100(1-\alpha)\%$ 의 신뢰한계는 다음과 같다.

$$\overline{y_{i\cdot}} \pm t\left(\phi_E;\frac{\alpha}{2}\right)\sqrt{\frac{V_E}{n_i}} \tag{2.36}$$

인자 A 의 두 수준 A_i 와 $A_{i'}$ 사이의 모평균 차의 추정은 다음과 같이 유도 된다.

$$\widehat{\mu_i} - \widehat{\mu_{i'}} = (\widehat{\mu + a_i}) - (\widehat{\mu + a_{i'}}) = \overline{y_{i\cdot}} - \overline{y_{i'\cdot}} \tag{2.37}$$

분산은

$$\begin{aligned} Var(\overline{y_{i\cdot}} - \overline{y_{i'\cdot}}) &= Var(\overline{y_{i\cdot}}) + Var(\overline{y_{i'\cdot}}) - 2cov(\overline{y_{i\cdot}}, \overline{y_{i'\cdot}}) \\ &= \frac{\sigma_E^2}{n_i} + \frac{\sigma_E^2}{n_{i'}} \end{aligned} \tag{2.38}$$

따라서 $\mu_{i\cdot} - \mu_{i'\cdot}$ 의 $100(1-\alpha)\%$ 의 신뢰한계는 다음과 같다.

$$(\overline{y_{i\cdot}} - \overline{y_{i'\cdot}}) \pm t\left(\phi_E;\frac{\alpha}{2}\right)\sqrt{V_E\left(\frac{1}{n_i} + \frac{1}{n_{i'}}\right)} \tag{2.28}$$

기본 예제 2.2

S제약 홍보부에서는 어린이용 건강보조식품의 효과의 차이를 알아보기 위하여 만 5세가 되는 유아 15명을 임의로 3개의 집단(6명,7명,6명,4명)으로 나누어 각 집단에 각 각 비타민 함유량에 의한 4수준 A1(비타민 5%), A2(비타민 10%), A3(비타민 15%), A4(비타민 20%)의 건강보조식품을 하루에 1병씩 복용하게 하여 6개월 이후 체중 증가치을 측정한 결과 네 가지 유형 건강보조식품이 몸무게 증가 속도에 미치는 효과에 대한 차이가 있는지를 분산분석표를 작성하여 검정하라.

건강보조식품의 유형

A1	A2	A3	A4
65	75	59	94
87	69	78	89
73	83	67	80
79	81	62	88
81	72	83	
69	79	76	
	90		

(단위:10^{-1} kg)

결과

❶ 분산 분석표 작성

$k=4,\ n_1=6,\ n_2=7,\ n_3=6,\ n_4=4,\ n_1+n_2+n_3+n_4=23$

$\overline{y_1}.=75.67,\ \overline{y_2}.=78.43,\ \overline{y_3}.=70.83,\ \overline{y_4}.=87.75,\ T=1779$

건강보조식품의 유형

	A1	A2	A3	A4
	65	75	59	94
	87	69	78	89
	73	83	67	80
	79	81	62	88
	81	72	83	
	69	79	76	
		90		
합	454	549	425	351
평균	75.67	78.43	70.83	87.75

제곱 변동은 반복이 같은 경우와 유사하게 다음과 같이 유도 된다.

$$CT=\frac{\left(\sum_{i}^{k}\sum_{j=1}^{n_i}y_{ij}\right)^2}{\sum_{i=1}^{k}n_i}=\frac{T^2}{N}=\frac{(1,779)^2}{23}=137,601.8$$

$$SST=\sum_{i=1}^{k}\sum_{j=1}^{n_i}(y_{ij}-\overline{\overline{y}})^2=\sum_{i=1}^{k}\sum_{j=1}^{n_i}y_{ij}^2-CT$$

$$=(65)^2+(87)^2+(73)^2+\cdots\cdots+(88)^2-CT$$

$$=139,511-137,601.8=1,909.2$$

$$SSA=\sum_{i=1}^{k}\sum_{j=1}^{n_i}(\overline{y}_i.-\overline{\overline{y}})^2=\sum_{i=1}^{k}n_i(\overline{y}_i.-\overline{\overline{y}})^2=\sum_{i=1}^{k}\frac{T_{i.}^2}{n_i}-CT$$

$$= \frac{(454)^2}{6} + \frac{(549)^2}{7} + \frac{(425)^2}{6} + \frac{(351)^2}{4} - CT$$

$$= 138{,}314.4 - 137{,}601.8 = 712.6$$

$$SSE = \sum_{i=1}^{k}\sum_{j=1}^{n_i}(y_{ij} - \bar{y}_{i\cdot})^2 = SST - SSE = 1{,}196.6$$

따라서 불편 분산은 다음과 같이 계산된다.

$$V_A = \frac{712.6}{3} = 237.5\,,\ V_E = \frac{1{,}196.6}{19} = 63.0,\ F_0 = \frac{237.5}{63.0} = 3.77$$

이런 결과를 이용하여 분산 분석표를 만들면 다음과 같이 표현 된다.

요인	S	ϕ	V	F_0	$F(\alpha)$
A	712.6	3	237.5	3.77	$F(3\,,\ 19\,;\ 0.05) = 3.13$
E	1,196.6	19	63.0		
계	1,909.2	22			

따라서 세 가지 유형 건강보조식품이 몸무게 증가 속도에 미치는 효과가 있다고 할 수 있기 때문에 수준에 따른 검정이 필요하다.

❷ 각 수준에 따른 모평균 추정

A_i 수준에서 ($\bar{y}_{1\cdot} = 75.67,\ \bar{y}_{2\cdot} = 78.43,\ \bar{y}_{3\cdot} = 70.83,\ \bar{y}_{4\cdot} = 87.75$) 모평균 $\mu_{i\cdot}$의 $100(1-\alpha)\%$의 신뢰한계는 다음과 같다.

$$\bar{y}_{i\cdot} \pm t\left(\phi_E; \frac{\alpha}{2}\right)\sqrt{\frac{V_E}{n_i}}$$

그러므로 각 수준 의 모평균의 신뢰구간은 다음과 같다.

$$\hat{\mu}_1:\ 75.67 \pm t(19\,;0.025)\sqrt{\frac{63}{6}} = 75.67 \pm 2.093 \times 3.24 = (68.89\,,\ 82.45)$$

$$\hat{\mu}_2:\ 78.43 \pm t(19\,;0.025)\sqrt{\frac{63}{7}} = 78.43 \pm 2.093 \times 3.0 = (72.15\,,\ 84.71)$$

$$\hat{\mu}_3:\ 70.83 \pm t(19\,;0.025)\sqrt{\frac{63}{6}} = 70.83 \pm 2.093 \times 3.24 = (64.05\,,\ 77.61)$$

$$\hat{\mu}_4:\ 87.75 \pm t(19\,;0.025)\sqrt{\frac{63}{4}} = 87.75 \pm 2.093 \times 3.97 = (79.44\,,\ 96.06)$$

Minitab

1 다음과 같이 자료를 입력한다.

워크시트 1 ***

	C1	C2	C3
	비타민함유량	체중증가치	
1	0.05	65	
2	0.05	87	
3	0.05	73	
4	0.05	79	
5	0.05	81	
6	0.05	69	
7	0.10	75	
8	0.10	69	
9	0.10	83	
10	0.10	81	
11	0.10	72	
12	0.10	79	
13	0.10	90	
14	0.15	59	
15	0.15	78	
16	0.15	67	
17	0.15	62	
18	0.15	83	
19	0.15	76	
20	0.20	94	
21	0.20	89	
22	0.20	80	
23	0.20	88	

2 통계분석(S) → 분산 분석(A) → 일원 분산 분석(O)...을 선택하고 나타난 일원분산분석 대화상자에서 반응 항목에 마우스 포인트를 올려놓고 C2을 더블클릭한다. 물론 요인 항목에는 C1를 더블클릭하여 데이터 입력을 마감한다. 그리고 비교(C)... 아이콘을 누른다.

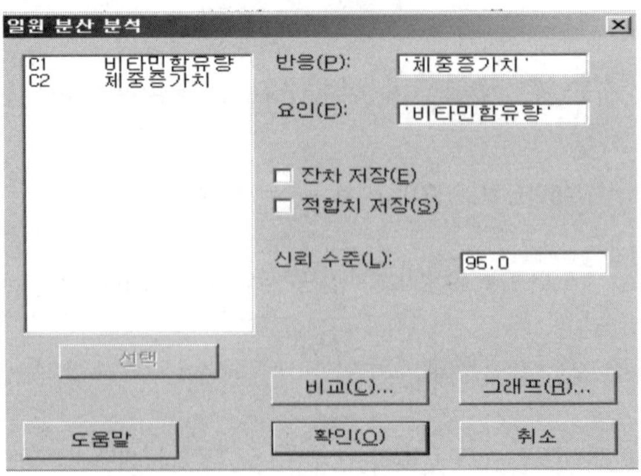

3 일원 다중 비교 대화상자에서 [Tukey의 모임 오류율] 항목과 [Hsu의 MCB, 모임 오류율] 항목을 체크한다. 그리고 확인(O) 버튼을 누른다.

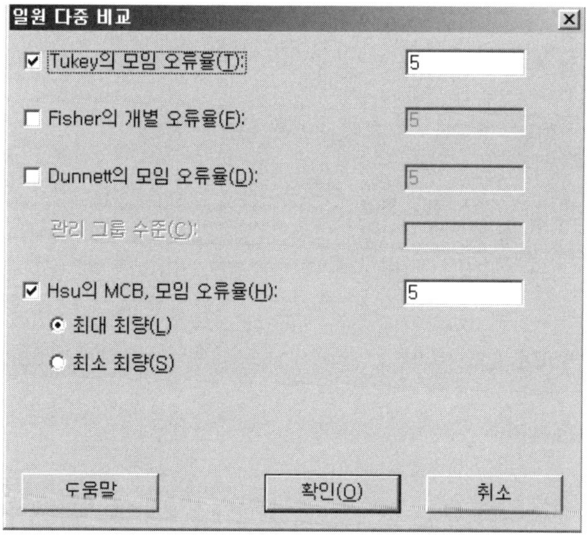

4 그래프(R)... 버튼을 클릭하고 다음의 대화상자에서 [개별 값 그림], [상자 그림]와 [네 개 모두] 항목을 체크하고 확인(O) 버튼을 누른다. 그리고 원래의 화면으로 돌아오면 다시 확인(O) 버튼을 누른다.

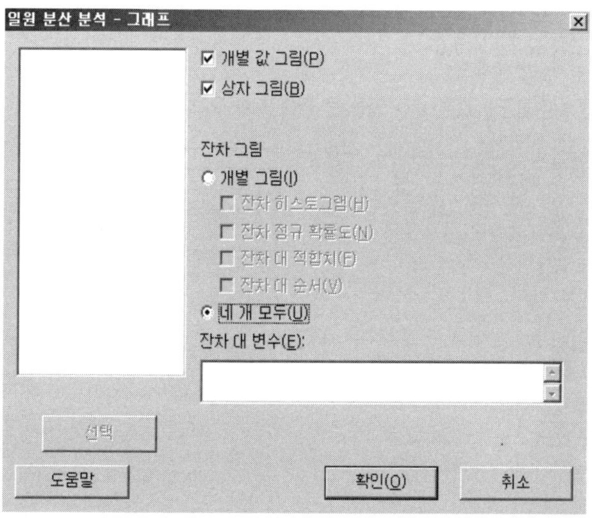

5 분산 분석표 및 각 수준의 개별 신뢰구간

```
세션

일원 분산 분석: 체중증가치 대 비타민함유량

출처          DF      SS     MS     F      P
비타민함유량   3   712.6  237.5  3.77  0.028
오차          19  1196.6   63.0
총계          22  1909.2

S = 7.936   R-제곱 = 37.32%   R-제곱(수정) = 27.43%

                               합동 표준 편차에 근거한 평균의 개별 95% CI
수준  N    평균  표준 편차  ------+---------+---------+---------+---
0.05  6  75.667      8.165       (------*-----)
0.10  7  78.429      7.115          (-----*------)
0.15  6  70.833      9.579  (------*------)
0.20  4  87.750      5.795                (--------*-------)
                            ------+---------+---------+---------+---
                                 70        80        90       100

합동 표준 편차 = 7.936
```

해석 p 값이 0.028(유의수준 0.05)으로 나타나 통계적으로 유의적이어서 수준 간에 차이가 있음을 인정한다는 의미가 된다. 즉, 귀무가설이 기각되고 건강보조식품 유형에 따른 몸무게 증가속도에 대한 차이가 인정된다.

6 다중 비교

```
세션

Hsu의 MCB(최량과의 다중 비교)

모임 오류율 = 0.05
임계값 = 2.22

{수준 평균 - 다른 수준 평균 중 최대값}의 구간

수준     하한    가운데    상한  ---------+---------+---------+---------+
0.05  -23.446  -12.083   0.000     (-------*-------)
0.10  -20.355   -9.321   1.712       (-------*------)
0.15  -28.280  -16.917   0.000  (-------*----------)
0.20   -1.712    9.321  20.355                 (------*-------)
                                ---------+---------+---------+---------+
                                       -15         0        15        30
```

```
Tukey 95% 동시 신뢰 구간
비타민함유량 수준에서의 모든 쌍 비교

개별 신뢰 수준 = 98.89%

비타민함유량 = 0.05을(를) 다음에서 뺌:

비타민함유량      하한   가운데    상한
0.10            -9.664   2.762  15.188
0.15           -17.728  -4.833   8.061
0.20            -2.333  12.083  26.500

비타민함유량   +---------+---------+---------+---------
0.10                      (-------*-------)
0.15                 (-------*-------)
0.20                          (---------*---------)
               +---------+---------+---------+---------
             -32       -16         0        16

비타민함유량 = 0.10을(를) 다음에서 뺌:

비타민함유량      하한   가운데    상한
0.15           -20.021  -7.595   4.830
0.20            -4.677   9.321  23.320

비타민함유량   +---------+---------+---------+---------
0.15                (-------*-------)
0.20                        (---------*---------)
               +---------+---------+---------+---------
             -32       -16         0        16

비타민함유량 = 0.15을(를) 다음에서 뺌:

비타민함유량    하한   가운데    상한
0.20           2.500  16.917  31.333

비타민함유량   +---------+---------+---------+---------
0.20                              (---------*---------)
               +---------+---------+---------+---------
             -32       -16         0        16
```

해석 Hsu의 MCB의 다중 비교는 각 수준 평균과 다른 수준 평균 중에서 최량인(최대) 평균 사이의 차이에 대한 신뢰 구간을 나타내고 있다. 0.10수준과 0.20 수준은 신뢰구간에 양수인 값이 있어서 최량이 될 수 있지만 0.05수준과 0.15수준은 그렇지 않고 음의 수들로 되어 있어서 최량이라는 증거는 없다. 만약, 0.20수준이 최량이라고 하면 경쟁하는 수준보다 20.355 정도 좋다는 의미이고 다른 수준의 최량보다 1.712나 나쁠 수 있다는 의미로 해석 가능하다.

Tukey 95% 신뢰구간 중에서 μ_3과 μ_4 간에만 0을 포함하고 있지 않기 때문에 μ_3와 μ_4 간에 두 수준간의 평균의 차이가 통계적으로 유의한 차가 있고 그 외의 구간은 유의한 차가 있다고 할 수 없다. 즉 0.15수준에서 0.20수준의 평균값을 뺀 차이에 대한 신뢰구간은 (-31.333, -2.5)이 된다.

7 점도표 및 상자그림

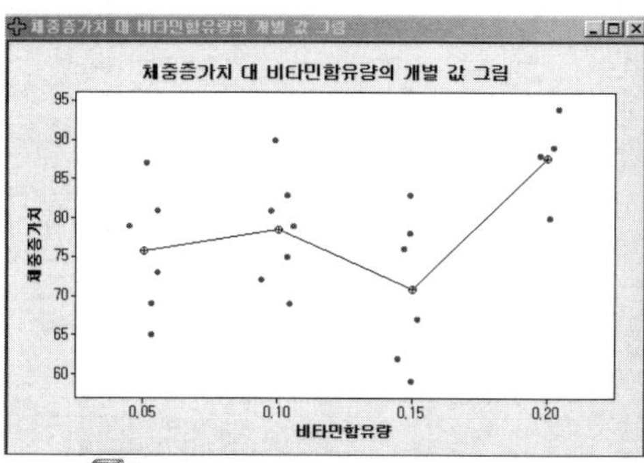

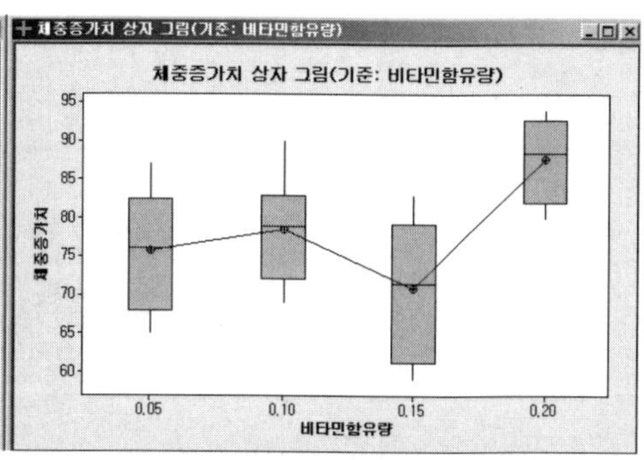

해석 점도표와 상자 그림에서는 0.20수준이 산포가 다른 수준에 비해서 작음을 나타내고 있다.

8 잔차그림

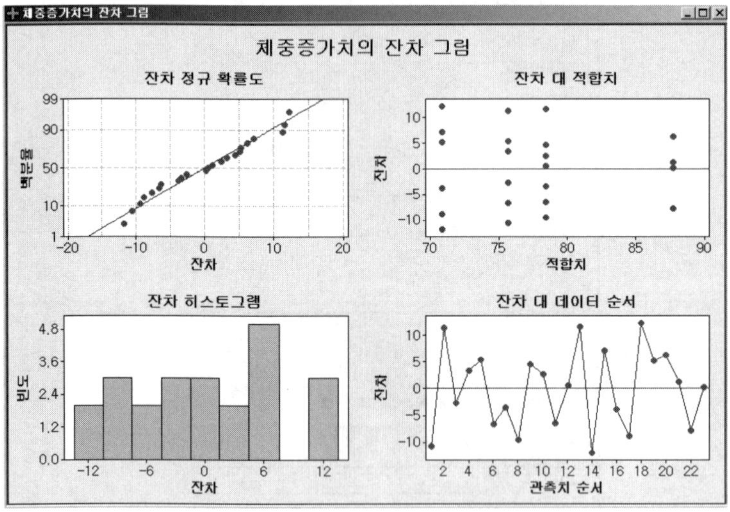

해석 [잔차 정규 확률도]에서는 직선주위에 점들이 몰려 있어서 정규성을 가진다고 할 수 있고 [잔차 히스토 그램]에서는 정규성을 가지기 위해서는 종모양을 가져야 하나 위 그림에서는 데이터가 적기 때문에 종모양의 형태를 가진다고 할 수 없지만 이 그림 하나로만 평가 할 수는 없다. [잔차 대 적합지] 그림에서는 특별한 패턴이 없으므로 등분산성을 가지고 있고 [잔차 데이터 순서]그림에서도 특별한 형태가 없는 랜덤으로 보이기 때문에 오차는 독립성을 가지다고 할 수 있다.

9 통계분석(S) → 분산 분석(A) → 등분산 검정(V)...을 선택하고 반응 항목과 요인 항목에 각각 C2과 C1를 입력하고 확인(O) 버튼을 누른다.

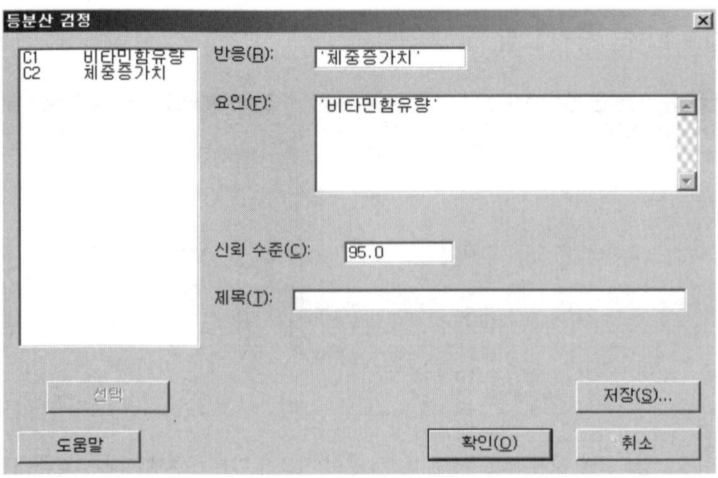

10 다음과 같은 등분산 검정 결과가 나타난다.

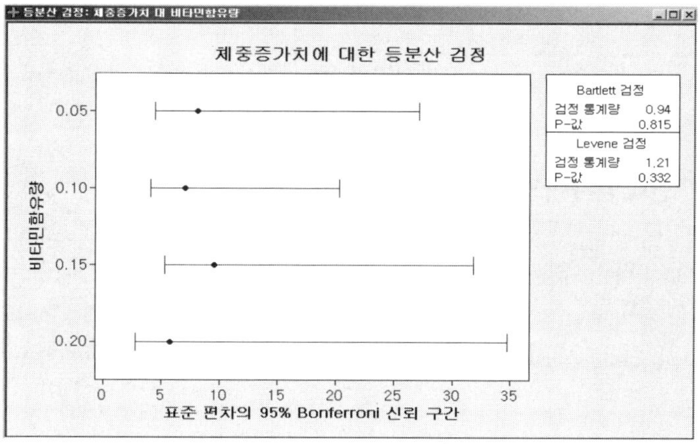

해석 Bartlett 와 Levene 검정을 실시한 결과 p-값이 각각 유의수준 0.05보다 큰값을 가지므로 수준마다 분산이 같다고 할 수 있다. 즉, 실험이 정상적으로 시행 되었다고 간주 할 수 있다.

3) 반복수가 일정한 경우의 변량 모형

변량 모형은 인자 A가 변량인자인 경우로서 수많은 재료로부터 랜덤하게 k개의 재료를 샘플로하여 이루어진다. 예를 들면 실험일 k일을 택하여 실험을 한다거나 많은 전구중에서 랜덤하게 k개를 선택하여 수명 실험을 한다고 했을 때 전구는 수준 k을 가진 변량인자가 된다. 여기에서 각 수준마다의 모평균 μ_i의 추정보다는 모집단의 분산 σ_A^2을 추정하는 것이 실험의 목적에 가깝다.

(1) 데이터 구조식

반복수가 같은 경우의 데이터 구조식은 다음과 같이 표현 할 수 있다.

$$y_{ij} = \mu + a_i + \varepsilon_{ij}, \quad i = 1, 2, \cdots, k, \quad j = 1, 2, \cdots, n \tag{2.30}$$

위 식에서 a_i와 ε_{ij}은 확률변수로서 각각의 기대값은 0 이고 분산은 σ_A^2와 σ_E^2 이고 각각 서로 독립인 정규분포를 따른다.

즉, $a_i \sim N(0, \sigma_A^2)$: 서로 독립 , $\varepsilon_{ij} \sim N(0, \sigma_E^2)$: 서로 독립, $Cov(a_i, \varepsilon_{ij}) = 0$.

(2.30)식으로부터 다음과 같이 유도 된다.

$$\overline{y_i}\cdot = \mu + a_i + \overline{\varepsilon_i}\cdot \tag{2.31}$$

$$\overline{\overline{y}} = \mu + \overline{a} + \overline{\overline{\varepsilon}}$$

단, A가 변량인자이므로 $\overline{a} = \sum_{i=1}^{k} \frac{a_i}{k} \neq 0$.

따라서 $\overline{y_i}\cdot$ 와 $\overline{\overline{y}}$ 의 분산은 다음과 같이 유도 된다.

$$\begin{aligned} Var(\overline{y_i}\cdot) &= Var(\mu + a_i + \overline{\varepsilon_i}\cdot) = Var(a_i) + Var(\overline{\varepsilon_i}\cdot) \\ &= \sigma_A^2 + \frac{\sigma_E^2}{n} \end{aligned}$$

$$Var(\overline{\overline{y}}) = Var(\mu + \overline{a} + \overline{\overline{\varepsilon}}) = Var(\overline{a} + \overline{\overline{\varepsilon}}) = \frac{\sigma_A^2}{k} + \frac{\sigma_E^2}{kn}$$

단, $Cov(a_i, \overline{\varepsilon_i}\cdot) = 0$, $Cov(\overline{a}, \overline{\overline{\varepsilon}}) = 0$

다음은 제곱합의 기대값을 유도하여 보자

$$\begin{aligned} E(SSA) &= E\left(\sum_{i=1}^{k}\sum_{j=1}^{n}(\overline{y_i\,.} - \overline{\overline{y}})^2\right) \\ &= E\left(n\sum_{i=1}^{k}[(a_i - \overline{a}) + (\overline{\varepsilon_i}\cdot - \overline{\overline{\varepsilon}})]^2\right) \\ &= nE\left(\sum_{i=1}^{k}(a_i - \overline{a})^2\right) + nE\left(\sum_{i=1}^{k}(\overline{\varepsilon_i}\cdot - \overline{\overline{\varepsilon}})^2\right) \\ &= n(k-1)\,E\left(\sum_{i=1}^{k}\frac{(a_i - \overline{a})^2}{k-1}\right) + (k-1)\times E\left(\frac{n\sum_{i=1}^{k}(\overline{\varepsilon_i}\cdot - \overline{\overline{\varepsilon}})^2}{(k-1)}\right) \\ &= (k-1)(n\,\sigma_A^2 + \sigma_E^2) \end{aligned} \tag{2.32}$$

(2.32)식에서 A의 효과의 모분산을 다음과 같이 정의 된다.

$$\sigma_A^2 = E\left(\sum_{i=1}^{k}\frac{(a_i - \overline{a})^2}{(k-1)}\right) \tag{2.33}$$

위 식에서 $(k-1)$는 인자 A의 자유도를 의미하고 모수 모형의 경우에는 $\sum_{i=1}^{k} a_i = 0$

를 만족함으로서 $\bar{a}=0$ 이기 때문에 다음과 같이 나타 낼 수 있다.

$$\sigma_A^2 = \sum_{i=1}^{k} \frac{a_i^2}{(k-1)}$$

유사한 방법으로 $E(SSE)$ 에 대하여 다음과 같다.

$$E(SSE) = k(n-1)\sigma_E^2$$

따라서 불편분산의 기대값은 다음과 같이 유도 된다.

$$E(V_A) = \sigma_E^2 + n\,\sigma_A^2 \quad (2.34)$$

$$E(V_E) = \sigma_E^2 \quad (2.35)$$

여기에서 V_E 의 값은 σ_E^2의 불편추정값이므로 다음과 같이 표기하여 사용된다.

$$\widehat{\sigma_E^2} = V_E \quad (2.36)$$

$$\widehat{\sigma_E^2} + n\,\widehat{\sigma_A^2} = V_A \quad (2.37)$$

즉, 위 두 식에서 다음과 같이 유도 된다.

$$\widehat{\sigma_A^2} = \frac{V_A - V_E}{n} \quad (2.38)$$

모수인자인 경우에는 각 수준마다의 모평균 μ_i 의 추정에 관심이 있지만 변량인자에서는 모집단의 분산 σ_A^2을 추정(2.38식)을 하는 것이 실험의 목적에 가깝다.
변량 인자의 분산분석표는 모수 모형인 경우와 동일하다.

기본 예제 2.3

[기본 예제 2.1]에서 여러 가지의 시간대 중에서 랜덤으로 3시간대를 선택(변량 인자의 수준)했다고 가정 했을 때 분산 분석표와 모집단의 분산 σ_A^2을 추정하라.

결과

분산 분석표는 [기본 예제 2.1]에서 작성한 것과 같고 모집단의 분산 σ_A^2은 다음과 같이 추정 된다.

$$\widehat{\sigma_A^2} = \frac{V_A - V_E}{n} = \frac{273.0 - 8.2}{7} = 37.83$$

Minitab

1 〈예제 2.1〉데이터를 이용하고 통계분석(S) → 분산 분석(A) → ANOV 균형 분산 분석(B)...을 선택하여 나타난 균형분산분석대화상자에서 반응 항목에 마우스 포인트를 올려 놓고 C2을 더블클릭한다. 물론 모형 항목과 변량인자 항목에는 각각 C1를 클릭하여 데이터 입력을 마감한다. 그리고 옵션(P)... 버튼을 클릭한다.

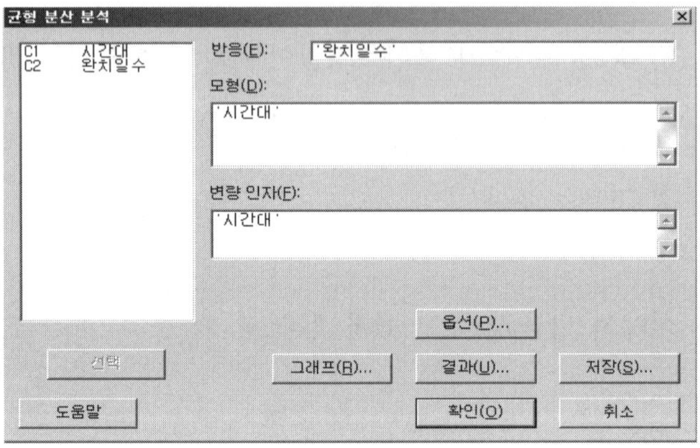

2 옵션 대화상자에서 [모형의 제한된 형식 사용] 항목을 체크하고 확인(O) 버튼을 누른다.

3 결과(U)... 버튼을 클릭한다. 나타난 결과 대화상자에 [기대 평균 제곱 및 분산 성분 표시]을 체크하고 확인(O) 버튼을 누른다. 그리고 원래의 화면으로 돌아오면 다시 확인(O) 버튼을 누른다.

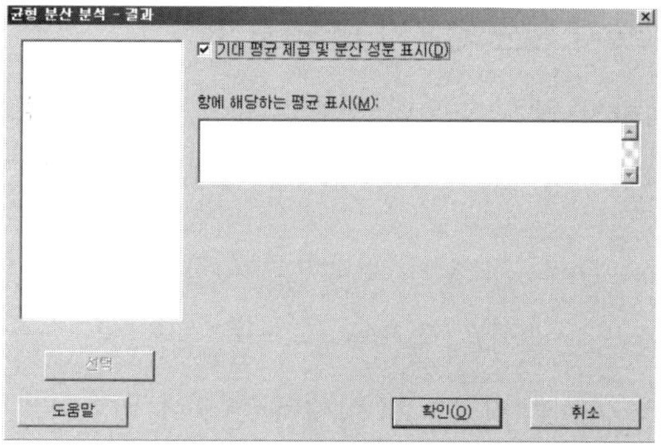

●●● 참고하세요!!

1. ☑ 모형의 제한된 형식 사용(U)

이 메뉴는 고정요인과 랜덤요인이 함께 모형에 적용 될 때 사용

2. ☑ 기대 평균 제곱 및 분산 성분 표시(D)

기대 평균 제곱과 랜덤요인의 분산을 세션창에 출력 시키고자 할 때 사용하는 메뉴

4 [세션] 창에 다음과 같은 결과가 나타난다.

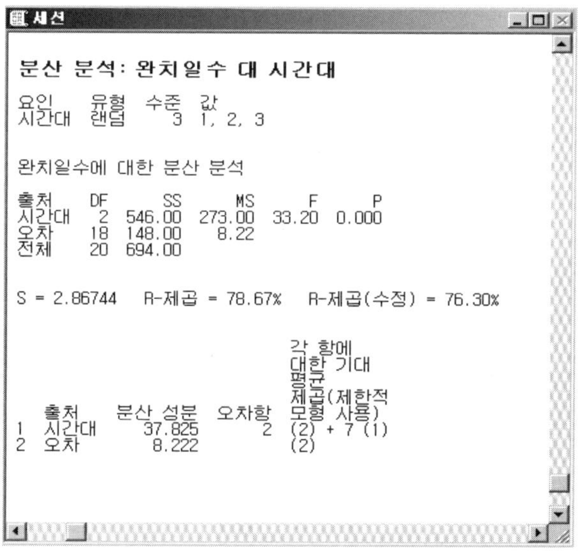

세션

분산 분석: 완치일수 대 시간대

```
요인    유형  수준  값
시간대  랜덤     3  1, 2, 3

완치일수에 대한 분산 분석

출처    DF      SS      MS      F      P
시간대   2  546.00  273.00  33.20  0.000
오차    18  148.00    8.22
전체    20  694.00

S = 2.86744   R-제곱 = 78.67%   R-제곱(수정) = 76.30%

                                  각 항에
                                  대한 기대
                                  평균
                                  제곱(제한적
   출처    분산 성분  오차항     모형 사용)
1  시간대     37.825      2     (2) + 7 (1)
2  오차        8.222            (2)
```

해석 분산분석의 결과는 <예제 2.1>과 유사하게 나타나고 있고 변량모형에서 필요한 정보인 시간대의 분산 성분은 37.825로 나타나고 있다.

4) 반복수가 일정하지 않은 경우의 변량 모형

반복수가 일정하지 않은 경우의 데이터 구조식은 반복수가 일정한 구조식과 동일하지만 $j=1,2,\cdots, n_i$ 라는 점만 다르다. 변동에 대한 결과도 같다.

즉,

$$y_{ij}=\mu+a_i+\varepsilon_{ij},\quad i=1,2,\cdots,k,\quad j=1,2,\cdots,n_i$$

평균값에 대한 구조도 반복수가 일정한 경우와 마찬가지로 다음과 같다.

$$\overline{y}_{i\cdot}=\mu+a_i+\overline{\varepsilon}_{i\cdot}$$
$$\overline{\overline{y}}=\mu+\overline{a}+\overline{\overline{\varepsilon}}$$

따라서 $\overline{a}=\dfrac{\sum_{i=1}^{k}n_i a_i}{\sum_{i=1}^{k}n_i}$ (단, $\sum_{i=1}^{k}n_i a_i\neq 0$, $\sum_{i=1}^{k}n_i=N$)라고 정의 할 때 $E(SSA)$를 유도하면 다음과 같다.

$$\begin{aligned}E(SSA)&=E\left(\sum_{i=1}^{k}\sum_{j=1}^{n}(\overline{y}_{i\cdot}-\overline{\overline{y}})^2\right)\\&=E\left(\sum_{i=1}^{k}n_i[(a_i-\overline{a})+(\overline{\varepsilon}_{i\cdot}-\overline{\overline{\varepsilon}})]^2\right)\\&=E\left(\sum_{i=1}^{k}n_i(a_i-\overline{a})^2\right)+E\left(n_i\sum_{i=1}^{k}(\overline{\varepsilon}_{i\cdot}-\overline{\overline{\varepsilon}})^2\right)\\&=\left(\frac{N^2-\sum_{i=1}^{k}n_i^2}{N}\right)\sigma_A^2+(k-1)\sigma_E^2\end{aligned}\tag{2.39}$$

단, $E\left[\sum_{i=1}^{k}(a_i-\overline{a})(\overline{\varepsilon}_{i\cdot}-\overline{\overline{\varepsilon}})\right]=0$

따라서 평균제곱 V_A의 기대값은

$$E(V_A)=\left(\frac{N^2-\sum_{i=1}^{k}n_i^2}{N(k-1)}\right)\sigma_A^2+\sigma_E^2\tag{2.40}$$

유사한 방법으로 $E(SSE)=(N-k)\sigma_E^2$이 된다. 즉, $E(V_E)=\sigma_E^2$. 이런 결과들을

가지고 반복수가 다른 모수인자와 변량인자를 비교하면 다음과 같다.

표 2.1 ●●● 모수인자와 변량인자를 비교

요인	SS	ϕ	V	$E(V)$	
				모수 인자	변량 인자
A	SSA	$k-1$	V_A	$\sigma_E^2+\sum_{i=1}^{k} n_i\, a_i^2/(k-1)$	$\left(\frac{N^2-\sum_{i=1}^{k} n_i^2}{N(k-1)}\right)\sigma_A^2+\sigma_E^2$
E	SSE	$N-k$	V_E	σ_E^2	σ_E^2
계	SST	$N-1$			

5) 인자의 성질 비교

(1) 인자의 조건

1 모수 인자

① A_i 의 수준의 효과인 $a_i(=\mu_i-\mu)$들은 기술적으로 지정가능한 일정한 값을 취하며 $\sum_{i=1}^{k} a_i=0\,(\therefore \bar{a}=0)$을 만족한다.

따라서 $E(a_i)=a,\ Var(a_i)=0$

② A_i 인자의 수준수를 k 라고 하면 모평균의 분산은 다음과 같이 정의 된다.

$$\sigma_A^2=E\left(\sum_{i=1}^{k}\frac{(a_i-\bar{a})^2}{(k-1)}\right)=\sum_{i=1}^{k}\left(\frac{a_i^2}{k-1}\right)$$

2 변량인자

① A_i 의 수준의 효과인 a_i는 랜덤하게 변하는 값이므로 $\sum_{i=1}^{k} a_i\neq 0\,(\therefore \bar{a}\neq 0)$을 만족한다.

따라서 $E(a_i)=0,\ Var(a_i)=\sigma_A^2$

단, $\sigma_A^2=E\left(\sum_{i=1}^{k}\frac{(a_i-\bar{a})^2}{(k-1)}\right)$

3 오차인자

① ε_{ij}는 랜덤하게 변하는 값으로서 모평균은 0을 가진다. 즉,

$$E(\varepsilon_{ij}) = 0, \quad E(\overline{\varepsilon}_{i\cdot}) = 0, \ E(\overline{\overline{\varepsilon}}) = 0$$

그러나 일반적으로 $\sum_{i=1}^{k} \varepsilon_{ij} \neq 0$, $\overline{\varepsilon}_{i\cdot} \neq 0$, $\overline{\overline{\varepsilon}} \neq 0$을 만족한다.

② ε_{ij}의 분포의 분산을 σ_E^2라고 정의하면 다음과 같이 표현 가능하다.

$$\sigma_E^2 = E[\varepsilon_{ij} - E(\varepsilon_{ij})]^2 = E(\varepsilon_{ij}^2)$$

③ k 수준에서 n번씩 반복 실험을 했을 때 오차분산 σ_E^2 은 다음과 같이 몇 가지로 정의 할 수 있다.

$$\sigma_E^2 = E\left(\frac{\sum_{i=1}^{k} \sum_{j=1}^{n} (\varepsilon_{ij} - \overline{\overline{\varepsilon}})^2}{(kn-1)} \right)$$

$$\sigma_E^2 = E\left(\frac{n \sum_{i=1}^{k} (\overline{\varepsilon}_{i\cdot} - \overline{\overline{\varepsilon}})^2}{(k-1)} \right)$$

$$\sigma_E^2 = E\left(\frac{\sum_{j=1}^{n} (\varepsilon_{ij} - \overline{\varepsilon}_{i\cdot})^2}{(n-1)} \right)$$

④ ε_{ij} 은 평균값이 0이고 분산이 σ_E^2이 되는 정규분포 $N(0, \sigma_E^2)$을 따른다. 즉, $\varepsilon_{ij} \sim N(0, \sigma_E^2)$

i) 독립성: ε_{ij}와 $\varepsilon_{i'j'}$는 독립($i \neq i'$, $j = \neq j'$)

ii) 불편성: 오차 ε_{ij}의 기대값은 0($E(\varepsilon_{ij}) = 0$)

iii) 등분산성: 오차 ε_{ij}의 분산이 σ_E^2이며 모든 i, j에 대하여 일정

연습문제

1 실험계획과정에서 오차 ε_{ij}는 평균치가 0이고 분산이 σ_E^2이 되는 정규분포 $N(0, \sigma_E^2)$에서 랜덤 샘플링된 것으로 가정한다. 이 가정의 4가지 의미를 설명하시오.

2 반복수가 같은 일원배치의 데이터의 구조식은
$y_{ij} = \mu + a_i + e_{ij,}\ \ i = 1,2,\cdots,l,\ \ j = 1,2,\cdots,m,\ \ e_{ij} \sim N(0,\sigma_E^2)$ 이다. A인자가 모수인자인 경우와 변량인자의 경우를 비교하여 설명하시오.

3 다음은 상품 제조 과정 중에서 같은 조건에서 랜덤화에 의해서 실험을 실시하여 얻어진 불량품의 개수이다. 분산분석표를 작싱하여 그 결과를 해석하고 A_2의 모평균에 대한 95%의 신뢰구간을 구하시오.

불량품		실험의 반복					
인자의 수준	A_1	8	6	7	5	5	8
	A_2	4	2	0	2	2	3
	A_3	1	2	0	1	3	6
	A_4	4	6	5	5	5	4
	A_5	10	8	7	4	4	9

4 3명의 분석자가 IT 제품에 대한 성능분석을 하였다. 성능분석치에 대한 차이를 알아보기 위하여 표준시료를 동일장치로 날자를 랜덤하게 바꾸어가면서 각 5회 반복하여 분석 추정치를 표집하였다. 분석자간에 차이가 있는지를 알기 위하여 분산분석표를 작성하고 분석 작업자간의 변동 σ_A^2 과 분석작업자내 변동 σ_E^2을 추정하시오.

분 석 작업자	A_1	119	120	213	210	216
	A_2	108	118	315	210	120
	A_3	132	227	410	244	212
	A_4	281	166	185	218	216
	A_5	119	117	219	218	198

연습문제

5 어린이용 쿠키를 만드는 제조회사에서 물의 농도가 쿠키의 맛에 영향을 미치는 가를 알기 위하여 30개의 동일회사 쿠키를 선택하고 물의 농도를 10%에서 30%도까지 등간격으로 5수준을 선택하여서, 각각의 물의 농도에서 맛(10점 척도)점수를 반복 6회로 실시하여 얻은 표집자료는 다음과 같다. 자료를 분석하고, 해석하라.

물의 농도	10%	A_1	6	6	6	6
	15%	A_2	6	7	6	7
	20%	A_3	7	8	8	8
	25%	A_4	7	8	8	9
	30%	A_5	7	7	8	7

6 어떤 직물 가공시 처리액의 농도A를 인자로 하여 각 5회씩 20회를 랜덤하게 처리한 후 다음과 같은 자료를 표집 하였다. 자료를 분석하고, 해석하라.

처리액의 농도	$A_1 = 2.5\%$	66	66	73	61	71
	$A_2 = 3\%$	75	72	61	66	67
	$A_3 = 3.5\%$	56	57	56	50	54
	$A_4 = 4\%$	53	50	56	54	52

7 4종류의 전구에 대한 수명을 조사하기 위하여 각각5회씩 20회를 랜덤하게 처리한 후 다음과 같은 자료를 표집 하였다.

① 실험계획법의 모형은?

② 실험순서는 어떻게 행해져야 하는가?

③ 분산분석표를 작성하고 4종류의 전구의 수명에 대한 차이가 없다는 귀무가설을 $\alpha = 0.05$에서 검정하라.

전구1 (A_1)	2780	2162	2175	2174	2150
전구2 (A_2)	2112	2114	2158	2100	2104
전구3 (A_3)	2118	2110	2100	2922	2920
전구4 (A_4)	2149	2108	2128	2107	2107

연 습 문 제

8 인자 A가 3수준이고 다음과 같이 반복이 일정하지 않은 완전확률화 계획법의 실 험결과의 자료를 표집 하였다 분산분석표를 작성 및 유의성을 판단하시오.

처리 1(A_1)	1.9	1.8	2.1	1.8		
처리 2(A_2)	1.6	1.1	1.3	1.4	1.1	
처리 3(A_3)	1.3	1.6	2.8	1.1	1.5	1.1

9 어떤 공장에서 제품 수율에 영향을 미칠 것으로 생각되는 반응 온도에 대하여 다음의 자료를 수집하였다. 분산분석을 시행하고 그 결과를 해석하시오.

	1	2	3	4	5	6	7	8
A_1	4	8	2	3	5	4	6	7
A_2	7	12	13	15	8	10	12	9

10 어떤 금속의 가공시 처리액 농도 A를 인자로 하여 $A_1 = 3.0\%$, $A_2 = 3.5\%$, $A_3 = 4.0\%$, $A_4 = 4.5\%$에서 반복 3회씩 12회의 실험을 랜덤하게 하여 인장 강도를 측정한 결과 다음의 자료를 수집하였다.

	A_1	A_2	A_3	A_4
1	61.0	60.4	59.8	59.4
2	60.8	60.1	59.4	59.3
3	60.0	60.0	60.5	59.2

[1] 전변동 SST를 구하라.
[2] 급간 변동 SSA를 구하라.
[3] 오차 변동 SSE를 구하라.
[4] 분산비 F를 구하라.
[5] 오차항의 SSE 를 구하라.

연습문제

11 다음의 1원배치의 분산분석표에 의해 요인 A에 대한 F검정을 실시한 결과는?

단, $F(3,12;0.05) = 3.49, F(12,3;0.05) = 8.74$

$F(3,12;0.025) = 4.47, F(12,3,0.025) = 14.3$

요 인	SS	ϕ
A	3.87	3
E	3.48	
T		15

12 어떤 화학 공정에서 생산되는 제품의 강도를 높이기 위한 실험을 하고자 인자로서 반응 온도(A)를 택하고, 이의 최적 조업 조건을 찾아내기 위한 수준으로서 120℃(A_1), 140℃(A_2), 160℃(A_3), 180℃(A_4)를 택하였다. 각 수준의 반복 수는 4로 하고 총 16회의 실험을 랜덤 순서로 실시하고 얻어진 실험 데이터를 정리하니 다음과 같다. 다음 물음에 답하라.

	1	2	3	4	$T_{i\cdot}$	$\bar{y}_{i\cdot}$
A_1	29	32	25	26	112	28.0
A_2	34	33	33	32	132	33.0
A_3	30	29	29	30	118	29.5
A_4	34	32	30	31	127	31.75

[분산분석표]

요인	SS	ϕ	V	F_0
A	60.15	3	20.05	5.76*
E	41.79	12	3.48	
T	101.94	15		

단, $F(3,12;0.025) = 3.29$, $F(3,12;0.01) = 5.95$

$t(12,0,025) = 2.179$, $t(12,0.01) = 3.055$

1 수준 A_2의 모평균을 구간 추정하라(신뢰율 95%)

2 두 수준 A_1과 A_2의 모평균 차의 검정을 실시하면?($\alpha = 5\%$)

3 두 수준 A_1과 A_2의 차의 구간 추정을 하라($\alpha = 5\%$)

연습문제

13 어떤 원사의 생산공정에서 반응온도가 생산되는 원사제품의 강도에 영향을 주는 것으로 생각되어, 반응온도의 변화에 따라서 강도가 어떤 변화를 하고, 또한 어떤 온도의 수준에서 가장 높은 강도를 주는가를 알아보기 위한 실험을 하였다. 반응온도를 인자로 수준(A_1 : 60℃, A_2 : 65℃, A_3 : 70℃, A_4 : 75℃)을 취하고 각 온도에서 3회씩 반복하여 전체 12회 실험을 랜덤한 순서로 행했다.
제곱합의 분해과정을 상세히 보이고 분산분석표를 작성하라.

[반응온도(A)의 변화에 따른 강도(단위 : kg/mm^2)의 실험데이터]

	인자의 수준				
	A_1	A_2	A_3	A_4	
실험의 반복	8.44	8.59	9.34	8.92	
	8.36	8.91	9.41	8.92	
	8.28	8.60	9.69	8.74	
합 계	$T_1. = 25.08$	$T_2. = 26.10$	$T_3. = 28.44$	$T_4. = 26.58$	$T = 106.20$
평 균	$\bar{y}_1. = 8.36$	$\bar{y}_2. = 8.70$	$\bar{y}_3. = 9.48$	$\bar{y}_4. = 8.86$	$\bar{y} = 8.85$

14 어떤 화학 반응에서 농도를 4수준(10%,20%,30%,40%)으로 하여 실험한 결과 수량은 아래의 표와 같다.
[단, 오차항의 변동 $SSE = 0.46$, $t(9, 0.05) = 2.262$, $t(12, 0.05) = 2.179$].

인 자	A_1	A_2	A_3	A_3
반 복 수	4	3	4	2
$T_i.$	339	225	338.9	176

1 수준 A_2의 모평균 신뢰 구간을 95%로 추정하면 얼마인가?

2 두 수준간의 모평균차 $\mu(A_1) - \mu(A_2)$의 95% 신뢰구간은 얼마인가?

연 습 문 제

15 어떤 실험실에서 20℃로 사용중인 4개의 정밀 온도계의 지시 온도에 차가 있을 것 같아, 20℃로 유지한 항온으로 일정한 장소에서 일정한 시간을 유지한 다음 온도계의 눈금을 기록하고, 이것을 3회 되풀이하였는데 A_2와 A_4의 온도계는 3회째의 눈금을 기록할 수 없었다. 그 결과는 다음과 같았으며, 아래 표와 같은 분산분석표를 작성하였다. 신뢰도 95%에서 수준 A_1과 A_2의 모평균 추정을 행하라 [단, 아래의 분산분석표를 작성할 때 $h=10$이었고, $t(6,0.05)=2.447$이었다].

$$Y_{ij}=(y_{ij}-20)\times 10$$

	1	2	3
A_1	13.4	12.6	13.7
A_2	-5.3	-6.0	-
A_3	-1.0	1.7	0.4
A_4	10.5	12.7	-
계			

16 다음은 일원 배치의 분산분석표이다.

요 인	SS	ϕ	V
급 간 A	3.8	3	
급 내 E	3.2	12	
T	7.0	15	

1 급간 변동의 V_A는?

2 오차의 표준 편차 추정치 $\widehat{\sigma_E}$는?

3 각 수준의 구간 모평균의 구간 추정을 하고 싶다. 신뢰율 99%의 신뢰구간의 폭은? [단, $t(12,0.01)=3.06$]

연 습 문 제

17 반복수가 일정한 일원 배치에서 A의 수준 수는 4, 반복수는 3, 오차의 평방합 $SSE = 1.327$, 각 수준의 합 $T_i. = 181.8$, $T_2. = 181.1$, $T_3. = 179.7$, $T_4. = 177.9$일 때 수준 A_1과 A_4의 모평균차의 구간 추정을 하면 얼마인가?

단, $\alpha = 0.05, t(3,0.05) = 3.812, t(8,0.05) = 2.306$
$t(4,0.05) = 2.776, t(12,0.05) = 2.179$

18 어느 반응 공정에서 촉매의 첨가량에 따라 수율(%)이 영향을 받는지 알아보기 위하여 반복이 일정한 일원배치실험을 하였다. 물음에 답하시오.

	A_1 (1%)	A_2 (2%)	A_3 (3%)	A_4 (4%)	A_5 (5%)
1	84.5	87.6	89.6	91.8	92.6
2	83.2	87.9	89.5	90.8	93.2
3	83.7	86.9	87.8	91.4	94.5
4	84.2	87.2	89.4	90.7	92.1

(1) 첨가량은 모수인자인가 변량인자인가?
(2) 데이터의 구조식을 쓰시오.
(3) 분산분석표를 작성하시오.
(4) 수준 A_2 의 모평균에 대한 95% 신뢰구간을 구하시오.

19 화학약품의 합성공정에서 반응온도에 따라 수율에 차이가 있는지를 알아보기 위하여 온도 80C°, 90C°, 100C°, 110C°에서 랜덤하게 실험을 한 결과 다음과 같다. 분산 분석표를 작성하고 결과를 해석하시오.

반복 \ 첨가량	A_1	A_2	A_3	A_4
1	90.2	89.8	91.6	91.3
2	90.0	90.5	91.4	89.8
3	89.5	90.8	91.2	90.4
4		91.3		

3

Introduction to Design of Experiments

이원배치법

2개의 인자 A,B의 수준이 각각 k, p이고 반복수가 q인 이원배치법의 분산분석에 서는 반복이 있는 경우 확률화(randomization)의 원칙은 kpq회의 전체 실험이 무작위로 선택된 순서에 따라 실행되어야 함을 의미한다. 반복이 없는 이원배치법에 비하여 반복이 있는 경우의 가장 큰 장점은 인자수준의 조합으로부터 생기는 효과를 분리하여 측정할 수 있다는 것이다. 이 효과를 교호작용(interaction)이라 하며, 한 인자의 효과가 다른 인자의 수준이 변화함에 따라 변화가 발생하는 경우에 존재한다.

2원 배치법에서는 모수모형과 혼합모형이 있으며 2인자 모두 변량인자인 경우에는 의미가 없으므로 보통 취급하지 않는다. 1인자가 모수이고 다른 인자가 변량인자를 가진 혼합모형일 경우 특별히 난괴법(randomized block design)라고 부른 경우가 있다.

1. 계획의 의의

앞 절에서 살펴본 바와 같이 실험계획법은 각 인자를 어떻게 조합하여 실험을 하면 좋은가, 또 얻어진 실험결과를 어떻게 분석하는 것이 좋은가 하는 두 가지 목적을 갖고 있다. 이원배치법은 특성값에 영향을 주는 2개의 인자에 대하여 그 영향을 조사하고자 할 때 사용되는 분산분석법이라고 할 수 있다.

만약, 어떤 실험이 두 개의 인자를 포함하고 있고, 각 인자별로 첫 번째 인자는 2종의 인자수준을, 두 번째 인자는 3종의 인자수준을 갖는다면, 반응은 총 2×3=6 가지 경우의 인자수준 조합에 따라 측정되어야 할 것이다. 여기서, 각 조합마다 실험을 몇 번 반복(replication)하느냐가 결정되어야 할 것이다. 따라서 2개 인자의 수준에서 반복이 있는 경우와 없는 경우로 크게 나눌 수 있다.

이제 2개의 인자 A, B의 수준이 각각 k,p이고 반복수가 q인 이원배치법의 분산분석에서는 반복이 있는 경우 확률화(randomization)의 원칙은 kpq회의 전체 실험이 무작위로 선택된 순서에 따라 실행되어야 함을 의미한다. 예를 들어 인자수준의 조합인 kp개의 순서만 임의로 선택하고, 각 수준의 조합마다 q회의 실험을 하게 되면 전체 실험이 확률화된 것이 아니므로 이원배치법에 의한 실험이 아니다.

반복이 없는 이원배치법에 비하여 반복이 있는 경우의 가장 큰 장점은 인자수준의 조합으로부터 생기는 효과를 분리하여 측정할 수 있다는 것이다. 이 효과를 교호작용(interaction)이라 하며, 한 인자의 효과가 다른 인자의 수준이 변화함에 따라 변화가 발생하는 경우에 존재한다.

2원 배치법에서는 모수모형과 혼합모형이 있으며 2인자 모두 변량인자인 경우에는 의미가 없으므로 보통 취급하지 않는다. 1인자가 모수이고 다른 인자는 변량인자인 경우인 혼합모형일 경우 특별히 난괴법(randomized block design)라고 부른 경우가 있다. 예를 들어 3종류의 음료수(A_1, A_2, A_3)의 효과를 비교하는 경우를 들어보자. 10명의 사람에게 3종류의 음료수의 효과를 분석하는 경우에 [그림 3.1]의 예에서 보듯이 서로 다른 10개의 블록(block)으로 나뉘어, 각 블록마다 3개의 서로 다른 실험단위가 존재하는 것인데, 이 때 3개의 실험단위를 처리라 한다. 또한, 3개의 처리는 각 블록에서 무작위로 할당되는 경우를 말한다. 2인자 모두가 모수 모형의 경우는 2인자가 모두 기술적으로 지정 할 수 있는 경우를 말한다. 예를 들면 습도 A와 온도 B인 경우에 습도를 A_1, A_2, A_3 와 온도를 B_1, B_2, B_3 과 같이 지정하는 경우를 의미한다.

보통 블록의 특성을 기술적으로 지정 할 수 없는 경우는 변량모형으로 간주되며 2인자 모두 모수의 경우와는 다른 구조를 가지고 있다.

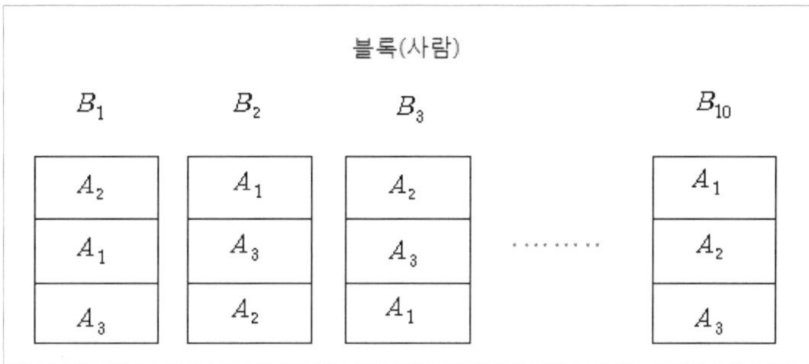

그림 3.1 ●●● 난괴법

2. 모수 모형

1) 반복이 없는 경우

반복이 없는 2원 배치실험계획법의 자료구조는 다음과 같다.

인자 B\인자A	A_1	A_2	$\cdots$	A_k	합	평균
B_1	y_{11}	y_{21}	$\cdots$	y_{k1}	$T_{\cdot 1}$	$\bar{y}_{\cdot 1}$
B_2	y_{12}	y_{22}	$\cdots$	y_{k2}	$T_{\cdot 2}$	$\bar{y}_{\cdot 2}$
$\vdots$	$\vdots$		$\vdots$	$\vdots$		$\vdots$
B_p	y_{1p}	y_{2p}	$\cdots$	y_{kp}	$T_{\cdot p}$	$\bar{y}_{\cdot p}$
합	$T_{1\cdot}$	$T_{2\cdot}$	$\cdots$	$T_{k\cdot}$	총합 T	
평균	$\bar{y}_{1\cdot}$	$\bar{y}_{2\cdot}$	$\cdots$	$\bar{y}_{k\cdot}$		총평균 $\bar{\bar{y}}$

반복이 없는 실험계획법의 구조식은

$$Y_{ij} = \mu + a_i + b_j + \varepsilon_{ij} \ , i = 1, \ 2, \ \cdots, \ k, \quad j = 1 \ ,2, \cdots, p \tag{3.1}$$

로 표시된다. 여기서 μ는 총평균, a_i는 제1인자의 i 번째 처리수준이 주는 효과(모수), b_j는 제2인자의 j번째 처리수준이 주는 효과(모수)이고 $\varepsilon_{ij} \sim N(0,\sigma^2)$이고 a_i, b_j, ε_{ij}는 서로 독립이며 다음의 모수모형 조건을 만족한다.

$$\sum_{i=1}^{k} a_i = 0, \quad \sum_{j=1}^{p} b_j = 0 \tag{3.2}$$

(1) 변동의 분해

앞에서와 마찬가지로 분산분석표를 만드는 절차에 따르면 총변동은 다음과 같이 분해가 된다. 먼저

$$\begin{aligned} SST &= \sum_{i=1}^{k}\sum_{j=1}^{p}(y_{ij} - \bar{\bar{y}})^2 \\ &= \sum_{i=1}^{k}\sum_{j=1}^{p}[(\bar{y}_{i\cdot} - \bar{\bar{y}}) + (\bar{y}_{\cdot j} - \bar{\bar{y}}) + (y_{ij} - \bar{y}_{i\cdot} - \bar{y}_{\cdot j} + \bar{\bar{y}})]^2 \\ &= p\sum_{i=1}^{k}(\bar{y}_{i\cdot} - \bar{\bar{y}})^2 + k\sum_{j=1}^{p}(\bar{y}_{\cdot j} - \bar{\bar{y}})^2 + \sum_{i=1}^{k}\sum_{j=1}^{p}(y_{ij} - \bar{y}_{i\cdot} - \bar{y}_{\cdot j} + \bar{\bar{y}})^2 \\ &= \sum_{i=1}^{k}\sum_{j=1}^{p} y_{ij}^2 - CT \\ &= SSA + SSB + SSE \end{aligned}$$

으로 변형되므로

$$SST = SSA + SSB + SSE$$

의 관계식을 얻을 수 있다. 여기서 $CT = \dfrac{\left(\sum_{i=1}^{k}\sum_{j=1}^{p} y_{ij}\right)^2}{kp} = \dfrac{T^2}{kp}$ 이고

$$SSA = p\sum_{i=1}^{k}(\bar{y}_{i\cdot} - \bar{\bar{y}})^2 = \sum_{i=1}^{k}\frac{T_{i\cdot}^2}{p} - CT$$

$$SSB = k\sum_{j=1}^{p}(\bar{y}_{\cdot j} - \bar{\bar{y}})^2 = \sum_{j=1}^{p}\frac{T_{\cdot j}^2}{k} - CT$$

$$\begin{aligned} SSE &= \sum_{i=1}^{k}\sum_{j=1}^{p}(y_{ij} - \bar{y}_{i\cdot} - \bar{y}_{\cdot j} + \bar{\bar{y}})^2 \\ &= \sum_{i=1}^{k}\sum_{j=1}^{p}[(y_{ij} - \bar{\bar{y}}) - (\bar{y}_{i\cdot} - \bar{\bar{y}}) - (\bar{y}_{\cdot j} - \bar{\bar{y}})]^2 \\ &= SST - SSA - SSB \end{aligned}$$

각 제곱합의 자유도는 제곱을 한 서로 다른 편차의 갯수에서 선형제약조건의 수를 뺀 것이므로 SST, SSA, SSB, SSE의 자유도는 각각 $\phi_T = N-1 = pk-1$, $\phi_A = k-1$, $\phi_B = p-1$, $\phi_E = \phi_T - \phi_A - \phi_B = (k-1)(p-1)$로 주어진다.
이 경우에 전체의 자유도인 SST의 자유도가 SSA, SSB, SSE의 자유도의 합으로 분해된다.

(2) 불편 분산의 기대값 유도

각 수준에 대한 평균값의 구조식은 (3.1)과 (3.2)식을 이용하여 i의 수준에서 다음과 같이 나타 낼 수 있다.

❶ A_i의 수준의 평균 ; $\bar{y}_{i\cdot} = \mu + a_i + \bar{\varepsilon}_{i\cdot}$

❷ B_j의 수준의 평균 ; $\bar{y}_{\cdot j} = \mu + b_j + \bar{\varepsilon}_{\cdot j}$

❸ 총 평균 ; $\bar{\bar{y}} = \mu + \bar{\bar{\varepsilon}}$

SSA의 기대값은 다음과 같이 유도 된다.

$$
\begin{aligned}
E(SSA) &= E[p\sum_{i=1}^{k}(\bar{y}_{i\cdot} - \bar{\bar{y}})^2] \\
&= p\,E\left(\sum_{i=1}^{k}[(\mu + a_i + \bar{\varepsilon}_{i\cdot}) - (\mu + \bar{\bar{\varepsilon}})]^2\right) \\
&= E\left(p\sum_{i=1}^{k}[a_i + (\bar{\varepsilon}_{i\cdot} - \bar{\bar{\varepsilon}})]^2\right) \\
&= p\,E\left(\sum_{i=1}^{k} a_i^2\right) + E\left(p\sum_{i=1}^{k}[\bar{\varepsilon}_{i\cdot} - \bar{\bar{\varepsilon}}]^2\right) \quad (\because \text{ 독립}) \\
&= p(k-1)\,E[\sum_{i=1}^{k}\left(\frac{a_i^2}{k-1}\right)] + (k-1)\,E\left[\frac{p\sum_{i=1}^{k}\left(\bar{\varepsilon}_{i\cdot} - \bar{\bar{\varepsilon}}\right)^2}{k-1}\right] \\
&= p(k-1)\,\sigma_A^2 + (k-1)\sigma_E^2 \\
&\therefore E(V_A) = E\left(\frac{SSA}{k-1}\right) = p\,\sigma_A^2 + \sigma_E^2
\end{aligned}
$$

유사한 방법으로 다음을 유도 할 수 있다.

$$
E(V_B) = E\left(\frac{SSB}{p-1}\right) = k\,\sigma_B^2 + \sigma_E^2
$$

$$
E(V_E) = E\left(\frac{SSE}{(k-1)(p-1)}\right) = \sigma_E^2
$$

(3) 분산분석표 작성

요인	제곱합	자유도	평균제곱(V)	F_0	$E(V)$
A	SSA	$k-1$	V_A	V_A/V_E	$p\,\sigma_A^2+\sigma_E^2$
B	SSB	$p-1$	V_B	V_B/V_E	$k\,\sigma_B^2+\sigma_E^2$
E	SSE	$(p-1)(k-1)$	V_E		σ_E^2
T	SST	$pk-1$			

단, $V_A = SSA/(k-1)$, $V_B = SSB/(p-1)$, $V_E = SSE/(p-1)(k-1)$

이원배치법에서의 귀무가설은 다음과 같다.

(1) 요인 A 의 가설은 $H_0: \sigma_A^2 = 0$ 즉, $H_0 : a_i = 0\ (i=1,\ 2,\ 3,\ \cdots,k)$

$F_0 = V_A / V_E \geq F_\alpha(\phi_A, \phi_E)$이면 유의수준 $\alpha\%$ 하에서 귀무가설H_0을 기각한다. 즉, 인자A는 특성Y에 영향을 미치고 있다.

(2) 요인 B 의 가설은 $H_0: \sigma_B^2 = 0$ 즉, $b_j = 0\ (j=1,2,3,\cdots,p)$

$F_0 = V_B / V_E \geq F_\alpha(\phi_B, \phi_E)$이면 유의수준 $\alpha\%$ 하에서 귀무가설H_0을 기각한다. 즉, 인자B는 특성Y에 영향을 미치고 있다.

(4) 분산분석후 추정

인자 수준 A_i 평균 μ_i의 점추정값 $\hat{\mu}(A_i) = \widehat{\mu + a_i} = \overline{y}_{i\cdot}$이 되며 분산은 다음과 같이 유도 된다.

$$
\begin{aligned}
Var(\overline{y}_{i\cdot}) &= Var(\mu + a_i + \overline{\varepsilon}_{i\cdot}) = Var(\overline{\varepsilon}_{i\cdot}) \\
&= Var\left(\frac{\varepsilon_{i1} + \varepsilon_{i2} + \cdots\ \varepsilon_{ip}}{p}\right) \\
&= \frac{\sum_{j=1}^{p} Var(\varepsilon_{ij})}{p^2} = \frac{1}{p^2}(p\ \sigma_E^2) \\
&= \frac{V_E}{p}
\end{aligned}
$$

또한, A_i 수준에서 모평균 μ_i의 $100(1-\alpha)\%$의 신뢰한계는 다음과 같다.

$$\overline{y}_{i\cdot} \pm t\left(\phi_E ; \frac{\alpha}{2}\right) \sqrt{\frac{V_E}{p}}$$

또한, 유사한 방법으로 B_j 수준에서 모평균 μ_j의 $100(1-\alpha)\%$의 신뢰한계는 다음과 같다.

$$\bar{y}_{\cdot j} \pm t\left(\phi_E ; \frac{\alpha}{2}\right) \sqrt{\frac{V_E}{k}}$$

인자 A의 두 수준 A_i와 $A_{i'}$ 사이의 모평균 차의 추정은 다음과 같이 유도 된다.

$$\widehat{\mu_i} - \widehat{\mu_{i'}} = (\widehat{\mu + a_i}) - (\widehat{\mu + a_{i'}}) = \bar{y}_{i\cdot} - \bar{y}_{i'\cdot}$$

분산은

$$\begin{aligned} Var(\bar{y}_{i\cdot} - \bar{y}_{i'\cdot}) &= Var(\bar{y}_{i\cdot}) + Var(\bar{y}_{i'\cdot}) - 2cov(\bar{y}_{i\cdot}, \bar{y}_{i'\cdot}) \\ &= \frac{\sigma_E^2}{p} + \frac{\sigma_E^2}{p} \\ &= \frac{2V_E}{p} \end{aligned}$$

따라서 $\mu_{i\cdot} - \mu_{i'\cdot}$의 $100(1-\alpha)\%$의 신뢰한계는 다음과 같다.

$$(\bar{y}_{i\cdot} - \bar{y}_{i'\cdot}) \pm t\left(\phi_E ; \frac{\alpha}{2}\right) \sqrt{\frac{2\,V_E}{p}}$$

유사한 방법으로 B인자의 두 수준에대한 모평균차의 $100(1-\alpha)\%$의 신뢰한계는 다음과 같이 유도된다.

$$(\bar{y}_{\cdot j} - \bar{y}_{\cdot j'}) \pm t\left(\phi_E ; \frac{\alpha}{2}\right) \sqrt{\frac{2\,V_E}{k}}$$

A의 두 수준에 대한 모평균 차이에 대한 신뢰구간이 0을 포함하는 경우는 $\mu_{i\cdot}$와 $\mu_{i'\cdot}$간에 유의한 차가 있다고 볼 수 없다. 따라서 $|\bar{y}_{i\cdot} - \bar{y}_{i'\cdot}|$와 $t\left(\phi_E ; \frac{\alpha}{2}\right) \sqrt{\frac{2\,V_E}{p}}$을 비교하여

$|\bar{y}_{i\cdot} - \bar{y}_{i'\cdot}| > t\left(\phi_E ; \frac{\alpha}{2}\right) \sqrt{\frac{2\,V_E}{p}}$을 만족하면 2수준 $A_{i\cdot}$와 $A_{i'\cdot}$의 모평균의 차이는 유의 수준 $\alpha\%$하에서 유의하다는 의미를 가지게 된다. 여기서 $t\left(\phi_E ; \frac{\alpha}{2}\right) \sqrt{\frac{2\,V_E}{p}}$을 최소 유의차(LSD; least significant difference)라고 하고 B의 두 수준에 대한 모평균의 차이도 유사한 방법으로 의사 결정을 한다.

그리고 2인자 A_i와 B_j 조합의 모평균의 추정값 $\mu(A_i B_j)$은 다음과 같이 유도 할 수 있다.

$$\begin{aligned}\mu(A_i B_j) &= E(y_{ij}) \\ &= E(\mu + a_i + b_j + \varepsilon_{ij}) \\ &= (\widehat{\mu + a_i}) + (\widehat{\mu + b_j}) - \hat{\mu} \\ &= \overline{y}_{i\cdot} + \overline{y}_{\cdot j} - \overline{\overline{y}}\end{aligned}$$

분산은 다음과 같이 유도 된다.

$$\begin{aligned}Var(A_i B_j) &= Var(\overline{y}_{i\cdot} + \overline{y}_{\cdot j} - \overline{\overline{y}}) \\ &= Var(\mu + a_i + \overline{\varepsilon}_{i\cdot}) + Var(\mu + b_j + \overline{\varepsilon}_{\cdot j}) - Var(\mu + \overline{\overline{\varepsilon}}) \\ &= \frac{\sigma_E^2}{k} + \frac{\sigma_E^2}{p} - \frac{\sigma_E^2}{kp} \\ &= \frac{V_E}{n_e}\end{aligned}$$

단, n_e을 유효반복수라고 하며 $\dfrac{kp}{k+p-1}$와 같다.

참 고 **유효반복수** n_e

(1) $\dfrac{1}{n_e}$ = 계산하려는 모평균 추정값의 계수의 합

즉, $\dfrac{1}{n_e} = \dfrac{1}{k} + \dfrac{1}{p} - \dfrac{1}{kp} = \dfrac{k+p-1}{kp}$

(2) $n_e = \dfrac{\text{총 실험횟수}}{\text{유의한 요인의 자유도의 합}+1}$

즉, $n_e = \dfrac{N}{\phi_A + \phi_B + 1} = \dfrac{kp}{(k-1)+(p-1)+1} = \dfrac{kp}{k+p-1}$

따라서 두 인자의 수준 조합 $(A_i B_j)$의 모평균의 $100(1-\alpha)\%$의 신뢰한계는 다음과 같이 유도된다.

$$(\overline{y}_{i\cdot} + \overline{y}_{\cdot j} - \overline{\overline{y}}) \pm t_{\frac{\alpha}{2}}(\phi_E)\sqrt{\frac{V_E}{n_e}}$$

오차 분산 σ_E^2에 대한 신뢰계수 $100(1-\alpha)\%$의 구간 추정은 일원배치법과 유사하게 다음과 같다.

$$\frac{SSE}{\chi^2\left(\phi_E;\frac{\alpha}{2}\right)} \leq \sigma_E^2 \leq \frac{SSE}{\chi^2\left(\phi_E;1-\frac{\alpha}{2}\right)}$$

기본 예제 3.1

다음 자료를 이용하여 분산분석표를 작성하고 3종류의 운동방법과 4종류의 식이 요법이 몸무게에 미치는 영향을 조사하여 다음 자료를 얻었다. 운동방법(B)에 따라 몸무게에 영향을 주었는지, 식이요법(A)에 따라 몸무게에 영향을 주었는지를 검정하라.

식이요법 \ 운동방법	B_1	B_2	B_3	평균
A_1	64	72	74	70
A_2	55	57	47	53
A_3	59	66	58	61
A_4	58	57	53	56
평균	59	63	58	60

결과

다음과 같은 보조표를 작성한다.

보조표 1 (y_{ij})

	B_1	B_2	B_3	$T_{\cdot j}$	$T_{\cdot j}^2$
A_1	64	72	74	210	44100
A_2	55	57	47	159	25281
A_3	59	66	58	183	33489
A_4	58	57	53	168	28224
$T_{i\cdot}$	236	252	232	720	131094
$T_{i\cdot}^2$	55696	63504	53824	173024	

보조표 2 (y_{ij}^2)

	B_1	B_2	B_3	합
A_1	4096	5184	5476	14756
A_2	3025	3249	2209	8483
A_3	3481	4356	3364	11201
A_4	3364	3249	2809	9422
합	13966	16038	13858	43862

❶ 분산분석

$$CT = \frac{\left(\sum_{i=1}^{k}\sum_{j=1}^{p} y_{ij}\right)^2}{kp} = \frac{T^2}{kp} = \frac{720^2}{4\times 3} = 43200$$

$$SST = \sum_{i=1}^{4}\sum_{j=1}^{3} y_{ij}^2 - CT = 43862 - 43200 = 662$$

$$SSA = p\sum_{i=1}^{4}(\bar{y}_{i\cdot} - \bar{\bar{y}})^2 = \sum_{i=1}^{4}\frac{T_{i\cdot}^2}{p} - CT = \frac{131094}{3} - 43200 = 498$$

$$SSB = k\sum_{j=1}^{3}(\bar{y}_{\cdot j} - \bar{\bar{y}})^2 = \sum_{j=1}^{3}\frac{T_{\cdot j}^2}{k} - CT = \frac{173024}{4} - 43200 = 56$$

$$SSE = \sum_{i=1}^{4}\sum_{j=1}^{3}(y_{ij} - \bar{y}_{i\cdot} - \bar{y}_{\cdot j} + \bar{\bar{y}})^2 = SST - SSA - SSB$$

$$= 662 - 498 - 56 = 108$$

$V_A = SSA/(k-1) = 498/3 = 166$,

$V_B = SSB/(p-1) = 56/2 = 28$,

$V_E = SSE/(p-1)(k-1) = 108/6 = 18$

위 정보를 이용하여 분산분석표를 작성하면 다음과 같다.

요인	SS	자유도	평균제곱(V)	F_0	$E(V)$
A	498	3	166	9.22	$3\sigma_A^2 + \sigma_E^2$
B	56	2	28	1.56	$4\sigma_B^2 + \sigma_E^2$
E	108	6	18		σ_E^2
T	662	11			

분산분석표에서 $F(3,6\,;0.05)=4.76$, $F(2,6\,;0.05)=5.14$이므로

① 인자 A에 대한 가설

◎ $H_0: a_1 = a_2 = a_3 = a_4$은 유의수준 5%에서 기각되지만

② 인자 B에 대한 가설

◎ $H_0: b_1 = b_2 = b_3$ 은 유의수준 5%에서 채택된다.

해석 즉, 식이요법에 따라서는 몸무게에 차이가 있으나 운동방법에 따른 몸무게의 차이는 없다.

❷ 각 인자 수준에 대한 모평균 추정

A_i 수준에서 모평균 $\mu_{i\cdot}$의 $100(1-\alpha)$%의 신뢰한계는 다음과 같다.

$$\overline{y}_{i\cdot} \pm t\left(\phi_E;\frac{\alpha}{2}\right)\sqrt{\frac{V_E}{p}}$$

각 수준의 평균은 $\overline{y}_{1\cdot}=70$, $\overline{y}_{2\cdot}=53$, $\overline{y}_{3\cdot}=61$, $\overline{y}_{4\cdot}=56$이고 , $V_E=18$, $\phi_E=6$, $p=3$ 이므로 다음과 같이 95% 신뢰구간의 폭은 계산된다.

$$t(6\,;0.025)\sqrt{\frac{18}{3}}=2.447\times 2.45=5.995$$

따라서 A 의 각 수준의 모평균의 신뢰구간은 다음과 같다.

$\hat{\mu}_{1\cdot}$: $70\pm 5.995=(64.01\ ,\ 75.995)$

$\hat{\mu}_{2\cdot}$: $53\pm 5.995=(47.01\ ,\ 58.995)$

$\hat{\mu}_{3\cdot}$: $61\pm 5.995=(55.01\ ,\ 66.995)$

$\hat{\mu}_{4\cdot}$: $56\pm 5.995=(50.01\ ,\ 61.995)$

B_j 수준에서 모평균 $\mu_{\cdot j}$의 $100(1-\alpha)$%의 신뢰한계는 다음과 같다.

$$\overline{y}_{\cdot j} \pm t\left(\phi_E;\frac{\alpha}{2}\right)\sqrt{\frac{V_E}{k}}$$

각 수준의 평균은 $\overline{y}_{\cdot 1}=59$, $\overline{y}_{\cdot 2}=63$, $\overline{y}_{\cdot 3}=58$ 이고 , $V_E=18$, $\phi_E=6$, $k=4$ 이므로 다음과 같이 95% 신뢰구간의 폭은 계산된다.

$$t(6\,;0.025)\sqrt{\frac{18}{4}} = 2.447 \times 2.12 = 5.188$$

따라서 B의 각 수준의 모평균의 신뢰구간은 다음과 같다.

$$\widehat{\mu_{\cdot 1}}: \quad 59 \pm 5.188 = (53.812\ ,\ 64.188)$$

$$\widehat{\mu_{\cdot 2}}: \quad 63 \pm 5.188 = (57.812\ ,\ 68.188)$$

$$\widehat{\mu_{\cdot 3}}: \quad 58 \pm 5.188 = (52.812\ ,\ 63.188)$$

그리고 A인자의 두 수준($\mu_{i\cdot} - \mu_{i'\cdot}$), B인자의 두 수준($\mu_{\cdot j} - \mu_{\cdot j'}$)의 $100(1-\alpha)\%$의 신뢰한계는 각각 다음과 같다.

$$\text{A:}\quad (\overline{y}_{i\cdot} - \overline{y}_{i'\cdot}) \pm t\left(\phi_E; \frac{\alpha}{2}\right)\sqrt{\frac{2\ V_E}{p}}$$

$$= (\overline{y}_{i\cdot} - \overline{y}_{i'\cdot}) \pm t(6\,;0.025)\sqrt{\frac{2\times 18}{3}}$$

$$= (\overline{y}_{i\cdot} - \overline{y}_{i'\cdot}) \pm 2.447\sqrt{\frac{2\times 18}{3}}$$

$$= (\overline{y}_{i\cdot} - \overline{y}_{i'\cdot}) \pm 8.4767$$

$|\mu_{i\cdot} - \mu_{i'\cdot}|$의 비교

	$\overline{y}_{1\cdot} = 70$	$\overline{y}_{2\cdot} = 53$	$\overline{y}_{3\cdot} = 61$
$\overline{y}_{4\cdot} = 56$	14*	3	5
$\overline{y}_{3\cdot} = 61$	9*	8	
$\overline{y}_{2\cdot} = 53$	17*		

(*은 유의한 차가 있음을 나타냄)

$$\text{B:}\quad (\overline{y}_{\cdot j} - \overline{y}_{\cdot j'}) \pm t\left(\phi_E; \frac{\alpha}{2}\right)\sqrt{\frac{2\ V_E}{k}}$$

$$= (\overline{y}_{\cdot j} - \overline{y}_{\cdot j'}) \pm t(6\,;0.025)\sqrt{\frac{2\times 18}{4}}$$

$$= (\overline{y}_{\cdot j} - \overline{y}_{\cdot j'}) \pm 2.447\sqrt{\frac{2\times 18}{4}}$$

$$= (\overline{y}_{\cdot j} - \overline{y}_{\cdot j'}) \pm 7.341$$

$|\mu_{\cdot j} - \mu_{\cdot j'}|$의 비교

	$\overline{y}_{\cdot 1} = 59$	$\overline{y}_{\cdot 2} = 63$
$\overline{y}_{\cdot 3} = 58$	1	5
$\overline{y}_{\cdot 2} = 63$	4	

2인자 A_i와 B_j 조합의 최적반응조건을 $(A_1\,B_2)$이라고 하면 다음과 같이 유도 할 수 있다.

$$\hat{\mu}(A_1\,B_2) = \overline{y_1}. + \overline{y}_{\cdot 2} - \overline{\overline{y}} = 70 + 63 - 60 = 73$$

즉, $(A_1\,B_2)$의 모평균 $\mu(A_1\,B_2)$의 95%의 신뢰한계는 다음과 같다.

$$(\overline{y_i}. + \overline{y}_{\cdot j} - \overline{\overline{y}}\,) \pm t_{\frac{\alpha}{2}}(\phi_E)\sqrt{\frac{V_E}{n_e}}$$

$$= 73 \pm t_{0.025}(6)\sqrt{\frac{18}{2}} = 73 \pm 7.341$$

단, $n_e = \dfrac{k\,p}{k+p-1} = \dfrac{12}{4+3-1} = 2$

Minitab

●●● 참고하세요!!

1. 통계분석(S) → 분산 분석(A) → 이원 분산 분석(T)...
   이 메뉴는 이원 배치 실험이 모수모형일 경우 분산 분석을 하고자 할 때 효율적이다.
2. 통계분석(S) → 분산 분석(A) → 균형 분산 분석(B)...
   모수모형, 혹은 혼합모형이나 변량 모형일 경우 분산분석뿐만 아니라 변량인자에 대한정보 및 불편분산의 기대값, 각 요인의 검정등을 시행 할 수 있는 장점을 가지고 있다

1 ≪이원 분산 분석(T)...≫을 사용하기 위하여 다음과 같이 자료를 입력한다.

워크시트 1 ***

↓	C1 A	C2 B	C3 몸무게	C4
1	1	1	64	
2	1	2	72	
3	1	3	74	
4	2	1	55	
5	2	2	57	
6	2	3	47	
7	3	1	59	
8	3	2	66	
9	3	3	58	
10	4	1	58	
11	4	2	57	
12	4	3	53	
13				

2 통계분석(S) → 분산 분석(A) → 이원 분산 분석(T)... 을 선택하고 나타난 이원분산분석 대화상자에서 [반응] 항목에 마우스 포인트를 올려놓고 C3을 더블클릭한다. 물론 [행 요인]항목에는 C1을 [열 요인] 항목에는 C2 더블 클릭하여 데이터 입력을 마감한다. 각각의 [평균 표시]를 체크하고 교호(상호)작용을 검출하지 않기 위하여 [가법 모형 적합] 항목을 역시 체크하고 그래프(R)... 아이콘을 누른다.

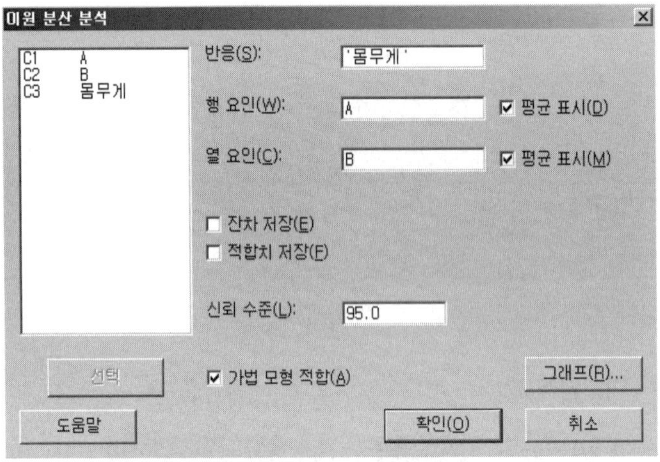

3 다음의 대화상자에서 [네 개 모두] 항목을 체크하고 확인(O) 버튼을 누른다. 그리고 원래의 화면으로 돌아오면 다시 확인(O) 버튼을 누른다.

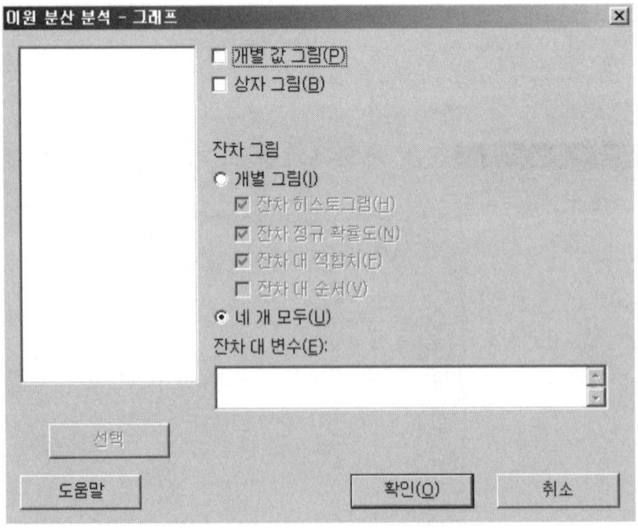

4 분산 분석표 및 각 수준의 개별 신뢰구간

```
세션

이원 분산 분석: 몸무게 대 A, B

출처  DF   SS   MS     F      P
A      3  498  166  9.22  0.012
B      2   56   28  1.56  0.286
오차   6  108   18
총계  11  662

S = 4.243   R-제곱 = 83.69%   R-제곱(수정) = 70.09%

          합동 표준 편차에 근거한 평균의 개별 95% CI
A  평균   --+---------+---------+---------+--------
1    70                         (-------*------)
2    53    (------*-------)
3    61              (------*-------)
4    56        (------*-------)
          --+---------+---------+---------+--------
          48.0      56.0      64.0      72.0

          합동 표준 편차에 근거한 평균의 개별 95% CI
B  평균   --------+---------+---------+---------+-
1    59     (------------*------------)
2    63               (------------*------------)
3    58   (------------*------------)
          --------+---------+---------+---------+-
                56.0      60.0      64.0      68.0
```

해석

인자 A의 p 값이 0.012(유의수준 0.05)으로 나타나 통계적으로 유의적이어서 수준간에 차이가 있음을 인정한다는 의미가 된다. 즉, 귀무가설이 기각되고 식이요법은 몸무게에 영향을 미친다고 할 수 있다. 그러나 인자 B의 p 값은 0.286으로 나타나 귀무가설을 기각하지 못하여 즉, 운동요법은 몸무게에 영향을 주지 못하는 것으로 나타나고 있다.

개별 신뢰구간에서는 인자 A는 A1수준에서 인자 B에서는 B2 수준이 높게 나타나 최적 수준 조합은 A1B2 임을 알 수 있다.

5 잔차그림

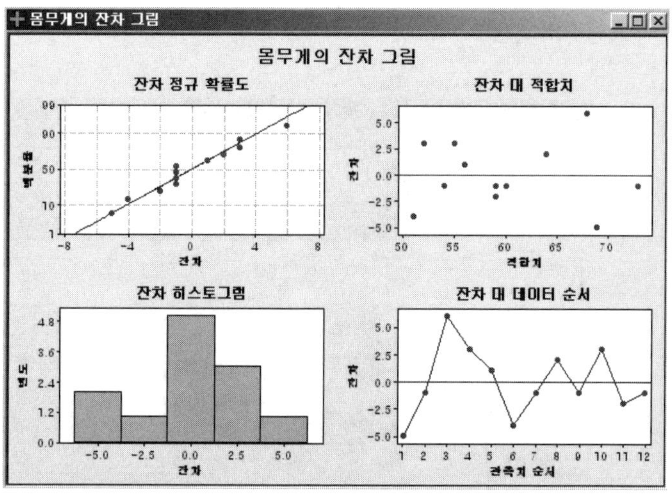

해석 [잔차 정규 확률도]에서는 직선주위에 점들이 몰려 있어서 정규성을 가진다고 할 수 있고 [잔차 히스토그램]에서는 정규성을 가지기 위해서는 종모양을 가져야 하나 위 그림에서는 데이터가 적기 때문에 종모양의 형태를 가진다고 할 수 없지만 이 그림 하나로만 평가할 수는 없다. [잔차 대 적합치] 그림에서는 특별한 패턴이 없으므로 등분산성을 가지고 있고 [잔차 데이터 순서] 그림에서도 특별한 형태가 없는 랜덤으로 보이기 때문에 오차는 독립성을 가지다고 할 수 있다.

6 인자A, B에 대한 그림 신뢰구간을 보기 위해서는 통계분석(S) → 분산 분석(A) → 구간 그림(I)... 을 선택하고 나타난 구간그림 대화상자에서 [그룹 표시]을 선택하고 확인(O) 버튼을 누른다.

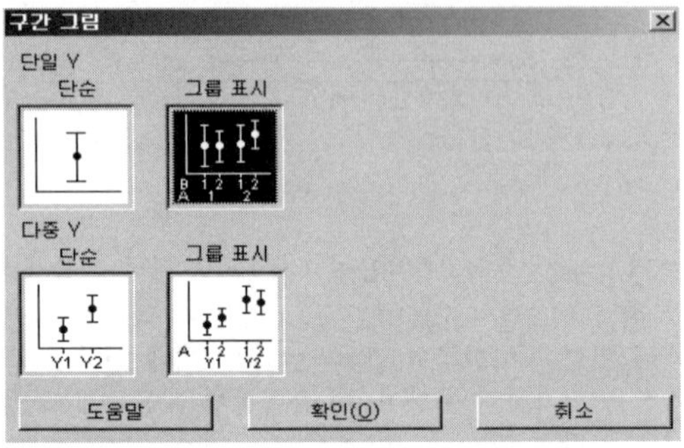

7 다음과 같은 대화상자에서 [그래프 변수] 항목에 마우스 포인트를 올려놓고 C3을 더블클릭한다. 물론 [범주형 변수] 항목에는 C1(인자 A)을 더블 클릭하여 데이터 입력을 마감하고 확인(O) 버튼을 누른다. 인자 B에 대하여도 유사한 방법으로 시행 한다.

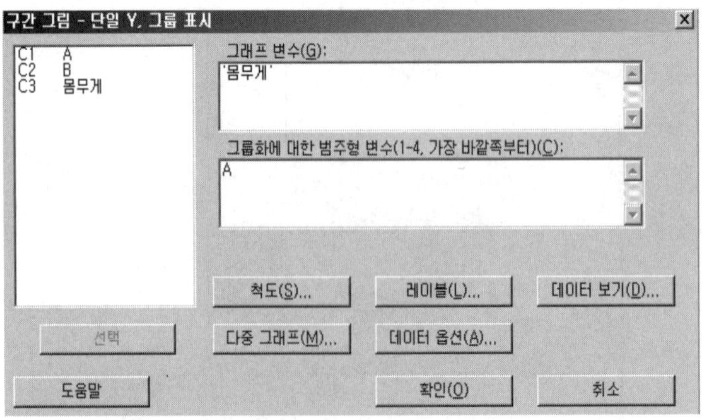

8 다음과 같은 신뢰구간 그림이 나타난다.

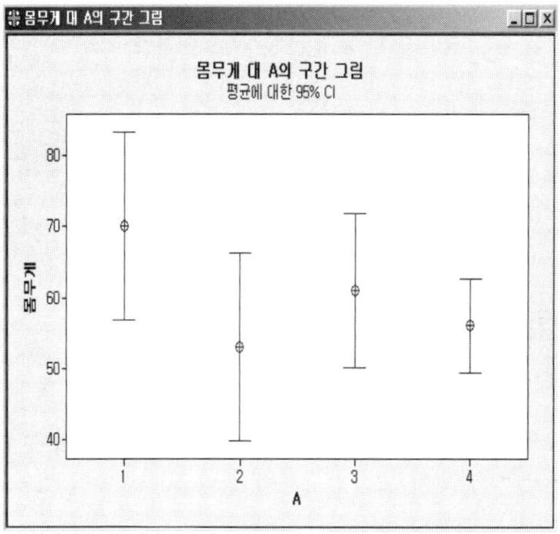

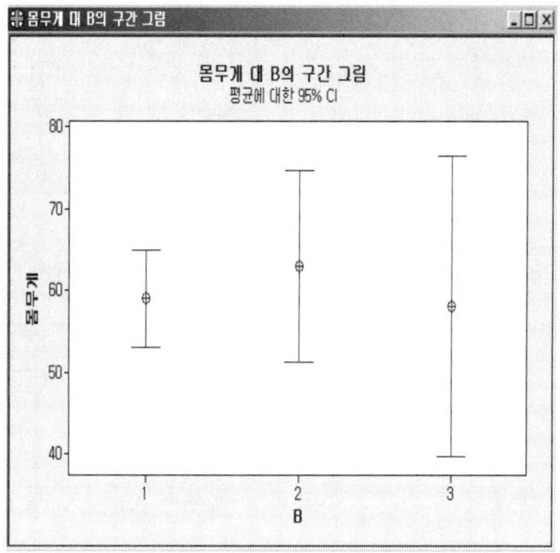

해석 인자 A는 A1수준에서 인자 B에서는 B2 수준이 높게 표시됨을 알 수 있다.

9 주효과 분석을 위하여 통계분석(S) → 분산 분석(A) → 주효과도(M)...을 선택하고 나타난 주효과도 대화상자에서 [반응] 항목에 마우스 포인트를 올려놓고 C3을 더블클릭한다. 물론 [요인]항목에는 C1과 C2 더블 클릭하여 데이터 입력을 마감하고 확인(O) 버튼을 누른다.

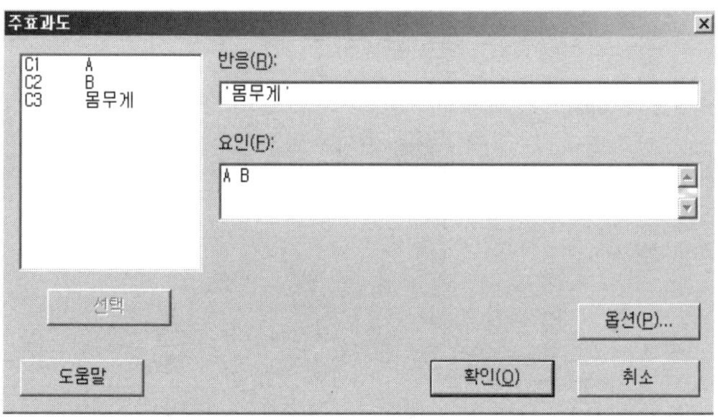

10 다음과 같은 주효과도 결과가 나타난다.

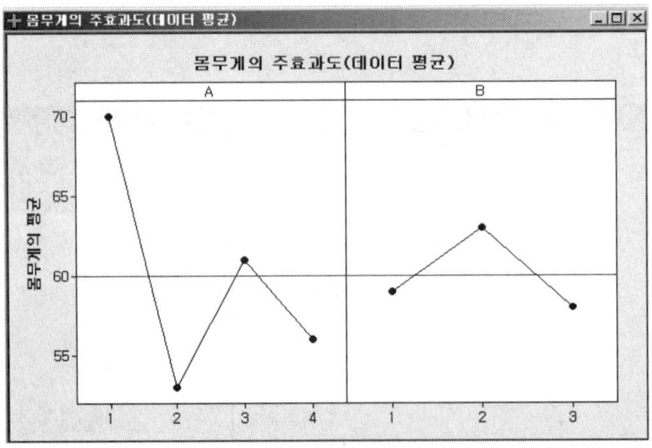

해석 가운데 직선은 총평균을 의미하고 각 점은 수준별 평균을 나타낸다. 이 그림에서 주효과 관점에서 A1수준 과 B2 수준이 제일 크다고 할 수 있다.

1 ≪AOV 균형 분산 분석(B)..≫을 사용하기 위하여

통계분석(S) → 분산 분석(A) → AOV 균형 분산 분석(B)..을 선택하여 나타난 균형분산분석 대화상자에서 반응 항목에 마우스 포인트를 올려놓고 C3을 더블클릭한다. 물론 모형 항목에 C1, C2를 더블클릭하여 데이터 입력을 마감한다. 그리고 옵션(P)... 버튼을 클릭한다.

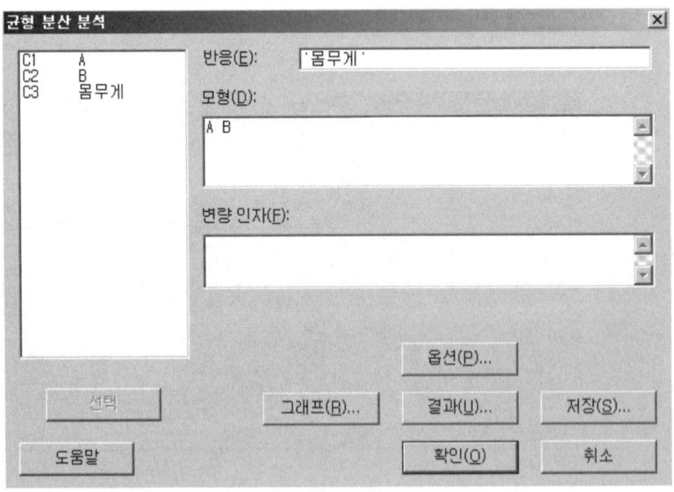

2 옵션 대화상자에서 [모형의 제한된 형식 사용] 항목을 체크하고 확인(O) 버튼을 누른다.

3 결과(U)... 버튼을 클릭한다. 나타난 결과 대화상자에 [기대 평균 제곱 및 분산 성분 표시]을 체크하고 확인(O) 버튼을 누른다. 그리고 원래의 화면으로 돌아 오면 다시 확인(O) 버튼을 누른다.

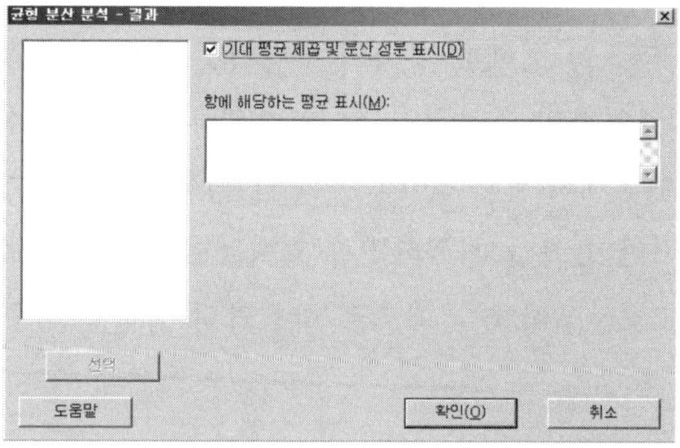

4 [세션] 창에 다음과 같은 결과가 나타난다.

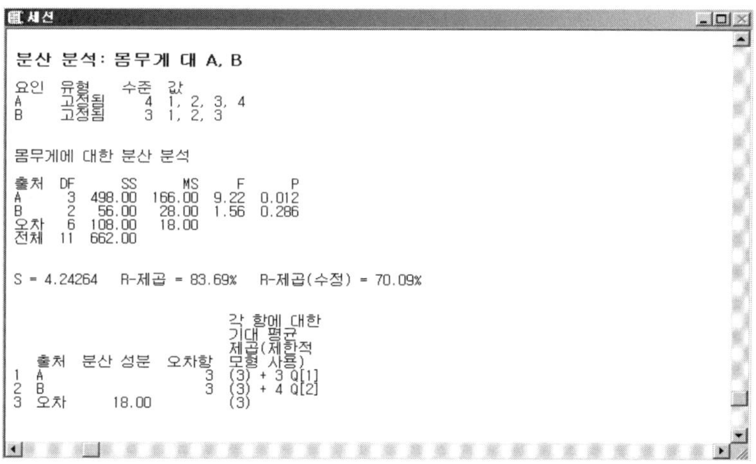

해석 인자 A와 B는 모수인자(고정됨)로 표시되고 오차 분산 성분 $\widehat{\sigma_E^2}$=18.00으로 나타나고 있다. 위 결과표에서 (3) + 3 Q[1]= $\sigma_E^2+3\sigma_A^2$, (3) + 4 Q[2]= $\sigma_E^2+4\sigma_B^2$, (3)= σ_E^2 을 의미한다.

2) 반복이 있는 경우

반복이 없는 이원배치법은 인자의 수준을 조합한 조건 $(A_i\ B_j)$마다 반복된 측정치를 고려하지 않고 하나의 측정치 (y_{ij})만을 고려하였다. 즉, 반복이 없는 실험은 두 인자의 어떠한 조합에 대하여 교호작용을 미치지 않는 것을 전제로 하였다. 그러나 가능하면 각 수준의 조합에서 측정을 1회 하는 것보다 2회 이상 실험하는 것이 실험 계획법의 기본 원리인 반복의 원리에 더 충실해지는 것이다. 이에 대하여 관찰값이 두 요인의 독자적인 작용을 함과 동시에 두 인자의 교호작용의 유무도 동시에 찾아내는 실험계획이 필요하다. 예를 들면 A, B 두 가지 약품을 동일 환자에게 투여한 경우, 두 약품 각각의 주효과 외에도 양자의 상승작용에 의한 약효의 증감이 있을 수 있다. 이러한 경우에 두 인자의 독자적인 두 효과 외에도 양자의 상호작용의 유무도 동시에 검정해야 하는 실험계획이 필요하고 그러기 위하여 사용되는 것이 반복이 있는 이원배치법이다. 이러한 반복을 시행하면 교호작용을 분리한 순실험오차 σ_E^2 값을 알아낼 수 있으며 또, 교호작용이 분리되므로 주효과의 검출력이 좋아지고 실험의 관리상태 및 재현성을 향상 시킬 수 있다.

(1) 교호작용

2인자 이상의 인자수준의 조합에서 발생할수 있는 효과를 교호작용이라고 한다. 예를 들면 인자 A의 효과가 인자 B의 수준의 변화에 따라 변화하는 경우에 A, B 인자간에 교호작용 $A \times B$가 존재한다고 한다. 유사한 방법으로 A, B, C 인자간의 조합으로 일어나는 효과가 존재 할 경우에 교호작용 $A \times B \times C$가 존재한다고 할 수 있다.
교호작용이 있다는 것을 도식화 해보면 각 처리 B_j마다 평균을 그래프화 해보면 B_j마다 선이 거의 평행선([그림3.1.a])을 나타내면 교호작용은 없는 것으로 간주되지만

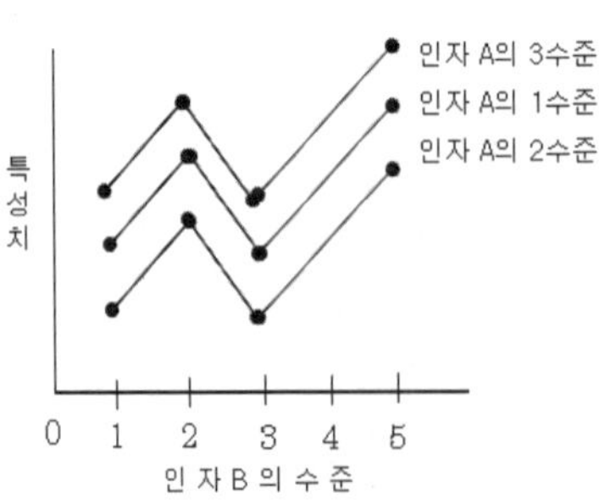

그림 3.1(a) ••• 교호작용이 없는 경우

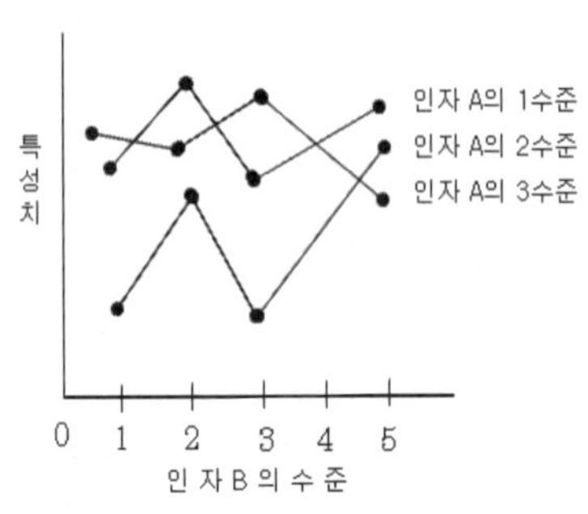

그림 3.1(b) ••• 교호작용이 있는 경우

평행하지 않거나 교차하면([그림3.1.b]) 교호작용이 있다. 경우에 따라서는 실험오차가 존재하기 때문에 그래프상으로 교호작용이 있을 것으로 관측되었다 하드라도 실제 검정결과 유의하지 않은 결론으로 나타나기도 한다.

(2) 데이터 구조식

반복이 있는 실험계획법의 자료구조는 다음과 같다.

요인 B \ 요인 A	A_1	A_2	$\cdots$	A_k	평균
B_1	y_{111} y_{112} $\vdots$ y_{11q}	y_{211} y_{212} $\vdots$ y_{21q}	$\cdots$	y_{k11} y_{k12} $\vdots$ y_{k1q}	$\bar{y}_{\cdot 1 \cdot}$
B_2	y_{121} y_{122} $\vdots$ y_{12q}	y_{221} y_{222} $\vdots$ y_{22q}	$\cdots$	y_{k21} y_{k22} $\vdots$ y_{k2q}	$\bar{y}_{\cdot 2 \cdot}$
$\vdots$	$\vdots$	$\vdots$	$\vdots$	$\vdots$	$\vdots$
B_p	y_{1p1} y_{1p2} $\vdots$ y_{1pq}	y_{2p1} y_{2p2} $\vdots$ y_{2pq}	$\cdots$	y_{kp1} y_{kp2} $\vdots$ y_{kpq}	$\bar{y}_{\cdot p \cdot}$
평균	$\bar{y}_{1 \cdot \cdot}$	$\bar{y}_{2 \cdot \cdot}$		$\bar{y}_{k \cdot \cdot}$	총평균 $\bar{\bar{y}}$

q번의 반복이 있는 이원배치법의 데이터 구조식은 다음과 같다.

$$y_{ij} = \mu + a_i + b_j + (a\,b)_{ij} + \varepsilon_{ijm}$$
$$(i = 1,\ 2,\ \cdots,\ k\ ,\ j = 1,\ 2, \cdots,\ p\ ,\ m = 1,\ 2, \cdots,\ q)$$

여기서, μ는 총평균이고, a_i는 제1인자의 i번째 처리수준이 주는 효과, b_j는 제2인자의 j 번째 처리수준이 주는 효과, $a_i b_j$ 는 두 인자의 교호작용이고 $\varepsilon_{ijm} \sim N(0, \sigma_E^2)$ 이다. 그리고 a_i, b_j, $a_i b_j$, ε_{ijm} 는 서로 독립이며 다음의 모수모형 조건을 만족한다.

$$\sum_{i=1}^{k} a_i = 0,\ \sum_{j=1}^{p} b_j = 0,\ \sum_{i=1}^{k} (ab)_{ij} = 0,\ \sum_{j=1}^{p} (ab)_{ij} = 0.$$

(3) 변동의 분해

앞에서와 마찬가지로 분산분석표를 만드는 절차에 따르면 총변동은 다음과 같이 분해가 된다. 먼저

$$SST=\sum_{i=1}^{k}\sum_{j=1}^{p}\sum_{m=1}^{q}(y_{ijm}-\bar{\bar{y}})^2$$

$$=pq\sum_{i=1}^{k}(\bar{y}_{i\cdot\cdot}-\bar{\bar{y}})^2+kq\sum_{j=1}^{p}(\bar{y}_{\cdot j\cdot}-\bar{\bar{y}})^2$$

$$+q\sum_{i=1}^{k}\sum_{J=1}^{p}(\bar{y}_{ij\cdot}-\bar{y}_{i\cdot\cdot}-\bar{y}_{\cdot j\cdot}+\bar{\bar{y}})^2+\sum_{i=1}^{k}\sum_{j=1}^{p}\sum_{m=1}^{q}(y_{ijm}-\bar{y}_{ij\cdot})^2$$

$$=\sum_{i=1}^{k}\sum_{j=1}^{p}\sum_{m=1}^{q}y_{ijm}^2-CT$$

$$=SSA+SSB+SS_{A\times B}+SSE$$

여기서, $CT=\dfrac{\left(\sum_{i=1}^{k}\sum_{j=1}^{p}\sum_{m=1}^{q}y_{ijm}\right)^2}{k\,pq}=\dfrac{T^2}{k\,p\,q}$ 이고 각 요인의 변동은 다음과 같다.

$$SSA=pq\sum_{i=1}^{k}(\bar{y}_{i\cdot\cdot}-\bar{\bar{y}})^2=\sum_{i=1}^{k}\frac{T_{i\cdot\cdot}^2}{pq}-CT$$

$$SSB=kq\sum_{j=1}^{p}(\bar{y}_{\cdot j\cdot}-\bar{\bar{y}})^2=\sum_{j=1}^{p}\frac{T_{\cdot j\cdot}^2}{kq}-CT$$

$$SS_{AB}=q\sum_{i=1}^{k}\sum_{j=1}^{p}(\bar{y}_{ij\cdot}-\bar{\bar{y}})^2=\sum_{i=1}^{k}\sum_{j=1}^{p}\frac{T_{ij\cdot}^2}{q}-CT$$

$$SS_{A\times B}=q\sum_{i=1}^{k}\sum_{j=1}^{p}(\bar{y}_{ij\cdot}-\bar{y}_{i\cdot\cdot}-\bar{y}_{\cdot j\cdot}+\bar{\bar{y}})^2$$

$$=SS_{AB}-SSA-SSB$$

$$SSE=\sum_{i=1}^{k}\sum_{j=1}^{p}\sum_{m=1}^{q}(y_{ijm}-\bar{y}_{ij\cdot})^2=SST-SS_{AB}$$

각 제곱합의 자유도는 제곱을 한 서로 다른 편차의 갯수에서 선형제약조건의 수를 뺀 것이므로 SST, SS_{AB}, SSA, SSB, $SS_{A\times B}$, SSE의 자유도는 각각

$\phi_T=N-1=kpq-1$, $\phi_{AB}=kp-1$ $\phi_A=k-1$, $\phi_B=p-1$,

$\phi_{A\times B}=\phi_{AB}-\phi_A-\phi_B=(k-1)(p-1)$

$\phi_E=\phi_T-\phi_{AB}=kp(q-1)$ 로 주어진다.

(4) 불편 분산의 기대값 유도

각 수준에 대한 평균값의 구조식은 반복이 있는 이원배치법의 데이터 구조식을 이용하여 다음과 같이 나타 낼 수 있다.

❶ A_i 의 수준의 평균 ; $\overline{y}_{i\cdot\cdot} = \mu + a_i + \overline{\varepsilon}_{i\cdot\cdot}$

❷ B_j 의 수준의 평균 ; $\overline{y}_{\cdot j \cdot} = \mu + b_j + \overline{\varepsilon}_{\cdot j \cdot}$

❸ A_iB_j 의 수준의 q 개의 자료 평균 ; $\overline{y}_{ij\cdot} = \mu + a_i + b_j + (ab)_{ij} + \overline{\varepsilon}_{ij\cdot}$

❹ 총 평균 ; $\overline{\overline{y}} = \mu + \overline{\overline{\varepsilon}}$.

SSA 의 기대값은 자료의 평균과 구조식을 대입하여 다음과 같이 유도 된다.

$$\begin{aligned}
E(SSA) &= E\left(pq\sum_{i=1}^{k}(\overline{y}_{i\cdot\cdot} - \overline{\overline{y}})^2\right) \\
&= pq\,E\left(\sum_{i=1}^{k}[(\mu + a_i + \overline{\varepsilon}_{i}\cdot\cdot) - (\mu + \overline{\overline{\varepsilon}})]^2\right) \\
&= pqE\left(\sum_{i=1}^{k}[a_i + (\overline{\varepsilon}_{i}\cdot\cdot - \overline{\overline{\varepsilon}})]^2\right) \\
&= pq(k-1)\,E\left(\sum_{i=1}^{k}\frac{a_i^2}{k-1}\right) + (k-1)\,E\left(pq\sum_{i=1}^{k}\frac{[\overline{\varepsilon}_{i}\cdot\cdot - \overline{\overline{\varepsilon}}]^2}{k-1}\right) \quad (\because \text{ 독립}) \\
&= pq(k-1)\,\sigma_A^2 + (k-1)\sigma_E^2
\end{aligned}$$

$$\therefore E(V_A) = E\left(\frac{SSA}{k-1}\right) = pq\,\sigma_A^2 + \sigma_E^2$$

유사한 방법으로 다음을 유도 할 수 있다.

$$E(V_B) = E\left(\frac{SSB}{p-1}\right) = kq\sigma_B^2 + \sigma_E^2$$

$$E(V_E) = E\left(\frac{SSE}{kp(q-1)}\right) = \sigma_E^2$$

$$\begin{aligned}
E(SS_{AB}) &= E\left(\sum_{i=1}^{k}\sum_{j=1}^{p}\sum_{m=1}^{q}(\overline{y_{ij}}\cdot - \overline{\overline{y}})^2\right) \\
&= qE\left[\sum_{i=1}^{k}\sum_{j=1}^{p}\left(\mu + a_i + b_j + (ab)_{ij} + \overline{\varepsilon_{ij}}\cdot - (\mu + \overline{\overline{\varepsilon}})\right)^2\right] \\
&= pq(k-1)\,\sigma_A^2 + kq(p-1)\sigma_B^2 + q(k-1)(p-1)\sigma_{A\times B}^2 + (kp-1)\,\sigma_E^2
\end{aligned}$$

$$E(SS_{A\times B}) = E(S_{AB} - SSA - SSB)$$

$$= (k-1)(p-1)\,q\,\sigma^2_{A\times B} + (k-1)\,(p-1)\sigma^2_E$$

따라서 $V_{A\times B}$의 기대값은 $E(SS_{A\times B})$을 자유도 $\phi_{A\times B}$로 나누면 다음과 같다.

$$E(V_{A\times B}) = q\sigma^2_{A\times B} + \sigma^2_E$$

(5) 분산분석표 작성

●● 반복이 있는 이원배치법

요 인	제곱합	자유도	평균제곱	F_0	$E(V)$
인자 A	SSA	$k-1$	V_A	V_A/V_E	$pq\,\sigma^2_A + \sigma^2_E$
인자 B	SSB	$p-1$	V_B	V_B/V_E	$kq\sigma^2_B + \sigma^2_E$
$A\times B$	$SS_{A\times B}$	$(k-1)(p-1)$	$V_{A\times B}$	$V_{A\times B}/V_E$	$q\sigma^2_{A\times B} + \sigma^2_E$
잔 차	SSE	$kp(q-1)$	V_E		σ^2_E
계	SST	$kpq-1$			

단, $V_A = SSA/(k-1)$, $V_B = SSB/(p-1)$, $V_{A\times B} = \dfrac{SS_{A\times B}}{(k-1)(p-1)}$, $V_E = \dfrac{SSE}{kp(q-1)}$

반복이 있는 이원배치법에서의 귀무가설은 다음과 같다.

(1) 요인 A 의 가설은 $H_0: \sigma^2_A = 0$ 즉, $H_0 : a_i = 0\ (i=1,\ 2,\ 3,\ \cdots,k)$

$F_0 = V_A/V_E \ge F_\alpha(\phi_A, \phi_E)$이면 유의수준 $\alpha\%$ 하에서 귀무가설H_0을 기각한다. 즉, 인자A는 특성Y에 영향을 미치고 있다.

(3) 요인 B 의 가설은 $H_0: \sigma^2_B = 0$ 즉, $b_j = 0\ (j=1,2,3,\cdots,p)$

$F_0 = V_B/V_E \ge F_\alpha(\phi_B, \phi_E)$이면 유의수준 $\alpha\%$ 하에서 귀무가설H_0을 기각한다. 즉, 인자B는 특성Y에 영향을 미치고 있다.

(3) 요인 $A\times B$의 가설은 $H_0: \sigma^2_{A\times B} = 0$.

$F_0 = V_{A\times B}/V_E \ge F_\alpha(\phi_{A\times B}, \phi_E)$ 이면 유의수준 $\alpha\%$ 하에서 귀무가설H_0을 기각한다. 즉, 인자$A\times B$ 는 특성Y에 영향을 미치고 있다.

(6) 분산분석후 추정

인자 수준 A_i 평균 μ_i의 점추정값은 $\bar{y}_{i\cdot\cdot}$이 되며 분산은 다음과 같이 유도 된다.

$$Var(\overline{y}_{i\cdot\cdot}) = Var(\mu + a_i + \overline{\varepsilon}_{i\cdot\cdot}) = Var(\overline{\varepsilon}_{i\cdot\cdot})$$
$$= \frac{\sigma_E^2}{pq} = \frac{V_E}{pq}$$

또한, A_i 수준에서 모평균 μ_i의 $100(1-\alpha)\%$의 신뢰한계는 다음과 같다.

$$\overline{y}_{i\cdot\cdot} \pm t\left(\phi_E; \frac{\alpha}{2}\right)\sqrt{\frac{V_E}{pq}}$$

또한, 유사한 방법으로 B_j 수준에서 모평균 μ_j의 $100(1-\alpha)\%$의 신뢰한계는 다음과 같다.

$$\overline{y}_{\cdot j\cdot} \pm t\left(\phi_E; \frac{\alpha}{2}\right)\sqrt{\frac{V_E}{kq}}$$

인자 A의 두 수준 A_i와 $A_{i'}$ 사이의 모형균 차 $\mu_{i\cdot} - \mu_{i'\cdot}$의 $100(1-\alpha)\%$의 신뢰한계는 다음과 같다

$$(\overline{y}_{i\cdot\cdot} - \overline{y}_{i'\cdot\cdot}) \pm t\left(\phi_E; \frac{\alpha}{2}\right)\sqrt{\frac{2\,V_E}{pq}}$$

유사한 방법으로 B인자의 두 수준에 대한 모평균차의 $100(1-\alpha)\%$의 신뢰한계는 다음과 같이 유도된다.

$$(\overline{y}_{\cdot j\cdot} - \overline{y}_{\cdot j'\cdot}) \pm t\left(\phi_E; \frac{\alpha}{2}\right)\sqrt{\frac{2\,V_E}{kq}}$$

A의 두 수준에 대한 모평균 차이에 대한 신뢰구간이 0을 포함하는 경우는 $\mu_{i\cdot}$와 $\mu_{i'\cdot}$간에 유의한 차가 있다고 볼 수 없다. 따라서 $|\overline{y}_{i\cdot\cdot} - \overline{y}_{i'\cdot\cdot}|$와 $t\left(\phi_E; \frac{\alpha}{2}\right)\sqrt{\frac{2\,V_E}{pq}}$을 비교하여 $|\overline{y}_{i\cdot\cdot} - \overline{y}_{i'\cdot\cdot}| > t\left(\phi_E; \frac{\alpha}{2}\right)\sqrt{\frac{2\,V_E}{pq}}$을 만족하면 2수준 $A_{i\cdot\cdot}$와 $A_{i'\cdot\cdot}$의 모평균의 차이는 유의 수준 $\alpha\%$하에서 유의하다는 의미를 가지게 된다.
여기서 $t\left(\phi_E; \frac{\alpha}{2}\right)\sqrt{\frac{2\,V_E}{pq}}$을 최소 유의차(LSD; least significant difference)라고 한다.
B의 두 수준에 대한 모평균의 차이도 유사한 방법으로 의사 결정을 한다.
그리고 2인자 A_i와 B_j 조합의 모평균의 추정값 $\mu(A_i B_j)$은 교호작용이 무시되는 경우와 교호작용이 무시되지 않은 경우로서 구별된다.

❶ 교호작용 $A \times B$를 오차항에 풀링(pooling)하는 경우
(즉, 교호작용이 무시되는 경우)

교호작용이 무시되어 풀링하는 경우의 모수는 데이터 구조식에서 ab_{ij} 항을 무시하여 $\mu + a_i + b_j$ 이 된다. 따라서 $\mu + a_i + b_j$의 점 추정치는 다음과 같이 유도 된다.

$$\hat{y_{ij\cdot}} = \widehat{\mu + a_i + b_j} = (\widehat{\mu + a_i}) + (\widehat{\mu + b_j}) - \hat{\mu}$$
$$= \bar{y}_{i\cdot\cdot} + \bar{y}_{\cdot j \cdot} - \bar{\bar{y}}$$

분산은 다음과 같이 유도 된다.(유도 과정은 참고문헌을 참조하기 바람)

$$Var(\bar{y}_{i\cdot\cdot} + \bar{y}_{\cdot j \cdot} - \bar{\bar{y}}) = \frac{V_E^*}{n_e}$$

단, n_e 을 유효반복수라고 하며 $\frac{kpq}{k+p-1}$ 와 같고 $V_E^* = \frac{SSE + SS_{A\times B}}{\phi_E + \phi_{A\times B}}$

따라서 두 인자의 수준 조합 $(A_i B_j)$의 모평균의 $100(1-\alpha)\%$의 신뢰한계는 다음과 같이 유도된다.

$$(\bar{y}_{i\cdot\cdot} + \bar{y}_{\cdot j \cdot} - \bar{\bar{y}}) \pm t_{\frac{\alpha}{2}}(\phi_E^*)\sqrt{\frac{V_E^*}{n_e}}$$

단, $\phi_E^* = \phi_E + \phi_{A\times B}$.

오차항에 풀링

교호작용항을 오차항에 포함하는 풀링작업에 대한 분명한 원칙은 없지만 대개의 경우 다음과 같은 3가지 측면에서 고려된다고 알려져 있다.

(1) 교호작용을 알아보는 것이 중요한 문제인 실험에서는 비록 유의하지 않아도 풀링하지 않는다.

(2) 오차분산의 자유도 ϕ_E와 $\sigma^2_{A\times B}$ 의계수 q의 크기를 고려하여 $\phi_E > 20$ 인 경우는 유의하지 않은 교호작용을 풀링 시키는 편이 좋으며 $\phi_E \le 20$ 인 경우에
$F_0 = V_{A\times B}/V_E \le 1$ 이면 풀링작업을 하고 $1 < F_0 \le F(\phi_{A\times B},\ \phi_E\ ; 0.10)$ 일 때는
$q(\ge 3)$가 크면 풀링작업을 하고 q가 2거나
$F(\phi_{A\times B},\ \phi_E\ ; 0.05) > F_0 > F(\phi_{A\times B},\ \phi_E ; 0.10)$ 일 때는 실험에 대한 기술적인 측면을 고려하여 판단한다.

(3) 제2종의 과오 $H_0 : \sigma^2_{A\times B} = 0$ 이 아닌데 F_0가 유의하지 않아 0으로 간주되는 과오를 고려하여 판단한다.

❷ 교호작용이 무시되지 않은 경우

교호작용이 무시되지 않은 경우의 A_i와 B_j 조합의 모평균의 추정값 $\mu(A_i B_j)$은 다음과 같이 유도된다.

$A_i B_j$의 수준의 q개의 자료 평균은 $\overline{y}_{ij}. = \mu + a_i + b_j + (ab)_{ij} + \overline{\varepsilon}_{ij}.$이 되고 평균과 분산은 다음과 같이 유도 된다.

$$E(\overline{y_{ij}}.) = \mu + a_i + b_j + (ab)_{ij} \quad \text{즉,} \quad \overline{y_{ij}}. = \mu + a_i \widehat{+ b_j +} (ab)_{ij}$$

$$Var(\overline{y_{ij}}.) = Var(\overline{\epsilon_{ij}}.) = \frac{\sigma_E^2}{q} = \frac{V_E}{q}$$

따라서 두 인자의 수준 조합 $(A_i B_j)$의 모평균의 $100(1-\alpha)\%$의 신뢰한계는 다음과 같이 유도된다.

$$\overline{y_{ij}}. \pm t_{\frac{\alpha}{2}}(\phi_E)\sqrt{\frac{V_E}{q}}$$

기본 예제 3.2

진통제의 약물효과 지속시간(단위:분)이 연령과 복용 시간대에 어떠한 영향이 미치는가를 알아보기 위하여 연령이 15세(B_1), 25세(B_2), 35(B_3)세가 되는 건장한 성인 남성에게 식후 30분(A_1) 식후 1시간(A_2) 식후 1시간 30분(A_3), 식후 2시간(A_4)후에 복용하게 하여 각각에 대하여 두 번씩의 지속시간을 측정하였다. 이러한 지속시간은 선택된 실험조건에서 2회 반복하여 $4 \times 3 \times 2 = 24$의 실험을 랜덤하게 시행 되였다. 분산분석을 시행하라. 약물지속시간은 연령과 복용 시간대에 영향을 미친다고 할 수 있는가?

B \ A	A_1	A_2	A_3	A_4
B_1	1200	1350	1350	1150
	1250	1350	1350	1250
B_2	1250	1200	1100	1100
	1200	1300	1200	1200
B_3	1350	1300	1250	1300
	1300	1350	1200	1300

결과

⓿ 우선 A, B 인자의 조합조건마다 실험오차가 등분산인가를 검토하는 과정을 시행해야 한다. 등분산 가정을 만족하지 못하면 분산분석표에 있는 F-검정에 대한 타당성이 무너질 수 있다. 등분산성의 가정이 성립하면 통계적으로 실험전체가 관리상태에 있음을 의미한다. 이러한 관리상태를 체크해 보는 방법은 우선, 각 조합조건의 반복 자료로부터 범위 R 을 계산한다. 이들 kp 개의 R을 이용하여 $\overline{R}$을 또한 계산한다. 그 다음과정으로 $R-$관리도 상한선에 해당하는 $D_4\overline{R}$를 계산하고 D_4는 다음 표에서 반복수에 해당하는 값을 이용한다.

표 3.1 ••• D_4의 값

반복수	D_4
2	3.267
3	2.575
4	2.282
5	2.115
6	2.004
7	1.924

모든 R값이 $D_4\overline{R}$보다 작으면 등분산 가정이 옳다고 판정하여 실험이 관리 상태에 있음을 알 수 있지만 그렇지 않은 경우는 실험이 관리상태에 있지 않음을 나타내므로 실험 상태를 다시 검토하는 것이 좋다고 알려져 있다.

❶ 등분산의 검토

표 3.2 ••• R의 값

B \ A	A_1	A_2	A_3	A_4
B_1	50	0	0	100
B_2	50	100	100	100
B_3	50	50	50	0

$D_4\overline{R}= 3.267\times 650/12= 176.96$. 즉, $D_4\overline{R}$의 값보다 큰 R값이 존재하지 않으므로 등분산이라고 간주해도 좋으며 실험은 관리 상태에 있다고 할 수 있다.

❷ 변동의 계산

변동의 계산을 위하여 다음과 같은 보조표를 만든다.

[보조표 1] $T_{ij}.$의 값

B \ A	A_1	A_2	A_3	A_4	$T_{\cdot j\cdot}$
B_1	2450	2700	2700	2400	10250
B_2	2450	2500	2300	2300	9550
B_3	2650	2650	2450	2600	10350
$T_{i\cdot\cdot}$	7550	7850	7450	7300	30150

[보조표 2] y_{ijm}^2의 값

B \ A	A_1	A_2	A_3	A_4	합	
B_1	1440000	1822500	1822500	1322500	6407500	13177500
	1562500	1822500	1822500	1562500	6770000	
B_2	1562500	1440000	1210000	1210000	5422500	11432500
	1440000	1690000	1440000	1440000	6010000	
B_3	1822500	1690000	1562500	1690000	6765000	13407500
	1690000	1822500	1440000	1690000	6642500	
합	9517500	10287500	9297500	8915000	38017500	

[보조표 3] $T_{ij}.^2$의 값

B \ A	A_1	A_2	A_3	A_4	합
B_1	6002500	7290000	7290000	5760000	26342500
B_2	6002500	6250000	5290000	5290000	22832500
B_3	7022500	7022500	6002500	6760000	26807500
합	19027500	20562500	18582500	17810000	75982500

$$CT = \frac{\left(\sum_{i=1}^{k}\sum_{j=1}^{p}\sum_{m=1}^{q} y_{ijm}\right)^2}{kpq} = \frac{T^2}{kpq} = \frac{(30150)^2}{24} = 37875937.5$$

$$SST = \sum_{i=1}^{k}\sum_{j=1}^{p}\sum_{m=1}^{q} y_{ijm}^2 - CT$$

$$= 38017500 - 37875937.5 = 141562.5$$

$$SS_{AB} = \sum_{i=1}^{k}\sum_{j=1}^{p} \frac{T_{ij.}^2}{q} - CT = \frac{75982500}{2} - 37875937.5 = 115312.5$$

$$SSE=\sum_{i=1}^{k}\sum_{j=1}^{p}\sum_{m=1}^{q}(y_{ijm}-\overline{y_{ij}}.)^2$$

$$=SST-SS_{AB}=141562.5-115312.5=26250$$

$$SSA=\sum_{i=1}^{k}\frac{T_{i..}^2}{pq}-CT$$

$$=\frac{1}{(3\times2)}(7550^2+7850^2+7450^2+7300^2)-37875937.5$$

$$=26979.17$$

$$SSB=\sum_{j=1}^{p}\frac{T_{.j.}^2}{kq}-CT$$

$$=\frac{1}{(4\times2)}(10250^2+9500^2+10350^2)-37875937.5=47500$$

$$SS_{A\times B}=SS_{AB}-SSA-SSB=115312.5-26979.17-47500=40833.3$$

각 제곱합의 자유도는 각각 다음과 같이 된다.

$\phi_T=N-1=kpq-1=24-1,$

$\phi_{AB}=kp-1=4\times3-1=11,$

$\phi_A=k-1=4-1=3,$

$\phi_B=p-1=3-1=2,$

$\phi_{A\times B}=\phi_{AB}-\phi_A-\phi_B=(k-1)(p-1)=(4-1)\times(3-1)=6,$

$\phi_E=\phi_T-\phi_{AB}=kp(q-1)=4\times3\times(2-1)=12.$

분산 분석표는 다음과 같이 작성된다.

[분산분석표]

요 인	제곱합	자유도	평균제곱	F_0	$F(0.05, \phi_1, \phi_E)$	$F(0.01, \phi_1, \phi_E)$
인자 A	26979.17	3	8993.057	4.111112*	3.49	5.95
인자 B	47500	2	23750	10.85714*	3.89	6.93
$A\times B$	40833.3	6	6805.55	3.111109*	3.00	4.82
잔 차	26250	12	2187.5			
계	141562.5	23				

단, $V_A=SSA/(k-1)=26979.17/3=8993.06$, $V_B=SSB/(p-1)=47500/2=23750$,

$$V_{A \times B} = \frac{SS_{A \times B}}{(k-1)(p-1)} = 40833.3/6 = 6805.55,$$

$$V_E = \frac{SSE}{kp(q-1)} = 26250/12 = 2187.5$$

Minitab

1 다음과 같이 자료를 입력한다.

워크시트 1 ***

↓	C1	C2	C3	C4	C5
	A	B	반복	효과지속시간	
1	1	1	1	1200	
2	1	1	2	1250	
3	1	2	1	1250	
4	1	2	2	1200	
5	1	3	1	1350	
6	1	3	2	1300	
7	2	1	1	1350	
8	2	1	2	1350	
9	2	2	1	1200	
10	2	2	2	1300	
11	2	3	1	1300	
12	2	3	2	1350	
13	3	1	1	1350	
14	3	1	2	1350	
15	3	2	1	1100	
16	3	2	2	1200	
17	3	3	1	1250	
18	3	3	2	1200	
19	4	1	1	1150	
20	4	1	2	1250	
21	4	2	1	1100	
22	4	2	2	1200	
23	4	3	1	1300	
24	4	3	2	1300	

2 통계분석(S) → 분산 분석(A) → 등분산 검정(V)...을 선택하고 [반응 항목]과 [요인 항목]에 각각 마우스 포인트를 올려놓고 C3와 C1, C2를 더블클릭하여 데이터를 입력하고 확인(O) 버튼을 누른다.

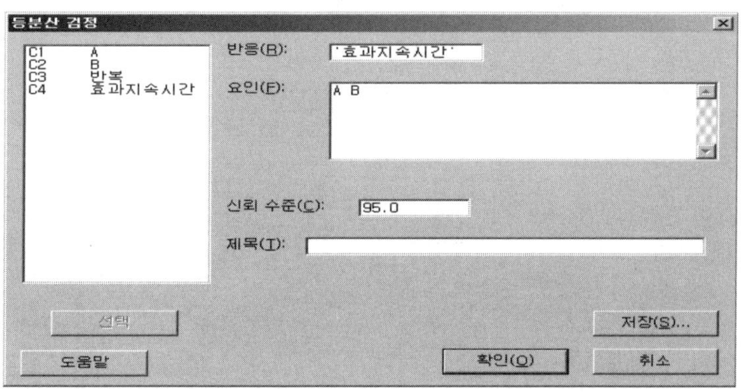

3 다음과 같은 등분산 검정 결과가 나타난다.

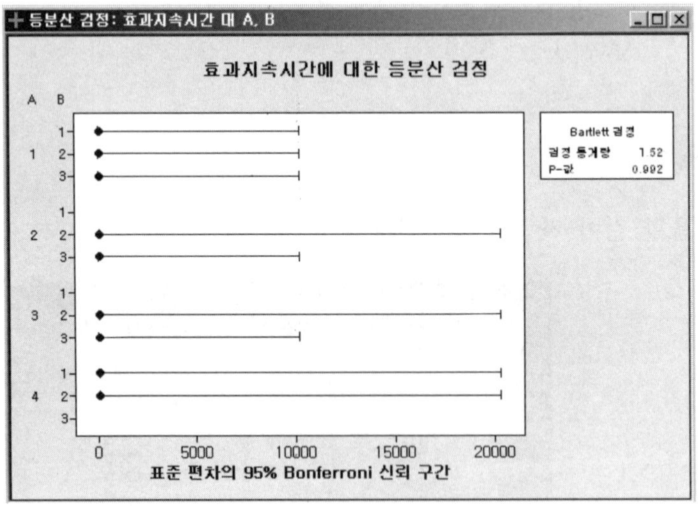

해석 Bartlett 검정을 실시한 결과 p-값이 각각 유의수준 0.05보다 큰 값을 가지므로 수준마다 분산이 같다고 할 수 있다. 즉, 실험이 정상적으로 시행 되었다고 간주 할 수 있다.

4 통계분석(S) → 분산 분석(A) → 균형 분산 분석(B)...을 선택하여 나타난 균형분산분석 대화상자에서 [반응] 항목에 마우스 포인트를 올려놓고 C4를 더블클릭한다. 물론 [모형] 항목에 각각 C1, C2를 더블클릭하여 데이터 입력을 하고 교호작용을 검출하기 위하여 A*B를 포함시켜 준다. 그리고 옵션(P)... 버튼을 클릭한다.

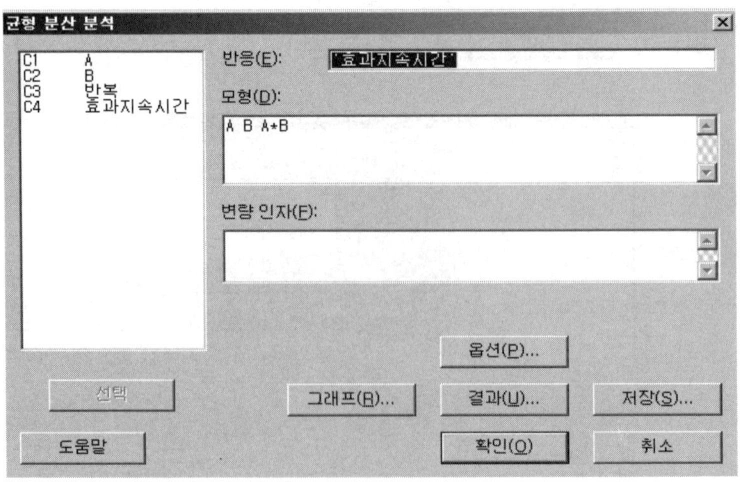

5 옵션 대화상자에서 [모형의 제한된 형식 사용] 항목을 체크하고 [확인(O)] 버튼을 누른다.

6 [그래프(B)...] 버튼을 클릭하고 나타난 대화상자에서 [네 개 모두] 항목을 선택한다.

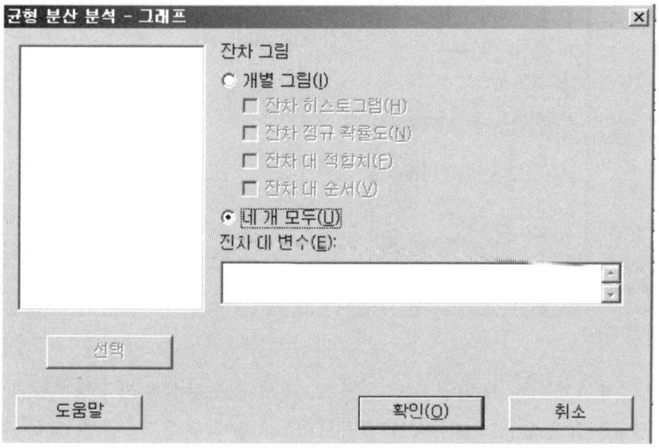

7 [결과(U)...] 버튼을 클릭한다. 나타난 결과 대화상자에 [기대 평균 제곱 및 분산성분 표시]을 체크하고 [평균 표시] 항목에 A*B을 기입하고 [확인(O)] 버튼을 누른다. 그리고 원래의 화면으로 돌아 오면 다시 [확인(O)] 버튼을 누른다.

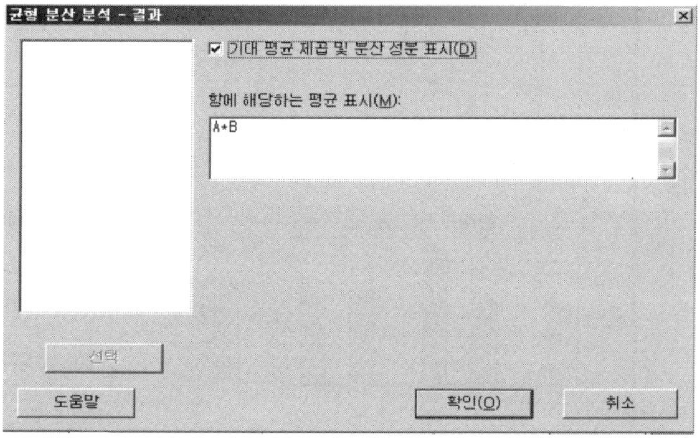

8 [세션] 창에 다음과 같은 결과가 나타나고 또한 잔차그림도 표시된다.

```
세션
분산 분석: 효과지속시간 대 A, B

요인  유형    수준  값
A     고정됨     4  1, 2, 3, 4
B     고정됨     3  1, 2, 3

효과지속시간에 대한 분산 분석

출처  DF      SS     MS      F      P
A      3   26979   8993   4.11  0.032
B      2   47500  23750  10.86  0.002
A*B    6   40833   6806   3.11  0.045
오차  12   26250   2188
전체  23  141563

S = 46.7707   R-제곱 = 81.46%   R-제곱(수정) = 64.46%

                            각 항에 대한
                            기대 평균
          분산              제곱(제한적
  출처    성분   오차항     모형 사용)
1 A                 4       (4) + 6 Q[1]
2 B                 4       (4) + 8 Q[2]
3 A*B               4       (4) + 2 Q[3]
4 오차    2188              (4)

평균

A  B  N  효과지속시간
1  1  2        1225.0
1  2  2        1225.0
1  3  2        1325.0
2  1  2        1350.0
2  2  2        1250.0
2  3  2        1325.0
3  1  2        1350.0
3  2  2        1150.0
3  3  2        1225.0
4  1  2        1200.0
4  2  2        1150.0
```

해석 인자 A와 B는 모수인자(고정됨)로 표시되고 분산분석표에서는 인자 A와 인자 B 그리고 교호작용(상호) A*B 인자도 모두 유의수준 5%에서 모두 통계적으로 유의한 결과로 나타나고 있다. 모든 요인은 오차 분산 성분 $\widehat{\sigma_E^2}$=2188으로 검정됨을 표시하고 있다.

▸ 잔차그림

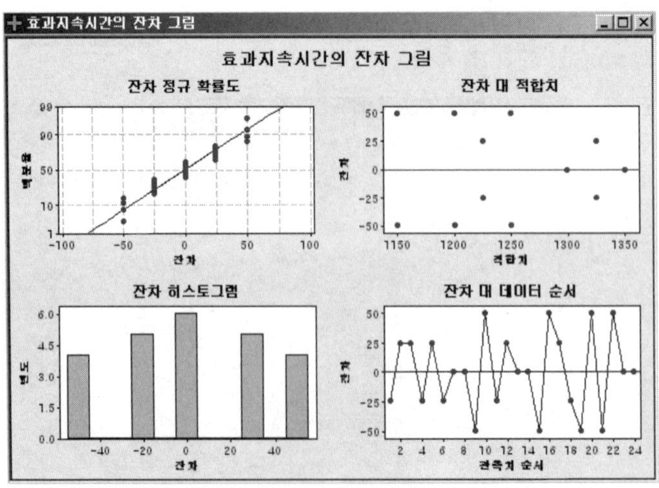

해석 [잔차 정규 확률도]에서는 직선주위에 점들이 몰려 있어서 정규성을 가진다고 할 수 있고 [잔차 히스토 그램]에서는 정규성을 가지기 위해서는 종모양을 가져야 하나 위 그림에서는 테이터가 적기 때문에 종모양의 형태를 가진다고 할 수 없지만 이 그림 하나로만 평가할 수는 없다. [잔차 대 적합지] 그림에서는 특별한 패턴이 없으므로 등분산성을 가지고 있다. 물론 점들이 0을 중심으로 대칭으로 보이는 것은 2회 반복의 실험 결과일 뿐이다. [잔차 데이터 순서] 그림에서도 역시 0을 중심으로 대칭으로 보이는 것은 2회 반복의 실험 결과일 뿐이므로 특별한 형태가 없는 랜덤으로 보이기 때문에 오차는 독립성을 가지다고 할 수 있다.

9 통계분석(S) → 분산 분석(A) → 상호효과도(E)...을 선택하여 나타난 상호효과도 대화상자에서 [반응] 항목에 마우스 포인트를 올려놓고 C4을 더블클릭한다. 물론 [요인] 항목에는 각각 C1, C2를 더블클릭하여 데이터 입력하고 확인(O) 버튼을 누른다.

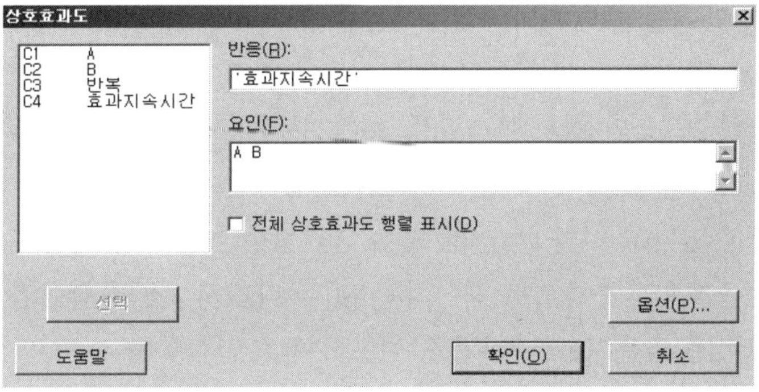

10 다음과 같은 상호효과도 그림이 나타난다.

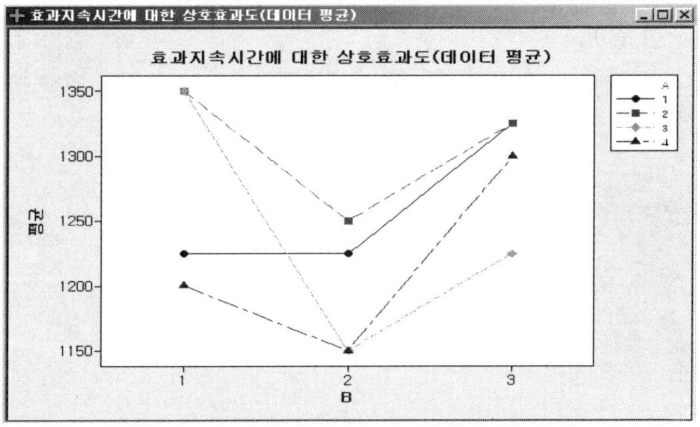

해석 그래프가 평행하지 않고 교차되어 표시되고 있으므로 교호작용이 존재 한다고 볼 수 있다. 따라서 최적수준조합은 A2B1 과 A3B1수준 조합으로 간주 할 수 있다.

3. 혼합 모형(난괴법)

모수인자와 변량인자로 이루어진 구조모형을 혼합모형이라고 한다. A인자를 모수인자라고 하고 B인자를 변량인자라고 하면 B인자의 모평균 추정은 의미가 없으며 산포를 추정함이 의미가 있다. 즉, A의 효과를 구하는 것이 실험의 목적이지만 시료가 바뀌거나 혹은 시료의 영향을 제거하기 위하여 랜덤 샘플링한 시료 $B_1, B_2, \cdots, B_p$를 인자 B로 하여 2원 배치 실험을 하게 되는 경우가 여기에 해당된다. 이처럼 하나의 인자가 모수인자, 또 하나의 인자가 변량인자를 가진 2원배치의 경우를 난괴법(randomized block design)이라고 한다.

이러한 난괴법은 k개의 처리를 p개의 블록내에서 비교되는 실험으로서 각 블록은 k개의 실험단위를 포함하며 또한 이들은 무작위로 할당한 경우를 의미한다.

한 예로 L 할인점에서는 최근 30개 품목에 대하여 3곳의 경쟁 할인점(S, H, M)들의 가격도 함께 조사 되었다. 아래표는 30개 품목중에서 랜덤으로 5개의 품목을 선정한 가격이 요약되어 있다. 이 경우 4곳의 할인점들간에 품목별 평균 가격이 차이가 있는지에 관심이 있다고 하자. 이러한 경우 난괴법을 이용하면 해결이 가능하다 즉, 4개의 처리를 위한 5개의 블록으로 해석하면 된다. 따라서 4곳의 할인점들간에 품목별 평균 가격이 차이가 있는지를 난괴법을 이용하여 확인 해 볼 수 있다.

품목	A_1(L 할인점)	A_2(S 할인점)	A_3(H 할인점)	A_4(M 할인점)
B_1(꽁치통조림)	₩1,250	₩1,690	₩2,260	₩1,280
B_2(김식초)	₩1,100	₩1,170	₩1,380	₩1,170
B_3(라면)	₩ 620	₩ 650	₩ 780	₩ 620
B_4(비누)	₩ 660	₩ 690	₩ 780	₩ 690
B_5(치솔)	₩ 510	₩ 590	₩ 620	₩ 640

1) 반복이 없는 경우

반복이 없는 실험계획법의 구조식은

$$Y_{ij} = \mu + a_i + b_j + \varepsilon_{ij}, \quad i = 1,\ 2,\ \cdots,\ k, \quad j = 1\ ,2, \cdots ,p$$

로 표시된다. 여기서 μ는 총평균, a_i는 제1인자의 i번째 처리수준이 주는 효과(모수), b_j는 제2인자의 j번째 처리수준이 주는 효과(변량)이고 $\varepsilon_{ij} \sim N(0,\sigma^2)$이고

a_i, b_j, ε_{ij} 는 서로 독립이며 다음의 인자 효과 조건을 만족한다.

$$\sum_{i=1}^{k} a_i = 0, \quad \sum_{j=1}^{p} b_j \neq 0$$

(1) 변동의 분해 및 분산 분석표

반복이 없는 난괴법의 경우에는 ❶ 변동의 분해 ❷ 불편 분산의 기대값 ❸ 분산 분석표 작성은 반복이 없는 2원 배치의 경우와 동일하므로 생략한다.

(2) 분산 분석 후의 추정

A인자를 모수인자라고 하고 B인자를 변량인자라고 하면 B인자의 모평균 추정은 의미가 없으며 산포를 추정함이 의미가 있다. 2원 배치 분산분석표에서 변량인자 B의 분산성분 σ_B^2은 반복이 없는 2원 배치법의 분산분석표에서

$V_B = \widehat{\sigma_E^2} + k\widehat{\sigma_B^2}$, $V_E = \widehat{\sigma_E^2}$ 의 관계식에서 $\widehat{\sigma_B^2}$는 다음과 같이 유도된다.

$$\widehat{\sigma_E^2} = \frac{V_B - V_E}{k}$$

인자 수준 A_i 평균 μ_i의 점추정값 $\overline{y_i}\cdot = \mu + a_i + \overline{b} + \overline{\varepsilon_i}\cdot$이 되고 총 평균 $\overline{\overline{y}} = \mu + \overline{b} + \overline{\overline{\varepsilon}}$이 된다. 단, $\overline{b} = \sum_{j=1}^{p} \frac{b_j}{p} \neq 0$.

이러한 사실을 이용하여 A_i의 모평균을 추정하면 다음과 같다.

$$E(\overline{y_i}\cdot) = \mu + a_i + \overline{b} + \overline{\varepsilon_i}\cdot = \overline{y_i}\cdot$$

분산도 다음과 같이 유도 된다.

$$\begin{aligned} Var(\overline{y_i}\cdot) &= Var(\mu + a_i + \overline{b} + \overline{\varepsilon_i}\cdot) = Var(\overline{b} + \overline{\varepsilon_i}\cdot) \\ &= \frac{\widehat{\sigma_B^2}}{p} + \frac{\widehat{\sigma_E^2}}{p} \end{aligned}$$

이 식에 $\widehat{\sigma_B^2} = \dfrac{V_B - V_E}{k}$과 $\widehat{\sigma_E^2} = V_E$ 의 값을 대입시키면 다음과 같이 전개된다.

$$\begin{aligned} Var(\overline{y_i}\,.) &= \frac{1}{p}\left(\frac{V_B - V_E}{k}\right) + \frac{1}{p}(V_E) \\ &= \frac{V_B + (k-1)V_E}{kp} \end{aligned}$$

따라서 A_i 수준에서 모평균 $100(1-\alpha)\%$의 신뢰한계는 다음과 같다.

$$\overline{y_i}\cdot \pm t\left(\phi^*;\frac{\alpha}{2}\right)\sqrt{\frac{V_B+(k-1)V_E}{kp}}$$

단, ϕ^* 은 Satterthwaite에 제시된 Satterthwaite방법 자유도를 의미하며 다음과 같은 방법으로 표현된다.

$$\phi^* = \frac{[V_B+(k-1)V_E]^2}{\frac{(V_B)^2}{\phi_B}+\frac{[(k-1)V_E]^2}{\phi_E}}$$

또한, 모평균의 차 A_i 와 $A_{i'}$ 수준의 추정을 하기 위한 평균과 분산은 다음과 같이 유도된다.

$$\begin{aligned}E(\overline{y_i}\cdot-\overline{y_{i'}}\cdot) &= E\left[(\mu+a_i+\bar{b}+\overline{\varepsilon_i}\cdot)-(\mu+a_{i'}+\bar{b}+\overline{\varepsilon_{i'}}\cdot)\right]\\ &= E[(\mu+a_i+\overline{\varepsilon_i}\cdot)-(\mu+a_{i'}+\overline{\varepsilon_{i'}}\cdot)]\\ &=(\widehat{\mu+a_i})+(\widehat{\mu+a_{i'}})\\ &=\overline{y_i}\cdot-\overline{y_{i'}}\cdot\end{aligned}$$

$$Var(\overline{y_i}\cdot-\overline{y_{i'}}\cdot) = Var(\overline{\varepsilon_i}\cdot-\overline{\varepsilon_{i'}}\cdot)=\frac{2V_E}{p}$$

결국 유사한 방법으로 A의 2수준간의 모평균의 차 $\mu(A_i)-\mu(A_{i'})$의 $100(1-\alpha)\%$의 신뢰한계는 다음과 같다.

$$\overline{y_i}\cdot-\overline{y_{i'}}\cdot\pm t\left(\phi_E;\frac{\alpha}{2}\right)\sqrt{\frac{2V_E}{p}}$$

또한 변량인자 B는 산포추정에 의미를 부여함으로 σ_B^2에 대한 구간 추정은 다음과 같다.

$$\frac{\phi^*\widehat{\sigma_B^2}}{\chi^2\left(\phi^*;\frac{\alpha}{2}\right)}\le\sigma_B^2\le\frac{\phi^*\widehat{\sigma_B^2}}{\chi^2\left(\phi^*;1-\frac{\alpha}{2}\right)}$$

단, $\phi^* = \dfrac{[V_B-V_E]^2}{\frac{(V_B)^2}{\phi_B}+\frac{(V_E)^2}{\phi_E}}$

그리고 실험오차의 분산성분 σ_E^2에 대한 $100(1-\alpha)\%$의 신뢰구간은 다음과 같다.

$$\frac{SSE}{\chi^2\left(\phi_E; \dfrac{\alpha}{2}\right)} \le \sigma_E^2 \le \frac{SSE}{\chi^2\left(\phi_E; 1-\dfrac{\alpha}{2}\right)}$$

기본 예제 3.3

배 재배를 하는 농가에서 질소(N), 인산(P), 칼륨(K)의 3종류의 비료와 투입하지 않은 경우의 효과를 비교하기 위하여 토질이 상이한 조건을 가진 4개의 과수원을 4등분하여 배묘목을 각각 100 그루씩 심고 비료 P, N, K의 비료를 랜덤하게 투여했을 때 다음과 같은 배 생산량을 기록 하였다. 이 때 비료의 종류에 따라 배생산량의 차이가 있는지를 검정하여라.(단, 비료가 모수 인자이고 과수원은 변량 인자).

과수원 \ 비료	A_1(비투어)	A_2(N)	A_3(P)	A_4(K)
B_1	48	47	79	82
B_2	65	73	70	83
B_3	68	79	85	87
B_4	41	61	77	82

결과

❶ 분산 분석

변동의 계산을 위하여 다음과 같은 보조표를 만든다.

[보조표 1] y_{ij} 의 값

과수원 \ 비료	A_1(미투여)	A_2(N)	A_3(P)	A_4(K)	$T_{\cdot j}$	$T_{\cdot j} * T_{\cdot j}$
B_1	48	47	79	82	256	65536
B_2	65	73	70	83	291	84681
B_3	68	79	85	87	319	101761
B_4	41	61	77	82	261	68121
$T_{i\cdot}$	222	260	311	334	1127	320099
$T_{i\cdot} * T_{i\cdot}$	49284	67600	96721	111556	325161	1270129

[보조표 2] y_{ij}^2의 값

과수원 \ 비료	A_1(미투여)	A_2(N)	A_3(P)	A_4(K)	합
B_1	2304	2209	6241	6724	17478
B_2	4225	5329	4900	6889	21343
B_3	4624	6241	7225	7569	25659
B_4	1681	3721	5929	6724	18055
합	12834	17500	24295	27906	82535

$$CT = \frac{\left(\sum_{i=1}^{k}\sum_{j=1}^{p} y_{ij}\right)^2}{k\,p} = \frac{T^2}{k\,p} = \frac{1270129}{16} = 79383.06$$

$$SST = \sum_{i=1}^{k}\sum_{j=1}^{p} y_{ij}^2 - CT$$

$$= 82535 - 79383.06 = 3151.94$$

$$SSA = \sum_{i=1}^{k} \frac{T_{i\cdot}^2}{p} - CT$$

$$= \frac{1}{4}(325161) - 79383.6 = 1907.19$$

$$SSB = \sum_{j=1}^{p} \frac{T_{\cdot j}^2}{k} - CT$$

$$= \frac{1}{4}(320099) - 79383.06 = 641.69$$

$$SSE = TSS - SSA - SSB = 3151.94 - 1907.19 - 641.69 = 603.06$$

각 제곱합의 자유도는 각각 다음과 같이 된다.

$$\phi_T = N - 1 = kp - 1 = 16 - 1 = 15,$$

$$\phi_A = k - 1 = 4 - 1 = 3\,,$$

$$\phi_B = p - 1 = 4 - 1 = 3\,,$$

$$\phi_E = \phi_T - \phi_A - \phi_B = 15 - 3 - 3 = 9.$$

분산 분석표는 다음과 같이 작성된다.

●● 분산분석표

요 인	제곱합	자유도	평균제곱	F_0	$F(0.05, \phi_1, \phi_E)$
인자 A	1907.19	3	635.73	9.49*	3.86
인자 B	641.69	3	213.90	3.19	3.86
잔 차	603.06	9	67.01		
계	3151.94	15			

❷ 결론은 인자 A는 유의하지만 인자 B는 유의하지 않다. 즉, 배생산량은 비료의 종류에는 영향을 미치지만 과수원의 종류에는 영향을 미치지 않는다고 판단된다.

❸ 인자 B는 변량인자이므로 모평균을 추정하는 작업은 의미가 없고 모분산 σ_E^2을 추정 할 필요가 있다. 그러나 변량인자 B에 대해서는 분산분석표를 보면 유의하지 않으므로 모수인자 A에 대해서만 추정하는 것이 일반적이다.

한 예로 $\hat{\mu}(A_1)$을 점 추정하면 $\hat{y}_{1\cdot}$ 이고 95%의 신뢰구간은 다음과 같이 계산된다.

$$\overline{y_{i}}\cdot \pm t\left(\phi^* ;\frac{\alpha}{2}\right) \sqrt{\frac{V_B+(k-1)V_E}{kp}}$$

$$= 55.5 \pm t(\phi^* ;0.025) \sqrt{\frac{213.90+(4-1)67.01}{4\times 4}}$$

$$= 55.5 \pm (2.262) \sqrt{\frac{213.90+(4-1)67.01}{4\times 4}}$$

$$= 55.5 \pm 11.51$$

단, $\phi^* = \dfrac{[V_B+(k-1)V_E]^2}{\dfrac{(V_B)^2}{\phi_B}+\dfrac{[(k-1)V_E]^2}{\phi_E}} = \dfrac{[213.90+(4-1)\times 67.01]^2}{\dfrac{213.90^2}{3}+\dfrac{[(4-1)\times 67.01]^2}{\phi_E}} \simeq 9$

$t(9\,;0.025) = 2.262$,

Minitab

1 다음과 같이 자료를 입력한다.

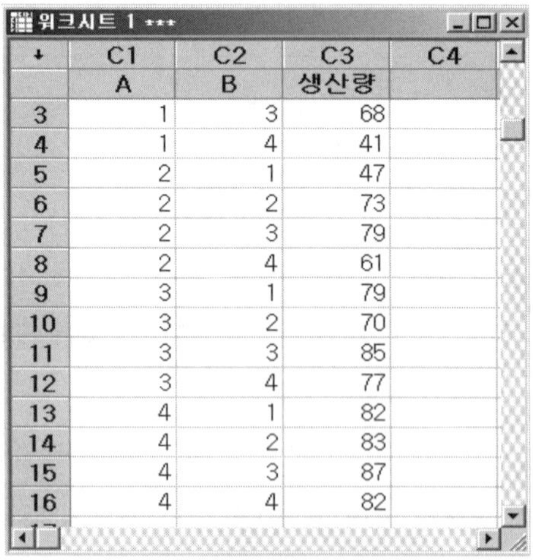
워크시트 1 ***

↓	C1	C2	C3	C4
	A	B	생산량	
3	1	3	68	
4	1	4	41	
5	2	1	47	
6	2	2	73	
7	2	3	79	
8	2	4	61	
9	3	1	79	
10	3	2	70	
11	3	3	85	
12	3	4	77	
13	4	1	82	
14	4	2	83	
15	4	3	87	
16	4	4	82	

2 통계분석(S) → 분산 분석(A) → 균형 분산 분석(B)...을 선택하여 나타난 균형분산분석 대화상자에서 [반응] 항목에 마우스 포인트를 올려놓고 C3을 더블클릭한다. 물론 [모형] 항목에 각각 C1, C2를 더블클릭하여 데이터 입력을 하고 [변량인자] 항목에 C2를 더블클릭한다. 그리고 옵션(P)... 버튼을 클릭한다.

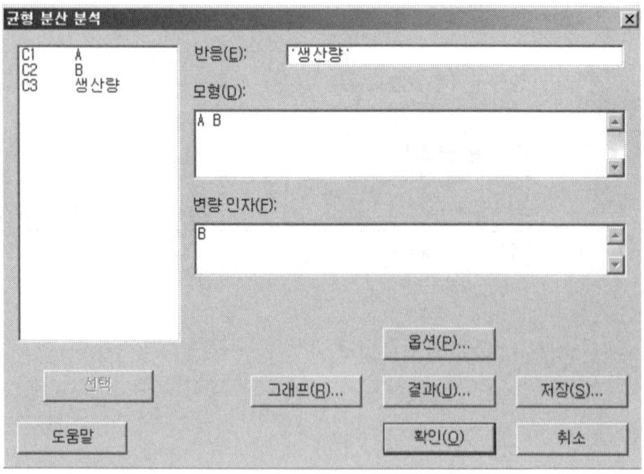

3 옵션 대화상자에서 [모형의 제한된 형식 사용] 항목을 체크하고 확인(O) 버튼을 누른다.

4 그래프(R)... 버튼을 클릭하고 나타난 대화상자에서 [네 개 모두] 항목을 선택한다.

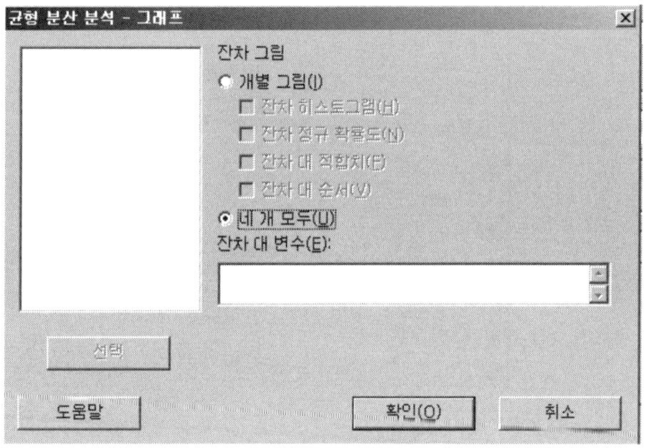

7 결과(U)... 버튼을 클릭한다. 나타난 결과 대화상자에 [기대 평균 제곱 및 분산 성분 표시]을 체크하고 [평균 표시] 항목에 A을 기입하고 확인(O) 버튼을 누른다. 그리고 원래의 화면으로 돌아오면 다시 확인(O) 버튼을 누른다.

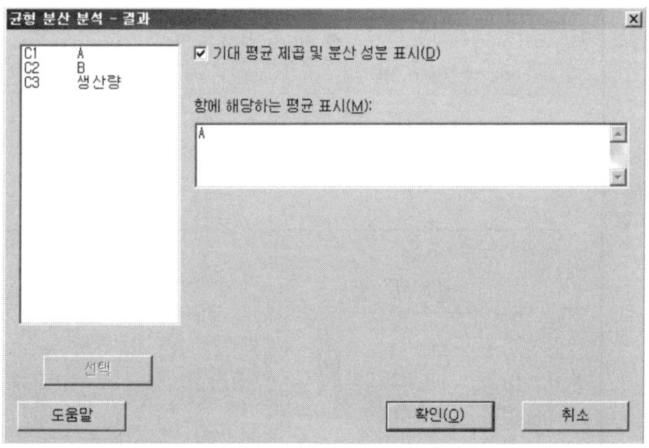

8 [세션] 창에 다음과 같은 결과가 나타나고 또한 잔차그림도 표시된다.

```
세션
분산 분석: 생산량 대 A, B

요인  유형     수준  값
A     고정됨      4  1, 2, 3, 4
B     랜덤        4  1, 2, 3, 4


생산량에 대한 분산 분석

출처  DF       SS      MS     F      P
A      3  1907.19  635.73  9.49  0.004
B      3   641.69  213.90  3.19  0.077
오차   9   603.06   67.01
전체  15  3151.94

S = 8.18578   R-제곱 = 80.87%   R-제곱(수정) = 68.11%

                                  각 항에 대한
                                  기대 평균
                                  제곱(제한적
   출처  분산 성분  오차항  모형 사용)
1  A                     3  (3) + 4 Q[1]
2  B         36.72       3  (3) + 4 (2)
3  오차      67.01          (3)


평균

A  N  생산량
1  4  55.500
2  4  65.000
3  4  77.750
4  4  83.500
```

해석 인자 A는 모수인자(고정됨)를 표시하고 인자 B는 변량(랜덤)인자로 표시되고 분산분석표에서는 유의수준 5%에서 인자 A는 유의적이지만 인자 B는 비유의적으로 나타나고 있다. 오차 분산 성분 $\widehat{\sigma_B^2}$=36.72, $\widehat{\sigma_E^2}$=67.01로 표시하고 있다.

4 ▸ 잔차그림

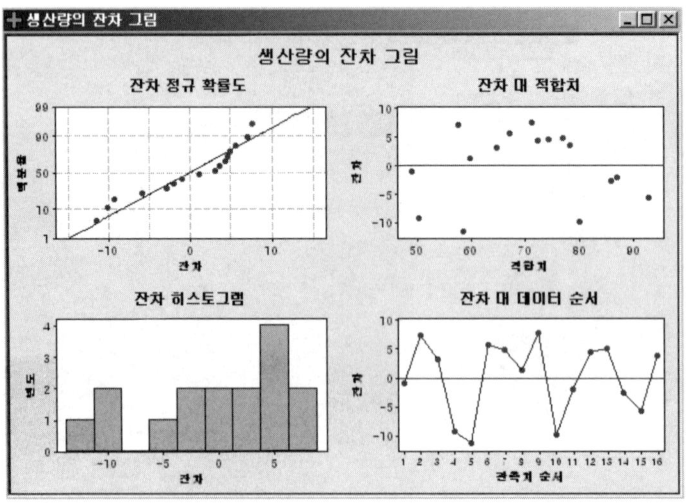

해석 [잔차 정규 확률도]에서는 직선주위에 점들이 몰려 있어서 정규성을 가진다고 할

수 있고 [잔차 히스토 그램]에서는 정규성을 가지기 위해서는 종모양을 가져야 하나 위 그림에서는 테이터가 적기 때문에 종모양의 형태를 가진다고 할 수 없지만 이 그림 하나로만 평가할 수는 없다. [잔차 대 적합지] 그림에서는 특별한 패턴이 없으므로 등분산성을 가지고 있다. [잔차 데이터 순서] 그림에서도 특별한 형태가 없는 랜덤으로 보이기 때문에 오차는 독립성을 가지다고 할 수 있다.

5 인자A에 대한 신뢰구간을 보기 위해서는 통계분석(S) → 분산 분석(A) → 구간 그림(I)... 을 선택하고 나타난 구간그림 대화상자에서 [그룹 표시]을 선택하고 확인(O) 버튼을 누른다.

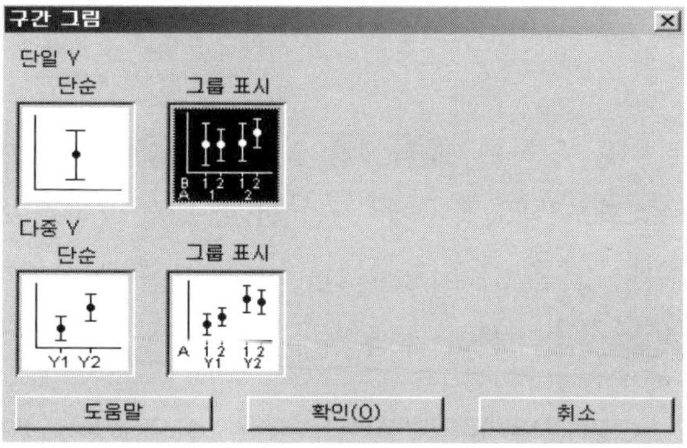

6 다음과 같은 대화상자에서 [그래프 변수] 항목에 마우스 포인트를 올려놓고 C3을 더블클릭한다. 물론 [범주형 변수] 항목에는 C1(인자 A)을 더블 클릭하여 데이터 입력을 마감하고 확인(O) 버튼을 누른다.

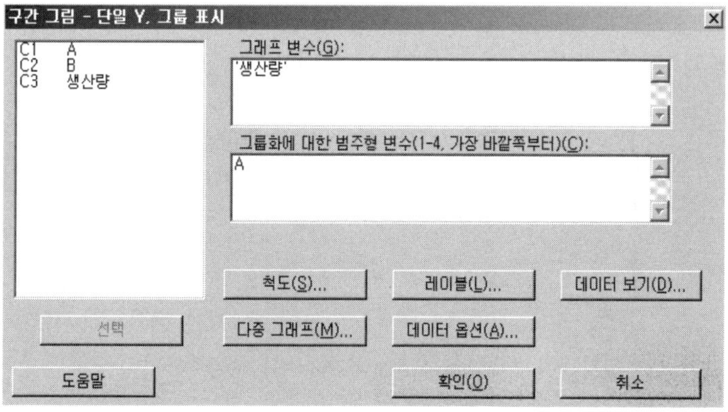

7 다음과 같은 신뢰구간 그림이 나타난다.

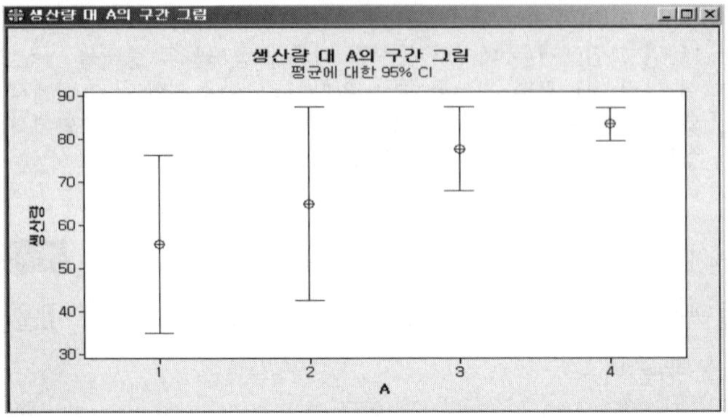

인자 A는 A4수준이 높게 표시됨을 알 수 있다.

8 주효과 분석을 위하여 통계분석(S) → 분산 분석(A) → 주효과도(M)... 을 선택하고 나타난 주효과도 대화상자에서 [반응] 항목에 마우스 포인트를 올려놓고 C3을 더블클릭한다. 물론 [요인]항목에는 C1과 C2 더블 클릭하여 데이터 입력을 마감하고 확인(O) 버튼을 누른다.

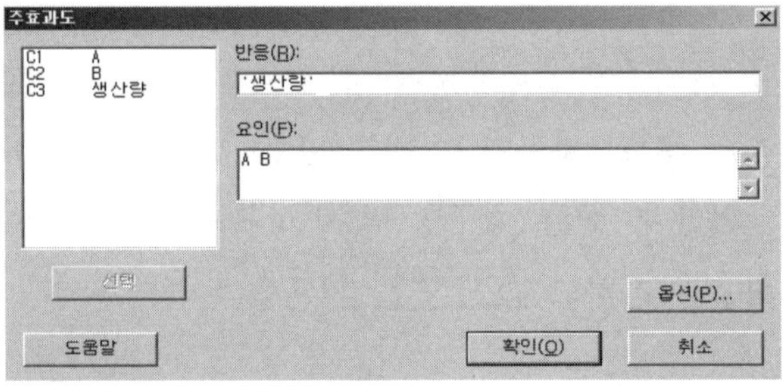

9 다음과 같은 주효과도 결과가 나타난다.

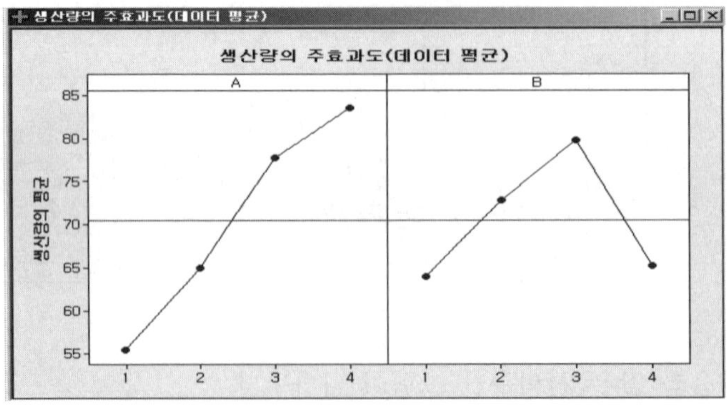

해설 가운데 직선은 총평균을 의미하고 각 점은 수준별 평균을 나타낸다. 이 그림에서 주효과 관점에서 A4수준 과 B3 수준이 제일 크다고 할 수 있다.

2) 반복이 있는 경우

반복이 있는 실험계획법의 구조식은

$$y_{ij} = \mu + a_i + b_j + (ab)_{ij} + \epsilon_{ijm}$$
$$(i = 1,\ 2,\ \cdots,\ k\ ,\ j = 1,\ 2, \cdots, p\ ,\ m = 1,\ 2, \cdots, q)$$

여기서, μ는 총평균이고, a_i는 제1인자의 i번째 처리수준이 주는 효과, $b_j \sim N(0, \sigma_B^2)$을 따르는 제2인자의 j 번째 처리수준이 주는 효과, $(ab)_{ij} \sim N(0, \sigma_{A \times B}^2)$를 따르는 두 인자의 교호작용이고 $\varepsilon_{ijm} \sim N(0, \sigma_E^2)$ 이다. 그리고 a_i, b_j, $(ab)_{ij}$, ε_{ijm} 는 서로 독립이며 다음의 모수모형 조건을 만족한다.

$$\sum_{i=1}^{k} a_i = 0\,,\ \sum_{j=1}^{p} b_j \neq 0,\quad \sum_{i=1}^{k} (ab)_{ij} = 0\,,\ \sum_{j=1}^{p} (ab)_{ij} \neq 0.$$

(1) 변동의 분해

반복이 있는 난괴법의 경우에는 SST, CT, SSA, SSB, $SS_{A \times B}$, SS_{AB}, SSE 에 대한 변동의 분해는 반복이 있는 2원 배치의 모수 모형과 동일하므로 생략한다.

(2) 불편 분산의 기대값 유도

각 수준에 대한 평균값의 구조식은 다음과 같이 나타 낼 수 있다.

❶ A_i 의 수준의 평균 ; $\overline{y}_{i\cdot\cdot} = \mu + a_i + \overline{b} + (a\overline{b})_{i\cdot} + \overline{\varepsilon}_{i\cdot\cdot}$

❷ B_j 의 수준의 평균 ; $\overline{y}_{\cdot j\cdot} = \mu + \overline{b} + \overline{\varepsilon}_{\cdot j\cdot}$

❸ A_iB_j 의 수준의 q개의 자료 평균 ; $\overline{y}_{ij\cdot} = \mu + a_i + b_j + (ab)_{ij} + \overline{\varepsilon}_{ij\cdot}$

❹ 총 평균 ; $\overline{\overline{y}} = \mu + \overline{b} + \overline{\overline{\varepsilon}}$

SSA 의 기대값은 자료의 평균과 구조식을 대입하여 다음과 같이 유도 된다.

$$E(SSA) = E\left(pq\sum_{i=1}^{k}(\overline{y}_{i}.. - \overline{\overline{y}})^2\right)$$

$$= pq\,E\left(\sum_{i=1}^{k}[(\mu + a_i + \overline{b} + (a\overline{b})_{i}. + \overline{\epsilon}_i..) - (\mu + \overline{b} + \overline{\overline{\varepsilon}})]^2\right)$$

$$= pqE\left(\sum_{i=1}^{k}[a_i + (a\overline{b})_{i}. + (\overline{\epsilon}_i.. - \overline{\overline{\varepsilon}})]^2\right)(\because \text{ 독립})$$

$$= pq(k-1)\,E\left(\sum_{i=1}^{k}\frac{a_i^2}{k-1}\right) + q(k-1)\,E\left(\frac{p\sum_{i=1}^{k}(a\overline{b})_{i}^2.}{k-1}\right) + (k-1)\,E\left(pq\sum_{i=1}^{k}\frac{[\overline{\epsilon}_i.. - \overline{\overline{\varepsilon}}]^2}{k-1}\right)$$

$$= pq(k-1)\,\sigma_A^2 + q(k-1)\,\sigma_{A\times B}^2 + (k-1)\sigma_E^2$$

단, $\sigma_A^2 = \sum_{i=1}^{k}\frac{a_i^2}{k-1}$, $\sigma_B^2 = E\left(\sum_{j=1}^{p}\frac{(b_j - \overline{b})^2}{p-1}\right)$,

$$\sigma_{A\times B}^2 = E\left(\sum_{i=1}^{k}\sum_{j=1}^{p}\frac{(ab)_{ij}^2}{p\,(k-1)}\right) = E\left(\frac{p\sum_{i=1}^{k}[a\,\overline{b})_{i}.]^2}{k-1}\right),\ (a\,\overline{b})_i\,. = \frac{\sum_{j=1}^{p}(ab)_{ij}}{p}.$$

따라서 다음과 같이 유도 된다.

$$\therefore E(V_A) = E\left(\frac{SSA}{k-1}\right) = pq\,\sigma_A^2 + q\sigma_{A\times B}^2 + \sigma_E^2$$

유사한 방법으로 다음을 유도 할 수 있다.

$$E(V_B) = E\left(\frac{SSB}{p-1}\right) = kq\sigma_B^2 + \sigma_E^2$$

$$E(V_E) = E\left(\frac{SSE}{kp(q-1)}\right) = \sigma_E^2$$

$$E(SS_{AB}) = E(\sum_{i=1}^{k}\sum_{j=1}^{p}\sum_{m=1}^{q}(\overline{y}_{ij}. - \overline{\overline{y}})^2)$$

$$= qE\left[\sum_{i=1}^{k}\sum_{j=1}^{p}\left(\mu + a_i + b_j + (ab)_{ij} + \overline{\varepsilon}_{ij}. - (\mu + \overline{\overline{\epsilon}})\right)^2\right]$$

$$= pq(k-1)\,\sigma_A^2 + kq\,(p-1)\sigma_B^2 + q(k-1)\,(p-1)\sigma_{A\times B}^2 + (kp-1)\,\sigma_E^2$$

$$E(SS_{A\times B}) = E(S_{AB} - SSA - SSB)$$

$$= (k-1)(p-1)\sigma_E^2 + q\,(k-1)(p-1)\;\sigma_{A\times B}^2$$

따라서 $V_{A\times B}$의 기대값은 $E(SS_{A\times B})$을 자유도 $\phi_{A\times B} = (k-1)(p-1)$로 나누면

다음과 같다.

$$E(V_{A\times B}) = q\sigma^2_{A\times B}+\sigma^2_E$$

(3) 분산분석표 작성

●● 반복이 있는 이원배치법

요 인	제곱합	ϕ	평균제곱	F_0	$E(V)$
인자A	SSA	$k-1$	V_A	$V_A/V_{A\times B}$	$pq\sigma^2_A+q\sigma^2_{A\times B}+\sigma^2_E$
인자B	SSB	$p-1$	V_B	V_B/V_E	$kq\sigma^2_B+\sigma^2_E$
$A\times B$	$SS_{A\times B}$	$(k-1)(p-1)$	$V_{A\times B}$	$V_{A\times B}/V_E$	$q\sigma^2_{A\times B}+\sigma^2_E$
E	SSE	$kp(q-1)$	V_E		σ^2_E
계	SST	$kpq-1$			

단, $V_A=SSA/(k-1)$, $V_B=SSB/(p-1)$, $V_{A\times B}=\dfrac{SS_{A\times B}}{(k-1)(p-1)}$, $V_E=\dfrac{SSE}{kp(q-1)}$

반복이 있는 이원배치법에서의 귀무가설은 다음과 같다.

(1) 요인 A 의 가설은 $H_0: \sigma^2_A=0$ 즉, H_0 : $a_i=0$ $(i=1,\ 2,\ 3,\ \cdots,k)$

$F_0=V_A/V_{A\times B}\geq F_\alpha(\phi_A,\phi_{A\times B})$ 이면 유의수준 $\alpha\%$ 하에서 귀무가설H_0을 기각한다. 즉, 인자A는 특성Y에 영향을 미치고 있다.

(2) 요인 B 의 가설은 $H_0: \sigma^2_B=0$ 즉, $b_j=0$ $(j=1,2,3,\cdots,p)$

$F_0=V_B/V_E\geq F_\alpha(\phi_B,\phi_E)$이면 유의수준 $\alpha\%$ 하에서 귀무가설H_0을 기각한다. 즉, 인자B는 특성Y에 영향을 미치고 있다.

(3) 요인 $A\times B$의 가설은 $H_0: \sigma^2_{A\times B}=0$.

$F_0=V_{A\times B}/V_E\geq F_\alpha(\phi_{A\times B}, \phi_E)$ 이면 유의수준 $\alpha\%$ 하에서 귀무가설H_0을 기각한다. 즉, 인자$A\times B$ 는 특성Y에 영향을 미치고 있다.

(4) 분산분석후 추정

A인자를 모수인자라고 하고 B인자를 변량인자라고 하면 B인자의 모평균 추정은 의미가 없으며 산포를 추정함이 의미가 있다. 따라서 분산분석표를 참고하여 변량인자 B의 분산성분 $\widehat{\sigma^2_B}$, $\widehat{\sigma^2_{A\times B}}$은 다음과 같이 유도 된다.

$$\widehat{\sigma_B^2} = \frac{V_B - V_E}{kq}, \qquad \widehat{\sigma_{A\times B}^2} = \frac{V_{A\times B} - V_E}{q}$$

인자 수준 A_i 평균 μ_i의 구조식은 $\overline{y}_{i}.. = \mu + a_i + \overline{b} + (a\overline{b})_{i}. + \overline{\varepsilon}_{i}..$이므로 A_i의 모평균을 추정하면 다음과 같다.

$$E(\overline{y_i}..) = \widehat{\mu + a_i}$$

따라서 A_i의 모평균 μ_i 은 $\overline{y}..$로 추정 할 수 있으며 분산은 다음과 같이 유도 된다.

$$\begin{aligned} Var(\overline{y_i}..) &= Var(\overline{b} + (a\overline{b})_{i}. + \overline{\varepsilon_i}..) \\ &= \frac{\sigma_B^2}{p} + \frac{\sigma_{A\times B}^2}{p} + \frac{\sigma_E}{pq} \\ &= \frac{1}{pq}(q\sigma_B^2 + q\sigma_{A\times B}^2 + \sigma_E^2) \\ &= \frac{V_B + k\,V_{A\times B} - V_E}{kpq} \end{aligned}$$

단, $\widehat{\sigma_E^2} = V_E$, $\widehat{\sigma_{A\times B}^2} = \dfrac{V_{A\times B} - V_E}{q}$, $\widehat{\sigma_B^2} = \dfrac{V_B - V_E}{kq}$

따라서 A_i 수준에서 모평균 μ_i의 $100(1-\alpha)\%$의 신뢰한계는 다음과 같다.

$$\overline{y_i}.. \pm t\left(\phi^* ; \frac{\alpha}{2}\right)\sqrt{\frac{V_B + k\,V_{A\times B} - V_E}{kpq}}$$

단, $\phi^* = \dfrac{[V_B + k\,V_{A\times B} - V_E]^2}{\dfrac{V_B^2}{\phi_B} + \dfrac{(k\,V_{A\times B})^2}{\phi_{A\times B}} + \dfrac{(-V_E)^2}{\phi_E}}$

특히 교호작용이 무시되는 환경($\sigma_{A\times B}^2 = 0$)이라면 분산 $Var(\overline{y}_i..)$은 다음과 같다.

$$\begin{aligned} Var(\overline{y_i}..) &= Var(\overline{b} + \overline{\varepsilon_i}..) \\ &= \frac{\sigma_B^2}{p} + \frac{\sigma_E}{pq} \\ &= \frac{1}{pq}(q\sigma_B^2 + \sigma_E^2) \\ &= \frac{V_B + (k-1)\,V_E^*}{kpq} \end{aligned}$$

단, $V_E^* = (SSE + SS_{A\times B})/(\phi_E + \phi_{A\times B})$

따라서 A_i 수준에서 모평균 μ_i의 $100(1-\alpha)\%$의 신뢰한계는 다음과 같다.

$$\overline{y}_i.. \pm t\left(\phi^* ; \frac{\alpha}{2}\right)\sqrt{\frac{V_B + (k-1)V_E^*}{kpq}}$$

단, $\phi^* = \dfrac{[V_B + (k-1)V_E^*]^2}{\dfrac{(V_B)^2}{\phi_B} + \dfrac{[(k-1)V_E^*]^2}{\phi_E^*}}$

인자 A의 두 수준 A_i와 $A_{i'}$ 사이의 모평균 차의 추정은 다음과 같이 유도 된다.

$$\hat{\mu}_i - \hat{\mu}_{i'} = (\widehat{\mu + a_i}) - (\widehat{\mu + a_{i'}}) = \overline{y}_i.. - \overline{y}_{i'}..$$

분산은

$$Var(\overline{y}_i.. - \overline{y}_{i'}..) = Var(\overline{y}_i..) + Var(\overline{y}_{i'}..) - 2cov(\overline{y}_i.., \overline{y}_{i'}..) \quad (\therefore \text{독립})$$

$$= \frac{\sigma_E^2}{pq} + \frac{\sigma_E^2}{pq}$$

$$= \frac{2V_E}{pq}$$

따라서 $\mu_{i\cdot} - \mu_{i'\cdot}$의 $100(1-\alpha)\%$의 신뢰한계는 다음과 같다.

$$(\overline{y}_i.. - \overline{y}_{i'}..) \pm t\left(\phi_E ; \frac{\alpha}{2}\right)\sqrt{\frac{2V_E}{pq}}$$

유사한 방법으로 B인자의 두 수준에 대한 모평균차와 조합인자 $A_i B_j$의 모평균의 신뢰구간은 반복이 있는 2원 배치법과 동일하다.

기본 예제 3.4

인터넷 컨설팅 회사에서는 인터넷 탐색시간에 미치는 효과를 알아보기 위하여 관심사항(A_1(스포츠),A_2(음악/영화),A_3(게임))과 직업(B_1(직장인),B_2(비직장인),B_3(학생)을 선택하였다. 직업은 랜덤으로 선택하였고 2회 반복하여 측정한 실험 자료가 다음 자료와 같다. 물론 $3 \times 3 \times 2 = 18$회의 실험 전체는 랜덤으로 하였다. 인자 B를 변량인자로 가정하여 분산분석과 각 인자의 영향을 검토하시오.

●● 관심사항과 · 직업에 따른 인터넷 탐색시간 (단위;시간)

관심사항	직업		
	B_1(직장인)	B_2(비직장인)	B_3(학생)
A_1(스포츠)	15.3	15.1	14.7
	16.1	15.5	15.0
A_2(음악/영화)	17.2	16.8	16.4
	16.6	17.0	16.5
A_3 (게임)	17.0	16.9	16.3
	16.2	16.8	16.7

결과

다음과 같은 보조표를 만들고 변동을 계산한다.

[보조표1] 평균1

관심사항	직업			평균
	B_1(직장인)	B_2(비직장인)	B_3(학생)	
A_1(스포츠)	15.3	15.1	14.7	15.28
	16.1	15.5	15	
평균	15.7	15.3	14.85	
A_2(음악/영화)	17.2	16.8	16.4	16.75
	16.6	17	16.5	
평균	16.9	16.9	16.45	
A_3(게임)	17	16.9	16.3	16.65
	16.2	16.8	16.7	
평균	16.6	16.85	16.5	16.23

[보조표1] 평균2

관심사항	직업			평균
	B_1(직장인)	B_2(비직장인)	B_3(학생)	
A_1(스포츠)	15.7	15.3	14.85	15.28
A_2(음악/영화)	16.9	16.9	16.45	16.75
A_3(게임)	16.6	16.85	16.5	16.65
평균	16.4	16.35	15.93	16.23

$$SST = \sum_{i=1}^{3}\sum_{j=1}^{3}\sum_{m=1}^{2}(y_{ijm} - \bar{\bar{y}})^2 = (15.3 - 16.23)^2 + \cdots\cdots + (16.7 - 16.23)^2 = 10.2362$$

$$SSA = (3 \times 2)\sum_{i=1}^{3}(\bar{y}_{i..} - \bar{\bar{y}})^2$$
$$= 6[(15.28 - 16.23)^2 + (16.75 - 16.23)^2 + (16.65 - 16.23)^2] = 8.0578$$

$$SSB = (3 \times 2)\sum_{j=1}^{3}(\bar{y}_{.j.} - \bar{\bar{y}})^2$$
$$= 6[(16.4 - 16.23)^2 + (16.35 - 16.23)^2 + (15.93 - 16.23)^2] = 0.7878$$

$$SS_{A\times B} = SS_{AB} - SSA - SSB = 2\sum_{i=1}^{3}\sum_{j=1}^{3}(\bar{y}_{ij.} - \bar{\bar{y}})^2 - SSA - SSB$$
$$= 2[(15.7 - 16.23)^2 + \cdots\cdots + (16.5 - 16.23)^2] - 8.0578 - 0.7878 = 0.3356$$

$$SSE = SST - SSA - SSB - SS_{A\times B} = 10.2362 - 8.0578 - 0.7878 - 0.3356 = 1.0550$$

●● 분산분석표

요 인	제곱합	자유도	제곱평균	F비	$F(0.05)$
인자 A	8.0578	2	4.0289	48.02	6.94
인자 B	0.7878	2	0.3939	3.36	4.26
$A\times B$	0.3356	4	0.0839	0.72	3.63
잔 차	1.0550	9	0.1172		
전 체	10.2362	17			

해석 분석 결과를 보면 인자 A의 가설은 기각, 인자 B와 A와 B의 교호작용의 가설은 유의하지 않다. 즉, 관심사항은 인터넷 탐색시간에 영향을 주지만 직업과 교호작용에 대한 영향이 존재한다고 볼 수 없다.

❷ 교호작용에 대해서만 잔차항에 풀링(pooling) 작업

●● 분산분석표

요 인	제곱합	자유도	제곱평균	F비	$F(0.05)$
인자 A	8.0578	2	4.0289	37.66	3.81
인자 B	0.7878	2	0.3939	3.68	3.81
잔 차	1.3906	13	0.1070		
전 체	10.2362	17			

❸ A_i 수준의 모평균 추정

A_i 수준에서 모평균 $\mu_{i\cdot\cdot}$의 $100(1-\alpha)\%$의 신뢰한계는 다음과 같다.

$$\bar{y}_{i\cdot\cdot} \pm t\left(\phi^*;\frac{\alpha}{2}\right)\sqrt{\frac{V_B+(k-1)V_E^*}{kpq}}$$

단, $\phi^* = \dfrac{[V_B+(k-1)V_E^*]^2}{\dfrac{(V_B)^2}{\phi_B}+\dfrac{[(k-1)V_E]^2}{\phi_E^*}} = \dfrac{(0.3939+2\times 0.1070)^2}{\dfrac{0.3939^2}{2}+\dfrac{(2\times 0.1070)^2}{13}} \approx 5$

$$\sqrt{\frac{V_B+(k-1)V_E^*}{kpq}} = \sqrt{\frac{0.3939+2\times 0.1070}{18}} = 0.184,\quad t(5\,;0.025)=2.571,$$

즉, $\bar{y}_{i\cdot\cdot} \pm t\left(\phi^*;\dfrac{\alpha}{2}\right)\sqrt{\dfrac{V_B+(k-1)V_E^*}{kpq}} = \bar{y}_{i\cdot\cdot} \pm 2.571\times 0.184 = \bar{y}_{i\cdot\cdot} \pm 0.373$

따라서 위식에다가 각각 $\bar{y}_{1\cdot\cdot}=15.28$, $\bar{y}_{2\cdot\cdot}=16.75$, $\bar{y}_{3\cdot\cdot}=16.65$을 대입하면 계산할 수 있다.

인자 A의 두 수준 A_i와 $A_{i'}$ 사이의 모평균 차의 추정은 반복이 없는 경우와 유사하게 계산된다.

Minitab

1 다음과 같이 자료를 입력한다.

워크시트 1 ***

↓	C1 A	C2 B	C3 반복	C4 인터넷 탐색시간	C5
1	1	1	1	15.3	
2	1	1	2	16.1	
3	1	2	1	15.1	
4	1	2	2	15.5	
5	1	3	1	14.7	
6	1	3	2	15.0	
7	2	1	1	17.2	
8	2	1	2	16.6	
9	2	2	1	16.8	
10	2	2	2	17.0	
11	2	3	1	16.4	
12	2	3	2	16.5	
13	3	1	1	17.0	
14	3	1	2	16.2	
15	3	2	1	16.9	
16	3	2	2	16.8	
17	3	3	1	16.3	
18	3	3	2	16.7	

2 통계분석(S) → 분산 분석(A) → 등분산 검정(V)... 을 선택하고 [반응] 항목]에 C4를 [요인] 항목에 각각 C1과 C2를 입력하고 확인(O) 버튼을 누른다.

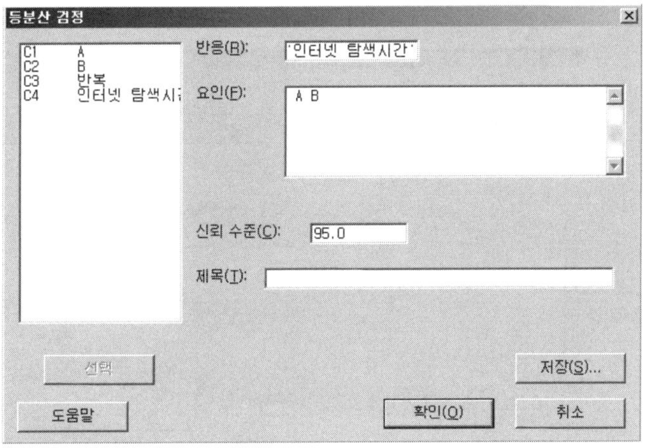

3 다음과 같은 등분산 검정 결과가 나타난다.

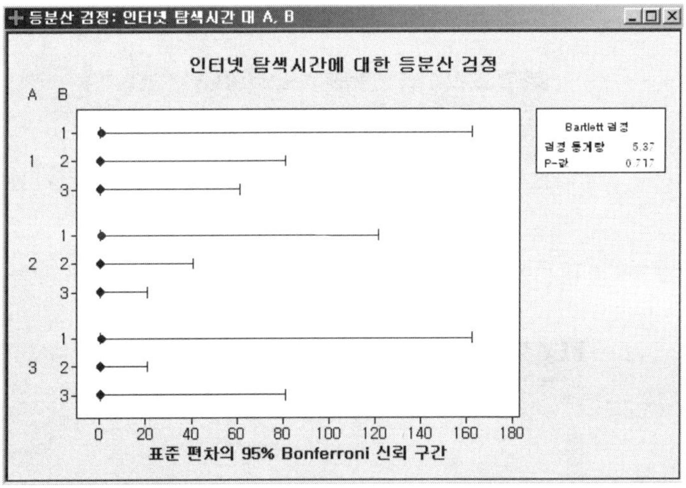

해석

Bartlett 검정을 실시한 결과 p-값이 각각 유의수준 0.05보다 큰 값을 가지므로 수준마다 분산이 같다고 할 수 있다. 즉, 실험이 정상적으로 시행 되었다고 간주 할 수 있다.

4 통계분석(S) → 분산 분석(A) → AOV 균형 분산 분석(B)...을 선택하여 나타난 균형분산분석 대화상자에서 [반응] 항목에 마우스 포인트를 올려놓고 C4를 더블클릭한다.

물론 [모형] 항목에 각각 C1, C2를 더블클릭하여 데이터 입력을 하고 교호작용을 검출하기 위하여 A*B 를 포함시켜 주고 [변량인자] 항목에 C2를 더블클릭하고 옵션(P)... 버튼을 클릭한다.

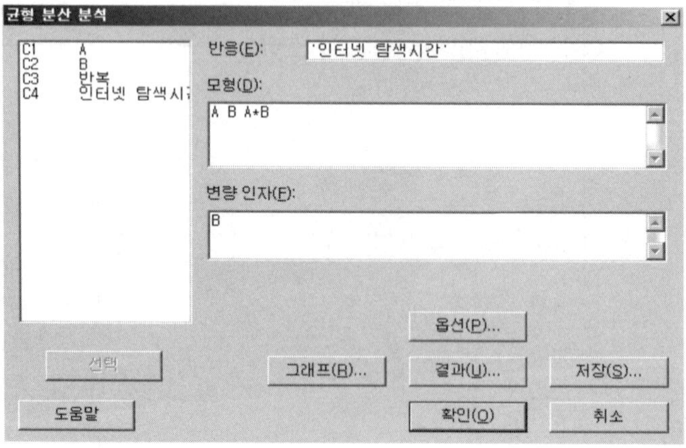

5 옵션 대화상자에서 [모형의 제한된 형식 사용] 항목을 체크하고 확인(O) 버튼을 누른다.

6 그래프(R)... 버튼을 클릭하고 나타난 대화상자에서 [네 개 모두] 항목을 선택한다.

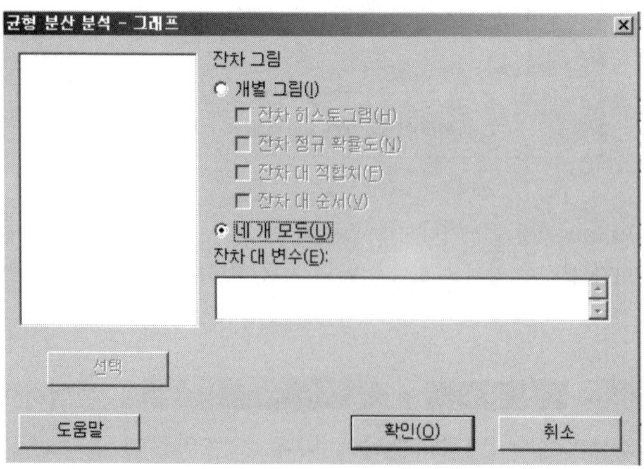

7 [결과(U)...] 버튼을 클릭한다. 나타난 결과 대화상자에 [기대 평균 제곱 및 분산 성분 표시]을 체크하고 [확인(O)] 버튼을 누른다. 그리고 원래의 화면으로 돌아오면 다시 [확인(O)] 버튼을 누른다.

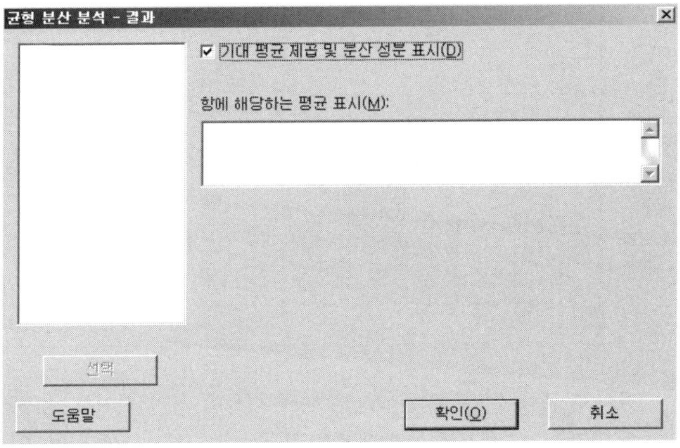

8 [세션] 창에 다음과 같은 결과가 나타나고 또한 잔차그림도 표시된다.

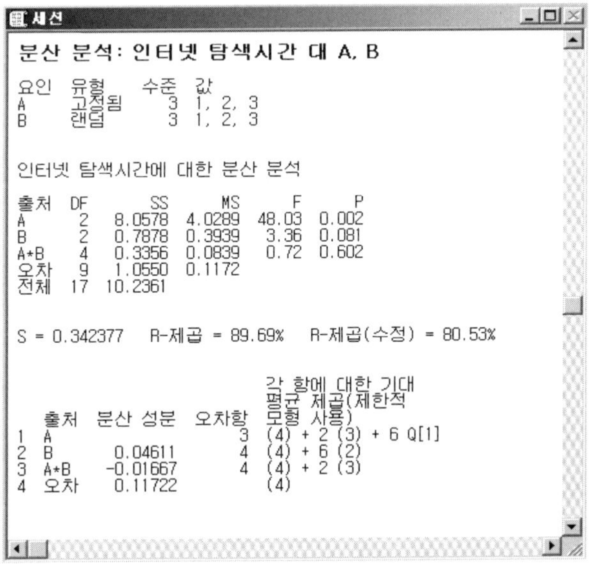

해석

인자 A는 모수인자(고정됨)로 인자B는 변량인자(랜덤)표시되고 분산분석표에서는 인자 A는 유의수준 5%에서 유의적이지만 인자B와 교호작용(상호) A*B 인자는 비유의적으로 나타나고 있다. 오차 분산 성분 $\hat{\sigma}_E^2$=0.11722으로 검정됨을 표시하고 있다.

9 ▸ 잔차그림

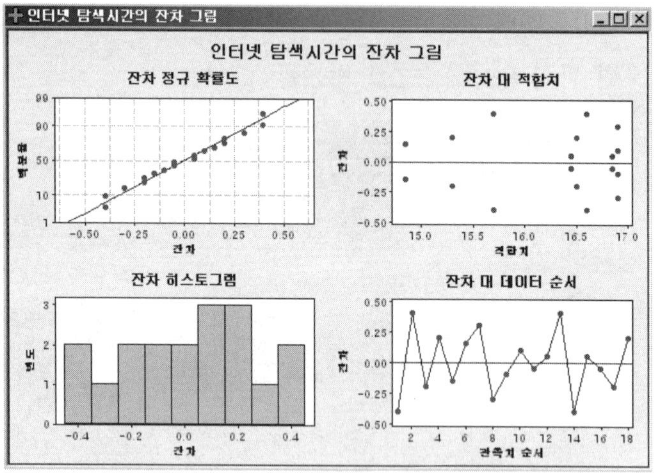

해석 [잔차 정규 확률도]에서는 직선주위에 점들이 몰려 있어서 정규성을 가진다고 할 수 있고 [잔차 히스토 그램]에서는 정규성을 가지기 위해서는 종모양을 가져야 하나 위 그림에서는 데이터가 적기 때문에 종모양의 형태를 가진다고 할 수 없지만 이 그림 하나로만 평가 할 수는 없다. [잔차 대 적합지] 그림에서는 특별한 패턴이 없으므로 등분산성을 가지고 있다. 물론 점들이 0을 중심으로 대칭으로 보이는 것은 2회 반복의 실험 결과일 뿐이다. [잔차 데이터 순서] 그림에서도 역시 0을 중심으로 대칭으로 보이는 것은 2회 반복의 실험결과일 뿐이므로 특별한 형태가 없는 랜덤으로 보이기 때문에 오차는 독립성을 가진다고 할 수 있다.

≪교호작용에 대해서만 잔차항에 풀링(pooling) 작업≫

1 통계분석(S) → 분산 분석(A) → AOV 균형 분산 분석(B)..을 선택하여 나타난 균형분산분석 대화상자에서 [반응] 항목에 마우스 포인트를 올려놓고 C4를 더블클릭한다. 물론 [모형] 항목에 각각 C1, C2를 더블클릭하여 데이터 입력을 한다. 물론 교호작용을 풀링시키기 위하여 A*B를 제외 시켰다.

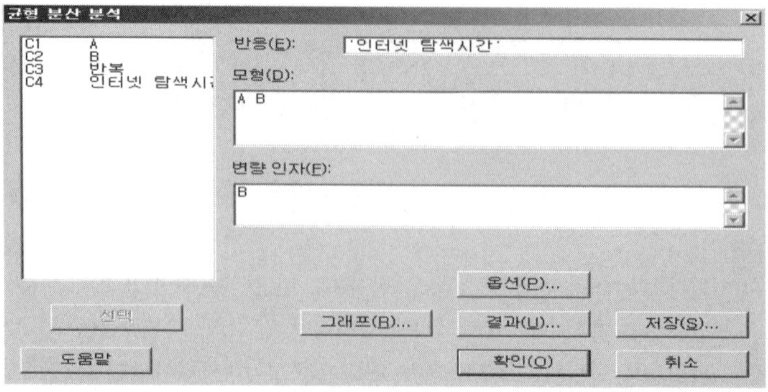

2 결과(U)... 버튼을 클릭한다. 나타난 결과 대화상자에 [기대 평균 제곱 및 분산 성분 표시]을 체크하고 [평균표시] 항목에 A,B를 입력하고 확인(O) 버튼을 누른다. 그리고 원래의 화면으로 돌아오면 다시 확인(O) 버튼을 누른다.

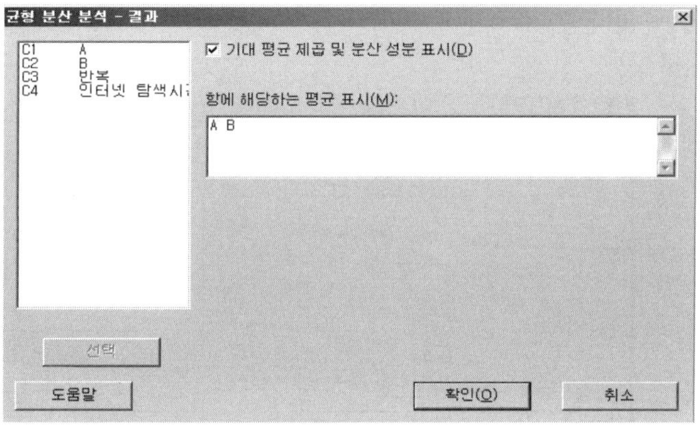

3 [세션] 창에 다음과 같은 결과가 나타나고 또한 잔차그림도 자동으로 표시되어 나타난다.

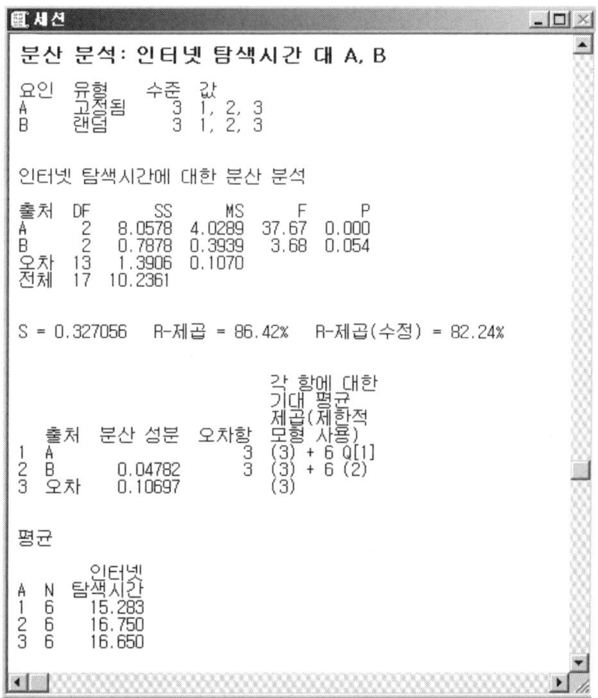

```
세션
분산 분석: 인터넷 탐색시간 대 A, B

요인  유형    수준  값
A     고정됨     3  1, 2, 3
B     랜덤       3  1, 2, 3

인터넷 탐색시간에 대한 분산 분석

출처  DF       SS      MS      F      P
A      2   8.0578  4.0289  37.67  0.000
B      2   0.7878  0.3939   3.68  0.054
오차  13   1.3906  0.1070
전체  17  10.2361

S = 0.327056   R-제곱 = 86.42%   R-제곱(수정) = 82.24%

                                   각 항에 대한
                                   기대 평균
                                   제곱(제한적
   출처  분산 성분  오차항         모형 사용)
1  A                     3         (3) + 6 Q[1]
2  B       0.04782       3         (3) + 6 (2)
3  오차    0.10697                 (3)

평균

        인터넷
A  N  탐색시간
1  6    15.283
2  6    16.750
3  6    16.650
```

해석 인자 A는 모수인자(고정됨)로 인자B는 변량인자(랜덤)표시되고 분산분석표에서는 인자 A는 유의수준 5%에서 유의적이지만 인자B는 비유의적으로 나타나고 있다. 오차 분산 성분 $\widehat{\sigma_B^2}$=0.04782, $\widehat{\sigma_E^2}$=0.10697으로 검정됨을 표시하고 있다.

4 ▸ 잔차그림

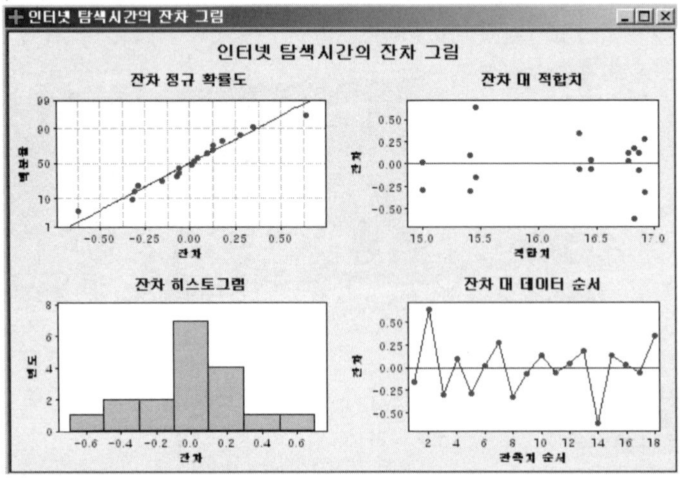

해석 [잔차 정규 확률도]에서는 직선주위에 점들이 몰려 있어서 정규성을 가진다고 할 수 있고 [잔차 히스토 그램]에서는 정규성을 가지기 위해서는 약간 종 모양 모습을 보이고 있으므로 정규성을 가진다고 할 수 있다. [잔차 대 적합지] 그림에서는 특별한 패턴이 없으므로 등분산성을 가지고 있다. [잔차 데이터 순서 그림]에서도 특별한 형태가 없는 랜덤으로 보이기 때문에 오차는 독립성을 가진다고 할 수 있다.

5 주효과 분석을 위하여 통계분석(S) → 분산 분석(A) → 주효과도(M)...을 선택하고 나타난 주효과도 대화상자에서 [반응] 항목에 마우스 포인트를 올려놓고 C4을 더블클릭한다. 물론 [요인]항목에는 C1과 C2 더블 클릭하여 데이터 입력을 마감하고 확인(O) 버튼을 누른다.

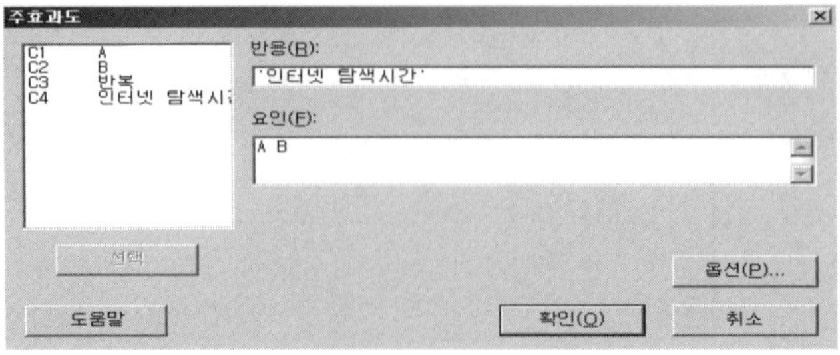

6 다음과 같은 주효과도 결과가 나타난다.

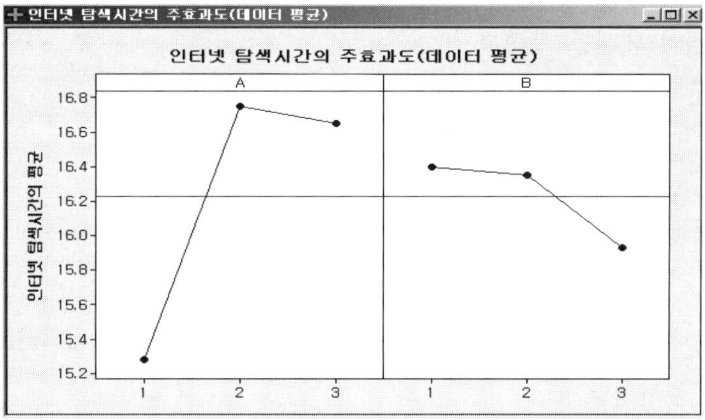

해석 가운데 직선은 총평균을 의미하고 각 점은 수준별 평균을 나타낸다. 이 그림에서 주효과 관점에서 A2수준 과 B1 수준이 제일 크다고 할 수 있다.

4. 대비와 직교분해

임의의 실험에서 n개의 측정치를 $y_1, y_2, \cdots, y_a$로 표기하고 또, 측정값의 합을 $T_1, T_2, \cdots, T_a$라고 하고 반복수를 r이라고 하면 정수계수의 일차식은 선형식이 된다.

$$L = c_1 T_1 + c_2 T_2 + \cdots + c_a T_a \text{ 혹은 } L = c_1 y_1 + c_2 y_2 + \cdots + c_a y_a$$

계수 $c_1, c_2, \cdots, c_a$ 중에서 0이 몇 개 있어도 괜찮지만 전부가 동시에 0이 되어서는 아니된다. 예를 들면 다음과 같은 형태가 선형식이 될 수 있다.

$$(T_1 - T_2) \text{ 혹은 } \frac{T_1 + T_2 + \cdots + T_a}{ra} = \bar{y}$$

이러한 조건을 만족 할 때 선형식 L의 단위수 D는 계수들의 제곱합을 의미한다.

$$D = c_1^2 + c_2^2 + \cdots + c_a^2$$

이 경우 c_i의 관계가 $c_1 + c_2 + \cdots + c_a = 0$을 만족 할 때 선형식 L을 대비(contrast)라고 부르고 이 대비의 변동은 자유도 1을 가지며 다음과 같이 나타낸다.

$$SS_L = \frac{L^2}{D \times r}$$

또, 2개의 대비를 고려하자.

$$L_1 = c_1 T_1 + c_2 T_2 + \cdots + c_a T_a$$
$$L_2 = c_1{}^* T_1 + c_2{}^* T_2 + \cdots + c_a{}^* T_a$$

이 2개의 대비에서 $c_1 c_1{}^* + c_2 c_2{}^* + \cdots + c_a c_a{}^* = 0$ 이 성립하면 즉, 2개의 곱의 합이 0 이되면 2개의 대비는 서로 직교(orthogonal)한다고 한다.

이 경우 대비 L_1 의 변동 SS_{L_1} 과 L_2 의 변동 SS_{L_2} 는 자유도가 1을 가지고 각각 다음과 같이 주어진다.

$$SS_{L_1} = \frac{(L_1)^2}{\left(\sum_i c_i^2\right) \times r}, \quad SS_{L_2} = \frac{(L_2)^2}{\left(\sum_i c_i^{2^*}\right) \times r}$$

따라서 수준수가 a 인 처리 A 의 변동 SSA 는 각각의 자유도 1인 서로 직교하는 $(a-1)$ 개의 대비에 의한 변동으로 분해가 가능하다. 이 때 서로 직교하는 대비를 $SS_{L_1}, SS_{L_2}, \cdots, SS_{L_a-1}$ 라고 표시하면 다음과 같은 관계식이 된다.

$$SSA = SS_{L_1} + SS_{L_2} + \cdots + SS_{L_a-1}$$

따라서 A 의 변동을 몇 개의 직교하는 대비의 변동으로 분해하는 것을 SSA 의 직교분해(orthogonal decomposition)이라고 하고 이러한 직교분해는 어떤 대비의 변동이 변동 중에서 얼마만한 부분을 차지하고 있는지를 알아보는 것이 그 목적이 된다.

반복이 있는 2원 배치인 경우 각각 A, B의 수준수가 a, b 이고 반복수가 r 일 때 A_i 의 수준에서의 br 개의 데이터의 합 $T_{i\cdot\cdot}$ 의 선형식

$$L = c_1 T_{1\cdot\cdot} + c_2 T_{2\cdot\cdot} + \cdots + c_a T_{a\cdot\cdot}$$

에서도 유사하게 $\sum_{i=1}^{a} c_i = 0$ 이면 하나의 대비가 되고 변동은 다음과 같이 표현 된다.

$$SS_L = \frac{(L)^2}{\left(\sum_i c_i^2\right) \times br}$$

유사하게 B_j 의 수준에서의 ar 개의 데이터의 합 $T_{\cdot j \cdot}$ 의 선형식

$$L = c_1 T_{\cdot 1 \cdot} + c_2 T_{\cdot 2 \cdot} + \cdots + c_b T_{\cdot a \cdot}$$

에서도 유사하게 $\sum_{i=1}^{b} c_i = 0$이면 하나의 대비가 되고 변동은 다음과 같이 표현 된다.

$$SS_L = \frac{(L)^2}{\left(\sum_i c_i^2\right) \times a\,r}$$

기본 예제 3.5

강철 제품을 생산하는 공장에서 납품하는 강철원료의 제조회사 A (A_0: 자회사, A_1: 국내 타회사,A_2 :외국회사)와 반응온도 B (B_0;300℃, B_1;310℃,B_2;320℃ :)가 강철 제품 강도에 어떠한 영향을 미치는 가를 알아보기 위하여 다음과 같은 자료를 표집하였다.

❶ 강철 원료의 제조회사 A와 반응온도 B는 강철 제품 강도에 유의한 영향을 미치는가?(국산과 외제의 차이 혹은 자회사와 국내 타회사의 차이)

❷ 온도에 의한 효과는 1차적 인가 혹은 2차적 인가?

B \ A	A_0	A_1	A_2	$T_{\cdot j}$
B_0	13	20	27	60
B_1	7	9	16	32
B_2	9	20	20	49
$T_{i \cdot}$	29	49	63	141

결과

⓿ 분산 분석표 작성

$CT = (141)^2/9 = 2209$

$SST = (13^2 + 7^{2+} \cdots\cdots + 20^2) - CT = 356$

$SSA = (29^2 + 49^2 + 63^2)/3 - CT = 194.67$

$SSB = (60^2 + 32^2 + 49^2)/3 - CT = 132.67$

$SSE = SST - SSA - SSB = 28.67$

분산 분석

변동의 요인	제곱합	자유도	제곱 평균	F 비	F 기각치
인자 A	194.67	2	97.33	13.581	6.944
인자 B	132.67	2	66.33	9.256	6.944
잔차(E)	28.67	4	7.17		
T	356	8			

즉, A, B 모두 특성치에 매우 유의한 영향을 미친다고 판단 할 수 있다.

❶ 대비에 의한 인자 A 의 변동의 분해

L_1 = 국산과 외제의 차이 =

$$\frac{1}{6}(T_0.+T_1.)-\frac{1}{3}T_2.=1/6\times(29+49)-1/3\times(63)=-8$$

L_2 =자회사와 국내 타회사= $\frac{1}{3}T_0.-\frac{1}{3}T_1.=1/3\times(29)-1/3(49)=-6.667$

2개의 선형식 L_1 과 L_2의 계수는 다음과 같다.

$$c_1=1/6,\ c_2=1/6,\ c_3=-1/3$$
$$c_1{}^*=1/3,\ c_2{}^*=-1/3,\ c_3{}^*=0$$

따라서 선형식 L_1 과 L_2는 대비이며 서로 직교한다. 즉, 변동은 다음과 같다.

$$SS_{L_1}=\frac{(L_1)^2}{\left(\sum_i c_i^2\right)\times r}=\frac{(-8)^2}{\frac{1}{6}\times 3}=128$$

$$SS_{L_2}=\frac{(L_2)^2}{\left(\sum_i c_i^{2^*}\right)\times r}=\frac{(6.667)^2}{\frac{2}{9}\times 3}=66.67$$

단, $SSA=SS_{L_1}+SS_{L_2}=194.67$ 임을 알 수 있고 제조회사 A 에 의한 변동은 주로 국산과 국내 외제의 차이 때문인 것을 알 수 있다.

❷ 대비에 의한 인자 B의 변동의 분해

인자 B는 수준 간격이 일정항 계량인자이므로 인자 B의 1차효과(linear effect)와 2차 효과(quadratic effect)를 구 할 수 있다.

3수준(B_0;300℃, B_1;310℃,B_2;320℃ :)에 의해서 얻어지는 1차효과는 300℃ 에서

310℃까지 변하는 동안의 1차 효과 $T._1 - T._0$와 310℃에서 320℃까지 변하는 동안의 1차 효과 $T._2 - T._1$의 합이 되므로 다음과 같이 나타낼 수 있다.

$$L_{1차} = (T._1 - T._0) + (T._2 - T._1)$$
$$= T._2 - T._0 = 49 - 60 = -11$$

로 계산되고 $c_1 = -1,\ c_2 = 0,\ c_3 = 1$이므로 대비이고 300℃에서 310℃까지 특성치 변화의 기울기와 310℃에서 320℃ 간의 특성치 변화의 기울기의 차이를 2차 효과로 볼 수 있으므로 다음과 같이 표현 된다.

$$L_{2차} = (T._2 - T._1) - (T._1 - T._0)$$
$$= T._2 - 2T._1 + T._0 = 49 - 2 \times 32 + 60 = 45$$

단, $c_1{}^* = 1,\ c_2{}^* = -2,\ c_3{}^* = 1$ 이므로 대비이므로 $L_{1차}$와 $L_{2차}$는 서로 직교하므로 변동은 다음과 같이 계산된다.

$$L_{1차} = \frac{(-11)^2}{2 \times 3} = 20.167, \quad L_{2차} = \frac{45^2}{6 \times 3} = 112.5$$

단, $SSB = SS_{1차} + SS_{2차} = 132.67$ 임을 알 수 있고 제조회사 B에 의한 변동은 주로 2차 효과가 대부분을 차지하고 있음을 알 수 있다.

❸ 대비의 변동을 포함한 분산 분석표

변동의 요인	제곱합	자유도	제곱 평균	F 비	F(0.05, df1, df2)
인자A	194.67	2	97.33	13.581	6.944
L_1	128.00	1	128.00	17.860	7.710
L_2	66.67	1	66.67	9.303	7.710
인자B	132.67	2	66.33	9.256	6.944
L_1 차	20.17	1	20.17	2.814	7.710
L_2 차	112.50	1	112.50	15.698	7.710
잔차(E)	28.67	4	7.17		
T	356	8			

Minitab

1 다음과 같이 자료를 입력한다.

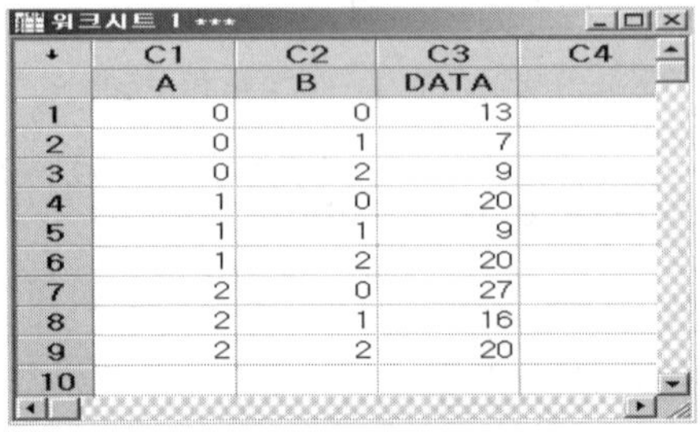

↓	C1	C2	C3	C4
	A	B	DATA	
1	0	0	13	
2	0	1	7	
3	0	2	9	
4	1	0	20	
5	1	1	9	
6	1	2	20	
7	2	0	27	
8	2	1	16	
9	2	2	20	
10				

2 통계분석(S) → 분산 분석(A) → AOV 균형 분산 분석(B)...을 선택하여 나타난 균형분산분석 대화상자에서 [반응] 항목에 마우스 포인트를 올려놓고 C3을 더블클릭한다. 물론 [모형] 항목에 각각 C1, C2를 더블클릭하여 데이터 입력을 하고 옵션(P)... 버튼을 클릭한다.

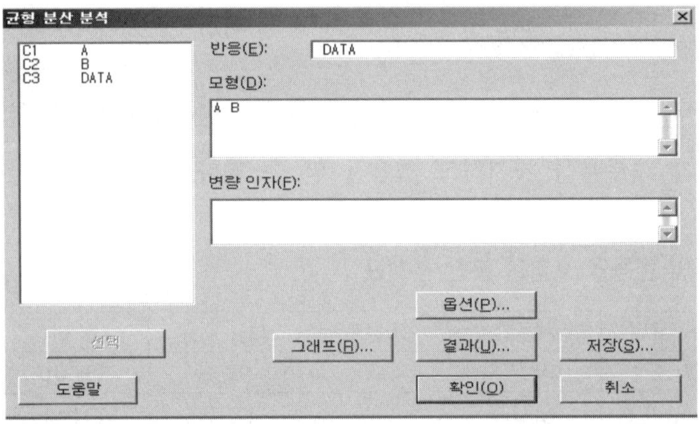

3 옵션 대화상자에서 [모형의 제한된 형식 사용] 항목을 체크하고 확인(O) 버튼을 누른다.

4 [그래프(B)...] 버튼을 클릭하고 나타난 대화상자에서 [네 개 모두] 항목을 선택한다.

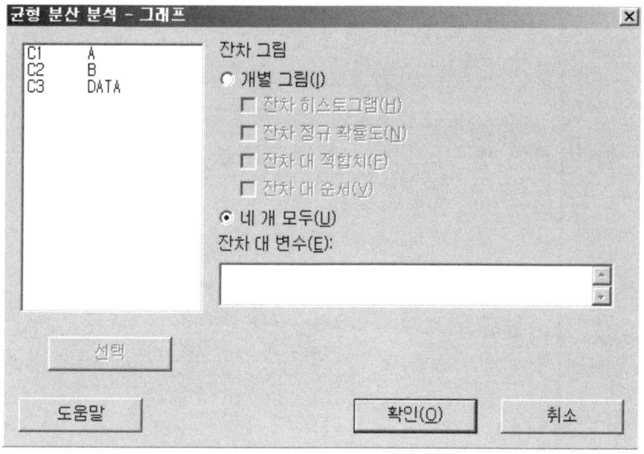

5 [결과(U)...] 버튼을 클릭한다. 나타난 결과 대화상자에 [기대 평균 제곱 및 분산 성분 표시]을 체크하고 [확인(O)] 버튼을 누른다. 그리고 원래의 화면으로 돌아오면 다시 [확인(O)] 버튼을 누른다.

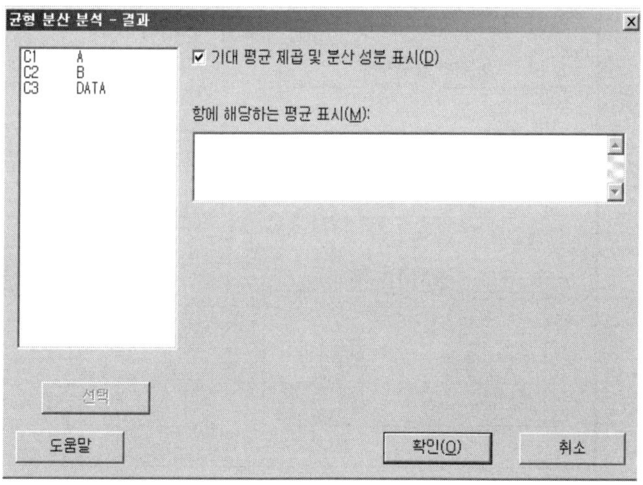

6 [세션] 창에 다음과 같은 결과가 나타나고 또한 잔차그림도 표시된다.

```
세션

분산 분석: DATA 대 A, B

요인  유형    수준  값
A     고정됨     3  0, 1, 2
B     고정됨     3  0, 1, 2

DATA에 대한 분산 분석

출처  DF       SS      MS      F      P
A      2  194.667  97.333  13.58  0.016
B      2  132.667  66.333   9.26  0.032
오차   4   28.667   7.167
전체   8  356.000

S = 2.67706   R-제곱 = 91.95%   R-제곱(수정) = 83.90%

                                 각 항에 대한
                                 기대 평균
                                 제곱(제한적
  출처  분산 성분   오차항       모형 사용)
1 A                      3       (3) + 3 Q[1]
2 B                      3       (3) + 3 Q[2]
3 오차      7.167                (3)
```

해석 인자 A는 모수인자(고정됨)로 인자B도 모수인자로 표시되고 분산분석표에서는 인자 A 는 유의수준 5%에서 유의적이고 인자B도 유의적으로 나타나고 있다. 오차 분산 성분 $\widehat{\sigma_E^2}$=7.167으로 검정됨을 표시하고 있다

7 ▶ 잔차그림

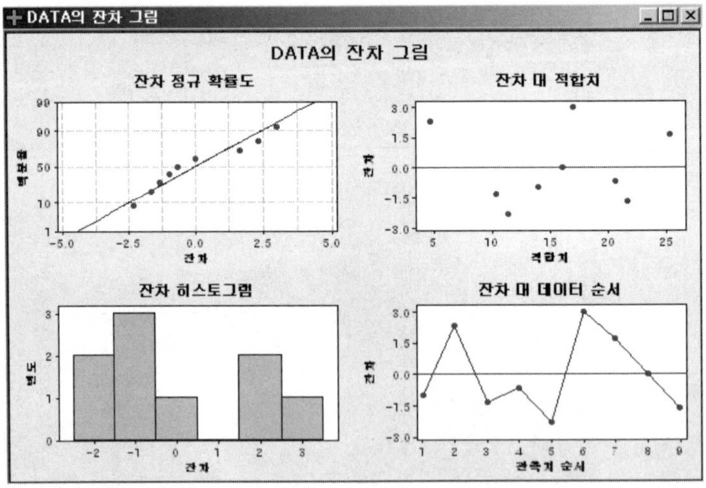

해석 [잔차 정규 확률도]에서는 직선주위에 점들이 몰려 있어서 정규성을 가진다고 할 수 있고 [잔차 히스토 그램]에서는 정규성을 가지기 위해서는 종모양을 가져야 하나 위 그림에서는 테이터가 적기 때문에 종모양의 형태를 가진다고 할 수 없지만 이 그림 하나로만 평가 할 수는 없다. [잔차 대 적합지]그림에서는 특별한 패턴이 없으므로 등분산성을 가지고 있다. [잔차 대 데이터 순서] 특별한 형태가 없는 랜덤으로 보이기 때문에 오차는 독립성을 가진다고 할 수 있다.

5. 결측치

자료가 얻어지지 않았거나 혹은 이상치로 판명되어 쓸 수 없는 경우에 발생되는 결측치의 처리방법은 될 수 있으면 한 번 더 실험하여 결측치를 찾아내는 것이 가장 좋고 한 번 더 실험하기 어려운 상황이라면 같이 한다.

일원배치법인 경우 결측치를 무시하고 그대로 분석을 해도 되지만 반복이 없는 이원배치법인 경우는 Yates의 방법으로 결측치를 추정하여 대체시킨다.
반복이 있는 이원배치법인 경우에는 결측치가 들어있는 조합에서의 나머지자료들의 평균치로 결측치를 추정하여 대체시킨다.

따라서 결측치가 있더라도 모든 데이터를 버릴 필요는 없고, 최소 제곱법에 의해서 풀 수 있으나 아주 복잡해지기 때문에 통상 사용되고 있는 Yates의 근사법이 사용된다. 이 근사법의 사고방법은 결측치를 한 가지 수처럼 취급하여 통상의 분산분석법으로 오차변동 SSE를 구하고, 이 SSE가 최소가 되는 값을 결측치가 있는 곳에 적용시켜 분산분석을 하는 것이다.

1) 결측치가 1개인 경우

인자 A, B의 수준수를 각각 k, p으로 한 2원 배치실험에서다음의 데이터를 수집하였다고 하고 y는 오차변동이 최소가 되는 결측치라고 가정하고 다음과 같은 자료를 고려하자.

A \ B	B_1	$\cdots$	B_h	$\cdots$	B_p	$T_{i\cdot}$
A_1	x_{11}	$\cdots$	x_{1h}	$\cdots$	x_{1p}	$T_{1\cdot}$
$\vdots$	$\vdots$		$\vdots$		$\vdots$	$\vdots$
A_g	x_{g1}	$\cdots$	y	$\cdots$	x_{gp}	$T_{g'\cdot}$
$\vdots$	$\vdots$		$\vdots$		$\vdots$	$\vdots$
A_l	x_{k1}	$\cdots$	x_{kh}	$\cdots$	x_{kp}	$T_{l\cdot}$
$T_{\cdot j}$	$T_{\cdot 1}$		$T_{\cdot h'}$		$T_{\cdot p}$	T'

수식의 전개를 위하여 다음과 같이 표현하자

❶ $T_{i\cdot}, T_{\cdot j}$는 수준 A_k, B_p의 열 및 행의 합

❷ $T_{g'}.$는 결측치 y를 제외한 A_p행의 합

❸ $A._{h'}$는 결측치 y를 제외한 B_h열의 합

❹ T는 결측치 y를 제외한 전체측정값의 합(i=1,⋯,k , j=1,⋯,p)

아래와 같이 변동을 표현 할 수 있다.

$$\text{총변동 } SST = \sum_{i \neq g, j \neq h} x_{ij}^2 + y^2 - \frac{(T' + y)^2}{kp}$$

$$\text{행변동 } SSA = \frac{1}{p}\sum_{i \neq g} T_i^2. + \frac{1}{p} T_{g'}. + y^2 - \frac{(T' + y)^2}{kp}$$

$$\text{열변동 } SSB = \frac{1}{k}\sum_{j \neq h} T_{.j}^2 + \frac{1}{k} T._{h'} + y^2 - \frac{(T' + y)^2}{kp}$$

$$\text{오차변동 } SSE = SST - SSA - SSB$$

이로부터 $\frac{dSSE}{dy} = 0$인 관계를 만족할 y를 찾아내서 결측치의 추정값으로 대체한다.

$$\frac{dSSE}{dy} = \frac{dy^2}{dy} - \frac{1}{p}\frac{d}{dy}T_{g'}. + y^2 - \frac{1}{k}\frac{d}{dy}T._{h'} + y^2 + \frac{d}{dy}\frac{(T' + y)^2}{kp}$$

$$= 2y - \frac{2}{p}(T_{g'.} + y) - \frac{2}{k}(T._{h'} + y) + \frac{2}{kp}(T' + y) = 0$$

위 식으로부터 $\left(1 - \frac{1}{p} - \frac{1}{k} + \frac{1}{kp}\right)\hat{y} = \frac{T_{g'.}}{p} + \frac{T._{h'}}{k} - \frac{T'}{kp}$ 이므로 다음과 같은 식을 만족한다.

$$\hat{y} = \frac{kT_{g'.} + pT._{h'} - T'}{(k-1)(p-1)}$$

위 식을 통하여 추정한 y를 대입하여 분산분석을 하면 되지만 오차의 자유도는 1만큼 적어진다. 즉 $\phi_E = (k-1)(p-1) - 1$

기본 예제 3.6

다음과 같은 자료에서 결측치 y가 생성되었다. 이런 경우에 y값을 추정하고 분산분석표를 작성하시오.

B \ A	A_1	A_2	A_3	A_4	계
B_1	2	0	5	7	14
B_2	1	4	y	2	7
B_3	1	2	1	2	6
계	4	6	6	11	27

결과

❶ 결측치 y를 추정한다.

$$\hat{y} = \frac{4\times 6 + 7\times 3 - 27}{(4-1)(3-1)} = \frac{18}{6} = 3$$

❷ $y = 3$을 대입하여 2원표를 만든다.

B \ A	A_1	A_2	A_3	A_4	계
B_1	2	0	5	7	14
B_2	1	4	3	2	7
B_3	1	2	1	2	6
계	4	6	6	11	27

❸ 변동의 계산

$$CT = \frac{27^2}{12} \fallingdotseq 60.75$$

$$SST = 2^2 + 1^2 \cdots + 2^2 - CT = 57.25$$

$$SSA = \frac{4^2 + 6^2 + 6^2 + 11^2}{3} - CT = 8.92$$

$$SSB = \frac{14^2 + 7^2 + 6^2}{4} - CT = 9.50$$

$$SSE = 57.25 - 8.92 - 9.50 = 38.83$$

●● 분산분석표

요인	SS	자유도	평균제곱	F_0	$F_{0.05}$
A	8.92	3	2.97	0.97	5.41
B	9.50	2	4.75	1.54	5.79
E	38.83	5	7.77		
T	57.25	10			

결측치가 2개인 경우도 하나인 경우와 유사하게 접근하면 되지만 결측치가 많아지면 결측치 자체의 추정의 정도도 나빠지게 되어 신뢰도가 떨어지는 값으로 추정될뿐만 아니라 계산도 힘이 들므로 가급적이면 한 번 더 실험하도록 하는 것이 좋다. 그리고 결측치가 많아지면 오차형의 자유도만 적어지고 그 이외의 자유도는 데이터가 갖추어져 있는 경우와 꼭 같다.

연 습 문 제

1 실험계획법의 강의 방식과 전공 여부가 품질경영 기사 자격증 취득 성적에 미치는 결과를 알아보기 위하여 다음과 같은 결과를 얻었다. 강의방식과 전공여부가 성적에 영향을 미치는 지를 분산분석을 통해 의사결정을 하시오.

전공여부 \ 강의방식	발표	퀴즈	과 제
산업경영공학전공자	75,79,82,85	92,85,93,89	42,60,55,62
산업경영공학 비전공자	69,70,71,71	76,73,81,75	40,52,51,51

(순서1) 합/평균의 계산

(순서2) 변동의 계산 (순서3) 귀무가설 및 자유도의 계산

(순서4) 분산 분석표 작성

(순서5) 교호작용이 유의한지 유의하지 않는지를 조사하여 만약에 상호작용이 유의하면 각 인자에 대한 조합의 구간추정을 실시하고 유의하지 않으면 각각의 인자의 모평균을 추정한다.

(순서6) 분석결과 정리 및 의사결정

힌트, $F_{0.05}(2,18)=3.55$, $F_{0.025}(2,18)=4.56$,$F_{0.05}(1,18)=4.41$,

$F_{0.025}(1,18)=5.98$, $t_{0.05}(18)=2.10$, $F_{0.025}(18)=1.73$

2 다음 자료를 이용하여 분산분석표를 작성하고 3종류의 식이요법과 4종류의 운동방법이 몸무게에 미치는 영향을 조사하여 다음 자료를 얻었다. 운동방법(A)에 따라 몸무게에 영향을 주었는지, 식이요법(B)에 따라 몸무게에 영향을 주었는지를 검정하라.

운동방법 \ 식이요법	B_1	B_2	B_3	평균
A_1	74	85	88	82.3
A_2	43	46	49	46
A_3	68	74	67	69.7
A_4	54	58	44	52
평균	59.8	65.8	62	62.5

연 습 문 제

(순서1) 합/평균의 계산

(순서2) 변동의 계산 (순서3) 귀무가설 및 자유도의 계산

(순서4) 분산 분석표 작성

(순서5) 각각의 A인자의 모평균을 추정한다.

(순서6) 분석결과 정리 및 의사결정

3 다음은 제품을 만드는 공정에서 제품의 생성률은 가열온도에 영향을 받는다. 원료 B는 랜덤하게 3수준을 택하였고 온도 A(90℃ (A_1), 110℃ (A_2),) 130℃ (A_3) 으로 정하여 각 수준조합에서 실험반복을 2회씩 모두 18회의 실험을 랜덤하게 실시하여 다음과 같은 결과를 얻었다. 분산분석표를 작성하고 변량인자B의 산포와 모수인자 A의 모평균 추정을 시행하시오 (단, $F_{0.05}(2,4)=6.94$, ,$F_{0.05}(2,9)=4.26$, $t_{0.025}(2.4)=3.855$, $F_{0.05}(2,13)=3.81$)

온도	원료(랜덤)			평균
	B_1	B_2	B_3(학생)	
A_1	61 60.2	64.1 63.2	65.2 66.1	63.30
평균	60.6	63.65	65.65	
A_2	63.3 62.7	66.2 65.4	66.2 65.4	64.87
평균	63	65.8	65.8	
A_3	61.3 61.9	63.2 64.2	66 66.4	63.83
평균	61.6	63.7	66.2	64.00

4 IT 제품을 생산하는 공장에서 납품하는 부품의 제조회사 A (A_0: 자회사, A_1: 국내 타회사, A_2:외국회사)에 부품의 강도를 다음과 같이 측정하였다. 부품 강도를 측정함으로서 유의한 영향(국산과 외제의 차이 혹은 자회사와 국내 타 회사의 차이)를 알아보고자 한다. 대비를 포함한 분산분석표를 작성하여 유의성을 검정하라

($F_{0.05}(2,4)=6.94$, $F_{0.05}(1,4)=7.71$)

연 습 문 제

L_1 = 국산과 외제의 차이= $\frac{1}{6}(T_0. + T_1.) - \frac{1}{3}T_2.$

L_2 = 자회사와 국내 타회사= $\frac{1}{3}T_0. - \frac{1}{3}T_1.$

A_1	A_2	A_3
20	24	14
18	25	12
19	18	11

5 반복수가 동일하지 않은 2원배치법(A, B가 모두 모수인자)의 데이터의 구조식을 쓰고, 이때 사용되는 모든 기호에 대하여 정의하라. 그리고 오차항의 가정이 무엇인지 설명하시오

6 반복수가 동일한 2원배치법(A는 모수인자, B는 변량인자)의 데이터의 구조식을 쓰고, 이때 사용되는 모든 기호에 대하여 정의하라. 그리고 오차항의 가정이 무엇인지 설명하시오

7 등분산의 검토방법에 대하여 약술하시오.

반복수의 크기	D_4
2	3.267
3	2.575
4	2.228
5	2.115
6	2.004
7	1.924
8	1.864

8 인자 A의 수준수가 5이고, 인자 B의 수준수가 3인 반복이 있는 경우와 없는 경우의 이원배치법 실험에서 잔차변동의 자유도는 각각 얼마인가?

9 반복이 없는 이원배치법에서 인자 A의 자유도가 4이고 잔차변동의 자유도가 12이면 인자 B의 수준수는 얼마인가?

연습문제

10 모수인자 A가 3수준, 변량인자 B가 4수준인 난괴법에서

$$SSA = 2.34,\ SSB = 1.22,\ SSE = 0.15$$

일 때 $\widehat{\sigma_B^2}$의 추정치는?

11 모수인자 A가 4수준 택하고 랜덤으로 5일 택하여 난괴법으로 실험한 결과 일간 변동 $SSB = 156.7$ 잔차변동 $SSE = 13.5$였다. 분산성분 $\widehat{\sigma_B^2}$의 추정치는?

12 어떤 공장에서 제품의 강도에 영향을 미칠 것으로 생각되는 온도(A)와 촉매량(B)을 인자로 취하여 반복이 없는 이원배치 실험을 하였다. 분산분석표를 작성하라.

인자B / 인자A	B_1	B_2	B_3	B_4
A_1	9.7	9.7	10.0	9.1
A_2	8.4	9.3	9.0	9.9
A_3	7.8	7.2	8.4	7.6

13 제품의 합성수율에 대한 영향을 조사할 목적으로, 랜덤하게 4일간(B_1, B_2, B_3, B_4)을 택하고, 각 일마다 온도를 3수준(A_1, A_2, A_3)으로 다음과 같은 자료를 표집 하였다. 분산분석표를 작성하고 유의성 검정을 시행하시오.

인자B / 인자A	B_1	B_2	B_3	B_4
A_1	88.2	90.1	88.9	89.4
A_2	87.3	89.5	88.8	80.5
A_3	89.5	90.6	90.8	90.2

연 습 문 제

14 반복이 있는 이원배치법에서 인자 A가 3수준, 인자 B가 2수준, 반복수가 3일 때 다음 자료를 얻었다. 각각의 평균제곱 V_A, V_B, $V_{A\times B}$를 구하여라.

$$T_{11}=124.2 \qquad T_{21}=124.8 \qquad T_{31}=127.5$$

$$T_{12}=126.6 \qquad T_{22}=125.4 \qquad T_{32}=145.8$$

15 어떤 집단의 다이어트에 대한 영향력을 알아보기 위하여 약물 사용량 3수준과 운동시간 3수준에서 2회씩 관측하여 다음과 같은 반복이 있는 이원배치법의 자료를 얻었다. 분산분석표를 작성하고 각 인자와 교호작용의 효과에 대하여 조사하라.

운동시간 / 약물사용량	B_1(1시간)	B_2(2시간)	B_3(3시간)
A_1(5MG)	58 68	65 64	66 67
A_2(10MG)	64 58	56 66	59 59
A_3(15MG)	65 62	64 67	68 659

16 어떤 식품회사에서 빵제조용 반죽의 점성의 영향을 알아보기 위하여 물의농도를 A_1, A_2, A_3, A_4의 4수준을 택하고 실험자를 랜덤으로 3명 택하여, 반복 2회의 $4\times3\times2=24$회의 실험 전체를 랜덤하게 실험한 결과 다음과 같은 자료를 표집하였다. 분산분석표를 작성하고 각 인자와 교호작용의 영향을 분석하라.

실험자 / 물의농도	B_1	B_2	B_3
A_1(5 %)	0.80 0.79	0.84 0.84	0.87 0.86
A_2(10 %)	0.89 0.90	0.80 0.87	0.85 0.79
A_3(15 %)	0.87 0.86	0.78 0.78	0.80 0.79
A_4(20 %)	0.80 0.81	0.75 0.74	0.78 0.78

연습문제

17 어떤 화학 공장에서 제품의 수율(%)에 영향을 미칠 것으로 생각되는 반응온도와 원료를 인자로 취해서 2원배치의 실험을 하였던 바 다음과 같은 데이터가 얻어졌다. 분산분석표를 작성하고 각 인자와 교호작용의 영향을 분석하라.

인자B \ 인자A	A_1	A_2	A_3	A_4
B_1	97.6	98.6	99.0	98.0
B_2	97.3	98.2	98.0	97.7
B_3	96.7	98.9	97.9	96.5

18 어떤 화학 공장에서 제품의 수율에 영향을 미칠 것으로 생각되는 반응 온도(A)와 원료(B)를 인자로 2원배치실험을 하였다. 실험은 12회 완전 랜덤화였고, 2인자 모두 모수이다. 검정을 시행하여 그 결과를 설명하시오.
단, $F(3,6;0.01)=9.78, F(3,6;0.05)=4.76,$
$F(2,6;0.01)=10.9, F(2,6;0.05)=5.14$

요인	SS	ϕ	V	F_0
A	2.22	3	0.74	7.96
B	3.44	2	1.72	18.5
E	0.56	6	0.093	
T	6.22	11		

19 어떤 화학 공장에서 제품의 수율을 높이기 위해 인자로서 원료(A)와 원료(B)의 2인자를 택해 A를 3수준, B를 4수준으로 하여 실험한 결과를 분산분석을 하였더니 다음과 같다(단, $t_{(6,0.05)}=2.447$이다).

[데이터수율]

B \ A	A_1	A_2	A_3	$T_{\cdot j}$	$\bar{y}_{\cdot j}$
B_1(50℃)	76	77	72	225	75.0
B_2(55℃)	86	80	84	250	83.3
B_3(60℃)	82	81	78	241	80.3
B_4(65℃)	73	75	72	220	73.3
$T_{i\cdot}$	317	313	306	936	
$\bar{y}_{i\cdot}$	79.25	78.25	76.5	78	

연 습 문 제

[분산분석표]

요인	SS	ϕ	V	F_0	$E(V)$
A	15.5	2	7.75	1.53	$\sigma_E^2+4\sigma_A^2$
B	194.0	3	64.67	12.73	$\sigma_E^2+3\sigma_B^2$
E	30.5	6	5.08		σ_E^2
T	240.0	11			

1 B인자의 B_2수준의 모평균을 신뢰율 95%로 구간 추정 하라.

2 A인자의 A_1수준과 B인자의 B_2수준을 조합한 A_1B_2의 모평균을 신뢰율 95%로 구간추정 하라.

3 인자 B의 B_2수준과 B_4수준간의 모평균 차의 구간 추정을 하라(단, 신뢰율 95%)

20 A, B 두 인자 모수모형으로 A 3수준, B 4수준을 택하고 반복이 없는 2원배치실험을 다음과 같은 분산분석표로 작성했다.

요 인	SS	ϕ	V	F_0	$E(V)$
A	4.17	(①)	2.40	6.5^{*}	(⑥)
B	11.21	(③)	3.74	11.7^{**}	(⑦)
E	(①)	(④)	(⑤)		(⑧)
T	17.50				

(1) 분산분석표의 괄호에 알맞은 답을 쓰시오.

(2) A_2 B_2조의 모평균의 95(%) 신뢰구간을 구하기 위하여 유효반복수 n_e의 값을 구했다. 그 값은?

21 핀호울(pin hole)의 가공공정으로부터 얻은 분산분석표는 다음과 같다. 일반평균(m)을 신뢰도 95%로 추정하라. 단, $\sum_i\sum_j y_{ij}=163$이다.

[핀호울에 대한 분산분석표]

요 인	SS	ϕ	V	F_0
m	1107.0	1	1107.0	45.6^{**}
A	120.6	2	63.3	2.5
E	509.4	21	24.3	
T	1737.0	24		

연습문제

인자 A가 유의적이 아니므로, A를 오차항에 풀링하여 새로운 분산분석표를 작성하시오.(단, $F(1, \phi_E : \alpha) = 4.28$)

22 어떤 제품의 내구성을 향상시킬 목적으로 그 제품의 원료 중에 어떤 첨가제를 가한 것(A_1)과 첨가하지 않은 것(A_2) 2종류의 제품을 만들었다. A_1, A_2의 각각으로부터 시험편을 6개씩 만들어 어떤 조건 하에서 내구시험을 행하여 마모량을 조사한 결과 아래와 같다. SS_L의 값을 구하라.

A_1 :	26	18	19	21	15	29
A_2 :	15	8	14	13	16	9

23 어떤 합금의 열처리에서 사장 영향을 준다고 생각되는 인자로서 온도(A), 시간 (B)를 택하여 각 2회씩 랜덤하게 실험하여 다음 데이터를 얻었다.(단위 : 경도)

온도 / 시간	B_1	B_2	B_3
A_1	51 52	54 54	54 55
A_2	52 54	55 56	56 55
A_3	53 56	56 55	57 57
A_4	52 54	55 54	54 55

(1) 분산분석하시오(필요하면 풀링하시오).

(2) 경도를 최대로 하는 수준 조합의 95[%] 신뢰율로 신뢰구간을 구하시오.

24 반응압력 A를 4수준, 반응 시간 B를 3수준으로 하여 반복 2회 실험하여 분산분석을 한 결과 A_1B_2가 최적조건이라는 것을 알았다. 최적조건의 95% 신뢰 한계 값은?

[단, $\hat{\mu}(A_1B_2) = 84$, $\bar{y}_{1\cdot\cdot} = 83.33$, $\bar{y}_{\cdot 2 \cdot} = 78.88$, $\bar{\bar{y}} = 79.25$이며 교호작용은 기술적 검토로 풀링한다]

연습문제

$F(1,18;0.05)=4.41, F(1,12;0.05)=4.75, F(6,12;0.05)=3.10$

$F(3,12;0.05)=3.49, F(2,12;0.05)=3.89$

요 인	SS	ϕ	V	F_0
A	189.8	3	63.27	15.51
B	4.75	2	2.38	-
$A\times B$	22.95	6	3.83	-
E	49.0	12	4.08	
T	266.5	23		

25 A(처리온도)가 3수준, B(압력) 4수준으로 반복 2회 랜덤하게 설명하여 분산분석 결과 A_2 B_3가 최적조건이라는 것을 알았다. 최적조건의 95(%) 신뢰구간 추정값은?(단, $\hat{\mu}(A_2B_3)=80$, 교호작용은 기술적 검토로 pooling 한다.)

요인	SS	ϕ	V	F_0
A	80	2	40	4
B	90	3	30	3
$A\times B$	60	6	10	1
E	120	12	10	1
T	350	23		

26 다음은 A(모수), B(모수)의 두 인자에 대해 반복수 2인 2원배치의 실험 결과 얻어진 데이터이다.

(i) 분산분석표를 작성하시오(단, 모든 수치는 소수점 이하 2자리까지 적으시오).

(ii) 위 (i)에서 교호작용이 유의하면 그대로 두고 유의하지 않으면 오차항에 polling하여 분산분석표를 재작성하시오(단, 소수점 이하 2자리까지 적으시오).

연 습 문 제

	A_1	A_2	A_3
B_1	11.8 12.5	12.4 12.2	13.1 13.9
B_2	13.2 12.8	12.7 12.5	13.9 13.0
B_3	13.3 13.5	13.5 14.0	13.2 14.1
B_4	14.2 13.9	14.0 13.9	14.5 14.8

27 다음은 반복이 2회인 이원배치법에 의해서 실험한 결과이다. 급간변동 SS_{AB}값은 얼마인가?

	A_1	A_2	계
B_1	1 3	2 1	7
B_2	2 4	3 1	10
계	10	7	17

28 어떤 반복이 없는 이원배치법의 실험에서 다음의 자료를 얻었다. 다음 각 물음에 답하시오. 단, A와B는 모수인자이다.

B \ A	A_1	A_2	A_3	A_4
B_1	78	62	71	77
B_2	57	49	62	60
B_3	69	78	72	83
B_4	71	66	59	67

(1) 인자 A와 B에 대한 가설을 세우시오.

(2) 데이터의 구조식을 쓰시오.

(3) 인자 A와 B가 특성 값에 유의한 영향을 미치는지 유의수준 5%로 검정하시오. 즉, 분산분석표를 작성하시오.

(4) 수준조합 $A_2 B_3$ 의 모평균에 대한 95% 신뢰구간을 구하시오.

연습문제

29 반복이 없는 이원배치실험을 하다가 실험이 잘못되어 결측치 y가 한 개 생겼다. 이를 추정하여 넣은 후 분산분석표를 작성하시오.

B \ A	A_1	A_2	A_3	A_4
B_1	10	14	19	18
B_2	10	12	y	10
B_3	11	16	14	14

30 다음 반복이 있는 이원배치실험 결과를 보고 각 물음에 답하시오.

B(첨가량) \ A(온도)	A_1	A_2	A_3
B_1	61 60	64 63	65 66
B_2	63 62	66 65	66 67
B_3	61 61	63 64	66 66

(1) 두 인자 모두 모수인자로 간주하고 데이터의 구조식을 쓰시오.

(2) 분산분석표를 작성하시오. 만약 교호작용이 유의하지 않으면 오차항에 풀링하여 분산분석표를 다시 작성하시오.

(3) 최적수준조합을 찾으시오.

(4) 인자 B를 변량인자로 가정하고 분산분석표를 작성하시오.

4

Introduction to Design of Experiments

삼원배치법

일반적으로 인자의 수가 3개 이상인 실험계획을 다원배치법이라 한다. 물론 각각에 대하여 반복이 있는 경우와 반복이 없는 경우로 구분 할 수 있다.

다원배치법의 경우 영향을 미치고 있다고 생각되는 모든 인자를 전부 실험에 사용된다면 실험의 수가 아주 증가된다. 즉, 실험수가 늘어나면 실험에 따른 비용이 많이 들고 실험의 랜덤화가 어려워지는 경향이 있으며 실험전체를 관리상태하에서 수행하기가 어려운 경우가 많다.

따라서 다원 배치법은 직교배열표를 사용한 일부실시법에서와 같이 실제 영향을 미치는 요인인 중요인자를 선택하는 최적조건을 찾기 위한 실험계획법으로 사용하는 경우에 사용 될 수 있다.

1. 계획의 의의

2원 배치법의 확장개념으로 취급하고 싶은 인자가 3개 일 경우에 인자의 조합에 대한 모든 조건으로 실험을 계획하고자 했을 때를 3원배치법이라 하고 4개의 인자의 모든 조건으로 실험하여 영향을 보고자 할 때 쓰이는 계획을 4원배치법이라 부른다. 일반적으로 인자의 수가 3개 이상인 실험계획을 다원배치법이라 한다. 물론 각각에 대하여 반복이 있는 경우와 반복이 없는 경우로 구분 할 수 있다.

다원배치법의 경우 영향을 미치고 있다고 생각되는 모든 인자를 전부 실험에 사용된다면 실험의 수가 아주 증가된다. 즉, 실험수가 늘어나면 실험에 따른 비용이 많이 들고 실험의 랜덤화가 어려워지는 경향이 있으며 실험전체를 관리상태하에서 수행하기가 어려운 경우가 많다.

따라서 다원 배치법은 직교배열표를 사용한 일부실시법에서와 같이 실제 영향을 미치는 요인인 중요인자를 선택하는 최적조건을 찾기 위한 실험계획법으로 사용하는 경우에 사용 될 수 있다.

2. 모수 모형

1) 반복이 없는경우

인자 A,B,C의 각 수준수가 각각 k,p,q이면 총 실험의 수는 $k\times p\times q$가 되고 총 실험을 랜덤하게 선택된 순서로 행해야 하며 반복이 없는 3원 배치실험계획법의 자료구조는 다음과 같다.

A \ B \ C		C_1	C_2	$\cdots$	C_q
A_1	B_1	y_{111}	y_{112}	$\cdots$	y_{11q}
	B_2	y_{121}	y_{122}	$\cdots$	y_{12q}
	$\vdots$	$\vdots$	$\vdots$		$\vdots$
	B_p	y_{1p1}	y_{1p2}	$\cdots$	y_{1pq}
A_2	B_1	y_{211}	y_{212}	$\cdots$	y_{21q}
	B_2	y_{221}	y_{222}	$\cdots$	y_{22q}
	$\vdots$	$\vdots$	$\vdots$		$\vdots$
	B_p	y_{2p1}	y_{2p2}	$\cdots$	y_{2pq}

A \ B \ C		C_1	C_2	$\cdots$	C_q
$\cdots$	$\cdots$			$\cdots$	
A_k	B_1	y_{k11}	y_{k12}	$\cdots$	y_{k1q}
	B_2	y_{k21}	y_{k22}	$\cdots$	y_{k2q}
	$\vdots$	$\vdots$	$\vdots$		$\vdots$
	B_p	y_{kp1}	y_{kp2}	$\cdots$	y_{kpq}

인자 A의 i수준, B의 j수준, 인자 C의 m수준에서의 관측치 y_{ijm}는 인자 A,B,C와 두 인자 사이의 교호작용 $A\times B$, $A\times C$, $B\times C$의 영향을 미친다고 볼 수 있으므로 반복이 없는 실험계획법의 구조식은 다음과 같이 표현된다.

$$y_{ijm} = \mu + a_i + b_j + c_m + (a\,b)_{ij} + (ac)_{im} + (bc)_{jm} + \epsilon_{ijm}$$
$$(i = 1,\ 2,\ \cdots,\ k\ ,\ j = 1,\ 2, \cdots, p\ ,\ m = 1,\ 2, \cdots, q)$$

여기서, μ는 총평균이고, a_i는 A_i의 수준이 주는 효과, b_j는 B_j의 수준이 주는 효과, c_m은 C_m의 수준이 주는 효과를 의미하며 $\varepsilon_{ijm} \sim N(0, \sigma_E^2)$을 따른다고 가정한다. 그리고 a_i, b_j, c_m, $(a\,b)_{ij}$, $(a\,c)_{im}$, $(b\,c)_{jm}$, ε_{ijm}는 서로 독립이며 다음의 모수모형 조건을 만족한다.

$$\sum_{i=1}^{k} a_i = 0, \quad \sum_{j=1}^{p} b_j = 0, \quad \sum_{m=1}^{q} c_m = 0$$

$$\sum_{i=1}^{k} (ab)_{ij} = 0, \quad \sum_{j=1}^{p} (ab)_{ij} = 0,$$

$$\sum_{i=1}^{k} (ac)_{im} = 0, \quad \sum_{m=1}^{q} (ac)_{im} = 0.$$

$$\sum_{j=1}^{p} (bc)_{jm} = 0, \quad \sum_{m=1}^{q} (bc)_{jm} = 0.$$

(1) 변동의 분해

구조식으로부터 총변동 SST를 각 인자에 의한 변동 SSA, SSB, SSC와 교호작용에 의한 변동 $SS_{A\times B}$, $SS_{A\times C}$, $SS_{B\times C}$와 잔차변동 SSE로 분해된다. 따라서 각 변동의 계산공식과 자유도는 다음과 같이 표현된다.

$$CT = \frac{[\sum_{i=1}\sum_{j=1}\sum_{m=1} y_{ijm}]^2}{kpq} = \frac{T^2}{kpq}$$

$$SST = \sum_i\sum_j\sum_m (y_{ijm} - \bar{\bar{y}})^2 = \sum_i\sum_j\sum_m y_{ijm}^2 - CT \ , \quad \phi_T = kpq - 1$$

$$SSA = \sum_i\sum_j\sum_m (\bar{y}_{i}.. - \bar{\bar{y}})^2 = \sum_i \frac{T_{i}..^2}{pq} - CT, \ \phi_A = k - 1$$

$$SSB = \sum_i\sum_j\sum_m (\bar{y}_{.j.} - \bar{\bar{y}})^2 = \sum_j \frac{T_{.j.}^2}{kq} - CT \ , \ \phi_B = p - 1$$

$$SSC = \sum_i\sum_j\sum_m (\bar{y}_{..k} - \bar{\bar{y}})^2 = \sum_m \frac{T_{..m}^{\ 2}}{kp} - CT, \quad \phi_C = q - 1$$

$$SS_{AB} = \sum_i\sum_j\sum_m (\bar{y}_{ij.} - \bar{\bar{y}})^2 = \sum_i\sum_j \frac{T_{ij.}^2}{q} - CT, \quad \phi_{AB} = kp - 1$$

$$SS_{A\times B} = SS_{AB} - SSA - SSB, \qquad \phi_{A\times B} = (k-1)(p-1)$$

$$SS_{AC} = \sum_i\sum_j\sum_m (\bar{y}_{i.m} - \bar{\bar{y}})^2 = \sum_i\sum_m \frac{T_{i.k}^{\ 2}}{p} - CT, \qquad \phi_{AC} = kq - 1$$

$$SS_{A\times C} = SS_{AC} - SSA - SSC, \qquad \phi_{A\times C} = (k-1)(q-1)$$

$$SS_{BC} = \sum_i\sum_j\sum_m (\bar{y}_{.jm} - \bar{\bar{y}})^2 = \sum_j\sum_m \frac{T_{.jm}^{\ 2}}{k} - CT, \qquad \phi_{BC} = pq - 1$$

$$SS_{B\times C} = SS_{BC} - SSB - SSC, \qquad \phi_{B\times C} = (p-1)(q-1)$$

$$SSE = SST - (SSA + SSB + SSC + SS_{A\times B} + SS_{A\times C} + SS_{B\times C})$$

$$\phi_E = (k-1)(p-1)(q-1)$$

(2) 분산분석표의 작성

요인	제곱합	자유도	평균제곱	F_0
A	SSA	$(k-1)$	MSA	MSA/MSE
B	SSB	$(p-1)$	MSB	MSB/MSE
C	SSC	$(q-1)$	MSC	MSC/MSE
$A\times B$	$SS_{A\times B}$	$(k-1)(p-1)$	$MS_{A\times B}$	$MS_{A\times B}/MSE$
$A\times C$	$SS_{A\times C}$	$(k-1)(q-1)$	$MS_{A\times C}$	$MS_{A\times C}/MSE$
$B\times C$	$SS_{B\times C}$	$(p-1)(q-1)$	$MS_{B\times C}$	$MS_{B\times C}/MSE$
E	SSE	$(k-1)(p-1)(q-1)$	MSE	
T	SST	$kpq-1$		

반복이 없는 삼원배치법에서의 귀무가설은 다음과 같다.

(1) 요인 A 의 가설은 $H_0: \sigma_A^2 = 0$ 즉, H_0 : $a_i = 0$ $(i=1,\ 2,\ 3,\ \cdots,k)$

$F_0 = \dfrac{MSA}{MSE} = \dfrac{V_A}{V_E} \geq F_\alpha(\phi_A, \phi_E)$ 이면 유의수준 $\alpha\%$ 하에서 귀무가설 H_0을 기각한다.

즉, 인자 A 는 특성 Y 에 영향을 미치고 있다.

(2) 유사한 방법으로 요인 B, C, 교호작용 $A \times B$, $A \times C$, $B \times C$의 가설 검정이 이루어진다. 즉, 6개의 F 검정이 동시에 이루어지는데, 이는 각 인자 A,B,C 가 특성치에 영향을 주는가의 문제와 두 인자 사이의 교호작용 $A \times B$, $A \times C$, $B \times C$ 가 존재하는가에 대한 문제의 가설 검정과정이라 간주 할 수 있다.

기본 예제 4.1

감귤 농사하는 농가에서는 비료(A_1, A_2, A_3), 농약(살충제)(B_1, B_2), 지역(C_1, C_2)이 1년 생산량에 영향을 주는지를 알아보기 위하여 다음과 같은 자료(단위:톤)를 표집하였다. 분산분석을 시행하고 각 인자와 교호작용의 영향을 조사하라.(단, 12회의 실험은 랜덤한 순서로 시행)

B	C \ A	A_1	A_2	A_3	$T_{\cdot\cdot m}$	$T_{\cdot j\cdot}$
B_1	C_1	9	10	1	20	41
	C_2	10	9	2	21	
B_2	C_1	2	10	2	14	29
	C_2	2	10	3	15	
$T_{i\cdot\cdot}$		23	39	8	70	

결과

⓿ 계산을 용이하게 하기 위하여 우선 다음과 같은 보조표를 작성한다.

<보조표 1> $T_{ij\cdot}$

A \ B	B_1	B_2	$T_{i\cdot\cdot}$
A_1	19	4	23
A_2	19	20	39
A_3	3	5	8
$T_{\cdot j\cdot}$	41	29	$T=70$

<보조표 2> $T_{i\cdot m}$

A \ C	C_1	C_2	$T_{i\cdot\cdot}$
A_1	11	12	23
A_2	20	19	39
A_3	3	5	8
$T_{\cdot\cdot m}$	34	36	$T=70$

<보조표 3> $T._{jm}$

B \ C	C_1	C_2	$T_{.j.}$
B_1	20	21	41
B_2	14	15	29
$T_{..m}$	34	36	$T=70$

❶ 변동의 계산

$$CT = \frac{T^2}{kpq} = \frac{70^2}{12} = 408.33$$

$$SST = \sum_i \sum_j \sum_m y_{ijm}{}^2 - CT = 588 - 408.33 = 179.67$$

$$SSA = \sum_i \frac{T_{i..}{}^2}{pq} - CT = \frac{1}{4}(23^2 + 39^2 + 8^2) - 408.33 = 120.17$$

$$SSB = \sum_j \frac{T_{.j.}^2}{kq} - CT = \frac{1}{6}(41^2 + 29.0^2) - 408.33 = 12.00$$

$$SSC = \sum_m \frac{T_{..m}{}^2}{kp} - CT = \frac{1}{6}(34^2 + 36^2) - 408.33 = 0.33$$

$$SS_{AB} = \sum_i \sum_j \frac{T_{ij.}^2}{q} - CT$$

$$= \frac{1}{2}(19^2 + 4^2 + 19^2 + 20^2 + 3^2 + 5^2) - 408.33 = 177.67$$

$$SS_{A\times B} = SS_{AB} - SSA - SSB = 45.5$$

$$SS_{AC} = \sum_i \sum_m \frac{T_{i.k}{}^2}{p} - CT$$

$$= \frac{1}{2}(11^2 + 12^2 + 20^2 + 19^2 + 3^2 + 5^2) - 408.33 = 121.67$$

$$SS_{A\times C} = SS_{AC} - SSA - SSC = 1.17$$

$$SS_{BC} = \sum_j \sum_m \frac{T_{.jm}{}^2}{k} - CT = \frac{1}{3}(20^2 + 21^2 + 14^2 + 15^2) - 408.33 = 12.33$$

$$SS_{B\times C} = SS_{BC} - SSB - SSC = 0$$

$$SSE = SST - (SSA + SSB + SSC + SS_{A\times B} + SS_{A\times C} + SS_{B\times C}) = 0.5$$

❷ 자유도의 계산

$\phi_T = 11$,　$\phi_A = 2, \phi_B = 1, \phi_C = 1$,　$\phi_{A\times B} = 2$

$\phi_{A\times C} = 2$,　$\phi_{B\times C} = 1$,　$\phi_E = 2$.

❸ 분산분석표의 작성

요인	제곱합	자유도	평균제곱	F_0
A	120.17	2	60.09	240.36*
B	12.00	1	12.00	48.00*
C	0.33	1	0.33	1.32
$A\times B$	45.5	2	22.75	91.00*
$A\times C$	1.17	2	0.59	2.36
$B\times C$	0	1	0.00	0
E	0.5	2	0.25	
T	179.67	11		

단, $F_{0.05(2,2)}=19.00$, $F_{0.05(1,2)}=18.5$

❹ 인자 A, B는 특성치에 매우 유의한 영향을 주고, 교호작용 $A\times B$의 결과가 유의수준 5%로서 유의적이다.

❺ 모평균 추정

$$\overline{y}_{i}..\pm t(\alpha/2,\phi_E)\sqrt{\frac{V_E}{pq}}=\overline{y}_{i}..\pm t(0.025,2)\sqrt{\frac{0.25}{4}}=\overline{y}_{i}..\pm 0.58$$

즉, A_1, A_2, A_3 수준에 대한 모평균 추정은 다음과 같다.

$$\hat{\mu}(A_1):\ 5.75\pm 0.58,\quad \hat{\mu}(A_2):\ 9.75\pm 0.58,\quad \hat{\mu}(A_3):\ 2.00\pm 0.58$$

유사한 방법으로 B, C 수준에 대한 모평균 추정은 다음과 같다.

$$\overline{y}_{\cdot j\cdot}\pm t(0.025,2)\sqrt{\frac{0.25}{6}}$$

$$\hat{\mu}(B_1):\ 6.83\pm 0.47,\quad \hat{\mu}(B_2):\ 4.83\pm 0.47$$

$$\overline{y}_{\cdot\cdot m}\pm t(0.025,2)\sqrt{\frac{0.25}{6}}$$

$$\hat{\mu}(C_1):\ 5.67\pm 0.47,\quad \hat{\mu}(C_2):\ 6\pm 0.47$$

인자 A_i, B_j, C_m 의 모평균 $\hat{\mu}(A_i B_j C_m)$의 추정값은 교호작용 $A\times C, B\times C$ 가 유의하지 않으므로 이러한 교호작용만 오차항에 풀링을 하고자 할 때의 추정치는 다음과 같이 유도 할 수 있다.

$$\hat{\mu}(A_i B_j C_m) = \mu + a_i \widehat{+ b_j +} (ab)_{ij} + \mu \widehat{+ c_m} - \hat{\mu} = \overline{y_{ij}}. + \bar{y}_{\cdot\cdot m} - \bar{\bar{y}}$$

이 때 $100(1-\alpha)\%$의 신뢰한계는 다음과 같이 표현되고 각 수준에서 평균값이 제일 큰 인자의 수준은 A_2, B_1, C_2이므로 $\hat{\mu}(A_2 B_1 C_2)$다음과 같다.

$$(\overline{y_{ij}}. + \bar{y}_{\cdot\cdot k} - \bar{\bar{y}}) \pm t(\alpha/2, \phi_E^*) \sqrt{\frac{V_E^*}{n_e}} = (\overline{y_{21}}. + \bar{y}_{\cdot\cdot 2} - \bar{\bar{y}}) \pm t(\alpha/2, \phi_E^*) \sqrt{\frac{V_E^*}{n_e}}$$

$$\phi_E^* = \phi_E + \phi_{A\times C} + \phi_{B\times C} = 2 + 2 + 1 = 5$$

$$V_E^* = \frac{SSE + S_{A\times C} + S_{B\times C}}{\phi_E + \phi_{B\times C} + \phi_{A\times C}} = \frac{0.5 + 1.17 + 0}{5} = 0.34$$

$$n_e = \frac{\text{실험의 총횟수}}{\text{무시하지 않은 요인의 자유도 합계} + 1} = \frac{12}{\phi_A + \phi_B + \phi_C + \phi_{A\times B} + 1} = \frac{12}{7} \simeq 1.71$$

따라서 95%의 신뢰한계는 다음과 같이 계산된다.

$$(\overline{y_{21}}. + \bar{y}_{\cdot\cdot 2} - \bar{\bar{y}}) \pm t(\alpha/2, \phi_E^*) \sqrt{\frac{V_E^*}{n_e}}$$

$$= (9.5 + 6 - 5.84) \pm t(0.05, 5) \sqrt{\frac{0.34}{1.71}} = 4.26 \pm 0.898$$

Minitab

1 다음과 같이 자료를 입력한다.

워크시트 1 ***

↓	C1	C2	C3	C4	C5
	A	B	C	생산량	
1	1	1	1	9	
2	1	1	2	10	
3	1	2	1	2	
4	1	2	2	2	
5	2	1	1	10	
6	2	1	2	9	
7	2	2	1	10	
8	2	2	2	10	
9	3	1	1	1	
10	3	1	2	2	
11	3	2	1	2	
12	3	2	2	3	

2 통계분석(S) → 분산 분석(A) → 균형 분산 분석(B)...을 선택하여 나타난 균형분산분석대화상자에서 [반응] 항목에 마우스 포인트를 올려놓고 C4를 더블클릭한다. 물론 [모형] 항목에 각각 C1, C2를 더블클릭하여 데이터 입력을 하고 교호작용을 검출하기 위하여 A*B, A*C, B*C를 포함시켜 준다. 그리고 옵션(P)... 버튼을 클릭한다.

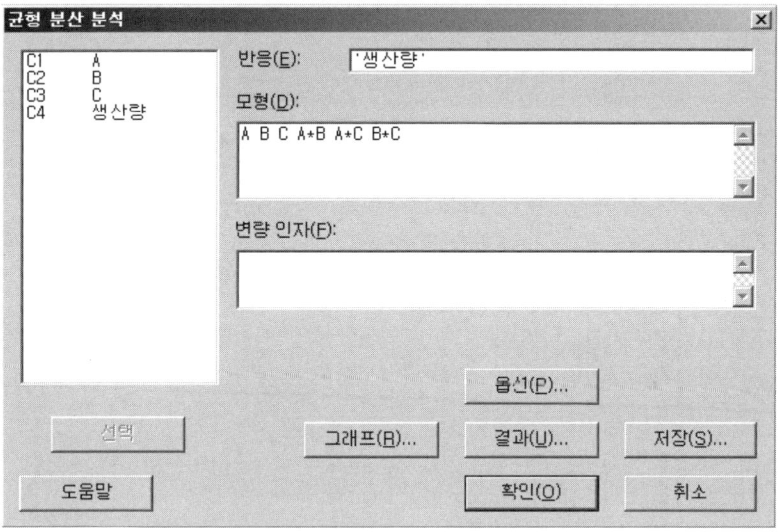

3 옵션 대화상자에서 [모형의 제한된 형식 사용] 항목을 체크하고 확인(O) 버튼을 누른다.

4 결과(U)... 버튼을 클릭한다. 나타난 결과 대화상자에 [기대 평균 제곱 및 분산성분 표시]을 체크하고 확인(O) 버튼을 누른다. 그리고 원래의 화면으로 돌아오면 다시 확인(O) 버튼을 누른다.

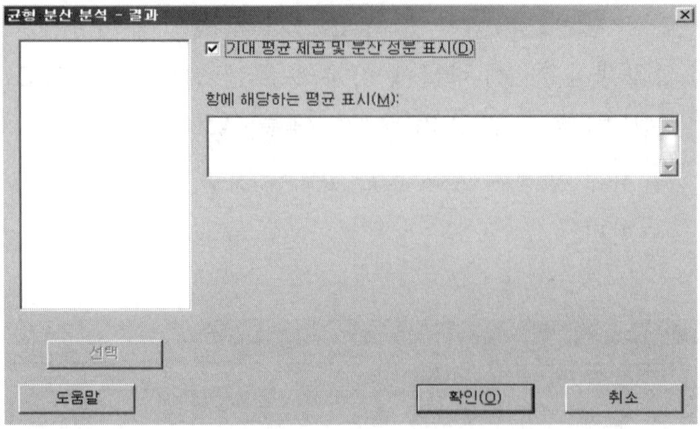

5 [세션] 창에 다음과 같은 결과가 표시된다.

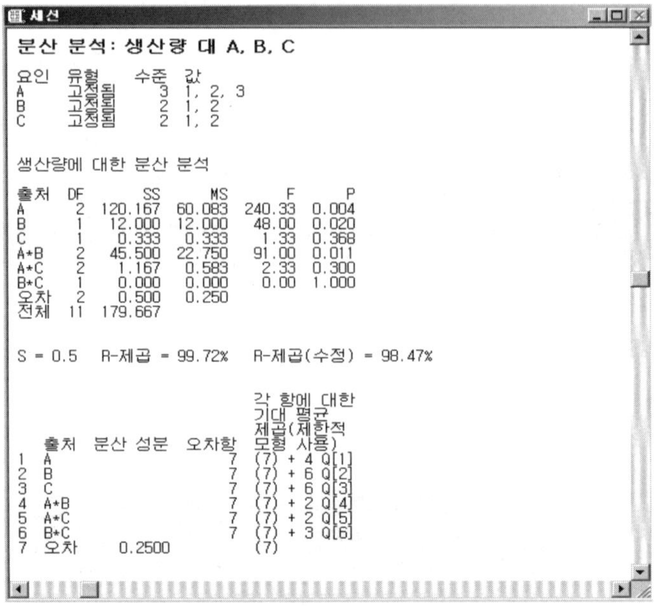
세션

분산 분석: 생산량 대 A, B, C

요인	유형	수준	값
A	고정됨	3	1, 2, 3
B	고정됨	2	1, 2
C	고정됨	2	1, 2

생산량에 대한 분산 분석

출처	DF	SS	MS	F	P
A	2	120.167	60.083	240.33	0.004
B	1	12.000	12.000	48.00	0.020
C	1	0.333	0.333	1.33	0.368
A*B	2	45.500	22.750	91.00	0.011
A*C	2	1.167	0.583	2.33	0.300
B*C	1	0.000	0.000	0.00	1.000
오차	2	0.500	0.250		
전체	11	179.667			

S = 0.5   R-제곱 = 99.72%   R-제곱(수정) = 98.47%

	출처	분산 성분	오차항	각 항에 대한 기대 평균 제곱(제한적 모형 사용)
1	A		7	(7) + 4 Q[1]
2	B		7	(7) + 6 Q[2]
3	C		7	(7) + 6 Q[3]
4	A*B		7	(7) + 2 Q[4]
5	A*C		7	(7) + 2 Q[5]
6	B*C		7	(7) + 3 Q[6]
7	오차	0.2500		(7)

해석

인자 A, B,C 모두 모수인자(고정됨)이고 분산분석표에서는 인자 A와는 인자B는 유의 수준 5%에서 유의적이고 또한 교호작용(상호)A*B 인자는 유의적으로 나타나고 있다. 오차 분산 성분 $\hat{\sigma}_E^2$=0.25로 검정됨을 표시하고 있다.

1 비유의적인 인자 풀링(pooling) 작업을 하기 위하여

통계분석(S) → 분산 분석(A) → AOV 균형 분산 분석(B)...을 선택하여 나타난 균형분산

분석 대화상자에서 [반응] 항목에 마우스 포인트를 올려놓고 C4을 더블클릭한다. [모형] 항목에 각각 C1, C2를 더블클릭하여 데이터 입력을 한다. 물론 교호작용을 검출하기 위한 A*B을 포함 시켰다.

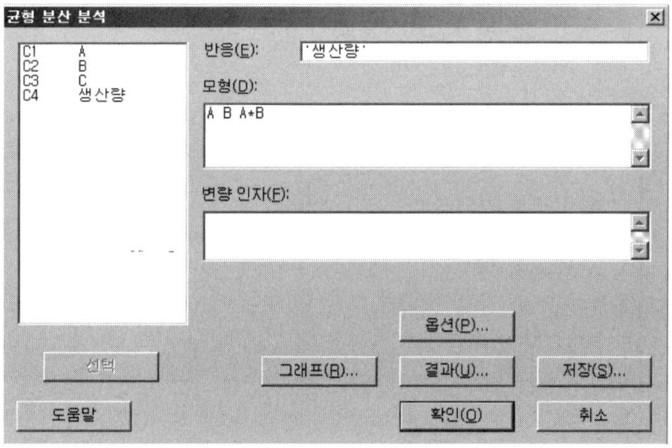

2 결과(U)... 버튼을 클릭한다. 나타난 결과 대화상자에 [기대 평균 제곱 및 분산성분표시]을 체크하고 [평균표시] 항목에 A*B를 입력하고 확인(O) 버튼을 누른다. 그리고 원래의 화면으로 돌아오면 다시 확인(O) 버튼을 누른다.

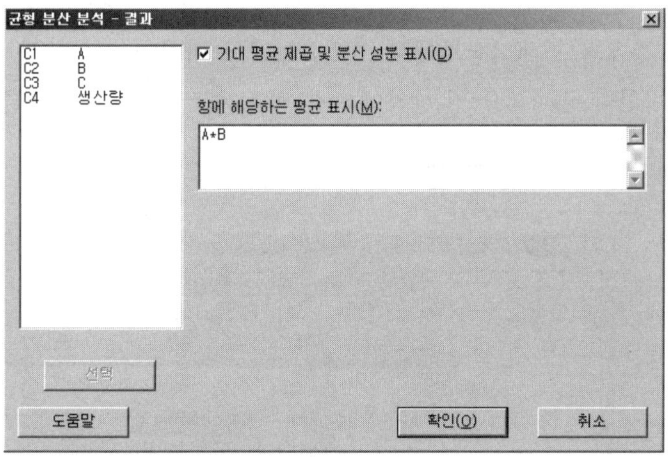

3 [세션] 창에 다음과 같은 결과가 표시되어 나타난다.

```
세션

분산 분석: 생산량 대 A, B

요인  유형    수준  값
A     고정됨     3  1, 2, 3
B     고정됨     2  1, 2

생산량에 대한 분산 분석

출처  DF       SS      MS       F      P
A      2  120.167  60.083  180.25  0.000
B      1   12.000  12.000   36.00  0.001
A*B    2   45.500  22.750   68.25  0.000
오차   6    2.000   0.333
전체  11  179.667

S = 0.577350   R-제곱 = 98.89%   R-제곱(수정) = 97.96%

                                    각 항에 대한
                                    기대 평균
                                    제곱(제한적
   출처  분산 성분  오차항          모형 사용)
1  A                     4          (4) + 4 Q[1]
2  B                     4          (4) + 6 Q[2]
3  A*B                   4          (4) + 2 Q[3]
4  오차     0.3333                  (4)

평균

A  B  N  생산량
1  1  2   9.500
1  2  2   2.000
2  1  2   9.500
2  2  2  10.000
3  1  2   1.500
3  2  2   2.500
```

해석

인자 A, B 모두 모수인자(고정됨)이고 분산분석표에서는 인자 A와 인자 B는 유의수준 5%에서 유의적이고 또한 교호작용(상호)A*B 인자도 유의적으로 나타나고 있다. 오차 분산 성분 $\widehat{\sigma_E^2}$=0.3333로 검정됨을 표시하고 있다.

4 주효과 분석을 위하여 통계분석(S) → 분산 분석(A) → 주효과도(M)... 을 선택하고 나타난 주효과도 대화상자에서 [반응] 항목에 마우스 포인트를 올려놓고 C4을 더블클릭한다. 물론 [요인] 항목에는 C1과 C2 그리고 C3 더블 클릭하여 데이터 입력을 마감하고 확인(O) 버튼을 누른다.

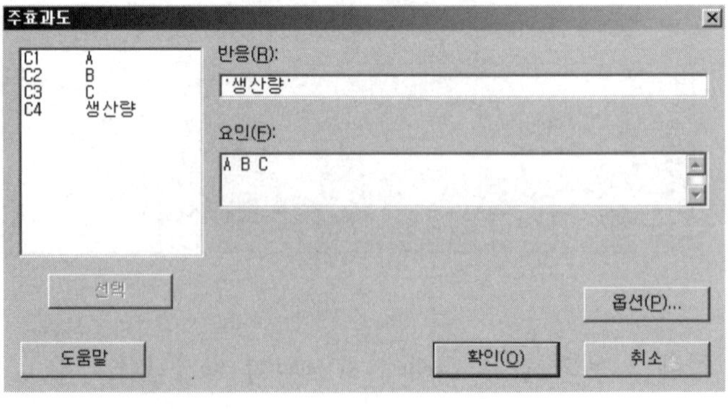

5 다음과 같은 주효과도 결과가 나타난다.

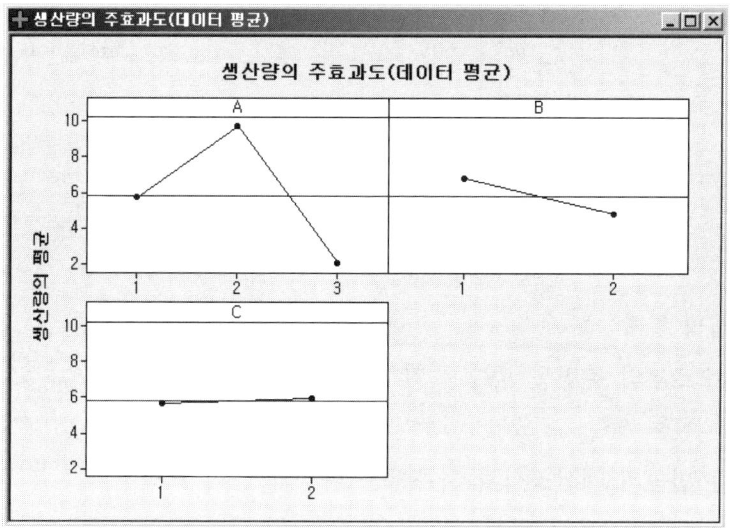

해석 가운데 직선은 총평균을 의미하고 각 점은 수준별 평균을 나타낸다. 이 그림에서 주효과 관점에서 A2수준 과 B1 수준이 그리고 C2 수준이 제일 크다고 할 수 있기 때문에 최적수준조합은 A2B1C2 가 된다.

2) 반복이 있는 경우

인자 A의 i수준, B의 j수준, 인자 C의 m수준, 반복의 수를 r이라고 할 때 구조식은 다음과 같이 표현된다.

$$y_{ijm} = \mu + a_i + b_j + c_m + (a\,b)_{ij} + (ac)_{im} + (bc)_{jm} + (abc)_{ijm} + \epsilon_{ijmh}$$
$$(i = 1,\ 2,\ \cdots,\ k\ ,\ j = 1,\ 2, \cdots,\ p\ ,\ m = 1,\ 2, \cdots,\ q,\ h = 1,\ 2, \cdots,\ r)$$

여기서, μ는 총평균이고, a_i는 A_i의 수준이 주는 효과, b_j는 B_j의 수준이 주는 효과, c_m은 C_m의 수준이 주는 효과를 의미하며 $(abc)_{ijm}$은 교호작용 $A \times B \times C$의 효과이며 $\varepsilon_{ijmh} \sim N(0, \sigma_E^2)$을 따른다고 가정한다. 그리고 a_i, b_j, c_m, $(ab)_{ij}$, $(ac)_{im}$, $(bc)_{jm}$, $(abc)_{ijm}$, ε_{ijmh}는 서로 독립이며 다음의 모수모형 조건을 만족한다.

$$\sum_{i=1}^{k} a_i = 0\,, \qquad \sum_{j=1}^{p} b_j = 0, \qquad \sum_{m=1}^{q} c_m = 0$$

$$\sum_{i=1}^{k}(ab)_{ij}=0, \qquad \sum_{j=1}^{p}(ab)_{ij}=0,$$

$$\sum_{i=1}^{k}(ac)_{im}=0, \qquad \sum_{m=1}^{q}(ac)_{im}=0.$$

$$\sum_{j=1}^{p}(bc)_{jm}=0, \qquad \sum_{m=1}^{q}(bc)_{jm}=0.$$

$$\sum_{i=1}(abc)_{ijm}=0, \quad \sum_{j=1}(abc)_{ijm}=0, \quad \sum_{m=1}(abc)_{ijm}=0$$

(1) 변동의 분해

구조식으로부터 총변동 SST를 각 인자에 의한 변동 SSA, SSB, SSC 와 교호작용에 의한 변동 $SS_{A\times B}$, $SS_{A\times C}$, $SS_{B\times C}$, $SS_{A\times B\times C}$와 잔차변동 SSE로 분해된다. 따라서 각 변동의 계산공식과 자유도는 다음과 같이 표현된다.

$$CT=\frac{[\sum_{i=1}\sum_{j=1}\sum_{m=1}\sum_{h=1}y_{ijmh}]^2}{kpqr}=\frac{T^2}{kpqr}$$

$$SST=\sum_i\sum_j\sum_m\sum_h(y_{ijmh}-\bar{\bar{y}})^2=\sum_i\sum_j\sum_m\sum_h y_{ijmh}^2-CT, \ \phi_T=kpqh-1$$

$$SSA=\sum_i\sum_j\sum_m\sum_h(\bar{y}_{i\cdots}-\bar{\bar{y}})^2=\sum_i\frac{T_{i\cdots}^2}{pqr}-CT, \ \phi_A=k-1$$

$$SSB=\sum_i\sum_j\sum_m\sum_h(\bar{y}_{.j..}-\bar{\bar{y}})^2=\sum_j\frac{T_{.j..}^2}{kqr}-CT, \ \phi_B=p-1$$

$$SSC=\sum_i\sum_j\sum_m\sum_h(\bar{y}_{..m.}-\bar{\bar{y}})^2=\sum_m\frac{T_{..m}^2}{kpr}-CT, \ \phi_C=q-1$$

$$SS_{AB}=\sum_i\sum_j\sum_m\sum_h(\bar{y}_{ij..}-\bar{\bar{y}})^2=\sum_i\sum_j\frac{T_{ij..}^2}{qr}-CT, \quad \phi_{AB}=kp-1$$

$$SS_{A\times B}=SS_{AB}-SSA-SSB, \ \phi_{A\times B}=(k-1)(p-1)$$

$$SS_{AC}=\sum_i\sum_j\sum_m\sum_h(\bar{y}_{i.m.}-\bar{\bar{y}})^2=\sum_i\sum_m\frac{T_{i.m.}^2}{pr}-CT, \ \phi_{AC}=kq-1$$

$$SS_{A\times C}=SS_{AC}-SSA-SSC, \ \phi_{A\times C}=(k-1)(q-1)$$

$$SS_{BC}=\sum_i\sum_j\sum_m\sum_h(\bar{y}_{.jm.}-\bar{\bar{y}})^2=\sum_j\sum_m\frac{T_{.jm.}^2}{kr}-CT, \ \phi_{BC}=pq-1$$

$$SS_{B\times C}=SS_{BC}-SSB-SSC, \ \phi_{B\times C}=(p-1)(q-1)$$

$$SS_{ABC} = \sum_i \sum_j \sum_m \sum_h (\bar{y}_{ijm.} - \bar{\bar{y}})^2 = \sum_i \sum_j \frac{T_{ijm.}^2}{r} - CT, \ \phi_{ABC} = kpq-1$$

$$SS_{A\times B\times C} = SS_{ABC} - SS_{AB} - SS_{AC} - SS_{BC} + SSA + SSB + SSC,$$

$$\phi_{A\times B\times C} = (k-1)(p-1)(q-1)$$

$$SSE = SST - SS_{ABC}$$

$$\phi_E = kpq(r-1)$$

(2) 분산분석표의 작성

요인	제곱합	자유도	평균제곱	F_0
A	SSA	$(k-1)$	MSA	MSA/MSE
B	SSB	$(p-1)$	MSB	MSB/MSE
C	SSC	$(q-1)$	MSC	MSC/MSE
$A\times B$	$SS_{A\times B}$	$(k-1)(p-1)$	$MS_{A\times B}$	$MS_{A\times B}/MSE$
$A\times C$	$SS_{A\times C}$	$(k-1)(q-1)$	$MS_{A\times C}$	$MS_{A\times C}/MSE$
$B\times C$	$SS_{B\times C}$	$(p-1)(q-1)$	$MS_{B\times C}$	$MS_{B\times C}/MSE$
$A\times B\times C$	$SS_{A\times B\times C}$	$(k-1)(p-1)(q-1)$	$MS_{A\times B\times C}$	$MS_{A\times B\times C}/MSE$
E	SSE	$\phi_E = kpq(r-1)$	MSE	
T	SST	$kpqr-1$		

반복이 있는 삼원배치법에서의 귀무가설은 다음과 같다.

(1) 요인 A 의 가설은 $H_0: \sigma_A^2 = 0$ 즉, $H_0 : a_i = 0 \ (i=1, 2, 3, \cdots, k)$

$F_0 = \dfrac{MSA}{MSE} = \dfrac{V_A}{V_E} \geq F_\alpha(\phi_A, \phi_E)$이면 유의수준 $\alpha\%$ 하에서 귀무가설H_0을 기각한다.

즉, 인자A는 특성Y에 영향을 미치고 있다.

(2) 유사한 방법으로 요인 B, C, 교호작용 $A\times B$, $A\times C$, $B\times C$, $A\times B\times C$의 가설 검정이 이루어진다. 즉, 7개의 F 검정이 동시에 이루어지는데, 이는 각 인자 A,B,C가 특성치에 영향을 주는가의 문제와 두 인자 사이의 교호작용 $A\times B$, $A\times C$, $B\times C$, $A\times B\times C$ 가 존재하는가에 대한 문제의 가설 검정과정이라 간주 할 수 있다.

기본 예제 4.2

배 농사하는 농가에서는 비료(A_1, A_2, A_3), 농약(살충제)(B_1, B_2, B_3), 지역(C_1, C_2, C_3)이 1년 생산량에 영향을 주는지를 알아보기 위하여 실험을 2회 반복하여 다음과 같은 자료(단위:톤)를 표집하였다. 분산분석을 시행하고 각 인자와 교호작용의 영향을 조사하라.(단, $3\times3\times3\times2=54$회의 실험은 랜덤한 순서로 시행)

B \ C \ A		A_1	A_2	A_3
B_1	C_1	1	3	3
		2	6	3
	C_2	4	1	5
		2	7	6
	C_3	3	6	4
		2	6	4
B_2	C_1	4	4	2
		3	5	5
	C_2	5	6	5
		4	5	4
	C_3	4	6	2
		5	7	1
B_3	C_1	3	6	2
		2	7	3
	C_2	5	6	5
		4	6	4
	C_3	3	8	3
		6	7	2

결과

⓿ 계산을 용이하게 하기 위하여 우선 다음과 같은 보조표를 작성한다.

<보조표 1> 반복의 합 및 A인자의 합

B \ C \ A		A_1	A_2	A_3	합
B_1	C_1	3	9	6	18
	C_2	6	8	11	25
	C_3	5	12	8	25
B_2	C_1	7	9	7	23
	C_2	9	11	9	29
	C_3	9	13	3	25
B_3	C_1	5	13	5	23
	C_2	9	12	9	30
	C_3	9	15	5	29
합		62	102	63	T=227

<보조표 2> $T_{ij\cdot\cdot}$

A \ B	B_1	B_2	B_3	$T_{i\cdots}$
A_1	14	25	23	62
A_2	29	33	40	102
A_3	25	19	19	63
$T_{\cdot j\cdot\cdot}$	68	77	82	227

<보조표 3> $T_{i\cdot m\cdot}$

A \ C	C_1	C_2	C_3	$T_{i\cdots}$
A_1	15	24	23	62
A_2	31	31	40	102
A_3	18	29	16	63
$T_{\cdot\cdot m}$	64	84	79	227

<보조표 4> $T_{\cdot jm\cdot}$

B \ C	C_1	C_2	C_3	$T_{\cdot j\cdot\cdot}$
B_1	18	25	25	68
B_2	23	29	25	77
B_3	23	30	29	82
$T_{\cdots m}$	64	84	79	227

❶ 변동의 계산

$$CT=\frac{T^2}{kpqr}=\frac{227^2}{54}=954.24$$

$$SST=\sum_i\sum_j\sum_m\sum_h y_{ijmh}^2-CT=1^2+2^2+\cdots+3^2+2^2-954.24=166.76$$

$$SS_{ABC}=\sum_i\sum_j\sum_m\frac{T_{ijm\cdot}^2}{r}-CT=\frac{(3^2+6^2+\cdots+9^2+5^2)}{2}-954.24=124.26$$

$$SSE=SST-SS_{ABC}=42.5$$

$$SSA=\sum_i\frac{T_{i\cdots}^2}{pqr}-CT=\frac{1}{3\times3\times2}\cdot(62^2+102^2+63^2)-954.24=57.81$$

$$SSB=\sum_j\frac{T_{\cdot j\cdot\cdot}^2}{kqr}-CT=\frac{1}{3\times3\times2}\cdot(68^2+77^2+82^2)-954.24=5.59$$

$$SSC=\sum_m\frac{T_{\cdot\cdot m\cdot}^2}{kpr}-CT=\frac{1}{3\times3\times2}\cdot(64^2+84^2+79^2)-954.24=12.04$$

$$SS_{AB}=\sum_i\sum_j\frac{T_{ij\cdot\cdot}^2}{qr}-CT=\frac{1}{6}(14^2+29^2+\cdots+40^2+19^2)-954.24=83.59$$

$$SS_{A\times B}=SS_{AB}-SSA-SSB=20.19$$

$$SS_{AC}=\sum_i\sum_m\frac{T_{i\cdot k\cdot}^2}{pr}-CT=\frac{1}{6}(15^2+31^2+\cdots+40^2+16^2)-954.24=91.26$$

$$SS_{A\times C}=SS_{AC}-SSA-SSC=21.41$$

$$SS_{BC}=\sum_j\sum_m\frac{T_{\cdot jm\cdot}^2}{kr}-CT=\frac{1}{6}(18^2+23^2+\cdots+25^2+29^2)-954.24=18.93,$$

$SS_{B\times C} = SS_{BC} - SSB - SSC = 1.3$

$SS_{A\times B\times C} = SS_{ABC} - SS_{AB} - SS_{AC} - SS_{BC} + SSA + SSB + SSC = 5.92$

❷ 자유도의 계산

$\phi_T = 53,\quad \phi_A = 2, \phi_B = 2, \phi_C = 2,\quad \phi_{A\times B} = 4,\ \phi_{A\times C} = 4,$

$\phi_{B\times C} = 4,\ \phi_{A\times B\times C} = 8\quad \phi_E = 27,$

❸ 분산분석표의 작성

요인	제곱합	자유도	평균제곱	F_0
A	57.81	2	28.91	18.36*
B	5.59	2	2.80	1.78
C	12.04	2	6.02	3.82*
$A\times B$	20.19	4	5.05	3.21*
$A\times C$	21.41	4	5.35	3.41*
$B\times C$	1.3	4	0.33	0.21
$A\times B\times C$	5.92	8	0.74	0.47
E	42.5	27	1.57	
T	166.76	53		

단, $F_{0.05(2,27)} = 3.354,\ F_{0.05(4,27)} = 2.73,\ F_{0.05(8,27)} = 2.31$

❹ 인자 A, C 는 특성치에 매우 유의한 영향을 주고, 교호작용 $A\times B$, $A\times C$의 결과가 유의수준 5%로서 유의적이다.

❺ 풀링 작업

유의하지 않은 인자 B, $B\times C$, $A\times B\times C$를 오차항에 풀링한 후의 분산분석표는 다음과 같이 갱신된다.

요인	제곱합	자유도	평균제곱	F_0
A	57.81	2	28.91	21.41*
C	12.04	2	6.02	4.46*
$A\times B$	20.19	4	5.05	3.74*
$A\times C$	21.41	4	5.35	3.96*
E^*	55.31	41	1.35	
T	166.76	53		

단, $F_{0.05(4,60)} = 2.53 < F_{0.05(4,41)} < F_{0.05(4,30)} = 2.69$

$F_{0.05(2,60)} = 3.15 < F_{0.05(2,41)} < F_{0.05(2,30)} = 3.32$

❻ 모평균의 추정은 반복이 없는 경우와 유사한 방법으로 시행하면 된다.

Minitab

1 다음과 같이 자료를 입력한다.

워크시트 1 ***

↓	C1 A	C2 B	C3 C	C4 반복	C5 생산량	C6
1	1	1	1	1	1	
2	1	1	1	2	2	
3	1	1	2	1	4	
4	1	1	2	2	2	
5	1	1	3	1	3	
6	1	1	3	2	2	
7	1	2	1	1	4	
8	1	2	1	2	3	
9	1	2	2	1	5	
10	1	2	2	2	4	
11	1	2	3	1	4	
12	1	2	3	2	5	
13	1	3	1	1	3	
14	1	3	1	2	2	
15	1	3	2	1	5	
16	1	3	2	2	4	
17	1	3	3	1	3	
18	1	3	3	2	6	
19	2	1	1	1	3	
20	2	1	1	2	6	
21	2	1	2	1	1	
22	2	1	2	2	7	
23	2	1	3	1	6	
24	2	1	3	2	6	

워크시트 1 ***

↓	C1 A	C2 B	C3 C	C4 반복	C5 생산량	C6
25	2	2	1	1	4	
26	2	2	1	2	5	
27	2	2	2	1	6	
28	2	2	2	2	5	
29	2	2	3	1	6	
30	2	2	3	2	7	
31	2	3	1	1	6	
32	2	3	1	2	7	
33	2	3	2	1	6	
34	2	3	2	2	6	
35	2	3	3	1	8	
36	2	3	3	2	7	
37	3	1	1	1	3	
38	3	1	1	2	3	
39	3	1	2	1	5	
40	3	1	2	2	6	
41	3	1	3	1	4	
42	3	1	3	2	4	
43	3	2	1	1	2	
44	3	2	1	2	5	
45	3	2	2	1	5	
46	3	2	2	2	4	
47	3	2	3	1	2	
48	3	2	3	2	1	
49	3	3	1	1	2	
50	3	3	1	2	3	
51	3	3	2	1	5	
52	3	3	2	2	4	
53	3	3	3	1	3	
54	3	3	3	2	2	

2 통계분석(S) → 분산 분석(A) → 등분산 검정(V)...을 선택하고 [반응] 항목에 C5를 [요인] 항목에 C1, C2, C3를 입력하고 확인(O) 버튼을 누른다.

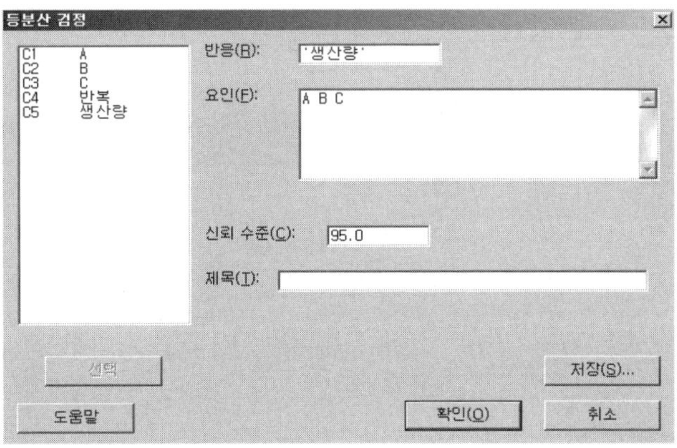

③ 다음과 같은 등분산 검정 결과가 나타난다.

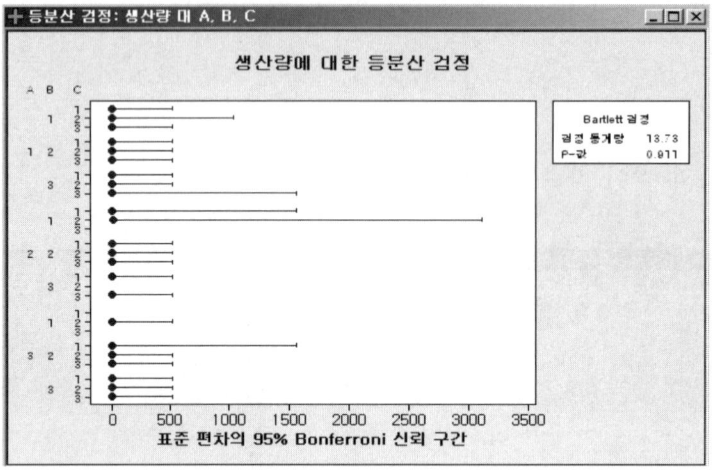

해석 Bartlett 검정을 실시한 결과 p-값이 각각 유의수준 0.05보다 큰 값을 가지므로 수준마다 분산이 같다고 할 수 있다. 즉, 실험이 정상적으로 시행 되었다고 간주 할 수 있다.

④ 통계분석(S) → 분산 분석(A) → 균형 분산 분석(B)...을 선택하여 나타난 균형분산분석 대화상자에서 [반응] 항목에 마우스 포인트를 올려놓고 C5를 더블클릭한다. 물론 [모형] 항목에 각각 C1, C2, C3를 더블클릭하여 데이터 입력을 하고 교호작용 을 검출하기 위하여 A*B, A*C, B*C, A*B*C를 포함시켜 준다. 그리고 옵션(P)... 버튼을 클릭한다.

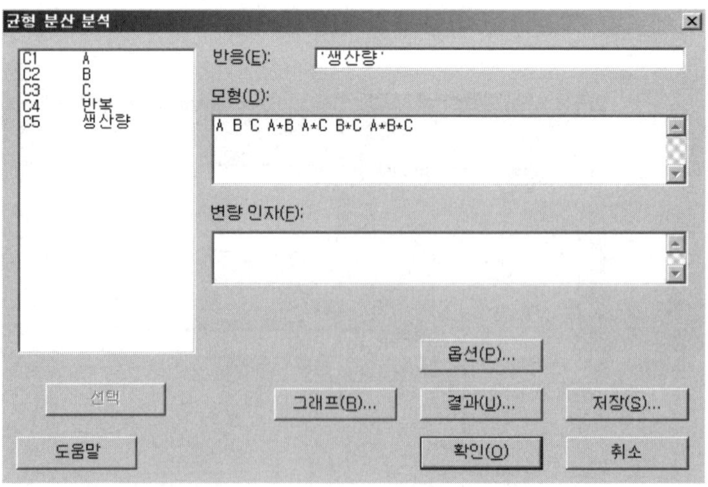

●●● 참고하세요!!

1. 주효과 표시; A, B, C, D 등으로 표시
2. 상호(교호)작용 표시; A*B, B*C, A*B*C 등으로 표시
3. 인자의 효과를 모두 표시; A|B 는 A, B, A*B 모두 의미
   A|B|C는 A, B, A*B, A*C,B*C, A*B*C 모두 의미
4. 지분 표시; B(A)는 A가 B에 지분 되었을 경우 표시 방법

5 옵션 대화상자에서 [모형의 제한된 형식 사용] 항목을 체크하고 [확인(O)] 버튼을 누른다.

6 [그래프(R)...] 버튼을 클릭하고 나타난 대화상자에서 [네 개 모두] 항목을 선택한다.

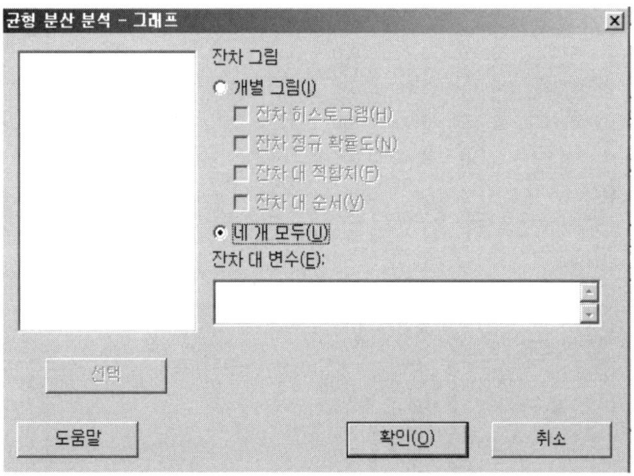

7 [결과(U)...] 버튼을 클릭한다. 나타난 결과 대화상자에 [기대 평균 제곱 및 분산 성분 표시]을 체크하고 [평균 표시] 항목에 A*B, A*C, B*C, A*B*C을 기입하고 [확인(O)] 버튼을 누른다. 그리고 원래의 화면으로 돌아 오면 다시 [확인(O)] 버튼을 누른다.

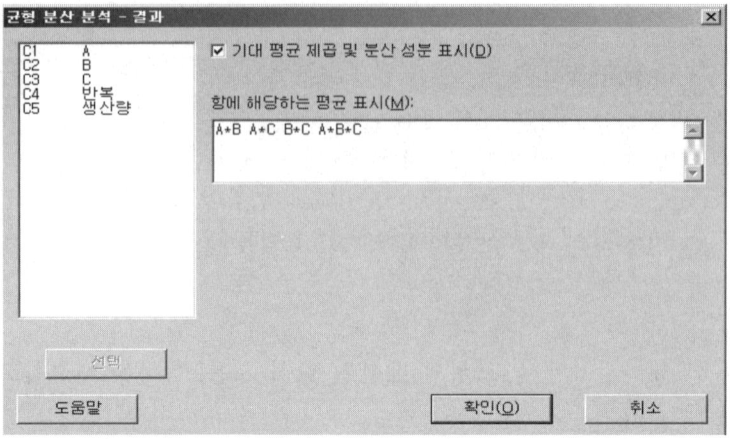

8 [세션] 창에 다음과 같은 결과가 나타나고 또한 잔차그림도 표시된다.

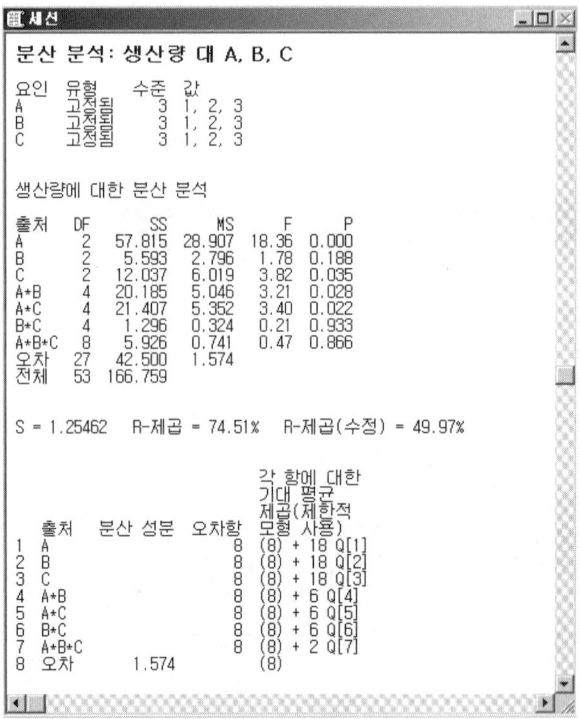

해석 인자 A와 B 그리고 인자C 도 모수인자(고정됨)로 표시되고 분산분석표에서는 인자 A, C 는 특성치에 매우 유의한 영향을 주고, 교호작용 $A \times B$, $A \times C$의 결과도 유의수준 5%로서 유의적이다. 모든 요인은 오차 분산 성분 $\widehat{\sigma_E^2}$=1.574으로 검정됨을 표시하고 있고 A2B3C3수준 조합이 최적수준 조합으로 나타나고 있다.

▶ 잔차그림

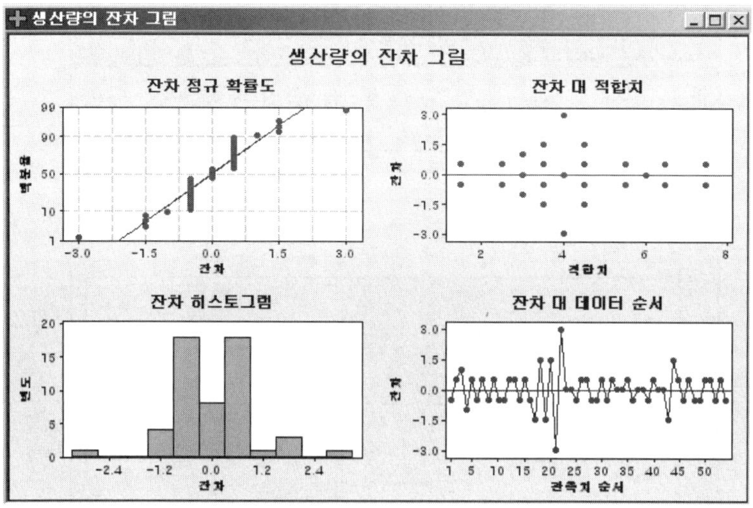

해석 [잔차 정규 확률도]에서는 직선주위에 점들이 몰려 있어서 정규성을 가진다고 할 수 있고 [잔차 히스토 그램]에서는 정규성을 가지기 위해서는 종모양을 가져야 하나 위 그림에서는 데이터가 적기 때문에 종모양의 형태를 가진다고 할 수 없지만 이 그림 하나로만 평가 할 수는 없다. [잔차 대 적합치] 그림에서는 특별한 패턴이 없으므로 등분산성을 가지고 있다. 물론 점들이 0을 중심으로 대칭으로 보이는 것은 2회 반복의 실험 결과일 뿐이다. [잔차 데이터 순서] 그림에서도 역시 0을 중심으로 대칭으로 보이는 것은 2회 반복의 실험결과일 뿐이므로 특별한 형태가 없는 랜덤으로 보이기 때문에 오차는 독립성을 가지다고 할 수 있다.

9 통계분석(S) → 분산 분석(A) → 상호효과도(E)...을 선택하여 나타난 상호효과도 대화상자에서 [반응] 항목에 마우스 포인트를 올려놓고 C5을 더블클릭한다. 물론 [요인] 항목에는 각각 C1, C2, C3를 더블클릭하여 데이터 입력하고 [전체 상호효과도 행렬 표시] 항목을 체크하고 확인(O) 버튼을 누른다.

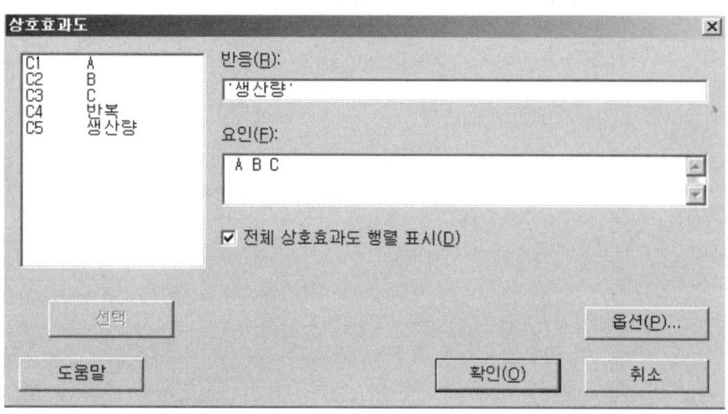

10 다음과 같은 상호효과도 그림이 나타난다.

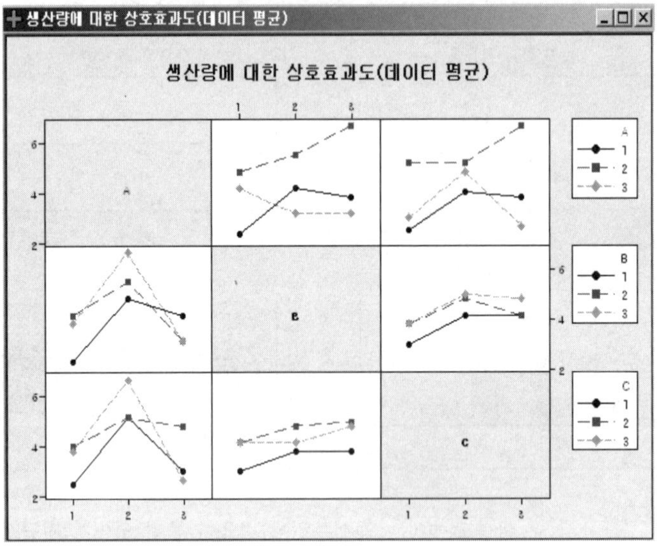

해석 그래프가 평행하지 않고 교차되어 표시되고 있을 때 교호작용(상호작용)이 존재 한다고 볼 수 있다. 교호작용은 A*B, A*C가 존재 한다고 볼 수 있다.

1 ≪비유의적인 인자 풀링(pooling) 작업≫을 하기 위하여

통계분석(S) → 분산 분석(A) → AOV 균형 분산 분석(B)..을 선택하여 나타난 균형분산 분석 대화상자에서 [반응] 항목에 마우스 포인트를 올려놓고 C5을 더블클릭한다. 물론 [모형] 항목에 각각 C1, C2, C3를 더블클릭하여 데이터 입력을 한다. 물론 교호작용을 검출하기 위하여 A*B, A*C을 포함 시켰다. A*B인자를 분석하기 위해서 비록 유의적이지 않은 B 인자도 모형에 적용 시켰다.

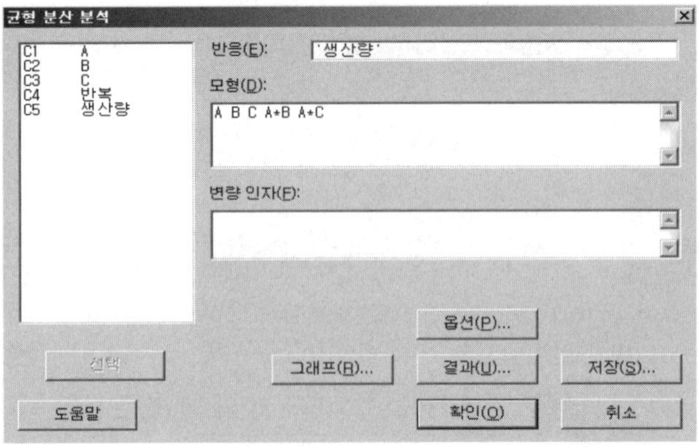

2 [결과(U)...] 버튼을 클릭한다. 나타난 결과 대화상자에 [기대 평균 제곱 및 분산성분표시]를 체크하고 [확인(O)] 버튼을 누른다. 그리고 원래의 화면으로 돌아오면 다시 [확인(O)] 버튼을 누른다.

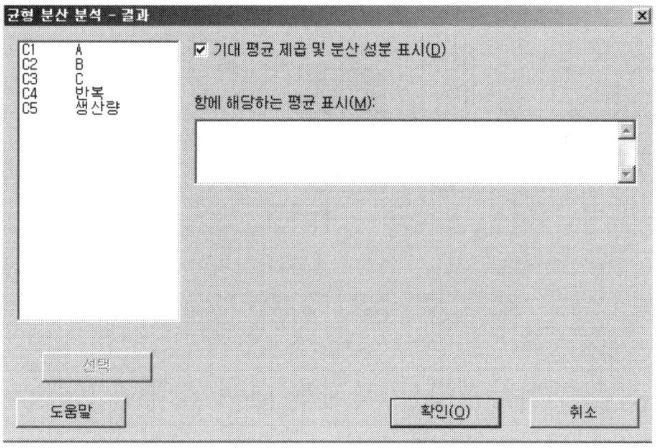

3 [세션] 창에 다음과 같은 결과가 표시되어 나타난다.

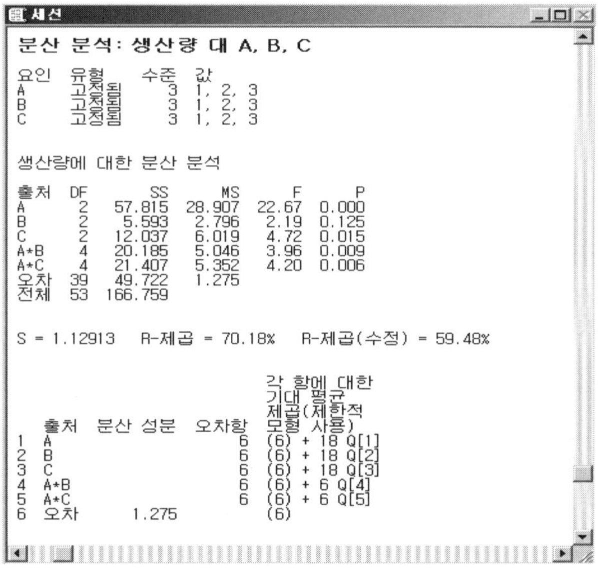

세션

분산 분석: 생산량 대 A, B, C

요인	유형	수준	값
A	고정됨	3	1, 2, 3
B	고정됨	3	1, 2, 3
C	고정됨	3	1, 2, 3

생산량에 대한 분산 분석

출처	DF	SS	MS	F	P
A	2	57.815	28.907	22.67	0.000
B	2	5.593	2.796	2.19	0.125
C	2	12.037	6.019	4.72	0.015
A*B	4	20.185	5.046	3.96	0.009
A*C	4	21.407	5.352	4.20	0.006
오차	39	49.722	1.275		
전체	53	166.759			

S = 1.12913 R-제곱 = 70.18% R-제곱(수정) = 59.48%

	출처	분산 성분	오차항	각 항에 대한 기대 평균 제곱(제한적 모형 사용)
1	A		6	(6) + 18 Q[1]
2	B		6	(6) + 18 Q[2]
3	C		6	(6) + 18 Q[3]
4	A*B		6	(6) + 6 Q[4]
5	A*C		6	(6) + 6 Q[5]
6	오차	1.275		(6)

해석 인자 A와 B 그리고 인자C 도 모수인자(고정됨)로 표시되고 분산분석표에서는 인자 A, C는 특성치에 매우 유의한 영향을 주고, 교호작용 A*B, A*C의 결과도 유의수준 5%로서 유의적이다. 모든 요인은 오차 분산 성분 $\widehat{\sigma_E^2}$=1.276으로 검정됨을 표시하고 있다.

4 인자A에 대한 그림 신뢰구간을 보기 위해서는 통계분석(S) → 분산 분석(A) → 구간 그림(I)... 을 선택하고 나타난 구간그림 대화상자에서 [그룹 표시]을 선택하고 확인(O) 버튼을 누른다.

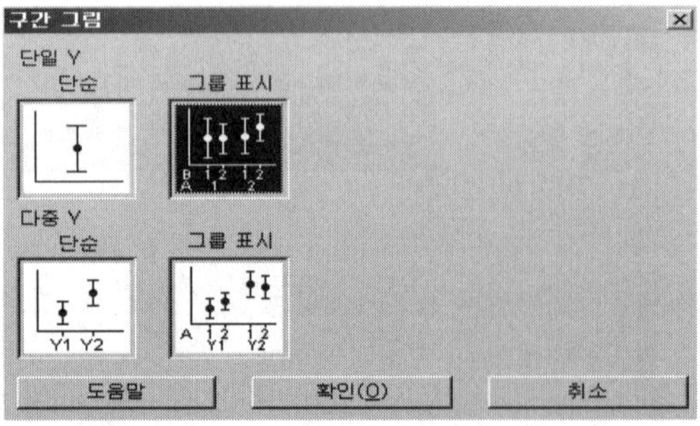

5 다음과 같은 대화상자에서 [그래프 변수] 항목에 마우스 포인트를 올려놓고 C5을 더블클릭한다. 물론 [범주형 변수] 항목에는 C1(인자 A)을 더블 클릭하여 데이터 입력을 마감하고 확인(O) 버튼을 누른다.

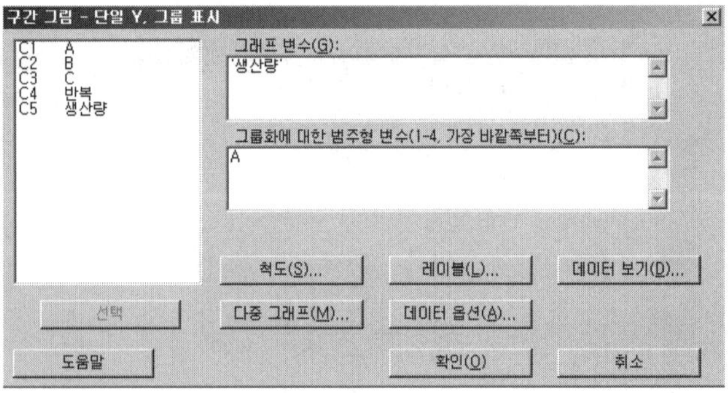

6 다음과 같은 신뢰구간 그림이 나타난다. B, C도 유사한 방법으로 수행된다.

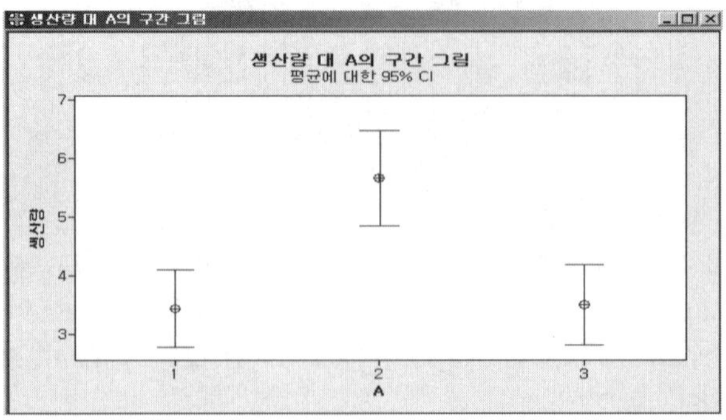

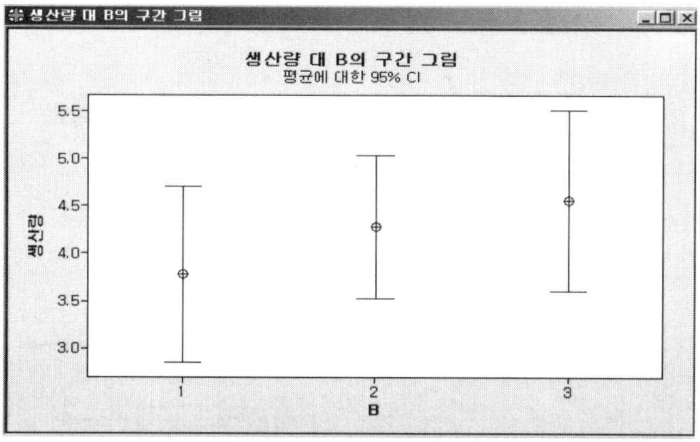

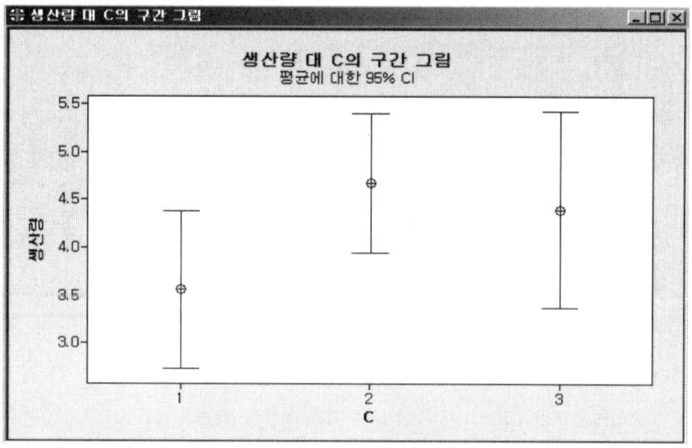

해석 인자 A는 A2, 인자 B는 B3, 인자 C는 C2수준이 높게 표시됨을 알 수 있다.

7 통계분석(S) → 분산 분석(A) → 상호효과도(E)...을 선택하여 나타난 상호효과도 대화상자에서 [반응] 항목에 마우스 포인트를 올려놓고 C5을 더블클릭한다. 물론 [요인] 항목에는 각각 C1, C2, C3를 더블클릭하여 데이터 입력하고 확인(O) 버튼을 누른다.

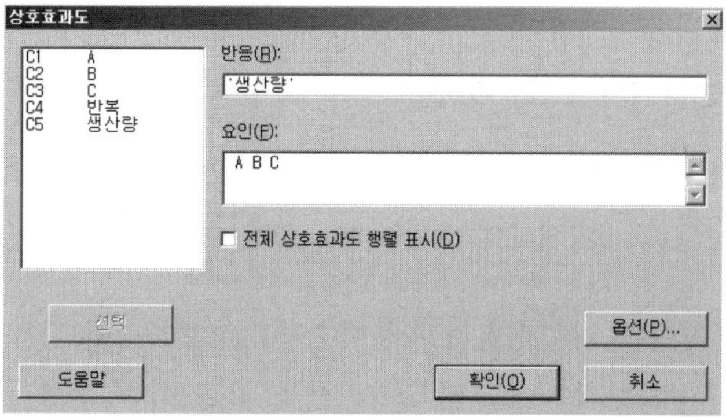

3 다음과 같은 상호효과도 그림이 나타난다.

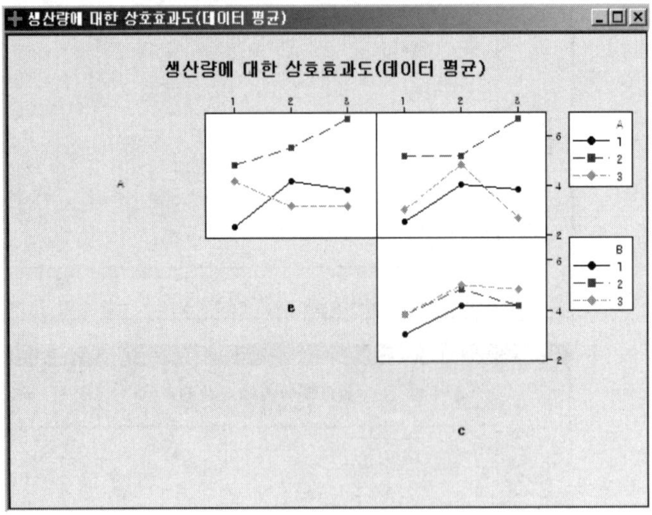

해석 그래프가 평행하지 않고 교차되어 표시되고 있을 때 교호작용(상호작용)이 존재한다고 볼 수 있다. 교호작용은 A*B, A*C가 존재 한다고 볼 수 있다.

3. 평균제곱의 기대값을 구하는 문제

실험 계획의 분산분석에 있어서 평균제곱의 기대값은 모수에 대한 가설을 검정하는 데 필요한 검정통계량을 알 수 있으며 변량인자인 경우에는 분산성분의 추정량을 계산하는 도구의 역할을 한다. 모수인자의 경우에는 수준변화에 따른 효과들간의 산포의 측도를 효과의 제곱합을 자유도로 나누어 표시하는데, 예를 들어 인자A, B가 모두 모수인자인 경우에 인자 A의 산포의 측도 ${\sigma_A}^2$와 교호작용 $A \times B$의 산포의 측도 $\sigma^2_{A \times B}$는 다음과 같이 정의 된다.

$$ {\sigma_A}^2 = \frac{\sum_i {a_i}^2}{a-1}, \quad \sigma^2_{A \times B} = \sum_i^k \sum_j^p \frac{{(ab)_{ij}}^2}{(k-1)(p-1)} $$

A가 변량인자이면 주효과 a_i는 확률변수이고 혼합모형에서는 교호작용에 1개 이상의 변량인자가 포함되어 있으면 교호작용을 확률변수로 간주한다.

이러한 사항들을 포함한 평균제곱의 기대값을 유도하기가 복잡한 편이다. 그러나 이러한 평균제곱의 기대값을 구하는 방법이 알려져 있다.

이러한 잘 알려진 방법으로 반복이 있는 이원배치법(A:모수인자, B:변량인자)에서 평균제곱의 기대값을 통하여 순서별로 유도하는 방법을 알아보도록 하자.

[순서❶] 다음 표에서와 같이 행에 순서대로 a_i, b_j, $(ab)_{ij}$와 인자 A와 B의 수준이 정해진 후에 반복이 이루어짐을 나타내는 $(ij)m$을 포함한 $\varepsilon_{(ij)m}$를 써 순서대로 기입한다. 즉, 자료의 구조모형에서 μ항을 제외하고 나머지 항들에 해당되는 것을 차례로 기입된 것이다.

[순서❷] 다음으로 열에는, 첫째 열에 순서대로 인자 A의 수준수(k), 인자의 종류[모수인자이면 F(fixed), 변량인자이면 R(random)를 나타내고, 마지막으로 그 인자에 사용되는 첨자(i)를 기입하고 두 번째 열에는 인자 B의 수준수(p), 인자의 종류(R), 첨자(j)를 기입한다. 세 번째 열은 반복에 관한 것으로 반복은 변량인자로 간주한다. 따라서 인자의 종류(R), 첨자(m)을 기입한다.

	k F i	p R j	q R m
a_i b_j $(ab)_{ij}$ $\varepsilon_{(ij)m}$			

[순서❸] 행에 있는 첨자 중에서 괄호 속에 들어 있는 첨자와 같은 열의 첨자를 찾아 만나는 곳에 1을 기입한다.

	k F i	p R j	q R m
a_i			
b_j			
$(ab)_{ij}$			
$\varepsilon_{(ij)m}$	1	1	

[순서❹] 각 행별로 열의 첨자와 같은 곳이 있는 곳을 찾아 모수인자이면 0, 변량인자이면 1을 기입한다.

	k F i	p R j	q R m
a_i	0		
b_j		1	
$(ab)_{ij}$	0	1	
$\varepsilon_{(ij)m}$	1	1	1

[순서❺] 다음으로 나머지 빈 곳을 찾아 수준수(또는 반복수)를 기입한다.

	k F i	p R j	q R m
a_i	0	p	q
b_j	k	1	q
$(ab)_{ij}$	0	1	q
$\varepsilon_{(ij)m}$	1	1	1

[순서❻] 갱신된 표의 값를 이용하여 평균제곱의 기대값을 유도하면 된다. 먼저 a_i 행의 $E(MSA)$를 구하려면 열에서 첨자 i가 있는 열을 제외하고, 각 행별로 첨자 i가 있는 행만 골라 적힌 숫자를 곱하면 pq, q, 1을 얻게 된다. 즉, $E(MSA)$는 i가 있는 행의 산포의 측도 $\sigma_A{}^2$, $\sigma_{A\times B}{}^2$, $\sigma_E{}^2$을 차례로 pq, q, 1과 곱하여 더한 것이 된다. 따라서 $E(MSA) = pq\sigma_A{}^2 + q\sigma_{A\times B}{}^2 + \sigma_E{}^2$ 이다. 같은 요령으로 b_j행의 $E(MSB)$를 구하려면 j가 있는 두 번째 열을 제외하고, 각 행별로 첨자 j가 있는 행만 골라 적힌 숫자를 곱한다. 그 결과 kq, 0, 1을 얻는다. $E(MSB)$는 j가 있는 행의 분산 $\sigma_B{}^2$, $\sigma_{A\times B}{}^2$, $\sigma_E{}^2$를 차례로 kq, 0, 1과 곱하여 더하면 $E(MSB) = kq\sigma_B{}^2 + \sigma_E{}^2$이 된다.

[순서❻] $(ab)_{ij}$행의 $E(MS_{A\times B})$를 구하려면 i와 j가 있는 1, 2열을 제외하고, i와 j가 동시에 있는 행은 3, 4번째 행뿐이므로 q, 1이기 때문에 $E(MS_{A\times B})$는 $\sigma_{A\times B}{}^2$, $\sigma_E{}^2$를 q, 1과 곱하여 더하면 $E(MS_{A\times B}) = q\sigma_{A\times B}{}^2 + \sigma_E{}^2$이 된다. 또 끝행의 기대값은 항상 $E(MS_E) = \sigma_E{}^2$이다. 이상의 결과를 정리하면 혼합모형인 반복이 있는 이원배치법의 평균제곱의 기대값은 다음 표와 같다.

	k F i	p R j	q R m	평균제곱의 기대값
a_i	0	p	q	${\sigma_E}^2+q{\sigma_{A\times B}}^2+pq{\sigma_A}^2$
b_j	k	1	q	${\sigma_E}^2+kq{\sigma_B}^2$
$(ab)_{ij}$	0	1	q	${\sigma_E}^2+q{\sigma_{A\times B}}^2$
$\varepsilon_{(ij)m}$	1	1	1	${\sigma_E}^2$

또, 유사한 방법으로 반복이 없는 경우에는 다음과 같다.

	k F i	p R j	평균제곱의 기대값
a_i	0	p	${\sigma_E}^2+p{\sigma_A}^2$
b_j	k	1	${\sigma_E}^2+k{\sigma_B}^2$
$\varepsilon_{(ij)m}$	1	1	${\sigma_E}^2$

기본 예제 4.3

인자의 수가 (A, B, C) 3개인 반복이 없는 삼원배치법에서 각 인자의 수준이 차례로 k, p, q이다. 인자 A, B는 모수인자이고 인자 C는 변량인자 일 때 평균제곱의 기대값을 구하라.

결과

반복이 없는 삼원배치법의 자료의 구조모형은 다음과 같다.

$$y_{ijm} = \mu + a_i + b_j + c_m + (ab)_{ij} + (ac)_{im} + (bc)_{jm} + \varepsilon_{ijm}$$
$$(i=1,\ 2,\ \cdots,\ k\ ,\ j=1,\ 2,\cdots,p\ ,\ m=1,\ 2,\cdots,q)$$

이며 기대값을 구하는 공식을 이용하면 평균제곱의 기대값은 다음과 같다.

[반복이 없는 삼원배치법의 평균제곱의 기대값(A, B: 모수인자, C: 변량인자)]

	k F i	p F j	q R m	평균제곱의 기대값
a_i	0	p	q	${\sigma_E}^2 + p{\sigma_{A\times C}}^2 + pq{\sigma_A}^2$
b_j	k	0	q	${\sigma_E}^2 + k{\sigma_{B\times C}}^2 + kq{\sigma_B}^2$
c_m	k	p	1	${\sigma_E}^2 + kp{\sigma_C}^2$
$(ab)_{ij}$	0	0	q	${\sigma_E}^2 + q{\sigma_{A\times B}}^2$
$(ac)_{im}$	0	p	1	${\sigma_E}^2 + p{\sigma_{A\times C}}^2$
$(bc)_{jm}$	k	0	1	${\sigma_E}^2 + k{\sigma_{B\times C}}^2$
ε_{ijm}	1	1	1	${\sigma_E}^2$

[반복이 없는 삼원배치법의 분산분석표(A, B: 모수인자, C: 변량인자)]

요인	제곱합	자유도	평균제곱	F_0
A	SSA	$(k-1)$	MSA	$MSA/MS_{A\times C}$
B	SSB	$(p-1)$	MSB	$MSB/MS_{B\times C}$
C	SSC	$(q-1)$	MSC	MSC/MSE
$A\times B$	$SS_{A\times B}$	$(k-1)(p-1)$	$MS_{A\times B}$	$MS_{A\times B}/MSE$
$A\times C$	$SS_{A\times C}$	$(k-1)(q-1)$	$MS_{A\times C}$	$MS_{A\times C}/MSE$
$B\times C$	$SS_{B\times C}$	$(p-1)(q-1)$	$MS_{B\times C}$	$MS_{B\times C}/MSE$
E	SSE	$(k-1)(p-1)(q-1)$	MSE	
T	SST	$kpq-1$		

반복이 없는 삼원배치법에서 3인자 모두 모수인자인 모수모형과 혼합모형 사이에는 평균제곱의 기대값에 차이가 생기게 되므로, 이 차이로 인하여 F검정방법에 차이가 발생하게 됨에 유의하여야 한다.
혼합모형(A, B: 모수인자, C: 변량인자)인 경우에 각 인자 및 교호작용의 변동과 자유도의 계산은 모수모형과 동일하다.

4. 혼합모형

모수인자 A, B의수준이 각 각 k,p인 반복(q)이 있는 2원 배치 실험을 고려하자. 이러한 실험은 기본적으로 kpq회의 실험을 랜덤하게 시행해야 한다. 이러한 실험을 1회째에 kp를 랜덤하게, 다음 2회째의 kp를 랜덤하게 하여 q회 반복했다고 했을 때 1회, 2

회, $\cdots q$회의 반복간에 시간적 차이나 혹은 주위환경의 차이 등으로 인하여 실험에 영향을 줄 수 있으므로 이러한 반복을 하나의 블록인자으로 고려해볼 수 있지만 그 조건을 충족시킬수 있는 조건을 기술적으로 지정하기 어려우므로 일반적으로 변량인자로 취급된다. 인자 A, B, C 의 3원 배치법의 실험에서 모수인자와 변량인자가 혼합되어 있는 경우 가장 일반적으로 많이 사용하는 실험이 2인자 모수, 1인자 변량인자(A, B: 모수인자, C: 변량인자)의 형태이다. 본 절에서는 반복이없는 난괴법을 소개하고자 한다. 변량인자를 구별하기 위하여 변량 인자 C 대신 R로 표현하여 설명하도록 하겠다.

1) 데이터 구조식

반복이 없는 삼원배치법의 자료의 구조모형은 다음과 같다.

$$y_{ijm} = \mu + a_i + b_j + r_m + (ab)_{ij} + (ar)_{im} + (br)_{jm} + \varepsilon_{ijm}$$
$$(i = 1,\ 2,\ \cdots,\ k\ ,\ j = 1,\ 2,\cdots,p\ ,\ m = 1,\ 2,\cdots,q)$$

여기서, μ는 총평균이고, a_i는 A_i의 수준이 주는 효과(모수), b_j는 B_j의 수준이 주는 효과(모수), r_m은 R_m의 수준이 주는 효과(변량)를 의미하며 $\varepsilon_{ijm} \sim N(0, \sigma_E^2)$을 따른다고 가정한다.
그리고 a_i, b_j, r_m, $(ab)_{ij}$, $(ar)_{im}$, $(br)_{jm}$, ϵ_{ijmh}는 서로 독립이며 다음의 조건을 만족한다.

$$\sum_{i=1}^{k} a_i = 0, \qquad \sum_{j=1}^{p} b_j = 0, \qquad \sum_{m=1}^{q} r_m \neq 0$$
$$\sum_{i=1}^{k}(ab)_{ij} = \sum_{j=1}^{p}(ab)_{ij} = \sum_{i=1}^{q}(ar)_{im} = \sum_{j=1}^{p}(br)_{jm} = 0.$$
$$\sum_{i=1}^{k}(ar)_{im} \neq 0, \qquad \sum_{m=1}^{q}(br)_{jm} \neq 0.$$

2) 변동의 분해

구조식으로부터 총변동 SST를 각 인자에 의한 변동 SSA, SSB, SSR 와 교호작용에 의한 변동 $SS_{A\times B}, SS_{A\times R}, SS_{B\times R}$와 잔차변동 SSE로 분해된다. 각 변동의 계산 공식과 자유도는 인자 C를 R로 수정하면 모수 모형의 반복이 없는 3원 배치법과 동일하다.

3) 불편 분산의 기대값 유도

각 수준에 대한 평균값의 구조식다음과 같이 나타 낼 수 있다.

❶ A_i의 수준조합 평균 ; $\bar{y}_{i..} = \mu + a_i + \bar{r} + (a\bar{r})_{i\cdot} + \bar{\varepsilon}_{i..}$

❷ B_j의 수준조합 평균 ; $\bar{y}_{.j.} = \mu + b_j + \bar{r} + (b\bar{r})_{j\cdot} + \bar{\varepsilon}_{.j.}$

❸ R_m의 수준조합 평균 ; $\bar{y}_{..m} = \mu + r_m + \bar{\bar{\varepsilon}}$

❹ A_iR_m의 수준조합 평균 ; $\bar{y}_{i.m} = \mu + a_i + r_m + (ar)_{im} + \bar{\varepsilon}_{i.m}$

❺ 총 평균 ; $\bar{\bar{y}} = \mu + \bar{r} + \bar{\bar{\varepsilon}}$

4) 분산분석표의 작성

종합하여 분산분석표를 작성하면 다음과 같다.

[반복이 없는 삼원배치법의 분산분석표(A, B: 모수인자, C: 변량인자)]

요인	제곱합	자유도	평균제곱	F_0
A	SSA	$(k-1)$	MSA	$MSA/MS_{A\times R}$
B	SSB	$(p-1)$	MSB	$MSB/MS_{B\times R}$
R	SSR	$(q-1)$	MSR	MSR/MSE
$A\times B$	$SS_{A\times B}$	$(k-1)(p-1)$	$MS_{A\times B}$	$MS_{A\times B}/MSE$
$A\times R$	$SS_{A\times R}$	$(k-1)(q-1)$	$MS_{A\times R}$	$MS_{A\times R}/MSE$
$B\times R$	$SS_{B\times R}$	$(p-1)(q-1)$	$MS_{B\times R}$	$MS_{B\times R}/MSE$
E	SSE	$(k-1)(p-1)(q-1)$	MSE	
T	SST	$kpq-1$		

위 분산분석표의 F검정에서 요인 A의 가설은 $H_0: \sigma_A^2 = 0$, 요인 B의 가설은 $H_0: \sigma_B^2 = 0$의 에 대한 검정방법이 다를 뿐 그 외에는 다른 방법과 동일하다. 예를 들어 일반적인 검정통계량은 $F_0 = MSA/MSE$ 이었으나 불편분산의 기대값이 달라지기 때문에 검정통계량 $F_0 = MSA/MS_{A\times R}$로 분모가 달라진다.

5) 분산분석후의 추정

A, B인자를 모수인자라고 하고 R인자를 변량인자라고 하면 R인자의 모평균 추정은 의미가 없으며 산포를 추정함이 의미가 있다. 따라서 분산분석표를 참고하여 변량인자 R의 분산성분 $\widehat{\sigma_R^2}$, $\widehat{\sigma_{A\times R}^2}$은 다음과 같이 유도 된다.

$$\widehat{\sigma_R^2} = \frac{V_R - V_E}{kp}, \quad \widehat{\sigma_{A\times R}^2} = \frac{V_{A\times R} - V_E}{p}, \quad \widehat{\sigma_{B\times R}^2} = \frac{V_{B\times R} - V_E}{k}$$

인자 수준 A_i 평균 μ_i의 구조식은 $\bar{y}_{i}.. = \mu + a_i + \bar{r} + (a\bar{r})_{i}. + \bar{\varepsilon}_{i}..$이므로 A_i의 모평균을 추정하면 다음과 같다.

$$\hat{\mu} = \bar{y}_i..$$

따라서 A_i 수준의 분산은 다음과 같이 유도 된다.

$$\begin{aligned}
Var(\bar{y}_i..) &= Var(\bar{r} + (a\bar{r})_i. + \bar{\varepsilon}_i..) \\
&= \frac{\sigma_R^2}{q} + \frac{\sigma_{A\times R}^2}{q} + \frac{\sigma_E^2}{pq} \\
&= \frac{1}{q}\left[\frac{V_R - V_E}{kp}\right] + \frac{1}{q}\left[\frac{V_{A\times R} - V_E}{p}\right] + \frac{V_E}{pq} \\
&= \frac{1}{kpq}[V_R + kV_{A\times R} - V_E]
\end{aligned}$$

따라서 A_i 수준에시 모평균 μ_i의 $100(1-\alpha)\%$의 신뢰한계는 다음과 같다.

$$\bar{y}_i.. \pm t\left(\phi^*; \frac{\alpha}{2}\right)\sqrt{\frac{V_R + kV_{A\times R} - V_E}{kpq}}$$

단, $\phi^* = \dfrac{[V_R + kV_{A\times R} - V_E]^2}{\dfrac{V_R^2}{\phi_E} + \dfrac{(kV_{A\times R})^2}{\phi_{A\times R}} + \dfrac{(-V_E)^2}{\phi_E}}$ (Satterthwaite의 자유도)

특히 교호작용이 무시되는 환경($\sigma_{A\times R}^2 = 0$)이라면 분산 $Var(\bar{y}_i..)$은 다음과 같다.

$$\begin{aligned}
Var(\bar{y}_i..) &= \frac{1}{q}\left[\frac{V_R - V_E}{kp}\right] + \frac{V_E}{pq} \\
&= \frac{1}{kpq}[V_R + (k-1)V_E]
\end{aligned}$$

따라서 A_i 수준에서 모평균 μ_i의 $100(1-\alpha)\%$의 신뢰한계는 다음과 같다.

$$\bar{y}_i.. \pm t\left(\phi^*; \frac{\alpha}{2}\right)\sqrt{\frac{V_R + (k-1)V_E}{kpq}}$$

단, $\phi^* = \dfrac{[V_R + (k-1)V_E]^2}{\dfrac{(V_R)^2}{\phi_R} + \dfrac{[(k-1)V_E]^2}{\phi_E}}$

기본 예제 4.4

케이크를 만드는 식료품회사에서 밀가루 반죽의 점성의 능률을 높이는 인자를 찾기 위한 실험을 행하고 있다. 원재료의 부과된 양에 비례하는 물의 양의 비율 A(모수)는 4수준 (A_1:25% A_2: 30%, A_3:35%, A_4 : 40%), 반죽후 숙성 시간은 B(모수) 3수준(B_1:30분 B_2: 1시간, B_3:1시간 30분)그리고 실험자는 창고에서 2개의 밀포대를 R_1 ,R_2(변량) 로서 랜덤하게 선택하여 실험을 실시하여 다음과 같은 자료를 수집하였다고 가정하고 반죽의 점성에 영향을 미치는 조건을 확인하라.

인자(A, B, R)		A_1	A_2	A_3	A_4
B_1	R_1	118	248	300	200
	R_2	195	263	235	147
B_2	R_1	290	386	465	382
	R_2	360	402	393	275
B_3	R_1	436	567	626	515
	R_2	543	568	538	429

결과

⓿ 계산을 용이하게 하기 위하여 수치 변환을 시행 한다. 전체 평균이 370.0417이므로 370을 가평균으로 사용하고 다음과 같이 수치변환된 보조표를 작성한다.

<보조표 1> $(y_{ijm}-370)\cdot\frac{1}{10}$

인자(A, B, R)		A_1	A_2	A_3	A_4	$\overline{y}_{\cdot j\cdot}$
B_1	R_1	-25.2	-12.2	-7	-17	-125.4
	R_2	-17.5	-10.7	-13.5	-22.3	
B_2	R_1	-8	1.6	9.5	1.2	-0.7
	R_2	-1	3.2	2.3	-9.5	
B_3	R_1	6.6	19.7	25.6	14.5	126.2
	R_2	17.3	19.8	16.8	5.9	
$\overline{y}_{i\cdot\cdot}$		-4.63	3.57	5.62	-4.53	T=0.1

<보조표 2> $T_{ij\cdot}$

B \ A	A_1	A_2	A_3	A_4	합
B_1	-42.7	-22.9	-20.5	-39.3	-125.4
B_2	-9	4.8	11.8	-8.3	-0.7
B_3	23.9	39.5	42.4	20.4	126.2
합	-27.8	21.4	33.7	-27.2	0.1

<보조표 3> $T_{i\cdot m}$

R \ A	A_1	A_2	A_3	A_4	합
R_1	-26.6	9.1	28.1	-1.3	9.3
R_2	-1.2	12.3	5.6	-25.9	-9.2

<보조표 4> $T_{\cdot jm}$

R \ B	B_1	B_2	B_3	합
R_1	-61.4	4.3	66.4	9.3
R_2	-64	-5	59.8	-9.2

❶ 변동의 계산

$$CT = \frac{T^2}{kpq} = \frac{0.1^2}{24} = 0.00042$$

$$SST = (\sum_i \sum_j \sum_m y_{ijm}{}^2 - CT) \times 100 = (4792.83 - 0.00042) \times 100 = 479282.96$$

$$SSA = \left(\sum_i \frac{T_{i\cdot\cdot}{}^2}{pq} - CT\right) \times 100$$

$$= \left[\frac{1}{6}[(-27.8)^2 + 21.4^2 + 33.7^2 + (-27.2)^2] - 0.00042\right] \times 100 = 51772.17$$

$$SSB = \left(\sum_j \frac{T_{.j.}^2}{kq} - CT\right) \times 100$$

$$= \left[\frac{1}{8}[(-125.4)^2 + (-0.7)^2 + (126.2)^2)] - 0.00042\right] \times 100 = 395651.08$$

$$SSR = \left(\sum_m \frac{T_{\cdot\cdot m}{}^2}{kp} - CT\right) \times 100$$

$$= \left[\frac{1}{12}[9.3^2 + (-9.2)^2] - 0.00042\right] \times 100 = 1426.04$$

$$SS_{AB} = \left(\sum_i \sum_j \frac{T_{ij\cdot}^2}{q} - CT\right) \times 100$$

$$= \left[\frac{1}{2}[42.7^2 + (-9)2 + \cdots + (-8.4)^2 + 20.4^2] - 0.00042\right] \times 100 = 448499.46$$

$$SS_{A\times B} = SS_{AB} - SSA - SSB = 1076.21$$

$$SS_{AR} = \left(\sum_i \sum_m \frac{T_{i\cdot k}{}^2}{p} - CT)\right) \times 100$$

$$= \left[\frac{1}{2}[(-26.6)^2 + \cdots (-25.9)^2] - 0.00042\right] \times 100 = 81218.96$$

$$SS_{A\times R}=SS_{AR}-SSA-SSR=28020.75$$

$$SS_{BR}=\left(\sum_j\sum_m\frac{T_{\cdot jm}{}^2}{k}-CT\right)\times 100$$

$$=\left[\frac{1}{3}[(-61.4)^2+\cdots+59.8^2]-0.00042\right]\times 100=397361.21$$

$$SS_{B\times R}=SS_{BR}-SSB-SSR=284.09$$

$$SSE=SST-(SSA+SSB+SSR+SS_{A\times B}+SS_{A\times R}+SS_{B\times R})=1052.62$$

❷ 자유도의 계산

$\phi_T=23,\quad \phi_A=3, \phi_B=2, \phi_R=1,\quad \phi_{A\times B}=6$

$\phi_{A\times R}=3,\quad \phi_{B\times R}=2,\quad \phi_E=6,$

❸ 분산분석표의 작성

요인	제곱합	자유도	평균제곱	F_0	$F_{0.05}$
A	51772.17	3	17257.39	1.848	9.28
B	395651.08	2	197825.5	1392.696*	19.00
R	1426.04	1	1426.04	8.129*	6.99
$A\times B$	1076.21	6	179.3683	1.022	4.28
$A\times R$	28020.75	3	9340.25	53.240*	4.76
$B\times R$	284.09	2	142.045	0.810	5.14
E	1052.62	6	175.4367		
T	479,282.96	23			

❹ 인자 B, R은 특성치에 매우 유의한 영향을 주고, 교호작용 $A\times R$의 결과도 유의수준 5%로 했을 때 유의적이다.

유의하지 않은 인자를 오차항에 풀링한 후의 분산 분석표는 다음과 같다.

요인	제곱합	자유도	평균제곱	F_0	$F_{0.05}$
B	395651.08	2	197825.5	62.07 *	3.59
R	1426.04	1	1426.04	0.45	4.35
$A\times R$	28020.75	3	9340.3	2.93	3.10
E'	54185.09	17	3187.4		
T	479,282.96	23			

즉, 반죽의 점성은 숙성 시간(B)에 영향을 미침을 알 수 있다.

❺ 유의한 인자 B_j 의 모평균의 신뢰도 추정

유의하지 않은 인자 A_i와 교호작용$A\times B$, $B\times R$을 오차항에 풀링시킨 구조식은 다음과 같다.

$$\bar{y}_{ijk}=\mu+b_j+r_m+(ar)_{im}+\epsilon_{ijm}$$

B_j의 수준의 모평균 추정은 $\widehat{\mu+b_j}=\bar{y}_{.j.}$ 이고 분산은 다음과 같이 표현된다.

$$\begin{aligned}Var(\bar{y}_{.j.}) &= Var(\bar{r}+(a\bar{r})_{i.}+\bar{\varepsilon}_{.j.})\\ &=\frac{\sigma_R^2}{q}+\frac{\sigma_{A\times R}^2}{q}+\frac{\sigma_E^2}{pq}\end{aligned}$$

여기서 σ_R^2과 $\sigma_{A\times R}^2$의 추정식은 다음과 같이 표현된다.

$$\widehat{\sigma_R^2}=\frac{V_R-V_E'}{kq},\quad \widehat{\sigma_{A\times R}^2}=\frac{V_{A\times R}-V_E'}{q},$$

정리하면 $Var(\bar{y}_{.j.})=\dfrac{V_R+kV_{A\times R}-(k-p+1)V_E'}{kpq}$

따라서 B_j 수준에서 모평균의 $100(1-\alpha)\%$의 신뢰한계는 다음과 같다.

$$\bar{y}_{.j.}\pm t_{0.025}(\phi^*)\sqrt{\frac{V_R+kV_{A\times R}-(k-p+1)V_E'}{kpq}}$$

단, $\phi^*=\dfrac{[V_R+kV_{A\times R}-(1-p+1)V_E']^2}{\dfrac{V_R^2}{\phi_E}+\dfrac{(kV_{A\times R})^2}{\phi_{A\times R}}+\dfrac{[-(k-p+1)(V_E')]^2}{\phi_E}}$ (Satterthwaite의 자유도)

따라서 제일 큰 B_3 수준에서의 95% 신뢰한계는 다음과 같다.

$$527.75\pm t_{0.025}(2.241)\times 36.961$$

단, $t_{0.025}(2.241)\approx t_{0.025}(2)=4.303$

Minitab

1 다음과 같이 자료를 입력한다.

↓	C1	C2	C3	C4	C5
	A	B	R	점성	
1	1	1	1	118	
2	1	1	2	195	
3	1	2	1	290	
4	1	2	2	360	
5	1	3	1	436	
6	1	3	2	543	
7	2	1	1	248	
8	2	1	2	263	
9	2	2	1	386	
10	2	2	2	402	
11	2	3	1	567	
12	2	3	2	568	
13	3	1	1	300	
14	3	1	2	235	
15	3	2	1	465	
16	3	2	2	393	
17	3	3	1	626	
18	3	3	2	538	
19	4	1	1	200	
20	4	1	2	147	
21	4	2	1	382	
22	4	2	2	275	
23	4	3	1	515	
24	4	3	2	429	

2 통계분석(S) → 분산 분석(A) → 등분산 검정(V)...을 선택하고 [반응] 항목에 C4를 [요인] 항목에 각각 C1과 C2를 입력하고 확인(O) 버튼을 누른다. A와 R, B와 R도 유사한 방법으로 시행한다.

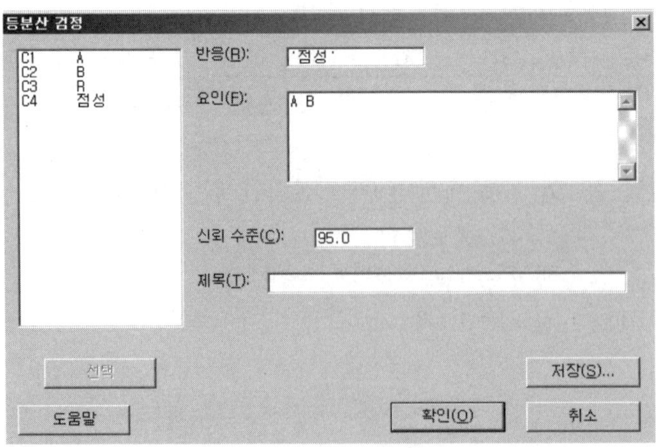

3 다음과 같은 등분산 검정 결과가 나타난다.

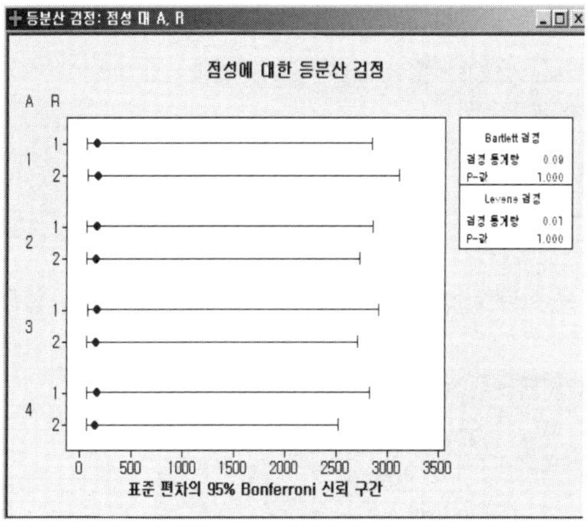
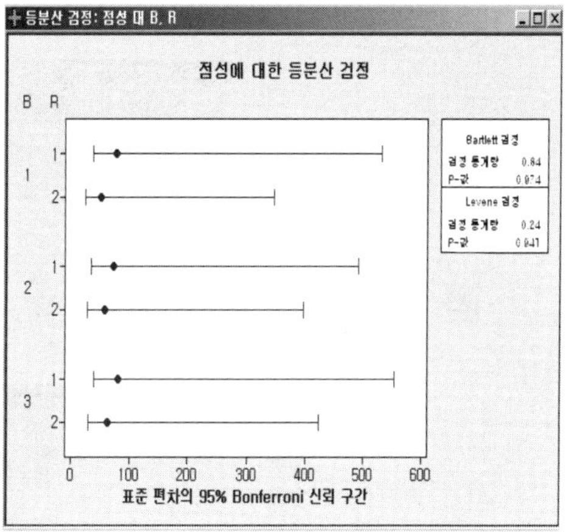

해석 점성에 대한 A, R 인자의 Bartlett의 검정(정규 분포)은 검정 통계량 = 0.09, p-값 = 1.000이고 Levene 검정(연속형 분포)은 검정 통계량 = 0.01, p-값 = 1.000이다. 그리고 점성에 대한 B, R 인지의 Bartlett의 검정(정규 분포)은 검정 통계량 = 0.84, P-값 = 0.974, Levene 검정(연속형 분포)은 검정 통계량 = 0.24, P-값 = 0.941
모든 요인에 대한 p-값이 각각 유의수준 0.05보다 큰 값을 가지므로 각 수준마다 분산이 같다고 할 수 있다. 즉, 실험이 정상적으로 시행 되었다고 간주 할 수 있다.

4 통계분석(S) → 분산 분석(A) → 균형 분산 분석(B)...을 선택하여 나타난 균형분산분석 대화상자에서 [반응] 항목에 마우스 포인트를 올려놓고 C4을 더블클릭한다. 물론 [모형] 항목에 각각 C1, C2, C3를 더블클릭하여 데이터 입력을 하고 교호작용 을 검출하기 위하여 A*B, A*R, B*R을 포함시켜 준다. 그리고 옵션(P)... 버튼을 클릭한다.

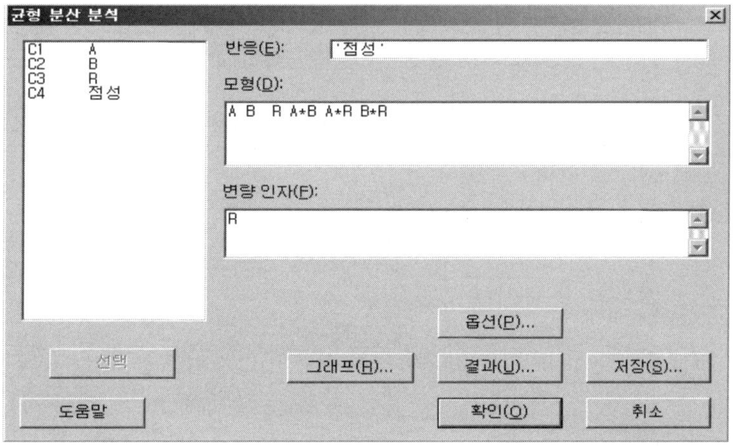

5 옵션 대화상자에서 [모형의 제한된 형식 사용] 항목을 체크하고 [확인(O)] 버튼을 누른다.

6 [그래프(R)...] 버튼을 클릭하고 나타난 대화상자에서 [네 개 모두] 항목을 선택한다.

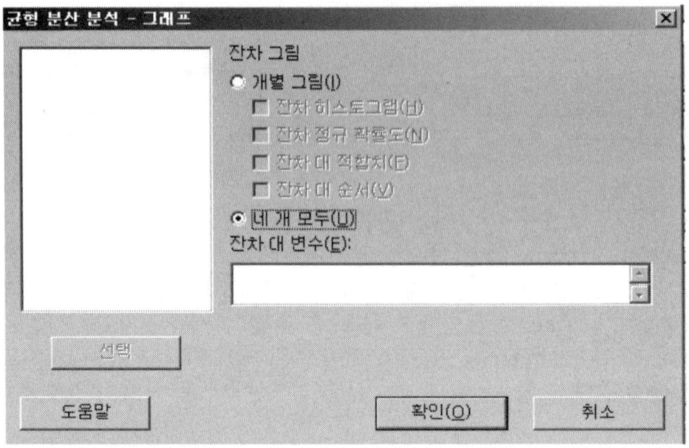

7 [결과(U)...] 버튼을 클릭한다. 나타난 결과 대화상자에 [기대 평균 제곱 및 분산 성분표시]을 체크하고 [확인(O)] 버튼을 누른다. 그리고 원래의 화면으로 돌아오면 다시 [확인(O)] 버튼을 누른다.

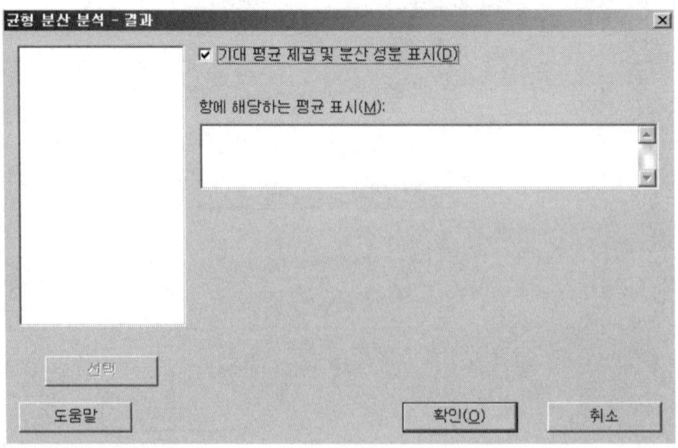

8 [세션] 창에 다음과 같은 결과가 나타나고 또한 잔차그림도 표시된다.

```
세션

분산 분석: 점성 대 A, B, R

요인  유형    수준  값
A     고정됨     4  1, 2, 3, 4
B     고정됨     3  1, 2, 3
R     랜덤       2  1, 2


점성에 대한 분산 분석

출처  DF      SS      MS        F      P
A      3   51772   17257     1.85  0.313
B      2  395651  197826  1392.73  0.001
R      1    1426    1426     8.13  0.029
A*B    6    1076     179     1.02  0.490
A*R    3   28021    9340    53.24  0.000
B*R    2     284     142     0.81  0.488
오차   6    1053     175
전체  23  479283


S = 13.2450  R-제곱 = 99.78%  R-제곱(수정) = 99.16%


                                   각 항에 대한 기대
                                   평균 제곱(제한적
   출처  분산 성분  오차항  모형 사용)
1  A                    5  (7) + 3 (5) + 6 Q[1]
2  B                    6  (7) + 4 (6) + 8 Q[2]
3  R        104.22      7  (7) + 12 (3)
4  A*B                  7  (7) + 2 Q[4]
5  A*R     3054.94      7  (7) + 3 (5)
6  B*R       -8.35      7  (7) + 4 (6)
7  오차     175.43         (7)
```

해석 인자 A와 B는 모수인자(고정됨)로 인자 R은 변량인자(랜덤)표시되고 분산분석표에서는 인자 B, R은 유의수준 5%에서 유의적이고 또한 교호작용(상호) A*R 인자도 유의적으로 나타나고 있다. 오차 분산 성분 $\widehat{\sigma_E^2}$=0.175.43으로 검정됨을 표시하고 있다.

9 ▶ 잔차그림

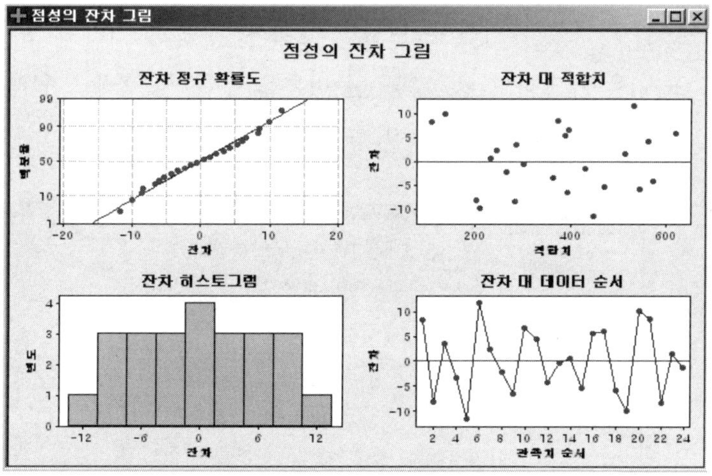

해석 [잔차 정규 확률도]에서는 직선주위에 점들이 몰려 있어서 정규성을 가진다고 할 수 있고 [잔차 히스토 그램]에서는 정규성을 가지기 위해서는 종모양을 가져야 하나 위

그림에서는 테이터가 적기 때문에 종모양의 형태를 가진다고 할 수 없지만 이 그림 하나로만 평가 할 수는 없다. [잔차 대 적합지] 그림에서는 특별한 패턴이 없으므로 등분산성을 가지고 있다. 물론 점들이 0을 중심으로 대칭으로 보이는 것은 2회 반복의 실험 결과일 뿐이다. [잔차 데이터 순서] 그림에서도 역시 0을 중심으로 대칭으로 보이는 것은 2회 반복의 실험결과일 뿐이므로 특별한 형태가 없는 랜덤으로 보이기 때문에 오차는 독립성을 가진다고 할 수 있다.

1 ≪비유의적인 인자에 대한 풀링(pooling) 작업≫을 위하여

통계분석(S) → 분산 분석(A) → AOV 균형 분산 분석(B)...을 선택하여 나타난 균형분산분석 대화상자에서 [반응] 항목에 마우스 포인트를 올려놓고 C4을 더블클릭한다. 물론 [모형] 항목에 각각 C1, C2, C3를 더블클릭하여 데이터 입력을 한다. 물론 A*R 교호작용 을 검출하기 위하여 비록 비유의적인 인자 A도 포함 하였다.

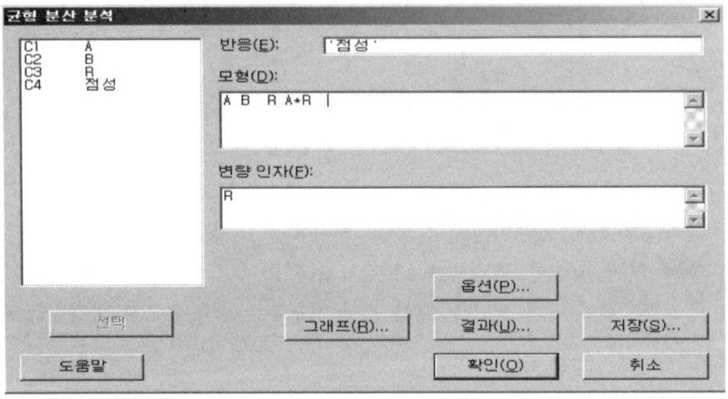

2 결과(U)... 버튼을 클릭한다. 나타난 결과 대화상자에 [기대 평균 제곱 및 분산 성분 표시]을 체크하고 확인(O) 버튼을 누른다. 그리고 원래의 화면으로 돌아오면 다시 확인(O) 버튼을 누른다.

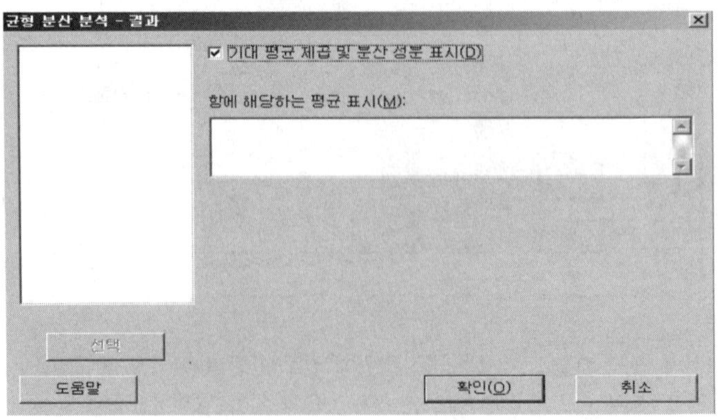

3 [세션] 창에 다음과 같은 결과가 나타나고 또한 잔차그림도 자동으로 표시되어 나타난다.

```
세션

분산 분석: 점성 대 A, B, R

요인  유형     수준  값
A     고정됨     4   1, 2, 3, 4
B     고정됨     3   1, 2, 3
R     랜덤       2   1, 2

점성에 대한 분산 분석

출처  DF      SS      MS        F      P
A      3   51772   17257     1.85  0.313
B      2  395651  197826  1147.80  0.000
R      1    1426    1426     8.27  0.012
A*R    3   28021    9340    54.19  0.000
오차  14    2413     172
전체  23  479283

S = 13.1283   R-제곱 = 99.50%   R-제곱(수정) = 99.17%

                                   각 항에 대한 기대
                                   평균 제곱(제한적
   출처  분산 성분  오차항         모형 사용)
1  A                     4         (5) + 3 (4) + 6 Q[1]
2  B                     5         (5) + 8 Q[2]
3  R         104.5       5         (5) + 12 (3)
4  A*R      3056.0       5         (5) + 3 (4)
5  오차      172.4                 (5)
```

해석 인자 A와 B는 모수인자(고정됨)로 인자 R은 변량인자(랜덤)표시되고 분산분석표에서는 인자 B, R 그리고 상호작용 A＊R도 유의수준 5%에서 유의적으로 나타났고 오차 분산 성분 $\widehat{\sigma_E^2}$=172.4로 검정됨을 표시하고 있다.

4 ▶ 잔차그림

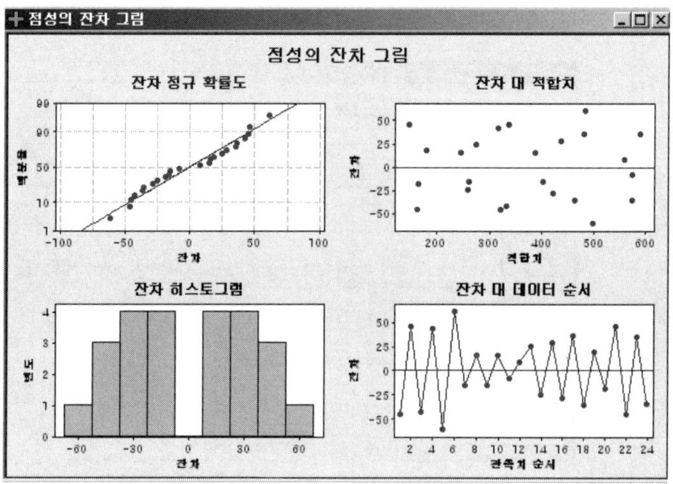

해석 [잔차 정규 확률도]에서는 직선주위에 점들이 몰려 있어서 정규성을 가진다고 할 수 있고 [잔차 히스토 그램]에서는 정규성을 가지기 위해서는 약간 종 모양 모습을

보이고 있으므로 정규성을 가진다고 할 수 있다. [잔차 대 적합치] 그림에서는 특별한 패턴이 없으므로 등분산성을 가지고 있다. [잔차 데이터 순서 그림]에서도 특별한 형태가 없는 랜덤으로 보이기 때문에 오차는 독립성을 가진다고 할 수 있다.

5 주효과 분석을 위하여 통계분석(S) → 분산 분석(A) → 주효과도(M)...을 선택하고 나타난 주효과도 대화상자에서 [반응] 항목에 마우스 포인트를 올려놓고 C4을 더블 클릭한다. 물론 [요인]항목에는 C1과 C2 그리고 C3을 더블 클릭하여 데이터 입력을 마감하고 확인(O) 버튼을 누른다.

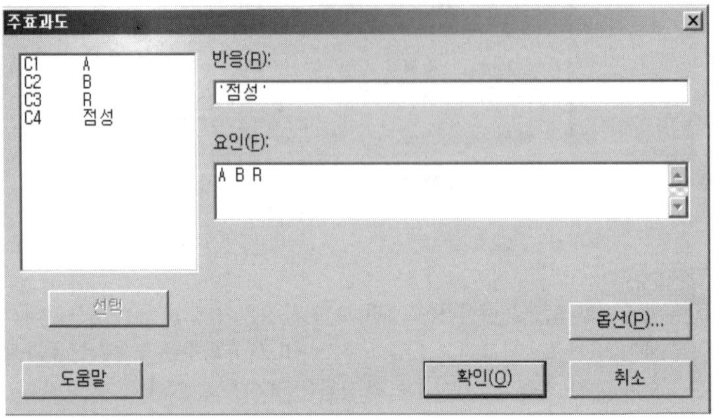

6 다음과 같은 주효과도 결과가 나타난다.

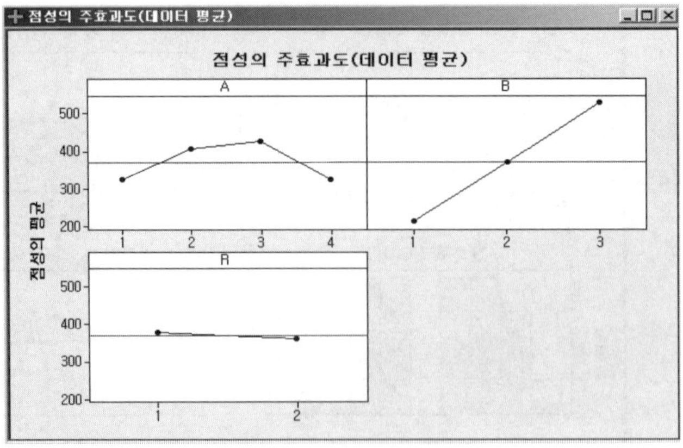

해석

가운데 직선은 총평균을 의미하고 각 점은 수준별 평균을 나타낸다. 이 그림에서 주효과 관점에서 A3수준과 B3, 그리고 C1 수준이 제일 크다고 할 수 있기 때문에 최적수준 조합은 A3B3C1이 된다.

7 주인자 B에 대한 그림 신뢰구간을 보기 위해서는 통계분석(S) → 분산 분석(A) → 구간 그림(I)... 을 선택하고 나타난 구간그림 대화상자에서 [그룹 표시]을 선택하고 확인(O) 버튼을 누른다.

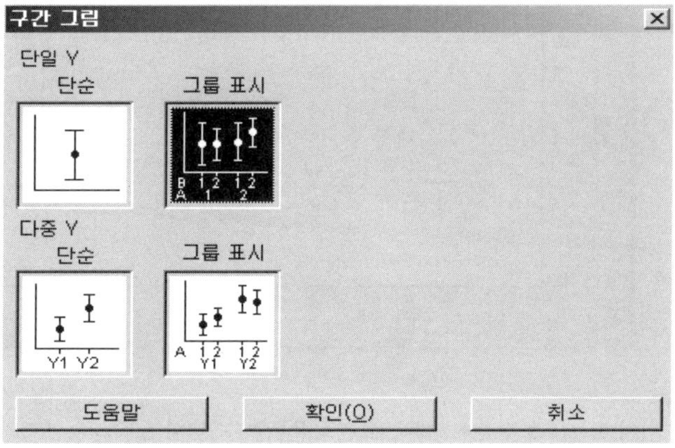

8 다음과 같은 대화상자에서 [그래프 변수] 항목에 마우스 포인드를 올려놓고 C4를 더블클릭한다. 물론 [범주형 변수] 항목에는 C2(인자 B)을 더블 클릭하여 데이터 입력을 마감하고 확인(O) 버튼을 누른다.

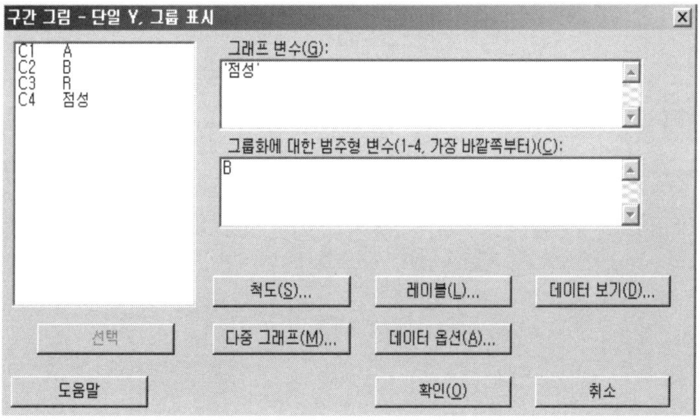

9 다음과 같은 신뢰구간 그림이 나타난다.

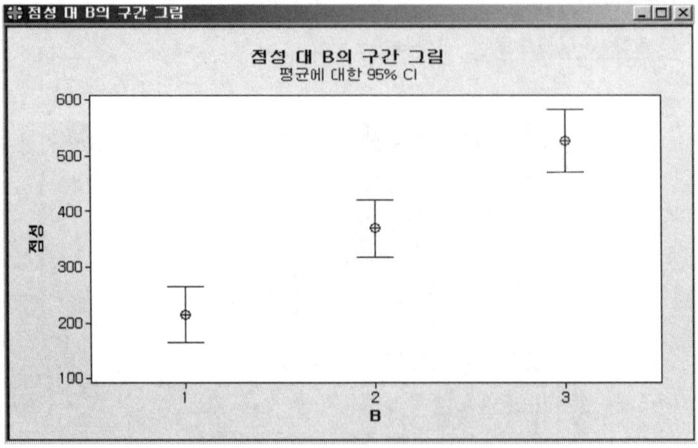

해석 인자 B는 B3 수준이 높게 표시됨을 알 수 있다.

연습문제

1 다음은 어떤 화학제품의 합성공정에서 합성률(%)을 향상시킬 수 있는 최적조건을 검토하기 위하여 합성반응에 중요한

반응압력 3수준 A(8(A_1), 10(A_2), 12(A_3)),

반응시간 3수준 B(1.5(B_1), 2.0(B_2), 2.5(B_3),

반응온도 3수준 C(140℃(C_1), 150℃(C_2), 160℃(C_3)

으로 정하여 반복이 없는 3원배치법으로 총27회 실험을 랜덤하게 실시하여 다음 자료를 표집하였다. 분산분석을 시행하고 최적수준을 찾아 그 값의 모평균 추정을 시행하시오.

(단, $F_{0.05}(2,8) = 4.46$, ,$F_{0.05}(4,8) = 3.846$, $t_{0.025}(12) = 2.197$,$F_{0.05}(2,12) = 3.89$, $F_{0.05}(4,12) = 3.26$))

반응시간	반응온도 \ 반응압력	A_1	A_2	A_3	합	평균
B_1	C_1	74	61	50	626.00	69.56
	C_2	86	78	70		
	C_3	76	71	60		
B_2	C_1	72	62	49	651.00	72.33
	C_2	91	81	68		
	C_3	87	77	64		
B_3	C_1	48	55	52	540.00	60.00
	C_2	65	72	69		
	C_3	56	63	60		
합		655	620	542	1817.00	
평균		72.78	68.89	60.22		

2 어떤 실험에서 원료 (A)를 3수준, 온도(B)를 2수준, 압력(C)을 2수준으로 하여 강도를 측정한 결과 다음과 같다.

B	C A	A_1	A_2	A_3
B_1	C_1	45	33	40
	C_2	44	31	38
B_2	C_1	42	46	40
	C_2	43	44	41

1 전변동 SST을 구하면?

연 습 문 제

2 압력 C의 변동 SSC를 구하면?

3 A와 C의 교호작용 $SS_{A\times C}$를 구하면?

4 변동$SS_{B\times C}$의 자유도 $\phi_{B\times C}$를 구하면?

5 오차항의 자유도 ϕ_E를 구하면?

6 변동 $SS_{A\times B}$와 자유도 $\phi_{A\times B}$를 구하면?

7 F검정 결과 요인 A, B, $A\times B$만이 유의한다면 요인 A의 수준 A_2의 모평균 95% 신뢰구간은?

8 F검정 결과 요인 A, B, $A\times B$만이 유의한다면 요인 $A_2B_1C_2$의 모평균의 95% 신뢰구간은?

3 만년필의 잉크 흐름에 영향을 많이 준다고 생각되는 펜촉 양끝의 맞붙음 강도에 대하여 조사하였다. 이 강도에 영향을 주는 요인으로 만년필을 제조하는 공정에 있어서의 펜촉재료를 3종류(A_1, A_2, A_3) 그 라인더의 지름을 4종류(B_1, B_2, B_3, B_4), 촉끝을 가르는 작업자 2명(C_1, C_2)을 요인으로 선정하고 3×4×2회의 실험을 랜덤한 순서로 행하였다. 얻어진 데이터는 다음과 같다(단위 : 붙음강도[g])

		A_1	A_2	A_3
B_1	C_1	46	55	63
	C_2	52	56	68
B_2	C_1	51	73	97
	C_2	61	82	95
B_3	C_1	70	79	92
	C_2	72	76	87
B_4	C_1	74	69	55
	C_2	82	67	58

(1) 작업자 2명(C_1, C_2)을 숙련자, 미숙련자로 선택하면 이 인자는 모수인자가 다. 이런 경우의 분산분석을 행하라.

(2) 작업자 2명의 선택을 많은 사람 중에서 랜덤에게 두 명을 선택하였다면, 이 경우에는 변량인자가 된다. 이런 경우의 분산분석을 행하라.

연 습 문 제

(3) 위의 (1)과 (2)간의 차이점을 말하라.

4 사이클로헥산(cyclohexance)을 압력을 가하여 산화시켜 사이클로헥사놀(cyclohexanol)과 사이크로헥사논(cyclohexanone)을 만드는 제조공정에서 수율을 올리기 위한 조건을 찾기 위하여 다음의 조건으로 3×3×3×2=54회의 실험을 랜덤한 순서로 행하여 다음의 결과를 얻었다.

〈실험조건〉

반응온도(atm) : $A_1 = 8$, $A_2 = 10$, $A_3 = 12$

반응시간(hr) : $B_1 = 1.5$, $B_2 = 3$, $B_3 = 4.5$

반응온도(℃) : $C_1 = 120$, $C_2 = 150$, $C_3 = 170$

반복 2회

(단위 : 수율(%))

		A_1	A_2	A_3
B_1	C_1	73,65	60,58	49,51
	C_2	85,79	77,81	69,66
	C_3	75,72	70,77	59,68
B_2	C_1	71,70	61,64	48,45
	C_2	90,80	88,77	67,75
	C_3	86,82	76,72	63,74
B_3	C_1	47,49	54,52	51,60
	C_2	64,66	71,68	68,61
	C_3	55,49	62,65	59,56

(1) 위 자료에 대해 각각의 변동을 구하고, 분산분석하라.

(2) 제곱평균의 기대치를 구하는 방법에 의하여 모든 E(V)를 구하라.

(3) $\alpha = 0.10$에서 유의하지 않은 모든 교호작용을 오차항에 풀링시켜 다시 분산 분석표를 작성하라.

(4) 수율을 최대로 하는 A, B, C의 조건을 구하라.

(5) 각 인자의 수준변화에 따른 수율의 95(%) 신뢰구간을 구하고 이를 도시하라.

연습문제

(6) 위의 (4)에서 구한 최적조건에서 수율의 95(%) 신뢰구간을 구하라.

5 다음데이터는 삼원배치실험의 결과로 탈색 후의 윤활유 색의 짙은 정도를 표준 색깔과 비교하여 비색계를 읽은 값이다. 물음에 답하시오.

		A_1	A_2	A_3
B_1	C_1	95	102	63
	C_2	98	111	68
	C_3	99	110	69
B_2	C_1	90	108	68
	C_2	96	106	67
	C_3	97	107	66
B_3	C_1	97	107	66
	C_2	95	112	67
	C_3	95	110	66

(1) 데이터의 구조식을 쓰시오.(단 A, B ,C 모두 모수인자)

(2) 탈색도를 가장 크게하는 A, B, C인자의 조건을 찾으시오.

6 콘크리트 구조물은 기초 공사에서 콘크리트 두께(인자A), 중간의 시멘트 블록의 두께(인자B) 그리고 마무리 때의 외부 콘크리트 두께(인자C)에 따라 강도가 결정된다. 이 세인자의 여러 처리 조건에 따라 구조물이 붕괴되는가에 대하여 반복이 2회인 삼원배치법에 의한 실험을 실시하여 측정한 강도 데이터가 다음과 같다. 분산분석을 하시오.

		A_1	A_2	A_3
B_1	C_1	2.8 4.3	4.1 5.4	6.0 6.3
	C_2	2.6 4.5	4.4 5.5	6.2 6.5
B_2	C_1	4.1 5.7	5.3 6.5	6.1 7.2
	C_2	4.4 5.8	5.1 6.7	5.8 7.1
B_3	C_1	5.5 7.0	6.5 7.7	7.0 8.0
	C_2	5.3 6.8	6.7 7.5	7.2 8.3

5

Introduction to Design of Experiments

요인배치법

요인배치법은 모든 인자의 주효과 뿐만 아니라 모든 가능한 교호작용을 검정하고자 할 때 효과적인 디자인이다. 이러한 요인 배치법의 목적은 수준수를 작게하고 인자의수를 많게 하려는 데 있다 즉, 공장 실험인 경우 수많은 공정의 변동 중에서 공정변동에 크게 영향을 미치는 변동요인을 파악하려는 데 있다. 요인배치법은 다원배치법의 특수한 형태인데 그 분석방법이 단순하기 때문에 널리 사용된다. 그러나 요인의 수가 많은 경우에는 실험조건이 많아지므로 시간 및 비용의 고려도 필요하다.

1. 요인 배치법의 의의

인자의 수가 n이고 각 수준수가 k개인 실험계획법을 k^n 요인배치법(factorial design)이라 한다. 예를 들어 인자 A, B, C가 있고 각 수준이 2개씩이라면 2^3 요인배치법이 되고, 인자가 A, B 두 개이고 각 수준이 3이면 3^2 요인 배치법이 된다.
요인배치법은 모든 인자의 주효과 뿐만 아니라 모든 가능한 교호작용을 검정하고자 할 때 효과적인 디자인이다. 이러한 요인 배치법의 목적은 수준수를 작게하고 인자의 수를 많게 하려는 데 있다 즉, 공장 실험인 경우 수많은 공정의 변동 중에서 공정변동에 크게 영향을 미치는 변동요인을 파악하려는 데 있다. 요인배치법은 다원배치법의 특수한 형태인데 그 분석방법이 단순하기 때문에 널리 사용된다. 그러나 요인의 수가 많은 경우에는 실험조건이 많아지므로 시간 및 비용의 고려도 필요하다.

2. 2^2 요인배치법

반복이 없는 2^2 요인배치법은 인자가 A, B의 두 개이며 각 인자의 수준이 2개인 실험으로 이원배치법의 특수한 형태이므로 모형은 다음과 같이 표현된다.

$$\begin{aligned} y_{ij} &= u_{ij} + \varepsilon_{ij} \\ &= \mu + a_i + b_j + (a\,b)_{ij} + \varepsilon_{ij} \end{aligned}$$

단, $i, j = 0,1;\ \varepsilon_{ij} \sim N(0,\ \sigma_E^2)$
각 인자가 두 수준을 갖기 때문에 표현을 수월하게 하기 위하여 첫 수준을 0, 두 번째 수준을 1로 나타내고, A_0과 A_1을 각각 인자 A의 첫 수준 및 두 번째 수준으로, B_0과 B_1을 각각 인자 B의 첫 수준 및 두 번째 수준으로 나타내면 자료의 배열은 다음과 같이 정의 된다.

	A_0	A_1	합계 $T_{\cdot j}$
B_0	y_{00}	y_{10}	$T_{.0}$
B_1	y_{01}	y_{11}	$T_{.1}$
합계 $T_{i\cdot}$	$T_{0.}$	$T_{1.}$	T

위와 같은 배열은 반복이 없는 2원 배치법으로 간주하여 다음과 같이 표현 해 줄 수 있다.

$$y_{00}=a^0b^0=(1),\ y_{01}=a^0b^1=b,\ y_{10}=a^1b^0=a,\ y_{11}=a^1b^1=ab$$

$a^0b^0=1$로 표현되지 않고 구별을 용이하게 하기 위하여 (1)로 표현된다.

인자 A의 두 수준간의 효과를 A로 표현하면 A_1 수준과 A_0수준의 평균의 차이인 주효과 A는 다음과 같이 정의 된다.

$$\begin{aligned} A &= \frac{1}{2}(y_{11}+y_{10}-y_{01}-y_{00}) \\ &= \frac{1}{2}(ab+a-b-(1)) \\ &= \frac{1}{2}[T_{1.}-T_{0.}] \end{aligned}$$

유사한 방법으로 B의 두 수준과의 효과를 B로 표현하면 B_1 수준과 B_0수준의 평균의 차이인 주효과 B는 다음과 같이 정의된다.

$$\begin{aligned} B &= \frac{1}{2}(y_{11}+y_{01}-y_{10}-x_{00}) \\ &= \frac{1}{2}(ab+b-a-(1)) \\ &= \frac{1}{2}[T_{.1}-T_{.0}] \end{aligned}$$

그리고 두 인자A, B 간의 교호작용을 AB 라고 표시하면 인자 A의 1수준에서의 인자 B의 효과는 $(ab-a)$가 되고 인자 A의 0수준에서의 인자 B의 효과는 $(b-(1))$가 되므로 AB는 이것들의 차이의 평균으로 다음과 같이 정의 된다.

$$\begin{aligned} AB &= \frac{1}{2}[(y_{11}-y_{10})-(y_{01}-y_{00})] \\ &= \frac{1}{2}[ab+(1)-a-b] \end{aligned}$$

반복(r) 이 있는 경우에는 다음과 같이 구조식이 표현된다.

$$\begin{aligned} y_{ijk} &= u_{ij}+\varepsilon_{ijk} \\ &= \mu+a_i+b_j+(ab)_{ij}+\varepsilon_{ijk} \end{aligned}$$

단, $i,j=0,1;\ k=1,2,...,r\ ;\ \varepsilon_{ijk}\sim N(0,\ \sigma_E^2)$

따라서 교호작용 $A \times B$와 오차 E를 완전히 분리시킬 수 있으며 데이터 배열은 다음과 같다.

A,B의 주효과와 교호작용AB의 효과는 다음과 같이 나타낸다.

$$\begin{aligned} A &= \frac{1}{2}(ab+a-b-(1)) \\ &= \frac{1}{2r}[T_{11}.+T_{10}.-T_{01}.-T_{00}.] \\ &= \frac{1}{2r}[T_1..-T_0..] \end{aligned}$$

유사한 방법으로 요인 B의 두 수준과의 효과를 B로 표현하면 B_1 수준과 B_0수준의 평균의 차이인 주효과 B는 다음과 같이 정의 된다.

$$\begin{aligned} B &= \frac{1}{2}(ab+b-a-(1)) \\ &= \frac{1}{2r}[T_{11}.+T_{01}.-T_{10}.-T_{00}.] \\ &= \frac{1}{2r}[T_{.1}.-T_{.0}.] \end{aligned}$$

그리고 두 인자A,B간의 교호작용을 AB 라고 표시하면 인자 A의 1수준에서의 인자 B의 효과는 $(ab-a)$가 되고 인자 A의 0수준에서의 인자 B의 효과는 $(b-(1))$가 되므로 AB는 이것들의 차이의 평균으로 다음과 같이 정의 된다.

$$AB = \frac{1}{2}[ab+(1)-a-b] = \frac{1}{2r}[T_{11}.+T_{00}.-T_{10}.-T_{01}.]$$

(1) 분산분석

반복이 있는 2원 배치법과 같은 방법으로 다음과 같이 변동의 분해를 계산 할 수 있다.

$$SST = \sum_{i=0}^{1}\sum_{j=0}^{1}\sum_{k=1}^{r} y_{ijk}^2 - \frac{T^2}{4r}$$

$$SSA = \frac{1}{2r}(T_{1..}^2+T_{0..}^2) - \frac{1}{4r}[T_{1..}+T_{0..}]^2 = \frac{1}{4r}(T_{1..}-T_{0..})^2$$

$$= \frac{1}{\text{데이터의 수}}[A_1 \text{ 수준의 데이터의 합} - A_0 \text{ 수준의 데이터의 합}]^2$$

$$SSB = \frac{1}{4r}[T_{.1.}-T_{.0.}]^2$$

$$= \frac{1}{\text{데이터의 수}}[B_1 \text{ 수준의 데이터의 합} - B_0 \text{ 수준의 데이터의 합}]^2$$

$$SS_{A\times B} = \frac{1}{4r}[T_{11\cdot} + T_{00\cdot} - T_{10\cdot} - T_{01\cdot}]^2$$

$$= \frac{1}{\text{데이터의 수}} [(A,B)\text{ 인자의 수준합이 짝수인 데이터의 합} - (A,B)\text{ 인자의 수준합이 홀수인 데이터의 합}]^2$$

따라서 오차제곱합은 아래와 같이 산출된다.

$$SSE = SST - (SSA + SSB + SS_{A\times B})$$

그리고 $[ab+a-b-(1)],[ab+b-a-(1)],[ab+(1)-a-b]$ 은 각각 대비가 되므로 즉, 대비의 변동은 대비의 제곱을 대비계수의 변동과 관측치의 총 개수로 나눈 것을 의미한다. 즉, 다음과 같이 유도 된다.

$$SSA = \frac{[ab+a-b-(1)]^2}{4r},$$

$$SSB = \frac{[ab+b-a-(1)]^2}{4r},$$

$$SS_{A\times B} = \frac{[ab+(1)-a-b]}{4r}$$

따라서 A, B, AB에 대한 정보를 이미 알 고 있다면 다음과 같은 표현으로 나타내어진다.

$$SSA = r(A\text{주효과})^2 = \frac{1}{4r}(T_{1..} - T_{0..})^2$$

$$SSB = r(B\text{주효과})^2 = \frac{1}{4r}(T_{.1.} - T_{.0.})^2$$

$$SS_{A\times B} = r(AB\text{교호작용})^2$$

위 식에서 분모의 $4r$은 전체 실험수를 의미하고 위의 결과로부터 얻은 분산분석표는 다음과 같다.

표 2 ••• 2^2요인배치법(2인자모수 모형)의 분산분석표

변동요인	제곱합	자유도	평균제곱	F-값
A	SSA	1	$MSA = SSA/1$	MSA/MSE
B	SSB	1	$MSB = SSB/1$	MSB/MSE
AB	$SS_{A\times B}$	1	$MS_{A\times B} = SS_{A\times B}/1$	$MS_{A\times B}/MSE$
오차(E)	SSE	$4(r-1)$	$MSE = SSE/(4(r-1))$	
전체(T)	SST	$4r-1$		

기본 예제 5.1

과수 농가에서는 수확량에 영향을 주는 질소비료(인자 A) 두 수준 (A_0, A_1)과 인산비료(인자 B) 두 수준(B_0, B_1)을 취급하여 다음의 조건으로 2회 반복하여 8회의 실험을 랜덤한 결과 다음과 같은 결과가 나왔다. 분산분석표를 작성하고 각 인자 및 교호작용의 유의성을 판단하시오.

인자 B \ 인자 A	A_0	A_1	합계	평균
B_0	$\left.\begin{matrix}9\\8\end{matrix}\right\}17$	$\left.\begin{matrix}12\\15\end{matrix}\right\}27$	44	11
B_1	$\left.\begin{matrix}9\\5\end{matrix}\right\}14$	$\left.\begin{matrix}10\\15\end{matrix}\right\}25$	39	9.75
합	31	52	83	
평균	7.75	13		

결과

❶ 주효과와 교호작용의 계산

$$A\ \text{주효과}=\frac{1}{2r}[T_{1..}-T_{0..}]=\frac{1}{4}[52-31]=5.25$$

$$B\ \text{주효과}=\frac{1}{2r}[T_{.1.}-T_{.0.}]=\frac{1}{4}[39-44]=-1.25$$

$$AB\text{교호작용}=\frac{1}{2r}[T_{11.}+T_{00.}-T_{10.}-T_{01.}]=\frac{1}{4}[25+17-27-14]=0.25$$

위에서 주효과 B가 −1.25라는 의미는 인자 B를 B_0에서 B_1으로 변화시킬 때 평균 수확량이 −1.25 감소한다는 뜻으로 생각 할 수 있고 각 요인의 제곱합을 다음과 같이 계산 할 수 있다.

$$SSA=2(5.25)^2=55.125$$

$$SSB=2(-1.25)^2=3.125$$

$$SS_{A\times B}=2(0.25)^2=0.125$$

$$SST=\sum_{i=0}^{1}\sum_{j=0}^{1}\sum_{k=1}^{r}y_{ijk}^2-\frac{T^2}{4r}$$

$$=[9^2+8^2+\cdots+10^2+15^2]-\frac{[9+8+\cdots+10+15]^2}{8}=83.875$$

$$SSE=SST-(SSA+SSB+SS_{A\times B})=83.875-55.125-3.125-0.125=25.5$$

따라서 분산분석표는 다음과 같다.

변동인자	제곱합	자유도	평균제곱	F－값
A	55.125	1	55.125	8.6*
B	3.125	1	3.125	0.49
AB	0.125	1	0.125	0.02
E	25.5	4	6.375	
전체	83.875	7		

유의수준 0.05에서 $F_{(0.05;1,4)}=7.71$이므로 A인자에 의한 차이가 유의하다고 할 수 있지만 B인자와 교호작용 $A\times B$ 에 대해서는 $F_{(0.05;1,4)}=7.71$보다 작으므로 유의하다고 할 수 없다.

❷ 풀링작업

B인자와 교호작용 $A\times B$ 에 대해서만 유의하다고 할 수 없으므로 교호작용 $A\times B$ 을 오차항에 풀링하여 갱신된 분산분석표는 나음과 같디.

변동인자	제곱합	자유도	평균제곱	F_0	$F_{0.05}$
A	55.125	1	55.125	10.76*	6.61
B	3.125	1	3.125	0.61	6.61
E^*	25.625	5	5.125		
전체	83.875	7			

❸ 교호작용 $A\times B$를 오차항에 풀링한 최적 수준 조합은 다음과 같은 구조식으로 표현 가능하다.

$$\hat{\mu}(A_iB_j)=\mu+a_i+b_j=\widehat{\mu+a_i}+\widehat{\mu+b_j}-\hat{\mu}=\overline{y_i}\cdot\cdot+\overline{y}_{\cdot j\cdot}-\overline{\overline{y}}$$

따라서 수확량을 최대로 하는 인자조합은 A_1와 B_0이 되므로 $\hat{\mu}(A_1B_0)$의 95%의 신뢰구간은 다음과 같이 계산된다.

$$\hat{\mu}(A_iB_j)=(\overline{y_1}\cdot\cdot+\overline{y}_{\cdot 0\cdot}-\overline{\overline{y}})\pm t(0.025,5)\sqrt{\frac{V_E{}^*}{n_e}}$$

$$(\overline{y_1}\cdot\cdot+\overline{y}_{\cdot 0\cdot}-\overline{\overline{y}})=13+11-\frac{83}{8}=13.63,\quad t(0.025,5)=2.571,$$

$$n_e=\frac{kpq}{k+p-1}=\frac{8}{3}\simeq 2.667,\ \sqrt{\frac{5.125}{2.667}}=1.39$$

그러므로 95%의 신뢰구간은 다음과 같다.

$$(13.63 \pm 3.57)$$

Minitab

1 통계분석(S) → 실험계획법(D) → 요인 설계(F) → 요인 설계 생성(C)..을 선택하면 요인 설계 대화상자가 나타난다. 이 대화상자에서 [설계유형]은 4가지 형태가 있는데 이 예제는 2^2 요인 실험이므로 인자는 2개에서 15개 까지 가능한 [2-수준 요인(기본 생성자)] 항목을 선택하고 인자가 "2"이기 때문에 [요인개수] 항목에는 "2"을 선택한다. 그리고 [설계] 버튼을 클릭한다.

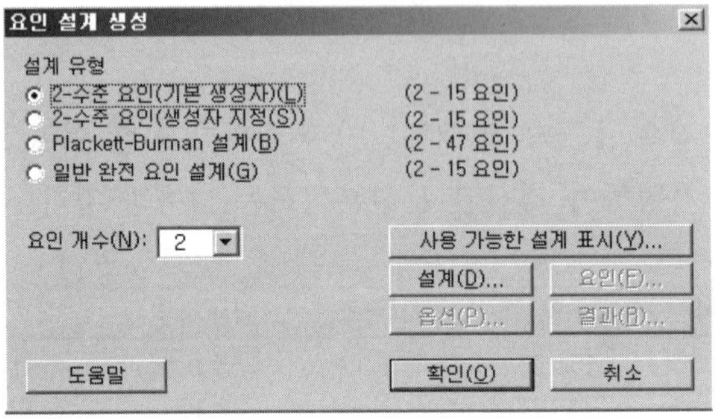

●●● 참고하세요!!

▶ 2-수준 완전 요인 설계

2-수준 완전 요인 설계에서는 각 실험 요인의 수준이 2개뿐이고 이러한 요인 수준의 모든 조합들이 실험 런이 된다. 2-수준 요인 설계를 사용하면 요인 공간의 영역을 완전히 탐색할 수는 없지만 각 요인당 비교적 적은 수의 런으로 유용한 정보를 제공한다. 2-수준 요인 설계는 주요 추세를 나타낼 수 있으므로 추가 실험의 방향을 제공할 수 있다. 예를 들어, 최적의 설정이 있을 것으로 예상하는 영역을 추가로 탐색해야 할 경우 요인 설계에 설계 점을 추가하여 중심 합성 계획법 설계를 생성할 수 있다.

1. 2-수준 요인(기본 생성자)(L) (2 - 15 요인); 2수준 요인 실험을 설계할 때 사용
2. 2-수준 요인(생성자 지정(S)) (2 - 15 요인); 특정한 2수준 요인 실험을 설계할 때 사용
3. Plackett-Burman 설계(B) (2 - 47 요인); 상호작용이 없는 주효과만 탐색(주효과가 상호작용과 교락) 하고자 할 경우(2수준 요인 실험을 설계) 사용
4. 일반 완전 요인 설계(G) (2 - 15 요인); 인자와 수준에 상관없이 완전 요인 실험을 설계할 때 사용

2 다음과 같은 대화상자가 나타나면 인자가 2개일 경우는 자동으로 [완전 요인 설계]만 선택되어 나타나고 반복이 있으므로 [반복실험 횟수]에 "2", [블럭수] 항목에 "1"을 입력하고 [확인(O)] 버튼을 누른다. 원 상태로 돌아오면 [요인] 버튼을 클릭한다.

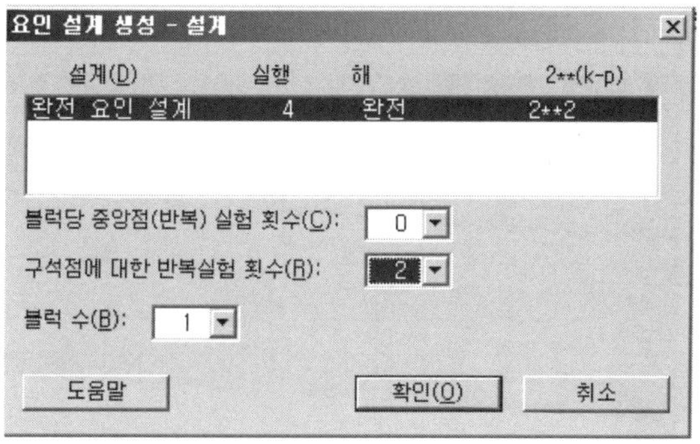

3 다음과 같은 요인 대화상자가 나타나면 [이름 열]을 클릭하고 "질소비료", "인산비료"을 입력하고, [낮음]열에는 구분을 편리하게 하기위하여(uncoded) "0"을 입력한다.

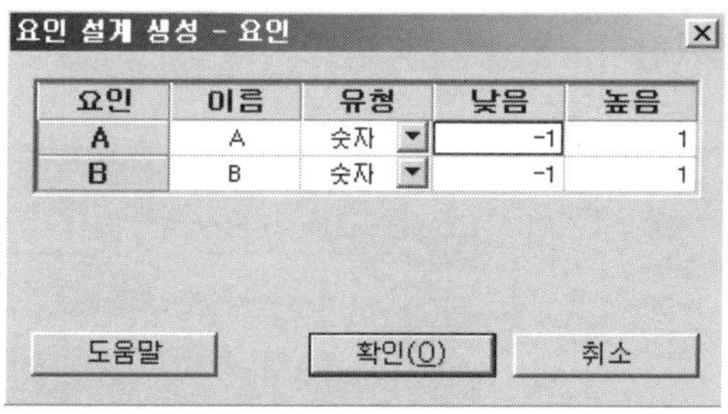

4 다음과 같이 변경되었으면 [확인(O)] 버튼을 누른다.

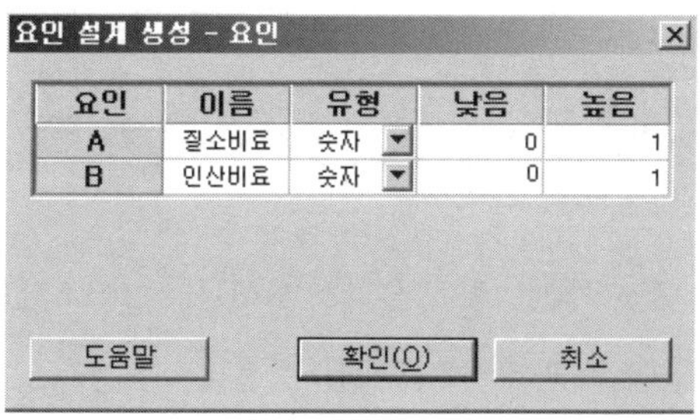

5 원 상태로 돌아오면 다시 [확인(O)] 버튼을 누른다. 그러면 [워크시트] 창에 처음에 실험이 설계될 때의 순서인 [StdOrder(표준순서], 실험 계획후 실험 실시에 따른 랜덤순서인 [RunOrder(실험실행순서)], 중앙점, 블록, 질소비료, 인산비료 열이 차례로 나타난다. 그리고 C7열에 변수이름을 "수확량"이라고 입력하여 해당수준에 데이터를 입력한다.

워크시트 5 ***

↓	C1	C2	C3	C4	C5	C6	C7
	StdOrder	RunOrder	중앙점	블럭	질소비료	인산비료	수확량
1	2	1	1	1	1	0	12
2	8	2	1	1	1	1	10
3	5	3	1	1	0	0	9
4	4	4	1	1	1	1	15
5	6	5	1	1	1	0	15
6	3	6	1	1	0	1	9
7	7	7	1	1	0	1	5
8	1	8	1	1	0	0	8
9							

6 통계분석(S) → 실험계획법(D) → 요인 설계(F) → 요인 설계 분석(A)...을 선택하고 나타난 대화상자에서 [반응] 항목에 마우스 포인트를 올려놓고 C7을 더블클릭하고 [항] 버튼을 클릭한다.

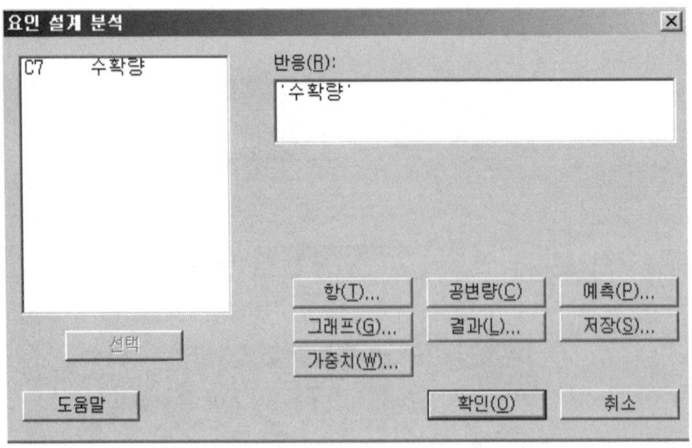

7 반복인 경우이므로 "AB" 항목을 [선택항]에 선택하고 [확인(O)] 버튼을 클릭한다. 원상태로 돌아오면 다시 [결과] 버튼을 누른다.

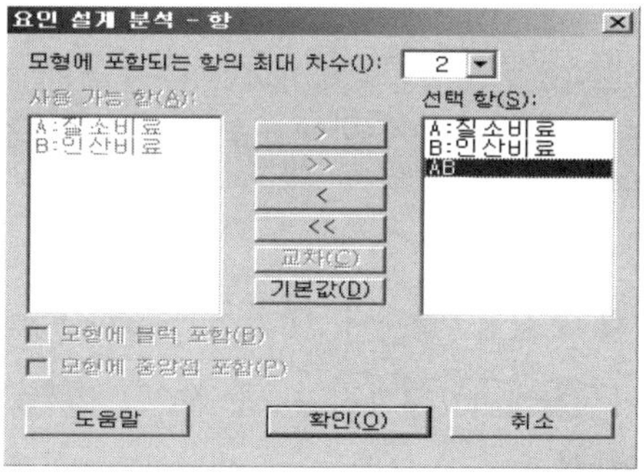

8 결과 대화상자에서 [계수 및 분산분석표] 항목과 [표시안함]을 선택하고 [확인(O)] 버튼을 누른다.

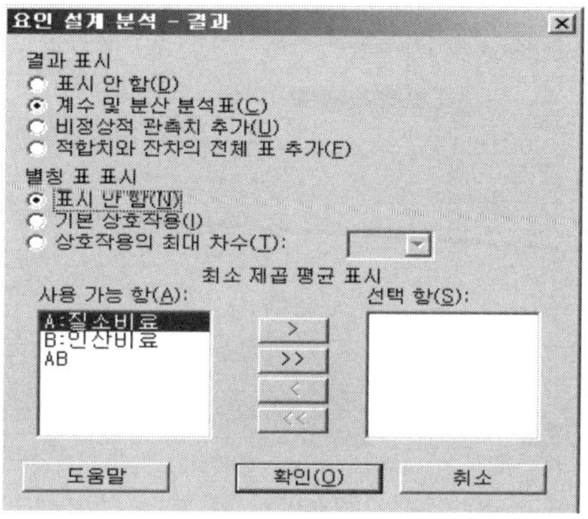

9 [세션] 창에 다음과 같은 결과가 표시되어 나타난다.

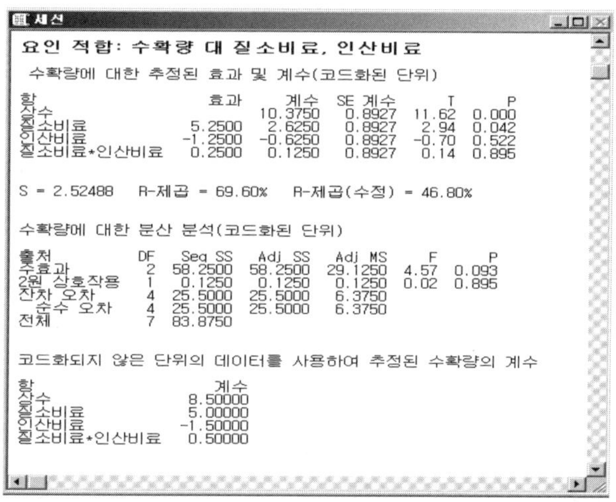

세션

요인 적합: 수확량 대 질소비료, 인산비료

수확량에 대한 추정된 효과 및 계수(코드화된 단위)

항	효과	계수	SE 계수	T	P
상수		10.3750	0.8927	11.62	0.000
질소비료	5.2500	2.6250	0.8927	2.94	0.042
인산비료	-1.2500	-0.6250	0.8927	-0.70	0.522
질소비료*인산비료	0.2500	0.1250	0.8927	0.14	0.895

S = 2.52488   R-제곱 = 69.60%   R-제곱(수정) = 46.80%

수확량에 대한 분산 분석(코드화된 단위)

출처	DF	Seq SS	Adj SS	Adj MS	F	P
주효과	2	58.2500	58.2500	29.1250	4.57	0.093
2원 상호작용	1	0.1250	0.1250	0.1250	0.02	0.895
잔차 오차	4	25.5000	25.5000	6.3750		
순수 오차	4	25.5000	25.5000	6.3750		
전체	7	83.8750				

코드화되지 않은 단위의 데이터를 사용하여 추정된 수확량의 계수

항	계수
상수	8.50000
질소비료	5.00000
인산비료	-1.50000
질소비료*인산비료	0.50000

해석 인자 A(질소비료)의 효과는 5.25, 인자B(인산비료)의 효과는 -1.25, 교호작용의 효과는 0.25로 나타났지만 인자A만이 p-값이 0.042로서 유의수준 5%에서 통계적으로 유의하다. 즉 생산량에 대하여 질소비료는 효과를 가지고 있다고 설명 할 수 있다.

1 ≪비유의적인 교호작용 인자에 대한 풀링(pooling) 작업≫을 위하여 앞에서와 같이 1에서 5까지는 유사하고 통계분석(S) → 실험계획법(D) → 요인 설계(F) → 요인 설계 분석(A)...을 선택하고 [항] 항목을 선택하여 나타난 [항] 대화상자에서 "AB" 항목을 [선택항]에서 제거한다.

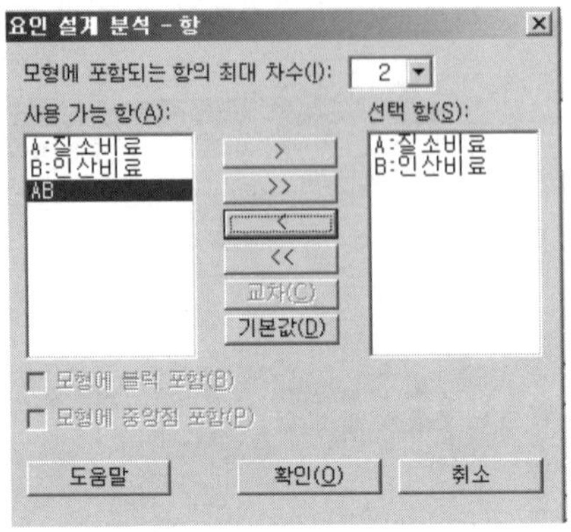

2 원 상태로 돌아오면 다시 [그래프] 버튼을 누른다.

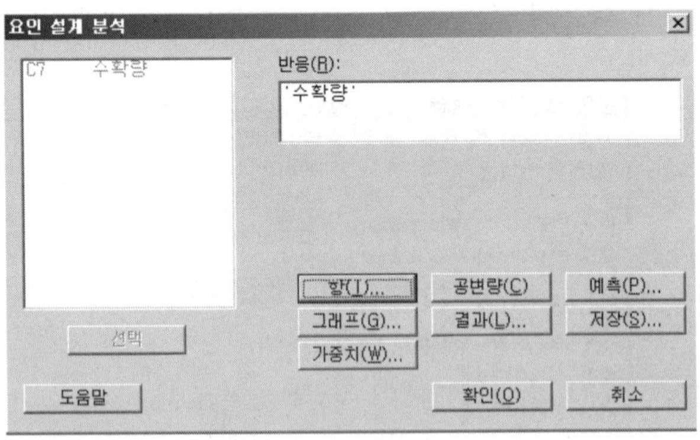

3 그래프 대화상자에서 효과그림의 [정규확률도], [Pareto], [잔차], 잔차그림의 [정규확률도]를 체크 및 선택하고 확인(O) 버튼을 클릭한다. 원 상태로 돌아오면 다시 [결과] 버튼을 누른다.

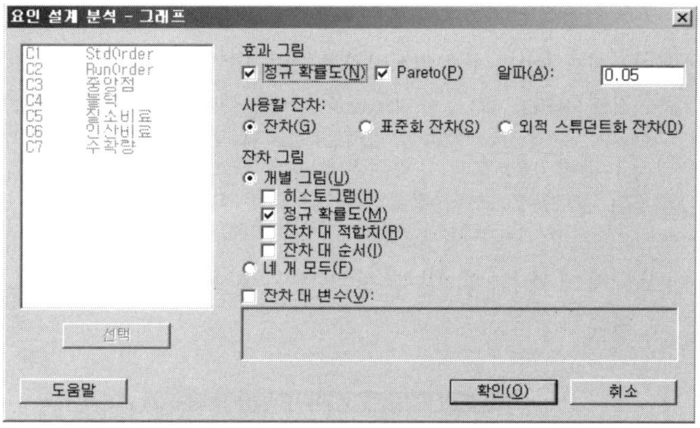

4 결과 대화상자에서 [계수 및 분산분석표] 항목과 [표시안함]을 선택하고 [확인(O)] 버튼을 누른다. 원 상태로 돌아오면 다시 [확인(O)] 버튼을 누른다.

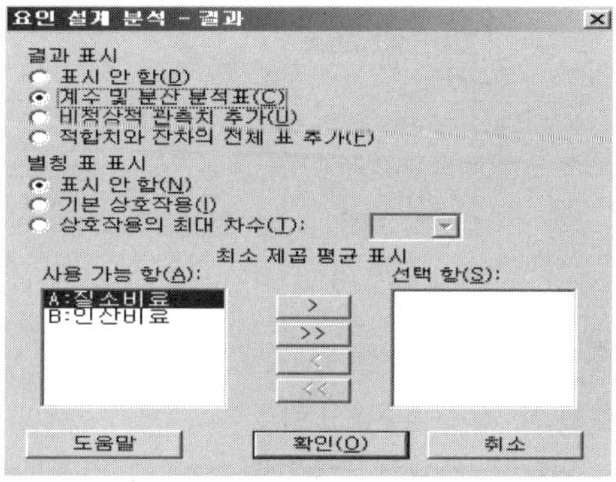

5 [세션] 창에 다음과 같이 표시된다.

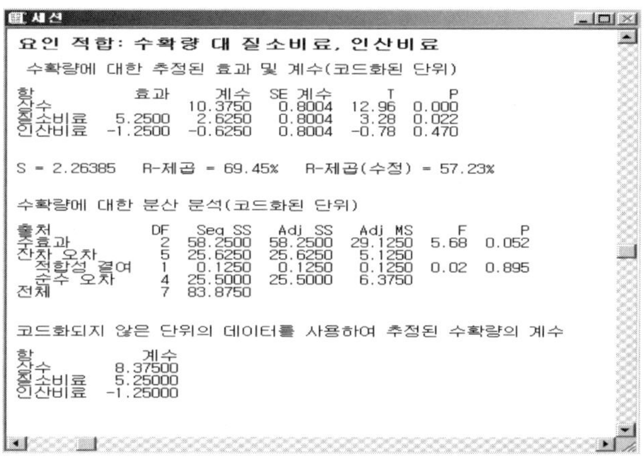

세션

요인 적합: 수확량 대 질소비료, 인산비료

수확량에 대한 추정된 효과 및 계수(코드화된 단위)

항	효과	계수	SE 계수	T	P
상수		10.3750	0.8004	12.96	0.000
질소비료	5.2500	2.6250	0.8004	3.28	0.022
인산비료	-1.2500	-0.6250	0.8004	-0.78	0.470

S = 2.26385 R-제곱 = 69.45% R-제곱(수정) = 57.23%

수확량에 대한 분산 분석(코드화된 단위)

출처	DF	Seq SS	Adj SS	Adj MS	F	P
주효과	2	58.2500	58.2500	29.1250	5.68	0.052
잔차 오차	5	25.6250	25.6250	5.1250		
적합성 결여	1	0.1250	0.1250	0.1250	0.02	0.895
순수 오차	4	25.5000	25.5000	6.3750		
전체	7	83.8750				

코드화되지 않은 단위의 데이터를 사용하여 추정된 수확량의 계수

항	계수
상수	8.37500
질소비료	5.25000
인산비료	-1.25000

해석 분산분석표에서는 주효과(A,B)의 p-값이 0.052로서 유의적이지 않다. 즉 요인의 두 수준간에 차이는 없다. 유의수준을 10%를 부여하면 "차이가 있다"라고 볼 수 있다. 그리고 잔차 오차는 적합성 결여 와 순수오차의 합으로 구성되어 있는데 적합결여검정 P-값이 0.895로서 유의수준 5%보다 크게 나타남으로서 적합결여검정에 대한 모형의 결과는 "모형이 적합하다"고 간 주 할 수 있다.

6 결과 대화상자에서 [계수 및 분산분석표] 항목과 [표시안함]을 선택하고 확인(O) 버튼을 누른다.

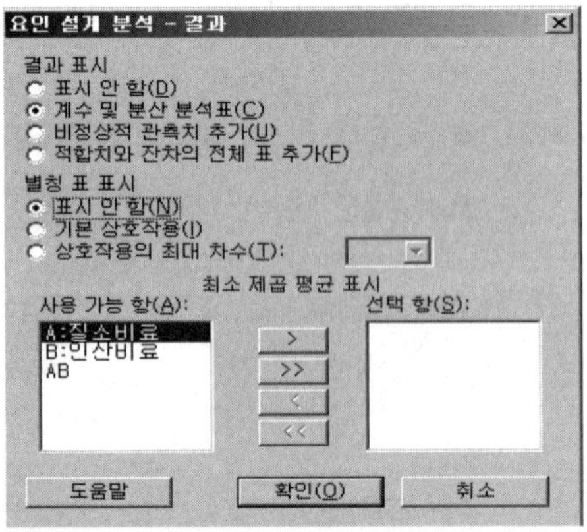

7 효과그림 분석

▶ 표준화된 효과의 정규 확률그림

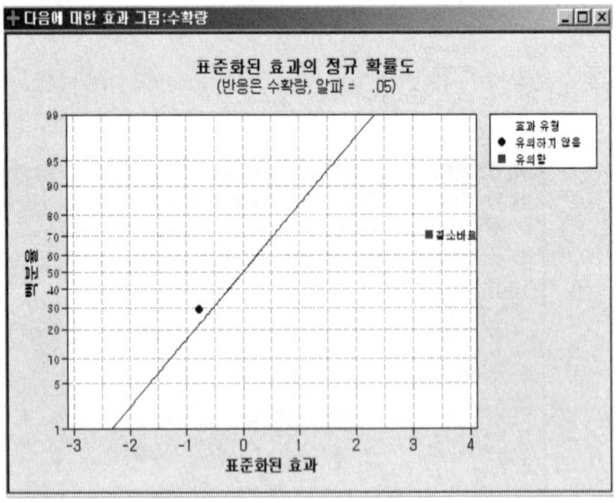

해석 비유의적인 인자는 직선 근처에 나타난다. 즉, 수준이 변해도 별로 변화하지 않음을 의미하고 멀리 떨어져 표시될수록 유의성이 크다는 의미이다. 여기서는 A(질소비료)의 효과만 인정될 수 있다.

▶ 표준화된 효과의 파레토그림

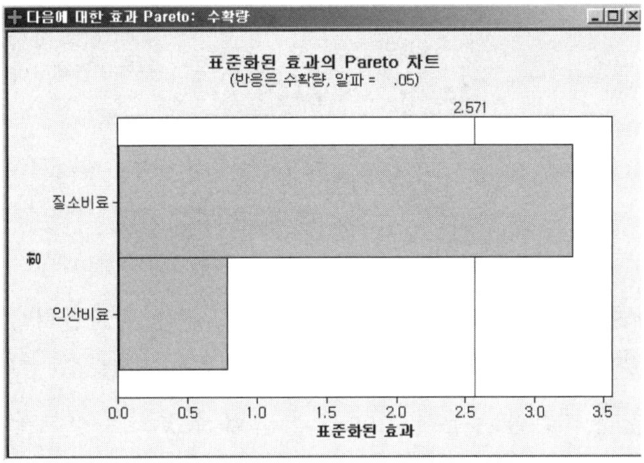

해석 중간의 실선(0.05유의선)보다 크게 나타나면 유의성을 가지고 있고 실선보다 작게 나타나면 비유의적이라고 볼 수 있다. 여기서도 A(질소비료)의 효과만 인정될 수 있다.

▶ 잔차 정규 확률 그림

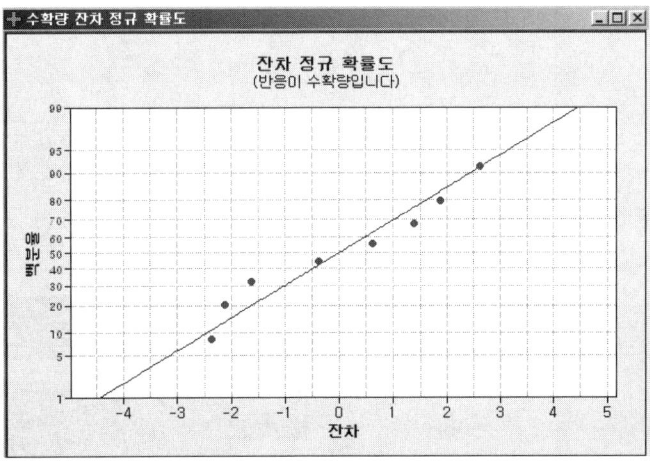

해석 잔차가 직선주위에 표시됨으로서 어느 정도는 정규성을 가진다고 볼 수 있다.

8 통계분석(S) → 실험계획법(D) → 요인 설계(F) → 요인 그림(F)... 선택하고 나타난 요인그림 대화상자에서 [주효과도], [상호효과도] 및 [데이터 평균] 항목을 선택 체크하고 [설정] 버튼을 클릭한다.

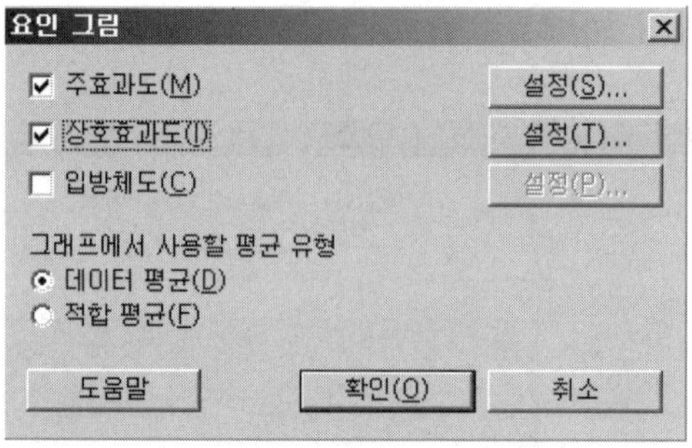

9 [반응] 항목에 마우스 포인트를 올려놓고 C7을 더블클릭하고 [사용가능] 항목에 있던 A, B 인자를 옆의 화살표를 이용하여 [선택됨] 항목으로 이동 시키고 확인(O) 버튼을 누른다. 상호효과 그림 설정도 유사하게 한다. [요인 그림] 대화상자로 돌아오면 다시 확인(O) 버튼을 누른다.

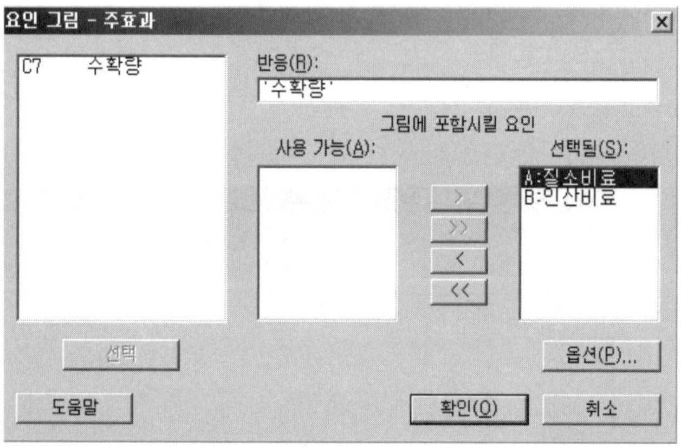

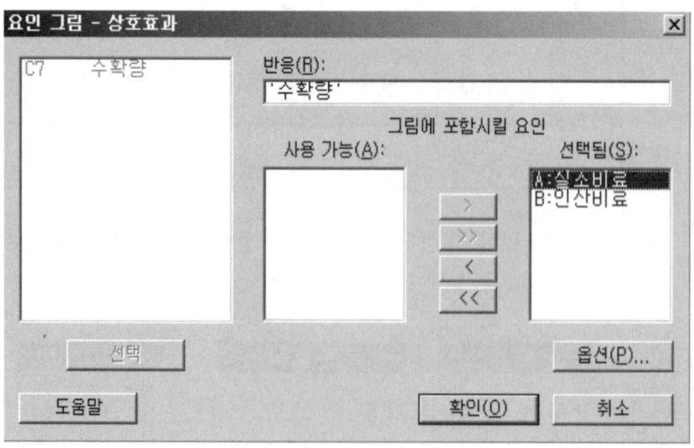

10 주효과 및 상호 효과도 출력

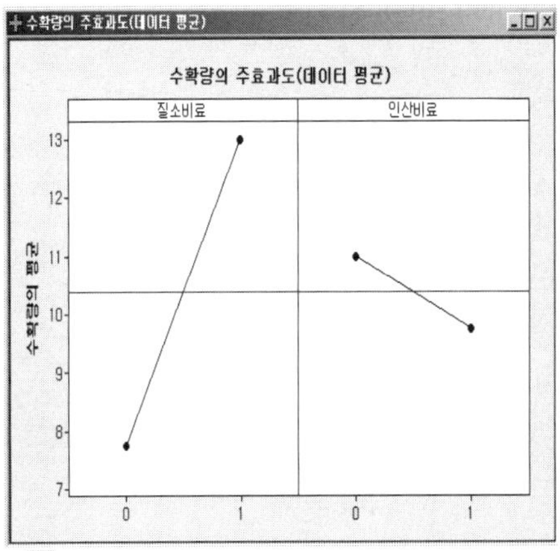

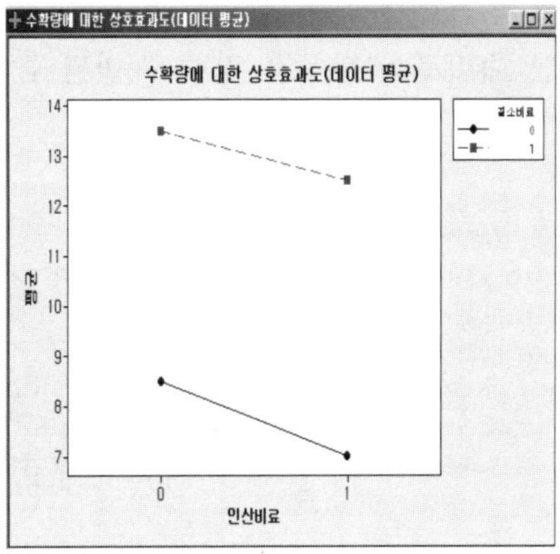

해석 주효과 그림에서는 최적조건은 A1B0이 되고 상호 효과그림에서는 교차하지 않고 평행으로 표사됨으로서 상호(교호)작용은 없는 것으로 판단된다.

3. 2^3 요인배치법

2^3 요인배치법은 인자가 A, B, C의 3개이고 각 인자의 수준이 2개이며 반복수가 r일 때 모형은 다음과 같다.

$$y_{ijkm} = \mu + a_i + b_j + c_k + (ab)_{ij} + (ac)_{ik} + (bc)_{jk} + (abc)_{ijk} + \varepsilon_{ijkm}$$
$$(i,\, j,\, k = 0, 1\ , m = 1, 2, \ldots, r)$$

여기서 c_k는 인자 C의 수준 k에서의 효과를 나타내며 $(bc)_{jk}$는 인자 B와 인자 C의 교호작용, $(abc)_{ijk}$은 인자 A, 인자 B, 인자 C의 3차 교호작용을 의미하고 각 인자의 첫 수준을 0, 두 번째 수준을 1로 나타내면, 각 실험처리조합의 합계자료배열은 다음과 같이 나타낼 수 있다.

		A_0	A_1	합계
B_0	C_0 / C_1	$T_{000\cdot}$, $T_{001\cdot}$ } $T_{00\cdot\cdot}$	$T_{100\cdot}$, $T_{101\cdot}$ } $T_{10\cdot\cdot}$	$T_{.0..}$
B_1	C_0 / C_1	$T_{010\cdot}$, $T_{011\cdot}$ } $T_{01\cdot\cdot}$	$T_{110\cdot}$, $T_{111\cdot}$ } $T_{11\cdot\cdot}$	$T_{.1..}$
합계		$T_{0...}$	$T_{1...}$	T

각 처리조합은 2^2 요인배치법의 확장개념으로 (1), a, b, c, ab, ac, bc, abc 라고 표현된다. A의 주효과는 A의 1수준에서의 4개의 처리조합과 0수준에서의 처리조합의 차인 대비로서 다음과 같이 표현된다.

$$A=\frac{1}{4r}[a+ab+ac+abc-(1)-b-c-bc]$$

유사한 방법으로 B의 주효과와 C의 주효과는 다음과 같다.

$$B=\frac{1}{4r}[b+ab+bc+abc-(1)-a-c-ac]$$

$$C=\frac{1}{4r}[c+ac+bc+abc-(1)-a-b-ab]$$

주효과의 계수는 다음표와 같은 관계로 계수표를 정리 할 수 있다.

요인효과	(1)	c	b	bc	a	ac	ab	abc	제수
M	+	+	+	+	+	+	+	+	$8r$
A	−	−	−	−	+	+	+	+	$4r$
B	−	−	+	+	−	−	+	+	$4r$
C	−	+	−	+	−	+	−	+	$4r$
AB	+	+	−	−	−	−	+	+	$4r$
AC	+	−	+	−	−	+	−	+	$4r$
BC	+	−	−	+	+	−	−	+	$4r$
ABC	−	+	+	−	+	−	−	+	$4r$

이 계수표로부터 교호작용 AB의 계수는 주효과 A, B의 계수끼리 곱하여 표현된다.

$$AB=\frac{1}{4r}[ab-b-a+(1)+abc-bc-ac+c]$$

유사한 방법으로 다른 교호작용도 다음과 같이 표현된다.

$$AC=\frac{1}{4r}[(1)-a+b-ab-c+ac-bc+abc]$$

$$BC=\frac{1}{4r}[(1)+a-b-ab-c-ac+bc+abc]$$

$$ABC=\frac{1}{4r}[abc-bc-ac+c-ab+b+a-(1)]$$

따라서 주효과와 교호작용의 효과의 계산은 다음과 같이 정리된다.

$$A=\frac{1}{4r}[a+ac+ab+abc-(1)-c-b-bc]=\frac{1}{4r}(T_{1\cdots}-T_{0\cdots})$$

$$=\frac{1}{4r}[A_1 \text{ 수준의 데이터의 합}-A_0 \text{ 수준의 데이터의 합}]$$

$$B=\frac{1}{4r}[T_{.1..}-T_{.0..}]$$

$$=\frac{1}{4r}[B_1 \text{ 수준의 데이터의 합}-B_0 \text{ 수준의 데이터의 합}]$$

$$C=\frac{1}{4r}[T_{..1.}-T_{..0.}]$$

$$=\frac{1}{4r}[C_1 \text{ 수준의 데이터의 합}-C_0 \text{ 수준의 데이터의 합}]$$

$$AB=\frac{1}{4r}[T_{11\cdot\cdot}+T_{00\cdot\cdot}-T_{10\cdot\cdot}-T_{01\cdot\cdot}]$$

$$=\frac{1}{4r}[(A,B) \text{ 인자의 수준합이 짝수인 데이터의 합} \\ -(A,B) \text{ 인자의 수준합이 홀수인 데이터의 합}]$$

$$AC=\frac{1}{4r}[T_{1\cdot1\cdot}+T_{0\cdot0\cdot}-T_{0\cdot1\cdot}-T_{1\cdot0\cdot}]$$

$$=\frac{1}{4r}[(A,C) \text{ 인자의 수준합이 짝수인 데이터의 합} \\ -(A,C) \text{ 인자의 수준합이 홀수인 데이터의 합}]$$

$$BC=\frac{1}{4r}[T_{\cdot11\cdot}+T_{\cdot00\cdot}-T_{\cdot01\cdot}-T_{\cdot10\cdot}]$$

$$=\frac{1}{4r}[(B,C) \text{ 인자의 수준합이 짝수인 데이터의 합} \\ -(B,C) \text{ 인자의 수준합이 홀수인 데이터의 합}]$$

$$ABC=\frac{1}{4r}[-(1)+c+b-bc+a-ac-ab+abc]$$

$$=\frac{1}{4r}[T_{111\cdot}+T_{100\cdot}+T_{010\cdot}+T_{001\cdot}-T_{011\cdot}-T_{101\cdot}-T_{110\cdot}-T_{000\cdot}]$$

그러므로 A인자의 변동은 다음과 같다.

$$SSA=\frac{1}{\text{데이터의 수}}[A_1 \text{ 수준의 데이터의 합}-A_0 \text{ 수준의 데이터의 합}]^2$$

$$=\frac{1}{8r}[T_{1\cdots}-T_{0\cdots}]^2$$

다른 인자의 변동도 유사한 방법으로 유도 할 수 있으나 A, B, C, AB, AC, BC, ABC 의 효과에 대한 정보를 이미 알 고 있다면 다음과 같은 표현으로 나타내어 진다.

$$SSA = 2r(A\text{주효과})^2 = \frac{1}{8r}(T_{1\cdots} - T_{0\cdots})^2$$

$$SSB = 2r(B\text{주효과})^2 = \frac{1}{8r}(T_{\cdot1\cdot\cdot} - T_{\cdot0\cdot\cdot})^2$$

$$SSC = 2r(C\text{주효과})^2 = \frac{1}{8r}(T_{\cdot\cdot1\cdot} - T_{\cdot\cdot0\cdot})^2$$

$$SS_{A\times B} = 2r(AB\text{주효과})^2 = \frac{1}{8r}[T_{11\cdot\cdot} + T_{00\cdot\cdot} - T_{10\cdot\cdot} - T_{01\cdot\cdot}]$$

$$SS_{A\times C} = 2r(AC\text{주효과})^2 = \frac{1}{8r}[T_{1\cdot1\cdot} + T_{0\cdot0\cdot} - T_{0\cdot1\cdot} - T_{1\cdot0\cdot}]$$

$$SS_{B\times C} = 2r(BC\text{주효과})^2 = \frac{1}{8r}[T_{\cdot11\cdot} + T_{\cdot00\cdot} - T_{\cdot01\cdot} - T_{\cdot10\cdot}]$$

$$SS_{A\times B\times C} = 2r(ABC\text{주효과})^2$$

$$= \frac{1}{8r}[T_{111\cdot} + T_{100\cdot} + T_{010\cdot} + T_{001\cdot} - T_{011\cdot} - T_{101\cdot} - T_{110\cdot} - T_{000\cdot}]$$

$$SST = \sum_{i=0}^{1}\sum_{j=0}^{1}\sum_{k=1}^{1}\sum_{m=1}^{r} y_{ijkm}^2 - \frac{T^2}{8r}$$

$$SSE = SST - (SSA + SSB + SSC + SS_{A\times B} + SS_{A\times C} + SS_{B\times C} + SS_{A\times B\times C})$$

그리고 2^3형 요인배치법의 변동은 대비로서 표현하면 다음과 같다.

$$S = \frac{[\text{대 비}]^2}{8r}$$

예를 들어 주효과 A를 다음과 같은 대비 형식으로 표현하면 다음과 같다.

$$A = (C_1 T_{1\cdots} + C_2 T_{0\cdots}) = \frac{1}{4}(T_{1\cdots} - T_{0\cdots})$$

$C_1 + C_2 = 0$ 이므로 대비로 간주하면 대비의 변동은 다음과 같이 유도 된다.

$$SSA = \frac{(C_1 T_{1\cdots} + C_2 T_{0\cdots})^2}{(\sum C_i^2)\cdot r} = \frac{(T_{1\cdots} - T_{0\cdots})^2}{8r}$$

단, $C_1 = \frac{1}{4}$, $C_1 = -\frac{1}{4}$

즉, 주효과와 교호작용을 대비로 간주하여 각 인자 및 교호작용의 변동을 구하여도 된다. 위의 결과로부터 얻은 분산분석표는 다음과 같다.

변동요인	제곱합	자유도	평균제곱	F-값
A	SSA	1	$MSA=SSA/1$	MSA/MSE
B	SSB	1	$MSB=SSB/1$	MSB/MSE
C	SSC	1	$MSC=SSC/1$	MSC/MSE
$A\times B$	$SS_{A\times B}$	1	$MS_{A\times B}=SS_{A\times B}/1$	$MS_{A\times B}/MSE$
$A\times C$	$SS_{A\times C}$	1	$MS_{A\times C}=SS_{A\times C}/1$	$MS_{A\times C}/MSE$
$B\times C$	$SS_{B\times C}$	1	$MS_{B\times C}=SS_{B\times C}/1$	$MS_{B\times C}/MSE$
$A\times B\times C$	$SS_{A\times B\times C}$	1	$MS_{A\times B\times C}=SS_{A\times B\times C}/1$	$MS_{A\times B\times C}/MSE$
오차	SSE	$8(r-1)$	$MSE=SSE/(8(r-1))$	
전체	SST	$8r-1$		

기본 예제 5.2

어린이용 이유식을 가공하는 식료품 공장에서 완성품에 영향을 검토하기 위하여 다음과 같은 실험조건 즉, 원재료(우유)(인자 A) 두 수준(A_0, A_1)과 물 함유량(인자 B) 두 수준(B_0:10%, B_1: 15%), 온도 C를 두 수준(C_0: 30℃, C_1: 40℃)을 취급하여 다음의 8회의 실험을 랜덤한 순서로 하여 다음과 같은 결과가 나왔다. 분산분석표를 작성하고 각 인자 및 교호작용의 유의성을 판단하시오.

실험조건	A_0		A_1		
	B_0	B_1	B_0	B_1	합
C_0	8	11	40	32	91
C_1	46	35	27	31	139
합	54	46	67	63	230

결과

❶ 변동의 계산은 일반적으로 A변동인 경우에 다음과 같이 계산된다.

$$SSA = \frac{1}{\text{데 이 터 의 수}}[A_1 \text{ 수 준 의 데 이 터 의 합} - A_0 \text{ 수 준 의 데 이 터 의 합}]^2$$

$$= \frac{1}{8\times 1}[T_{1\cdots} - T_{0\cdots}]^2 = \frac{(130-100)^2}{8} = 112.5$$

그리고 교호작용

$SS_{A\times B} = 2r(AB\text{주 효 과})^2 = \frac{1}{8r}[T_{11}.. + T_{00}.. - T_{10}.. - T_{01}..]$ 과 같이 조금 복잡하다. 그러나 Yates 의 방법을 사용하면 보다 간단한 방법으로 해결 할 수 있다. Yates 의 방법은 다음과 같은 순서로 계산된다.

[순서1] 데이터를 $A_0\,B_0\,C_0$, $A_0\,B_0\,C_1$, $A_0\,B_1\,C_0$, $A_0\,B_1\,C_1$, $A_1\,B_0\,C_0 \cdots A_1\,B_1\,C_1$의 순서로 배열한다.

[순서2] 데이터를 위에서 두 개씩 합계를 계산하여 (1)열에 위로부터 상반부 (처리:1,2,3,4)의 값 즉, 8+46=54, 11+35=46, 40+27=67, 32+31=63을 차례로 배열하고 두가지 데이터에서 아래의 데이터를 위의 데이터들로 뺀 결과를 차례대로 하반부(처리:5,6,7,8)의 값 즉, 46−8=38, 35−11=24, 27−40=−13, 31−31=0을 차례로 배열 한다.

[순서3] (1)의 결과치를 이용하여 [순서2] 단계처럼 (2), (3)열에 그 결과를 배열한다.

[순서4] (3)의 결과치를 제곱한후 8로 나누어서 $(3)^2/8$항에 기입하면 된다.

[순서5] $(3)^2$의 항의 합계와 Data y 자료를 제곱한 후 그 합계에 8을 곱한 결과치 일치하는지를 체크한다. 즉, 62720=7840 ×8

처리	a	b	c	Data y	(1)	(2)	(3)	$(3)^2$	$(3)^2/8$	요인 변동
1 2 3 4	0	0	0	8	8+46=54	100	230	52900	6612.5	CT
	0	0	1	46	11+35=46	130	48	2304	288	SSC
	0	1	0	11	40+27=67	62	-12	144	18	SSB
	0	1	1	35	32+31=63	-14	-2	4	0.5	$SS_{B\times C}$
5 6 7 8	1	0	0	40	46-8=38	-8	30	900	112.5	SSA
	1	0	1	27	35-11=24	-4	-76	5776	722	$SS_{A\times C}$
	1	1	0	32	27-40=-13	-14	4	16	2	$SS_{A\times B}$
	1	1	1	31	31-32=-1	12	26	676	84.5	$SS_{A\times B\times C}$
합				7840				62720		

❷ 검정에 대해서는 비교적 요인변동이 작은 몇 가지 요인을 풀링하여 오차항으로 간주한다.

$$SSE = SS_{A\times B} + SS_{B\times C} = 0.5 + 2 = 2.5$$

$$\phi_E = \phi_{A\times B} + \phi_{B\times C} = 1 + 1 = 2$$

변동인자	제곱합	자유도	평균제곱	F_0	$F_{0.05}$
A	112.5	1	112.5	90^{*}	
B	18	1	18	14.4	
C	288	1	288	230.4^{*}	18.5
$A\times C$	722	1	722	577.6^{*}	
$A\times B\times C$	84.5	1	84.5	67.6^{*}	
E^{*}	2.5	2	1.25		
전체	1227.5	7			

Minitab

1 통계분석(S) → 실험계획법(D) → 요인 설계(F) → 요인 설계 생성(C)... 을 선택하면 요인 설계 대화상자가 나타난다. 이 대화상자에서 [설계유형]은 4가지 형태가 있는데 이 예제는 2^3 요인 실험이므로 인자는 2개에서 15개 까지 가능한 [2-수준 요인(기본 생성자)] 항목을 선택하고 인자가 "3"이기 때문에 [요인개수] 항목에는 "3"을 선택한다. 그리고 [설계] 버튼을 클릭한다.

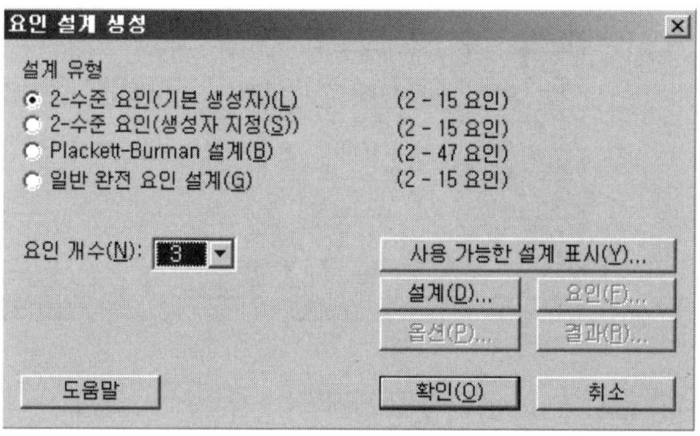

2 다음과 같은 대화상자가 나타나면 [완전 요인 설계]만 선택하고 반복이 없으므로 [반복 실험 횟수]에 "1", 블록반복도 없으므로 [블럭수 항목]에 "1"을 입력 하고 확인(O) 버튼을 누른다. 원 상태로 돌아오면 [요인] 버튼을 클릭한다.

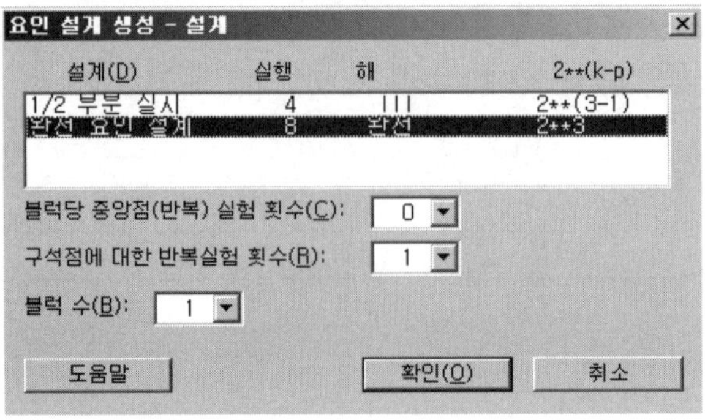

3 다음과 같은 요인 대화상자가 나타나면 [이름 열]을 클릭하고 “원재료”, “물함유량”, “온도”를 입력하고 , [낮음]열에는 구분을 편리하게 하기위하여(uncoded) "0"을 입력한다.

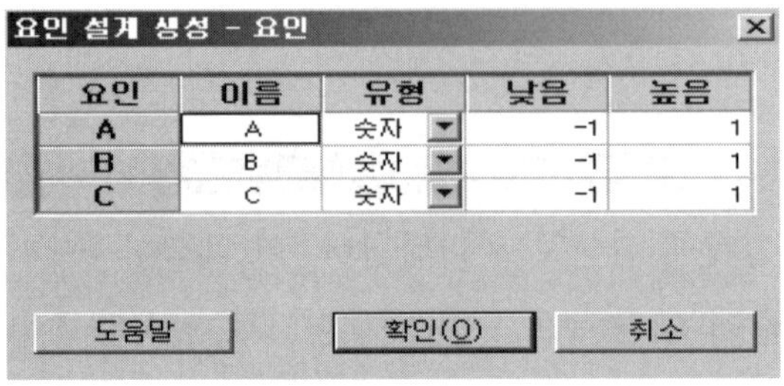

4 다음과 같이 변경되었으면 확인(O) 버튼을 누른다.

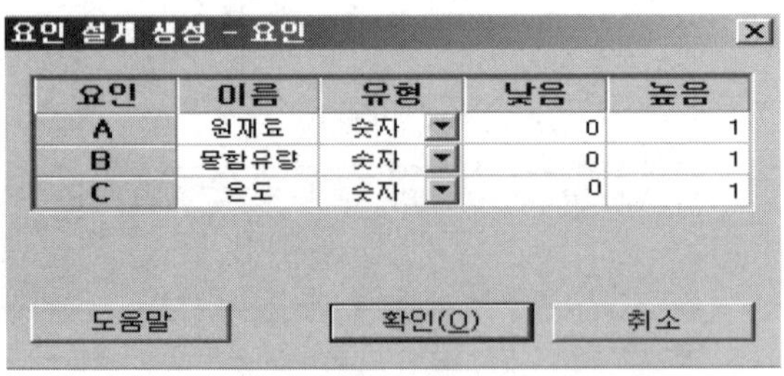

5 원 상태로 돌아오면 다시 확인(O) 버튼을 누른다. 그러면 [워크시트] 창에 처음에 실험이 설계될 때의 순서인 [StdOrder(표준순서)], 실험 계획후 실험 실시에 따른 랜덤순서인 [RunOrder(실험실행순서)], 중앙점, 블록, 원재료, 물함유량, 온도 열이 차례로 나타난다. 그리고 C8열에 변수이름을 “자료” 라고 입력하여 해당수준에 데이터를 입력한다.

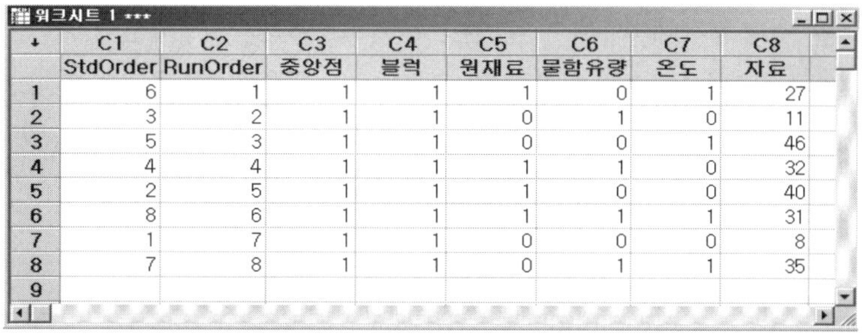

↓	C1 StdOrder	C2 RunOrder	C3 중앙점	C4 블럭	C5 원재료	C6 물함유량	C7 온도	C8 자료
1	6	1	1	1	1	0	1	27
2	3	2	1	1	0	1	0	11
3	5	3	1	1	0	0	1	46
4	4	4	1	1	1	1	0	32
5	2	5	1	1	1	0	0	40
6	8	6	1	1	1	1	1	31
7	1	7	1	1	0	0	0	8
8	7	8	1	1	0	1	1	35
9								

6 통계분석(S) → 실험계획법(D) → 요인 설계(F) → 요인 설계 분석(A)..을 선택하고 나타난 대화상자에서 [반응] 항목에 마우스 포인트를 올려놓고 C8을 더블클릭하고 [항] 버튼을 클릭한다.

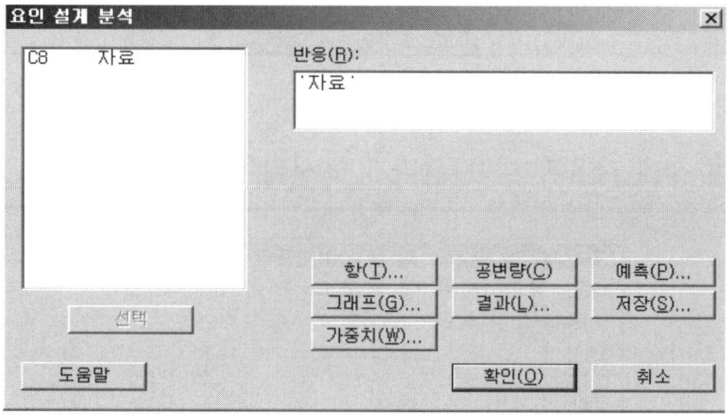

7 반복인 경우가 아니므로 "ABC" 항목을 제외한 모든 인자를 화살표를 이용하여 [선택항]에 선택하고 확인(O) 버튼을 클릭한다. 원상태로 돌아오면 다시 [결과] 버튼을 누른다.

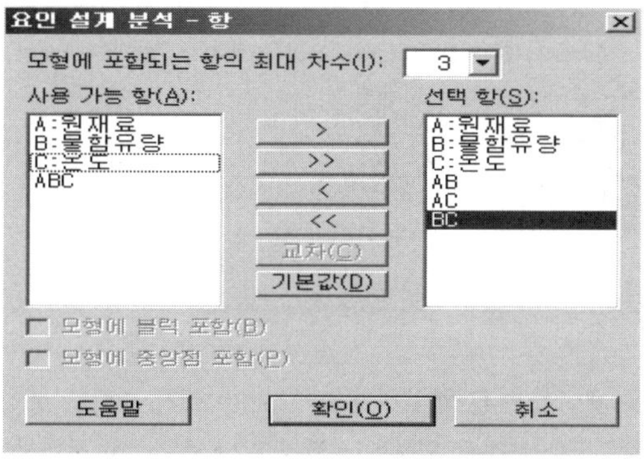

8 결과 대화상자에서 [계수 및 분산분석표] 항목과 [표시안함]을 선택하고 [확인(O)] 버튼을 누른다. 원상태로 돌아오면 다시 [확인(O)] 버튼을 누른다.

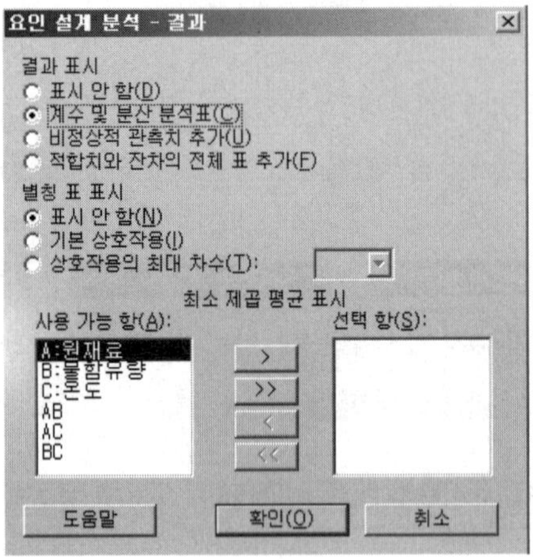

9 [세션] 창에 다음과 같은 결과가 표시되어 나타난다.

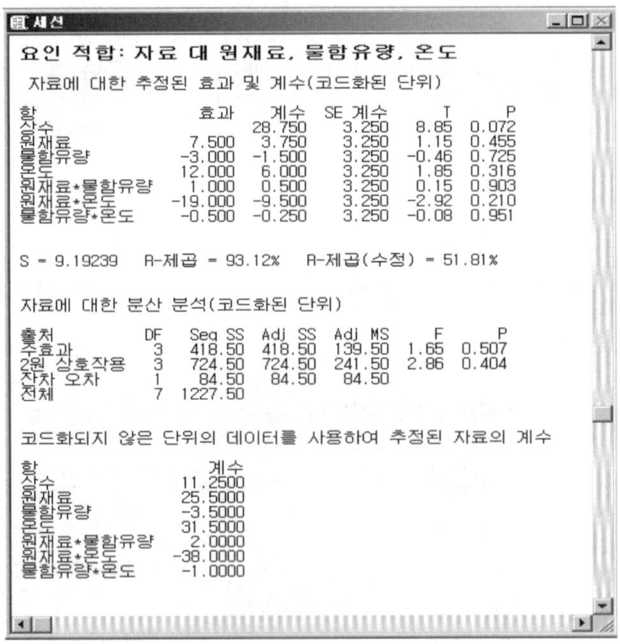

요인 적합: 자료 대 원재료, 물함유량, 온도

자료에 대한 추정된 효과 및 계수(코드화된 단위)

항	효과	계수	SE 계수	T	P
상수		28.750	3.250	8.85	0.072
원재료	7.500	3.750	3.250	1.15	0.455
물함유량	-3.000	-1.500	3.250	-0.46	0.725
온도	12.000	6.000	3.250	1.85	0.316
원재료*물함유량	1.000	0.500	3.250	0.15	0.903
원재료*온도	-19.000	-9.500	3.250	-2.92	0.210
물함유량*온도	-0.500	-0.250	3.250	-0.08	0.951

S = 9.19239   R-제곱 = 93.12%   R-제곱(수정) = 51.81%

자료에 대한 분산 분석(코드화된 단위)

출처	DF	Seq SS	Adj SS	Adj MS	F	P
주효과	3	418.50	418.50	139.50	1.65	0.507
2원 상호작용	3	724.50	724.50	241.50	2.86	0.404
잔차 오차	1	84.50	84.50	84.50		
전체	7	1227.50				

코드화되지 않은 단위의 데이터를 사용하여 추정된 자료의 계수

항	계수
상수	11.2500
원재료	25.5000
물함유량	-3.5000
온도	31.5000
원재료*물함유량	2.0000
원재료*온도	-38.0000
물함유량*온도	-1.0000

해석 상수 항을 제외한 모든 계수가 유의수준 10%에서 조차도 통계적으로 유의하게 나타나지 않았으므로 추정된 모형은 적합지 않다. 분산분석표에서도 유의한 인자가 없다.

1 ≪비유의적인 교호작용 인자에 대한 풀링(pooling) 작업≫을 위하여 1에서 5까지는 유사하고 통계분석(S) → 실험계획법(D) → 요인 설계(F) → 요인 설계 분석(A)..을 선택하고 [항] 항목을 선택하여 나타난 [항] 대화상자에서 "A, B, C(주효과), AC(2인자 상호작용), ABC(3인자 상호작용)"을 [선택항]으로 이동 시킨다.(화살표 이용하여)

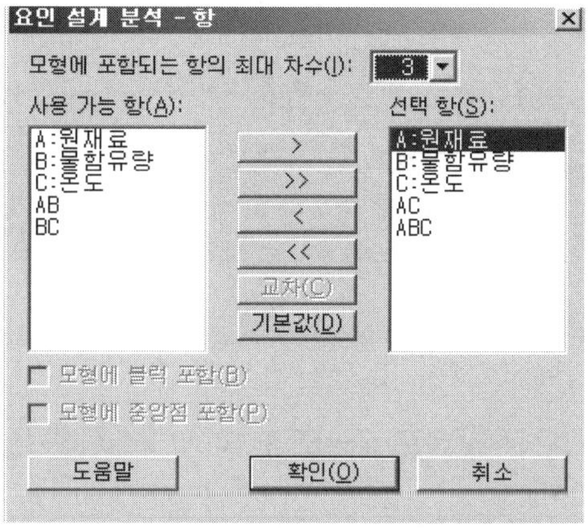

2 원 상태로 돌아오면 다시 [그래프] 버튼을 누른다.

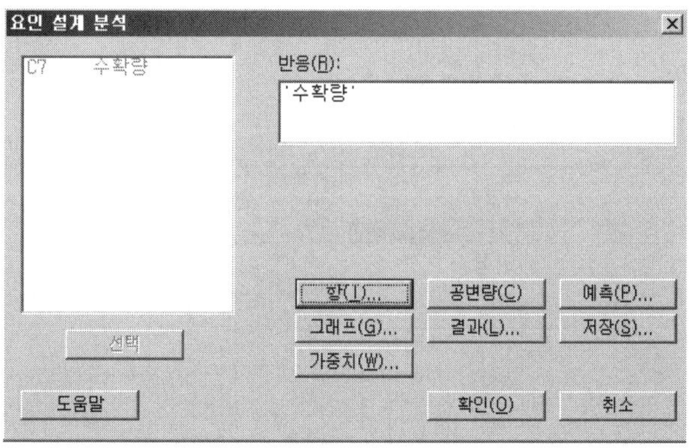

3 그래프 대화상자에서 효과그림의 [정규확률도], [Pareto], [잔차], 잔차그림의 [정규확률도]를 체크 및 선택하고 확인(O) 버튼을 클릭한다. 원 상태로 돌아오면 다시 [결과]버튼을 누른다.

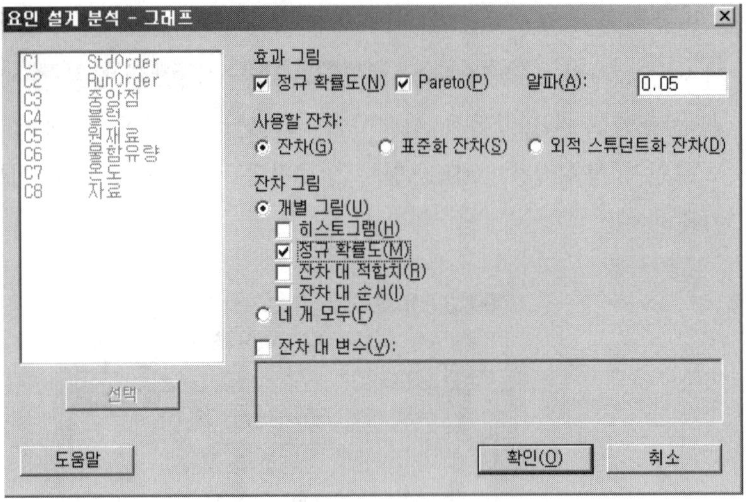

4 결과 대화상자에서 [계수 및 분산분석표] 항목과 [표시안함]을 선택하고 확인(O) 버튼을 누른다. 원 상태로 돌아오면 다시 확인(O) 버튼을 누른다.

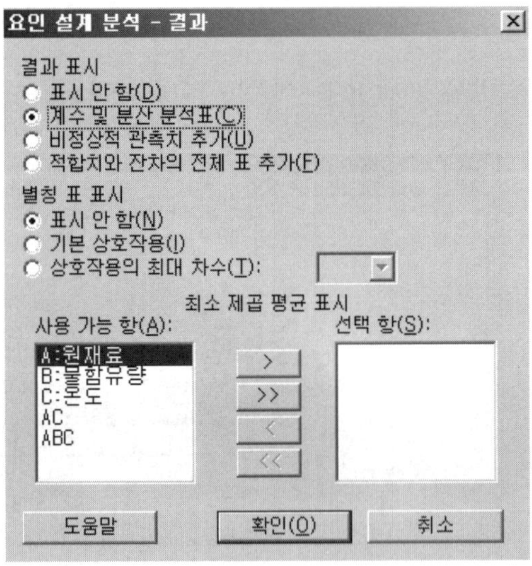

5 [세션] 창에 다음과 같이 표시된다.

요인 적합: 자료 대 원재료, 물함유량, 온도

자료에 대한 추정된 효과 및 계수(코드화된 단위)

항	효과	계수	SE 계수	T	P
상수		28.750	0.3953	72.73	0.000
원재료	7.500	3.750	0.3953	9.49	0.011
물함유량	-3.000	-1.500	0.3953	-3.79	0.063
온도	12.000	6.000	0.3953	15.18	0.004
원재료*온도	-19.000	-9.500	0.3953	-24.03	0.002
원재료*물함유량*온도	6.500	3.250	0.3953	8.22	0.014

S = 1.11803 R-제곱 = 99.80% R-제곱(수정) = 99.29%

자료에 대한 분산 분석(코드화된 단위)

출처	DF	Seq SS	Adj SS	Adj MS	F	P
주효과	3	418.50	418.500	139.500	111.60	0.009
2원 상호작용	1	722.00	722.000	722.000	577.60	0.002
3원 상호작용	1	84.50	84.500	84.500	67.60	0.014
잔차 오차	2	2.50	2.500	1.250		
전체	7	1227.50				

코드화되지 않은 단위의 데이터를 사용하여 추정된 자료의 계수

항	계수
상수	12.1667
원재료	26.5000
물함유량	-5.33333
온도	31.0000
원재료*온도	-42.6667
원재료*물함유량*온도	9.33333

해석 선택된 모형에서는 R-제곱인 결정계수 값이 99.80%로 크게 나타남으로서 모형의 결과는 "모형이 적합하다"고 간 주 할 수 있다. 그리고 분산분석표에서도 주효과, 2원 및 3원 상호작용도 유의수준 5%에서 유의적으로 나타나고 있다. 즉, 주효과(원재료, 물함유량, 온도)는 자료에 영향을 미치고 있음을 알 수 있고 또, A(원재료)*C(온도)간의 2수준의 차이는 있고, A(원재료)*B(물함유량)*C(온도) 간에도 2수준의 차이는 있는 것으로 판단된다.

6 효과그림 분석

▶ 표준화된 효과의 정규 확률그림

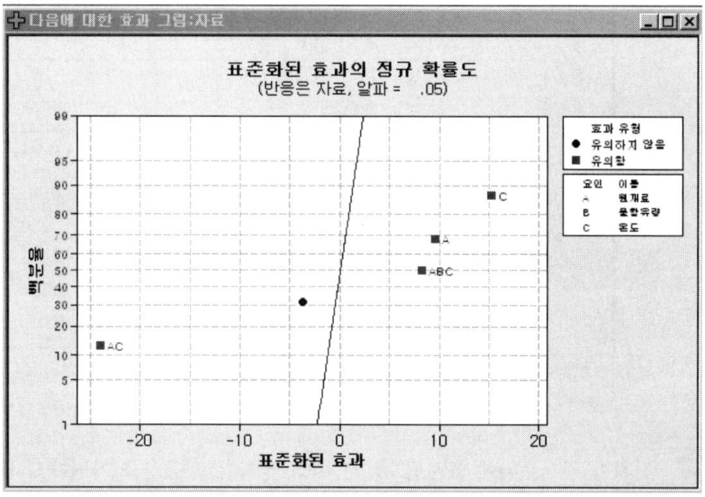

해석 비유의적인 인자는 직선 근처에 나타난다. 즉, 수준이 변해도 별로 변화하지 않음을 의미하고 멀리 떨어져 표시될수록 유의성이 크다는 의미이다. 여기서는 주효과(원재료, 물함유량, 온도), A(원재료)*C(온도), A(원재료)*B(물함유량)*C(온도)는 유의한 인자로 표시되고 있다.

▸ 표준화된 효과의 파레토그림

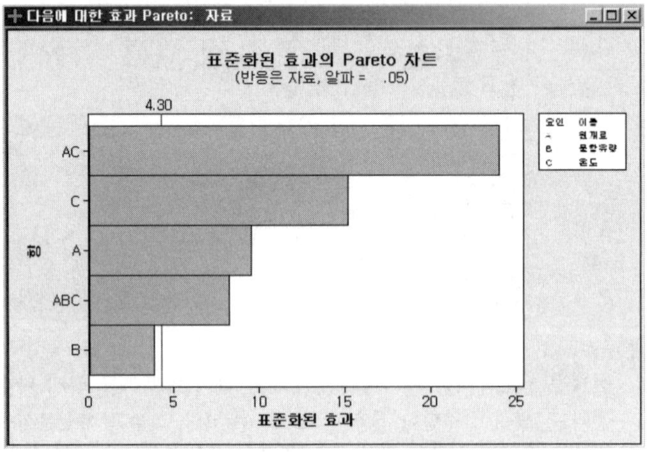

해석 중간의 실선(0.05유의선)보다 크게 나타나면 유의성을 가지고 있고 실선보다 작게 나타나면 비유의적이라고 볼 수 있다. 여기서도 B(물함유량) 인자만 효과가 인정될 수 없다.

▸ 잔차 정규 확률 그림

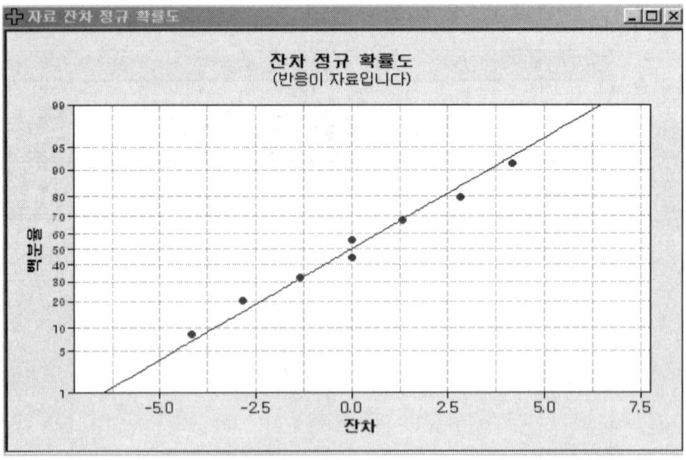

해석 잔차가 직선주위에 표시됨으로서 어느 정도는 정규성을 가진다고 볼 수 있다.

7 통계분석(S) → 실험계획법(D) → 요인 설계(F) → 요인 그림(F)... 선택하고 나타난 요인그림 대화상자에서 [주효과도], [상호효과도] 및 [데이터 평균] 항목을 선택 체크하고 [설정] 버튼을 클릭한다.

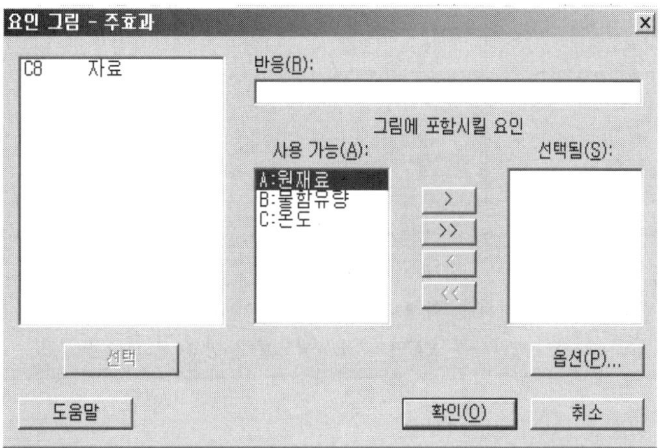

8 [반응] 항목에 마우스 포인트를 올려놓고 C8을 더블클릭하고 [사용가능] 항목에 있던 A, B, C인자를 옆의 화살표를 이용하여 [선택됨] 항목으로 이동 시키고 확인(O) 버튼을 누른다. 상호효과 그림 설정도 유사하게 한다. [요인 그림] 대화상자로 돌아오면 다시 확인(O) 버튼을 누른다.

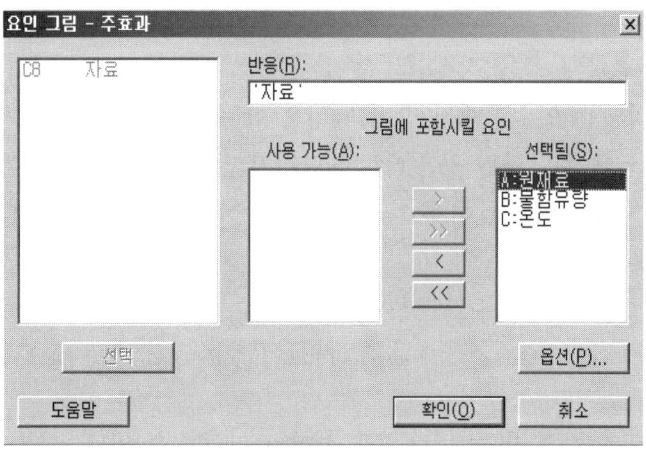

9 주효과 및 상호 효과도 출력

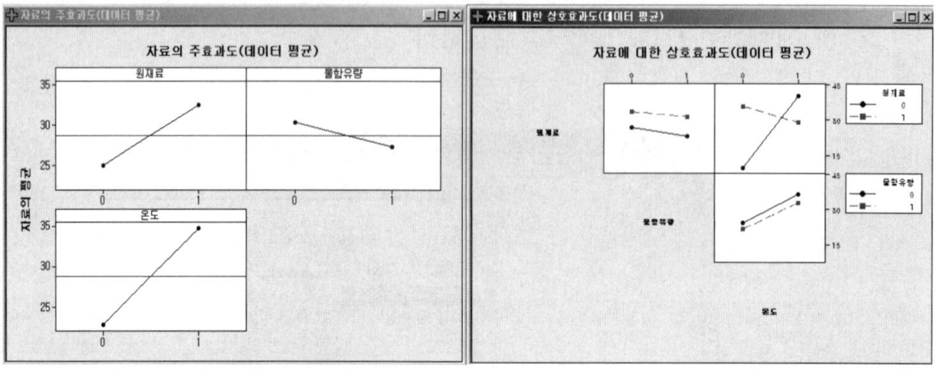

해석 주효과 그림에서는 최적조건은 A1B0C1이 되고 상호 효과그림에서는 평행하지 않고 교차되는 인자는 A*C만이 표시됨으로서 상호(교호)작용은 있는 것으로 판단된다.

4. 2^n 요인배치법

2^n 요인배치법은 인자가 n개이고 각 인자의 수준수가 2개인 경우를 의미하고 실험의 횟수는 2^n개이고 각 처리조합에서의 반복수가 r일 때는 $2^n \cdot r$회가 된다.
각 요인의 효과는 일반적으로 주효과인 경우에는 예를 들어 A의 주효과 열에는 주효과와 같은 문자가 있는 경우(a, ab, ac, abc)는 "+", 포함하지 않는 경우는 "−"를 부여하고 교호작용의 열은 교호작용을 구성하는 인자의 주효과의 "+","-"의 부호의 곱을 이용하여 요인 효과의 표를 작성 할 수 있다.
경우에 따라서는 인수분해의 방법을 이용 할 수 있는 데 이 인수분해 방법은 구하고자 하는 요인에 해당되는 곳은 −1, 해당되지 않은 곳은 +1을 넣어 각 효과를 구할 수 있다. 예를 들어 2^4의 요인배치법의 경우에 인자 A, B의 교호작용 AB는

$$\begin{aligned} AB &= \frac{1}{8}(a-1)(b-1)(c+1)(d+1) \\ &= \frac{1}{8}((1)+d+c+cd+ab+abd+abc+abcd-b-bd-bc-bcd-a-ad-ac-acd) \end{aligned}$$

그리고 각 인자의 변동은 다음과 같이 요약 할 수 있다.

$$\text{각 인자의 변동} = 2^{n-2}r(\text{주효과})^2$$

$$각\,2\,인자의\ 변동 = 2^{n-2}r(2\,인자\ 교호\ 작용)^2$$

$$각\,3\,인자의\ 변동 = 2^{n-2}r(3\,인자\ 교호\ 작용)^2$$

인자의 변동을 대비로서 표현하면 다음과 같다.

$$각\ 인자의\ 변동 = \frac{1}{2^n\,r}(대비)^2$$

$$각\,2\,인자의\ 변동 = \frac{1}{2^n\,r}(대비)^2$$

$$각\,3\,인자의\ 변동 = \frac{1}{2^n\,r}(대비)^2$$

예를 들어 2^4의 요인배치법의 경우에 주효과 A의 변동과 교호작용 $A\times B$의 변동은 다음과 같다.

$$SSA = 2^{4-2}\,r\,(A)^2 = \frac{1}{2^4\cdot r}(T_{1}\cdots - T_{0}\cdots)^2$$

$$SS_{A\times B} - 2^{4-2}\,r\,(AB)^2 = \frac{1}{2^4\cdot r}(T_{11}\cdots + T_{00}\cdots - T_{01}\cdots - T_{10}\cdots)^2$$

3인자 이상의 교호작용은 일반적으로 실질적인 의미를 가지지 않으므로 오차항에 처음부터 풀링 시켜 분산 분석표를 작성하는 경우도 있다. 분산분석표는 다음과 같다.

요인	SS	자유도
$A, B, C, D, \vdots$ } 주효과	$SSA, SSB, SSC, SSD, \vdots$	$1, 1, 1, 1, \vdots$ } $\binom{n}{1} = n$
$A\times B, A\times C, A\times D, B\times C, \vdots$ } 2인자 교호작용	$SS_{A\times B}, SS_{A\times C}, SS_{A\times D}, SS_{B\times C}, \vdots$	$1, 1, 1, 1, \vdots$ } $\binom{n}{2} = \frac{n(n-1)}{2}$
$A\times B\times C, A\times B\times D, \vdots$ } 3인자 교호작용	$SS_{A\times B\times C}, SS_{A\times B\times D}, \vdots$	$1, 1, 1, 1, \vdots$ } $\binom{n}{3} = \frac{n(n-1)(n-2)}{6}$
오차 E	SSE	$2^n(r-1)$
합계	SST	$2^n r - 1$

기본 예제 5.3

어린이용 이유식을 가공하는 식료품 공장에서 완성품에 영향을 검토하기 위하여 다음과 같은 실험조건 즉, 원재료(우유)(인자 A) 두 수준($A_{0,}$ A_1)과 물 함유량(인자 B) 두 수준(B_0:10%, B_1: 15%), 온도 C를 두 수준(C_0: 30℃, C_1: 40℃), 비타민 함유량 D를 두 수준(D_0: 0.01%, D_1: 0.05)을 취급하여 다음의 16회의 실험을 랜덤한 순서로 하여 다음과 같은 결과가 나왔다. 2^4의 요인배치법의 자료를 Yates 의 방법을 이용하여 분산분석표를 작성하고 각 인자 및 교호작용의 유의성을 판단하시오.

실험조건	A_0				A_1			
	B_0		B_1		B_0		B_1	
	C_0	C_1	C_0	C_1	C_0	C_1	C_0	C_1
D_0	1	8	11	13	2	5	6	10
D_1	1	−7	3	−2	−7	−11	7	−2

결과

❶ Yates의 방법은 다음과 같은 순서로 계산된다.

처리조합	Data y	(1)	(2)	(3)	(4)	요인효과	요인 변동	
(1)	1	3	20	56	38	2.38	90.25	CT
a	2	17	36	-18	-18	-2.25	20.25	SSA
b	11	13	4	-10	54	6.75	182.25	SSB
ab	6	23	-22	-8	10	1.25	6.25	$SS_{A\times B}$
c	8	-6	-4	24	-10	-1.25	6.25	SSC
ac	5	10	-6	30	-2	-0.25	0.25	$SS_{A\times C}$
bc	13	-18	-4	-6	-6	-0.75	2.25	$SS_{B\times C}$
abc	10	-4	-4	16	-2	-0.25	0.25	$SS_{A\times B\times C}$
d	1	1	14	16	-74	-9.25	342.25	SSD
ad	-7	-5	10	-26	2	0.25	0.25	$SS_{A\times D}$
bd	3	-3	16	-2	6	0.75	2.25	$SS_{B\times D}$
abd	7	-3	14	0	22	2.75	30.25	$SS_{A\times B\times D}$
cd	-7	-8	-6	-4	-42	-5.25	110.25	$SS_{C\times D}$
acd	-11	4	0	-2	2	0.25	0.25	$SS_{A\times C\times D}$
bcd	-2	-4	12	6	2	0.25	0.25	$SS_{B\times C\times D}$
abcd	-2	0	4	-8	-14	-1.75	12.25	$SS_{A\times B\times C\times}$

❷ 검정에 대해서는 비교적 요인변동이 작은 요인을 풀링하여 오차항으로 간주한다.

$$SSE = 18.25, \quad \phi_E = 9$$

변동인자	제곱합	자유도	평균제곱	F_0	$F_{0.05}$
A	20.25	1	20.25	9.99*	
B	182.25	1	182.25	89.88*	
D	342.25	1	342.25	168.78*	5.12
$A\times B\times D$	30.25	1	30.25	14.92*	
$C\times D$	110.25	1	110.25	54.37*	
$A\times B\times C\times D$	12.25	1	12.25	6.04*	
E^*	18.25	9	2.03		
전체	715.75	15			

Minitab

1 통계분석(S) → 실험계획법(D) → 요인 설계(F) → 요인 설계 생성(C)...을 선택하면 요인 설계 대화상자가 나타난다. 이 대화상자에서 [설계유형]은 4가지 형태가 있는데 이 예제는 2^4 요인 실험이므로 인자는 2개에서 15개 까지 가능한 [2-수준 요인(기본 생성자)] 항목을 선택하고 인자가 "4"이기 때문에 [요인개수] 항목에는 "4"를 선택한다. 그리고 [설계] 버튼을 클릭한다.

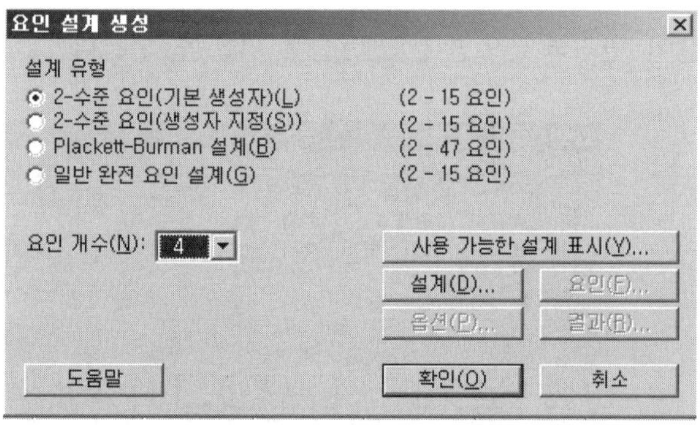

2 다음과 같은 대화상자가 나타나면 [완전 요인 설계]만 선택하고 반복이 없으므로 [반복실험 횟수]에 "1", 블록반복도 없으므로 [블럭수 항목]에 "1"을 입력 하고

[확인(O)] 버튼을 누른다. 원 상태로 돌아오면 [요인] 버튼을 클릭한다.

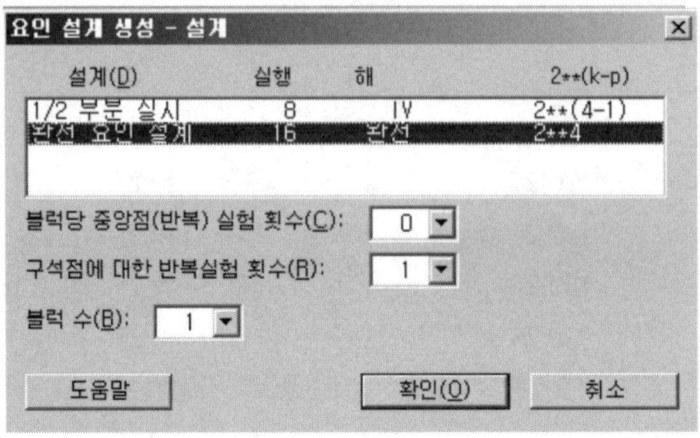

3 다음과 같은 요인 대화상자가 나타나면 [이름 열]을 클릭하고 “원재료”, “물함유량”, “온도”를 입력하고, [낮음]열에는 구분을 편리하게 하기위하여(uncoded) "0"을 입력한다.

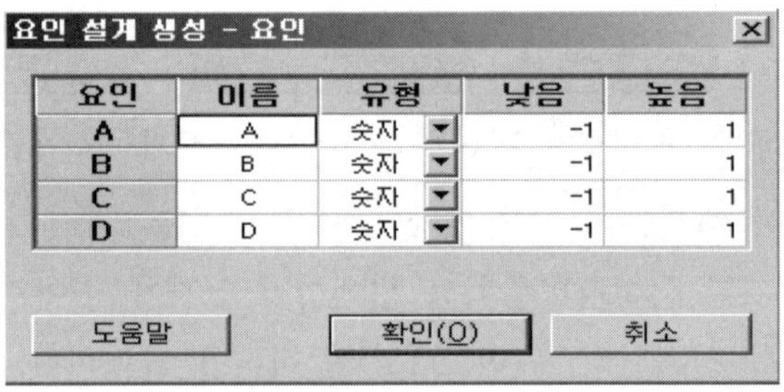

4 다음과 같이 변경되었으면 [확인(O)] 버튼을 누른다.

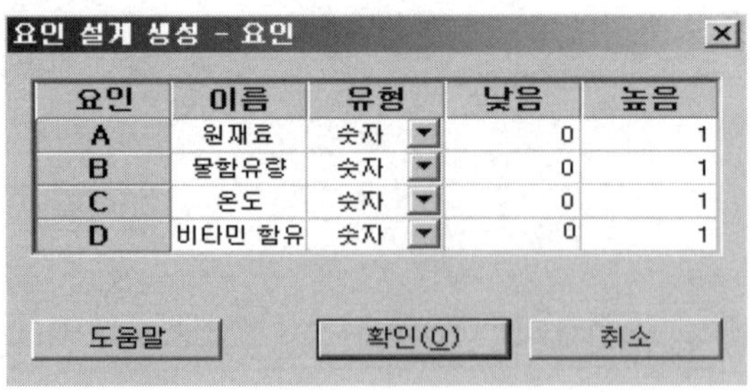

5 원 상태로 돌아오면 다시 [확인(O)] 버튼을 누른다. 그러면 [워크시트] 창에 처음에 실험이 설계될 때의 순서인 [StdOrder(표준순서], 실험 계획후 실험 실시에

따르는 랜덤순서인 [RunOrder(실험실행순서)], 중앙점, 블록, 원재료, 물함유량, 온도, 비타민 함유량 열이 차례로 나타난다. 그리고 C9열에 변수이름을 "자료" 라고 입력하여 해당수준에 데이터를 입력한다.

워크시트 2 ***

↓	C2 RunOrder	C3 중앙점	C4 블럭	C5 원재료	C6 물함유량	C7 온도	C8 비타민 함유량	C9 자료	C10
1	1	1	1	0	1	1	1	-2	
2	2	1	1	1	1	0	0	6	
3	3	1	1	1	1	0	1	7	
4	4	1	1	0	1	1	0	13	
5	5	1	1	1	1	1	1	-2	
6	6	1	1	0	0	0	1	1	
7	7	1	1	0	1	0	1	3	
8	8	1	1	1	1	1	0	10	
9	9	1	1	0	0	1	0	8	
10	10	1	1	1	0	1	0	5	
11	11	1	1	0	1	0	0	11	
12	12	1	1	1	0	0	0	2	
13	13	1	1	1	0	1	1	-11	
14	14	1	1	0	0	1	1	-7	
15	15	1	1	1	0	0	1	-7	
16	16	1	1	0	0	0	0	1	
17									

6 통계분석(S) → 실험계획법(D) → 요인 설계(F) → 요인 설계 분석(A)..을 선택하고 나타난 대화상자에서 [반응] 항목에 마우스 포인트를 올려놓고 C9을 더블클릭하고 [항] 버튼을 클릭한다.

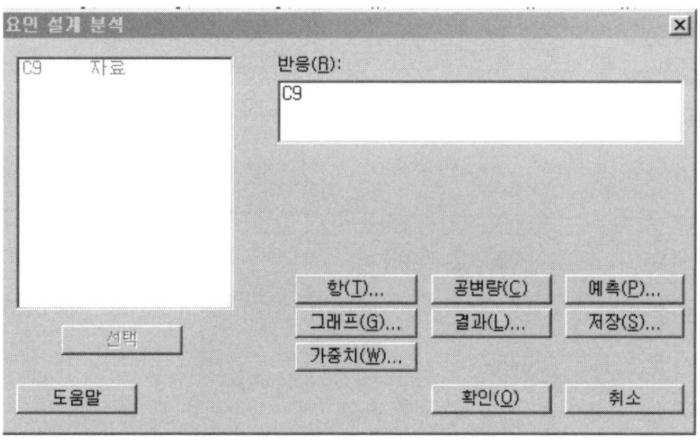

7 [사용가능항] 에 있는 주효과 A,B,C와 2인자 상호작용 CD, 3인자 상호작용 ABD 그리고 4인자 상호작용 ABCD 인자를 화살표를 이용하여 [선택항]에 선택하고

[확인(O)] 버튼을 클릭한다. 원상태로 돌아오면 다시 [결과] 버튼을 누른다.

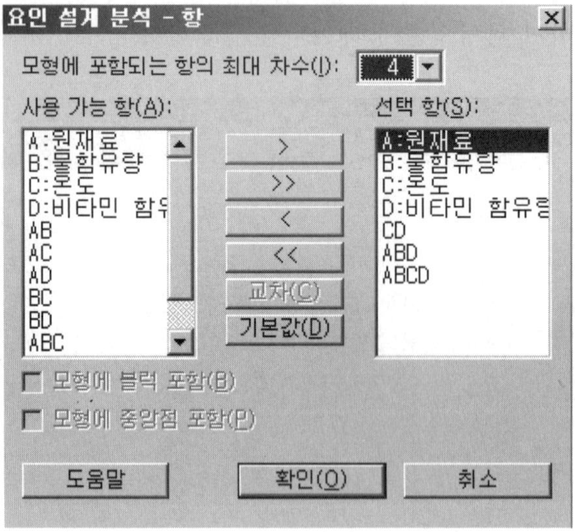

8 결과 대화상자에서 [계수 및 분산분석표] 항목과 [표시안함]을 선택하고 [확인(O)] 버튼을 누른다. 원상태로 돌아오면 다시 [확인(O)] 버튼을 누른다.

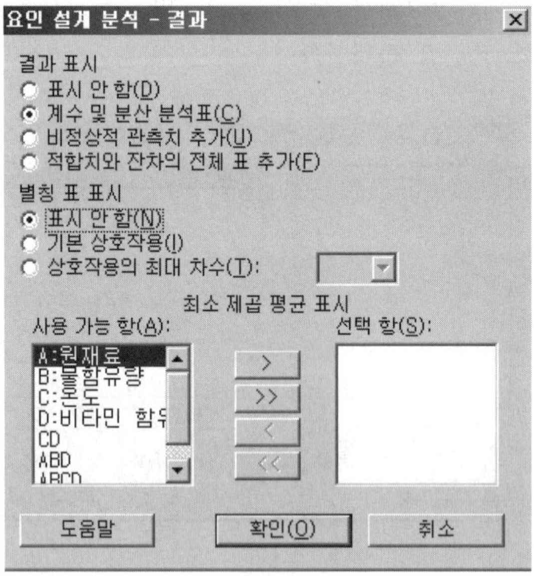

9 [세션] 창에 다음과 같은 결과가 표시되어 나타난다.

세션

요인 적합: 자료 대 원재료, 물함유량, 온도, 비타민 함유량

자료에 대한 추정된 효과 및 계수(코드화된 단위)

항	효과	계수	SE 계수	T	P
상수		2.375	0.3062	7.76	0.000
원재료	-2.250	-1.125	0.3062	-3.67	0.006
물함유량	6.750	3.375	0.3062	11.02	0.000
온도	-1.250	-0.625	0.3062	-2.04	0.076
비타민 함유량	-9.250	-4.625	0.3062	-15.11	0.000
온도*비타민 함유량	-5.250	-2.625	0.3062	-8.57	0.000
원재료*물함유량*비타민 함유량	2.750	1.375	0.3062	4.49	0.002
원재료*물함유량*온도*비타민 함유량	-1.750	-0.875	0.3062	-2.86	0.021

S = 1.22474   R-제곱 = 98.32%   R-제곱(수정) = 96.86%

자료에 대한 분산 분석(코드화된 단위)

출처	DF	Seq SS	Adj SS	Adj MS	F	P
주효과	4	551.00	551.00	137.750	91.83	0.000
2원 상호작용	1	110.25	110.25	110.250	73.50	0.000
3원 상호작용	1	30.25	30.25	30.250	20.17	0.002
4원 상호작용	1	12.25	12.25	12.250	8.17	0.021
잔차 오차	8	12.00	12.00	1.500		
전체	15	715.75				

코드화되지 않은 단위의 데이터를 사용하여 추정된 자료의 계수

항	계수
상수	4.00000
원재료	-3.50000
물함유량	5.50000
온도	4.00000
비타민 함유량	-5.66667
온도*비타민 함유량	-9.66667
원재료*물함유량*비타민 함유량	6.66667
원재료*물함유량*온도*비타민 함유량	-3.33333

해석 선택된 모형에서는 모든 인자 계수가 유의적으로 나타나(유의수준 5%)보다 크게 나타남으로서 모형의 결과는 "모형이 적합하다"고 간 주 할 수 있다. 그러고 분산 분석표에서 주효과, 2원 및 3원 그리고 4원 상호작용도 유의수준 5%에서 유의적으로 나타나고 있다. 즉 주효과 A,B,C와 2인자 상호작용 CD, 3인자 상호작용 ABD 그리고 4인자 상호 ABCD 인자간에도 2수준의 차이는 있는 것으로 판단된다.

10 원 상태의 [요인 설계분석] 대화상자에서 [그래프(G)...]를 클릭하고 나타난 그래프 대화상자에서 효과그림의 [정규확률도], [Pareto], [잔차], 잔차그림의 [정규확률도]를 체크 및 선택하고 [확인(O)]버튼을 클릭한다. 원 상태로 돌아오면 다시 [확인(O)] 버튼을 클릭한다.

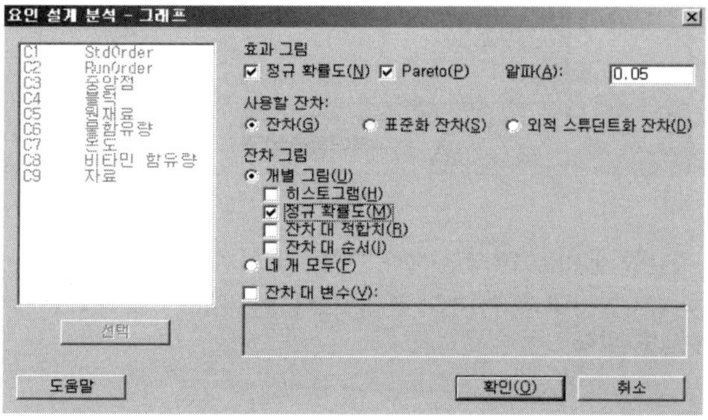

▸ 표준화된 효과의 정규 확률그림

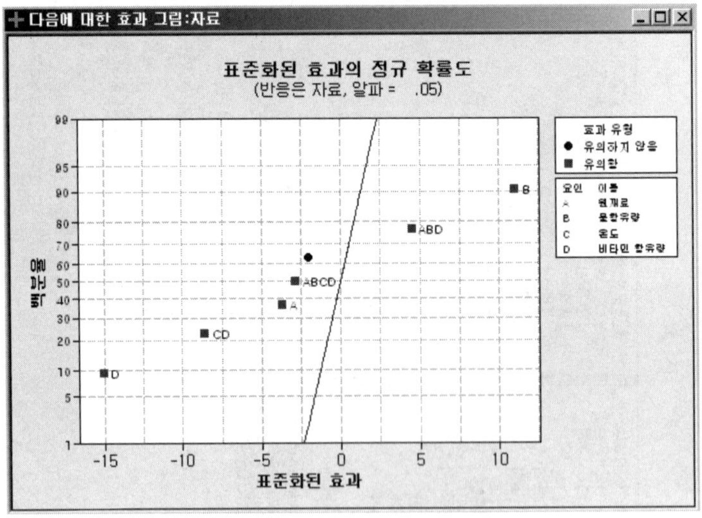

비유의적인 인자는 직선 근처에 나타난다. 즉, 수준이 변해도 별로 변화하지 않음을 의미하고 멀리 떨어져 표시될수록 유의성이 크다는 의미이다. 여기서는 고려된 인자 중에서 주효과 C(온도)인자 만이 비유의적인 인자로 판명 되었다.

▸ 표준화된 효과의 파레토그림

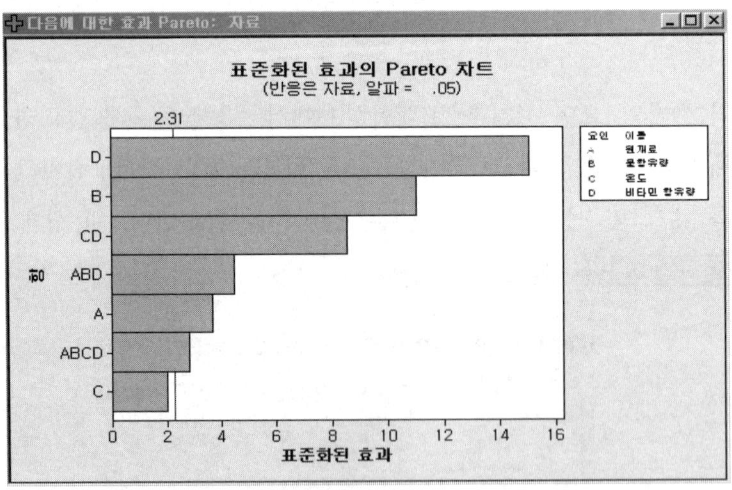

중간의 실선(0.05유의선)보다 크게 나타나면 유의성을 가지고 있고 실선보다 작게 나타나면 비유의적이라고 볼 수 있다. 여기서도 주효과 C(온도)인자만 효과가 인정될 수 없다.

▶ 잔차 정규 확률 그림

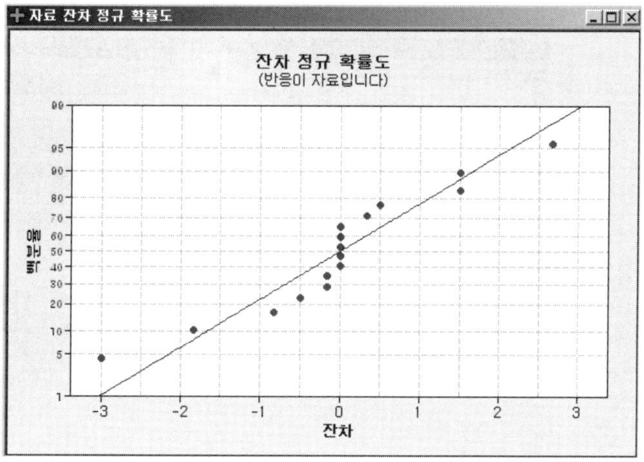

해석 잔차가 직선주위에 표시됨으로서 어느 정도는 정규성을 가진다고 볼 수 있는데 여기서는 정규성을 완벽하게 따른다고 볼 수는 없다.

≪최적수준 조합≫을 알아보기 위한 순서는 다음과 같다.

1 통계분석(S) → 실험계획법(D) → 요인 설계(F) → 요인 그림(F)... 선택하고 나타난 요인그림 대화상자에서 [주효과도], [상호효과도] 및 [데이터 평균] 항목을 선택 체크하고 [설정] 버튼을 클릭한다.

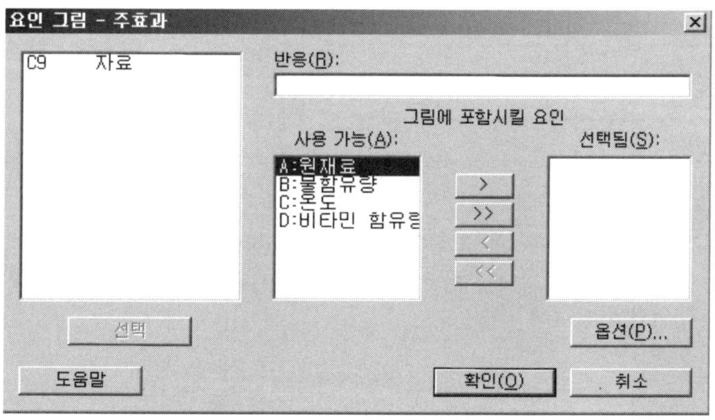

2 [반응] 항목에 마우스 포인트를 올려놓고 C9을 더블클릭하고 [사용가능] 항목에 있던 A, B, C, D인자를 옆의 화살표를 이용하여 [선택됨] 항목으로 이동 시키고 확인(O) 버튼을 누른다. [상호효과 그림] 설정도 유사하게 한다. [요인 그

림] 대화상자로 돌아오면 다시 [확인(O)] 버튼을 누른다.

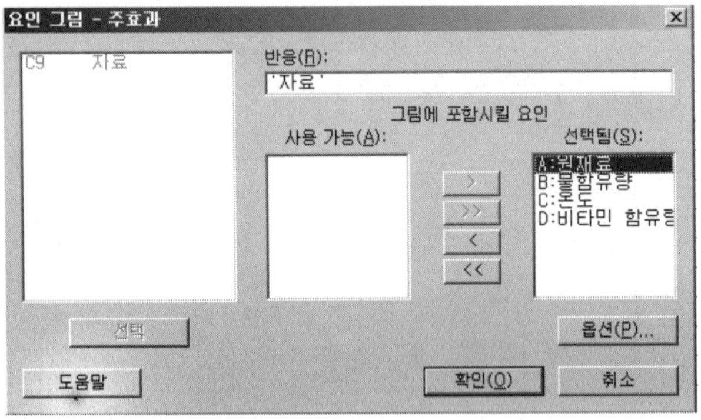

9 주효과 및 상호 효과도 출력

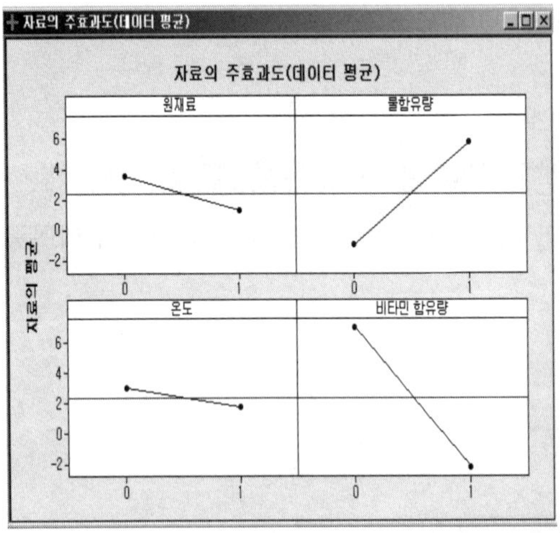

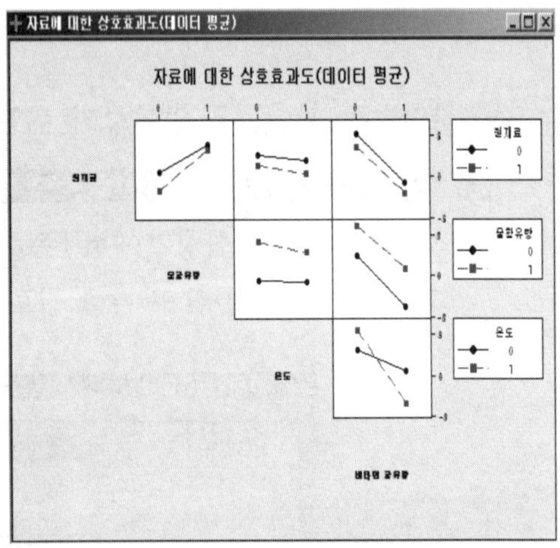

해석 주효과 그림에서는 최적수준조합은 A0B1C0D0이 되고 상호 효과그림에서는 평행하지 않고 교차되는 인자는 C*D만이 표시됨으로서 상호(교호)작용은 있는 것으로 판단된다.

5. 3^2 요인배치법

3^2형 요인실험은 각 2인자의 수준이 3일 경우이다. 따라서 인자 A, B의 자유도는 2가되고 교호작용 AB의 자유도는 4가 된다. 반복이 r인 경우에는 총 자유도는 $3^2 \cdot r - 1$

오차의 자유도는 $3^2 \times (r-1)$가 됨을 알 수 있다. 오차의 변동은 전통적인 2원 배치방법으로 계산 할 수는 있지만 Yates 방법으로 계산하는 것이 효율적이다. 결국 주효과의 변동은 인자의 속성이 계량인자이면서 3수준이 동일한 간격에 있을 경우에 대비와 직교분해 속성에 의해 각각의 자유도가 1인 1차(Linear), 2차(Quadratic) 효과로 구분하여 분석 할 수 있다. 다음 표는 3^2형 요인배치에 대한 처리조합을 나타낸 것이다.

실험조건		인자 A			계
		A_0	A_1	A_2	
인자 B	B_0	(00) y00	(01) y01	(02) y02	$T_{\cdot 0}$
	B_1	(01) y01	(11) y11	(21) y21	$T_{\cdot 1}$
	B_2	(02) y02	(12) y12	(22) y22	$T_{\cdot 2}$
계		T_0	T_1	T_2	T

위 표에서 A, B 두인자의 수준수가 3일 때 이들의 모든 처리조합은 3^2형 요인 실험을 하게 되고 이들의 처리조합은 다음과 같다.

00, 01, 02, 10, 11, 12, 20, 21, 22

따라서 반복이 r인 경우에는 총 실험횟수는 $9r$이 된다.

위 처리조합표에서 인자 A가 계량인자(양적인 관계 파악 가능)이라면 인자 A를 1차 및 2차 효과로 분석할 수 있다. 따라서 1차 효과를 대비에 의하여 계산하여 보면 다음과 같이 표현 가능하다.

$$L(A_{1차}) = (T_1. - T_0.) + (T_2. - T_1.) = T_2. - T_0.$$

2차 효과는

$$L(A_{2차}) = (T_2. - T_1.) - (T_1. - T_0.) = T_2. - 2T_1. + T_0.$$

인자 B가 계량인자인 경우에도 유사한 방법으로 계산 할 수 있다. 그러나 계수인자인 경우에는 1차 나 2차 대비가 의미가 없다. 그리고 r 회의 반복이 있는 경우 A가 계량인자이고 B가 계수인자인 경우에는 다음과 같은 3수준의 대비 계수표를 이용한다.

효 과	$T_0\cdot$	$T_1\cdot$	$T_2\cdot$
1차 효과	-1	0	1
2차 효과	1	-2	1

따라서 인자 B의 각 수준에서의 인자 A수준의 1차 효과는 다음과 같이 표현된다.

$$L(A_{1차}|B_0)=L_0=(-1)T_{00}\cdot+(0)T_{10}\cdot+(1)T_{20}\cdot$$
$$L(A_{1차}|B_1)=L_1=(-1)T_{01}\cdot+(0)T_{11}\cdot+(1)T_{21}\cdot$$
$$L(A_{1차}|B_2)=L_2=(-1)T_{02}\cdot+(0)T_{12}\cdot+(1)T_{22}\cdot$$

즉, B의 수준에서의 인자 A수준의 1차 효과의 변동은 다음과 같다.

$$SS_{A_{1차}\times B}=\frac{(L_0)^2+(L_{1)}^2+(L_2)^2}{r\sum_i c_i^2}-\frac{(L_0+L_1+L_2)^2}{r\,m\sum_i c_i^2}$$
$$=\frac{(L_0)^2+(L_{1)}^2+(L_2)^2}{r\times 2}-\frac{(L_0+L_1+L_2)^2}{r\times 3\times 2}$$

인자 B의 각 수준에서의 인자 A수준의 2차 효과는 다음과 같이 표현된다.

$$L(A_{2차}|B_0)=Q_0=(1)T_{00}\cdot+(-2)T_{10}\cdot+(1)T_{20}\cdot$$
$$L(A_{2차}|B_1)=Q_1=(1)T_{01}\cdot+(-2)T_{11}\cdot+(1)T_{21}\cdot$$
$$L(A_{2차}|B_2)=Q_2=(1)T_{02}\cdot+(-2)T_{12}\cdot+(1)T_{22}\cdot$$

즉, B의 수준에서의 인자 A수준의 12차 효과의 변동은 다음과 같다.

$$SS_{A_{2차}\times B}=\frac{(Q_0)^2+(Q_1)^2+(Q_2)^2}{r\sum_i c_i^2}-\frac{(Q_0+Q_1+Q_2)^2}{r\,m\sum_i c_i^2}$$
$$=\frac{(Q_0)^2+(Q_1)^2+(Q_2)^2}{r\times 6}-\frac{(Q_0+Q_1+Q_2)^2}{r\times 3\times 6}$$

A 인자의 1차 대비의 효과변동을 SS_{A_L}으로 2차 대비의 효과 변동을 SS_{A_Q}라고 표기하여 분산분석표를 작성하면 다음과 같다.

요인	SS	자유도	V	F_0
A $\left.\begin{matrix}A_L\\A_Q\end{matrix}\right\}$	SSA $\left.\begin{matrix}SS_{A_L}\\SS_{A_Q}\end{matrix}\right\}$	2 $\left.\begin{matrix}1\\1\end{matrix}\right\}$	V_A $\left.\begin{matrix}V_{A_L}\\V_{A_Q}\end{matrix}\right\}$	V_A/V_E $\left.\begin{matrix}V_{A_L}/V_E\\V_{A_Q}/V_E\end{matrix}\right\}$
B $A\times B$ $\left.\begin{matrix}A_L\times B\\A_Q\times B\end{matrix}\right\}$	SSB $SS_{A\times B}$ $\left.\begin{matrix}SS_{A_L\times B}\\SS_{A_Q\times B}\end{matrix}\right\}$	2 4 $\left.\begin{matrix}2\\2\end{matrix}\right\}$	V_B $V_{A\times B}$ $\left.\begin{matrix}V_{A_L\times B}\\V_{A_Q\times B}\end{matrix}\right\}$	V_B/V_E $V_{A\times B}/V_E$ $\left.\begin{matrix}V_{A_L\times B}/V_E\\V_{A_Q\times B}/V_E\end{matrix}\right\}$
오차 E	SSE	$9(r-1)$		
합계	SST	$9r-1$		

기본 예제 5.4

어린이용 쿠키를 가공하는 식료품 공장에서 완성품에 영향을 검토하기 위하여 다음과 같은 실험조건 즉, 온도 A를 세 수준(A_0: 20℃, A_1: 30℃, A_2: 40℃)와 물 함유량(인자 B) 세 수준(B_0:10%, B_1: 15%, B_2: 20%) 취급하여 각 처리조합에서 2회 반복하여 3^2 요인배치법에 의하여 다음과 같은 자료를 표집 하였다. 분산분석표를 작성하고 특성치가 유의한 영향을 미치는 경우는 1차 효과와 2차효과로 분해하여 분석하시오.

B \ A	A_0	합	A_1	합	A_2	합	$T_{.j.}$
B_0	4 3.2	7.2	7.1 6.2	13.3	8.2 9.1	17.3	37.8
B_1	6.3 5.7	12	9.2 8.4	17.6	9.7 10.2	19.9	49.5
B_2	4.3 4.9	9.2	6.2 7.2	13.4	9 9.4	18.4	41
$T_{i..}$	28.4	28.4	44.3	44.3	55.6	55.6	128.3

결과

❶ 분산분석표를 작성하기 위한 변동의 계산은 일반적으로 다음과 같이 계산된다.

$$CT = \frac{T^2}{9r} = \frac{(128.3)^2}{18} = 914.49$$

$$SST = \sum_{i=0}^{1}\sum_{j=0}^{1}\sum_{k=0}^{1} y_{ijk}^2 - CT = [4^2 + 3.2^2 + \cdots + 9^2 + 9.4^2] - 914.49 = 78.30$$

$$SSA = \frac{1}{3r}(T_{0}^2.. + T_{1}^2.. + T_{2}^2..) - CT = \frac{1}{6}(28.4^2 + 44.3^2 + 55.6^2) - 914.49 = 62.24$$

$$SSB = \frac{1}{3r}(T_{\cdot 0}^2. + T_{\cdot 1}^2. + T_{\cdot 2}^2.) - CT = \frac{1}{6}(37.8^2 + 49.5^2 + 41^2) - 914.49 = 12.19$$

$$SS_{AB} = \frac{1}{r}(T_{00}^2. + T_{01}^2. + \cdots + T_{21}^2. + T_{22}^2.) - CT$$
$$= \frac{1}{2}(7.2^2 + 12^2 + \cdots + 19.9^2 + 18.4^2) - 914.49 = 75.78$$

$$SS_{A\times B} = SS_{AB} - SSA - SSB = 1.35$$

$$SSE = SST - (SSA + SSB + SS_{A\times B}) = 2.52$$

따라서 분산분석표는 다음과 같다.

변동인자	제곱합	자유도	평균제곱	F_0	$F_{0.05}(\phi_1, \phi_2)$
A	62.24	2	31.12	111.37*	6.94
B	12.19	2	6.09	21.81*	6.94
$A\times B$	1.35	4	0.34	1.21	3.63
E	2.51	9	0.28		
전체	78.30	17			

분석결과 인자 A, B는 모두 특성치에 유의적이다.

❷ 온도 A의 대비에 의한 변동

인자 A는 계량인자(수준 간격이 10℃로 일정)이므로 다음과 같은 변동으로서 표현된다. 따라서 1, 2차 효과는 다음과 같다.

$$L(A_{1차}) = T_{2}. - T_{0}. = -28.4 + 55.6 = 27.2$$

$$L(A_{2차}) = T_{2}. - 2T_{1}. + T_{0}. = 28.4 - 2\times 44.3 + 55.6 = -4.6$$

이들 대비의 변동은 단위수가 각각 2, 6이 되므로 대비의 변동은 다음과 같은 식으로 계산된다.

$$SS_L = \frac{1}{(2\times 3)\,r}(T_2. - T_0.)^2 = \frac{1}{12}[L(A_{1차}]^2 = \frac{27.2^2}{12} = 61.65$$

$$SS_Q = \frac{1}{(6\times 3)\times r}(T_2. - 2T_1. + T_0.)^2 = \frac{1}{36}[L(A_{2차})]^2 = \frac{(-4.6)^2}{36} = 0.59$$

❸ 물의 농도 B의 대비에 의한 변동

인자 B는 계량인자(수준 간격이 5%로 일정) 이므로 다음과 같은 변동으로서 표현된다. 따라서 1, 2차 효과는 다음과 같다.

$$L(B_{1차}) = T_2. - T_0. = -37.8 + 41 = 3.2$$

$$L(B_{2차}) = T_2. - 2T_1. + T_0. = 37.8 - 2\times 49.5 + 41 = -20.2$$

이들 대비의 변동은 단위수가 각각 2, 6이 되므로 대비의 변동은 다음과 같은 식으로 계산된다.

$$SS_L = \frac{1}{(2\times 3)\,r}(T_2. - T_0.)^2 = \frac{1}{12}[L(B_{1차}]^2 = \frac{3.2^2}{12} = 0.86$$

$$SS_Q = \frac{1}{(6\times 3)\times r}(T_2. - 2T_1. + T_0.)^2 = \frac{1}{36}[L(B_{2차})]^2 = \frac{(-20.2)^2}{36} = 11.33$$

❹ 대비포함한 분산 분석표

요인	SS	자유도	V	F_0	$F_{0.05}(\phi_1, \phi_2)$
A	62.24	2	31.12	111.37*	6.94
A_L	61.65	1	61.65	220.18*	5.12
A_Q	0.59	1	0.59	2.11	5.12
B	12.19	2	6.09	21.81*	6.94
B_L	0.86	1	0.86	3.07	5.12
B_Q	11.33	1	11.33	40.46*	5.12
$A\times B$	1.35	4	0.34	1.21	3.63
오차 E	2.51	9	0.28		
합계	78.30	17			

Minitab

1 다음과 같이 자료를 입력한다.

↓	C1	C2	C3	C4
	A	B	자료	
4	0	1	5.7	
5	0	2	4.3	
6	0	2	4.9	
7	1	0	7.1	
8	1	0	6.2	
9	1	1	9.2	
10	1	1	8.4	
11	1	2	6.2	
12	1	2	7.2	
13	2	0	8.2	
14	2	0	9.1	
15	2	1	9.7	
16	2	1	10.2	
17	2	2	9.0	
18	2	2	9.4	

2 통계분석(S) → 분산 분석(A) → 일반 선형 모형(G)... 선택하고 [반응] 항목란에 마우스 포인터를 올려놓고 C3를 더블 클릭하고 [모형] 란에는 A, B, A*B를 입력하고 확인(O) 버튼을 누른다.

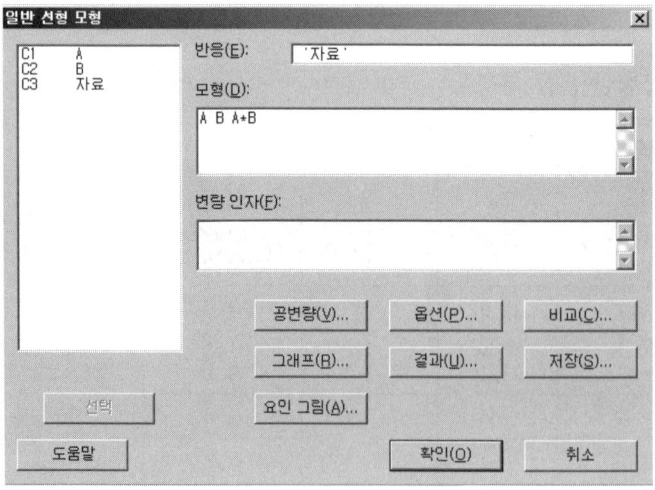

3 [세션] 창에 다음과 같은 결과가 표시되어 나타난다.

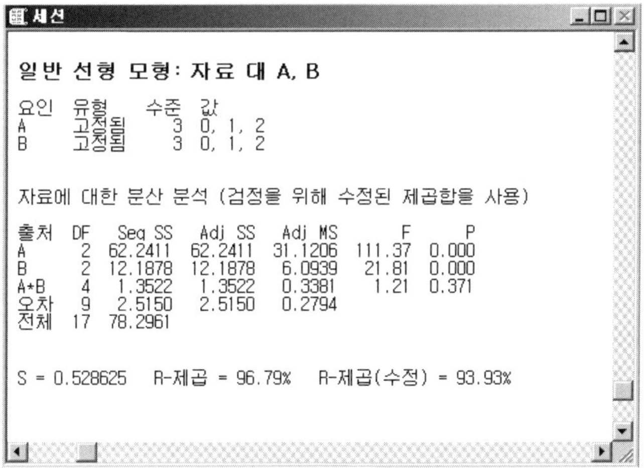
세션

일반 선형 모형: 자료 대 A, B

요인	유형	수준	값
A	고정됨	3	0, 1, 2
B	고정됨	3	0, 1, 2

자료에 대한 분산 분석 (검정을 위해 수정된 제곱합을 사용)

출처	DF	Seq SS	Adj SS	Adj MS	F	P
A	2	62.2411	62.2411	31.1206	111.37	0.000
B	2	12.1878	12.1878	6.0939	21.81	0.000
A*B	4	1.3522	1.3522	0.3381	1.21	0.371
오차	9	2.5150	2.5150	0.2794		
전체	17	78.2961				

S = 0.528625 R-제곱 = 96.79% R-제곱(수정) = 93.93%

해석 분산분석표에서 유의수준 5%에서 주효과 A, B 인자만 유의하고 상호작용은 비유의적인 인자로 나타나고 있다.

연습문제

1 다음 표는 2^2 요인 실험에서 A, B 두 인자의 조합과 그 실험 결과에 대한 자료를 나타내고 있다.

B \ A	A_1	A_2
B_1	41	88
B_2	21	31

(1) 인자 A의 주효과를 구하면?
(2) 두 인자 A, B간의 교호작용 A×B의 효과를 구하면?
(3) 인자 B의 변동 SSB를 구하면?
(4) 두 인자의 교호작용의 변동 $SS_{A\times B}$를 구하면?

2 다음 표는 2^2 요인 실험에서 A, B 두 인자의 조합과 그 실험 결과를 나타낸 것이다. 다음 물음에 답하라.

B \ A	A_1	A_2
B_1	43	29
B_2	24	82

(1) 인자 A와 B의 주효과를 구하라.
(2) 두 인자 A, B간의 교호작용 AB를 구하라.
(3) 변동 SSA, SSB를 구하라.

3 2^2 요인실험법을 실험하여 다음과 같은 결과를 얻었다. A×B 교호작용 효과는?

A \ B		인자 B	
		B_1	B_2
인자 A	A_1	7	-2
		3	2
	A_2	6	-5
		4	5
합계		20	0

연습문제

4 어떤 제품의 종합 반응에서 약품의 흡수 속도(g/hr)가 제조 시간에 영향을 미치고 있음을 알고 있다. 흡수 속도에 큰 요인이라고 생각되는 촉매량($A_1 = 0.3$(%), $A_2 = 0.5$(%))과 반응 온도($B_1 = 150$(℃), $B_2 = 170$(℃))를 각각 2수준으로 3회 반복하여 2^2 요인실험을 행한 결과 다음과 같다.

B \ A	A_1	A_2
B_1	94 88 97	102 110 105
B_2	98 100 95	119 108 113

(1) 주효과 A, B와 교호작용 AB를 구하라.

(2) 필요한 변동을 구한 후에 분산분석표를 작성하라.

5 어떤 플라스틱 제품의 강도에 영향을 주는 요인으로는 배합비율, 소성온도가 지적되었다. 이들 인자들이 강도에 어느 정도 영향을 주는가를 조사하기 위하여 다음의 실험조선에서 12회를 완전랜덤하게 실험하여 아래 표의 데이터를 얻었다. 분산분석표를 작성하라(소수점 이하 2자리까지 구하시오).

〈실험조건〉 : 배합비율(A) $A_0 = 0.6$ $A_1 = 0.9$

소성온도(B) $B_0 = 130$(℃) $B_1 = 150$(℃)

(단, 아래표에서 $A_0B_0 : T_{00}. \equiv (1) = 80$ $A_0B_0 : T_{01}. = b = 60$

$A_1B_0 : T_0. \equiv a \equiv 100$ $A_1B_1 : T_{11}. \equiv ab = 90$ 이며 반복 r=3)

연습문제

[제품의 강도 데이터]

B \ A	B_0	B_1	계
A_0	28 25 27	18 19 23	140
A_1	36 32 31	31 30 29	190
계	180	150	330

6 어떤 농작물의 수확량에 영향을 주는 비료의 양에 따라서 어떻게 수확량이 달라지는가를 조사연구하기 위하여 퇴비 (A)의 양을 2수준, 질소비료(B)의 양을 2수준, 인산비료(C)의 양을 2수준으로 취하여 실험재배시킨 결과 다음의 데이터를 얻었다.

실험조건			데이터
A	B	C	
0	0	0	$(1)=32$
0	0	1	$c=25$
0	1	0	$b=44$
0	1	1	$bc=42$
1	0	0	$a=19$
1	0	1	$ac=12$
1	1	0	$ab=29$
1	1	1	$abc=25$

(1) Yates의 방법을 사용하여 변동을 구하고 분산분석표를 작성하라.

(2) 유의하지 않은 교호작용의 변동을 오차변동에 풀링시키고, 분산분석표를 새 로이 작성하라.

(3) 유의한 인자들이 어떤 수준조합에서 수확량이 제일 높아지는가?

7 어떤 제품의 종합반응에서 약품의 흡수속도가 제조시간에 영향을 미치고 있음을 알고 있다. 흡수속도에 대한 큰요인이라고 생각되는 촉매량과 반응온도를 간단히 2수준만 취급하여 다음의 조건으로 3회 반복하여 2×2×3=12회 실험을 랜덤하게 행한 결과 다음의 데이터를 얻었다.

연 습 문 제

〈실험조건〉

촉매량(%) : $A_0 = 0.3$, $A_1 = 0.5$

반응온도(℃) : $B_0 = 150$, $B_1 = 170$

(1) 주효과 A, B와 교호작용 AB를 구하라.

(2) 필요한 변동을 구한 후에 분산분석표를 작성하라.

(3) 어떤 수준조합 A_i, B_j에서 흡수속도가 가장 큰가를 구하고, 이 조건에서 흡수 속도의 95(%) 신뢰구간을 추정하라(만약 A×B가 유의하지 않으면 이를 E에 풀링한 후에 실시하라.)

단위 : 흡수속도(g/hr)

	A_0	A_1
B_0	94	102
	88	100
	92	105
B_1	98	110
	99	108
	95	113

8 반복이 없는 2^3형 계획에서 인자의 수준의 조합과 데이터는 다음과 같다.

수준의 조합	데이타
(1)	50
a	55
b	58
ab	63
c	58
ac	58
bc	64
abc	66

(1) A와 B 및 A×B의 주효과를 각각 구하시오

(2) A와 B 및 A×B의 변동을 구하시오.(즉, SSA, SSB, $SS_{A \times B}$).

9 어떤 화공 물질의 촉매의 종류(A)를 2수준, 반응온도(B)를 2수준, 원료의 농도(C)를 2수준으로 하여 반응 공정에서 합성률에 미치는 영향을 검토

연 습 문 제

하기 위하여 2^2형 계획에서 실험 조건에 따라 8회의 실험을 완전 랜덤하게 실시한 결과 다음 표와 같은 데이터를 얻었다.

데이터표현식	데 이 터	데이터표현식	데 이 터
$y_{000}=(1)$	72	$y_{100}=a$	58
$y_{001}=c$	65	$y_{101}=ac$	53
$y_{010}=b$	85	$y_{110}=ab$	68
$y_{011}=bc$	83	$y_{111}=abc$	63

(1) 원료 농도의 주효과는 얼마인가?
(2) 반응 온도의 주효과는 얼마인가?
(3) 인자 A, B간의 교호작용 A×B의 효과는?
(4) 인자 A, B 교호작용 A×C의 효과는?
(5) 인자 A의 변동 SSA를 구하면?
(6) 인자 B, C의 교호작용 $SS_{B\times C}$의 효과는?

10 어떤 농작물의 수확량에 영향을 주는 비료에 따라서 수확량이 달라지는가를 조사 연구하기 위하여 퇴비(A)의 양을 2수준, 질소비료(B)의 양을 2수준, 인산비료(C)의 양을 2수준으로 정하고 실험 재배를 한 결과 다음의 데이터를 얻었다.

실험조건 A B C	데이터 표현식	데이터
0 0 0	$y_{000}=(1)$	32
0 0 1	$y_{001}=c$	25
0 1 0	$y_{010}=b$	44
0 1 1	$y_{010}=bc$	42
1 0 0	$y_{100}=a$	19
1 0 1	$y_{101}=ac$	12
1 1 0	$y_{110}=ab$	29
1 1 1	$y_{111}=abc$	25

(1) 분산분석표를 작성하시오.(Yates 방법으로 계산하여도 가능함)
(2) 유의하지 않은 교호작용의 변동을 오차변동에 풀링하여 분산분석표를 다시 작성하시오.
(3) 유의한 인자들의 어떤 수준에서 수확량이 제일 높은가?

6

Introduction to Design of Experiments

교락법과 일부실시법

실험횟수가 불어나면 하루이상 실험 해야 하며 경우에 따라서는 여러 개의 표본의 원료를 사용하지 않으면 안 될 경우가 발생하여 동일한 조건하에서 모든 실험을 하기에 무리가 따르고 완전 랜덤으로 실험순서를 정하는 것은 실시하기 어려운 문제점을 가지고 있다. 즉 실험횟수를 늘리지 않고 실험 전체를 몇 개의 블록으로 나누어 배치시킴으로서 동일 환경 내의 실험횟수를 적게 하는 방법이 교락법(confounding method)이라고 한다.

3인자 이상의 고차의 교호작용은 일반적으로 유의하지 않은 경우가 많으며, 유의하다고 하여도 통계 및 품질 해석이 어려운 경우가 있을 수 있다. 따라서 주효과와 2인자 교호작용만의 추정이나 검정을 할 뿐이라면 반드시 인자의 모든 조합에서 실험할 필요가 없으며, 불필요한 교호작용이라든가 고차의 교호작용을 구하지 않고 실험의 크기를 작게 할 수 있도록 인자의 조합 중 일부만을 실험하는 방법을 일부실시법(fractional factorial design)이라고 한다.

1. 실험의 의의

다원배치법 이나 요인배치법에서는 인자의 수 및 인자의 수준수가 늘어나면 실험횟수는 기하 급수적으로 일어난다. 예를 들어 요인배치법의 경우 인자의 수가 4개이고 수준수가 2인 경우에도 $2^4 = 16$의 실험횟수가 되고 인자의 수가 3개이고 수준수가 3개인 경우에도 $3^3 = 27$의 실험횟수가 된다. 일반적인 공정해석을 위한 공정 현상을 조사하는 경우에 특성치에 영향을 주는 인자의 수는 대부분 5 이상이 되어야 된다고 알려져 있다. 수준수가 비교적 적은 수준의 실험을 했을 때도 인자의 수가 8이라면 $2^8 = 256$번의 실험을 행하여야 한다.

실험횟수가 이처럼 많아지면 하루이상 실험해야 하며 경우에 따라서는 여러 개의 표본를 사용하지 않으면 안 될 경우가 발생하여 동일한 조건하에서 모든 실험을 하기에 무리가 따르고 완전 랜덤으로 실험순서를 정하는 것은 실시하기 어려운 문제점을 가지고 있다. 이러한 실험조건의 차이를 무시하고 실험하면 실험의 정도가 나빠져서 오차분산이 크게 나타날 수 있으며 검출력이 낮아지거나 추정량의 신뢰성이 무너질 수 있다. 즉 실험횟수를 늘리지 않고 실험 전체를 몇 개의 블록으로 나누어 배치시킴으로서 동일 환경 내의 실험횟수를 적게 하는 방법이 교락법(confounding method)이라고 한다. 따라서 이러한 방법의 목적은 실험오차를 작게 하여 실험의 정도 향상을 위하여 사용하고 인자의 수가 많아 실험을 수일간 해야 한다거나, 여러 개의 로트의 원료를 사용하여, 동일한 조건하에서 모든 실험을 하기 곤란한 경우에 사용된다. 일반적으로 중요하지 않은 정보 즉, 고차원의 교호작용을 블록(예, 날자)과 혼동(mix)시킴으로서 날자나 혹은 블록별로 처리수를 동일하게 하여 균일한 조건으로 실험을 할 수 있게 된다. 이러한 실험의 경우 3인자 이상의 고차의 교호작용은 일반적으로 유의하지 않은 경우가 많으며, 유의하다고 하여도 통계 및 품질 해석이 어려운 경우가 있을 수 있다. 따라서 주효과와 2인자 교호작용만의 추정이나 검정을 할 뿐이라면 반드시 인자의 모든 조합에서 실험할 필요가 없으며, 불필요한 교호작용이라든가 고차의 교호작용을 구하지 않고 실험의 크기를 작게 할 수 있도록 인자의 조합 중 일부만을 실험하는 방법을 일부실시법(fractional factorial design)이라고 한다. 이러한 일부 실시법은 고차의 교호작용은 거의 존재하지 않는다는 가정이 만족되어야 한다. 이 가정은 실제로 대개의 경우 거의 만족된다고 알려져 있다.

2. 2^n 형의 교락법

인자 A, B, C 인 교락법은 2^3형 요인실험에서는 인자의 수준조합이 다음의 8가지가 있다.

$$(1),\ a,\ b,\ c,\ ab,\ ac,\ bc,\ abc$$

이 8가지 조합을 동일한 실험조건에서 실험할 수 있으면 삼원배치법이나 2^3요인배치법으로 분석할 수 있지만 동일한 실험조건에서 실험할 수 없고, 단지 4가지만 동일조건에서 실험할 수 있다면 4가지씩 2조로 나누어 실험하는 것이 바람직할 것이다. 2^3형의 실험에서는 최고차의 교호작용은 3인자 교호작용 ABC($A\times B\times C$ 대신에 사용)는 다음과 같이 표현된다.

$$ABC=\frac{1}{4}\{(a+b+c+abc)-((1)+ab+ac+bc)\}$$

이 8가지 조합을 2조로 나누어 블록으로 분리하여 다음과 같이 표현 가능하다.

$$\begin{aligned}ABC&=\frac{1}{4}[(\text{블록 2의 측정치 합})-(\text{블록 1의 측정치 합})]\\&=\text{블록효과의 차이}\end{aligned}$$

위와 같이 실험을 배치하면 교호작용 ABC와 두 블록효과차가 서로 교락(confounding)되어 있어서 이것을 분리하여 구할 수 없다는 것을 의미한다. 따라서 이와 같이 2조로 나누어 실험하면 교호작용 ABC의 추정치 속에 블록효과의 차가 내재되어 있으므로 실제로 교호작용 ABC의 효과가 어느 정도인지를 알아낼 수가 없다. 이러한 경우는 교호작용 ABC와 실험조건의 효과인 블록효과가 서로 교락되어 있다는 의미로 간주된다. 교호작용 ABC가 교락되어 있는 2^3요인실험을 그림으로 다음과 같이 표현 할 수 있다.

블록 1	블록 2
(1)	a
ab	b
ac	c
bc	abc

위와 같이 2조로 배치할 경우 ABC 이외의 모든 효과(주효과 A, B, C와 교호작용 AB, AC, BC)는 블록간의 효과 차에 관계없이 구할 수가 있다. 가령 뒤의 조는 실험조건이 다르기 때문에 앞의 조보다 β만큼 다른 값이 나타난다고 가정하면 다음과 같은 표로 변형 할 수 있다.

블록 1	블록 2
(1)	$a+\beta$
ab	$b+\beta$
ac	$c+\beta$
bc	$abc+\beta$

주효과 A는 다음과 같이 표현된다.

$$A=\frac{1}{4}\{(a+ab+ac+abc)-((1)+b+c+bc)\}$$

위 식에서 블록 2의 a, b, c, abc에 β 값을 반영하면 다음과 같이 나타나므로 주효과 A와 블록효과는 교락되어 있지 않음을 알 수 있다.

$$\begin{aligned}A&=\frac{1}{4}\{(a+\beta+ab+ac+abc+\beta)-((1)+b+\beta+c+\beta+bc)\}\\&=\frac{1}{4}\{(a+ab+ac+abc)-((1)+b+c+bc)\}\end{aligned}$$

결과적으로 2^3요인실험을 두 개의 블록으로 나눌 때 블록효과와 무엇을 교락시키는가에 따라서 실험의 배치가 달라진다. 위 그림에서는 ABC를 블록과 교락시켜 배치하였는데 이런 경우에는 ABC을 단독으로 추정하기는 곤란하지만 주효과와 2인자 교호작용은 두 개의 블록으로 나누지 않았을 때보다 더욱 정도 좋게 추정 된다. 따라서 고차의 교호작용인 ABC을 무시할 수 있는 경우에 이와 같은 교락법을 사용하면 효율적이 될 수 있다.

1) 실험의 배치방법

블록에 조합을 배치시킬 때 사용되는 방법으로 ❶ 인수분해방법과 ❷ 합동식을 이용하는 방법이 있다.

❶ 인수분해 식을 이용한 방법

2^3형 실험에서 ab, ac, abc 등의 기호는 여러 가지 실험조합을 표시하는 데 지나지 않았으나, 이것을 마치 두 수의 곱인 것 같이 인수분해를 하면 (1)은 1로 생각한다) A의 주효과는 다음과 같이 표현된다.

$$A = \frac{1}{4}\{(a+ab+ac+abc)-((1)+b+c+bc)\}$$
$$= \frac{1}{4}(a-1)(b+1)(c+1)$$

따라서 A의 주효과를 블록효과와 교락 시켜 두 블록에 배치시키려면 블록과 교락시키고 싶은 효과에만 −1을 붙이고 역으로 구한 다음 +의 군과 −의 군으로 나누어

a, ab, ac, abc를 블록 1에
$(1), b, c, bc$를 블록 2에

배치하면 된다. 이 배치에는 A의 주효과 이외의 모든 효과는 블록과 교락하고 있지 않다.

경우에 따라서 AB을 블록과 교락 시키려면

$$AB = \frac{1}{4}(a-1)(b-1)(c+1)$$
$$= \frac{1}{4}\{((1)+ab+c+abc)-(a+b+ac+bc)\}$$

로부터

$(1), ab, c, abc$를 블록 1에
a, b, ac, bc를 블록 2에

배치하면 된다.

유사하게 ABC를 블록과 교락 시키려면 다음과 같은 식을 이용하면 된다.

$$ABC = \frac{1}{4}(a-1)(b-1)(c-1)$$
$$= \frac{1}{4}\{(a+b+c+abc)-((1)+ab+ac+bc)\}$$

일반적으로 2개의 블록으로 나눌 때에는 최고차의 교호작용을 블록과 교락 시키는 것이 좋다. 실험순서는 우선 블록을 랜덤하게 선택하고, 다음에 선택한 블록 내에서

랜덤하게 실험을 한다.

2^4형 실험에서 2개의 블록으로 나누어 실험하려면 $ABCD$를 블록과 교락 시켜

$$\begin{aligned} ABCD &= \frac{1}{8}(a-1)(b-1)(c-1)(d-1) \\ &= \frac{1}{8}\{((1)+ab+ac+ad+bc+bd+cd+abcd) \\ &\quad -(a+b+c+d+abc+abd+acd+bcd)\} \end{aligned}$$

의 식으로부터 블록 1, 2에 다음과 같이 배치시켜 실험하면 된다.

블록 1 : $(1), ab, ac, ad, bc, bd, cd, abcd$

블록 2 : $a, b, c, d, abc, abd, acd, bcd$

여기에서 블록 1, 2를 다시 반으로 쪼개어 4개의 블록을 만들고자 할 경우에는 3개의 요인을 블록과 교락 시키지 않으면 안 된다. 블록이 2개로 나누어지는 교락을 "단독 교락"이라고 부르고, 블록이 4개로 나누어지는 교락을 "2중 교락"이라고 한다. 블록으로 나누어지는 경우에 (1)를 포함한 블록을 주블록(principal block)이라고 부른다. 2중 교락 시키는 인수분해식 방법을 알아보자.

교호작용 ABC을 우선 블록과 교락 시키면

$$\begin{aligned} ABC &= \frac{1}{8}(a-1)(b-1)(c-1)(d+1) \\ &= \frac{1}{8}\{(a+b+c+ad+bd+cd+abc+abcd) \\ &\quad -((1)+d+ab+ac+bc+abd+acd+bcd)\} \end{aligned}$$

로부터 +군과 −군으로 나누어진다. 이것을 다시 두 개로 나누려면 또 하나의 요인을 교락시키지 않으면 안 된다. 교락 요인으로 BCD를 선택하였다면

$$\begin{aligned} BCD &= \frac{1}{8}(a+1)(b-1)(c-1)(d-1) \\ &= \frac{1}{8}\{(b+c+d+ab+ac+ad+bcd+abcd) \\ &\quad -((1)+a+bc+bd+cd+abc+acd+abd)\} \end{aligned}$$

로 또한 두 개의 +, −군으로 나누어진다. 이제 4개의 블록으로 나누려면

(ABC에서 +, BCD에서 +)

$$(ABC\text{에서}+,\ BCD\text{에서}-)$$

$$(ABC\text{에서}-,\ BCD\text{에서}+)$$

$$(ABC\text{에서}-,\ BCD\text{에서}-)$$

로 되어 있는 실험을 각각 하나의 군으로 하여 4개의 군으로 다음과 같이 나눈다. 다음은 ABC, BCD을 교락 시킨 2^4요인실험의 그림이다.

블록 1	블록 2	블록 3	블록 4
c	a	d	(1)
b	bd	ab	bc
ad	cd	ac	abd
$abcd$	abc	bcd	acd

이 경우에 교락 시킨 2개의 요인을 곱하여 생기는 요인 또한 블록과 교락되어 있다. 즉,

$$ABC \times BCD = AB^2C^2D = AD$$

로 교호작용 AD도 블록과 교락 되어 있다. 이 때 AD을 ABC, BCD요인의 결합요인이라고 부른다. 여기서 2^n형 실험에서는 $A^2 = B^2 = C^2 = D^2 = 1$로 제곱이 되었을 때에는 1로 간주함에 주의하여야 한다.

최고차의 교호작용과 다음 고차의 교호작용을 교락 시킬 경우에는 결합요인은 주효과가 되므로 교락 시켜서는 안 된다. 예를 들어 $ABCD$와 ABC을 교락 시키면 결합요인은 D가 되어, D의 주효과가 블록과 교락되어 주효과 D의 추정이 곤란하다.

❷ 합동식의 이용방법

이 방법은 Kempthorne이 의하여 제안된 것으로 2^4형 실험에서 두 개의 블록으로 나누어 $ABCD$를 블록과 교락 시켰을 경우

$$I = ABCD$$

을 단순히 어떤 요인이 블록과 교락 되어 있는가를 나타내는 표현식으로서 정의대비(defining contrast)라고 가정하여 사용한다. 정의대비를 정의하기 위하여 다음과 같은 선형식을 고려하자

$$L = x_1 + x_2 + x_3 + x_4 \pmod 2$$

단, x_i는 i번째 인자의 수준으로 0, 1만을 취하는 값이다. 만약 정의대비에 i번째 인자가 나타나 있지 않으면 선형식에 x_i는 나타나지 않는다. 여기서 (mod 2)는 (modulus 2)의 약호로 L의 값이 2 이상이 되면 2로 나누어 그 나머지 값을 L이 갖도록 하는 역할을 한다. 위식의 경우에는 L은 0, 1만이 될 수 있으며 2개의 블록을 $L=0$이 되는 것과 $L=1$이 되는 조합으로 나누면 된다.

예를 들면 ab는

$$\begin{aligned} L &= x_1+x_2+x_3+x_4 \\ &= 1+1+0+0 \\ &= 2 \pmod 2 \\ &= 0 \end{aligned}$$

으로 블록 1에 들어가고, bcd는

$$\begin{aligned} L &= x_1+x_2+x_3+x_4 \\ &= 0+1+1+1 \\ &= 3 \pmod 2 \\ &= 1 \end{aligned}$$

로 블록 2에 들어간다. 2개의 블록으로 나누어 실험한 후에 변동의 계산을 하면 블록간의 변동은 $SS_{A\times B\times C\times D}$와 동일하게 되고, 기타 모든 요인의 변동은 2^4요인실험을 완전 랜덤하게 실험한 경우와 똑같이 계산된다. 다음과 같이 $ABCD$을 교락 시킨 2^4 요인실험은 다음 그림과 같다.

블록 1	블록 2
(1)	a
ab	b
ac	c
ad	d
bc	abc
bd	abd
cd	bcd
$abcd$	acd
$L=0$	$L=1$

예를 들어 2^4형 실험에서 와 같이 4개의 블록을 만들려면 정의대비를 2개 만들어야 하고,

$$I = ABC,\ \ I = BCD$$

이 두 정의대비의 곱 $I = AD$도 정의대비가 되어 선형식은 다음과 같이 정의 된다.

$$L_1 = x_1 + x_2 + x_3 \pmod 2$$
$$L_2 = x_2 + x_3 + x_4 \pmod 2$$
$$L_3 = x_1 + x_4 \pmod 2$$

위 식 중에서 두 개를 선택하여 $L_{1,} L_2$가 뽑혔다면 다음과 같은 4개의 군으로 나누어 질 수 있다.

$$(L_1 = L_2 = 0),\ (L_1 = 0, L_2 = 1),\ (L_1 = 1, L_2 = 0),\ (L_1 = L_2 = 1)$$

이 경우의 실험의 랜덤화는 블록을 우선 랜덤하게 뽑고, 선택된 블록 속에서 4번의 실험을 또한 랜덤하게 행하면 된다. 위와 같이 배치 실험의 변동을 계산하면 블록간의 변동 SS_{Block}은 다음과 같이 된다.

$$SS_{Block} = SS_{A \times B \times C} + SS_{B \times C \times D} + SS_{A \times D}$$

즉, 블록효과가 교호작용 ABC, BCD, AD와 서로 교락 되어 있다. 그러나 기타의 모든 요인은 블록효과와 상관없이 추정이 가능하고, 변동의 계산은 2^4요인배치의 경우와 동일하게 하면 된다. ABC, BCD을 교락 시킨 2^4요인실험의 그림은 다음과 같다.

블록 1	블록 2	블록 3	블록 4
(1)	d	a	c
bc	ab	bd	b
abd	ac	cd	ad
acd	bcd	abc	$abcd$
$L_1 = L_2 = 0$	$L_1 = 0$, $L_2 = 1$	$L_1 = 1$, $L_2 = 0$	$L_1 = L_2 = 1$

기본 예제 6.1

2^4 요인실험에서 16회의 실험을 동일조건으로 실시할 수 없어 다음과 같이 4개의 블록으로 나누어 교호작용 ABC, BCD, AD를 블록과 교락시켜 실험을 실시하고 다음의 데이터를 얻었다. 분산분석표를 작성하라

블록 1	블록 2	블록 3	블록 4
$(1)=5$ $bc=25$ $abd=64$ $acd=41$	$d=8$ $ab=20$ $ac=60$ $bcd=30$	$a=31$ $bd=40$ $cd=5$ $abc=46$	$c=25$ $b=28$ $ad=3$ $abcd=56$
$L_1=L_2=0$	$L_1=0$ $L_2=1$	$L_1=1$ $L_2=0$	$L_1=L_2=1$

결과

❶ Yates의 계산방법을 이용하여 다음과 같이 계산 된다(2^4 요인실험의 Yates의 계산법이고 M의 제수는 8이 아니고 16을 가짐, 즉 487/16=30.44, 반복이 없으므로 $r=1$).

처리조합	Data y	(1)	(2)	(3)	(4)	요인효과 (4)/8	요인 변동 $(4)^2/16$	
(1)	5	36	84	240	487	30.44	14823.06	CT
a	31	48	156	247	155	19.38	1501.56	SSA
b	28	85	115	74	131	16.38	1072.56	SSB
ab	20	71	132	81	-29	-3.63	52.56	$SS_{A\times B}$
c	25	11	18	-2	89	11.13	495.06	SSC
ac	60	104	56	133	81	10.13	410.06	$SS_{A\times C}$
bc	25	46	19	-48	-79	-9.88	390.06	$SS_{B\times C}$
abc	46	86	62	19	-19	-2.38	22.56	$SS_{A\times B\times C}$
d	8	26	12	72	7	0.88	3.06	SSD
ad	3	-8	-14	17	7	0.88	3.06	$SS_{A\times D}$
bd	40	35	93	38	135	16.88	1139.06	$SS_{B\times D}$
abd	64	21	40	43	67	8.38	280.56	$SS_{A\times B\times D}$
cd	5	-5	-34	-26	-55	-6.88	189.06	$SS_{C\times D}$
acd	41	24	-14	-53	5	0.63	1.56	$SS_{A\times C\times D}$
bcd	30	36	29	20	-27	-3.38	45.56	$SS_{B\times C\times D}$
abcd	56	26	-10	-39	-59	-7.38	217.56	$SS_{A\times B\times C\times D}$

블록간의 변동 SS_{Block}은 각 블록의 데이터의 합은 다음과 같다.

블록	블록1	블록2	블록3	블록4	전체합
합	135	118	122	112	487

.

즉, $SS_{Block} = \dfrac{(135)^2 + (118)^2 + (122)^2 + (112)^2}{4} - \dfrac{(487)^2}{16} = 71.19$

이것은 블록효과와 교락된 세 개의 교호작용의 변동 $SS_{A\times B\times C}$, $SS_{B\times C\times D}$, $SS_{A\times D}$ 의 합과 같다.

즉,

$$SS_{Block} = SS_{A\times B\times C} + SS_{B\times C\times D} + SS_{A\times D} = 22.56 + 45.56 + 3.06 = 71.19$$

그리고 삼인자 이상의 교호작용을 오차로 보면 오차변동 S_E는

$$SSE = SS_{A\times B\times D} + SS_{A\times C\times D} + SS_{A\times B\times C\times D} = 280.56 + 1.56 + 217.56 = 499.68$$

이 된다. 이러한 정보들을 가지고 분산분석표를 작성하여 보면 다음과 같다.

요인	SS	ϕ	V	F_0
A	1501.56	1	1501.56	9.02
B	1072.56	1	1072.56	6.44
C	495.06	1	495.06	2.97
D	3.06	1	3.06	0.02
$A\times B$	52.56	1	52.56	0.32
$A\times C$	410.06	1	410.06	2.46
$B\times C$	390.06	1	390.06	2.34
$B\times D$	1139.06	1	1139.06	6.84
$C\times D$	189.06	1	189.06	1.14
블록$(A\times B\times C, B\times C\times D, A\times D)$	71.19	3	23.73	0.14
$E(A\times B\times D, A\times C\times D, A\times B\times C\times D)$	499.68	3	166.56	
T	5823.91	15		

단, $F(1,3,0.05) = 10.1$, $F(3,3,0.05) = 9.28$

Minitab

1 통계분석(S) → 실험계획법(D) → 요인 설계(F) → 요인 설계 생성(C)...을 선택하면 요인 설계 대화상자가 나타난다. 이 대화상자에서 [설계유형]은 4가지 형태가 있는데 2개에서 15개 까지 가능한 [2-수준 요인(생성자 지정)] 항목을 선택하고 인자가 "4"이기 때문에 [요인개수] 항목에는 "4" 을 선택한다. 그리고 [설계] 버튼을 클릭한다.

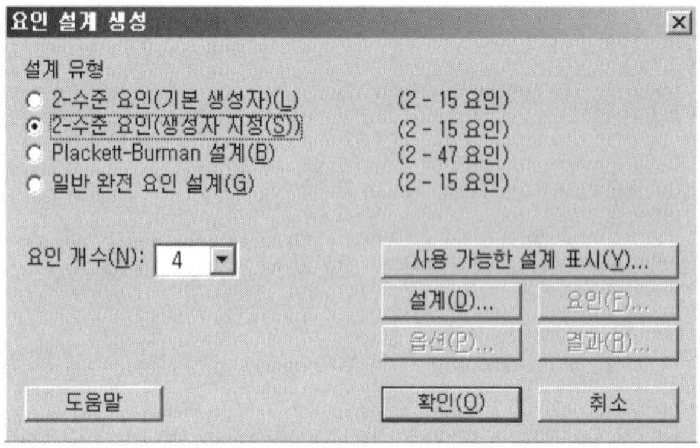

2 다음과 같은 대화상자가 나타나면 예제의 조건에 따라 [완전요인설계'(실험횟수 16)]를 선택하고 확인(O) 버튼을 누른다. 원 상태로 돌아오면 [생성자]버튼을 클릭한다.

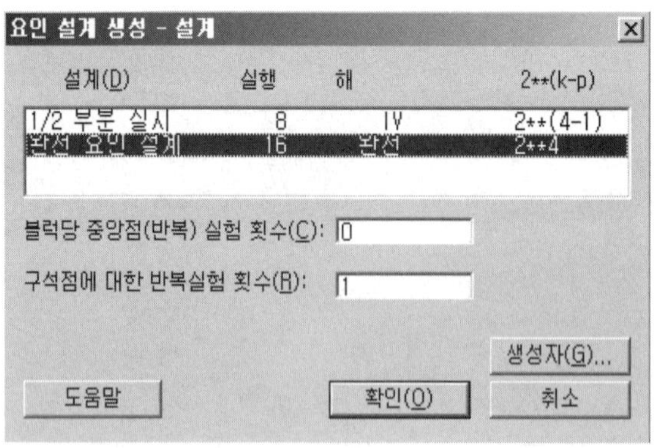

3 [관련 생성자] 항목에 블록 조건인 "ABC"와 "BCD"을 중간에 빈칸을 두고 입력한다. 물론 다른 교락의 조건 "AD"는 자동으로 생성 된다. 그리고 확인(O) 버

튼을 누른다. [요인설계생성] 대화상자 돌아오면 다시 [요인]버튼을 누른다.

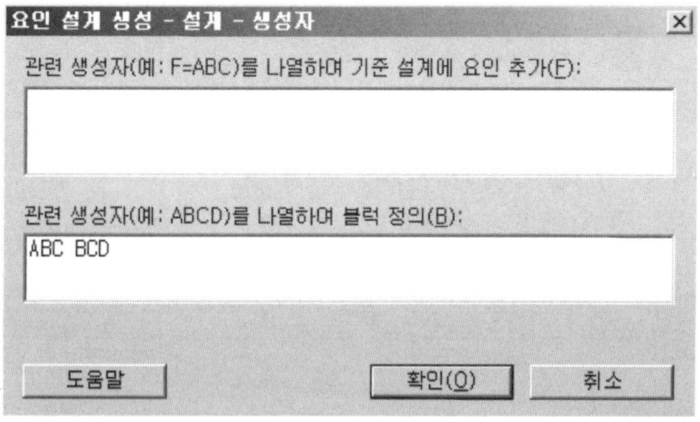

4 다음과 같은 요인 대화상자가 나타나면 [낮음]열에는 구분을 편리하게 하기위하여(uncoded) "0"을 입력한다.

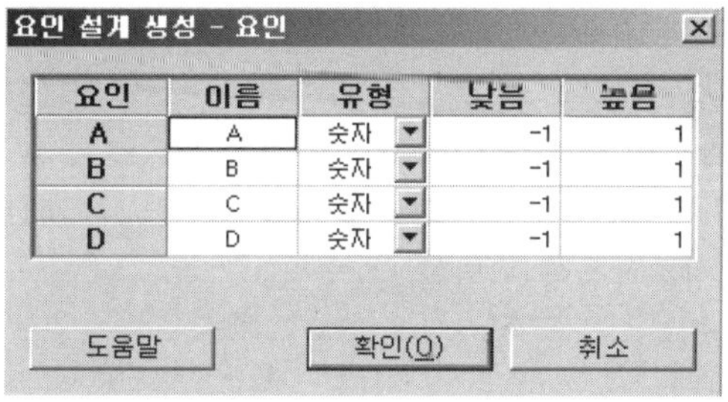

5 다음과 같이 변경되었으면 [확인(O)] 버튼을 누른다.

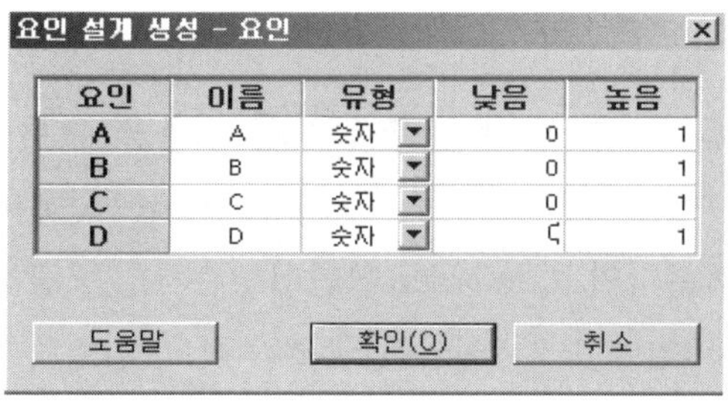

6 [요인설계생성] 대화상자 돌아오면 다시 [옵션]버튼을 누른다. 실험의 순서를 랜덤화하여 할 경우에는 초기값 그래로 입력 확인 하고 [확인(O)] 버튼을 누른다.

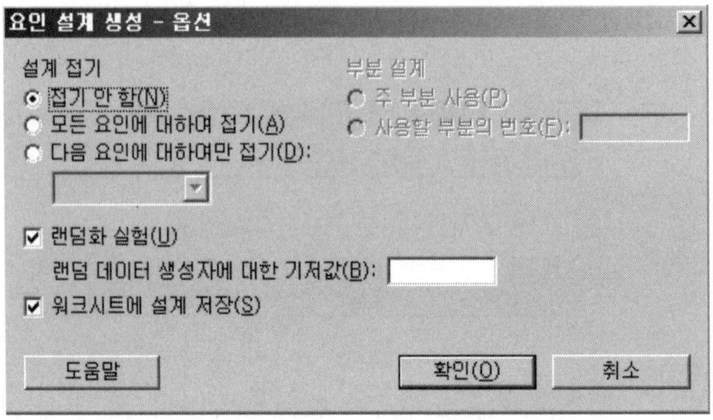

●●● 참고하세요!!

1. 설계접기

설계 접기는 교락을 감소시키는 한 방법이며 부분 요인 설계에서 하나 이상의 효과를 개별적으로 추정할 수 없는 경우 교락이 발생한다. 다른 효과와 구별할 수 없는 효과를 교락된 효과라고 한다.

해상도 IV 설계는 해상도 III 설계를 접어서 얻을 수 있다. 예를 들어, 요인 A에 대해 설계 접기를 수행하면 A와 여기에 포함된 모든 2-요인 상호작용은 다른 주효과 및 2-요인 상호작용과 구별된다. 모든 요인에 대해 접기를 수행하면 모든 주효과를 서로 또는 모든 2-요인 상호작용과 구별할 수 있다.

2. 해상도

해상도 III 설계는 주효과가 2차 상호작용과 교락되어 있으며 2차 상호작용간에도 교락되어 있는 상태를 의미하고 해상도 IV 설계는 주효과가 2차 상호작용과 교락되어 않으나 2차 상호작용간에는 교락되어 있는 상태를 의미한다.

7 원 상태로 돌아오면 다시 확인(O) 버튼을 누른다. 그러면 [워크시트] 창에 처음에 실험이 설계될 때의 순서인 [StdOrder(표준순서], 실험 계획후 실험 실시에 따른 랜덤순서인 [RunOrder(실험실행순서)], 중앙점, 블럭열이 차례로 나타난다. 그리고 C9열에 변수 이름을 "자료" 라고 입력하여 해당수준에 데이터를 입력한다.

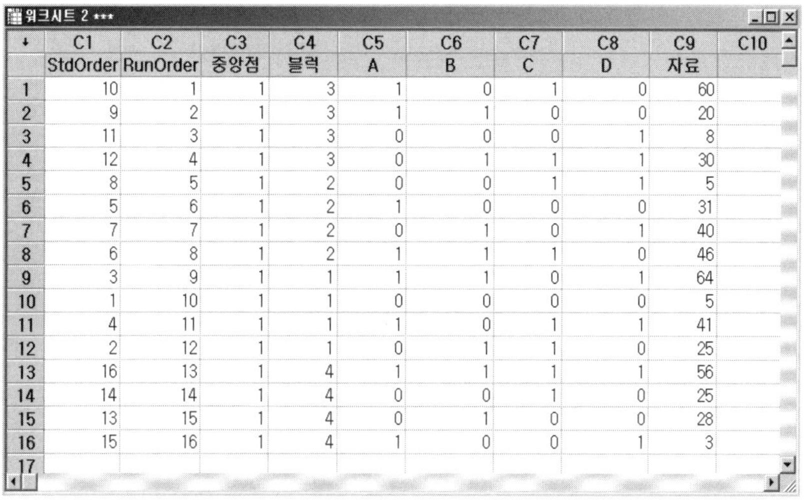

워크시트 2 ***

↓	C1	C2	C3	C4	C5	C6	C7	C8	C9	C10
	StdOrder	RunOrder	중앙점	블럭	A	B	C	D	자료	
1	10	1	1	3	1	0	1	0	60	
2	9	2	1	3	1	1	0	0	20	
3	11	3	1	3	0	0	0	1	8	
4	12	4	1	3	0	1	1	1	30	
5	8	5	1	2	0	0	1	1	5	
6	5	6	1	2	1	0	0	0	31	
7	7	7	1	2	0	1	0	1	40	
8	6	8	1	2	1	1	1	0	46	
9	3	9	1	1	1	1	0	1	64	
10	1	10	1	1	0	0	0	0	5	
11	4	11	1	1	1	0	1	1	41	
12	2	12	1	1	0	1	1	0	25	
13	16	13	1	4	1	1	1	1	56	
14	14	14	1	4	0	0	1	0	25	
15	13	15	1	4	0	1	0	0	28	
16	15	16	1	4	1	0	0	1	3	
17										

8 통계분석(S) → 실험계획법(D) → 요인 설계(F) → 요인 설계 분석(A)..을 선택하고 나타난 대화상자에서 [반응] 항목에 마우스 포인트를 올려놓고 C9을 더블클릭하고 [항] 버튼을 클릭한다.

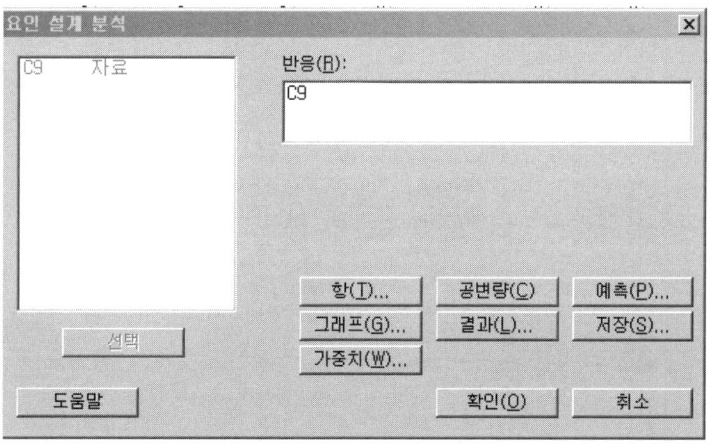

9 [사용가능항] 에 있는 주효과 A,B,C와 D 인자와 AB, AC, BC, BD, CD 인자를 이동화살표를 이용하여 [선택항]에 선택하고 확인(O) 버튼을 클릭한다. 다시 원상태 화면으로 복귀하면 다시 확인(O) 버튼을 누른다.

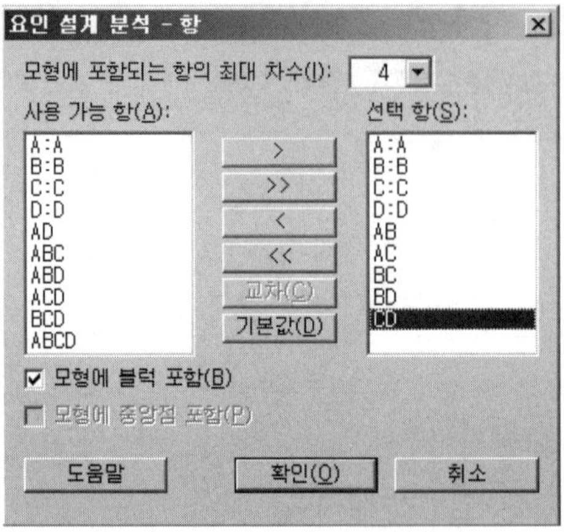

10 [세션] 창에 다음과 같은 결과가 표시되어 나타난다.

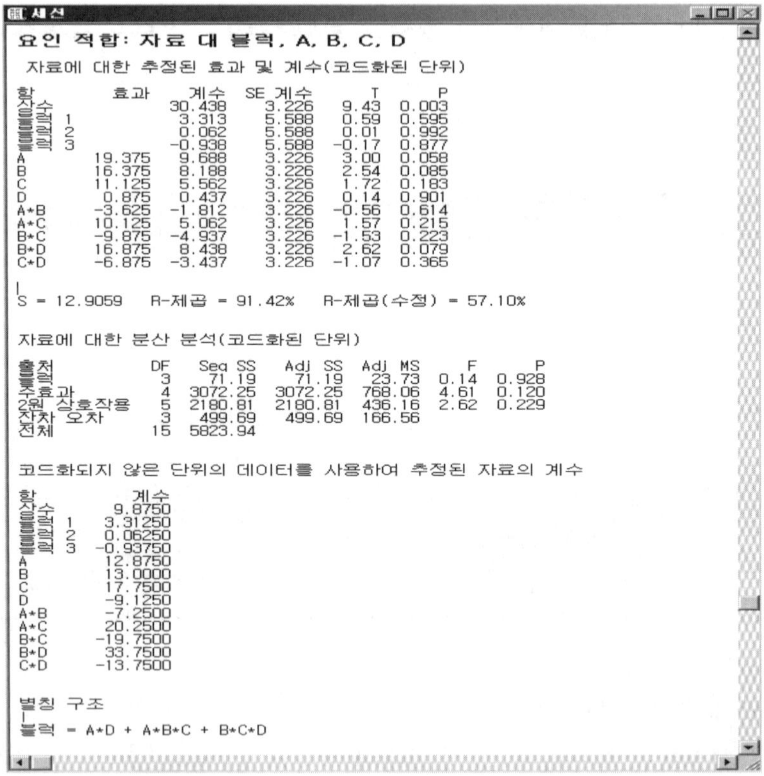
세션

```
요인 적합: 자료 대 블럭, A, B, C, D

 자료에 대한 추정된 효과 및 계수(코드화된 단위)

항          효과      계수   SE 계수       T      P
상수               30.438     3.226    9.43  0.003
블럭 1              3.313     5.588    0.59  0.595
블럭 2              0.062     5.588    0.01  0.992
블럭 3             -0.938     5.588   -0.17  0.877
A         19.375    9.688     3.226    3.00  0.058
B         16.375    8.188     3.226    2.54  0.085
C         11.125    5.562     3.226    1.72  0.183
D          0.875    0.437     3.226    0.14  0.901
A*B       -3.625   -1.812     3.226   -0.56  0.614
A*C       10.125    5.062     3.226    1.57  0.215
B*C       -9.875   -4.937     3.226   -1.53  0.223
B*D       16.875    8.438     3.226    2.62  0.079
C*D       -6.875   -3.437     3.226   -1.07  0.365

S = 12.9059   R-제곱 = 91.42%   R-제곱(수정) = 57.10%

자료에 대한 분산 분석(코드화된 단위)

출처          DF   Seq SS   Adj SS   Adj MS     F      P
블럭           3    71.19    71.19    23.73  0.14  0.928
주효과         4  3072.25  3072.25   768.06  4.61  0.120
2원 상호작용   5  2180.81  2180.81   436.16  2.62  0.229
잔차 오차      3   499.69   499.69   166.56
전체          15  5823.94

코드화되지 않은 단위의 데이터를 사용하여 추정된 자료의 계수

항             계수
상수         9.8750
블럭 1      3.31250
블럭 2      0.06250
블럭 3     -0.93750
A           12.8750
B           13.0000
C           17.7500
D           -9.1250
A*B         -7.2500
A*C         20.2500
B*C        -19.7500
B*D         33.7500
C*D        -13.7500

별칭 구조

블럭 = A*D + A*B*C + B*C*D
```

해석 선택된 모형에서는 모든 인자 계수가 비유의적으로 나타나고(P-값 〉유의수준(5%)) 즉, A, B, C, D 인자(주효과) 및 교호작용 모두 유의 하지 않음에 따라서 반응치 '데이터'에 영향을 주는 새로운 인자에 의해 실험을 다시 수행해야 한다.

1 ≪비유의적인 교호작용 인자에 대한 풀링(pooling) 작업≫을 위하여 앞에서와 같이 1에서5까지는 유사하고 통계분석(S) → 실험계획법(D) → 요인 설계(F) → 요인 설계 분석(A)...을 선택하고 [항] 항목을 선택하여 나타난 [항] 대화상자에서 "A, B, C, D AD, BD, CD" 인자항목을 [선택항] 이동 화살표를 이용하여 선택 하고 확인(O) 버튼을 누른다.

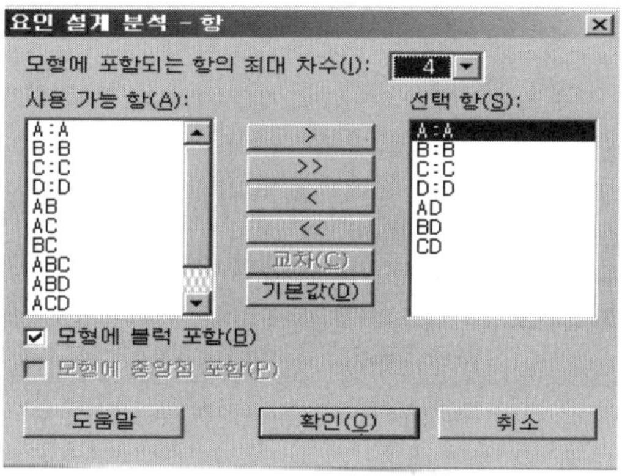

2 원 상태로 돌아오면 다시 [그래프] 버튼을 누른다.

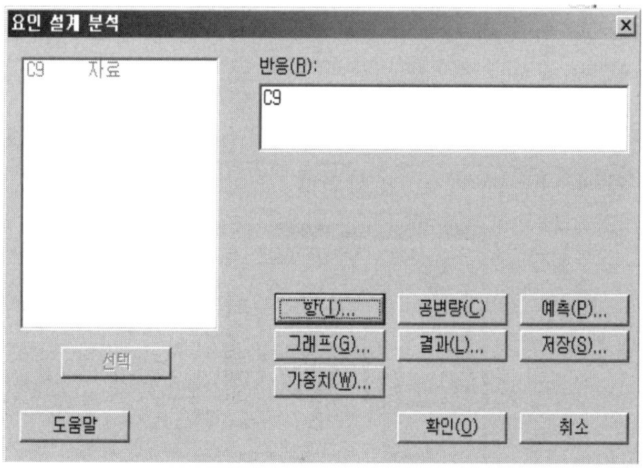

3 그래프 대화상자에서 효과그림의 [정규확률도], [Pareto]를 체크 및 선택하고 확인(O) 버튼을 클릭한다. 원 상태로 돌아오면 다시 [결과]버튼을 누른다.

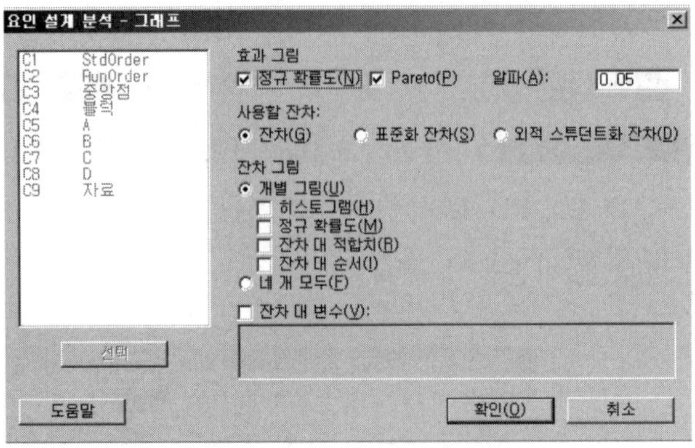

4 [결과] 대화상자에서 [계수 및 분산분석표] 항목과 [기본상호작용] 항목을 선택하고 [확인(O)] 버튼을 누른다. 원상태로 돌아오면 다시 [확인(O)] 버튼을 누른다.

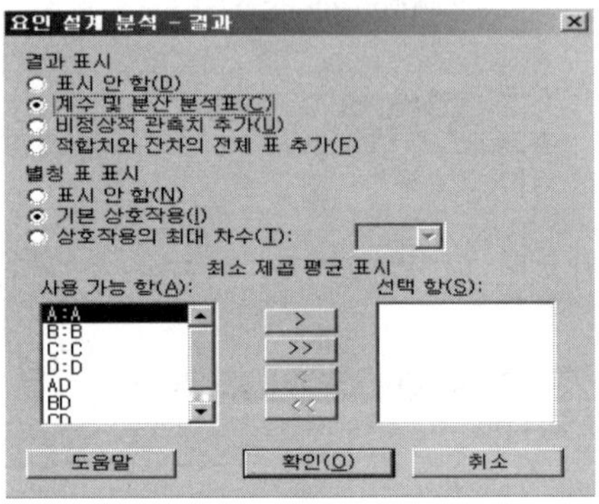

5 [세션] 창에 다음과 같이 표시된다.

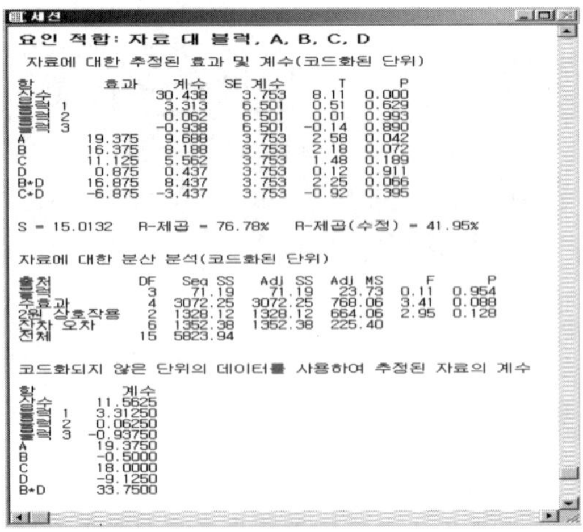

세션

요인 적합: 자료 대 블럭, A, B, C, D

자료에 대한 추정된 효과 및 계수(코드화된 단위)

항	효과	계수	SE 계수	T	P
상수		30.438	3.753	8.11	0.000
블럭 1		3.313	6.501	0.51	0.629
블럭 2		0.062	6.501	0.01	0.993
블럭 3		-0.938	6.501	-0.14	0.890
A	19.375	9.688	3.753	2.58	0.042
B	16.375	8.188	3.753	2.18	0.072
C	11.125	5.562	3.753	1.48	0.189
D	0.875	0.437	3.753	0.12	0.911
B*D	16.875	8.437	3.753	2.25	0.066
C*D	-6.875	-3.437	3.753	-0.92	0.395

S = 15.0132   R-제곱 = 76.78%   R-제곱(수정) = 41.95%

자료에 대한 분산 분석(코드화된 단위)

출처	DF	Seq SS	Adj SS	Adj MS	F	P
블럭	3	71.19	71.19	23.73	0.11	0.954
주효과	4	3072.25	3072.25	768.06	3.41	0.088
2원 상호작용	2	1328.12	1328.12	664.06	2.95	0.128
잔차 오차	6	1352.38	1352.38	225.40		
전체	15	5823.94				

코드화되지 않은 단위의 데이터를 사용하여 추정된 자료의 계수

항	계수
상수	11.5625
블럭 1	3.31250
블럭 2	0.06250
블럭 3	-0.93750
A	19.3750
B	-0.5000
C	18.0000
D	-9.1250
B*D	33.7500

해석 선택된 모형에서는 “A, B, C, D AD, BD, CD” 인자 중에서 “A”의 계수가 유의적으로 나타나고(유의수준 5%) 분산분석표에서도 주효과는 유의수준 10%에서 유의적으로 나타나고 있다.

6 효과그림 분석

▸ 표준화된 효과의 정규 확률그림

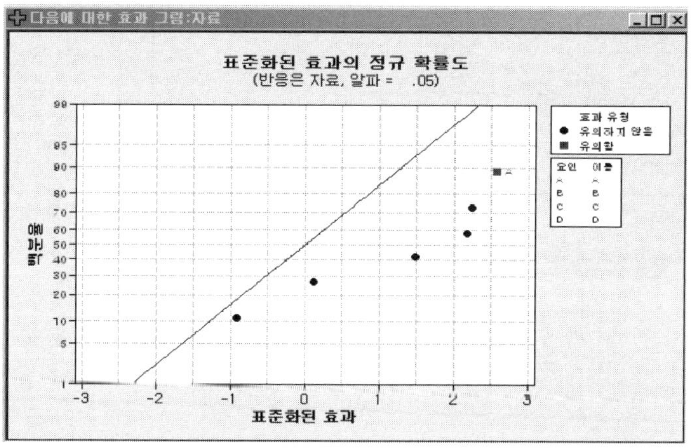

해석 비유의적인 인자는 직선 근처에 나타난다. 즉, 수준이 변해도 별로 변화하지 않음을 의미하고 멀리 떨어져 표시될수록 유의성이 크다는 의미이다. 여기서는 A 인자 효과만 인정된다.

▸ 표준화된 효과의 파레토그림

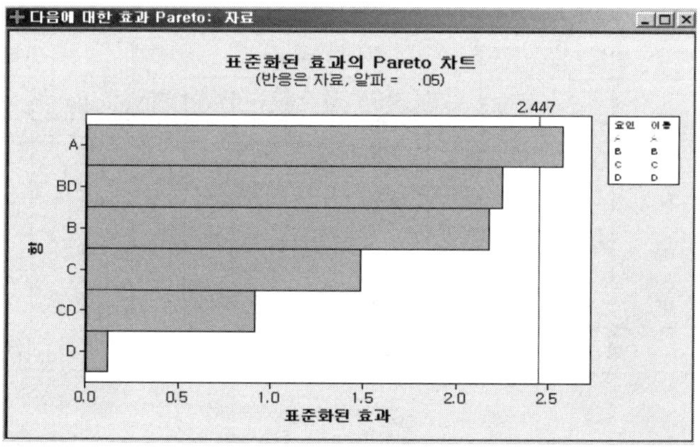

해석 중간의 실선(0.05유의선)보다 크게 나타나면 유의성을 가지고 있고 실선보다 작게 나타나면 비유의적이라고 볼 수 있다. 여기서도 A 인자 효과만 인정된다.

▶ 잔차 정규 확률 그림

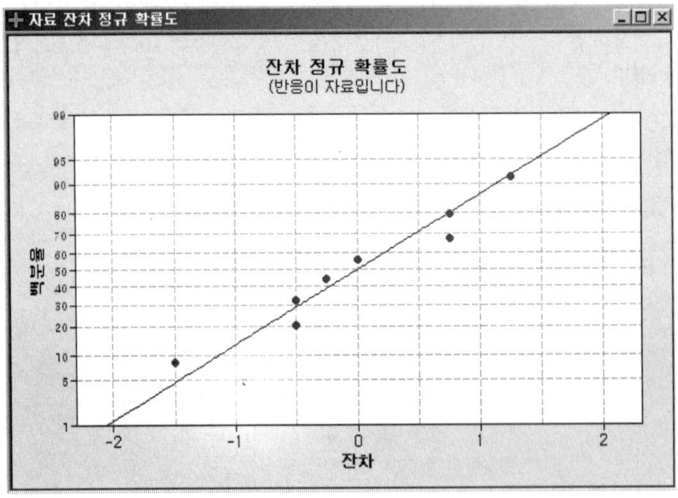

해석 잔차가 직선주위에 표시됨으로서 어느 정도는 정규성을 가진다고 볼 수 있다.

3. 완전(완비)교락과 부분교락

1) 완전(완비)교락

2^3형 실험에서 ABC를 블록과 교락시켜서 다음과 같은 배치를 얻었고 가정하자

반복	반복 I		반복 II		반복 III	
블록	1	2	3	4	5	6
요인	(1)	abc	bc	c	ac	a
	bc	a	(1)	a	(1)	b
	ab	c	ac	b	bc	abc
	ac	b	ab	abc	ab	c
교락된 요인	ABC		ABC		ABC	

이와 같은 실험을 위 그림처럼 3회 반복시키면 어느 반복에서나 ABC가 블록과 교락되어 있다. 이와 같이 교락법의 실험을 몇 회 반복하여도, 어떤 반복에서나 동일한 요인효과가 교락되어 있는 경우를 완전교락(complete confounding)이라고 한다.

이와 같이 실험하는 경우 ABC에 관한 정보는 얻을 수 없으나, 기타 모든 요인은 블록과 교락되지 않으므로 충분한 정보를 얻을 수 있다. 이 실험의 랜덤화는 반복 Ⅰ, Ⅱ, Ⅲ의 순서로 하되, 반복 내에서 어떤 조를 블록 1 또는 블록 2에 배치하느냐는 랜덤으로 정하고, 각 조에서 4번의 실험도 랜덤한 순서로 정한다.

위의 실험은 분할법에 의한 실험과 유사한 형태를 가지고, 반복 (R)과 블록 (ABC) 간의 교호작용이 1차단위의 오차 E_1으로서의 역할을 한다. 2차단위의 오차 E_2는 RA, RB, RC, RAB, RAC, RBC와 교락되어 있다. 이들 교호작용을 무시하고 오차로 간주하면 같은 즉, 2^3 완전 교락 실험의 분산분석표는 다음과 같이 요약 할 수 있다.

요 인	SS	ϕ	V
R	SSR	2	V_R
블록(ABC)	SS_{Block}	1	V_{Block}
E_1(블록$\times R$)	SS_{E_1}	2	V_{E_1}
A	SSA	1	V_A
B	SSB	1	V_B
C	SSC	1	V_C
$A\times B$	$SS_{A\times B}$	1	$V_{A\times B}$
$A\times C$	$SS_{A\times C}$	1	$V_{A\times C}$
$B\times C$	$SS_{B\times C}$	1	$V_{B\times C}$
E_2	SS_{E_2}	12	V_{E_2}
T	SST	23	

2) 부분 교락

반복을 여러번 행하는 경우에 각 반복마다 블록효과와 교락시키는 요인이 다른 경우를 부분교락(partial confounding)이라고 한다. 2^3형 실험에 대한 부분교락으로 다음 그림과 같은 것이 일반적인 경우이다.

반복 Ⅰ		반복 Ⅱ		반복 Ⅲ		반복 Ⅳ	
1	2	3	4	5	6	7	8
(1)	a	a	(1)	ac	a	b	bc
ab	b	b	ab	abc	bc	c	(1)
ac	c	ac	c	(1)	ab	ac	a
bc	abc	bc	abc	b	c	ab	abc
ABC		AB		AC		BC	
$L=x_1+x_2+x_3$		$L=x_1+x_2$		$L=x_1+x_3$		$L=x_2+x_3$	

이와 같은 실험을 하였을 경우에는 주효가 A, B, C 는 일반적인 방법에 의해 구할 수 있지만 교호작용 ABC 는 반복 Ⅱ, Ⅲ, Ⅳ만을 사용하여 구하고, AB는 반복 Ⅰ, Ⅲ, Ⅳ, AC 는 반복 Ⅰ, Ⅱ, Ⅳ, BC는 반복 Ⅰ, Ⅱ, Ⅲ 만을 사용하여 구할 수 있다. 결국 부분교락은 어떤 하나의 요인을 완전히 블록과 교락시키지 않고 일부의 블록에만 교락시킴으로써 부분적인 정보를 얻을 수 있다. 위와 같은 실험으로 배치했을 때 ABC, AB, AC, BC의 상대정보가 $\frac{3}{4}$이 된다고 간주된다. 따라서 이러한 부분교락 실험에 대한 분산분석표는 다음과 같이 요약 된다.

요　　인	S	ϕ	
반복	SSR	3	
반복내 블록	$SS_{Block/R}$	4	
$A\times B\times C$(반복 Ⅰ)	$SS_{A\times B\times C}$	1	
$A\times B$(반복 Ⅱ)	$SS_{A\times B}$	1	
$A\times C$(반복 Ⅲ)	$SS_{A\times C}$	1	
$B\times C$(반복 Ⅳ)	$SS_{B\times C}$	1	
A	SSA	1	
B	SSB	1	
C	SSC	1	
$A\times B$	$SS_{A\times B}$	1	교락 되지 않은 반복으로부터만 구할 수 있음.
$A\times C$	$SS_{A\times C}$	1	
$B\times C$	$SS_{B\times C}$	1	
$A\times B\times C$	$SS_{A\times B\times C}$	1	
E	SSE	17	
T	SST	31	

기본 예제 6.2

S 식빵 제조업체에서는 사용되는 밀가루 반죽의 점성을 파악하기 위하여 하루에 4번의 실험이 허용됐을 때 A인자는 물의농도 B 인자는 밀가루의 농도 C 인자는 조미료의 농도를 고려하여 다음과 같은 자료를 표집 하였다. 분산분석표를 작성하여 결과를 해석하라.

〈실험의 조건〉

물의농도 : $A_0 = 20\%$, $A_1 = 30\%$

밀가루의 농도 : $B_0 = 35\%$, $B_1 = 45\%$

조미료의 농도 : $C_0 = 6\%$, $C_1 = 7\%$

반복	Ⅰ(ABC교락)		Ⅱ(AB교락)		Ⅲ(AC교락)		Ⅳ(BC교락)	
블록	1	2	3	4	5	6	7	8
배치	$(1)=52$ $ab=48$ $ac=43$ $bc=53$	$a=50$ $b=51$ $c=50$ $abc=49$	$(1)=47$ $c=51$ $ab=52$ $abc=50$	$a=44$ $b=51$ $ac=44$ $bc=58$	$(1)=55$ $ac=50$ $abc=48$ $b=54$	$a=47$ $c=50$ $bc=52$ $ab=49$	$(1)=48$ $bc=46$ $a=47$ $abc=46$	$b=59$ $c=44$ $ab=50$ $ac=49$

결과

❶ Yates의 계산(1587/32 = 49.6)

	반복	(1)	(2)	(3)	$(3)/2^2 4$	$(3)^2/2^3 4$
(1)	52+47+55+48=202	202+195=397	397+424=821	821+766=1587	M=49.6	CT=78705.28
c	50+51+50+44=195	215+209=424	374+392=766	−13−8=−21	C=−1.31	SSC=13.78
b	51+51+54+59=215	188+186=374	−7−6=−13	27+18=45	B=2.81	SSB=63.28
bc	53+58+52+46=209	199+193=392	−2−6=−8	1−4=−3	BC=−0.19	SS_{BxC}=[0.28]
a	50+44+47+47=188	195−202=−7	424−397=27	766−821=−55	A=−3.44	SSA=94.53
ac	43+44+50+49=186	209−215=−6	392−374=18	−8+13=5	AC=0.31	SS_{AxC}=[0.78]
ab	48+52+49+50=199	186−188=−2	−6+7=1	18−27=−9	AB=−0.56	SS_{AxB}=[2.53]
abc	49+50+48+46=193	193−199=−6	−6+2=−4	−4−1=−5	ABC=−0.31	SS_{AxBxC}=[0.78]
[ ]으로 표시된 것은 블록과 교락하고 있음을 표시함						SST=435.72

❷ 보조표 작성

	반복 Ⅰ		반복 Ⅱ		반복 Ⅲ		반복 Ⅳ	
	블록1	블록2	블록1	블록2	블록1	블록2	블록1	블록2
블록계	196	200	200	197	207	198	187	202
반복계	396		397		405		389	
총계	1587							

❸ 교락된 변동의 계산

$$AB = \frac{1}{4}(a-1)(b-1)(c+1)$$
$$= \frac{1}{4}[(1)+ab+c+abc)-(a+b+ac+bc)]$$

처리조합	데이터의 합	처리조합	데이터의 합
(1)	52+55+48=155	a	50+47+47=144
ab	48+49+50=147	b	51+54+59=164
c	50+50+44=144	ac	43+50+46=142
abc	49+48+46=143	bc	53+52+46=151
계	589	계	601

$$SS_{A\times B} = \frac{1}{24}(589-601)^2 = 6$$

❹ $AC = \frac{1}{4}(a-1)(b+1)(c-1)$

$$= \frac{1}{4}[(1)+b+ac+abc)-(a+c+bc+ab)]$$

처리조합	데이터의 합	처리조합	데이터의 합
(1)	52+47+48=147	a	50+44+47=141
b	51+51+59=161	c	50+51+44=145
ac	43+44+46=136	bc	53+58+46=157
abc	49+50+46=145	ab	48+52+50=150
계	589	계	593

$$SS_{A\times C} = \frac{1}{24}(589-593)^2 = 0.67$$

❺ $BC = \frac{1}{4}(a+1)(b-1)(c-1)$

$$= \frac{1}{4}[(1)+a+bc+abc)-(b+c+ab+ac)]$$

처리조합	데이터의 합	처리조합	데이터의 합
(1)	52+47+55=154	b	51+51+54=156
a	50+44+47=141	c	50+51+50=151
bc	53+58+52=163	ab	48+52+49=149
abc	49+50+48=147	ac	43+44+50=137
계	605	계	593

$$SS_{B\times C} = \frac{1}{24}(605-593)^2 = 6$$

❻ $ABC=\frac{1}{4}(a-1)(b-1)(c-1)$

$=\frac{1}{4}[(a+b+c+abc)-((1)+ab+ac+bc)]$

처리조합	데이터의 합	처리조합	데이터의 합
a	44+47+47=138	(1)	47+55+48=150
b	51+54+59=164	ab	52+49+50=151
c	51+50+44=145	ac	44+50+46=143
abc	50+48+46=144	bc	58+52+46=156
계	591	계	600

$$SS_{A\times B\times C}=\frac{1}{24}(591-600)^2=3.375$$

❼ $SS_{블록}=\frac{1}{4}(196^2+200^2+200^2+197^2+207^2+198^2+187^2+202^2)-\frac{1587^2}{32}$

$=78762.75-78705.28=57.47$

❽ $SSR=\frac{1}{8}(396^2+397^2+405^2+389^2)-\frac{1587^2}{32}$

$=78721.375-78705.28125=16.09$

❾ $SS_{블록/R}=\frac{1}{8}((196-200)^2+(200-197)^2+(207-198)^2+(187-202)^2)$

$=\frac{331}{8}=41.38$

❿ $SST=79141-78705.28=435.72$

⓫ $SSE=435.72-(16.09+41.38+94.53+63.28+13.78+6+0.67+6+3.375)$
$=435.72-245.105=190.62$

⓬ 분산분석표

요인	SS	ϕ	V	F_0	$F_{0.05}$	$F_{0.01}$
블록	57.47	7				
반복 R	16.09	3	5.36	0.48	3.20	5.18
블록내 반복	41.38	4	10.35	0.92	2.96	4.67
A	94.53	1	94.53	8.43**	4.45	8.40
B	63.28	1	63.28	5.64*		
C	13.78	1	13.78	1.23		
AxB	6	1	6	0.54		
AxC	0.67	1	0.67	0.06		
BxC	6	1	6	0.54		
AxBxC	3.375	1	3.375	0.30		
E	190.62	17	11.21			
T	435.72	31				

⓭ F 검정

유의수준 5%에서 인자 A와 B가 유의하다. 즉, 물과 밀가루가 점성에 영향을 미친다.

Minitab

[1] 통계분석(S) → 실험계획법(D) → 요인 설계(F) → 요인 설계 생성(C)...을 선택하면 요인 설계 대화상자가 나타난다. 이 대화상자에서 [설계유형]은 4가지 형태가 있는데 2개에서 15개 까지 가능한 [2-수준 요인(기본 생성자)] 항목을 선택하고 인자가 "4"이기 때문에 [요인개수] 항목에는 "4" 을 선택한다. 그리고 [설계] 버튼을 클릭한다.

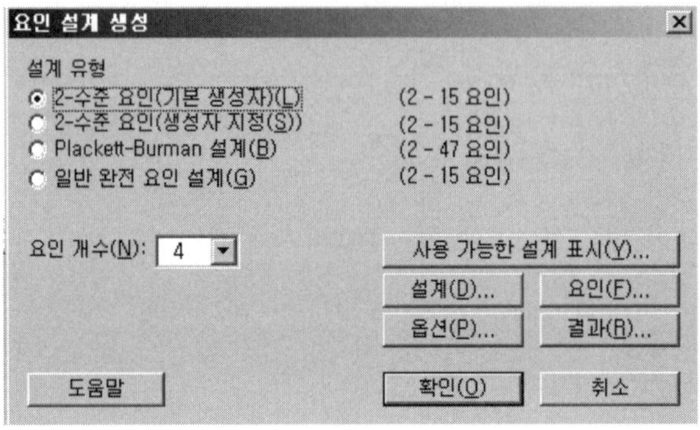

[2] 다음과 같은 대화상자가 나타나면 예제의 조건에 따라 [완전요인설계(실험횟수 16)]를 선택하고 [구석점에 대한 반복실험 횟수] 항목에 "2", [블럭수] 항목에 "8"을 입력 하고 [확인(O)] 버튼을 누른다.

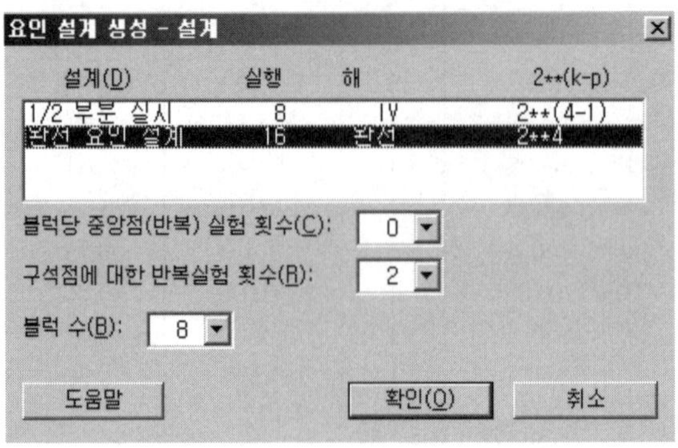

3 원 상태로 돌아오면 다시 [확인(O)] 버튼을 누른다. 그러면 [워크시트] 창에 처음에 실험이 설계될 때의 순서인 [StdOrder(표준순서)], 실험 계획후 실험 실시에 따른 랜덤순서인 [RunOrder(실험실행순서)], 중앙점, 블럭열이 차례로 나타난다. 그리고 C8열에 변수 이름을 "자료" 라고 입력하고 블럭에 맞게 A, B, C의 수준과 데이터를 입력한다.

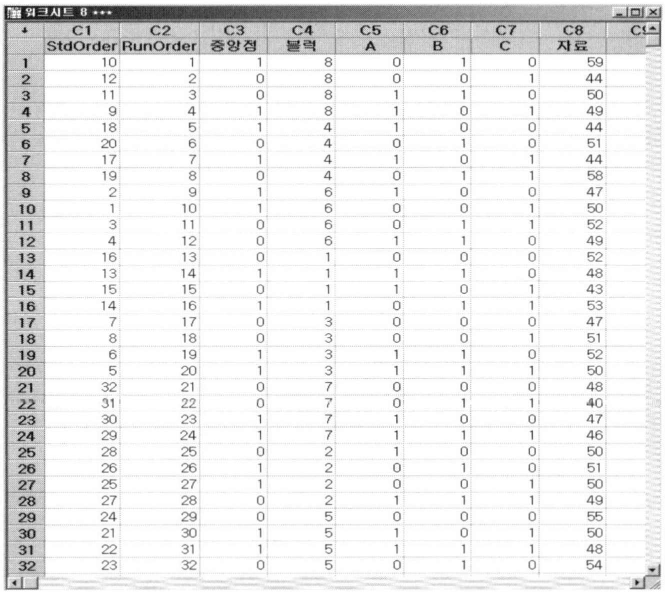

↓	C1	C2	C3	C4	C5	C6	C7	C8
	StdOrder	RunOrder	중앙점	블럭	A	B	C	자료
1	10	1	1	8	0	1	0	59
2	12	2	0	8	0	0	1	44
3	11	3	0	8	1	1	0	50
4	9	4	1	8	1	0	1	49
5	18	5	1	4	1	0	0	44
6	20	6	0	4	0	1	0	51
7	17	7	1	4	1	0	1	44
8	19	8	0	4	0	1	1	58
9	2	9	1	6	1	0	0	47
10	1	10	1	6	0	0	1	50
11	3	11	0	6	0	1	1	52
12	4	12	0	6	1	1	0	49
13	16	13	0	1	0	0	0	52
14	13	14	1	1	1	1	0	48
15	15	15	0	1	1	0	1	43
16	14	16	1	1	0	1	1	53
17	7	17	0	3	0	0	0	47
18	8	18	0	3	0	0	1	51
19	6	19	1	3	1	1	0	52
20	5	20	1	3	1	1	1	50
21	32	21	0	7	0	0	0	48
22	31	22	0	7	0	1	1	40
23	30	23	1	7	1	0	0	47
24	29	24	1	7	1	1	1	46
25	28	25	0	2	1	0	0	50
26	26	26	1	2	0	1	0	51
27	25	27	1	2	0	0	1	50
28	27	28	0	2	1	1	1	49
29	24	29	0	5	0	0	0	55
30	21	30	1	5	1	0	1	50
31	22	31	1	5	1	1	1	48
32	23	32	0	5	0	1	0	54

4 [통계분석(S)] → [실험계획법(D)] → [요인 설계(F)] → [요인 설계 분석(A)...]을 선택하고 나타난 대화상자에서 [반응] 항목에 마우스 포인트를 올려놓고 C8을 더블클릭하고 [항] 버튼을 클릭한다.

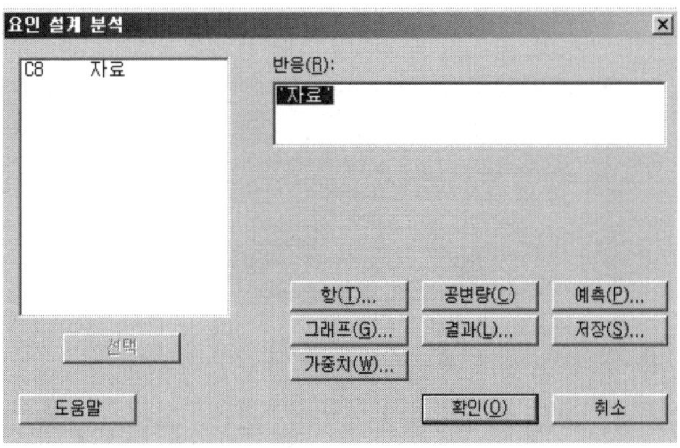

5 [사용가능항]에 있는 주효과 A ,B, C인자 및 ABC 인자가 [선택항]에 이동 되어 있음을 확인하고 [확인(O)]버튼을 클릭한다.

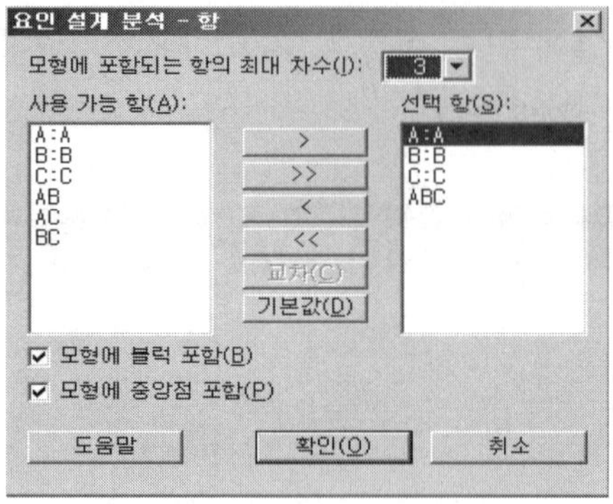

6 원 상태로 돌아오면 다시 [그래프] 버튼을 누른다.

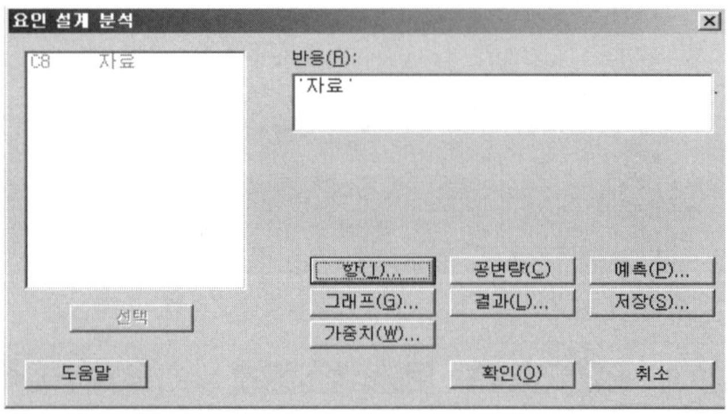

7 그래프 대화상자에서 효과그림의 [정규확률도], [Pareto]를 체크 및 선택하고 [확인(O)]버튼을 클릭한다. 원 상태로 돌아오면 다시 [결과]버튼을 누른다.

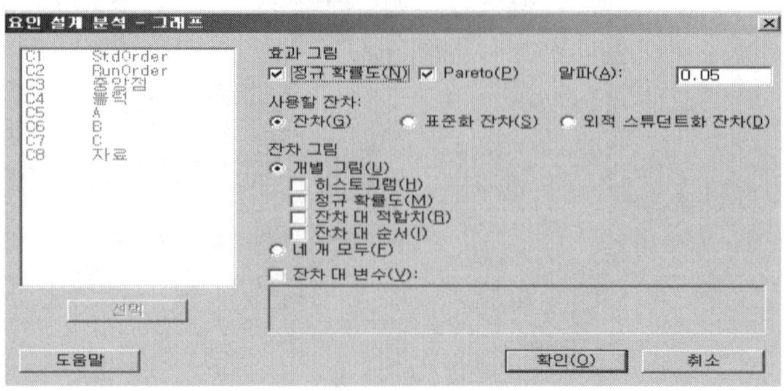

8 [결과] 대화상자에서 [계수 및 분산분석표] 항목과 [기본상호작용] 항목을 선택하고 [확인(O)] 버튼을 누른다. 원상태로 돌아오면 다시 [확인(O)] 버튼을 누른다.

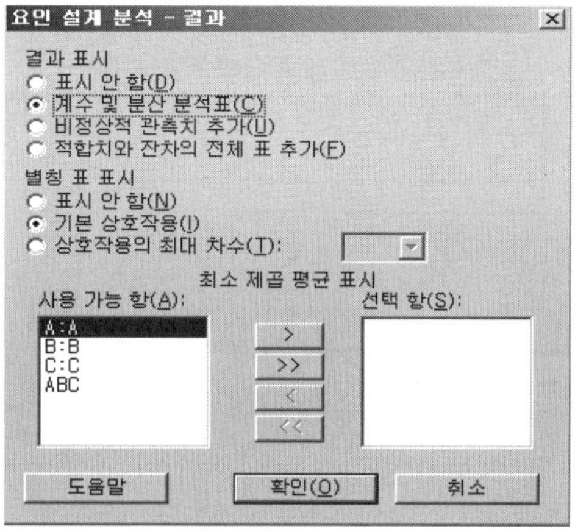

9 [세션] 창에 다음과 같은 결과가 표시되어 나타난다.

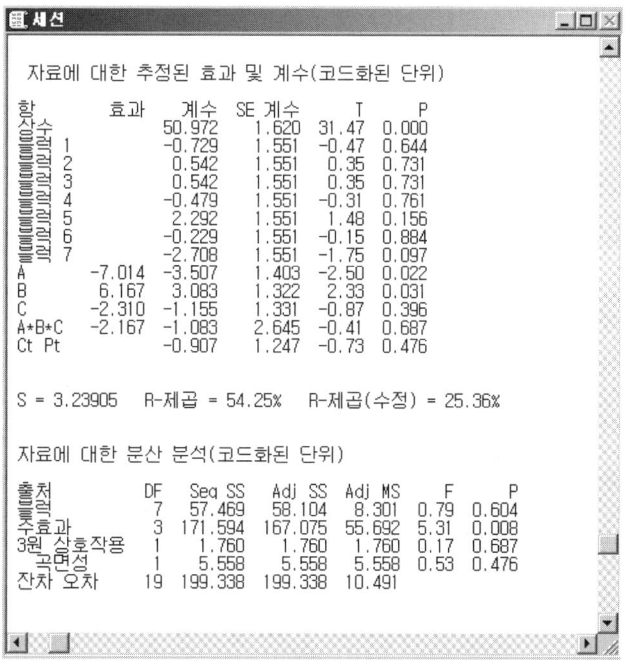

자료에 대한 추정된 효과 및 계수(코드화된 단위)

항	효과	계수	SE 계수	T	P
상수		50.972	1.620	31.47	0.000
블럭 1		-0.729	1.551	-0.47	0.644
블럭 2		0.542	1.551	0.35	0.731
블럭 3		0.542	1.551	0.35	0.731
블럭 4		-0.479	1.551	-0.31	0.761
블럭 5		2.292	1.551	1.48	0.156
블럭 6		-0.229	1.551	-0.15	0.884
블럭 7		-2.708	1.551	-1.75	0.097
A	-7.014	-3.507	1.403	-2.50	0.022
B	6.167	3.083	1.322	2.33	0.031
C	-2.310	-1.155	1.331	-0.87	0.396
A*B*C	-2.167	-1.083	2.645	-0.41	0.687
Ct Pt		-0.907	1.247	-0.73	0.476

S = 3.23905 R-제곱 = 54.25% R-제곱(수정) = 25.36%

자료에 대한 분산 분석(코드화된 단위)

출처	DF	Seq SS	Adj SS	Adj MS	F	P
블럭	7	57.469	58.104	8.301	0.79	0.604
주효과	3	171.594	167.075	55.692	5.31	0.008
3원 상호작용	1	1.760	1.760	1.760	0.17	0.687
곡면성	1	5.558	5.558	5.558	0.53	0.476
잔차 오차	19	199.338	199.338	10.491		

해석

선택된 모형에서는 A 및 B 인자 계수가 유의적으로 나타나고(P-값 〈유의수준(5%))
분산분석표에서도 주효과만이 유의수준 5%에서 유의적으로 나타나고 있다.

10 효과그림 분석

▶ 표준화된 효과의 정규 확률그림

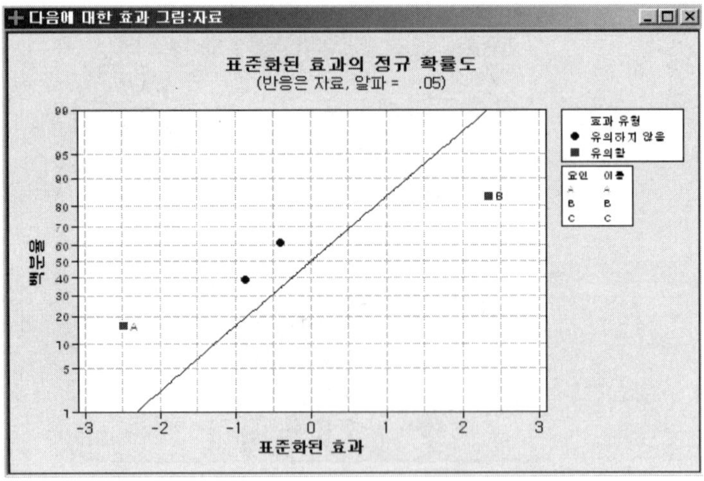

해석 비유의적인 인자는 직선 근처에 나타난다. 즉, 수준이 변해도 별로 변화하지 않음을 의미하고 멀리 떨어져 표시될수록 유의성이 크다는 의미이다. 여기서는 A, B 인자 효과만 인정 된다.

▶ 표준화된 효과의 파레토그림

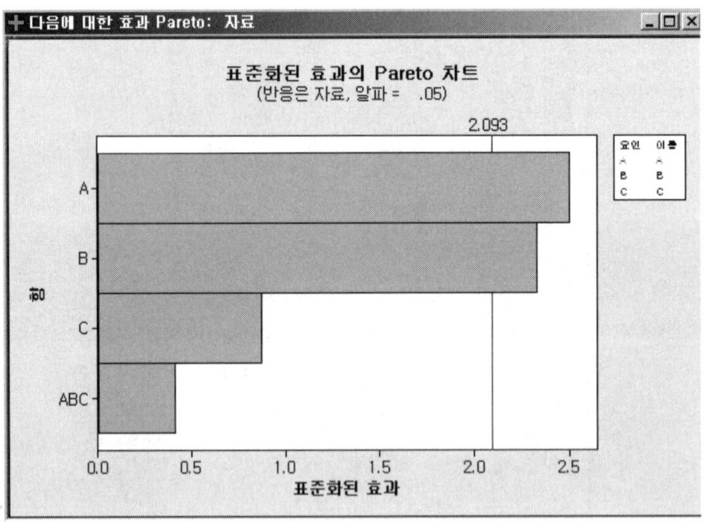

해석 중간의 실선(0.05유의선)보다 크게 나타나면 유의성을 가지고 있고 실선보다 작게 나타나면 비유의적이라고 볼 수 있다. 여기서도 A, B 인자 효과만 인정된다.

4. 3^n 형의 교락법

1) $SS_{A\times B}$의 분해방법

3^2 요인실험에서 $SS_{A\times B}$을 1차효과 및 2차효과로 구분하여 분해하는 방법을 알아보았다. 또, 교락법과 일부실시법에서 사용되는 $SS_{A\times B}$의 분해방법이 있다. 이러한 분해방법을 유도하기 위하여 다음과 같이 반복이 없는 3^2형 실험을 고려하자.

	A_0	A_1	A_2	계
B_0	y_{00}	y_{10}	y_{20}	$T_{.0}$
B_1	y_{01}	y_{11}	y_{21}	$T_{.1}$
B_2	y_{02}	y_{12}	y_{22}	$T_{.2}$
계	$T_{0.}$	$T_{1.}$	$T_{2.}$	T

위 실험에서는 교호작용 AB을 측정오차와 분리시켜 구할 수는 없다. 따라서 측정오차는 무시하고 교호작용의 변동을 구하면 다음과 같다(자유도는 4).

$$SS_{A\times B}=SST-SSA-SSB$$

수정항 $CT=\dfrac{(\sum_i\sum_j y_{ij})^2}{9}$을 이용하면 다음과 같이 표현 할 수 있다.

$$\begin{aligned}
S_{A\times B}&=\left[\sum_{i=0}^{2}\sum_{j=0}^{2}y_{ij}{}^2-\frac{(\sum\sum y_{ij})^2}{9}\right]-\left[\sum_{i=0}^{2}\frac{T_{i.}{}^2}{3}-\frac{(\sum_i\sum_j y_{ij})^2}{9}\right]\\
&\quad-\left[\sum_{j=0}^{2}\frac{T_{.j}{}^2}{3}-\frac{(\sum_i\sum_j y_{ij})^2}{9}\right]\\
&=\sum_i\sum_j y_{ij}{}^2-\frac{1}{3}\{(y_{00}+y_{01}+y_{02})^2+(y_{10}+y_{11}+y_{12})^2+(y_{20}+y_{21}+y_{22})^2\}\\
&\quad-\frac{1}{3}\{(y_{00}+y_{10}+y_{20})^2+(y_{01}+y_{11}+y_{21})^2+(y_{02}+y_{12}+y_{22})^2\}+\frac{1}{9}(\sum_i\sum_j y_{ij})^2\\
&=\left[\frac{1}{3}\{(y_{00}+y_{21}+y_{12})^2+(y_{10}+y_{01}+y_{22})^2+(y_{20}+y_{11}+y_{02})^2\}-CT\right]\\
&\quad+\left[\frac{1}{3}\{(y_{00}+y_{11}+y_{22})^2+(y_{20}+y_{01}+y_{12})^2+(y_{10}+y_{21}+y_{02})^2\}-CT\right]\\
&=SS_{AB}+SS_{AB^2}
\end{aligned}$$

즉, $SS_{A\times B}$를 각각 자유도가 2인 두 성분 SS_{AB}와 SS_{AB^2}으로 분해한다. SS_{AB}를 J 성분이라 불러서 $SS_{AB(J)}$로 나타내고, SS_{AB^2}를 I성분이라고 불러서 $SS_{AB}(I)$로 표현하기도 한다. 즉 다음과 같이 표현 된다.

$$SS_{AB} = SS_{AB(J)} = \frac{1}{3}\{(y_{00}+y_{21}+y_{12})^2+(y_{10}+y_{01}+y_{22})^2+(y_{20}+y_{11}+y_{02})^2\} - CT$$

$$SS_{AB^2} = SS_{AB(I)} = \frac{1}{3}\{(y_{00}+y_{11}+y_{22})^2+(y_{20}+y_{01}+y_{12})^2+(y_{10}+y_{21}+y_{02})^2\} - CT$$

위의 변동계산공식을 쉽게 암기할 수 있도록 그래프화한 하면 다음과 같이 됨이 알려져 있다. 즉, 화살표상에 있는 데이터를 더하여 제곱한 것들을 모두 합한 후에, 3으로 나누고 CT을 빼면 구하려는 SS_{AB}와 SS_{AB^2}을 구할 수 있다.

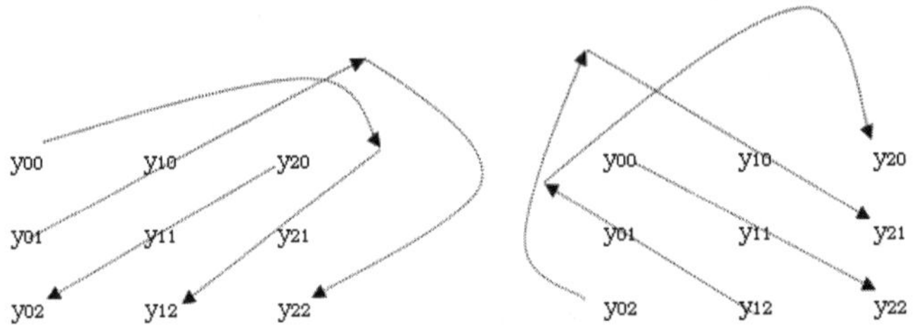

SS_{AB} $\qquad$ SS_{AB^2}

그리고 3^3형 실험에서 $SS_{A\times B\times C}$는 자유도 8을 가지고 있는데, 이 변동은 각각 자유도 2를 갖는 4개의 변동 SS_{ABC}, SS_{ABC^2}, SS_{AB^2C}, $SS_{AB^2C^2}$으로 분해된다.

2) 단독 교락

3^2형인 9회의 실험을 동일한 조건으로 실험하기 곤란하여 3개의 블록으로 나누어 한 블록에 3개의 실험을 배치하는 경우를 고려하자. 이 실험에서 교호작용 $A\times B$는 AB 와 AB^2로 분해할 수 있기 때문에 블록과 AB 또는 AB^2을 교락시키는 것이 가능하다.

① AB^2을 교락시키면 정의대비는 $I = AB^2$ 이 되고 선형방법(Kempthorne)의 방법을 쓰면 $L = x_1 + 2x_2 \pmod 3$으로 정의 된다. 따라서 9개의 실험은 L의 값에 따라서 다음과 같이 배치할 수 있다(블록과 AB^2의 교락).

블록 1	블록 2	블록 3
00 11 22	10 21 02	20 01 12
$L=0$	$L=1$	$L=2$

즉, 블록 1에 있는 처리조합은 L의 값이 모두 0이고, 블록 2는 $L=1$, 블록 3은 $L=2$의 값을 준다. 예를 들어, 블록 1의 세 개의 처리조합은 각각 다음과 같이 $L=0$의 값을 가지므로 블록 1에 할당 되었다. 유사한 방법으로 블록2, 블록 3도 확인 할 수 있다.

$$00: L=(0)+2(0)=0$$
$$11: L=(1)+2(1)=3=0$$
$$22: L=(2)+2(2)=6=0$$

② AB^2대신에 AB를 블록과 교락 시키면 $L=x_1+x_2 \pmod 3$이 되어 다음과 같이 할당 된다(블록과 AB의 교락).

블록 1	블록 2	블록 3
00 12 21	10 22 01	20 02 11
$L=0$	$L=1$	$L=2$

기본 예제 6.3

3^2요인실험을 같이 실험 배치하여 실험한 결과 다음의 데이터가 얻어졌다. 분산분석표를 작성하라.

블록 1	블록 2	블록 3
$00=4$ $11=-4$ $22=0$	$10=-2$ $21=1$ $02=8$	$20=5$ $01=-5$ $12=0$
블록합계:0	블록합계:7	블록합계:0

(AB^2가 블록과 교락되었음)

결과

❶ 위의 데이터를 이원배치의 형태로 정리하면 다음과 같다.

	A_0	A_1	A_2	$T_{.j}$
B_0	4	-2	5	7
B_1	-5	-4	1	-8
B_2	8	0	0	8
$T_{i\cdot}$	7	-6	6	$T=7$

❷ 각 변동의 계산

$$SSA=\sum_{i=0}^{2}\frac{T_{i.}^{\ 2}}{3}-CT=\frac{1}{3}\{7^2+(-6)^2+6^2\}-\frac{7^2}{9}=34.89$$

$$SSB=\sum_{j=0}^{2}\frac{T_{.j}^{\ 2}}{3}-CT=\frac{1}{3}\{7^2+(-8)^2+8^2\}-\frac{7^2}{9}=53.56$$

$$SS_{AB}=\frac{1}{3}\{(5)^2+(-7)^2+(9)^2\}-\frac{(7)^2}{9}=46.22$$

$$SS_{AB^2}=\frac{1}{3}\{(0)^2+(0)^2+(7)^2\}-\frac{(7)^2}{9}=10.89$$

그리고 블록간의 변동 SS_{block}과 교호작용에 의한 변동 $SS_{A\times B}$를 다음과 같은 결과로 도출된다.

$$SS_{block}=\frac{1}{3}(0^2+7^2+0^2)-\frac{7^2}{9}=10.89=SS_{AB^2}$$

$$SS_{A\times B}=SS_{AB}+SS_{AB^2}=46.22+10.89=57.11$$

즉, AB^2과 블록이 교락하고 있으므로 블록의 변동을 구하면 SS_{AB^2}과 동일하다. 지금 까지 계산된 변동을 종합하여 분산분석표를 만들면 다음과 같다.

요인	SS	ϕ	V
A	$SSA=34.89$	2	17.45
B	$SSB=53.56$	2	26.78
$A\times B$	$SS_{A\times B}=57.11$	4	14.28
AB	$SS_{AB}=46.22$	2	23.11
AB^2(또는블록)	$SS_{AB^2}=10.89$	2	5.445
T	$SST=145.56$	8	

즉, 이 분산분석표는 오차항이 없으므로 만약 A, B에 대한 F-검정을 하려면 교호작용 $A \times B$를 오차로 하거나, 또는 이것의 일부인 AB나 AB^2을 오차항으로 택해야 한다.

Minitab

1 다음과 같이 자료를 입력한다.

워크시트 1 ***

↓	C1	C2	C3	C4
	A	B	DATA	
1	0	0	4	
2	0	1	-5	
3	0	2	8	
4	1	0	-2	
5	1	1	-4	
6	1	2	0	
7	2	0	5	
8	2	1	1	
9	2	2	0	

2 통계분석(S) → 분산 분석(A) → GLM 일반 선형 모형(G)... 선택하고 [반응] 항목란에 마우스 포인터를 올려놓고 C3를 더블 클릭하고 [모형]란에는 A, B를 입력하고 확인(O) 버튼을 누른다.

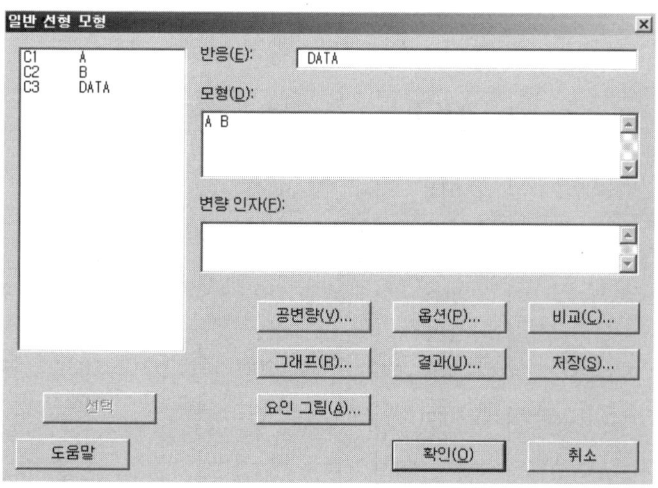

3 [세션] 창에 다음과 같은 결과가 표시되어 나타난다.

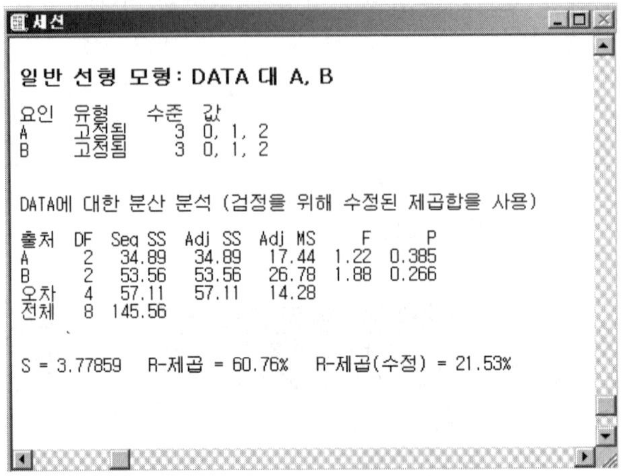

해석 분산분석표에서 유의수준 5%에서 주효과 A, B 인자가 비유의적인 인자로 나타나고 있다 따라서 더 좋은 자료를 수집하거나 다른 방식의 분석방법을 채택해야 한다.

위 예제에 수준 하나를 추가한 3^3형의 실험에서 $3^3=27$회의 처리조합을 3개의 블록에 나누는 방법인 경우에는 교호작용 $A\times B\times C$가 각각 자유도 2를 갖는 ABC, ABC^2, AB^2C, AB^2C^2으로 나누어질 수 있으므로 이 중에서 하나를 택하여 블록과 교락시키면 좋다. 예를 들어 $I=AB^2C$가 정의대비로 사용된다면 선형식은 다음과 같이 표현하여 다음 그림(블록과 AB^2C의 교락)과 같이 배치 할 수 있고 분산 분석표는 아래와 같이 작성된다.

$$L=x_1+2x_2+x_3\ (\mathrm{mod}\ 3)$$

블록 1	블록 2	블록 3
000	100	200
011	111	211
110	210	010
121	221	021
102	202	002
212	012	112
220	020	120
022	122	222
201	011	101
$L=0$	$L=1$	$L=2$

●● 분산 분석표

요 인	ϕ
A	2
B	2
AB	4
C	2
AC	4
BC	4
오차 또는 ABC, ABC^2, AB^2C^2	6
블럭 또는 AB^2C	2
T	26

3) 이중 교락

2^n형의 실험에서는 $A^2 = B^2 = C^2 = \cdots = 1$로 간주했으나 3^n형의 실험에서는 확장 개념으로서 다음을 만족한다.

① $A^3 = B^3 = C^3 = \cdots = 1$

그리고 3^n형에서는 요인 X와 이를 제곱한 X^2도 같은 것으로 간주한다. 즉,

② $X = X^2$

따라서 다음과 같은 관계가 성립한다.

$$AB^2C = (AB^2C)^2 = A^2B^4C^2 = A^2B^3BC^2 = A^2BC^2$$
$$ABC^2 = (ABC^2)^2 = A^2B^2C^4 = A^2B^2C^3C = A^2B^2C$$

일반적으로 가장 앞에 있는 알파벳에는 제곱이 나오지 않도록 하는 것이 관례이므로 A^2BC^2, A^2B^2C 대신에 AB^2C, ABC^2을 각각 사용하는 것이 알려져 있다.
3^3형의 실험에서 9개의 블록으로 나누어 3개의 처리조합을 각 블록에 배치시키려면 8개의 자유도가 블록과 교락되어야 한다. 만약 다음의 4개를 블록과 교락시키면 자유도가 모두 8이므로 가능하다

$$AB^2C^2,\ AB,\ BC^2,\ AC$$

그런데 다음과 같은 관계식이 또한 성립한다.

$$(AB^2C^2)(AB) = A^2C^2 = AC$$
$$(AB)(BC^2) = AB^2C^2$$

따라서 이들 4개는 서로 독립(independent)이 아니며, 이들 중에 3개만이 독립이다. 결국 이들 중 2개 만에 대한 L표현식을 사용하여 실험 배치하여야 한다. 예를 들어 AB^2C^2과 AB만이 선택되면 선형식은 다음과 같이 되고 이 선형식에 의하여 다음 그림과 같이 9개의 블록을 L_1, L_2의 값에 따라 나눌 수 있다.

$$L_1 = x_1 + 2x_2 + 2x_3 \pmod 3, \quad L_2 = x_1 + x_2 \pmod 3$$

●● 그림 1 (AB^2C^2, AB, BC^2, AC와 블록과의 교락)

블록1	블록2	블록3	블록4	블록5	블록6	블록7	블록8	블록9
000	101	110	002	100	020	001	010	200
211	012	021	210	011	201	212	221	111
122	220	202	121	222	112	120	102	022
$L_1=0$	$L_1=0$	$L_1=0$	$L_1=1$	$L_1=1$	$L_1=1$	$L_1=2$	$L_1=2$	$L_1=2$
$L_2=0$	$L_2=1$	$L_2=2$	$L_2=0$	$L_2=1$	$L_2=2$	$L_2=0$	$L_2=1$	$L_2=2$

예를 들면, 블록 9는 모두 $L_1 = L_2 = 2$를 만족시켜줌을 확인 할 수 있다.

$$\begin{aligned} 200: L_1 &= 2+2(0)+2(0)=2 \\ L_2 &= 2+0=2 \\ 111: L_1 &= 1+2(1)+2(1)=5=2 \\ L_2 &= 1+1=2 \\ 022: L_1 &= 0+2(2)+2(2)=8=2 \\ L_2 &= 0+2=2 \end{aligned}$$

3^3형에서 9개의 블록을 만들려 할 때에는 자유도 2를 갖는 2개의 요인 X, Y를 선택하면 여기서 만들 수 있는 2개의 추가요인 XY와 XY^2도 블록과 교락된다. 따라서 정의대비는 8개의 자유도를 가지고 다음과 같은 관계가 성립한다.

$$I = X = Y = XY = XY^2$$

만약 $X = AB^2C^2$, $Y = AB$를 선택한다면 다음이 성립한다.

$$XY = (AB^2C^2)(AB) = AC, \quad XY^2 = (AB^2C^2)(AB)^2 = BC^2$$

따라서 이 교락법의 정의대비는 다음과 같다.

$$I = AB^2C^2 = AB = AC = BC^2$$

참고로 [그림 1]의 실험을 하였다면 다음과 같은 분산분석표를 작성할 수 있다.

요 인	SS	$\varnothing$
A	SSA	2
B	SSB	2
C	SSC	2
AB^2	SS_{AB^2}	2
AC^2	SS_{AC^2}	2
BC	SS_{BC}	2
블록(AB, AC, BC^2, AB^2C^2)	SS_{Block}	8
$\left.\begin{matrix} ABC \\ AB^2C \\ ABC^2 \end{matrix}\right\}$ 오차	SSE	6
T	SST	26

이와 같은 실험은 수준수가 모두 3인 A, B, C 인자의 3^3실험에서 하루에 단 3회의 실험밖에 할 수 없을 경우에 사용될 수 있다. 이 실험은 A, B, C의 주효과에만 관심이 있을 때 유용하다고 볼 수 있다. 왜냐하면 이 교락법에서는

AB, AC, BC^2, AB^2C^2가 모두 블록과 교락되어 있으므로,

$$SS_{A\times B}(=SS_{AB}+SS_{AB^2}),\ SS_{A\times C}(=SS_{AC}+SS_{AC^2}),\ SS_{B\times C}(=SS_{BC}+SS_{BC^2})$$

의 일부가 블록변동과 섞여 있으며, 이들 변동을 독자적으로 구할 수 없기 때문이라고 알려져 있다.

5. 일부실시법

k^n형 실험에서는 인자의 수가 많아지면 인자의 처리조합의 수는 급격히 증가된다. 인자의 수가 만약 10개이면 $2^{10}=1,024$번의 실험횟수로서 실험의 실시가 곤란하게 된다. 그러므로 필요로 하는 요인에 대한 정보를 얻기 위하여 필요한 요인에 대해서만 실험을 행하여 실험의 횟수를 줄이게 하는 계획법이 일부실시법(fractional replication 또는 fractional factorial design)이다. 일부실시법은 반복(replication)의 일부(fraction)만을 실시하는 실험배치를 의미한다고 간 주 할 수 있다.

1) 2^n형의 $\frac{1}{2}$실시의 경우

인자 A, B, C을 가지는 2^3요인실험인 8가지 조합을 크기 4블록으로 실시하는 경우 3인자 교호작용 ABC를 블록과 교락시킨 배치는 다음과 같이 할당 된다.

[2^3형에서의 $\frac{1}{2}$실시]

정의대비 $I=ABC$	
블록 1	블록 2
a	(1)
b	ab
c	ac
abc	bc

여기에서 $\frac{1}{2}$반복의 실험, 즉 4개의 조합만으로 실험을 할 때 블록 1에 있는 4개의 조합만을 실험하여 각 주효과와 교호작용을 계산하여 보면 A의 주효과는 a를 포함하는 조합과 a를 포함하지 않는 조합의 차로 다음과 같이 표현된다.

$$A=\frac{1}{2}\{(a+abc)-(b+c)\}$$

교호작용 BC는 b, c를 짝수개 포함하는 조합과 아닌 것의 차로서 다음과 같이 나타 낼 수 있다.

$$BC=\frac{1}{2}\{(a+abc)-(b+c)\}$$

이 식들은 은 주효과 A와 교호작용 BC 를 추정하는 식과 동일한 것이다. 즉, 완전히 교락하고 있다. 이와 같이 동일한 추정식으로 표시할 수 있는 요인효과를 별명(alias)이라 한다. 따라서 서로 별명관계에 있는 것은 A와 BC 이외에, B와 AC, C와 AB이다. 어느 요인효과가 별명이 되어 있느냐는 정의대비에 요인효과를 곱해서 얻을 수 있다. 즉,

$$A\text{의 별명} : A\times(ABC)=A^2BC=BC$$
$$B\text{의 별명} : B\times(ABC)=AB^2C=AC$$
$$C\text{의 별명} : C\times(ABC)=ABC^2=AB$$

단, 2^n형에서는 $A^2=B^2=C^2=1$임을 유의하여야 한다.

주효과 A와 교호작용 BC가 동시에 추정되므로, BC가 존재하지 않아도 주효과 A를 구할 수 있다. 따라서 일부실시법은 별명 중 어느 한 쪽의 효과가 존재하지 않을 경우에 사용할 수 있다. 따라서 블록 1만 사용할 수 있는 경우는 2인자 교호작용 AB, AC, BC가 모두 무시될 수 있는 경우라야 한다. 일반적으로 일부실시법이 사용되는 것은 인자의 수가 많을(5개 이상) 경우이고, 그 때에는 주효과와 2인자 교호작용의 별명은 3차 이상의 고차의 교호작용이 되도록 배치할 필요가 있다.

경우에 따라서는 블록 1이 사용되지 않고 블록 2가 사용되었으면

A의 주효과는 다음과 같이 표현된다.

$$A=\frac{1}{2}\{(ab+ac)-((1)+bc)\}$$

교호작용 BC도 다음과 같이 표현된다.

$$BC=\frac{1}{2}\{((1)+bc)-(ab+ac)\}$$

A는 교호작용 BC의 부호를 바꾼 것과 같고, $A=-BC$라고 표시할 수 있다. 즉, BC가 플러스(+)의 값이면, 블록 1의 $\frac{1}{2}$반복을 사용하였을 때는 A의 효과가 과대평가 받게 되고, 블록 2를 사용하였을 때에는 A의 효과가 과소평가 받게 된다.

별명관계가 상호 미치는 영향을 구별하기 위하여 블록 2를 사용하였을 때의 별명관계의 표현식을 다음과 같이 나타내기도 한다.

$$A=-BC$$
$$B=-AC$$
$$C=-AB$$

2) 2^n형의 $\frac{1}{4}$실시의 경우

2^5형의 $2^5 = 32$회의 실험에서 이중교락을 시켜 블록과 $ABCD$, ACE와 BDE를 교락시켜 보면 정의대비는 다음과 같이 정의 된다.

$$I = ABCD = ACE = BDE$$

선형식을 사용하면 다음과 같다.

$$L_1 = x_1 + x_2 + x_3 + x_4 \ (\text{mod } 2)$$
$$L_2 = x_1 + x_3 + x_5 \ (\text{mod } 2)$$
$$L_3 = x_2 + x_4 + x_5 \ (\text{mod } 2)$$

로 표현되고 이 중에서 L_1과 L_2의 값을 각 처리조합에 대하여 구하면 다음과 같은 경우로 유도 된다.

처리조합	L_1	L_2	처리조합	L_1	L_2
(1)	0	0	*abc*	1	0
a	1	1	*abd*	1	1
b	1	0	*abe*	0	0
c	1	1	*acd*	1	0
d	1	0	*ace*	0	1
e	0	1	*ade*	0	0
ab	0	1	*bcd*	1	1
ac	0	0	*bce*	0	0
ad	0	1	*bde*	0	1
ae	1	0	*cde*	0	0
bc	0	1	*abcd*	0	0
bd	0	0	*abce*	1	1
be	1	1	*abde*	1	0
cd	0	1	*acde*	1	1
ce	1	0	*bcde*	1	0
de	1	1	*abcde*	0	1

이들 처리조합을 L_1과 L_2의 값에 따라 4개의 블록으로 만들면 다음과 같이 만들 수 있다.

블록 1	블록 2	블록 3	블록 3
(1)	e	b	a
ac	ab	d	c
bd	ad	ae	be
abe	bc	ce	de
ade	cd	abc	abd
bce	ace	acd	bcd
cde	bde	$abde$	$abce$
$abcd$	$abcde$	$bcde$	$acde$
$L_1=0$	$L_1=0$	$L_1=1$	$L_1=1$
$L_2=0$	$L_2=1$	$L_2=0$	$L_2=1$

4블록 중에서 어느 한 블록을 택하여 실시하면 2^5형의 $\frac{1}{4}$반복 일부실시법이 되며, 이 경우의 별명관계는 정의대비$I=ABCD=ACE=BDE$로부터 다음의 관계식을 얻는다.

$$A=BCD=CE=ABDE$$
$$B=ACD=ABCE=DE$$
$$C=ABD=AE=BCDE$$
$$D=ABC=ACDE=BE$$
$$E=ABCDE=AC=BD$$
$$AB=CD=BCE=ADE$$
$$AD=BC=CDE=ABE$$

결국 어떤 블록을 실험하든 간에 2차 이상의 교호작용을 무시할 수 있다면 8번의 실험으로 주효과 A, B, C, D, E을 구할 수 있다.

기본 예제 6.4

정의대비 $I=ABCD$로 교락시킨 후 2^4 요인배치법에서$\frac{1}{2}$만 실험한 결과 자료이다. 이 경우 별명관계를 구하여 보고 분산분석표를 작성하여라.

$(1)=4.2$	$ab=3.4$	$cd=3.5$
$ac=3.5$	$bc=3.5$	$ad=3.7$
$bd=3.7$	$abcd=3.8$	

결과

❶ 별명관계 $(I = ABCD)$

$$A = BCD,\ AB = CD$$
$$B = ACD,\ AC = BD$$
$$C = ABD,\ AD = BC$$
$$D = ABC$$

❷ 변동의 계산(Yates 계산법)과 분산분석표의 작성

변동을 계산하는 표에서 보는 바와 같이 열(4)에서 A와 BCD, B와 ACD등 별명관계인 요인끼리 같은 값이 나옴을 확인 할 수 있다. 변동을 계산한 후 교호작용에 의한 변동을 풀링하여 잔차변동으로 보면 각 주효과가 유의한지를 분산분석표를 통하여 검정할 수 있다.

●● 변동의 계산 (Yates 계산법)

처리조합	자료	[1]	[2]	[3]	[4]	변동
[1]	4.2	4.2	7.6	14.6	29.3	
a		3.4	7	14.7	-0.5	0.015625
b		3.5	7.4	-0.8	-0.5	0.015625
ab	3.4	3.5	7.3	0.3	0.5	0.015625
c		3.7	-0.8	-0.8	-0.7	0.030625
ac	3.5	3.7	0	0.3	1.1	0.075625
bc	3.5	3.5	0	0.6	1.1	0.075625
abc		3.8	0.3	-0.1	0.1	0.000625
d		-4.2	-0.8	-0.6	0.1	
ad	3.7	3.4	0	-0.1	1.1	
bd	3.7	3.5	0	0.8	1.1	
abd		-3.5	0.3	0.3	-0.7	
cd	3.5	3.7	7.6	0.8	0.5	
acd		-3.7	-7	0.3	-0.5	
bcd		-3.5	-7.4	-14.6	-0.5	
abcd	3.8	3.8	7.3	14.7	29.3	

●● 분산분석표

요인	제곱합	자유도	평균제곱	F_0
A(또는 BCD)	0.015625	1	0.015625	0.093633
B(또는 ACD)	0.015625	1	0.015625	0.093633
C(또는 ABD)	0.030625	1	0.030625	0.183521
D(또는 ABC)	0.000625	1	0.000625	0.003745
AB(또는CD)	0.015625	1		
AC(또는 BD)	0.075625	1	0.166875	
AD(또는BC)	0.075625	1		
T		7		

Minitab

1 통계분석(S) → 실험계획법(D) → 요인 설계(F) → 요인 설계 생성(C)..을 선택하면 요인 설계 대화상자가 나타난다. 이 대화상자에서 [설계유형]은 4가지 형태가 있는데 2개에서 15개 까지 가능한 [2-수준 요인(기본 생성자)] 항목을 선택하고 인자가 "4"이기 때문에 [요인개수] 항목에는 "4" 을 선택한다. 그리고 [설계] 버튼을 클릭한다.

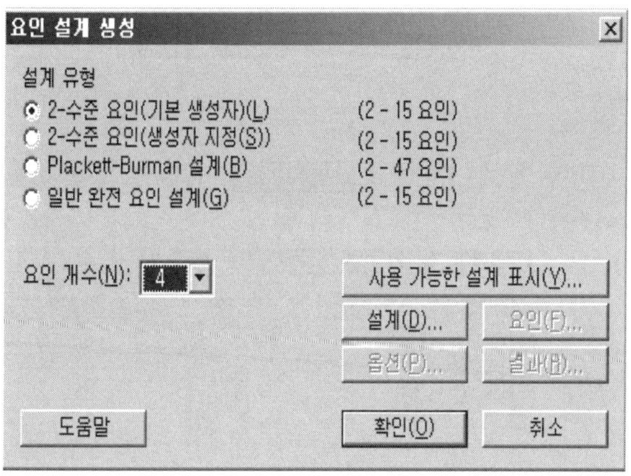

2 다음과 같은 대화상자가 나타나면 예제의 조건에 따라 [1/2 부분실시(실험횟수 8)]를 선택하고 반복이 없으므로 [반복실험 횟수]에 "1", 블록반복도 없으므로 [블럭 수] 항목에 "1"을 입력하고 확인(O) 버튼을 누른다. [요인설계생성] 대화상자 돌아오면 다시 [요인] 버튼을 누른다.

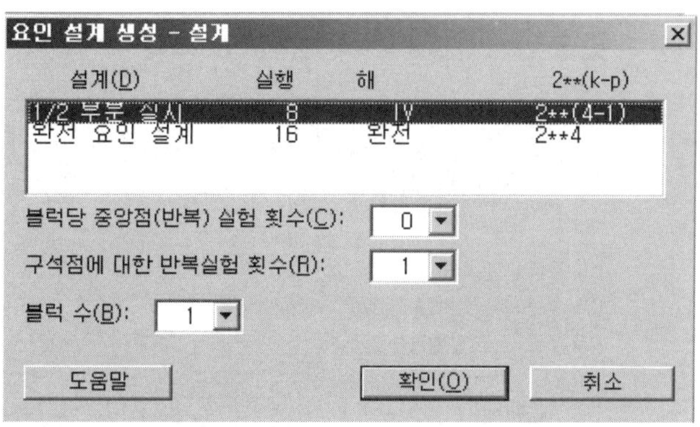

3 다음과 같은 요인 대화상자가 나타나면 [낮음]열에는 구분을 편리하게 하기위하여(uncoded) "0"을 입력한다.

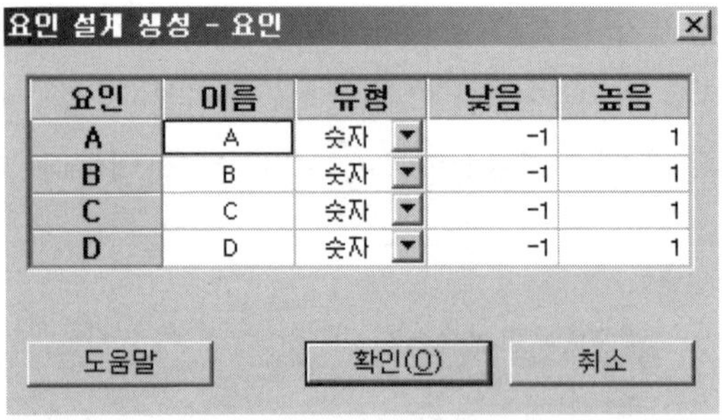

4 다음과 같이 변경되었으면 확인(O) 버튼을 누른다.

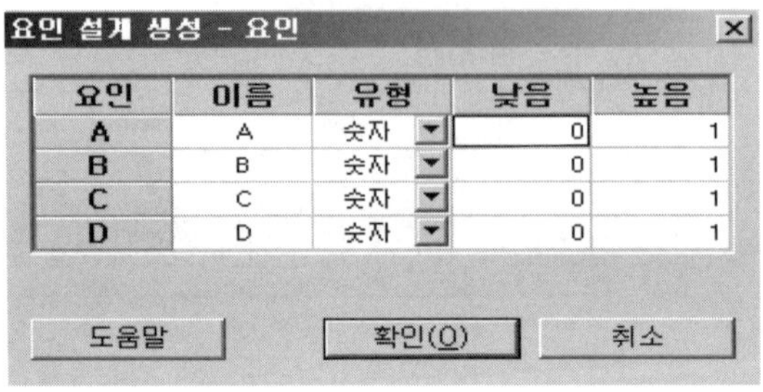

5 [요인설계생성] 대화상자 돌아오면 다시 [옵션]버튼을 누른다. 실험의 순서를 랜덤화하여 할 경우에는 초기값 그대로 입력 확인 하고 확인(O) 버튼을 누른다.

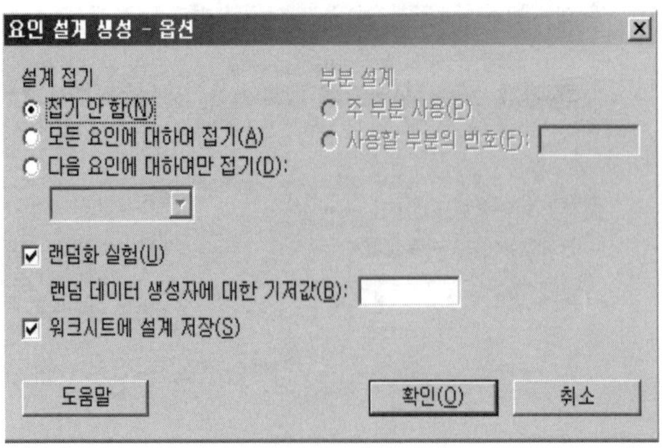

6 원 상태로 돌아오면 다시 [확인(O)] 버튼을 누른다. 그러면 [워크시트] 창에 처음에 실험이 설계될 때의 순서인 [StdOrder(표준순서)], 실험 계획후 실험 실시에 따른 랜덤순서인 [RunOrder(실험실행순서)], 중앙점, 블럭열이 차례로 나타난다. 그리고 C9열에 변수 이름을 "자료" 라고 입력하여 해당수준에 데이터를 입력한다.

워크시트 1 ***

↓	C1	C2	C3	C4	C5	C6	C7	C8	C9	C10
	StdOrder	RunOrder	중앙점	블럭	A	B	C	D	자료	
1	3	1	1	1	0	1	0	1	3.7	
2	5	2	1	1	0	0	1	1	3.5	
3	6	3	1	1	1	0	1	0	3.5	
4	2	4	1	1	1	0	0	1	3.7	
5	1	5	1	1	0	0	0	0	4.2	
6	8	6	1	1	1	1	1	1	3.8	
7	4	7	1	1	1	1	0	0	3.4	
8	7	8	1	1	0	1	1	0	3.5	
9										

7 통계분석(S) → 실험계획법(D) → 요인 설계(F) → 요인 설계 분석(A)... 을 선택하고 나타난 대화상자에서 [반응] 항목에 마우스 포인트를 올려놓고 C9을 더블클릭하고 [항] 버튼을 클릭한다.

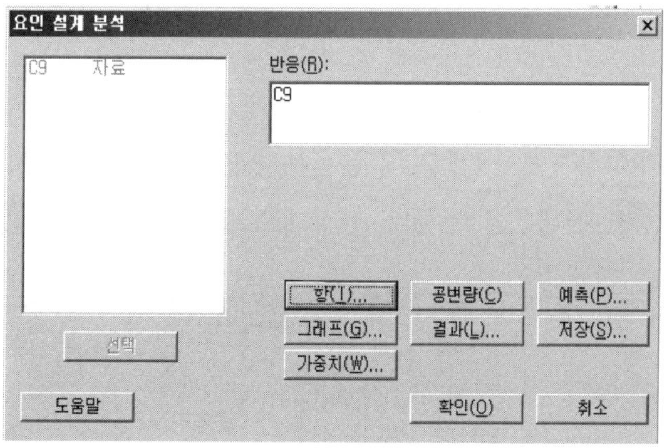

8 [사용가능항]에 있는 주효과 A,B,C와 D 인자를 이동화살표를 이용하여 [선택항]에 선택하고 [확인(O)] 버튼을 클릭한다. 원 상태로 돌아오면 다시 [그래프] 버튼을 누른다.

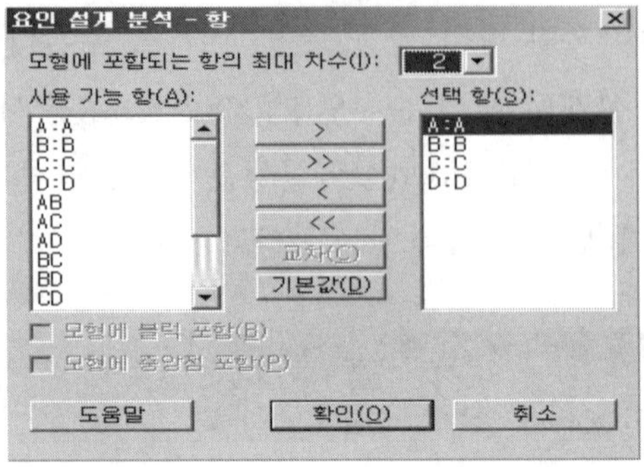

9 그래프 대화상자에서 효과그림의 [정규확률도], [Pareto]를 체크 및 선택하고 [확인(O)]버튼을 클릭한다. 원 상태로 돌아오면 다시 [결과]버튼을 누른다.

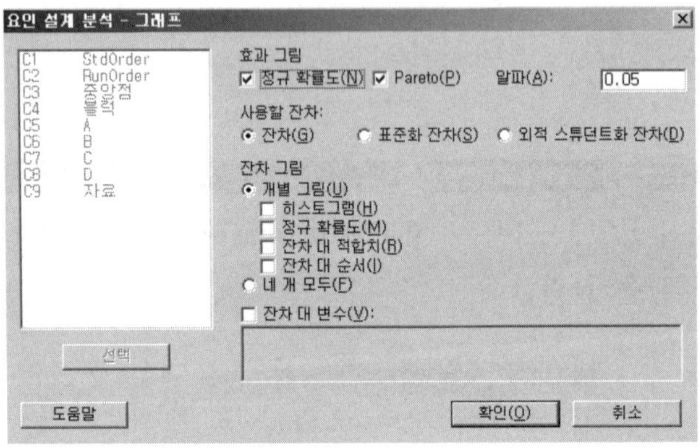

10 [결과] 대화상자에서 [계수 및 분산분석표] 항목과 [기본상호작용] 항목을 선택하고 [확인(O)]버튼을 누른다. 원상태로 돌아오면 다시 [확인(O)]버튼을 누른다.

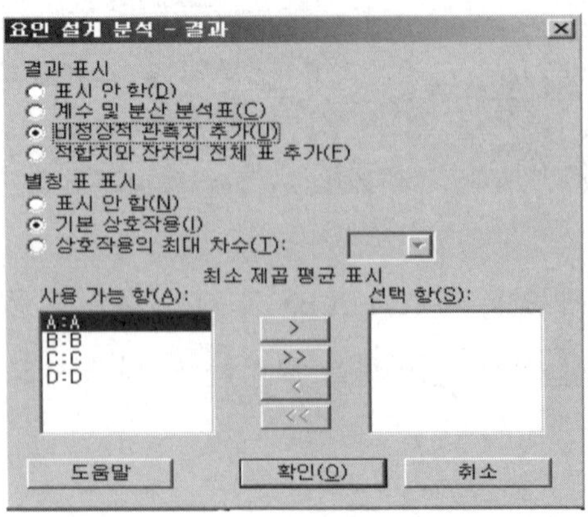

11 [세션] 창에 다음과 같이 표시된다.

```
세션

요인 적합: 자료 대 A, B, C, D

 자료에 대한 추정된 효과 및 계수(코드화된 단위)

항           효과       계수  SE 계수       T      P
상수                 3.86250   0.1179   31.06  0.000
A       -0.12500  -0.06250   0.1179   -0.53  0.633
B       -0.12500  -0.06250   0.1179   -0.53  0.633
C       -0.17500  -0.08750   0.1179   -0.74  0.512
D        0.02500   0.01250   0.1179    0.11  0.922

S = 0.333542   R-제곱 = 27.25%   R-제곱(수정) = 0.00%

자료에 대한 분산 분석(코드화된 단위)

출처         DF  Seq SS  Adj SS   Adj MS     F      P
주효과        4  0.1250  0.1250  0.03125  0.28  0.874
잔차 오차     3  0.3337  0.3337  0.11125
전체          7  0.4588

코드화되지 않은 단위의 데이터를 사용하여 추정된 자료의 계수

항          계수
상수     3.86250
A      -0.125000
B      -0.125000
C      -0.175000
D       0.025000

별칭 구조
I + A*B*C*D
A + B*C*D
B + A*C*D
C + A*B*D
```

해석 선택된 모형에서는 모든 인자 계수가 비유의적으로 나타나고(P-값 ⟩유의수준(5%)) 즉, A, B, C, D 인자(주효과) 들이 모두 유의 하지 않음에 따라서 반응치 '데이터'에 영향을 주는 새로운 인자에 의해 실험을 다시 수행해야 한다.

12 효과그림 분석

▶ 표준화된 효과의 정규 확률그림

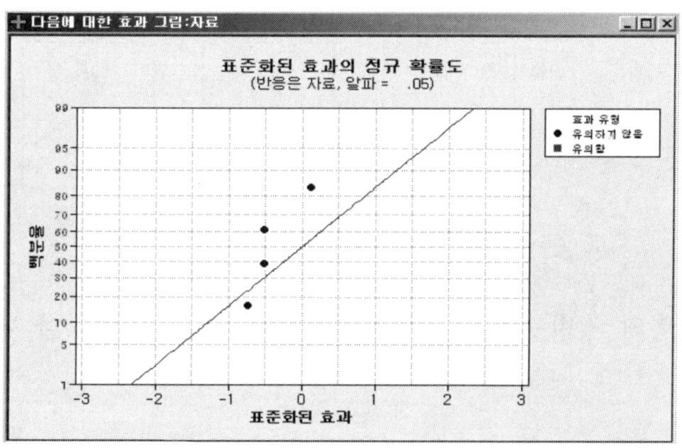

해석 비유의적인 인자는 직선 근처에 나타난다. 즉, 수준이 변해도 별로 변화하지 않음을 의미하고 멀리 떨어져 표시될수록 유의성이 크다는 의미이다. 여기서는 모든 주효과가 비유의적이다.

▸ 표준화된 효과의 파레토그림

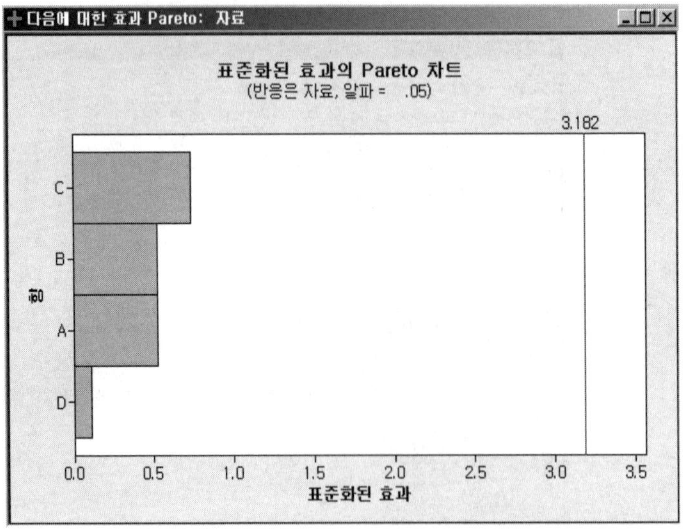

해석 중간의 실선(0.05유의선)보다 크게 나타나면 유의성을 가지고 있고 실선보다 작게 나타나면 비유의적이라고 볼 수 있다. 여기서도 모든 주효과가 비유의적이다.

3) 3^n 형의 일부실시법

3^2형의 실험에서 정의대비를 $I = AB^2$으로 하면 다음 그림과 같이 3개의 블록을 만들 수 있다

블록 1	블록 2	블록 3
00	10	20
11	21	01
22	02	12
$L=0$	$L=1$	$L=2$

따라서 3^2형의 $\frac{1}{3}$반복은 이 3개의 블록에서 어느 한 블록을 택하여 실험하면 될 것이다.

예를 들어 정의대비를 $I = AB$로 한다면 다음 그림과 같이 나누어지고 이 중에서 1블록을 취하면 $\frac{1}{3}$반복실험이 된다.

블록 1	블록 2	블록 3
00	10	20
12	22	02
21	01	11
$L=0$	$L=1$	$L=2$

$I=AB^2$을 정의대비로 사용한 일부실시법에서는 다음의 별명관계를 갖는다. 3^n형에서 별명관계를 구할 때에는 별명을 구하려는 요인효과에 정의대비 I와 I^2을 곱하여 구한다. 즉, $A^3=B^3=1$이고 요인 X에 대해서 $X=X^2$의 관계를 유의하여 구해보면 다음을 얻게 된다.

$$A=A(AB^2)=A^2B^2=(A^2B^2)^2=A^4B^4=AB$$
$$A=A(AB^2)^2=A^3B^4=B$$

따라서 A, B, AB가 모두 별명관계에 있나. 이러한 실험은 $\frac{1}{3}\times 3^2=3$회밖에 실험횟수가 없으므로 $A=B=AB$의 교락이 생기며 실질적으로 사용될 수 없다.

만약 3^3형 실험에서 $I=AB^2C$를 블록과 교락시켜 다음 그림과 같이 만든다.

블록 1	블록 2	블록 3
000	100	200
011	111	211
110	210	010
121	221	021
102	202	002
212	012	112
220	020	120
022	122	222
201	011	101
$L=0$	$L=1$	$L=2$

이 중에서 한 블록을 택하여 $\frac{1}{3}$반복을 실시한다면 다음의 별명관계를 얻는다.

$$A=A(AB^2C)=ABC^2$$
$$A=A(AB^2C)^2=BC^2$$

$$B = B(AB^2C) = AC$$

$$B = B(AB^2C)^2 = ABC$$

$$C = C(AB^2C) = AB^2C^2$$

$$C = C(AB^2C)^2 = AB^2$$

$$BC = BC(AB^2C) = AC^2$$

$$BC = BC(AB^2C)^2 = AB$$

위의 결과를 정리하면

$$A = ABC^2 = BC^2$$

$$B = AC = ABC$$

$$C = AB^2C^2 = AB^2$$

$$BC = AC^2 = AB$$

로 별명관계를 표현할 수 있다. 따라서 이 경우에는 2차 이상의 교호작용을 무시하면 A, B, C의 주효과를 구할 수 있다. 분산분석표의 모양은 다음과 같게 된다. 여기서 BC요인을 오차로 하면 F-검정이 가능하다. 즉, $I = AB^2C$인 3^3형의 $\frac{1}{3}$반복실험은 다음과 같은 분석표를 가진다.

요 인	ϕ
$A(ABC^2, BC^2)$	2
$B(AC, ABC)$	2
$C(AB^2C^2, AB^2)$	2
$BC(AC^2, AB)$	2
T	8

기본 예제 6.5

다음 자료는 3^3요인배치법에서 $\frac{1}{3}$만 실험하기 위하여 정의대비 $I = AB^2C$를 블록과 교락시킨 후 선형표현식 $L = x_1 + 2x_2 + x_3 \pmod 3$의 값 중에서 $L = 1$인 블록을 택하여 실험한 결과이다. 이 경우 별명관계를 구하여 보고 분산분석표를 작성하여라.

A B C	특성치
0 0 1	5.5
0 1 2	7.2
0 2 0	6.4
1 0 0	1.2
1 1 1	4.3
1 2 2	8.5
2 0 2	7.5
2 1 0	4.4
2 2 1	7.5

결과

❶ 별명관계($I=AB^2C$)

A의 별명은

$$A=A\times(AB^2C)=A^2B^2C=ABC^2$$

$$A=A\times(AB^2C)^2=A^3B^4C^2=BC^2$$

이 되고, 나머지 요인들의 별명관계는 다음과 같이 주어진다.

$$B=AC=ABC$$

$$C=AB^2=AB^2C^2$$

$$AB=AC^2=BC$$

❷ 분산분석

먼저 수정항과 총변동을 구하면

$$CT=\frac{T^2}{9}=\frac{(52.5)^2}{9}=\frac{2756.25}{9}=306.25$$

$$SST=(5.5)^2+(7.2)^2+\cdots+(7.5)^2-CT=40.84$$

가 된다. 각 요인의 변동을 구하기 위하여 표와 같이 보조표를 이용하면 편리하다.

요인	$A(ABC^2$ 혹은 $BC^2)$			$B(AC$ 혹은 $ABC)$			$C(AB^2$ 혹은 $AB^2C^2)$		
수준	0	1	2	0	1	2	0	1	2
자료	5.5	1.2	7.5	5.5	7.2	6.4	6.4	5.5	7.2
	7.2	4.3	4.4	1.2	4.3	8.5	1.2	4.3	8.5
	6.4	8.5	7.5	7.5	4.4	7.5	4.4	7.5	7.5
[1] 계	19.1	14	19.4	14.2	15.9	22.4	12	17.3	23.2
[2] $[1]^2$	364.81	196	376.36	201.64	252.81	501.76	144	299.29	538.24
[3] [2]의합	937.17			956.21			981.53		
[4] [3]/3	312.39			318.7366667			327.1766667		
[5] [4]-CT	6.14			12.48666667			20.92666667		

$$SS_{AB} = SST - SSA - SSB - SSC = 1.28$$

이상의 결과를 정리하면 다음과 같은 분산분석표를 얻는다.

요 인	제곱합	자유도	평균제곱
$A(ABC^2$ 또는 $BC^2)$	6.14	2	3.07
$B(AC$ 또는 $ABC)$	12.49	2	6.245
$C(AB^2$ 또는 $AB^2C^2)$	20.93	2	41.465
$AB(AC^2$ 또는 $BC)$	1.28	2	0.64
T	40.84	8	

Minitab

1 다음과 같이 자료를 입력한다.

워크시트 1 ***

↓	C1	C2	C3	C4	C5
	A	B	C	DATA	
1	0	0	1	5.5	
2	0	1	2	7.2	
3	0	2	0	6.4	
4	1	0	0	1.2	
5	1	1	1	4.3	
6	1	2	2	8.5	
7	2	0	2	7.5	
8	2	1	0	4.4	
9	2	2	1	7.5	
10					

2 통계분석(S) → 분산 분석(A) → GLM 일반 선형 모형(G)... 선택하고 [반응] 항목란에 마우스 포인터를 올려놓고 C4를 더블 클릭하고 [모형] 란에는 A, B, C를 입력하고 확인(O) 버튼을 누른다.

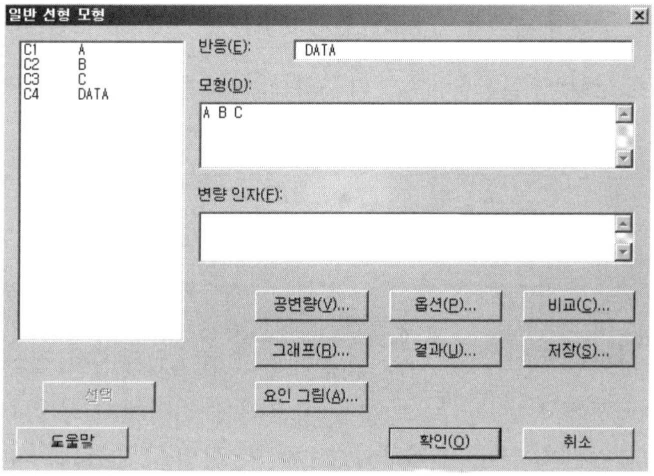

3 [세션] 창에 다음과 같은 결과가 표시되어 나타난다.

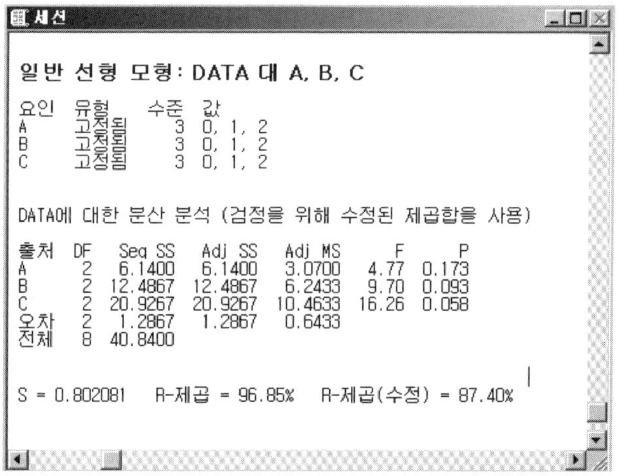

세션

일반 선형 모형: DATA 대 A, B, C

요인	유형	수준	값
A	고정됨	3	0, 1, 2
B	고정됨	3	0, 1, 2
C	고정됨	3	0, 1, 2

DATA에 대한 분산 분석 (검정을 위해 수정된 제곱합을 사용)

출처	DF	Seq SS	Adj SS	Adj MS	F	P
A	2	6.1400	6.1400	3.0700	4.77	0.173
B	2	12.4867	12.4867	6.2433	9.70	0.093
C	2	20.9267	20.9267	10.4633	16.26	0.058
오차	2	1.2867	1.2867	0.6433		
전체	8	40.8400				

S = 0.802081 R-제곱 = 96.85% R-제곱(수정) = 87.40%

해석 분산분석표에서 유의수준 5%에서 주효과 모두 A, B, C 인자가 비유의적인 인자로 나타나고 있다 따라서 더 좋은 자료를 수집하거나 다른 방식의 분석방법을 채택해야 한다.

연습문제

1 3^2 요인실험을 동일한 실험조건으로 실험하기 곤란하여 3개의 블록으로 나누어 실험한 결과 다음의 데이터가 얻어졌다. A인자의 변동은?

블럭 I	블럭 II	블럭 III
$A_3B_1=3$	$A_2B_1=-2$	$A_1B_1=1$
$A_1B_2=0$	$A_3B_2=1$	$A_2B_2=4$
$A_2B_3=-1$	$A_1B_3=2$	$A_3B_3=2$

2 탄산칼슘($CaCO_3$)을 만들려면 우선 A공정에서 질산칼슘을 만들고, B공정에서 탄 산수소암모늄의 용액을 만들어, C공정에서 양자를 반등시켜 침전을 탈수 세척하여 $CaCO_3$의 분말을 만든다. 이 공정에서 제조되는 $CaCO_3$의 어떤 품질특성이 다음 공정품질의 산포에대하여 가장 큰 영향을 주고 있다는 것을 알았으므로, 이 품질특성과 강한 상관관계가 있는 입도를 대용 특성치를 삼아 3개의 요인을 택하여 실험을 행한 결과 다음 페이지에서와 같은 데이터가 얻어졌다.

〈실험조건〉

질산칼슘의 액온(℃) : $A_0=20$, $A_1=25$

질산칼슘의 pH : $B_0=8.5$, $B_1=9.0$

반응온도(℃) : $C_0=60$, $C_1=70$

(1) 분산분석을 행하라.

(2) $CaCO_3$의 입도에 영향을 주는 유의한 인자는 무엇이냐? 이 인자들의 어떤 수준조합에서 $CaCO_3$의 입도가 가장 작아지느냐? 이 조건에서의 입도 모평균 95(%) 신뢰구간을 구하라.

〈실험결과〉 단위 : $CaCO_3$의 입도(μ)

요 인	1(ABC교락)		2(AB교락)		3(AC교락)		4(BC교락)	
블럭(일)	1	2	3	4	5	6	7	8
배 치	$(1)=52$	$a=50$	$(1)=47$	$a=51$	$(1)=55$	$a=50$	$(1)=48$	$b=59$
	$ab=53$	$b=51$	$c=44$	$b=51$	$ac=50$	$c=47$	$bc=49$	$c=47$
	$ac=43$	$c=50$	$ab=58$	$ac=44$	$abc=48$	$bc=49$	$a=44$	$ab=50$
	$bc=48$	$abc=49$	$abc=50$	$bc=42$	$b=54$	$ab=46$	$abc=46$	$ac=46$

연습문제

3 어떤 반응공정의 수율을 향상시킬 목적으로 반응시간(A), 반응온도(B), 성분(C)의 3가지 이자를 취하여 요인실험을 하였다. 3인자의 수준수는 각각 2수준씩 택하였으므로 인자의 수준의 조합은 8가지가되는데 하루에 8회의 실험을 할 수 없으므로 3인자 상호작용을 ABC를 날과 교락시켜 실험하여 다음의 데이터를 얻었다. 분산분석표를 작성하라. 인자의 어떤 수준조합에서 가장 큰 수율을 주리라고 생각되는가?

〈실험온도〉

반응시간(A) : $A_0 = 4$, $A_1 = 5$(시간)

반응온도(B) : $B_0 = 250$, $B_2 = 300$(℃)

성분의 양(C) : $C_0 = 3.0$, $C_1 = 3.5$(g)

〈데이터(단위(%)〉

1일(R_1)	2일(R_2)
ab=86.7	a=83.3
(1)=83.1	abc=86.3
ac=84.0	b=86.8
bc=86.5	c=84.1

$$I = ABC$$

7

Introduction to Design of Experiments

라틴 방격과 그레코 라틴 방격

$n\times n$개의 글자 및 숫자를 행과 열에 n개씩의 사격형이 되게 나열한 것을 방격 이라 하며, 그들 방격 중에서 n개의 글자 및 숫자를 각 열과 행에 반드시 하나씩 나열한 것을 라틴방격(Latin square)이라 한다. 일반적으로 n열, n행으로 된 라틴방격을 $n\times n$ 라틴방격이라고 한다. 즉, 만일 3개의 인자가 동일하게 n개의 수준을 가지고 있을 때 모든 수준조합에서 실험하는 것이 아니라 $n\times n$개의 수준조합에서만 실험되는 실험계획으로 실험횟수가 적은 것이 특징이다. 따라서 이 실험계획법은 인자간의 교호작용이 무시될 수 있을 때, 적은 실험횟수로서 주효과에 대한 정보를 간편히 얻고자 할 때 많이 사용한다. 확장 개념으로 직교하는 두 개의 라틴방격을 조합한 방격법이 그레코라틴방격법(Graeco-Latin Square Design) 이라하고 더욱 확장하여 직교하는 라틴방격 3개 이상 조합하여 만든 방격으로 초그레코 라틴방격(Hyper Graco - Latin square)이라고 한다.

1. 실험의 의의

$n \times n$개의 글자 및 숫자를 행과 열에 n개씩의 사격형이 되게 나열한 것을 방격 이라 하며, 그들 방격 중에서 n개의 글자 및 숫자를 각 열과 행에 반드시 하나씩 나열한 것을 라틴방격(Latin square)이라 한다. 일반적으로 n열, n행으로 된 라틴방격을 $n \times n$ 라틴방격이라고 한다. 즉, 만일 3개의 인자가 동일하게 n개의 수준을 가지고 있을 때 모든 수준조합에서 실험하는 것이 아니라 $n \times n$개의 수준조합에서만 실험되는 실험계획으로 실험횟수가 적은 것이 특징이다. 따라서 이 실험계획법은 인자간의 교호작용이 무시될 수 있을 때, 적은 실험횟수로서 주효과에 대한 정보를 간편히 얻고자 할 때 많이 사용한다.

확장 개념으로 직교하는 두 개의 라틴방격을 조합한 방격법이 그레코라틴방격법(Graeco-Latin Square Design)이라하고 더욱 확장하여 직교하는 라틴방격 3개 이상 조합하여 만든 방격으로 초 그레코 라틴방격(Hyper Graco - Latin square)이라고 한다.

2. 라틴방격법

$n \times n$개의 글자 및 숫자를 행과 열에 n개씩의 사격형이 되게 나열한 것을 방격 이라 하며, 그들 방격 중에서 n개의 글자 및 숫자를 각 열(column)과 행(row)에 반드시 하나씩 나열한 것을 라틴방격(Latin square)이라 한다. 일반적으로 n열, n행으로 된 라틴방격을 $n \times n$ 라틴방격이라고 한다. 사각형 속에 세가지의 처리 C_1, C_2, C_3 대신에 1,2,3으로 간단히 표시하면 3×3라틴 방격은 다음과 같이 표시된다.

1	2	3
2	3	1
3	1	2

(1)

1	3	2
2	1	3
3	2	1

(2)

2	1	3
3	2	1
1	3	2

(3)

2	3	1
3	1	2
1	2	3

(4)

3	1	2
1	2	3
2	3	1

(5)

3	2	1
1	3	2
2	1	3

(6)

1	2	3
3	1	2
2	3	1

(7)

1	3	2
3	2	1
2	1	3

(8)

2	1	3
1	3	2
3	2	1

(9)

2	3	1
1	2	3
3	1	2

(10)

3	1	2
2	3	1
1	2	3

(11)

3	2	1
2	1	3
1	3	2

(12)

위 3×3라틴 방격 (1)형과 같이 제1행, 제1열이 자연수 순서로 나열되어 있는 방격을 표준형 라틴방격(standard Latin square)라고 한다. 이 방격의 가능한 한 배열 방법의 수는 1변의 크기가 커질수록 증가한다. 즉, 2×2 방격에서는 두 가지 나열 방법뿐이나 3×3 방격에서는 표준방격이 1개 있고 열두 가지의 배열이 있다.
즉, 표준방격(1)형에서 각 열의 순서를 바꾸면 (2), (3),(4),(5),(6) 형이 되고 다시 또, 이 6개의 형을 제2행과 3행을 서로 바꾸면 (7), (8),(9),(10),(11),(12)형 방격을 표시 할 수 있다. 따라서 이들 표준방격의 순열 수 3!2!×1= 12와 같다.
또, 4×4라틴방격에는 4개의 다음과 같이 표준라틴방격을 표시 할 수 있으며 그 각각이 4!3!×4가지의 순열을 가지므로 전부 576개의 라틴방격이 존재한다.

1	2	3	4
2	3	4	1
3	4	1	2
4	1	2	3

1	2	3	4
2	4	1	3
3	1	4	2
4	3	2	1

1	2	3	4
2	1	4	3
3	4	1	2
4	3	2	1

1	2	3	4
2	1	4	3
3	4	2	1
4	3	1	2

따라서 $n \times n$라틴방격 수의 계산은 다음과 같이 표현 됨이 알려져 있다.

$$n! \times (n-1)! \times \text{표준라틴방격수} = n \times n\text{라틴방격}$$

처리 수(n)에 따른 표준 방격 수와 생성된 방격 수는 다음과 같이 됨이 알려져 있다.

n	표준 라틴 방격수	생성 라틴 방격수
2	1	2
3	1	12
4	4	5765
5	56	161,280
6	9,408	812,851,200
7	16,942,080	61,479,419,904,000
⋮		⋮
n		$n! \times (n-1)! \times$ 표준라틴방격수

인자를 A, B의 수준이 각각 n인 2원배치법에 $n \times n$라틴방격법을 겹치는 라틴 방격을 고려하자. 예를 들어 A, B, C 각각이 3수준 일 때 ($n=3$) 인자를 A, B를 2원 배치에 라틴방격을 C의 3수준이라 하면 다음과 같이 라틴방격은 C의 첨자, 즉 C의 수준으로서 나열된다.

인자	A_1	A_2	A_3
B_1	C_1	C_2	C_3
B_2	C_2	C_3	C_1
B_3	C_3	C_1	C_2

따라서 이들 9가지의 조합에 대하여 행하면 좋을 것이다.
여기서 A_1조건에서 행하는 3개의 실험에는 $B_1, B_2, B_3, C_1, C_2, C_3$의 조건이 모두 1회씩 들어 있으며, A_2, A_3에 대해서는 마찬가지이다. 따라서 A, B, C 각 수준간의 산포를 구하면 각각 다른 인자의 영향을 받지 않고 A, B, C에 대한 변동이나 효과를 구할 수 있다.

실험번호	실험조건		
1	A_1	B_1	C_1
2	A_1	B_2	C_2
3	A_1	B_3	C_3
4	A_2	B_1	C_2
5	A_2	B_2	C_3
6	A_2	B_3	C_1
7	A_3	B_1	C_3
8	A_3	B_2	C_1
9	A_3	B_3	C_2

1원배치법에서 인자 A가 n수준이며, 반복수가 동일하게 r일 경우에는 실험횟수를 증가시키지 않고도 그 위에 1인자 B를 배치하여 2원배치법으로 할 수가 있으며, 또한 교호작용이 없는 경우에 실험 횟수를 감소시키려면 라틴방격을 사용 하면 된다.
인자가 A, B, C이고 모두 3인 3원배치법으로 실험하면 27회의 실험으로 교호작용이 구해지는데 라틴 방격법을 사용하면 실험 횟수는 9회(다음 표에 0표 한 조건)로 된다. 그러나 교호작용을 구할 수는 없지만, 이 경우는 27회 중 1/3실시한다. 이와 같이 일부분만 실시하는 실험방법을 일부 실시법이라고 한다.

B \ C \ A		A_1	A_2	A_3
B_1	C_1	○		
	C_2		○	
	C_3			○
B_2	C_1			○
	C_2	○		
	C_3		○	
B_3	C_1		○	
	C_2			○
	C_3	○		

1) 라틴방격에 있어서 각 수준의 배치법

라틴방격에 있어서 각 수준의 배치법은 다음과 같이 한다.

Ⓐ 표준형 라틴방격을 작성한다

일반적으로 $n \times n$의 라틴방격을 작성하려면 1에서 n까지의 숫자를 제1행에 나열 하고, 숫자는 n이상 없으므로 1에 돌아와 $1 \to 2 \to 3 \to \cdots n \to 1$ 하나씩 밀은 것을 제2행에 쓰고, 제2행에서 제3행을 같은 모양으로 만들고, 같은 방법으로 n행을 만들면 된다.

1	2	3	...	n-1	n
2	3	4	...	n	1
3	4	5	...	1	2
.					.
.					.
.					.
n	1	2	...	n-2	n-1

Ⓑ 표준라틴방격에 A_1, A_2, $\cdots$, A_n 열, B_1, B_2, $\cdots$, B_n 행의 2원배치를 겹치고 라틴방격을 C_1, C_2, $\cdots$, C_n으로 한다.

Ⓒ 3인자 A, B, C 를 랜덤하게 배치한다

Ⓓ 3인자의 각 n수준을 A_1, A_2, $\cdots$, A_n; B_1, B_2, $\cdots$, B_n ; C_1, C_2, $\cdots$, C_n에 랜덤하게 배치한다.

위와 같은 4단계에 의하여 얻어진 라틴 방격의 $n \times n$개의 실험조건을 랜덤한 실험순서에 의하여 실시하면 완전 랜덤하게 얻어진 라틴방법의 데이터라고 간주 할 수 있다.

2) 구조모형 및 분산분석

라틴방격법의 데이터 구조식은 다음과 같이 표현된다.

$$y_{ijk} = \mu + a_i + b_j + c_k + \varepsilon_{ijk}$$

단, $i, j, k = 1, 2, \cdots, n$, $\varepsilon_{ijk} \sim N(0, \sigma_E^2)$;서로 독립

a_i, b_j, c_k는 각각 인자 A, B, C의 i, j, k수준의 주효과를 나타낸다. 일반적으로 라틴방격법에서는 모수인자들을 사용하게 된다. 따라서 A, B, C가 모두 모수인자이

면 다음과 같은 조건을 만족한다.

$$\sum a_i = \sum b_j = \sum c_k = 0$$

그리고 σ_A^2, σ_B^2, σ_C^2은 각각 다음과 같이 정의 된다.

$$\sigma_A^2 = \frac{\sum a_i^2}{n-1}$$

$$\sigma_B^2 = \frac{\sum b_j^2}{n-1}$$

$$\sigma_C^2 = \frac{\sum c_k^2}{n-1}$$

A_i 수준에서 측정된 n개의 데이터 합을 $T_{i\cdot\cdot}$ 라 쓰고, $\bar{y}_{i\cdot\cdot} = \frac{T_{i\cdot\cdot}}{n}$ 를 그의 평균치라고 표시하고 유사한 방법으로 B와 C에서도 마찬가지로 $T_{\cdot j \cdot}$, $\bar{y}_{\cdot j \cdot}$와 $T_{\cdot\cdot k}$, $\bar{y}_{\cdot\cdot k}$ 로 표현하자. 또한 총 n^2개의 데이터의 합과 평균을 각각 T, $\bar{\bar{y}}$로 나타내자.
또한 $y_{ijk} - \bar{\bar{y}}$ 를 다음과 같이 4개의 성분으로 분해하여 변동을 구하면 다음과 같은 식을 도출 할 수 있다.

$$y_{ijk} - \bar{\bar{y}} = (\bar{y}_{i\cdot\cdot} - \bar{\bar{y}}) + (\bar{y}_{\cdot j \cdot} - \bar{\bar{y}}) + (\bar{y}_{\cdot\cdot k} - \bar{\bar{y}}) + (y_{ijk} - \bar{y}_{i\cdot\cdot} - \bar{y}_{\cdot j \cdot} - \bar{y}_{\cdot\cdot k} + 2\bar{\bar{y}})$$

$$CT = \frac{T^2}{n^2}$$

$$SST = \sum_i \sum_j \sum_k (y_{ijk} - \bar{\bar{y}})^2 = \sum_i \sum_j \sum_k y_{ijk}^2 - CT$$

$$SSA = \sum_i \sum_j \sum_k (\bar{y}_{i\cdot\cdot} - \bar{\bar{y}})^2 = n \sum_i (\bar{y}_{i\cdot\cdot} - \bar{\bar{y}})^2 = \frac{\sum_i T_{i\cdot\cdot}^2}{n} - CT$$

$$SSB = \sum_i \sum_j \sum_k (\bar{y}_{\cdot j \cdot} - \bar{\bar{y}})^2 = n \sum_i (\bar{y}_{\cdot j \cdot} - \bar{\bar{y}})^2 = \frac{\sum_i T^2_{\cdot j \cdot}}{n} - CT$$

$$SSC = \sum_i \sum_j \sum_k (\bar{y}_{\cdot\cdot k} - \bar{\bar{y}})^2 = n \sum_i (\bar{y}_{\cdot\cdot k} - \bar{\bar{y}})^2 = \frac{\sum_k T^2_{\cdot\cdot k}}{n} - CT$$

$$SSE = SST - (SSA + SSB + SSC)$$

인자 A, B, C가 갖는 자유도는 모두 $n-1$이 된다.

$$\phi_A = \phi_B = \phi_C = n-1$$

오차항의 자유도는 총변동의 자유도 $\phi_T = n^2 - 1$에서 3인자의 자유도를 뺀 것이므로 다음과 같다.

$$\begin{aligned}\phi_E &= \phi_T - (\phi_A + \phi_B + \phi_C) \\ &= (n^2-1) - 3(n-1) \\ &= (n-1)(n-2)\end{aligned}$$

따라서 n가 3이상이어야 오차의 자유도가 0이 아니다. 이를 종합하여 라틴방격법에 관한 분산분석표를 작성하면 다음과 같다.

요인	SS	ϕ	V	$E(V)$	F_0
A	SSA	$n-1$	V_A	$\sigma_E^2 + n\sigma_A^2$	V_A / V_E
B	SSB	$n-1$	V_B	$\sigma_E^2 + n\sigma_B^2$	V_B / V_E
C	SSC	$n-1$	V_C	$\sigma_E^2 + n\sigma_C^2$	V_C / V_E
E	SSE	$(n-1)(n-2)$	V_E	σ_E^2	
T	SST	n^2-1			

3) 불편분산의 기대값 유도

구조식으로부터A_i 의 수준의 평균($\bar{y}_{i}..$) 과 총평균($\bar{\bar{y}}$)은 다음과 같이 유도된다.

A_i 수준의평균 : $\bar{y}_i.. = \mu + a_i + \bar{\varepsilon}_i..$

총평균 : $\bar{\bar{y}} = \mu + \bar{\bar{\varepsilon}}$

위 식을 이용하여 $E(SSA) = E[n\sum_i(\bar{y}_i.. - \bar{\bar{y}})^2]$는 다음과 같이 유도 된다

$$\begin{aligned}E(SSA) &= E[n\sum_i a_i + (\bar{\varepsilon}_i.. - \bar{\bar{\varepsilon}})^2] \\ &= nE[\sum_i a_i^2 + 2\sum_i a_i(\bar{\varepsilon}_i.. - \bar{\bar{\varepsilon}}) + \sum_i(\bar{\varepsilon}_i.. - \bar{\bar{\varepsilon}})^2]\end{aligned}$$

여기서 $\sum_i a_i \, E(\bar{\varepsilon}_i.. - \bar{\bar{\varepsilon}}) = 0$

따라서 다음과 같이 유도 된다.

$$E(SSA) = n\sum_i a_i^2 + nE[(\bar{\varepsilon}_i.. - \bar{\bar{\varepsilon}})^2]$$

$$= n(n-1)\left[\frac{\sum_i a_i^2}{n-1} + E\left(\frac{\sum_i (\bar{\varepsilon}_{i\cdot\cdot} - \bar{\bar{\varepsilon}})^2}{n-1}\right)\right]$$

$$= n(n-1)\left[\sigma_A^2 + \frac{\sigma_E^2}{n}\right]$$

$$= (n-1)(\sigma_E^2 + n\sigma_A^2)$$

단, $\sigma_A^2 = \frac{\sum_i a_i^2}{n-1}$, $\sigma_E^2 = E\left\{\frac{\sum_i (\bar{\varepsilon}_{i\cdot\cdot} - \bar{\bar{\varepsilon}})^2}{n-1}\right\}$

따라서 $E(V_A)$는 다음과 같이 유도 된다.

$$E(V_A) = \frac{E(SSA)}{n-1} = \sigma_E^2 + n\sigma_A^2$$

$E(V_B)$, $E(V_C)$, $E(V_E)$도 유사한 방법을 이용하면 유도 할 수 있기 때문에 자세한 유도는 생략하기로 한다.

4) 검정

분산분석표의 F검정은 인자 A 대한 가설이

$$H_0 : \sigma_A^2 = 0$$
$$H_1 : \sigma_A^2 \neq 0$$

이고, 만약 $F_0 = \frac{V_A}{V_E} > F_\alpha(\phi_A, \phi_E)$이면 귀무가설이 기각되어, 유의 수준 α에서 σ_A^2이 0이 아니라는 결론이다. 이 경우에는 A의 변동이 유의하기 때문에 A_i의 각 수준이 주로 효과가 유의한 차가 있게 된다. 즉,
따라서 귀무가설은 $H_0 := a_1 = a_2 = \cdots = a_n = 0$과 동일하다.

5) 분산 분석후의 추정

분산분석표의 F검정에 의하여 유의한 인자에 대해서는 각 인자 수준에서 특성치의 모평균을 추정하는 것이 의미가 있다. 인자 A가 유의한 경우에 A_i수준에서 모평균 $\mu(A_i)$을 추정해보면

$$\mu(A_i) = \mu + a_i \quad (i = 1,2,\cdots,n)$$

이고
$$E(\overline{y}_i..) = \widehat{\mu + a_i} = \overline{y}_i..$$

이므로, $\mu(A_i)$의 불편추정량이 $\overline{y}_i..$ 임을 알 수 있다.

유사한 방법을 이용하여 B_j, C_k에서의 모평균의 불편추정량도 각각 $\overline{y}_{\cdot j \cdot}, \overline{y}_{\cdot\cdot k}$ 이 되고 이들 추정량의 분산은 다음과 같다.

$$Var(\overline{y}_i..) = Var(\overline{y}_{\cdot j \cdot}) = Var(\overline{y}_{\cdot\cdot k}) = \frac{\sigma_E^2}{n}$$

이 분산을 $\widehat{\sigma}^2{}_E = V_E$라고 하고 $\mu(A_i)$,.$\mu(B_j)$, $\mu(C_k)$의 $100(1-a)\%$의 신뢰한계는 각각 다음과 같이 유도 된다.

$$\overline{y}_i.. \pm t_{\frac{\alpha}{2}}(\phi_E)\sqrt{\frac{V_E}{n}}$$
$$\overline{y}_{\cdot j \cdot} \pm t_{\frac{\alpha}{2}}(\phi_E)\sqrt{\frac{V_E}{n}}$$
$$\overline{y}_{\cdot\cdot k} \pm t_{\frac{\alpha}{2}}(\phi_E)\sqrt{\frac{V_E}{n}}$$

그리고 A, B, C 중에서 두 인자만이 유의한 경우에는 두 인자의 수준조합에서 모평균을 추정하는 것이 의미가 있게 된다. 만약 A, C는 유의하고, B는 무시될 수 있다면 A_iC_k의 수준조합에서 모평균의 점 추정치는 다음과 같이 표현된다.

$$\begin{aligned}\hat{\mu}(A_iC_k) &= \widehat{\mu + a_i + c_k} \\ &= \widehat{\mu + a_i} + \widehat{\mu + c_k} - \hat{\mu} \\ &= \overline{y}_i.. + \overline{y}_{\cdot\cdot k} - \overline{\overline{y}}\end{aligned}$$

따라서 $\mu(A_iC_k)$의 $100(1-a)\%$의 신뢰한계는 다음과 같이 유도된다.

$$(\overline{y}_i.. + \overline{y}_{\cdot\cdot k} - \overline{\overline{y}}) \pm t_{\frac{\alpha}{2}}(\phi_E)\sqrt{\frac{V_E}{n_e}}$$

단, 유효반복수 n_e는 다음과 같이 계산된다.

$$\frac{1}{n_e} = \frac{1}{n} + \frac{1}{n} - \frac{1}{n^2} = \frac{2n-1}{n^2}$$

즉, $n_e = \dfrac{n^2}{2n-1}$.

유사한 방법을 이용하여 인자 A는 유의하지 않고 B, C 만 유의하다면, $\mu(B_jC_k)$의 $100(1-a)\%$의 신뢰한계는 다음과 같이 유도 된다.

$$(\overline{y}_{\cdot j\cdot} + \overline{y}_{\cdot\cdot k} - \overline{\overline{y}}) \pm t_{\frac{\alpha}{2}}(\phi_E)\sqrt{\frac{(2n-1)V_E}{n^2}}$$

3인자의 수준조합 $A_iB_jC_k$의 모평균의 점추정치는 다음과 같이 표현된다.

$$\begin{aligned}\hat{\mu}(A_iB_jC_k) &= \widehat{\mu + a_i + b_j} + c_k \\ &= \widehat{\mu + a_i} + \widehat{\mu + b_j} + \widehat{\mu + c_k} - 2\hat{\mu} \\ &= \overline{y}_{i\cdot\cdot} + \overline{y}_{\cdot j\cdot} + \overline{y}_{\cdot\cdot k} - 2\overline{\overline{y}}\end{aligned}$$

따라서 점 추정량의 분산과 유효반복수는 n_e는 다음과 같이 표현된다.

$$Var(\overline{y}_{i\cdot\cdot} + \overline{y}_{\cdot j\cdot} + \overline{y}_{\cdot\cdot k} - 2\overline{\overline{y}}) = \frac{\sigma_E^2}{n_e}$$

$$\frac{1}{n_e} = \frac{1}{n} + \frac{1}{n} + \frac{1}{n} - \frac{2}{n^2} = \frac{3n-2}{n^2}$$

따라서 $\mu(A_iB_jC_k)$의 $100(1-a)\%$의 신뢰한계는 다음과 같이 유도 된다.

$$(\overline{y}_{i\cdot\cdot} + \overline{y}_{\cdot j\cdot} + \overline{y}_{\cdot\cdot k} - 2\overline{\overline{y}}) \pm t_{\frac{\alpha}{2}}(\phi_E)\sqrt{\frac{(3n-2)V_E}{n^2}}$$

기본 예제 7.1

어떤 제품의 내구성을 향상 시킬 목적으로 원료 A(3수준), 처리온도 B(3수준) 처리시간 C(3수준)로 잡고, 라틴방격으로 제품의 내구성에 영향을 조사하기 위해 마모성을 실험한 결과 다음과 같은 자료를 표집하였다. 분산분석표를 작성하고 해석하시오.

자료	A_1	A_2	A_3
B_1	$C_3=7$	$C_1=4$	$C_2=6$
B_2	$C_2=6$	$C_3=1$	$C_1=8$
B_3	$C_1=9$	$C_2=4$	$C_3=9$

결과

❶ 다음과 같은 보조표를 작성한다.

[보조표 1]

(A,B,C)	A_1		A_2		A_3		행합	(행합)의 제곱
B_1	C_3	7	C_1	4	C_2	6	17	289
B_2	C_2	6	C_3	1	C_1	8	15	225
B_3	C_1	9	C_2	4	C_3	9	22	484
열합		22		9		23	T=54	998
(열합)의 제곱		484		81		529	1094	

[보조표 2]

자료의 제곱	A_1	A_2	A_3	행합
B_1	49	16	36	101
B_2	36	1	64	101
B_3	81	16	81	178
열합	166	33	181	380

(C)	C수준의 합	제곱
C_1	21	441
C_2	16	256
C_3	17	289
합	54	986

❷ 분산분석표 작성을 위하여 각 변동을 계산한다.

$$CT = \frac{T^2}{N} = \frac{T^2}{n^2} = \frac{54^2}{9} = 324$$

$$SST = \sum_i \sum_j \sum_k y_{ijk}^2 - CT = 380 - 324 = 56$$

$$SSA = \frac{\sum T_{i\cdot}^2}{n} - CT = \frac{1094}{3} - 324 = 40.7$$

$$SSB = \frac{\sum T_{\cdot j\cdot}^2}{n} - CT = \frac{998}{3} - 324 = 8.7$$

$$SSC = \frac{\sum T_{\cdot\cdot k}^2}{n} - CT = \frac{986}{3} - 324 = 4.7$$

$$SSE = SST - SSA - SSB - SSC = 56 - 40.7 - 8.7 - 4.7 = 1.9$$

각 변동의 자유도는 다음과 같다.

$$\phi_T = n^2 - 1 = 8$$

$$\phi_A = \phi_B = \phi_C = n - 1 = 2$$

$$\phi_E = \phi_T - \phi_A - \phi_B - \phi_C = 2$$

❸ 분산분석표를 다음과 같이 작성한다.

●● 분산분석표

요인	SS	ϕ	V	F_0	$F_{0.05,}(2,2)$
A	40.7	2	20.35	21.42*	19.0
B	8.7	2	4.35	4.58	
C	4.7	2	2.35	2.47	
E	1.9	2	0.95		
T	56	8			

따라서 인자 A만 유의 수준 5%로서 유의차가 있다고 할 수 있다.

❹ 분산분석후의 추정

유의한 인자 A의 각 수준에서 모평균의 95%의 신뢰한계폭은

$$t_{\frac{\alpha}{2}}(\phi_E)\sqrt{\frac{V_E}{n}}=t_{0.025}(2)\sqrt{\frac{0.95}{3}}=(4.30)\times(0.56)\fallingdotseq 2.27$$

따라서 A_i수준별 모평균 $\mu(A_i)$의 신뢰한계인자의 신뢰 구간은 다음과 같다.

A_i 수 준	$\mu(A_i)$
1	7.33 ± 2.27
2	3 ± 2.27
3	7.67 ± 2.27

즉, 세인자의 최적 수준조합 $A_2B_2C_3$ 에서의 모평균 신뢰구간은 다음과 같이 유도 된다.

$$(\overline{y}_{i}..+\overline{y}_{\cdot j}.+\overline{y}_{\cdot\cdot k}-2\overline{\overline{y}})\pm t_{\frac{\alpha}{2}}(\phi_E)\sqrt{\frac{(3n-2)V_E}{n^2}}$$

$$=(\overline{y}_{2}..+\overline{y}_{\cdot 2}.+\overline{y}_{\cdot\cdot 3}-2\,\overline{\overline{y}})\pm t_{0.025}(2)\sqrt{\frac{7\times 0.95}{9}}$$

$$=(3+5+5.67-2\times 6)\pm 2.92\sqrt{\frac{7\times 0.9}{9}}$$

$$=1.67\pm 3.69$$

Minitab

1 다음과 같이 자료를 입력한다.

↓	C1	C2	C3	C4	C5
	A	B	C	마모성	
1	1	1	3	7	
2	1	2	2	6	
3	1	3	1	9	
4	2	1	1	4	
5	2	2	3	1	
6	2	3	2	4	
7	3	1	2	6	
8	3	2	1	8	
9	3	3	3	9	
10					

2 통계분석(S) → 분산 분석(A) → 일반 선형 모형(G)...을 선택하고 [반응] 항목에 마우스포인터를 올려놓고 C4를 더블클릭하여 데이터 입력을 하고 또 [모형] 항목에 각각 A, B, C 인자를 입력하고 그래프(R)... 버튼을 클릭하고 확인(O) 버튼을 누른다.

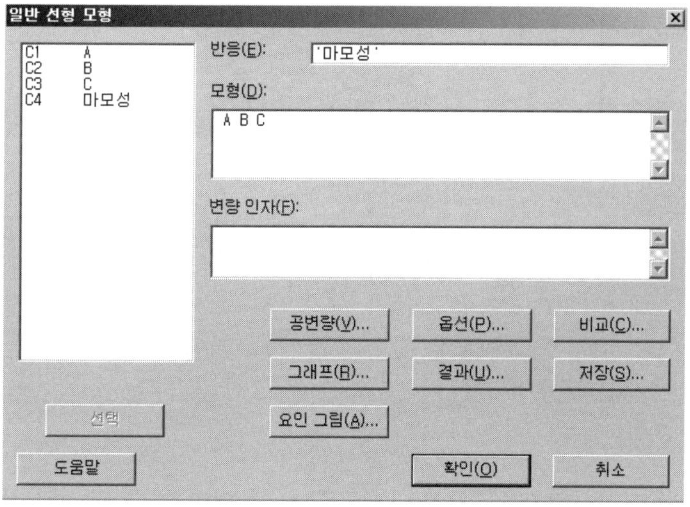

3 다음과 같이 [그래프] 대화상자가 나타나면 [잔차] 및 [네 개 모두] 항목을 선택하고 [요인 그림] 버튼을 클릭한다.

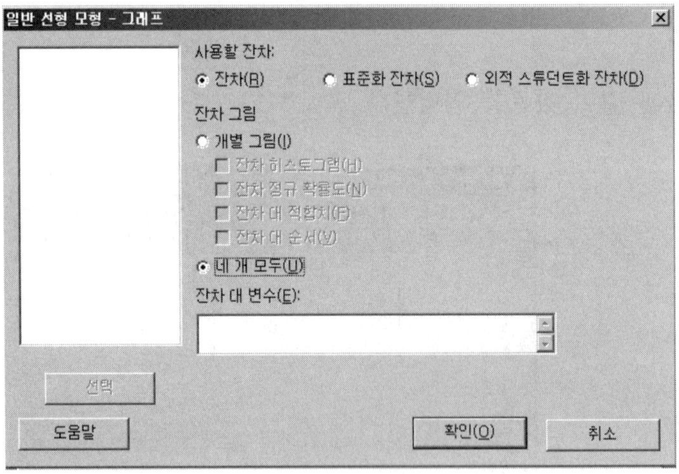

4 [요인 그림] 대화상자에서 [요인] 항목에 마우스 포인트를 올려놓고 각각 A, B, C를 더블 클릭하여 데이터 입력을 하고 확인(O) 버튼을 누른다. 그리고 또, [결과] 버튼을 클릭한다.

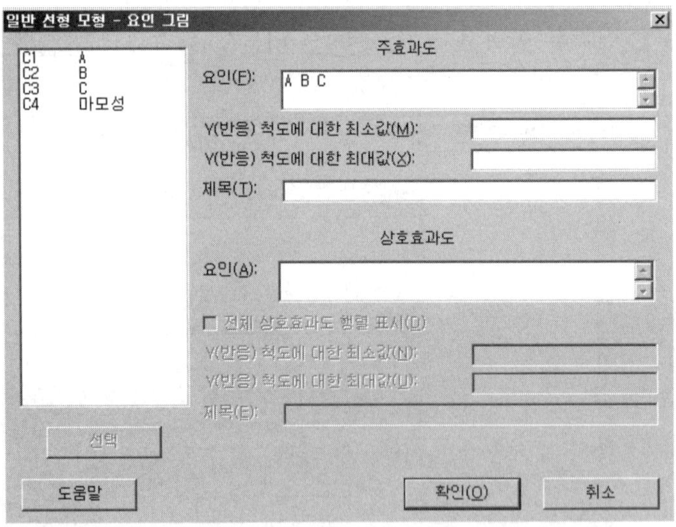

5 [결과] 대화상자가 나타나면 [공변량 항에 대한 계수 및 비정상적 관측치에 대한 표 추가] 항목과 [기대 평균 제곱 및 분산 성분표시] 항목을 선택 및 체크하고 확인(O) 버튼을 누른다. 다시 확인(O) 버튼을 누른다.

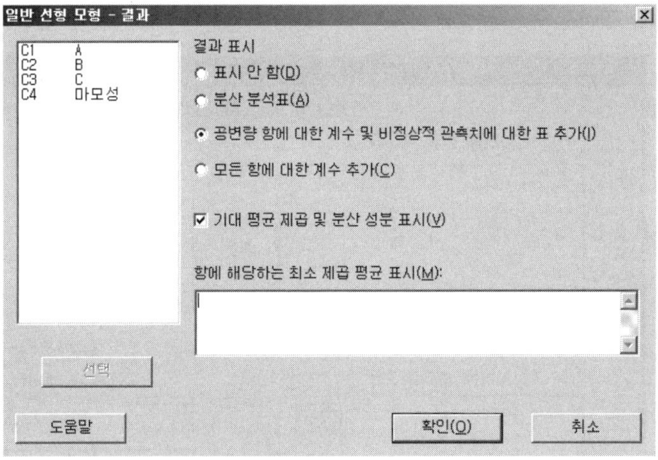

6 [세션] 창에 다음과 같은 결과가 나타나고 또한 잔차그림도 표시된다.

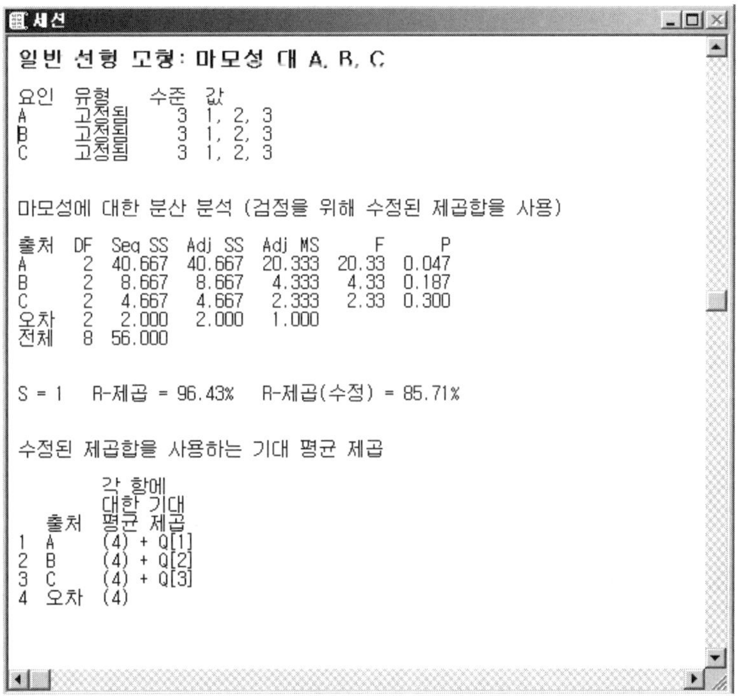

해석 인자 A와 B 그리고 C는 모수인자(고정됨)로 간주되고 있고 분산분석표에서는 인자 A만이 유의수준 5%(p값=0.047)에서 유의적이지만 인자 B 및 C 는 비유의적으로 나타나고 있다. 그리고 불편분산의 기대값 (4) + Q[1]=$\sigma_E^2+3\sigma_A^2$, (4) + Q[2]=$\sigma_E^2+3\sigma_B^2$, (4) + Q[3]= $\sigma_E^2+3\sigma_C^2$, (4)=σ_E^2임을 의미한다.

7 ▸ 잔차그림

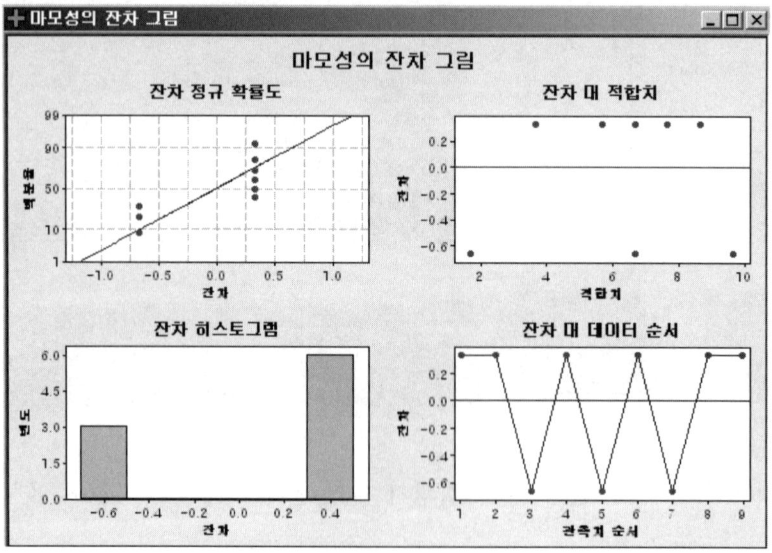

해석 [잔차 정규 확률도]에서는 직선주위에 점들이 몰려 있어서 정규성을 가진다고 할 수 있 수 있는데 위 그림에서는 정규성을 가진다고 할 수 는 없다. [잔차 히스토그램]에서는 정규성을 가지기 위해서는 종모양을 가져야 하나 위 그림 에서는 테이터가 적기 때문에 종모양의 형태를 가진다고 할 수 없지만 이 그림 하나로 만 평가할 수는 없다. [잔차 대 적합치] 그림에서는 특별한 패턴이 없으므로 등분산성을 가지고 있지 않다고 할 수 없고 [잔차 대 데이터 순서] 그림에서도 특별한 형태가 없는 랜덤으로 보이기 때문에 오차는 독립성이 없다고 간주 할 수 없다.

8 ▸ 최적 수준을 찾기 위한 주효과 그림

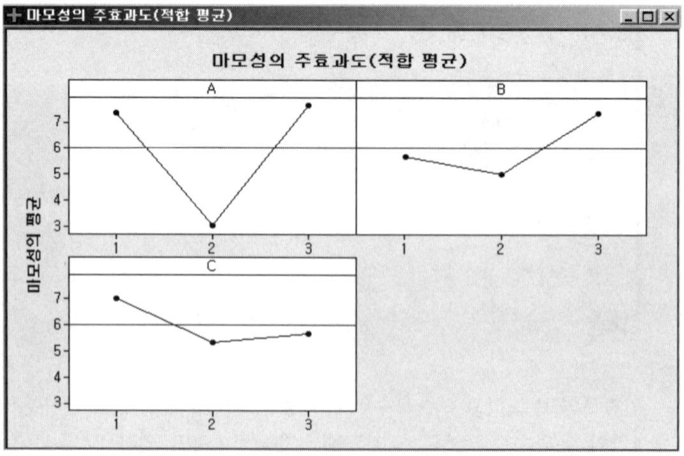

해석 유의한 인자가 A이고 최적수준 조합은 A2B2C3 혹은 A2B2C2이라고 볼 수 있다.

3. 그레코 라틴방격법

3×3의 라틴방격은 12개가 있는데 그 중 (1)과(2), (2)와(3)을 각각 겹치어 합하면 다음의 2개 가 된다.

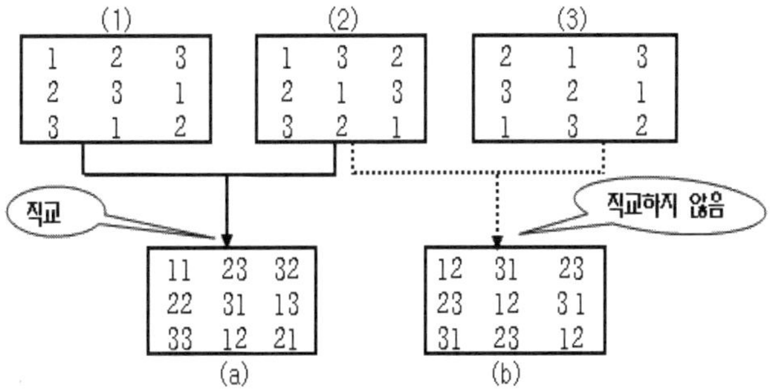

이 중(a)는 1,2,3의 2개씩의 모든 조합 11, 12, 13, 21, 22, 23, 31, 32, 33이 모두 포함되어 있으나 (b)는 모두 포함되지 않았다. 즉, (a)는 한번 나온 조합이 반복되어 니오지 않으나 (b)에서는 12,31,23이 각기 3번 씩 반복되어 나오고 있다. 이런 경우 (1)과(2)는 서로 직교한다고 하지만 (2)와(3)은 서로 지교하지 않는다고 한다. 이처럼 두 개의 라틴 방격을 종합한 방격을 그레코 라틴방격(Graco-Latin square)이라고 한다. 이것을 응용하여 3인자 라틴방격을 더욱 확장한 여러 가지 계획을 할 수 있다.
그러나 직교한 라틴방격을 2개 중합한 방격을 3×3 라틴방격에 다시 2개의 라틴방격을 겹쳐 이들 3개의 방격을 서로 직교시킬 수는 없다.

1) 구조모형 및 분산분석

4인자 A, B, C, D의 수준수를 n라고 하면, n^2개의 총 실험 횟수를 갖게 되며, 데이터의 구조식은 식은 다음과 같이 표현 된다.

$$y_{ijk} = \mu + a_i + b_j + c_k + d_l + \varepsilon_{ijkl}$$
$$\text{단, } i, j, k, l = 1, 2, \cdots, n, \ \ \varepsilon \sim N(0, \sigma_E^2)$$

a_i, b_j, c_k, d_l은 각각 인자 A, B, C, D의 i, j, k, l 수준이 주는 효과를 나타내고, 모든 인자는 모수인자이므로 A, B, C, D는 다음을 만족한다.

$$\sum a_i = \sum b_j = \sum c_k = \sum d_l = 0$$

분산 σ_A^2, σ_B^2, σ_C^2, σ_D^2는 각각 다음과 같이 정의된다.

$$\sigma_A^2 = \frac{\sum a_i^2}{n-1}$$

$$\sigma_B^2 = \frac{\sum b_j^2}{n-1}$$

$$\sigma_C^2 = \frac{\sum c_k^2}{n-1}$$

$$\sigma_D^2 = \frac{\sum d_l^2}{n-1}$$

그레코 라틴방격법에서도 라틴방격법의 확장 모형이므로 인자간의 교호작용을 검출 할 수 없다.

분산분석을 하기 위한 변동의 계산은 다음과 같이 유도된다.

$$CT = \frac{T^2}{n^2}$$

$$SST = \sum_i \sum_j \sum_k \sum_l y_{ijkl}^2 - CT$$

$$SSA = \frac{\sum_i T_{i\cdots}^2}{n} - CT$$

$$SSB = \frac{\sum_j T^2{}_{\cdot j \cdot\cdot}}{n} - CF$$

$$SSC = \frac{\sum_k T^2{}_{\cdot\cdot k \cdot}}{n} - CT$$

$$SSD = \frac{\sum_l T^2{}_{\cdots l}}{n} - CT$$

$$SSE = SST - (SSA + SSB + SSC + SSD)$$

각 변동의 불편분산 V_A, V_B, V_C, V_D, V_E의 기대치와 자유도는 라틴방격법의 경우와 유사하게 유도 할 수 있다.

이들의 정보 결과를 이용하여 분산분석표를 다음과 같이 작성 할 수 있다.

●● 그레코 라틴방격법의 분산분석표(A, B, C, D : 모수)

요인	SS	ϕ	V	$E(V)$	F_0
A	SSA	$n-1$	V_A	$\sigma_E^2+n\sigma_A^2$	V_A/V_E
B	SSB	$n-1$	V_B	$\sigma_E^2+n\sigma_B^2$	V_B/V_E
C	SSC	$n-1$	V_C	$\sigma_E^2+n\sigma_C^2$	V_C/V_E
D	SSD	$n-1$	V_D	$\sigma_E^2+n\sigma_D^2$	V_D/V_E
E	SSE	$(n-1)(n-3)$	V_E	σ_E^2	
T	SST	n^2-1			

2) 추정

(1) 각 인자의 수준별 모평균의 추정

A_i 수준에서의 모평균 $\mu(A_i)$의 점 추정치는 $\mu(A_i)=\widehat{\mu+a_i}=\bar{y}_{i\cdots}$ 이고 $\bar{y}_{i\cdots}$ 의 분산이 $\dfrac{\sigma_E^2}{n}$ 이므로 $\mu(A_i)$의 $100(1-a)\%$의 신뢰한계는 다음과 같이 표현 된다.

$$\bar{y}_{i\cdot\cdot} \pm t_{\frac{a}{2}}(\phi_E)\sqrt{\frac{V_E}{n}}$$

B_j, C_k, D_l에서도 유사한 방법으로 모평균의 신뢰한계를 유도 할 수 있다.

(2) 두 인자간의 수준조합에서 모평균의 추정

A_iB_j 수준에서의 모평균 점 추정치는 다음과 같이 표현 된다.

$$\hat{\mu}(A_iB_j)=\widehat{\mu+a_i+b_j}=\widehat{\mu+a_i}+\widehat{\mu+b_j}-\hat{\mu} \;=\bar{y}_{i\cdots}+\bar{y}_{\cdot j\cdot\cdot}-\bar{\bar{y}}$$

따라서 $\mu(A_iB_j)$의 $100(1-a)\%$의 신뢰한계는 다음과 같이 표현 된다.

$$(\bar{y}_{i\cdots}+\bar{y}_{\cdot j\cdot\cdot}-\bar{\bar{y}})\pm t_{\frac{a}{2}}(\phi_E)\sqrt{\frac{V_E}{n_e}}$$

단, 유효반복수 n_e는 다음과 같이 계산 된다.

$$\frac{1}{n_e}=\frac{1}{n}+\frac{1}{n}-\frac{1}{n^2}=\frac{2n-1}{n^2}$$

유사한 방법으로 A_iC_k, A_iD_l, B_jC_k, C_kD_l에 대한 점 추정과 신뢰한계를 추정할 수 있다.

(3) 3 인자의 수준조합에서 모평균의 추정

$A_iB_jC_k$ 수준에서의 모평균 $\mu(A_iB_jC_k)$의 점 추정치는

$$\hat{\mu}(A_iB_jC_k) = \widehat{\mu + a_i + b_j + c_k} = \widehat{\mu + a_i} + \widehat{\mu + b_j} + \widehat{\mu + c_k} - 2\hat{\mu}$$
$$= \bar{y}_{i\cdots} + \bar{y}_{\cdot j \cdot\cdot} + \bar{y}_{\cdot\cdot k \cdot} - 2\bar{\bar{y}}$$

따라서 $\mu(A_iB_jC_k)$의 $100(1-a)\%$의 신뢰한계는 다음과 같이 유도 된다.

$$(\bar{y}_{i\cdots} + \bar{y}_{\cdot j \cdot\cdot} + \bar{y}_{\cdot\cdot k \cdot} - 2\bar{\bar{y}}) \pm t_{\frac{a}{2}}(\phi_E)\sqrt{\frac{V_E}{n_e}}$$

단, 유효반복수 n_e는 다음과 같이 계산된다.

$$\frac{1}{n_e} = \frac{1}{n} + \frac{1}{n} + \frac{1}{n} - \frac{2}{n^2} = \frac{3n-2}{n^2}$$

유사한 방법을 동원하여 $A_iB_jD_l$, $A_iC_kD_l$, $B_jC_kD_l$의 수준에서도 모평균의 추정을 할 수 있다.

(4) 모든 인자의 수준조합에서의 모평균 추정

$(A_iB_jC_kD_l)$ 수준에서의 모평균의 추정치 $\hat{\mu}(A_iB_jC_kD_l)$는 다음과 같이 유도된다.

$$(\bar{y}_{i\cdots} + \bar{y}_{\cdot j \cdot\cdot} + \bar{y}_{\cdot\cdot k \cdot} + \bar{y}_{\cdots l} - 3\bar{\bar{y}})$$

따라서 $\hat{\mu}(A_iB_jC_kD_l)$의 $100(1-a)\%$의 신뢰한계는 다음과 같이 유도 된다.

$$(\bar{y}_{i\cdots} + \bar{y}_{\cdot j \cdot\cdot} + \bar{y}_{\cdot\cdot k \cdot} + \bar{y}_{\cdots l} - 3\bar{\bar{y}}) \pm t_{\frac{a}{2}}(\phi_E)\sqrt{\frac{V_E}{n_e}}$$

단, n_e 다음과 같이 계산된다.

$$\frac{1}{n_e} = \frac{4}{n} - \frac{3}{n^2} = \frac{4n-3}{n^2}$$

$A_iB_jC_kD_l$의 수준조합에서 모평균을 추정할 때 $A_iB_jC_kD_l$에서 실험이 행해지지 않았다 하더라도 이 조건에서의 모평균$\mu(A_iB_jC_kD_l)$의 추정은 가능하다고 알려져 있다.

기본 예제 7.2

웰빙 청량음료회사(식초 함유 음료)에서는 원료의 불순물을 정제하는 공정 과정에서 측정 장치 A가 4대, 부원료 B가 4종류, 식초농도 C가 4종류, 측정시간 D가 4종류의 조건으로 실험하기 위하여 4X4 그레코 라틴방격법으로 실험한 결과 다음과 같은 제품의 품질 특성을 다음과 같이 표집 되었다고 가정하고 분산분석을 시행하여 해석하시오.

자료	A_1	A_2	A_3	A_4
B_1	$C_2D_3=15$	$C_1D_1=4$	$C_3D_4=8$	$C_4D_2=19$
B_2	$C_4D_1=5$	$C_3D_3=19$	$C_1D_2=9$	$C_2D_4=16$
D_3	$C_1D_4=15$	$C_2D_2=16$	$C_4D_3=19$	$C_3D_1=17$
B_4	$C_3D_2=19$	$C_4D_4=26$	$C_2D_1=14$	$C_1D_3=34$

결과

❶ 다음과 같은 보조표를 작성한다.

[보조표 1]

(A,B,C,D)	A_1		A_2		A_3		A_4		행합	(행합)의 제곱
B_1	C_2D_3	15	C_1D_1	4	C_3D_4	8	C_4D_2	19	46	2116
B_2	C_4D_1	5	C_3D_3	19	C_1D_2	9	C_2D_4	16	49	2401
B_3	C_1D_4	15	C_2D_2	16	C_4D_3	19	C_3D_1	17	67	4489
B_4	C_3D_2	19	C_4D_4	26	C_2D_1	14	C_1D_3	34	93	8649
열합		54		65		50		86	255	17655
(열합)의 제곱		2916		4225		2500		7396	17037	

[보조표 2]

(C)	C수준의 합	제곱
C_1	62	3844
C_2	61	3721
C_3	63	3969
C_4	69	4761
합	255	16295

(D)	D수준의 합	제곱
D_1	40	1600
D_2	63	3969
D_3	87	7569
D_4	65	4225
합	255	17363

[보조표 3]

자료제곱	A_1	A_2	A_3	A_4	합
B_1	225	16	64	361	666
B_2	25	361	81	256	723
B_3	225	256	361	289	1131
B_4	361	676	196	1156	2389
합	836	1309	702	2062	4909

❷ 분산분석표 작성을 위하여 각 변동을 계산한다.

$$CF=\frac{T^2}{N}=\frac{T^2}{n^2}=\frac{(255)^2}{16}=4064.1$$

$$SST=\sum_i\sum_j\sum_k\sum_l y_{ijkl}^2-CT=4909-4064.1=844.9$$

$$SSA=\frac{\sum T_{i\cdot\cdot\cdot}{}^2}{n}-CF=\frac{17037}{4}-4064.1=195.2$$

$$SSB=\frac{\sum T_{\cdot j\cdot\cdot}{}^2}{n}-CT=\frac{17655}{4}-4064.1=349.7$$

$$SSC=\frac{\sum T_{\cdot\cdot k\cdot}{}^2}{n}-CT=\frac{16295}{4}-4064.1=9.7$$

$$SSD=\frac{\sum T_{\cdot\cdot\cdot l}^2}{n}-CT=\frac{17363}{4}-4064.1=276.7$$

$$SSE=SST-SSA-SSB-SSC-SSD=13.6$$

각 변동의 자유도를 다음과 같이 계산한다.

$$\phi_T=n^2-1=16-1=15$$

$$\phi_A=\phi_B=\phi_C=\phi_D=n-1=4-1=3$$

$$\phi_E=\phi_T-\phi_A-\phi_B-\phi_C-\phi_D=(n^2-1)-4(n-1)=(n-1)(n-3)$$

$$=(4-1)(4-3)=3$$

❸ 분산분석표를 다음과 같이 작성한다.

●● 분산분석표

요인	SS	ϕ	V	F_0	$F_{0.05(3,3)}$
A	195.2	3	65.1	14.4*	9.28
B	349.7	3	116.6	25.7*	
C	9.7	3	3.2	0.7	
D	276.7	3	92.2	20.4*	
E	13.6	3	4.53		
T	844.9	15			

C인자를 제외한 다른 인자들은 유의 수준 5%로서 유의차가 있다고 할 수 있다.

❹ 모평균의 추정

유의한 인자의 모평균을 추정하는 것이 의미가 있다. 하나의 예로 A_1 수준의 모평균을 추정해보면 다음과 같다.

$$\hat{\mu}(A_1) = \overline{y_1}\cdots = 13.5$$

이고, 95%의 신뢰한계는

$$13.5 \pm t_{\frac{\alpha}{2}}(\phi_E)\sqrt{\frac{V_E}{n}}$$

$$= 12.5 \pm t_{0.025}(3)\sqrt{\frac{4.53}{4}}$$

$$= 13.5 \pm (3.182)(1.0642) = 13.5 \pm 3.3863$$

유사한 방법으로 B_j, D_l의 수준별 무평균의 95% 신뢰한계를 구하면 다음 표와 같이 요약된다.

수준	$\hat{\mu}(A_i)$	$\hat{\mu}(B_j)$	$\hat{\mu}(D_l)$
1	13.5±3.3863	11.5±3.3863	10±3.3863
2	16.25±3.3863	12.25±3.3863	15.75±3.3863
3	12.5±3.3863	16.75±3.3863	21.75±3.3863
4	21.5±3.3863	23.25±3.3863	16.25±3.3863

제품의 품질 특성을 최소로 하는 공정 조건을 찾기 위해 인자 C는 유의하지 않으므로 고려대상에서 제외한 $A_iB_jD_l$의 조건에서 모평균을 추정하는 것이 의미가 있다. 따라서 $A_iB_jD_l$의 평균 추정은 다음과 같이 유도 된다.

$$\begin{aligned}\hat{\mu}(A_iB_jD_l) &= \mu + a_i + b_j + d_l \\ &= \widehat{\mu + a_i} + \widehat{\mu + b_j} + \widehat{\mu + d_l} - 2\hat{\mu} \\ &= \overline{y}_i\cdots + \overline{y}\cdot_j\cdot\cdot + \overline{y}\cdots_l - 2\overline{\overline{y}}\end{aligned}$$

따라서 $\overline{y}_i\cdots + \overline{y}\cdot_j\cdot\cdot + \overline{y}\cdots_l$의 값을 최소로 하는 i, j, l이 최적 수준이 되기 때문애 $A_2B_1D_1$의 모평균 추정값을 추정하면 된다. 즉, 다음과 같이 계산된다.

$$\mu(A_2B_1D_1) = \overline{y_2\cdots} + \overline{y}_{\cdot 1 \cdot\cdot} + \overline{y}_{\cdots 1} - 2\overline{\overline{y}}$$

$$= 16.25 + 11.5 + 10 - 2 \times 15.94 = 5.87$$

따라서 이 조건에서 모평균의 95%의 신뢰한계는 다음식에 의하여 계산된다.

$$5.87 \pm t_{0.025}(3)\sqrt{\frac{V_E}{n_e}}$$

로 얻어지는데, 이 때의 유효반복수는 식 (5-61)에 의해 다음과 같이 계산된다.

$$n_e = \frac{n^2}{3n-2} = \frac{4^2}{3\times 4 - 2} = 1.6$$

따라서 $\mu(A_2B_1D_1)$의 모평균의 95%의 신뢰한계는 다음과 같다.

$$5.87 \pm t_{0.025}(3)\sqrt{\frac{V_E}{n_e}} = 5.87 \pm 3.182\sqrt{\frac{4.53}{1.6}} = 5.87 \pm 3.182\sqrt{\frac{4.53}{1.6}} = 5.87 \pm 5.354$$

Minitab

1 다음과 같이 자료를 입력한다.

워크시트 1 ***

↓	C1	C2	C3	C4	C5	C6
	A	B	C	D	품질특성	
4	1	4	3	2	19	
5	2	1	1	1	4	
6	2	2	3	3	19	
7	2	3	2	2	16	
8	2	4	4	4	26	
9	3	1	3	4	8	
10	3	2	1	2	9	
11	3	3	4	3	19	
12	3	4	2	1	14	
13	4	1	4	2	19	
14	4	2	2	4	16	
15	4	3	3	1	17	
16	4	4	1	3	34	
17						

2 통계분석(S) → 분산 분석(A) → GLM 일반 선형 모형(G)...을 선택하고 [반응] 항목에 마우스 포인터를 올려놓고 C5를 더블클릭하여 데이터 입력을 하고 또 [모형] 항목에 각각 A, B, C, D 인자를 입력하고 그래프(R)... 버튼을 클릭하고 확인(O) 버튼을 누른다.

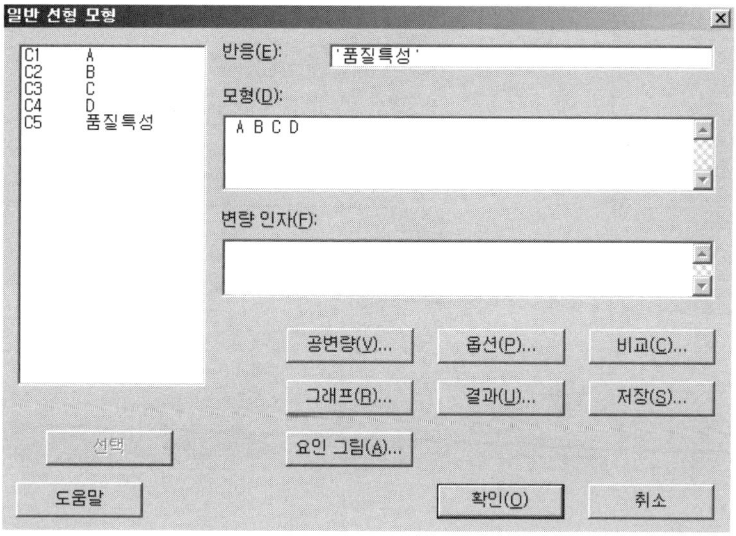

3 다음과 같이 [그래프] 대화상자가 나타나면 [잔차] 및 [네 개 모두] 항목을 선택하고 확인(O) 버튼을 누른다. 그리고 [요인 그림] 버튼을 클릭한다.

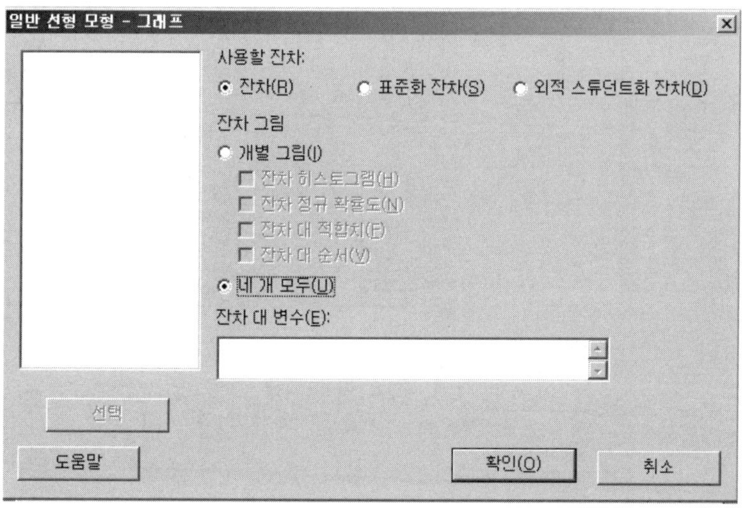

4 [요인 그림] 대화상자에서 [요인] 항목에 마우스 포인트를 올려놓고 각각 A, B, C를 더블 클릭하여 데이터 입력을 하고 [확인(O)] 버튼을 누른다. 그리고 또, [결과] 버튼을 클릭한다.

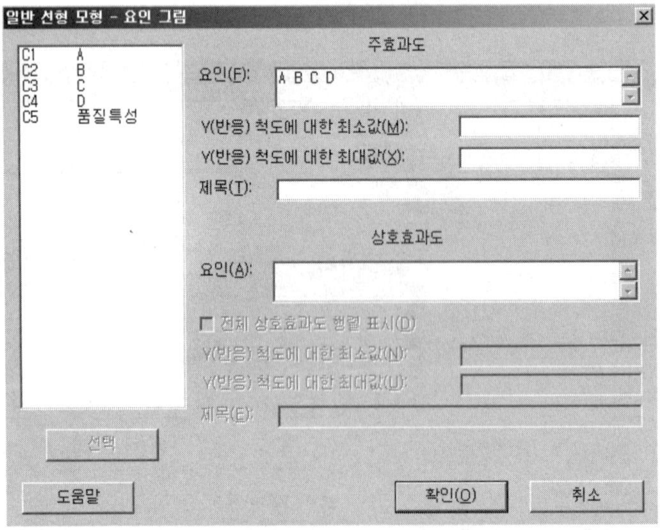

5 [결과] 대화상자가 나타나면 [공변량 항에 대한 계수 및 비정상적 관측치에 대한 표 추가] 항목과 [기대 평균 제곱 및 분산 성분표시] 항목을 선택 및 체크하고 [확인(O)] 버튼을 누른다. 다시 [확인(O)] 버튼을 누른다.

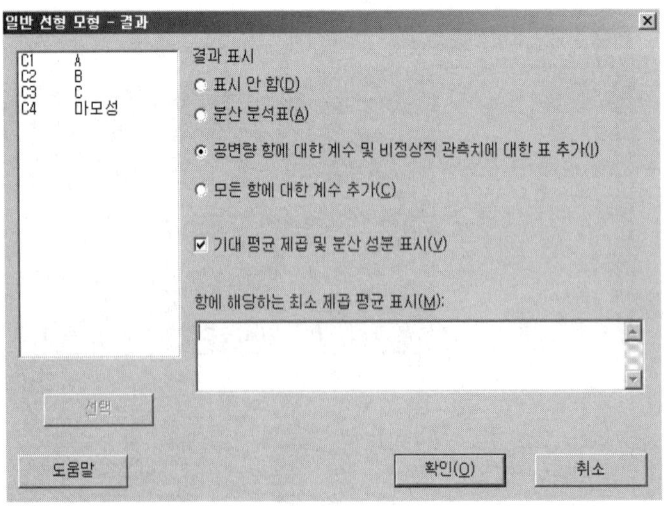

6 [세션] 창에 다음과 같은 결과가 나타나고 또한 잔차그림도 표시된다.

```
세션

일반 선형 모형: 품질특성 대 A, B, C, D

요인 유형    수준 값
A    고정됨     4 1, 2, 3, 4
B    고정됨     4 1, 2, 3, 4
C    고정됨     4 1, 2, 3, 4
D    고정됨     4 1, 2, 3, 4


품질특성에 대한 분산 분석 (검정을 위해 수정된 제곱합을 사용)

출처  DF   Seq SS   Adj SS   Adj MS      F      P
A      3  195.187  195.187   65.063  14.26  0.028
B      3  349.688  349.688  116.563  25.55  0.012
C      3    9.687    9.688    3.229   0.71  0.608
D      3  276.688  276.688   92.229  20.21  0.017
오차   3   13.687   13.687    4.563
전체  15  844.938


S = 2.13600   R-제곱 = 98.38%   R-제곱(수정) = 91.90%


수정된 제곱합을 사용하는 기대 평균 제곱

           각 항에
           대한 기대
   출처    평균 제곱
1  A       (5) + Q[1]
2  B       (5) + Q[2]
3  C       (5) + Q[3]
4  D       (5) + Q[4]
5  오차    (5)


수정된 제곱합을 사용하는 검정에 대한 오차항

                               오차
                               평균
                               제곱의
   출처  오차 DF   오차 MS     합성
1  A        3.00     4.563     (5)
2  B        3.00     4.563     (5)
3  C        3.00     4.563     (5)
4  D        3.00     4.563     (5)


수정된 제곱합을 사용한 분산 성분

출처  추정 값
오차    4.563
```

해석 인자 A와 B, C 그리고 D는 모수인자(고정됨)로 간주되고 있고 분산분석표에서는 인자 A, B, D 만이 유의수준 5%(p값=0.047)에서 유의적이지만 인자 C는 비유의적으로 나타나고 있다. 그리고 불편분산의 기대값 (5) + Q[1]=$\sigma_E^2+4\sigma_A^2$, (5) + Q[2]= $\sigma_E^2+4\sigma_B^2$, (5) + Q[3]= $\sigma_E^2+4\sigma_C^2$, (5) + Q[4]= $\sigma_E^2+4\sigma_D^2$, (5)=σ_E^2 임을 의미한다.

7 ▸ 잔차그림

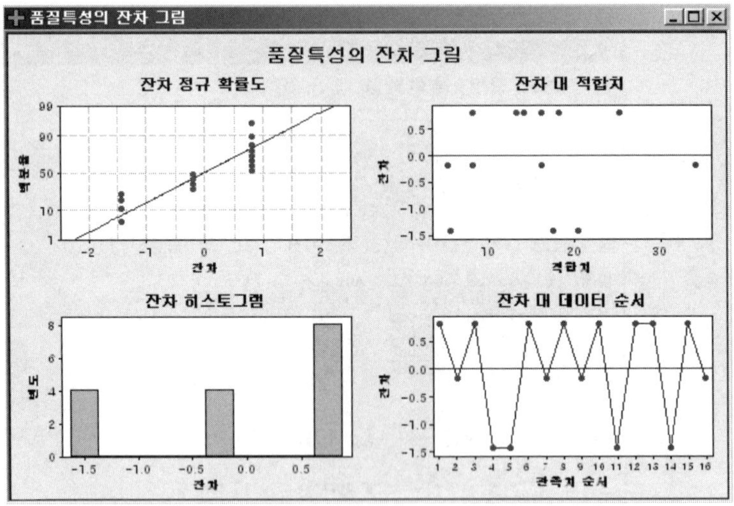

해석 [잔차 정규 확률도]에서는 직선주위에 점들이 몰려 있어야 정규성을 가진다고 할 수 있 수 있는데 위 그림에서는 정규성을 따르지 않는다는 큰 증거는 없다. [잔차 히스토 그램]에서는 정규성을 가지기 위해서는 종모양을 가져야 하나 위 그림 에서는 데이터가 적기 때문에 종모양의 형태를 가진다고 할 수 없지만 이 그림 하나로 만 평가 할 수는 없다. [잔차 대 적합치] 그림에서는 특별한 패턴이 없으므로 등분산성을 가지고 있지 않다고 할 수 없고 [잔차 대 데이터 순서] 그림에서도 특별한 형태가 없는 랜덤으로 보이기 때문에 오차는 독립성이 없다고 간주 할 수 없다.

8 ▸ 최적 수준을 찾기 위한 주효과 그림

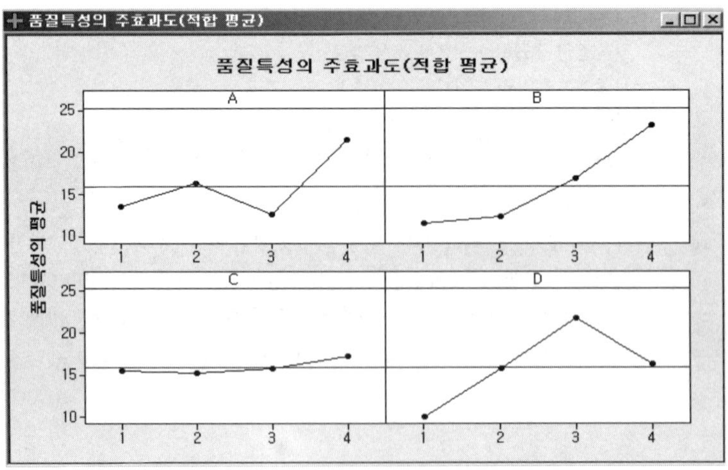

해석 유의한 인자가 A, B, D이므로 최적수준 조합은 A4B4D3 혹은 A3B1D1 라고 간 주 할 수 있다.

4. 초 그레코 라틴방격법

이 방격은 서로 직교하는 라틴방격 3개 이상 조합하여 만든 방격으로 초 그레코 라틴방격(Hyper Graco-Latin square)이라고 한다. 예를 들어, 다음의 세 개의 4X4 라틴방격에서 하나의 라틴방격에 3개의 직교하는 방격을 겹쳐만든 것으로 다음 표와 같이 초 그레코 라틴방격을 만들 수 있다.

(1)

1	2	3	4
2	1	4	3
3	4	1	2
4	3	2	1

(2)

1	3	4	2
2	4	3	1
3	1	2	4
4	2	1	3

(3)

1	4	2	3
2	3	1	4
3	2	4	1
4	1	3	2

↓

111	234	342	423
222	143	431	314
333	412	124	241
444	321	213	132

따라서 초 그레코 라틴방격에 A,B의 2인자를 행과 열에 2원배치시키고, 이 방격 안에 들어 있는 3조의 조합된 숫자에 각각 인자 C, D, F의 수준을 잡아주면, 각 인자 4수준의 5인자 실험을 16회 실험으로 해석할 수도 있다.

그레코 라틴방격이나 초 그레코 라틴방격을 사용하여 실험하는 경우, 그들의 방격을 랜덤하게 택해여 실험하면 좋겠지만 이들 방격을 랜덤하게 만드는 것은 어려우므로 하나의 방격을 결정해놓고 행, 열, 그리고 각 글자와 그 수준을 모두 랜덤하게 배치해서 사용하면 된다. 예를 들어 5X5 초 그레고 라틴방격을 아래와 같은 형태로 실험 할 수 있다.

●●5X5 초 그레코 라틴방격 형태

방격	A_1	A_2	A_3	A_4	A_5
B_1	$C_1D_1F_1$	$C_2D_2F_2$	$C_3D_3F_3$	$C_4D_4F_4$	$C_5D_5F_5$
B_2	$C_2D_3F_4$	$C_3D_4F_5$	$C_4D_5F_1$	$C_5D_1F_2$	$C_1D_2F_3$
B_3	$C_3D_5F_2$	$C_4D_1F_3$	$C_5D_2F_4$	$C_1D_3F_5$	$C_2D_4F_1$
B_4	$C_4D_2F_5$	$C_5D_3F_1$	$C_1D_4F_2$	$C_2D_5F_3$	$C_3D_1F_4$
B_5	$C_5D_4F_3$	$C_1D_5F_4$	$C_2D_1F_5$	$C_3D_2F_1$	$C_4D_3F_2$

1) 구조모형 및 분산분석

실험에서 5인자 A, B, C, D, F 의 수준수를 n이라 하면 n^2의 총 실험 회수를 가진 데이터의 구조식은 다음과 같이 표현 할 수 있고 초 그레코 라틴방격에서도 다른 방격법과 같이 인자간의 교호작용을 검출할 수 없다.

$$y_{ijklm} = \mu + a_i + b_j + c_k + d_l + f_m + \varepsilon_{ijklm}$$
$$\text{단 } i, j, k, l, m = 1, 2, \cdots, n, \ \ \varepsilon_{ijklm} \sim N(0, \sigma_E^2)$$

분산분석을 하기 위한 변동의 계산은 다음과 같이 유도 된다.

$$CT = \frac{T^2}{n^2}$$
$$SST = \sum_i \sum_j \sum_k \sum_l \sum_m y_{ijklm}^2 - CT$$
$$SSA = \frac{\sum_i T_{i}\cdots^2}{n} - CT$$
$$SSB = \frac{\sum_j T_{\cdot j}\cdots^2}{n} - CT$$
$$SSC = \frac{\sum_k T_{\cdot\cdot k}\cdot\cdot^2}{n} - CT$$
$$SSD = \frac{\sum_l T_{\cdots l}\cdot^2}{n} - CT$$
$$SSF = \frac{\sum_m T_{\cdots\cdot m}^2}{n} - CT$$
$$SSE = SST - (SSA + SSB + SSC + SSD + SSF)$$

이 결과 정보를 이용하여 분산분석표를 작성하면 다음과 같다.

●● 분산분석표

요 인	SS	ϕ	V	$E(V)$	F_0
A	SSA	$n-1$	V_A	$\sigma_E^2 + n\sigma_A^2$	V_A / V_E
B	SSB	$n-1$	V_B	$\sigma_E^2 + n\sigma_B^2$	V_B / V_E
C	SSC	$n-1$	V_C	$\sigma_E^2 + n\sigma_C^2$	V_C / V_E
D	SSD	$n-1$	V_D	$\sigma_E^2 + n\sigma_D^2$	V_D / V_E
F	SSF	$n-1$	V_F	$\sigma_E^2 + n\sigma_F^2$	V_E / V_E
E	SSE	$(n-1)(n-4)$	V_E	σ_E^2	
T	SST	n^2-1			

단, $n \le 4$인 경우에 초그레코 라틴방격법을 사용하고자 하면 반복실험을 해서 오차항의 자유도가 존재 하도록 조정 해주어야 하지만 $n \ge 5$인 경우에는 $(n-1)(n-4) \ge 0$이므로 오차항의 자유도가 있으므로 반복시키지 실험이 가능하다..
일반적으로 r조의 직교하는 라틴방격을 겹친 초 그레코 라틴방격에서의 오차항의 자유도는 다음과 같이 표현된다.

$$\phi_E = (n-1)(n-r-1)$$

2) 추정

(1) 각 인자의 수준별 모평균의 추정

A_i 수준에서의 모평균 $\mu(A_i)$의 점 추정치는 $\hat{\mu}(A_i) = \widehat{\mu + a_i} = \overline{y}_i \cdots$ 이고 $\overline{y}_i \cdots$의 분산이 $\dfrac{\sigma_E^2}{n}$ 이므로, $\mu(A_i)$의 $100(1-\alpha)\%$의 신뢰한계는 다음과 같이 유도된다.

$$\overline{y}_i \cdots \pm t_{\frac{\alpha}{2}}(\phi_E)\sqrt{\frac{V_E}{n}}$$

가 된다. 유사한 방법으로 B_j, C_k, D_l, F_m에 대한 모평균을 추정 할 수 있다.

(2) 두 인자의 수준 조합하에서의 모평균 추정

A_iB_j 수준에서의 모평균 $\mu(A_iB_j)$의 점 추정치는 다음과 같이 유도 된다.

$$\hat{\mu}(A_iB_j) = \mu + a_i + b_j = \widehat{\mu + a_i} + \widehat{\mu + b_j} - \hat{\mu} = \overline{y}_i \cdots + \overline{y}_{\cdot j} \cdots - \overline{\overline{y}}$$

따라서 $100(1-\alpha)\%$의 신뢰한계는

$$(\overline{y}_i \cdots + \overline{y}_{\cdot j} \cdots - \overline{\overline{y}}) \pm t_{\frac{\alpha}{2}}(\phi_E)\sqrt{\frac{V_E}{n_e}}$$

단, 유효반복수 n_e는 다음과 같이 계산 된다.

$$\frac{1}{n_e} = \frac{1}{n} + \frac{1}{n} - \frac{1}{n^2} = \frac{2n-1}{n^2}$$

따라서 유사한 방법으로 A_iC_k, A_iD_l, A_iF_m, B_jC_k, B_jD_l, B_jF_m, C_kD_l, C_kF_m, D_lF_m에 대한 모평균 추정을 시행 할 수 있다.

(3) 3인자의 수준조합하에서의 모평균의 추정

$A_iB_jC_k$ 수준에서의 모평균 $\mu(A_iB_jC_k)$의 점 추정치는 다음과 같다.

$$\hat{\mu}(A_iB_jC_k) = \mu + a_i + b_j + c_k = \widehat{\mu + a_i} + \widehat{\mu + b_j} + \widehat{\mu + c_k} - 2\hat{\mu} = \overline{y}_{i}\cdots\cdot + \overline{y}_{\cdot j}\cdots + \overline{y}_{\cdot\cdot k}\cdot\cdot - 2\overline{\overline{y}}$$

따라서 $100(1-\alpha)\%$의 신뢰한계는 다음과 같다.

$$(\overline{y}_{i}\cdots\cdot + \overline{y}_{\cdot j}\cdots + \overline{y}_{\cdot\cdot k}\cdot\cdot - 2\overline{\overline{y}}) \pm t_{\frac{\alpha}{2}}(\phi_E)\sqrt{\frac{V_E}{n_e}}$$

단, 유효반복수 n_e는 다음과 같다.

$$\frac{1}{n_e} = \frac{1}{n} + \frac{1}{n} + \frac{1}{n} - \frac{2}{n^2} = \frac{3n-2}{n^2}$$

다른 3인자에 관한 추정도 유사한 방법으로 시행 된다.

(4) 4인자의 수준조합에서의 모평균의 추정

$A_iB_jC_kD_l$ 수준에서의 모평균 $\mu(A_iB_jC_kD_l)$의 점 추정치는 다음과 같이 유도 된다.

$$\begin{aligned}\hat{\mu}(A_iB_jC_kD_l) &= \mu + a_i + b_j + c_k + d_l \\ &= \widehat{\mu + a_i} + \widehat{\mu + b_j} + \widehat{\mu + c_k} + \widehat{\mu + d_l} - 3\hat{\mu} \\ &= \overline{y}_{i}\cdots\cdot + \overline{y}_{\cdot j}\cdots + \overline{y}_{\cdot\cdot k}\cdot\cdot + \overline{y}_{\cdots l}\cdot - 3\overline{\overline{y}}\end{aligned}$$

따라서 $100(1-\alpha)\%$의 신뢰한계는 다음과 같이 유도 된다.

$$(\overline{y}_{i}\cdots\cdot + \overline{y}_{\cdot j}\cdots + \overline{y}_{\cdot\cdot k}\cdot\cdot + \overline{y}_{\cdots l}\cdot - 3\overline{\overline{y}}) \pm t_{\frac{\alpha}{2}}(\phi_E)\sqrt{\frac{V_E}{n_e}}$$

단, 유효반복수 n_e는 다음과 같이 계산된다.

$$\frac{1}{n_e} = \frac{1}{n} + \frac{1}{n} + \frac{1}{n} + \frac{1}{n} - \frac{3}{n^2} = \frac{4n-3}{n^2}$$

다른 3인자에 관한 추정도 유사한 방법으로 시행 된다.

(5) 모든 인자의 수준조합에서 모평균의 추정

유사한 방법으로 $\mu(A_iB_jC_kD_lF_m)$의 신뢰한계는 다음과 같이 유도 된다.

$$(\overline{y}_{i\cdots\cdot}+\overline{y}_{\cdot j\cdots}+\overline{y}_{\cdot\cdot k\cdot\cdot}+\overline{y}_{\cdots l\cdot}+\overline{y}_{\cdots\cdot k}-4\overline{\overline{y}})\pm t_{\frac{\alpha}{2}}(\phi_E)\sqrt{\frac{V_E}{n_e}}$$

단 유효반복수 n_e는 다음과 같이 계산된다.

$$\frac{1}{n_e}=\frac{5}{n}-\frac{4}{n^2}=\frac{5n-4}{n^2}$$

기본 예제 7.3

어떤 가구 제품의 내구성을 향상 시킬 목적으로 원료 A(5수준), 처리온도 B(5수준) 처리시간C(5수준), 접착제D(5수준), 페인트의 종류F(5수준)로 잡고, 5X5 초그레코 라틴방격으로 제품의 내구성을 실험한 결과 다음과 같은 자료를 표집하였다고 가정하고 분산분석표를 작성하여 해석하시오

방격	A_1	A_2	A_3	A_4	A_5
B_1	$C_1D_1F_1=45$	$C_2D_2F_2=41$	$C_3D_3F_3=41$	$C_4D_4F_4=46$	$C_5D_5F_5=46$
B_2	$C_2D_3F_4=38$	$C_3D_4F_5=45$	$C_4D_5F_1=52$	$C_5D_1F_2=48$	$C_1D_2F_3=53$
B_3	$C_3D_5F_2=40$	$C_4D_1F_3=47$	$C_5D_2F_4=47$	$C_1D_3F_5=48$	$C_2D_4F_1=42$
B_4	$C_4D_2F_5=47$	$C_5D_3F_1=50$	$C_1D_4F_2=48$	$C_2D_5F_3=46$	$C_3D_1F_4=43$
B_5	$C_5D_4F_3=43$	$C_1D_5F_4=52$	$C_2D_1F_5=41$	$C_3D_2F_1=50$	$C_4D_3F_2=52$

결과

❶ 다음과 같은 보조표를 작성한다.

[보조표 1]

(A,B,C,D)	A_1		A_2		A_3		A_4		A_5		행합	(행합)의 제곱
B_1	$C_1D_1F_1$	45	$C_2D_2F_2$	41	$C_3D_3F_3$	41	$C_4D_4F_4$	46	$C_5D_5F_5$	46	219	47961
B_2	$C_2D_3F_4$	38	$C_3D_4F_5$	45	$C_4D_5F_1$	52	$C_5D_1F_2$	48	$C_1D_2F_3$	53	236	55696
B_3	$C_3D_5F_2$	40	$C_4D_1F_3$	47	$C_5D_2F_4$	47	$C_1D_3F_5$	48	$C_2D_4F_1$	42	224	50176
B_4	$C_4D_2F_5$	47	$C_5D_3F_1$	50	$C_1D_4F_2$	48	$C_2D_5F_3$	46	$C_3D_1F_4$	43	234	54756
B_5	$C_5D_4F_3$	43	$C_1D_5F_4$	52	$C_2D_1F_5$	41	$C_3D_2F_1$	50	$C_4D_3F_2$	52	238	56644
열합		213		235		229		238		236	1151	265233
(열합)의 제곱		45369		55225		52441		56644		55696	265375	

[보조표 2]

(C)	C수준의 합	제곱
C_1	246	60516
C_2	208	43264
C_3	219	47961
C_4	244	59536
C_5	234	54756
합	1151	266033

(D)	D수준의 합	제곱
D_1	224	50176
D_2	238	56644
D_3	229	52441
D_4	224	50176
D_5	236	55696
합	1151	265133

(F)	F수준의 합	제곱
F_1	239	57121
F_2	229	52441
F_3	230	52900
F_4	226	51076
F_5	227	51529
합	1151	265067

[보조표 3]

자료제곱	A_1	A_2	A_3	A_4	A_5	합
B_1	2025	1681	1681	2116	2116	9619
B_2	1444	2025	2704	2304	2809	11286
B_3	1600	2209	2209	2304	1764	10086
B_4	2209	2500	2304	2116	1849	10978
B_5	1849	2704	1681	2500	2704	11438
합	9127	11119	10579	11340	11242	53407

❷ 분산분석표를 작성하기 위하여 각 변동값을 계산한다.

$$CT=\frac{T^2}{n^2}=\frac{1151^2}{25}=52992.0$$

$$SST=\sum_i\sum_j\sum_k\sum_l\sum_m y_{ijklm}^2-CT=53407-52992=415.0$$

$$SSA=\frac{\sum_i T_{i}\cdots^2}{n}-CT=\frac{265375}{5}-52992=83.0$$

$$SSB=\frac{\sum_j T_{\cdot j}\cdots^2}{n}-CT=\frac{265233}{5}-52992=54.6$$

$$SSC=\frac{\sum_k T_{\cdot\cdot k}\cdot\cdot^2}{n}-CT=\frac{266033}{5}-52992=214.6$$

$$SSD=\frac{\sum_l T_{\cdots l}\cdot^2}{n}-CT=\frac{265133}{5}-52992=34.6$$

$$SSF=\frac{\sum_m T_{\cdots\cdot m}^2}{n}-CT=\frac{265067}{5}-52992=21.4$$

$$SSE=SST-(SSA+SSB+SSC+SSD+SSF)=6.8$$

그리고 각 변동의 자유도 ϕ는 다음과 같다.

$$\phi_T = n^2 - 1 = 24$$
$$\phi_A = \phi_B = \phi_C = \phi_D = \phi_F = n - 1 = 4$$
$$\phi_E = \phi_T - \phi_A - \phi_B - \phi_C - \phi_D - \phi_F = (n^2 - 1) - 5(n - 1) = 4$$

위와 같은 정보를 이용하여 분산분석표를 작성하면 다음과 같다.

●● 분산분석표

요 인	SS	ϕ	V	F_0	$F_{(0.05\,;\,4,4)}$
A	83.0	4	20.74	12.20*	6.39
B	54.6	4	13.64	8.02*	
C	214.6	4	53.64	31.55*	
D	34.6	4	8.64	5.08	
F	21.4	4	5.34	3.14	
E	6.8	4	1.7		
T	415	24			

F 검정 결과로는 원료(A)와 처리온도(B), 처리시간(C) 유의 수준 5%로 유의차가 있다고 할 수 있다.

❸ 분산분석후의 추정

① 유의한 원료(A)와 처리온도(B), 처리시간(C) 인자의 모평균 추정

예를 들어 A_1 수준의 모평균 $\hat{\mu}(A_i)$의 점추정과 95%의 신뢰한계 다음과 같이 유도 된다.

$$\hat{\mu}(A_1) = \overline{y_1}\cdots\cdot = 42.6$$

$$\overline{y_1}\cdots\cdot \pm t_{\frac{\alpha}{2}}(\phi_E)\sqrt{\frac{V_E}{n}}$$

$$= 42.6 \pm t_{0.025}(4)\sqrt{\frac{V_E}{n}}$$

$$= 42.6 \pm 2.776 \times \sqrt{\frac{1.7}{5}}$$

$$= 42.6 \pm 1.619$$

유사한 방법으로원료(A)와 처리온도(B), 처리시간(C) 각 인자 수준별 모평균의 95%의 신뢰한계는 다음과 같다,

수준	$\mu(A_i)$	$\mu(B_j)$	$\mu(C_k)$
1	42.6±1.619	43.8±1.619	49.2±1.619
2	47±1.619	47.2±1.619	41.6±1.619
3	45.8±1.619	44.8±1.619	43.8±1.619
4	47.6±1.619	46.8±1.619	48.8±1.619
5	47.2±1.619	47.6±1.619	46.8±1.619

② $A_iB_jC_k$ 수준에서의 모평균 $\mu(A_iB_jC_k)$의 점 추정치는 다음과 같다.

$$\hat{\mu}(A_iB_jC_k)=\mu+a_i+b_j+c_k=\widehat{\mu+a_i}+\widehat{\mu+b_j}+\widehat{\mu+c_k}-2\hat{\mu}=\bar{y}_{i}\cdots+\bar{y}_{\cdot j}\cdots+\bar{y}_{\cdot\cdot k}\cdots-2\bar{\bar{y}}$$

따라서 최적모형 $\mu(A_5B_2C_1)100(1-\alpha)\%$의 신뢰한계는 다음과 같다.

$$\begin{aligned}&(\bar{y}_{i}\cdots+\bar{y}_{\cdot j}\cdots+\bar{y}_{\cdot\cdot k}\cdots-2\bar{\bar{y}})\pm t_{\frac{\alpha}{2}}(\phi_E)\sqrt{\frac{V_E}{n_e}}\\&=(\bar{y}_{5}\cdots+\bar{y}_{\cdot 2}\cdots+\bar{y}_{\cdot\cdot 1}\cdots-2\bar{\bar{y}})\pm t_{\frac{\alpha}{2}}(\phi_E)\sqrt{\frac{V_E}{n_e}}\\&=(47.2+47.2+49.2-2\times 46.04)\pm t_{0.025}(4)\sqrt{1.7\times 0.52}\\&=51.52\pm 2.61\end{aligned}$$

단, 유효반복수 n_e는 다음과 같다.

$$\frac{1}{n_e}=\frac{1}{n}+\frac{1}{n}+\frac{1}{n}-\frac{2}{n^2}=\frac{3n-2}{n^2}=\frac{3\times 5-2}{5^2}=0.52$$

Minitab

1 다음과 같이 자료를 입력한다.

↓	C1	C2	C3	C4	C5	C6	C7
	A	B	C	D	F	자료	
1	1	1	1	1	1	45	
2	1	2	2	3	4	38	
3	1	3	3	5	2	40	
4	1	4	4	2	5	47	
5	1	5	5	4	3	43	
6	2	1	2	2	2	41	
7	2	2	3	4	5	45	
8	2	3	4	1	3	47	
9	2	4	5	3	1	50	
10	2	5	1	5	4	52	
11	3	1	3	3	3	41	
12	3	2	4	5	1	52	
13	3	3	5	2	4	47	
14	3	4	1	4	2	48	
15	3	5	2	1	5	41	
16	4	1	4	4	4	46	
17	4	2	5	1	2	48	
18	4	3	1	3	5	48	
19	4	4	2	5	3	46	
20	4	5	3	2	1	50	
21	5	1	5	5	5	46	
22	5	2	1	2	3	53	
23	5	3	2	4	1	42	
24	5	4	3	1	4	43	
25	5	5	4	3	2	52	

2 통계분석(S) → 분산 분석(A) → 일반 선형 모형(G)...을 선택하고 [반응] 항목에 마우스포인터를 올려놓고 C6를 더블클릭하여 데이터 입력을 하고 또 [모형] 항목에 각각 A, B, C, D, F 인자를 입력하고 그래프(R)... 버튼을 클릭하고 확인(O) 버튼을 누른다.

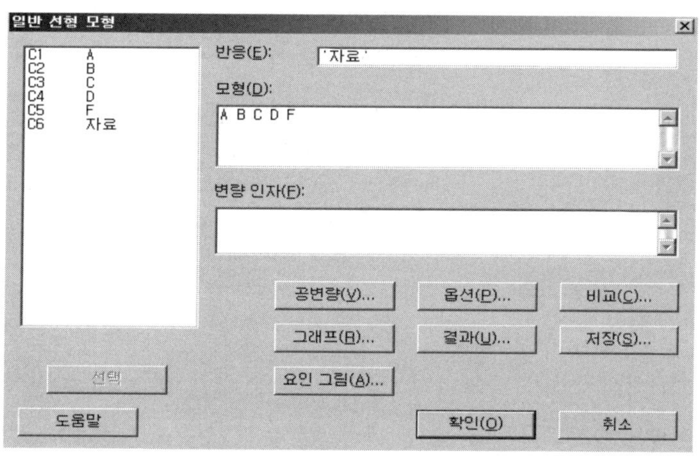

3 다음과 같이 [그래프] 대화상자가 나타나면 [잔차] 및 [네 개 모두] 항목을 선택하고 확인(O) 버튼을 누른다. 그리고 [요인 그림] 버튼을 클릭한다.

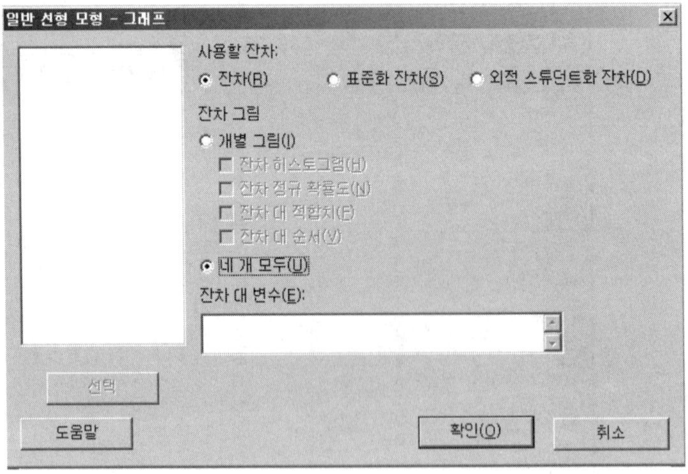

4 [요인 그림] 대화상자에서 [요인] 항목에 마우스 포인트를 올려놓고 각각 A, B, C를 더블 클릭하여 데이터 입력을 하고 확인(O) 버튼을 누른다. 그리고 또, [결과] 버튼을 클릭한다.

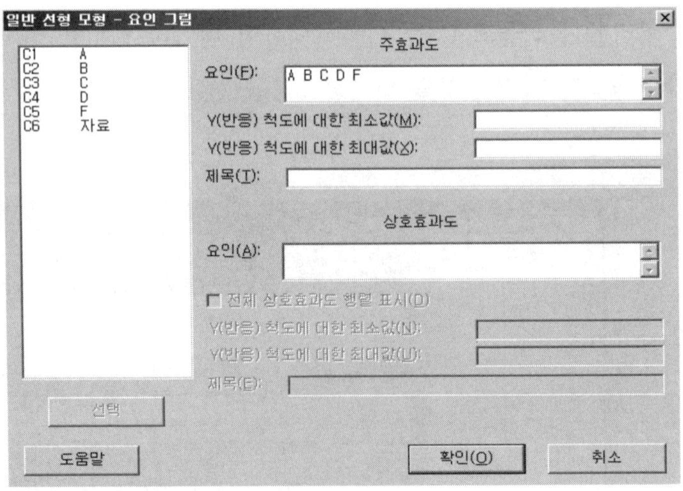

5 [결과] 대화상자가 나타나면 [공변량 항에 대한 계수 및 비정상적 관측치에 대한 표 추가] 항목과 [기대 평균 제곱 및 분산 성분표시] 항목을 선택 및 체크하고

확인(O) 버튼을 누른다. 다시 확인(O) 버튼을 누른다.

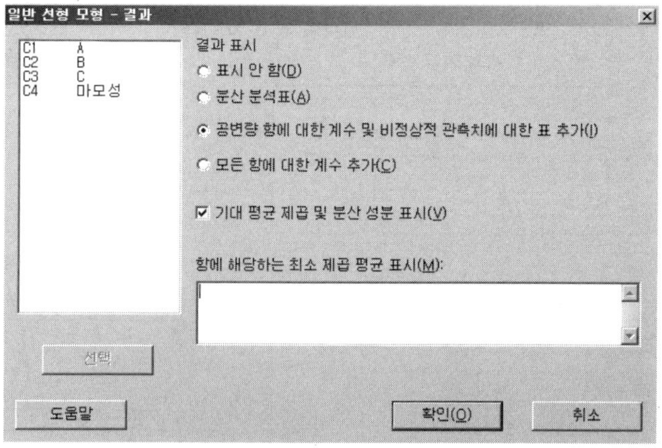

6 [세션] 창에 다음과 같은 결과가 나타나고 또한 잔차그림도 표시된다.

```
세션

일반 선형 모형: 자료 대 A, B, C, D, F

요인  유형    수준  값
A     고정됨     5  1, 2, 3, 4, 5
B     고정됨     5  1, 2, 3, 4, 5
C     고정됨     5  1, 2, 3, 4, 5
D     고정됨     5  1, 2, 3, 4, 5
F     고정됨     5  1, 2, 3, 4, 5

자료에 대한 분산 분석 (검정을 위해 수정된 제곱합을 사용)

출처  DF   Seq SS   Adj SS  Adj MS      F      P
A      4   82.960   82.960  20.740  11.92  0.017
B      4   54.560   54.560  13.640   7.84  0.036
C      4  214.560  214.560  53.640  30.83  0.003
D      4   34.560   34.560   8.640   4.97  0.075
F      4   21.360   21.360   5.340   3.07  0.152
오차   4    6.960    6.960   1.740
전체  24  414.960

S = 1.31909   R-제곱 = 98.32%   R-제곱(수정) = 89.94%

수정된 제곱합을 사용하는 기대 평균 제곱

            각 항에
            대한 기대
   출처     평균 제곱
1  A        (6) + Q[1]
2  B        (6) + Q[2]
3  C        (6) + Q[3]
4  D        (6) + Q[4]
5  F        (6) + Q[5]
6  오차     (6)
```

해석 모든 인자들은 모수인자(고정됨)로 간주되고 있고 분산분석표에서는 인자 A, B, C만이 유의수준 5%(p값=0.047)에서 유의적이지만 인자 D, F는 비유의적으로 나타나고 있다.

7 ▸ 잔차그림

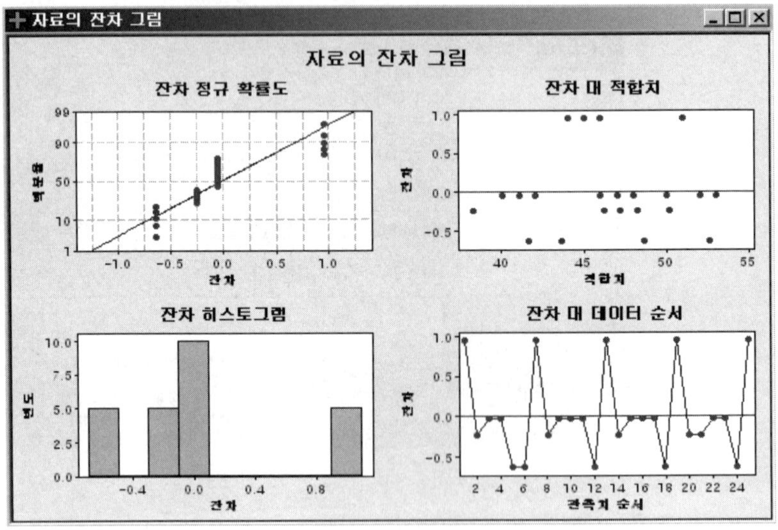

해석 [잔차 정규 확률도]에서는 직선주위에 점들이 몰려 있어야 정규성을 가진다고 할 수 있는데 위 그림에서는 정규성을 따르지 않는다는 큰 증거는 없다. [잔차 히스토그램]에서는 정규성을 가지기 위해서는 종모양을 가져야 하나 위 그림 에서는 테이터가 적기 때문에 종모양의 형태를 가진다고 할 수 없지만 이 그림 하나로 만 평가 할 수는 없다. [잔차 대 적합치] 그림에서는 특별한 패턴이 없으므로 등분산성을 가지고 있지 않다고 할 수 없고 [잔차 대 데이터 순서] 그림에서도 특별한 형태가 없는 랜덤으로 보이기 때문에 오차는 독립성이 없다고 간주 할 수 없다.

8 ▸ 최적 수준을 찾기 위한 주효과 그림

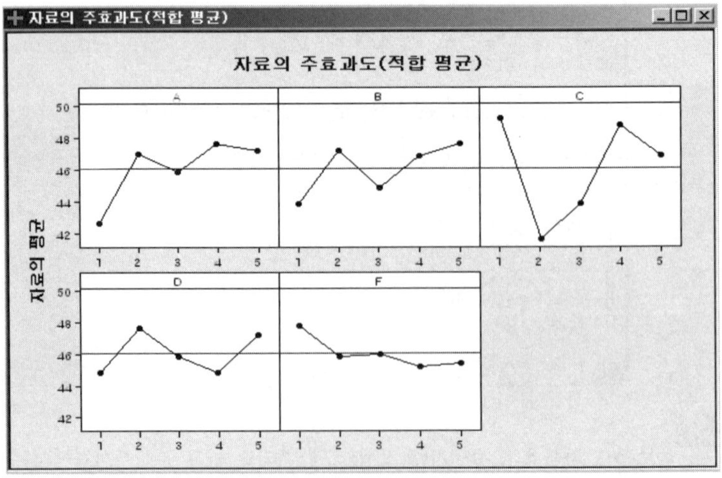

해석 유의한 인자가 A, B, C이므로 최적수준 조합은 A4B5C1이라고 간 주 할 수 있다.

연 습 문 제

1 다음 표는 라틴방격에 의한 실험 결과이다. 다음 물음에 답하시오.

B \ A	A_1	A_2	A_3	계
B_1	$C_1(7)$	$C_2(4)$	$C_3(6)$	17
B_2	$C_3(6)$	$C_1(1)$	$C_2(8)$	15
B_3	$C_2(1)$	$C_3(4)$	$C_1(9)$	14
계	14	9	23	46

(1) 총 변동 SST의 값은?

(2) 인자 A 간의 변동 SSA를 구하라.

(3) 인자 C 간의 변동 SSC를 구하라.

(4) 오차항의 자유도 ϕ_E의 값은?

(5) 인자 A와 C의 수준 조합 A_3C_2에서 모평균을 신뢰율 95%로 구간추정하기 위하여 유효 반복수 n_e를 구하면?

(6) 인자 ABC가 모두 유의적일 때 수준 조합 $A_3B_1C_2$에서 모평균을 신뢰율 95%로 구간 추정하기 위하여 유효 반복수 n_e를 구하면?

2 어떤 철강제품의 부식의 정도를 보기 위하여
부식 억제제의 종류 A : 3수준(A_1, A_2, A_3)
첨가량 B : 4수준($B_1 = 0.3(\%)$, $B_2 = 0.6(\%)$, $B_3 = 0.9(\%)$, $B_4 = 1.2(\%)$)
처리시간 C : 4수준($C_1 = 3, C_2 = 4, C_3 = 5, C_4 = 6$)
으로 4×4 라틴방격의 실험을 하였다. A는 3종류밖에 없으므로 제2열째에도 A_1으로 하였다. 일정시간 동안 부식을 시킨 후 철강제품의 단위면적당 감량(g)은 다음과 같다.

	A_1	A_2	A_3	A_4
B_1	C_2=1.95	C_4=1.93	C_1=1.91	C_3=1.97
B_2	C_1=2.02	C_2=2.04	C_3=1.93	C_4=1.92
B_3	C_4=2.10	C_3=2.07	C_2=1.95	C_1=1.90
B_4	C_3=2.08	C_1=2.12	C_4=2.06	C_2=2.01

(1) 분산분석을 행하라.

(2) A의 각 수준에서의 모평균을 신뢰율 95(%)로 구간 추정하라.

연습문제

3 어떤 공장에서 제품의 수율에 영향을 주는 요인이 무엇인가를 찾기위하여 A, B, C세 인자를 선택하여 각 인자의 수준을 5 수준으로 하고 인자간의 교호작용은 무시할 수 있다고 가정한 후에 라틴방격법에 의하여 총 25회의 실험을 행하였다(단, 계산은 소수점 둘째자리까지 하시오).

●● 수치변환 데이터($X_{ijl} = x_{ijl} - 70$)

	A_1	A_2	A_3	A_4	A_5	$T_{\cdot j \cdot}$	$\bar{x}_{\cdot j \cdot}$
B_1	C_1(-2)	C_2(4)	C_3(-7)	C_4(-6)	C_5(0)	-11	-2.2
B_2	C_2(-6)	C_3(0)	C_4(-5)	C_5(-12)	C_1(2)	-21	-4.2
B_3	C_3(1)	C_4(10)	C_5(0)	C_1(-1)	C_2(6)	16	3.2
B_4	C_4(1)	C_5(4)	C_1(-1)	C_2(-4)	C_3(0)	0	0
B_5	C_5(2)	C_1(10)	C_2(-2)	C_3(-5)	C_4(8)	13	2.6
$T_{i \cdot \cdot}$	-4	28	-15	-28	16	T= -3	
$\bar{x}_{i \cdot \cdot}$	-0.8	5.6	-3.0	-5.6	3.2	$\bar{X}$= -0.12	

(1) 분산분석을 하시오.

(2) 세 인자 수준조합 $A_2B_3C_4$에서의 모평균을 신뢰율 95[%]로서 신뢰구간을 추정 하시오.

4 어떤 윤활유 정제공정에 있어서 장치(A)가 4대, 원료(B)가 4종류, 부원료(C)가 4종류, 혼합시간(D)이 4종류란 조건으로 실험을 하였는데, 대체적인 윤곽을 파악하기 위하여 우선 4×4 그레코라틴방격법으로 실험하였다. 각 인자와 그의 수준들은 모두 랜덤하게 배치하였다. 실험결과 다음의 데이터를 얻었다.

단위 : 특성치[%]

	A_1	A_1	A_2	A_3
B_1	$C_1D_1 = 49$	$C_2D_3 = 38$	$C_3D_4 = 48$	$C_4D_2 = 38$
B_2	$C_2D_2 = 40$	$C_1D_4 = 53$	$C_4D_3 = 33$	$C_3D_1 = 54$
B_3	$C_3D_3 = 42$	$C_4D_1 = 45$	$C_1D_2 = 53$	$C_2D_4 = 40$
B_4	$C_4D_4 = 42$	$C_3D_2 = 40$	$C_2D_1 = 41$	$C_1D_3 = 40$

연습문제

(1) 분산분석을 행하라.

(2) 유의한 인자들의 어떤 수준조합에서 가장 큰 특성치를 주는가?
이 수준조합에서 특성치의 모평균의 95(%)신뢰구간을 구하라.

5 웰빙 청량음료회사(식초 함유 음료)에서는 원료의 불순물을 정제하는 공정 과정에서 측정 장치 A가 4대, 부원료 B가 4종류, 식초농도 C가 4종류, 측정시간 D가 4종류의 조건으로 실험하기 위하여 4X4 그레코 라틴방격법으로 실험한 결과 다음과 같은 제품의 품질 특성을 다음과 같이 표집되었다고 가정하고 분산분석을 시행하여 해석하시오.

자료	A_1	A_2	A_3	A_4
B_1	$C_2D_3=10$	$C_1D_1=0$	$C_3D_4=3$	$C_4D_2=13$
B_2	$C_4D_1=1$	$C_3D_3=13$	$C_1D_2=4$	$C_2D_4=12$
B_3	$C_1D_4=10$	$C_2D_2=11$	$C_4D_3=12$	$C_3D_1=13$
B_4	$C_3D_2=14$	$C_4D_4=20$	$C_2D_1=9$	$C_1D_3=20$

6 나이론사의 방사과정에서 일정시간 동안에 발생되는 사절수(糸切數)가 어떤 인자에 크게 영향받는가를 대략 알아보기 위하여 4인자(연신온도, 회전수, 원료의 종류, 연신비) A, B, C, D를 각각 4수준으로 잡고 총 16회의 실험을 4×4 그레코라틴 방격법으로 행하였다. 실험된 수준조합과 사절수는 다음 표와 같다.(단, 계산은 소수점 3자리까지 하시오.)

●● 사절수 데이터

	A_1	A_1	A_2	A_3
B_1	$C_2D_3(15)$	$C_1D_1(19)$	$C_3D_4(8)$	$C_4D_2(19)$
B_2	$C_4D_1(5)$	$C_3D_3(19)$	$C_1D_2(9)$	$C_2D_4(16)$
B_3	$C_1D_4(15)$	$C_2D_2(16)$	$C_4D_3(19)$	$C_3D_1(17)$
B_4	$C_3D_2(19)$	$C_4D_4(26)$	$C_2D_1(14)$	$C_1D_3(34)$

(1) 분산분석을 하시오.

(2) 수준조합 A_3, B_1, D_1 에서 모평균을 신뢰율 95(%)로 신뢰구간을 구하시오.

연습문제

7 제품을 제조할 때 원료투입량을 A인자(4수준), 처리온도를 B인자(4수준), 처리 시간을 C인자(4수준)로 정하고 라틴방격법을 실시한 결과는 다음과 같다.

B \ A	A_1	A_2	A_3	A_4
B_1	C_2 (8)	C_4 (7)	C_1 (8)	C_3 (8)
B_2	C_1 (6)	C_2 (5)	C_3 (8)	C_4 (7)
B_3	C_4 (7)	C_3 (9)	C_2 (6)	C_1 (8)
B_4	C_3 (8)	C_1 (6)	C_4 (9)	C_2 (6)

(1) 분산분석표를 작성하시오.
(2) 유의하지 않은 요인을 오차항에 풀링하여 분산분석표를 다시 작성하시오.
(3) 최적수준조합을 정하고 이 수준조합의 모평균에 대한 95% 신뢰구간을 구하시오.

8 다음은 4×4 그레코 라틴방격으로 실험한 결과이다. 분산분석표를 작성하여 설명하시오.

	A_1	A_2	A_3	A_4
B_1	C_2 D_3 (95)	C_1 D_1 (105)	C_3 D_4 (91)	C_4 D_2 (97)
B_2	C_4 D_1 (80)	C_3 D_3 (108)	C_1 D_2 (89)	C_2 D_4 (97)
B_3	C_1 D_4 (83)	C_2 D_2 (112)	C_4 D_3 (90)	C_3 D_1 (87)
B_4	C_3 D_2 (88)	C_4 D_4 (106)	C_2 D_1 (87)	C_1 D_3 (101)

8

Introduction to Design of Experiments

분할법

분할법은 실험에 있어서 실험 전체의 완전한 랜덤화가 곤란한 경우, 실험전체를 랜덤화하지 않고 몇단계로 나누어서 랜덤화 하는 기법이라고 할 수 있다.

이러한 분할법은 원래 농사시험에서 고찰된 것으로, 먼저 밭을 몇 개의 지구(주구, whole plot)로 나누고 그 속을 다시 몇 개의 부구(세구, split plot 또는 sub plot)로 나누어 이에 랜덤하게 작물을 심는다고 하는 실험으로부터 일어난 것이다. 공장실험일 경우는 전체를 랜덤화하기 곤란한 일이 많고, 인자의 수준변경이 곤란한 경우가 있으므로 실험 실시상 행하기 쉽다는 면에서 분할법에 의한 실험이 효율적일 수 있다.

1. 실험의 의의

분할법은 실험에 있어서 실험 전체의 완전한 랜덤화가 곤란한 경우, 실험전체를 랜덤화하지 않고 몇단계로 나누어서 랜덤화 하는 기법이라고 할 수 있다.
따라서 실험을 수행하는 과정에서 인자의 수준을 변경하고자 할 때 인자에 따라 반복이 용이한 인자도 있고 무리가 따르는 인자도 있을 수 있다. 이런 경우 인자효과의 중요성에 따라 전체 실험을 몇 개의 단계로 나누어 실험 할 수 있다. 즉, 실험 조건을 1단, 또는 그 이상을 분할해 나가는 실험 방법을 분할법(split plot design)이라 하고, 1단의 분할을 단일분할, 그 이상의 분할은 다단계 분할실험, 또는 지분실험이라고 한다.
이러한 실험에서 수준변경이 곤란한 인자 예를 들면 수준변경 그 자체에 시간이나 경비가 드는 경우, 혹은 그 수준의 실험을 해내기 위해 시간이나 손실이 따르는 경우, 많은 조합을 행하는 데 경비가 필요한 경우를 생각 할 수 있다. 인자의 수준변경이 어렵다는 측면에서 특별한 원칙은 없지만 1차 인자는 수준변경이 곤란한 인자, 2차 인자는 그 밖의 보통의 인자 그리고 3차 인자는 수준변경이 용이한 인자3가지로 구분된다. 이와 같은 인자구분은 특별하게 인자를 구분할 필요는 없으나 경제적인 손실성 등을 고려하여 두 가지로 나눌 수도 있고, 4개 혹은 5개로 나누는 경우도 있을 수 있다.
이러한 분할법은 원래 농사시험에서 고찰된 것으로, 먼저 밭을 몇 개의 지구(주구, whole plot)로 나누고 그 속을 다시 몇 개의 부구(세구, split plot 또는 sub plot)로 나누어 이에 랜덤하게 작물을 심는다고 하는 실험으로부터 일어난 것이다. 공장실험일 경우는 전체를 랜덤화하기 곤란한 일이 많고, 인자의 수준변경이 곤란한 경우가 있으므로 실험 실시상 행하기 쉽다는 면에서 분할법에 의한 실험이 효율적일 수 있다. 이 경우는 모든 인자의 정보를 같은 정밀도로 할 필요가 없고, 어떤 요인의 정보만 정밀도가 좋게 구하고자 할 경우로, 즉, 효과면에서 1차 인자보다 2차 인자의 정밀도가 좋게 추정된다.
분할법은 다른 실험기법과 비교하여 다음과 같은 특징을 가진다고 알려져 있다.

Ⅰ) 실험을 실시할 때 랜덤화에 무리가 따르는 경우에 일차 단위의 인자수준의 변경은 곤란하지만, 이차단위 인자의 수준 변경은 비교적 용이할 때 사용된다.

Ⅱ) 오차는 랜덤화하는 방법에 의하여 일차단위의 실험오차, 이차단위의 실험오차 등으로 오차 분산이 단위별로 몇 개로 분할되는 경우 일차단위의 오차의 기대치는 이차단위의 오차의 기대치보다 크며, 자유도는 일차오차가 이차오차보다 작다.

Ⅲ) 이차인자 B나 교호작용 $A \times B$의 효과가 일차인자 A의 효과보다 더 정도가 좋게 추정되므로 정도가 좋게 추정하고 싶은 인자는 되도록이면 일차 단위에 배치하지 않는 것이 좋다.

Ⅳ) 이차단위까지만 있는 실험에서 만약 일차오차를 무시할 수 있어서 이차오차에 풀링시키는 경우에는 검정과 추정도 보통의 다원배치법 때와 동일하게 된다.

Ⅴ) 분할된 각 단위에서 실험오차가 분할되어 나오기 때문에 각종의 추정, 검정에 있어서 어떤 오차를 사용하는 것이 좋은가를 설정해야 함으로 다원배치법의 경우 보다 더 복잡할 수 있다.

Ⅵ) 일차단위 인자와 이차단위 인자의 교호작용은 이차단위에 속하는 요인이 된다.

Ⅶ) 일차단위의 인자에 대해서는 다원 배치법의 실험을 하는 것보다는 분할법의 실험을 하는 것이 일반적으로 소요되는 원료의 양을 줄일 수 있다.

2. 1차 단위가 1원 배치가 되는 단일 분할법

단일분할법의 경우는 단지 한 번의 분할이 일어나는 것으로 1차 단위와 2차 단위로 나누어진다. 일차단위가 일원배치라고 하면 일차단위에 인자의 수가 하나 존재한다는 의미로 해석된다. 예를 들어 신발 제조업자의 경우, 이 제조업자는 인자 A로 3가지 고무 제조 방법, 인자 B를 4가지 고무 제조온도로 두고, 2번의 반복실험에 의해 이 두 가지 인자가 신발장력에 미치는 영향을 조사하려한다. 이 경우에 관심의 대상은 어떤 고무 제조방법이 아니고 고무제조방법과 고무제조 온도와의 교호작용$A \times B$의 특성을 알고 싶은 경우이다. 이 경우 고무 재조방법을 1차 단위에 고무제조온도를 2차 단위에 배치하는 분할법을 사용하면 보다 효율적으로 교호작용 $A \times B$을 추정 할 수 있다. 이러한 실험의 랜덤화는 다음 그림과 같이 표현 할 수 있다.

(□부분은 랜덤화)

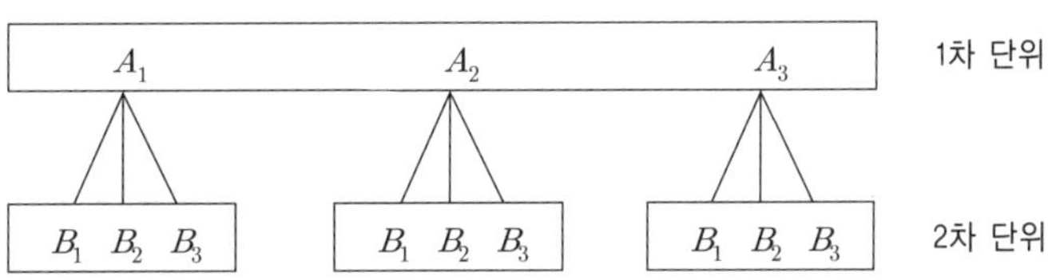

위 그림에서 A_1, A_2, A_3 중에서 하나를 랜덤하게 A_3가 랜덤하게 하나 선택되었다면 B_1, B_2, B_3를 랜덤하게 뽑아서 이들을 모두 실험하게 된다. 또, A_1나A_2 중에서 랜덤하게 하나가 선택되면 여기서B_1, B_2, B_3를 랜덤하게 뽑아서 이들을 모두 실험하게 된다. 남은 인자 A도 유사한 방법으로 실험하면 된다.

1) 데이터의 구조식

두 인자의 실험에서 교호작용$A \times B$의 특성을 알고 싶은 경우는 실험의 반복을 해주어야 가능하다. 실험을 두 번 반복하는 경우에 다음과 같은 랜덤화의 순서로 실험을 해야 한다.

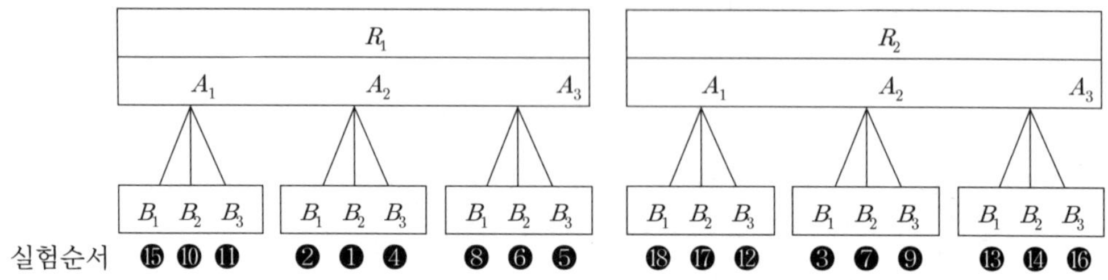

이 예에 대한 데이터의 구조식은 반복을 하나의 변량 인자 R로 취급하며, 모수인자 A, B의 수준수를 각각 l, m이라 하고, R인자의 수준수를 r이라 하면 다음과 같은 데이터의 구조식을 갖는다.

$$y_{ijk} = \mu + \underbrace{a_i + r_k + \varepsilon_{(1)ik}}_{1\text{차 단위}} + \underbrace{b_j + (ab)_{ij} + \varepsilon_{(2)ijk}}_{2\text{차 단위}}$$

$$\text{단, } i=1,2,\cdots,l \quad j=1,2,\cdots,m, \quad k=1,2,\cdots,r$$

$$\varepsilon_{(1)ik} \sim N(0, \sigma^2{}_{E_1}), \ \varepsilon_{(2)ijk} \sim N(0, \sigma^2{}_{E_2})$$

여기서 1차 단위의 오차 $\varepsilon_{(1)ik}$는 교호작용 $A \times R$이고, 2차 단위의 오차 $\varepsilon_{(2)ijk}$는 3인자 교호작용 $A \times B \times R$이다.

2) 분산분석

먼저 변동의 계산에서 SSA, SSR, SSB, $SS_{A \times B}$ 등은 반복이 없는 3원 배치법에서 구한 방법과 동일하게 얻을 수 있으므로 생략하고, 1차 오차 및 2차 오차의 변동

SSE_1은 $SS_{A \times B}$을 구하는 방법과 동일하다.

$$SSE_1 = SS_{A \times R} = SS_{AR} - SSA - SSR$$

단,

$$CT = \frac{(\sum_i \sum_j \sum_k y_{ijk})^2}{lmr} = \frac{T^2}{lmr}$$

$$SS_{AR} = \frac{\sum_{i=1}^{l} \sum_{k=1}^{r} T_{i \cdot k}^2}{m} - CT$$

$$SSA = \frac{\sum_{i=1}^{l} T_{i}..^2}{mr} - CT$$

$$SSR = \frac{\sum_{k=1}^{r} T.._k^2}{lm} - CT$$

$$SSB = \frac{\sum_{j=1}^{m} T_{\cdot j} \cdot^2}{lr} - CT$$

2차 오차의 변동 SSE_2는 다음과 같이 표현된다.

$$SSE_2 = SST - (SSA + SSR + SSE_1 + SSB + SS_{A \times B})$$

그러나 다음과 같이 표현해도 된다.

$$SSE_2 = SS_{B \times R} + SS_{A \times B \times R}$$

SSE_1과 SSE_2의 자유도는 각각 다음과 같이 나타난다.

$$\phi_{E_1} = \phi_{A \times R} = \phi_A \times \phi_R = (l-1)(r-1)$$

$$\begin{aligned}\phi_{E_2} &= \phi_{B \times R} + \phi_{A \times B \times R} \\ &= (m-1)(r-1) + (l-1)(m-1)(r-1) = l(m-1)(r-1)\end{aligned}$$

이고, 데이터의 구조식으로부터 A_i수준의 평균과 총평균는 다음과 같이 유도된다.

A_i수준의 평균 : $\bar{y}_{i}.. = \mu + a_i + \bar{r} + \bar{\varepsilon}_{(1)i}. + \bar{\varepsilon}_{(2)i}..$

총평균 : $\bar{\bar{y}}=\mu+\bar{r}+\bar{\varepsilon}_{(1)\cdot\cdot}+\bar{\varepsilon}_{(2)\cdots}$

따라서 $E(V_A)=\frac{1}{l-1}E(SSA)$는 다음과 같이 유도 할 수 있다.

$$\begin{aligned}E(SSA)&=E\left[mr\sum_{i=1}^{l}(\bar{y}_{i\cdot\cdot}-\bar{\bar{y}})^2\right]\\&=E\left[mr\sum_i\left\{a_i+(\bar{\varepsilon}_{(1)i\cdot}-\bar{\varepsilon}_{(1)\cdot\cdot})+(\bar{\varepsilon}_{(2)i\cdot\cdot}-\bar{\varepsilon}_{(2)\cdots})\right\}^2\right]\\&=mr\sum_i a_i^2+E\left[mr\sum_i(\bar{\varepsilon}_{(1)i\cdot}-\bar{\varepsilon}_{(1)\cdot\cdot})^2\right]+E\left[mr\sum_i(\bar{\varepsilon}_{(2)i\cdot\cdot}-\bar{\varepsilon}_{(2)\cdots})^2\right]\\&=(l-1)mr\sigma_A^2+(l-1)m\sigma_{E_1}^2+(l-1)\sigma_{E_2}^2\end{aligned}$$

따라서 인자 A의 자유도로 나누어주면 다음과 같이 유도 된다.

$$E(V_A)=\frac{1}{l-1}E(SSA)=\sigma_{E_2}^2+m\sigma_{E_1}^2+mr\sigma_A^2$$

다른 불편분산의 기대값도 유사한 과정으로 유도 할 수 있으며 위의 정보를 이용하여 분산 분석표를 작성하면 다음과 같다(A,B 모수, R 변량)

●● 1차 단위가 1원배치(반복이 없는 경우)분산분석표

요 인		SS	ϕ	V	$E(V)$	F_0
1차 단위	A	SSA	$l-1$	V_A	$\sigma_{E_2}^2+m\sigma_{E_1}^2+mr\sigma_A^2$	V_A/V_{E_1}
	R	SSR	$r-1$	V_R	$\sigma_{E_2}^2+m\sigma_{E_1}^2+lm\sigma_R^2$	V_R/V_{E_1}
	E_1	SSE_1	$(l-1)(r-1)$	V_{E_1}	$\sigma_{E_2}^2+m\sigma_{E_1}^2$	V_{E_1}/V_{E_2}
2차 단위	B	SSB	$m-1$	V_B	$\sigma_{E_2}^2+lr\sigma_B^2$	V_B/V_{E_2}
	$A\times B$	$SS_{A\times B}$	$(l-1)(m-1)$	$V_{A\times B}$	$\sigma_{E_2}^2+r\sigma_{A\times B}^2$	$V_{A\times B}/V_{E_2}$
	E_2	SSE_2	$l(m-1)(r-1)$	V_{E_2}	$\sigma_{E_2}^2$	
T		SST	$lmr-1$			

3) 분산분석 후의 추정

1차 오차 E_1과 반복 R이 유의하지 않은 경우는 E_1과 R을 2차 오차 E_2항에 풀링하여 반복이 있는 2원 배치법의 분산분석 후의 추정에 따르면 된다. 따라서 여기에서는 1차 오차 E_1과 반복 R이 유의한 경우를 살펴보고자 한다.

(1) A_i 수준의 모평균 추정

$\mu(A_i)$의 점 추정값은 $\bar{y}_{i\cdot\cdot}$이고, 데이터의 구조식은

$\bar{y}_{i\cdot\cdot} = \mu + a_i + \bar{r} + \bar{\varepsilon}_{(1)i\cdot} + \bar{\varepsilon}_{(2)i\cdot\cdot}$이므로 $\bar{y}_{i\cdot\cdot}$의 분산은 다음과 같이 유도된다.

$$V(\bar{y}_{i\cdot\cdot}) = V(\bar{r}) + V(\bar{\varepsilon}_{(1)i\cdot}) + V(\bar{\varepsilon}_{(2)i\cdot\cdot}) = \frac{\sigma_R^2}{r} + \frac{\sigma_{E_1}^2}{r} + \frac{\sigma_{E_2}^2}{mr}$$

단, $\widehat{\sigma_R^2} = \dfrac{V_R - V_{E_1}}{lm}$

$\widehat{\sigma_{E_1}^2} = \dfrac{V_{E_1} - V_{E_2}}{m}$

$\widehat{\sigma_{E_2}^2} = V_{E_2}$

$V(\bar{y}_{i\cdot\cdot})$의 추정값은 위 관계식을 대입하면 다음과 같이 유도된다.

$$\begin{aligned} V(\bar{y}_{i\cdot\cdot}) &= \frac{1}{r}\left[\frac{V_R - V_{E_1}}{lm}\right] + \frac{1}{r}\left[\frac{V_{E_1} - V_{E_2}}{m}\right] + \frac{V_{E_2}}{mr} \\ &= \frac{1}{lmr}\left[V_R + (l-1)V_{E_1}\right] \end{aligned}$$

따라서 $\mu(A_i)$의 $100(1-\alpha)\%$의 신뢰 한계는 다음과 같다.

$$\bar{y}_{i\cdot\cdot} \pm t_{\frac{\alpha}{2}}(\phi^*)\sqrt{\frac{V_R + (l-1)V_{E_1}}{lmr}}$$

단, Satterthwaite의 자유도 ϕ^*는 식 다음과 같다.

$$\phi^* = \frac{\left[V_R + (l-1)V_{E_1}\right]^2}{\dfrac{(V_R)^2}{\phi_R} + \dfrac{\left[(l-1)V_{E_1}\right]^2}{\phi_{E_1}}}$$

(2) B_j 수준의 모평균 추정

$\mu(A_i)$의 모평균 추정과 동일한 방법을 이용하여 $\mu(B_j)$의 $100(1-\alpha)\%$의 신뢰 한계와 자유도는 다음과 같다.

$$\bar{y}_{\cdot j\cdot} \pm t_{\frac{\alpha}{2}}(\phi^*)\sqrt{\frac{V_R + (m-1)V_{E_2}}{lmr}}$$

$$\phi^* = \frac{\left[V_R + (m-1)V_{E_2}\right]^2}{\frac{(V_R)^2}{\phi_R} + \frac{\left[(m-1)V_{E_2}\right]^2}{\phi_{E_2}}}$$

(3) A_iB_j 수준에서의 모평균 추정

교호작용 $A \times B$가 무시되지 않을 때(유의한 경우)는 기대값은 다음과 같다.

$$E(\bar{y}_{ij\cdot}) = \mu + a_i + b_j + (ab)_{ij}$$

따라서 $\bar{y}_{ij\cdot}$가 $\mu(A_iB_j)$의 점추정값이 되고, $\bar{y}_{ij\cdot}$의 분산은 다음과 같이 된다.

$$\begin{aligned} V(\bar{y}_{ij\cdot}) &= V\left[\mu + a_i + \bar{r} + \bar{\varepsilon}_{(1)i\cdot} + b_j + (ab)_{ij} + \bar{\varepsilon}_{(2)ij\cdot}\right] \\ &= V(\bar{r}) + V\left[\bar{\varepsilon}_{(1)i\cdot}\right] + V\left[\bar{\varepsilon}_{(2)ij\cdot}\right] \\ &= \frac{\sigma_R^2}{r} + \frac{\sigma_{E_1}^2}{r} + \frac{\sigma_{E_2}^2}{r} \end{aligned}$$

따라서 $\mu(A_iB_j)$의 $100(1-\alpha)\%$의 신뢰한계와 자유도는 다음과 같이 나타난다.

$$\bar{y}_{ij\cdot} \pm t_{\frac{\alpha}{2}}(\phi^*)\sqrt{\frac{V_R + (l-1)V_{E_1} + l(m-1)V_{E_2}}{lmr}}$$

$$\phi^* = \frac{\left[V_R + (l-1)V_{E_1} + l(m-1)V_{E_2}\right]^2}{\frac{(V_R)^2}{\phi_R} + \frac{\left[(l-1)V_{E_1}\right]^2}{\phi_{E_1}} \frac{\left[l(m-1)V_{E_2}\right]^2}{\phi_{E_2}}}$$

기본 예제 8.1

다음은 3개의 감귤품종(B_1, B_2, B_3)에 대한 질소비료를 3수준(A_1, A_2, A_3)으로 2번 반복을 하였다. 이 두가지 인자가 생산량에 미치는 영향을 조사하기 위함이고 한번에 12번만 실험 할 수 있는 실험환경이므로 2번 반복을 하였다.(생산량은 증가비율이며 단위는 %이다) 단일분할법에 의한 날자(반복)을 블록으로 간주하고 랜덤하게 실험하여 다음과 같은 자료를 표집하였다고 가정하고 분산분석표를 작성하여 그 결과를 해석하라.

자료	R_1			
	B_1	B_2	B_3	합
A_1	0.2	0.8	1.8	2.8
A_2	0.5	0.7	0.8	2
A_3	0.2	0.6	0.9	1.7
합	0.9	2.1	3.5	6.5

자료	R_2			
	B_1	B_2	B_3	합
A_1	0.3	0.8	1.6	2.7
A_2	0.4	0.9	1.9	3.2
A_3	0.2	0.8	1.2	2.2
합	0.9	2.5	4.7	8.1

결과

❶ 데이터의 구조식은 $y_{ijk} = \mu + r_k + a_i + \varepsilon_{(1)ik} + b_j + (ab)_{ij} + \varepsilon_{(2)ijk}$이 되고 다음과 같은 보조표를 만든다.

자료(A, B)	B_1	B_2	B_3	합
A_1	0.5	1.6	3.4	5.5
A_2	0.9	1.6	2.7	5.2
A_3	0.4	1.4	2.1	3.9
합	1.8	4.6	8.2	14.6

❷ 각 변동을 계산한다.

$$CT = \frac{T^2}{lmr} = \frac{(6.5+8.1)^2}{18} = 11.84$$

$$SST = \sum\sum\sum y_{ijk}^2 - CT = 0.2^2 + 0.8^2 + \cdots + (0.8)^2 + (1.2)^2 - 11.84 = 4.66$$

$$SSA = \frac{\sum T_{i\cdot\cdot}{}^2}{mr} - CT = \frac{1}{6}(5.5^2 + 5.2^2 + 3.92^2) - 11.84 = 0.24$$

$$SSR = \frac{\sum T_{\cdot\cdot k}^2}{lm} - CT = \frac{1}{9}(6.5^2 + 8.1^2) - 11.84 = 0.14$$

$$S_{AR} = \frac{\sum\sum T_{i\cdot k}^2}{m} - CT = \frac{1}{3}(2.8^2 + 2^2 + 1.7^2 + 2.7^2 + 3.2^2 + 2.2^2) - 11.84 = 0.52$$

$$SSE_1 (= SS_{A\times R}) = SS_{AR} - SSA - SSR = 0.52 - 0.24 - 0.14 = 0.14$$

$$SSB = \frac{\sum T_{\cdot j\cdot}{}^2}{lr} - CT = \frac{1}{6}(1.8^2 + 4.6^2 + 8.2^2) - 11.84 = 3.43$$

$$SS_{AB} = \frac{\sum\sum T_{ij\cdot}{}^2}{r} - CT = \frac{1}{2}(0.5^2 + 0.9^2 + \cdots + 2.7^2 + 2.1^2) - 11.84 = 3.94$$

$$SS_{A\times B} = SS_{AB} - SSA - SSB = 3.94 - 0.24 - 3.43 = 0.27$$

$$SSE_2 = SST - SS_{AR} - SSB - SS_{A\times B} = 4.66 - 0.52 - 3.43 - 0.27 = 0.44$$

❸ 자유도

$\phi_T = lmr - 1 = 18 - 1 = 17$, $\phi_R = r - 1 = 2 - 1 = 1$, $\phi_A = l - 1 = 3 - 1 = 2$

$\phi_{E_1} = \phi_A \times \phi_R = 2$, $\phi_B = m - 1 = 3 - 1 = 2$, $\phi_{A \times B} = \phi_A \times \phi_B = 4$

$\phi_{E_2} = l(m-1)(r-1) = 3 \times 2 \times 1 = 6$

❹ 분산분석표 작성

●● 분산분석표

요인	SS	ϕ	V	$E(V)$	F_0
R	0.14	1	0.14	$\sigma_{E_2}^2 + m\sigma_{E_1}^2 + lm\sigma_R^2$	2
A	0.24	2	0.12	$\sigma_{E_2}^2 + m\sigma_{E_1}^2 + mr\sigma_A^2$	1.71
E_1	0.14	2	0.07	$\sigma_{E_2}^2 + m\sigma_{E_1}^2$	0.95
B	3.43	2	1.715	$\sigma_{E_2}^2 + lr\sigma_B^2$	23.39*
$A \times B$	0.27	4	0.068	$\sigma_{E_2}^2 + r\sigma_{A \times B}^2$	0.92
E_2	0.44	6	0.073	$\sigma_{E_2}^2$	
T	4.66	17			

단, $F(0.05,1,2) = 18.5$, $F(0.05,2,2) = 19.0$, $F(0.05,2,6) = 5.14$, $F(0.05,4,6) = 4.53$

R, E_1의 변동이 유의차가 없으므로 이들만을 2차 단위 오차에 풀링하여 다시 분산분석표를 다음과 같이 작성한다.

●● 풀링한 후의 분산분석표

요인	S	ϕ	V	F_0
A	0.24	2	0.12	1.58
B	3.43	2	1.715	21.44*
$A \times B$	0.27	4	0.068	0.85
E'	0.72	9	0.08	
T	4.66	17		

단, $F(0.05;2,9) = 4.26$, $F(0.05;4,9) = 3.63$

즉, 감귤품종(B)이 생산량 증가에 큰 영향을 미친다고 할 수 있다.

❺ 분산분석후의 추정

B 인자만이 영향을 미친다고 할 수 있으나 경우에 따라서 A_1B_3의 모평균의 추

정은 다음과 같이 시행된다.

$$\hat{\mu}(A_1B_{3)} = \overline{y}_{13\cdot} = 3.4/2 = 1.7$$

이 때 95%의 신뢰한계는 다음과 같다.

$$\hat{\mu}(y_{13}) \pm t_{\frac{\alpha}{2}}(\phi'_E)\sqrt{\frac{V'_E}{r}} = 1.7 \pm t_{0.025}(9) \cdot \sqrt{\frac{0.08}{2}}$$

$$= 1.7 \pm 2.262 \times 0.2$$

$$= 1.7 \pm 0.45$$

Minitab

1 다음과 같이 자료를 입력한다.

워크시트 1 ***

↓	C1	C2	C3	C4	C5
	A	B	R	생산량	
1	1	1	1	0.2	
2	2	1	1	0.5	
3	3	1	1	0.2	
4	1	2	1	0.8	
5	2	2	1	0.7	
6	3	2	1	0.6	
7	1	3	1	1.8	
8	2	3	1	0.8	
9	3	3	1	0.9	
10	1	1	2	0.3	
11	2	1	2	0.4	
12	3	1	2	0.2	
13	1	2	2	0.8	
14	2	2	2	0.9	
15	3	2	2	0.8	
16	1	3	2	1.6	
17	2	3	2	1.9	
18	3	3	2	1.2	

2 통계분석(S) → 분산 분석(A) → AOV 균형 분산 분석(B)을 선택하고 [반응] 항목에 마우스 포인터를 올려놓고 C4를 더블클릭하여 데이터 입력을 하고 또 [모형] 항목에 각각 A R A*R B A*B 인자를 입력하고 [변량인자] 항목에 R인자를 입력한다. 그래프(B)... 버튼을 클릭하고 확인(O) 버튼을 누른다.

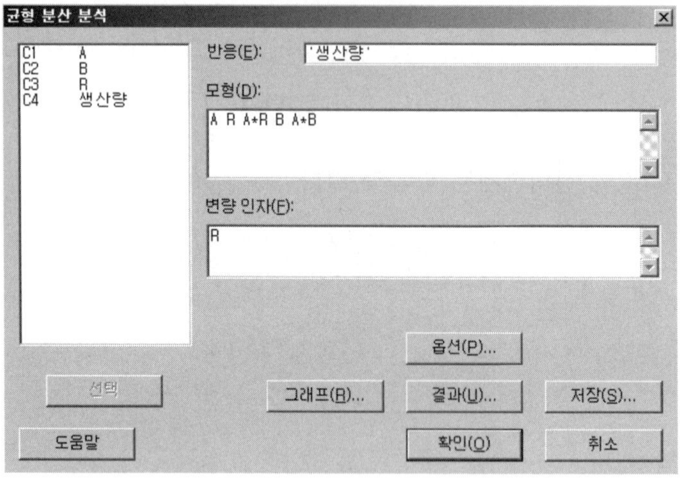

3 [그래프] 대화상자가 나타나면 [네 개 모두]항목을 선택하고 확인(O) 버튼을 누른다. 그리고 [옵션]버튼을 클릭한다.

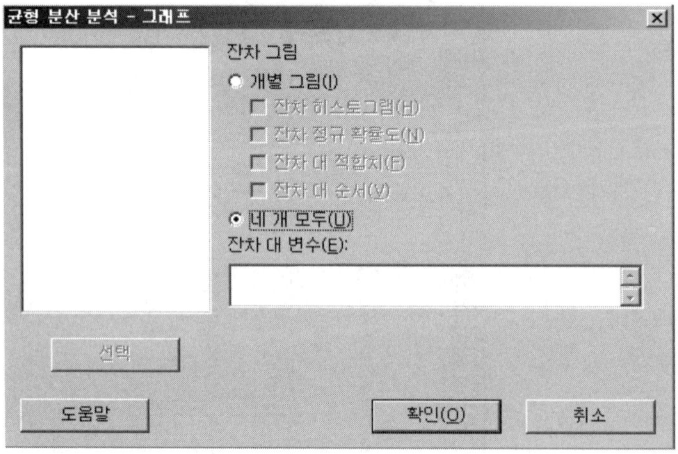

4 [옵션] 대화상자에서 [모형의 제한된 형식] 항목를 체크하고 확인(O) 버튼을 누른다. 그리고 또, [결과] 버튼을 클릭한다.

5 [결과] 대화상자가 나타나면 [기대 평균 제곱 및 분산 성분표시] 항목을 선택 및 체크하고 [확인(O)] 버튼을 누른다. 다시 [확인(O)] 버튼을 누른다.

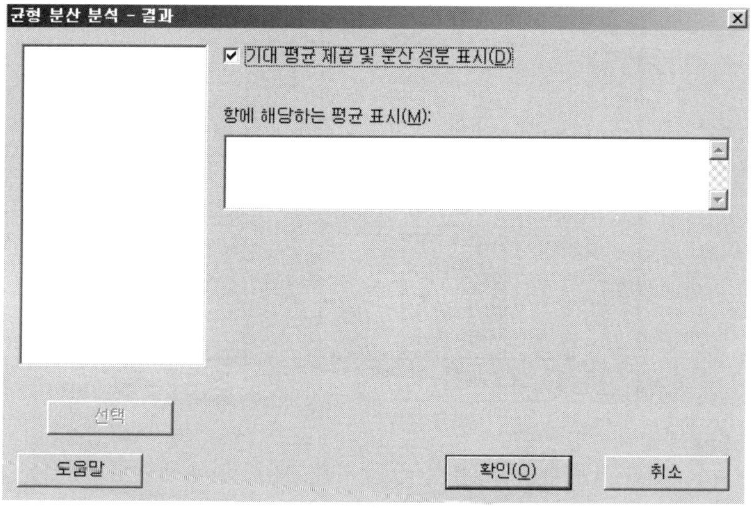

6 [세션] 창에 다음과 같은 결과가 나타나고 또한 잔차그림도 표시된다.

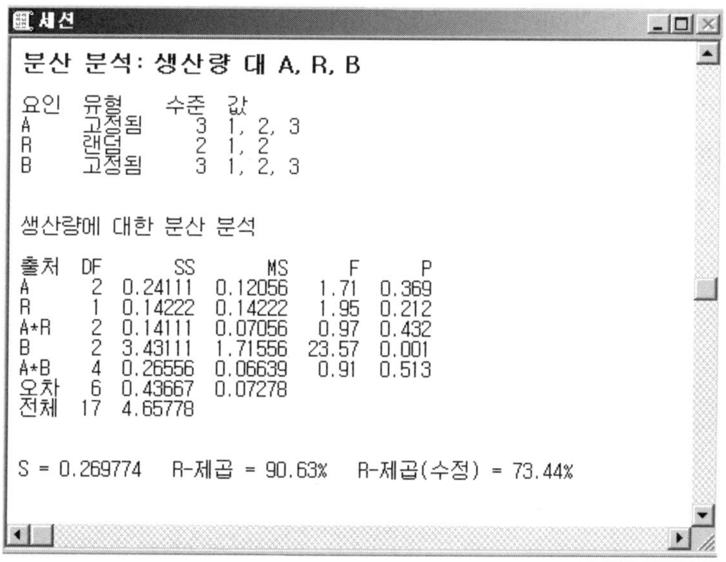

세션

분산 분석: 생산량 대 A, R, B

요인	유형	수준	값
A	고정됨	3	1, 2, 3
R	랜덤	2	1, 2
B	고정됨	3	1, 2, 3

생산량에 대한 분산 분석

출처	DF	SS	MS	F	P
A	2	0.24111	0.12056	1.71	0.369
R	1	0.14222	0.14222	1.95	0.212
A*R	2	0.14111	0.07056	0.97	0.432
B	2	3.43111	1.71556	23.57	0.001
A*B	4	0.26556	0.06639	0.91	0.513
오차	6	0.43667	0.07278		
전체	17	4.65778			

S = 0.269774   R-제곱 = 90.63%   R-제곱(수정) = 73.44%

해석 A, B인자는 모수인자(고정됨)이고 R인자는 변량인자(랜덤)는 간주되고 있고 분산분석표에서는 B인자만이 유의수준 5%(p값=0.001)에서 유의적이지고 그 외에는 비유의적으로 나타나고 있다.

7 ▸ 잔차그림

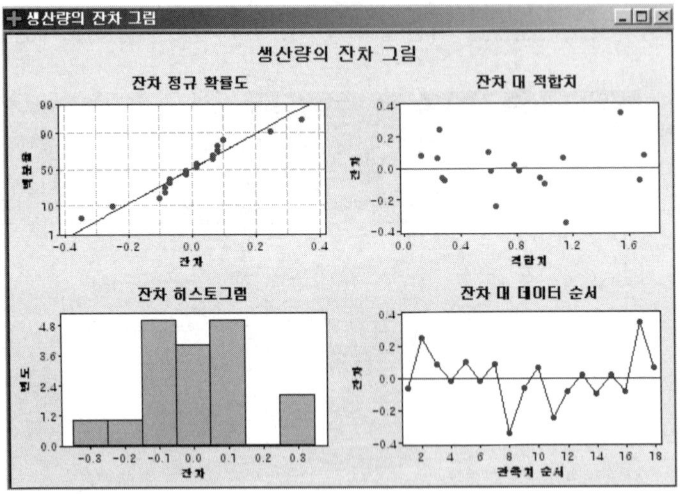

해석 [잔차 정규 확률도]에서는 직선주위에 점들이 몰려 있어야 정규성을 가진다고 할 수 있 수 있는데 위 그림에서는 정규성을 따르지 않는다는 큰 증거는 없다. [잔차 히스토 그램]에서는 정규성을 가지기 위해서는 종모양을 가져야 하나 위 그림 에서는 데이터가 적기 때문에 종모양의 형태를 가진다고 할 수 없지만 이 그림 하나로 만 평가할 수는 없다. [잔차 대 적합치] 그림에서는 특별한 패턴이 없으므로 등분산성을 가지고 있지 않다고 할 수 없고 [잔차 대 데이터 순서] 그림에서도 특별한 형태가 없는 랜덤으로 보이기 때문에 오차는 독립성이 없다고 간주 할 수 없다.

8 ▸ R, $E_1(=A \times R)$의 변동이 유의차가 없으므로 이들만을 2차 단위 오차에 풀링하여 다시 분산 분석표를 작성하기 위하여 [균형 분산분석] 대화상자의 [모형]항목에 R, A*R 인자를 [변량인자] 항목에서 R를 삭제하고 [확인(O)] 버 튼을 누른다. 다시

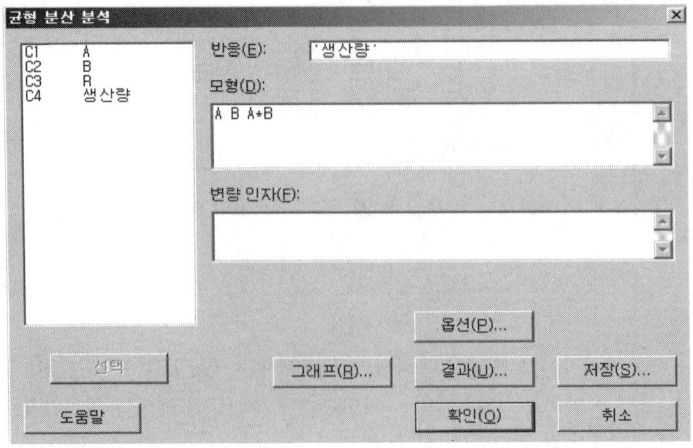

9 [세션] 창에 다음과 같은 결과가 나타난다.

```
세션

분산 분석: 생산량 대 A, B

요인  유형    수준  값
A     고정됨     3  1, 2, 3
B     고정됨     3  1, 2, 3


생산량에 대한 분산 분석

출처  DF       SS       MS      F      P
A      2  0.24111  0.12056   1.51  0.273
B      2  3.43111  1.71556  21.44  0.000
A*B    4  0.26556  0.06639   0.83  0.539
오차   9  0.72000  0.08000
전체  17  4.65778


S = 0.282843   R-제곱 = 84.54%   R-제곱(수정) = 70.80%
```

해석 감귤품종(B)만이 생산량 증가에 큰 영향을 미친다고 할 수 있다.

3. 1차 단위가 2원 배치가 되는 단일 분할법

이 경우의 분할법은 인자 A(l 수준), B(m 수준), C(n 수준)가 있는 3인자 실험에서 랜덤화에 무리가 따르는 인자 A와 인자 B를 1차 단위에 놓고, 랜덤화가 용이한 인자 C 를 2차 단위에 배치하여 각 블록별로 랜덤하게 다음 그림과 같이 설계할 수 있다.

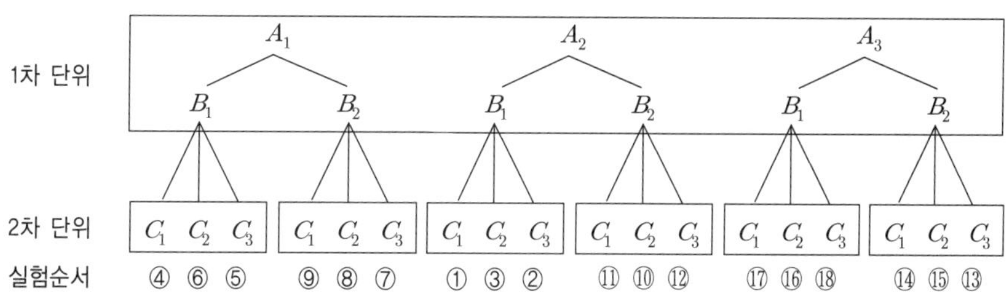

이 경우의 데이터의 구조식은 다음과 같다.

$$y_{ijk} = \mu + \underbrace{a_i + b_j + \varepsilon_{(1)ij}}_{1차\ 단위} + \underbrace{c_k + (ac)_{ik} + (bc)_{jk} + \varepsilon_{(2)ijk}}_{2차\ 단위}$$

$$단,\ i=1,2,\cdots,l.\quad j=1,2,\cdots,m,\quad k=1,2,\cdots,n$$

$$\varepsilon_{(1)ij} \sim N(0, \sigma^2_{E_1}),\ \varepsilon_{(2)ijk} \sim N(0, \sigma^2_{E_2})$$

여기서 1차 단위 오차 E_1에는 교호작용 $(ab)_{ij}$가 교락되어 있고, 2차 단위 오차 E_2에는 3차 단위 교호작용 $(abc)_{ijk}$가 교락되어 있고 다음과 같은 변동은 반복이 있는 3원배치법과 동일한 방법으로 계산하면 된다.

$$SSA,\ SSB,\ SSC,\ SS_{A\times C},\ SS_{B\times C},\ SS_{A\times B\times C},\ SST$$

그리고 SSE_1과 SSE_2는 다음과 같이 표현 된다.

$$SSE_1 = SS_{A\times B} = SS_{AB} - SSA - SSB$$
$$SSE_2 = SS_{A\times B\times C} = SST - (SSA + SSB + SSC + SSE_1 + SS_{A\times C} + SS_{B\times C})$$
$$= SST - SS_{ABC}$$

이러한 경우(1차 단위가 2원배치 : 반복이 없는 경우)의 분산분석표를 작성하면 다음과 같다. 기대값과 분산분석후의 추정은 1차 단위가 1원 배치가 되는 경우와 유사한 방법으로 유도 할 수 있다.

●● 1차 단위가 2원배치(반복이 없는 경우)분산분석표

요 인	S	ϕ	V	$E(V)$	F_0
A	SSA	$l-1$	V_A	$\sigma^2_{E_2}+n\sigma^2_{E_1}+mn\sigma^2_A$	V_A/V_{E_1}
B	SSB	$m-1$	V_B	$\sigma^2_{E_2}+n\sigma^2_{E_1}+\ln\sigma^2_B$	V_B/V_{E_1}
E_1	SSE_1	$(l-1)(m-1)$	V_{E_1}	$\sigma^2_{E_2}+n\sigma^2_{E_1}$	V_{E_1}/V_{E_2}
C	SSC	$n-1$	V_C	$\sigma^2_{E_2}+lm\sigma^2_C$	V_C/V_{E_2}
$A\times C$	$SS_{A\times C}$	$(l-1)(n-1)$	$V_{A\times C}$	$\sigma^2_{E_2}+m\sigma^2_{A\times C}$	$V_{A\times C}/V_{E_2}$
$B\times C$	$SS_{B\times C}$	$(m-1)(n-1)$	$V_{B\times C}$	$\sigma^2_{E_2}+l\sigma^2_{B\times C}$	$V_{B\times C}/V_{E_2}$
E_2	SSE_2	$(l-1)(m-1)(n-1)$	V_{E_2}	$\sigma^2_{E_2}$	
T	SST	$lmn-1$			

기본 예제 8.2

다음은 2지역의 병충해(B_1, B_2)에 대한 배품종 3수준(A_1, A_2, A_3)에 대하여 A와 B의 6가지 조합에 실험을 랜덤하게 행하고 질소비료(C_1, C_2)를 투여한 지역의 2개씩의 샘플을 만들어 4가지 조합을 랜덤으로 행하여 생산량에 미치는 영향을 조사하기 위하여 결과 자료를 표집하였다. 분산분석표를 작성하고 그 결과를 해석하라.

A \ B \ C		C_1	C_2	$T_{ij\cdot\cdot}$	$T_{i\cdots}$
A_1	B_1	3	9	24	51
		7	5		
	B_2	6	8	27	
		7	6		
A_2	B_1	8	9	38	75
		10	11		
	B_2	9	11	37	
		10	7		
A_3	B_1	5	13	33	79
		6	9		
	B_2	9	12	46	
		11	14		
$T_{\cdot\cdot k\cdot}$		91	114	$T=205$	

결과

❶ 다음과 같은 보조표를 작성한다.

[보조표 1]

($T_{ij\cdot\cdot}$)	B_1	B_2	$T_{i\cdots}$
A_1	24	27	51
A_2	38	37	75
A_3	33	46	79
$T_{\cdot j\cdot\cdot}$	95	110	$T=205$

[보조표 2]

$(T_{\cdot jk \cdot})$	C_1	C_2	$T_{\cdot j \cdot \cdot}$
B_1	39	56	95
B_2	52	58	110
$T_{\cdot \cdot k \cdot}$	91	114	205

[보조표 3]

$(T_{i \cdot k \cdot})$	C_1	C_2	$T_{i \cdot \cdot \cdot}$
A_1	23	28	51
A_2	37	38	75
A_3	31	48	79
$T_{\cdot \cdot k \cdot}$	91	114	T=205

[보조표 4]

A \ B \ C		C_1	C_2	$T_{ij \cdot \cdot}$	$T_{i \cdot \cdot \cdot}$
A_1	B_1	10	14	24	51
	B_2	13	14	27	
A_2	B_1	18	20	38	75
	B_2	19	18	37	
A_3	B_1	11	22	33	79
	B_2	20	26	46	
$T_{\cdot \cdot k \cdot}$		91	114	T=205	

② 수정항 CT를 계산한다.

$$CT = \frac{205^2}{24} \fallingdotseq 1751.04$$

③ 각 변동을 계산한다.

$$SST = \sum\sum\sum y_{ijkp}^2 - CT = (3^2 + 9^2 + \cdots + 14^2 - 1751.04) = 167.96$$

$$SSA = \frac{\sum T_{i \cdots}^{\ 2}}{mnr} - CT = \left\{\frac{51^2 + 75^2 + 79^2}{8} - 1751.04\right\} = 57.33$$

$$SSB = \left(\frac{\sum T_{\cdot j \cdot \cdot}^{\ 2}}{lmr} - CT\right) = \left\{\frac{95^2 + 110^2}{12} - 1751.04\right\} = 9.38$$

$$SS_{AB} = \left(\frac{\sum\sum T_{ij \cdot \cdot}^{\ 2}}{nr} - CT\right) = \left\{\frac{24^2 + 27^2 + \cdots + 33^2 + 40^2}{4} - 1751.04\right\} = 79.71$$

$$SS_{E_1} = SS_{A \times B} = SS_{AB} - SSA - SSB = 79.71 - 57.33 - 9.38 = 13$$

$$SSC=\left(\frac{\sum T_{\cdot\cdot k}{}^2}{lmr}-CT\right)=\left\{\frac{91^2+114^2}{12}-1751.04\right\}=22.04$$

$$SS_{BC}=\left(\frac{\sum\sum T_{\cdot jk}{}^2}{lr}-CT\right)=\left\{\frac{39^2+56^2+52^2+58^2}{6}-1751.04\right\}=36.46$$

$$SS_{B\times C}=SS_{BC}-SSB-SSC=36.46-9.38-22.04=5.04$$

$$SS_{AC}=\left(\frac{\sum\sum T_{i\cdot k}{}^2}{mr}-CT\right)=\left\{\frac{23^2+28^2+\cdots+31^2+48^2}{4}-1751.04\right\}=96.71$$

$$SS_{A\times C}=SS_{AC}-SSA-SSC=96.71-57.33-22.04=17.34$$

$$SS_{ABC}=\left(\frac{\sum\sum\sum T_{ijk}{}^2}{r}-CT\right)$$

$$=\left\{\frac{10^2+14^2+\cdots+20^2+26^2}{2}-1751.04\right\}=124.46$$

$$SS_{A\times B\times C}=SS_{ABC}-SSA-SSB-SSC-SS_{A\times B}-SS_{B\times C}-SS_{A\times C}=0.33$$

$$SS_{E_2}=SST-SS_{ABC}=167.96-124.46=43.5$$

④ 각 자유도 ϕ를 계산한다.

$\phi_T=lmnr-1=24-1=23$, $\phi_A=l-1=2$,

$\phi_B=m-1=1$, $\phi_C=n-1=1$

$\phi_{E_1}=(l-1)(m-1)=2$, $\phi_{A\times C}=\phi_A\times\phi_C=2$,

$\phi_{B\times C}=\phi_B\times\phi_C=1$, $\phi_{A\times B\times C}=\phi_A\times\phi_B\times\phi_C=2$,

$\phi_{E_2}=lmn(r-1)=12$

⑤ 분산분석표를 작성한다.

●● 분산분석표

요인	SS	ϕ	V	F_0	$E(V)$
A	57.33	2	28.67	4.41	$\sigma_{E_2}^2+nr\sigma_{E_1}^2+mnr\sigma_A^2$
B	9.38	1	9.38	1.44	$\sigma_{E_2}^2+nr\sigma_{E_1}^2+\text{l}nr\sigma_B^2$
E_1	13	2	6.50	1.79	$\sigma_{E_2}^2+nr\sigma_{E_1}^2$
C	22.04	1	22.04	6.08*	$\sigma_{E_2}^2+lmr\sigma_C^2$
$A\times C$	17.34	2	8.67	2.39	$\sigma_{E_2}^2+mr\sigma_{A\times C}^2$
$B\times C$	5.04	1	5.04	1.39	$\sigma_{E_2}^2+lr\sigma_{B\times C}^2$
$A\times B\times C$	0.33	2	0.17	0.05	$\sigma_{E_2}^2+r\sigma_{A\times B\times C}^2$
E_2	43.5	12	3.63		$\sigma_{E_2}^2$
T	167.96	23			

단, $F(0.05,1,2)=18.5$, $F(0.05,2,2)=19.0$, $F(0.05,2,12)=3.89$, $F(0.05,1,12)=4.75$

⑥ 분산분석후의 추정

분산분석후의 추정은 1차 단위가 일원배치의 분할법과 유사한 방법으로 계산되며 이 예제에서는 비료(질소)가 생산량에 영향을 주고 있다. 만약 E_1이 E_2에 대하여 유의하다는 결론이 난다면 블록 간 변동과 교호 작용이 있을 수도 있다고 간주 된다.

Minitab

1 다음과 같이 자료를 입력한다.

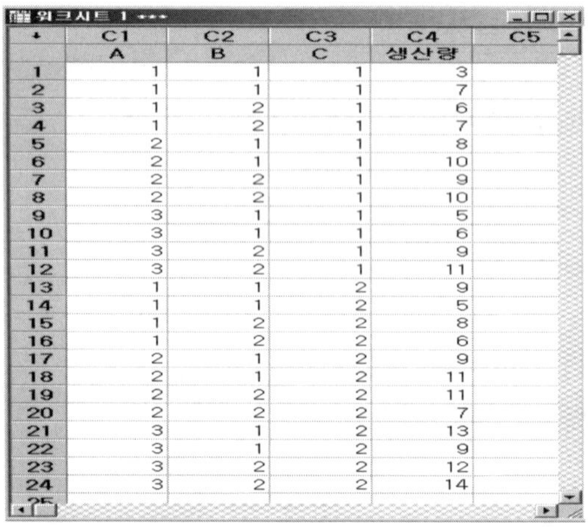

워크시트 1 ***

↓	C1 A	C2 B	C3 C	C4 생산량	C5
1	1	1	1	3	
2	1	1	1	7	
3	1	2	1	6	
4	1	2	1	7	
5	2	1	1	8	
6	2	1	1	10	
7	2	2	1	9	
8	2	2	1	10	
9	3	1	1	5	
10	3	1	1	6	
11	3	2	1	9	
12	3	2	1	11	
13	1	1	2	9	
14	1	1	2	5	
15	1	2	2	8	
16	1	2	2	6	
17	2	1	2	9	
18	2	1	2	11	
19	2	2	2	11	
20	2	2	2	7	
21	3	1	2	13	
22	3	1	2	9	
23	3	2	2	12	
24	3	2	2	14	

2 통계분석(S) → 분산 분석(A) → 균형 분산 분석(B).을 선택하고 [반응] 항목에 마우스 포인터를 올려놓고 C4를 더블클릭하여 데이터 입력을 하고 또 [모형] 항목에 각각 A, B, C, A*B, A*C, B*C, A*B*C인자를 입력하고 그래프(B)... 버튼을 클릭하고 확인(O) 버튼을 누른다.

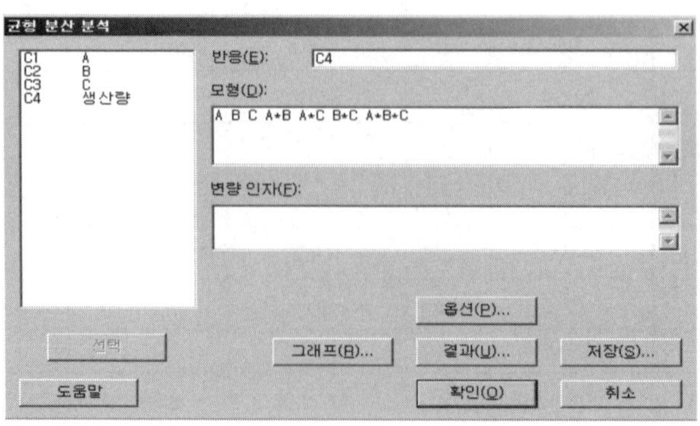

3 [그래프] 대화상자가 나타나면 [네 개 모두]항목을 선택하고 확인(O) 버튼을 누른다. 그리고 [옵션]버튼을 클릭한다.

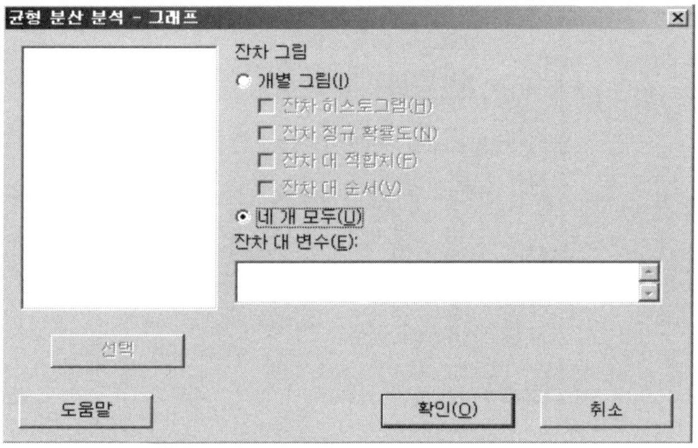

4 [옵션] 대화상자에서 [모형의 제한된 형식] 항목를 체크하고 확인(O) 버튼을 누른다. 그리고 또, [결과] 버튼을 클릭한다.

5 [결과] 대화상자가 나타나면 [기대 평균 제곱 및 분산 성분표시] 항목을 선택 및 체크하고 확인(O) 버튼을 누른다. 다시 확인(O) 버튼을 누른다.

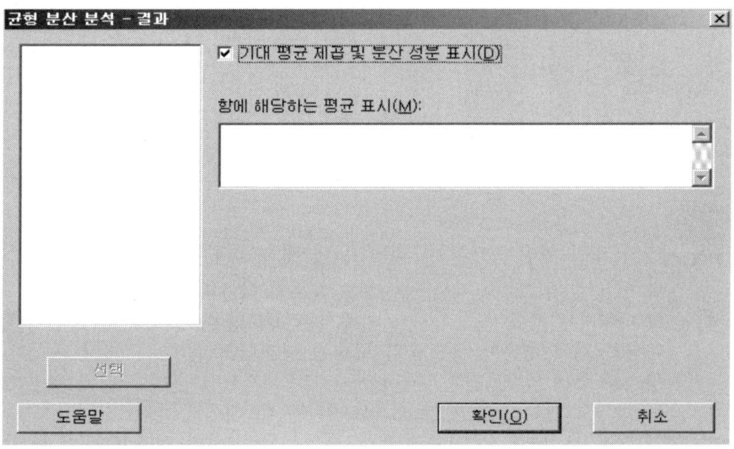

6 [세션] 창에 다음과 같은 결과가 나타나고 또한 잔차그림도 표시된다.

세션

분산 분석: 생산량 대 A, B, C

요인	유형	수준	값
A	고정됨	3	1, 2, 3
B	고정됨	2	1, 2
C	고정됨	2	1, 2

생산량에 대한 분산 분석

출처	DF	SS	MS	F	P
A	2	57.333	28.667	7.91	0.006
B	1	9.375	9.375	2.59	0.134
C	1	22.042	22.042	6.08	0.030
A*B	2	13.000	6.500	1.79	0.208
A*C	2	17.333	8.667	2.39	0.134
B*C	1	5.042	5.042	1.39	0.261
A*B*C	2	0.333	0.167	0.05	0.955
오차	12	43.500	3.625		
전체	23	167.958			

해석 A, B, C인자는 모수인자(고정됨)이고 분산분석표에서는 C인자만이 유의수준 5%(p값=0.030)에서 유의적이지고 그 외에는 비유의적으로 나타나고 있다.

7 ▸ 잔차그림

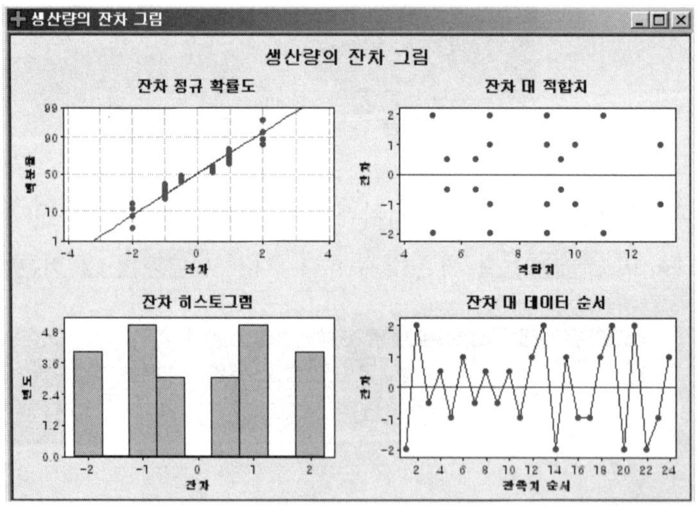

해석 [잔차 정규 확률도]에서는 직선주위에 점들이 몰려 있어야 정규성을 가진다고 할 수 있는데 위 그림에서는 정규성을 따르지 않는다는 큰 증거는 없다. [잔차 히스토그램]에서는 정규성을 가지기 위해서는 종모양을 가져야 하나 위 그림 에서는 테이터가 적기 때문에 종모양의 형태를 가진다고 할 수 없지만 이 그림 하나로 만 평가할 수는 없다. [잔차 대 적합치] 그림에서는 특별한 패턴이 없으므로 등분산성을 가지고 있지 않다고 할 수 없고 [잔차 대 데이터 순서] 그림에서도 특별한 형태가 없는 랜덤으로 보이기 때문에 오차는 독립성이 없다고 간주 할 수 없다.

4. 2단분할법

이단 분할법의 경우는 랜덤화가 곤란한 인자들에 의해 여러 개의 블록이 필요한 경우로서 2번의 분할이 일어난다. 이때 랜덤화의 곤란한 정도에 따라 1차 단위, 2차 단위, 3차 단위 순으로 인자를 배치하여 분할실험을 행하는 경우가 이에 속한다.
따라서 랜덤화가 곤란한 정도에 따라 순으로 1차 단위, 2차 단위, 3차 단위에 넣어 분할 실험을 한 경우이다.
예를 들어 A, B, C 세 개의 인자를 수준수가 l, m, n으로 두고, 실험의 재현성을 확인하기 위해 반복인자 R(수준수 r)인 2단분할법으로 데이터의 구조식과 그림은 다음과 같이 표현 할 수 있다.

$$y_{ijkp} = \mu + \underbrace{a_i + r_p + \varepsilon_{(1)ip}}_{\text{1차 단위}} + \underbrace{b_j + (ab)_{ij} + \varepsilon_{(2)ijp}}_{\text{2차 단위}} + \underbrace{c_k + (ac)_{ik} + (bc)_{jk} + (abc)_{ijk} + \varepsilon_{(3)ijkp}}_{\text{3차 단위}}$$

단, $i = 1, 2, \cdots, l$, $j = 1, 2, \cdots, m$

$k = 1, 2, \cdots, n$, $p = 1, 2, \cdots, r$

$\varepsilon_{(1)ip} \sim N(0, \sigma^2_{E_1})$, $\varepsilon_{(2)ijp} \sim N(0, \sigma^2_{E_2})$, $\varepsilon_{(3)ijkp} \sim N(0, \sigma^2_{E_3})$

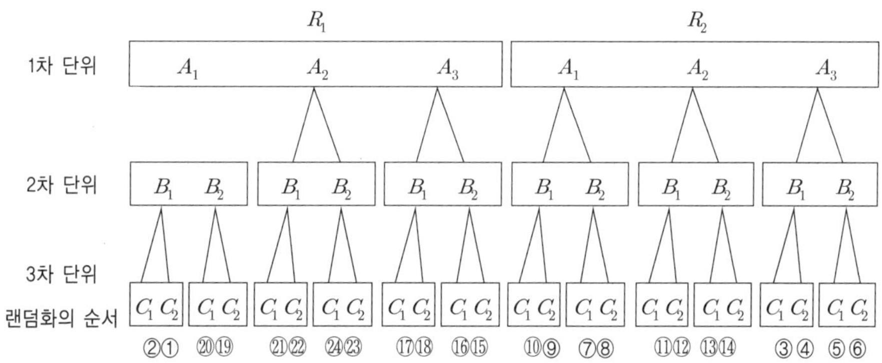

결국 분산분석을 작성하기 위한 각 변동은 다음과 같이 유도 된다.

$$CT = \frac{T^2}{N} = \frac{T^2}{lmnr}$$

$$SST = \sum_i \sum_j \sum_k \sum_p y_{ijkp}^2 - CT$$

$$SSA = \frac{\sum_i T_{i}\cdots^2}{mnr} - CT$$

$$SSR = \frac{\sum_p T\cdots_p^2}{lmn} - CT$$

$$SSB = \frac{\sum_j T_{\cdot j}\cdot\cdot^2}{lnr} - CT$$

$$SSC = \frac{\sum_k T\cdot\cdot_k\cdot^2}{lmr} - CT$$

$$SS_{A\times B} = SS_{AB} - SSA - SSB = \frac{\sum_i\sum_j T_{ij}\cdot\cdot^2}{nr} - CT - SSA - SSB$$

$$SS_{A\times C} = SS_{AC} - SSA - SSC = \frac{\sum_j\sum_k T_{i\cdot k}\cdot^2}{mr} - CT - SSA - SSC$$

$$SS_{B\times C} = SS_{BC} - SSB - SSC = \frac{\sum_j\sum_k T_{\cdot jk}\cdot^2}{lr} - CT - SSB - SSC$$

$$SS_{A\times B\times C} = SS_{ABC} - (SSA + SSB + SSC + SS_{A\times B} + SS_{A\times C} + SS_{B\times C})$$

$$SS_{ABC} = \frac{\sum_i\sum_j\sum_k T_{ijk}\cdot 2}{r} - CT$$

각 오차변동 SS_{E_1}, SS_{E_2}, SS_{E_3}는 다음과 같다.

$$SS_{E_1}(=SS_{A\times R}) = SS_{AR} - SSA - SSR = \frac{\sum_i\sum_p T_{i}\cdot\cdot p^2}{mn} - CT - SSA - SSR$$

$$SS_{E_2} = S_{ABR} - SSA - SSB - SSR - SS_{E_1} - SS_{A\times B}$$

$$SS_{ABR} = \frac{\sum_i\sum_j\sum_p T_{ij}\cdot_p^2}{n} - CT$$

$$SS_{E_3} = SST - (SS_{ABR} + SSC + SS_{A\times C} + SS_{B\times C} + SS_{A\times B\times C})$$

여기서 오차변동들의 자유도의 계산은 다음과 같이 구한다.

$$\phi_{E_1} = \phi_A \times \phi_R = (l-1)(r-1)$$

$$\phi_{E_2} = \phi_{ABR} - (\phi_A + \phi_B + \phi_R + \phi_{E_1} + \phi_{A\times B}) = l(m-1)(r-1)$$

$$\phi_{E_3} = \phi_T - (\phi_{ABR} + \phi_C + \phi_{A\times C} + \phi_{B\times C} + \phi_{A\times B\times C}) = lm(n-1)(r-1)$$

교락된 형태를 이용하면

즉, 1차 오차 E_1에는 $A\times R$이 교락되어 있고, 2차 오차 E_2에는 $B\times R$, $A\times B\times R$이 교락되어 있으며, 3차 오차 E_3에는 $C\times R$, $A\times C\times R$, $B\times C\times R$, $A\times B\times C\times R$이 교락되어 있으므로, E_1, E_2, E_3의 자유도도 또한 이 교락관계에 의해 다음과 같이 유도 할 수도 있다.

$$\phi_{E_2}=\phi_{B\times R}+\phi_{A\times B\times R}=(m-1)(r-1)+(l-1)(m-1)(r-1)$$
$$=l(m-1)(r-1)$$
$$\phi_{E_3}=\phi_{C\times R}+\phi_{A\times C\times R}+\phi_{B\times C\times R}+\phi_{A\times B\times C\times R}=lm(n-1)(r-1)$$

따라서 이러한 정보를 이용하여 다음과 같은 분산분석표를 작성 할 수 있다.

2단분할법의 분산분석표

요 인	SS	ϕ	V	$E(V)$
R	SSR	$(r-1)$	V_R	$\sigma_{E_3}^2+n\sigma_{E_2}^2+mn\sigma_{E_1}^2+lmn\sigma_R^2$
A	SSA	$(l-1)$	V_A	$\sigma_{E_3}^2+n\sigma_{E_2}^2+mn\sigma_{E_1}^2+mnr\sigma_A^2$
E_1	SS_{E_1}	$(l-1)(r-1)$	V_{E_1}	$\sigma_{E_3}^2+n\sigma_{E_2}^2+mn\sigma_{E_1}^2$
B	SSB	$(m-1)$	V_B	$\sigma_{E_3}^2+n\sigma_{E_2}^2+\ln r\sigma_B^2$
$A\times B$	$SS_{A\times B}$	$(l-1)(m-1)$	$V_{A\times B}$	$\sigma_{E_3}^2+n\sigma_{E_2}^2+nr\sigma_{A\times B}^2$
E_2	SS_{E_2}	$l(m-1)(r-1)$	V_{E_2}	$\sigma_{E_3}^2+n\sigma_{E_2}^2$
C	SSC	$(n-1)$	V_C	$\sigma_{E_3}^2+lmr\sigma_C^2$
$A\times C$	$SS_{A\times C}$	$(l-1)(n-1)$	$V_{A\times C}$	$\sigma_{E_3}^2+mr\sigma_{A\times C}^2$
$B\times C$	$SS_{B\times C}$	$(m-1)(n-1)$	$V_{B\times C}$	$\sigma_{E_3}^2+lr\sigma_{B\times C}^2$
$A\times B\times C$	$SS_{A\times B\times C}$	$(l-1)(m-1)(n-1)$	$V_{A\times B\times C}$	$\sigma_{E_3}^2+r\sigma_{A\times B\times C}^2$
E_3	SS_{E_3}	$lm(n-1)(r-1)$	V_{E_3}	$\sigma_{E_3}^2$
T	SST	$lmr-1$		

경우에 따라 R, E_1, E_2가 E_3에 풀링된다면 반복이 있는 3원배치법의 분산분석표와 동일하게 된다.

5. 인자가 분할이 안 되는 경우

인자가 분할되지 않고 모든 인자를 1차 단위에 배치시키고 분할법의 개념을 사용해야 하는 경우가 발생한다. 즉, 인자들이 1차 단위, 2차 단위 등으로 분할이 되는 경우가 아닌 경우를 의미한다.

예를 들어 분할이 안 되는 A, B 두 개의 인자를 1차 단위에 배치시켜 다음 그림과 같이 분할실험(인자가 분할이 안 되는 분할법의 랜덤화 순서)을 하여야 한다.

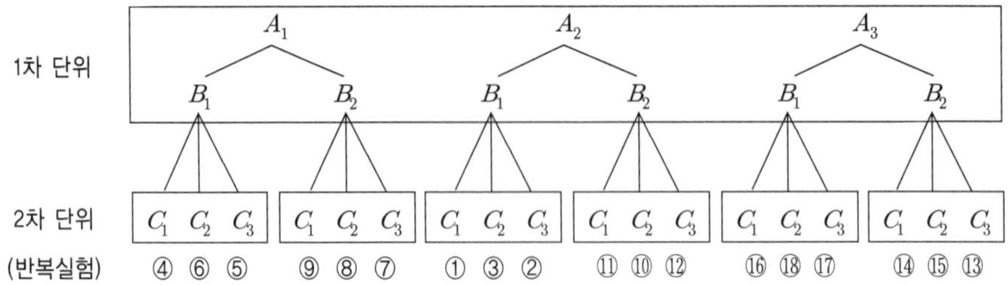

이 경우의 랜덤화는 A_iB_j의 인자조합 중 하나를 랜덤하게 선택하여 3번 반복실험 후 나머지 A_iB_j의 인자조합을 선택하여 3번 반복실험을 하는 경우이다.

이런 경우의 데이터의 구조식은 다음과 같이 표현된다.

$$y_{ijk} = \mu + a_i + b_j + \varepsilon_{(1)ij} + \varepsilon_{(2)ijk}$$

$$\text{단, } i = 1, 2, \cdots, l, \quad j = 1, 2, \cdots, m, \quad k = 1, 2, \cdots, r$$

$$\varepsilon_{(1)ij} \sim N(0, \sigma^2_{E_1}), \quad \varepsilon_{(2)ijk} \sim N(0, \sigma^2_{E_2})$$

따라서 이러한 경우는 1차 단위 오차 E_1은 $A \times B$가 교락되어 있는 경우이다.

각 변동은 다음과 같이 유도 된다.

$$CT = \frac{T^2}{N} = \frac{T^2}{lmr}$$

$$SST = \sum_i \sum_j \sum_k y_{ijk}^2 - CT$$

$$SSA = \frac{\sum_i T_{i\cdot\cdot}^{\ 2}}{mr} - CT$$

$$SSB = \frac{\sum_j T_{\cdot j \cdot}^{\ 2}}{lr} - CT$$

$$SS_{AB} = \frac{\sum_i \sum_j T_{ij}.^2}{r} - CT$$

$$SS_{E_1}(= SS_{A \times B}) = SS_{AB} - SSA - SSB$$

$$SS_{E_2} = SST - SS_{AB}$$

이러한 결과 정보를 이용하여 분산분석표를 작성하면 다음과 같다

●● 인자가 분할이 안 되는 경우의 분산분석표

요 인	SS	ϕ	V	$E(V)$
A	SSA	$(l-1)$	V_A	$\sigma_{E_2}^2 + r\sigma_{E_1}^2 + mr\sigma_A^2$
B	SSB	$(m-1)$	V_B	$\sigma_{E_2}^2 + r\sigma_{E_1}^2 + lr\sigma_B^2$
E_1	$SS_{E_1} = SS_{A \times B}$	$(l-1)(m-1)$	V_{E_1}	$\sigma_{E_2}^2 + r\sigma_{E_1}^2$
E_2	SS_{E_2}	$l(m-1)(r-1)$	V_{E_2}	$\sigma_{E_2}^2$
T	SST	$lmr-1$		

만약 1차 단위 오차 E_1이 유의하지 않아서(무시 할 수 있는 경우) 2차 단위 오차 E_2에 풀링하게 되면 반복이 없는 2원배치법의 경우와 같은 결과를 가진다.

결국 인자가 분할이 안 되는 경우는 오차항이 1차 단위와 2차 단위로 분리되어 고차의 교호작용이 1차 단위 오차 E_1에 교락되어 있는 경우로써 1차 단위 오차 E_1을 풀링하게 되면 반복이 없는 2원배치법 혹은 3원배치법과 동일한 결과와 같아지게 된다.

6. 다단계로 분할되는 지분실험법

지분실험법(nested design)은 로트간, 로트내의 산포, 기계간의 산포, 작업간의 산포, 측정의 산토 등 여러 가지 샘플링 이나 측정의 정도를 추정하여 샘플링 방식의 설계를 하거나 측정방법을 검토하기 위한 실험계획법에 사용된다고 알려져 있다.

어떤 인자들의 실험에서 한 인자의 수준인 인자 B는 다른 인자A의 서로 다른 수준에 대응이 없다. 예를 들면 원료 $A_i(i=1,2,\cdots,l)$에 대하여 회사 간의 차를 보기 위해 각 회사마다 m개의 로트 $B_j(j=1,2,\cdots,m)$를 취하고 lm회의 실험을 랜덤하게 행하여 개개로부터 r개의 시료를 취하여 lmr회의 실험순서로 랜덤하게 행하였을 경

우에 A_1의 B_1과 A_2의 B_1과는 아무런 대응이 없으므로 $B_1, B_2, \cdots, B_m$의 각 평균값 사이의 변동, 즉 SSB를 고려한다는 것은 아무런 의미가 없다. 또, 각 A 내의 B의 효과인 A_i마다의 차인 $SS_{A\times B}$는 일종의 오차적인 의미로 해석되기 때문에 기술적인 의미가 없다. 이런 상황을 표현하기 위하여 A내의 B의 효과는 $b_{j(i)}$으로 표기하며 변동은 $SS_{B(A)}$로 나타내고 B의 수준이 A수준으로부터 지분되었다라는 의미를 내포하고 있다.

즉, 최상위 요인을 A(4로트,$A_1 \sim A_4$)를 택하고, 이 A에 부속된 하위 요인 B (B_1, B_2)를 샘플링하고 다시B에 부속된 최하위 요인을 $C(C_1, C_2)$로 표현하면 다음 그림과 같이 지분실험법을 나타낼 수 있다. 이 경우 요인 B는 $B(A)$으로 C는 $C(AB)$으로 표현하여 자신보다 상위의 요인을 괄호속에 표현하여 구별되게 나타낸다.

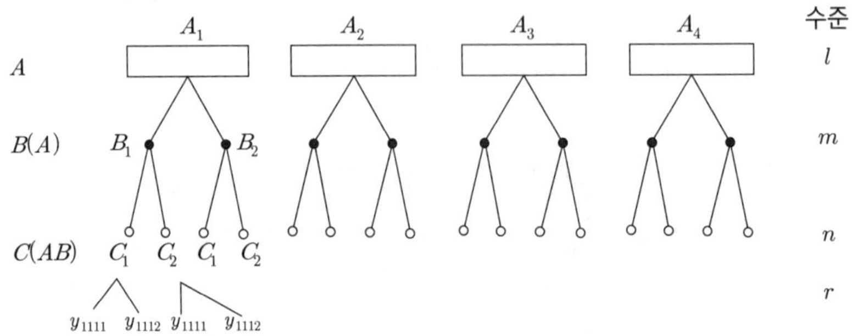

이러한 지분 실험계획의 데이터의 구조식은 다음과 같이 표현 된다.

$$y_{ijkp} = \mu + a_i + b_{j(i)} + c_{k(ij)} + \varepsilon_{p(ijk)}$$

이것을 표현상 용이하게 간단히 $y_{ijkp} = \mu + a_i + b_{ij} + c_{ijk} + \varepsilon_{ijkp}$으로 표현하여 변동을 유도하기도 한다.

단, $i = 1, 2, \cdots, l$, $j = 1, 2, \cdots, m$, $k = 1, 2, \cdots, n$, $p = 1, 2, \cdots, r$

$a_i \sim N(0, \sigma_A^2)$, $b_{ij} \sim N(0, \sigma_{B(A)}^2)$

$c_{ijk} \sim N(0, \sigma_{C(AB)}^2)$, $\varepsilon_{ijkp} \sim N(0, \sigma_E^2)$

분산분석을 작성하기 위한 각 변동은 다음과 같이 유도 된다.

$$CT = \frac{T^2}{lmnr}$$

$$SST = \sum_{i=1}^{l}\sum_{j=1}^{m}\sum_{k=1}^{n}\sum_{p=1}^{r} y_{ijkp}^2 - CT$$

$$SSA = \frac{\sum_{i=1}^{l} T_{i}\cdots^2}{mnr} - CT$$

$$SS_{AB} = \frac{\sum_{i}\sum_{j} T_{ij}\cdot^2}{nr} - CT$$

$$SS_{B(A)} = S_{AB} - SSA$$

$$S_{ABC} = \frac{\sum_{i}\sum_{j}\sum_{k} T_{ijk}\cdot^2}{r} - CT$$

$$SS_{C(AB)} = SS_{ABC} - SS_{AB}$$

$$SSE = SST - SS_{ABC}$$

자유도는 다음과 같이 계산된다.

$$\phi_T = lmnr - 1$$

$$\phi_A = l - 1$$

$$\phi_{B(A)} = l(m-1)$$

$$\phi_{C(AB)} = lm(n-1)$$

$$\phi_E = lmn(r-1)$$

데이터 구조식의 이용한 불편분산의 기대값은 다음과 같이 유도된다.

$$E(V_A) = \sigma_E^2 + r\sigma_{C(AB)}^2 + nr\sigma_{B(A)}^2 + mnr\sigma_A^2$$

$$E(V_{B(A)}) = \sigma_E^2 + r\sigma_{C(AB)}^2 + nr\sigma_{B(A)}^2$$

$$E(V_{C(AB)}) = \sigma_E^2 + r\sigma_{C(AB)}^2$$

$$E(V_E) = \sigma_E^2$$

이상의 정보를 이용하여 분산분석표를 작성하면 다음과 같다.

●● 지분실험법의 분산분석표

요 인	SS	ϕ	V	F_0
A	SSA	$l-1$	V_A	$V_A/V_{B(A)}$
$B(A)$	$SS_{B(A)}$	$l(m-1)$	$V_{B(A)}$	$V_{B(A)}/V_{C(AB)}$
$C(AB)$	$SS_{C(AB)}$	$lm(n-1)$	$V_{C(AB)}$	$V_{C(AB)}/V_E$
E	SSE	$lmn(r-1)$	V_E	
T	SST	$lmnr-1$		

분산분석후의 추정은 지분실험이 변량인자이므로 산포 추정에 의미가 있기 때문에 다음과 같이 나타낼 수 있다.

$$\widehat{\sigma_E^2} = V_E$$

$$\widehat{\sigma_{B(A)}^2} = \frac{V_{B(A)} - V_{C(AB)}}{nr}$$

$$\widehat{\sigma_{C(AB)}^2} = \frac{V_{C(AB)} - V_E}{r}$$

$$\widehat{\sigma_A^2} = \frac{V_A - V_{B(A)}}{mnr}$$

이러한 분산성분의 추정에 있어서의 특징은 σ_A^2의 추정은 A의 자유도가 작아지면서 정도가 좋지 않으나, $\sigma_{B(A)}^2$의 추정은 인자 B의 자유도가 $l(m-1)$로 인자 A보다 좀 더 정확한편이며 $\sigma_{C(AB)}^2$의 추정은 인자 C의 자유도가 $lm(n-1)$로서 자유도가 충분히 커져 정도가 좋아지는 속성을 가지고 있다. 따라서 지분실험법에서는 다단계의 상위 인자들이 작은 자유도를 가지고 하위 인자들의 자유도가 커지므로 분산을 추정을 할 때 하위 인자들의 분산이 정도가 좋게 추정된다.

기본 예제 8.3

알코올을 분해하는 3종류의 약을 투여한 결과 혈중 알코올 의 농도를 측정한 자료이다. 3가지의 약은 시판되는 여러종의 약 중에서 랜덤으로 선택되었고 이러한 약은 여러 제약회사 가운데 2곳을 랜덤으로 선택되었으며 또, 제조일이 1년 이내의 것들을 2번 택한 결과이다.

즉 3인자에 관하여 다음과 같이 지분실험을 하였다(단위 :$\times 10^{-2}$%).

A: 약; $l=3$수준, 대응이 있는 변량

B: 제약회사,$m=2$수준, 대응이 없는 변량

C: 제조일 ,$n=2$수준, 대응이 없는 변량

분산분석하고, 분산분석후의 모분산을 추정하라.

(A, B, C)		A_1	A_2	A_3
B_1	C_1	12.5 13	13.4 13.2	13.6 13.7
	C_2	13.5 14	14 12.7	12.7 12.5
B_2	C_1	14 13.5	13.9 12.6	12.4 11.8
	C_2	13.7 13.5	12.7 13	12.3 12.3

결과

❶ 다음과 같은 보조표를 작성한다.

[보조표 1]

(A, B, C)		A_1	A_2	A_3
B_1	C_1	25.5	26.6	27.3
	C_2	27.5	26.7	25.2
B_2	C_1	27.5	26.5	24.2
	C_2	27.2	25.7	24.6

[보조표 2]

(A, B, C)	A_1	A_2	A_3	합
B_1	53	53.3	52.5	158.8
B_2	54.7	52.2	48.8	155.7
합	107.7	105.5	101.3	314.5

❷ 분산 분석표 작성을 위한 각 변동의 계산

$$CT=\frac{T^2}{lmnr}=\frac{314.5^2}{3\times 2\times 2\times 2}=4121.26$$

$$SST = \sum\sum\sum\sum y_{ijkp}^2 - CT$$
$$= 12.5^2 + 13^2 + \cdots + 12.3^2 + 12.3^2 - 4121.26 = 9.55$$

$$SSA = \frac{\sum_{i=1}^{l} T_{i}..^2}{mnr} - CT = \frac{107.7^2 + 105.5^2 + 101.3^2}{8} - 4121.26 = 2.64$$

$$SS_{AB} = \frac{\sum_i \sum_j T_{ij}.^2}{nr} - CT = \frac{53^2 + 54.7^2 + \cdots + 52.5^2 + 48.8^2}{4} - 4121.26 = 4.87$$

$$SS_{B(A)} = S_{AB} - SSA = 4.87 - 2.64 = 2.23$$

$$SS_{ABC} = \frac{\sum_i \sum_j \sum_k T_{ijk}.^2}{r} - CT$$

$$= \frac{25.5^2 + 27.5^2 + \cdots + 24.2^2 + 24.6^2}{2} - 4121.26 = 7.19$$

$$SS_{C(AB)} = SS_{ABC} - SS_{AB} = 7.19 - 4.87 = 2.32$$

$$SSE = SST - SS_{ABC} = 9.55 - 7.19 = 2.36$$

각 변동의 자유도 ϕ를 구한다.

$$\phi_T = lmnr - 1 = 23, \quad \phi_A = l - 1 = 2, \quad \phi_{B(A)} = l(m-1) = 3$$
$$\phi_{C(AB)} = lm(n-1) = 6, \quad \phi_E = lmn(r-1) = 12$$

위 사실을 이용하여 분산분석표을 작성하면 다음과 같다.

●● 분산분석표

요 인	SS	ϕ	V	F_0	$F_{0.05}$
A	2.64	2	1.32	1.78	9.55
$B(A)$	2.23	3	0.74	1.90	4.76
$C(AB)$	2.32	6	0.39	1.95	3.00
E	2.36	12	0.20		
T	9.55	23			

검정결과는 약 종류 및 그 제약회사에는 유의한 차가 없고 제조일도 유의한 차가 없다.

❸ 분산분석후의 추정

변량 모형의 경우는 산포를 추정하는 것이 실험의 목적이므로 분산성분을 추정하면 다음과 같다.

$$\hat{\sigma}_A^2 = \frac{V_A - V_{B(A)}}{mnr} = \frac{1.32 - 0.74}{8} = 0.0725$$

$$\hat{\sigma}_{B(A)}^2 = \frac{V_{B(A)} - V_{C(AB)}}{nr} = \frac{0.74 - 0.39}{4} = 0.0875$$

$$\hat{\sigma}_{C(AB)}^2 = \frac{V_{C(AB)} - V_E}{r} = \frac{0.39 - 0.20}{2} = 0.095$$

$$\hat{\sigma}_E^2 = V_E = 0.20$$

산포 추정 결과에서도 알 수 있듯이 약 종류의 분산은 비교적 작으나 제약회사 및 제조일은 비교적 크기 때문에 제조회사와 제조일에 대한 표본을 좀더 많이 추출하여 재실험을 해보아야 그 결과를 신뢰 할 수 있다.

Minitab

1 다음과 같이 자료를 입력한다.

워크시트 1 ***

↓	C1	C2	C3	C4
	A	B(A)	C(AB)	농도
1	1	1	1	12.5
2	1	1	1	13.0
3	1	1	2	13.5
4	1	1	2	14.0
5	1	2	1	14.0
6	1	2	1	13.5
7	1	2	2	13.7
8	1	2	2	13.5
9	2	1	1	13.4
10	2	1	1	13.2
11	2	1	2	14.0
12	2	1	2	12.7
13	2	2	1	13.9
14	2	2	1	12.6
15	2	2	2	12.7
16	2	2	2	13.0
17	3	1	1	13.6
18	3	1	1	13.7
19	3	1	2	12.7
20	3	1	2	12.5
21	3	2	1	12.4
22	3	2	1	11.8
23	3	2	2	12.3
24	3	2	2	12.3

2 통계분석(S) → 분산 분석(A) → 완전 내포 분산 분석(F)...을 선택하고 [반응] 항목에 마우스 포인터를 올려놓고 C4를 더블클릭하여 데이터 입력을 하고 또 [모형] 항목에 각각 A, B(A), C(AB)인자를 입력하고 확인(O) 버튼을 누른다.

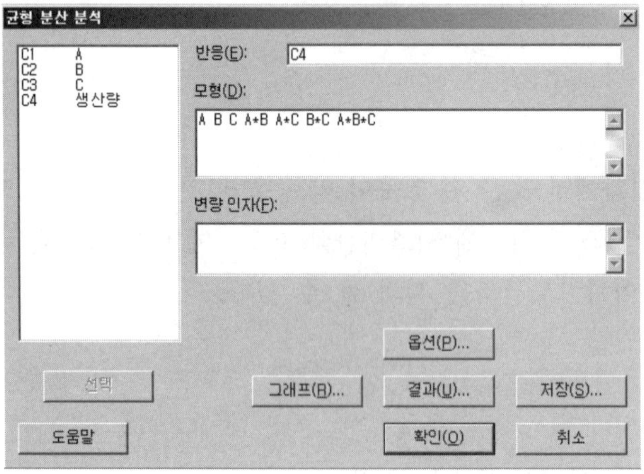

3 [세션] 창에 다음과 같은 결과가 나타난다.

세션

내포 분산 분석: 농도 대 A, B(A), C(AB)

농도에 대한 분산 분석

출처	DF	SS	MS	F	P
A	2	2.6433	1.3217	1.783	0.309
B(A)	3	2.2238	0.7413	1.911	0.229
C(AB)	6	2.3275	0.3879	1.977	0.148
오차	12	2.3550	0.1963		
전체	23	9.5496			

분산 성분

출처	분산 성분.	총계의 %	표준 편차
A	0.073	16.02	0.269
B(A)	0.088	19.50	0.297
C(AB)	0.096	21.16	0.310
오차	0.196	43.33	0.443
전체	0.453		0.673

해석 분산분석표에서 알 수 있듯이 모든 인자가 비유의적으로 나타나고 있다.

연 습 문 제

1 어떤 농작물에 대한 생산량(양수는 증가, 음수는 감소: 단위:%)을 나타낸 자료이다. 1차 단위 A인자는 비료이고 2차 단위 B인자는 병충해 방지용 약품으로 하여 블록반복 R에 대하여 분할법에 의한 실험을 하였다. 분산분석표를 작성하고 해석하시오.

자료	R_1			
	B_1	B_2	B_3	합
A_1	0.2	0.08	-0.01	0.27
A_2	0.05	-0.02	-0.08	-0.05
A_3	-0.02	-0.06	-0.09	-0.17
합	0.23	0	-0.18	0.05

자료	R_2			
	B_1	B_2	B_3	합
A_1	0.16	0.08	0.01	0.25
A_2	0.05	-0.01	-0.07	-0.03
A_3	-0.03	-0.08	-0.11	-0.22
합	0.18	-0.01	-0.17	0

2 어떤 선강 기능식품의 특성을 높이기 위하여 부원료 A(2수준)와 물의 농도 B(2수준)을 1차 단위로 하고 조제시간 C를 2차 단위로 하여 $2\times2\times2=8$회의 실험조건으로 2 회 반복하여 다음과 같은 자료를 표집하였다. 분산분석표를 작성하고 해석하시오.

자료	A_1		A_2	
	B_1	B_2	B_1	B_2
C_1	72	79	75	78
	69	75	70	68
C_2	65	66	60	62
	69	71	66	68

3 5개 회사에서 구입한 원료를 사용하여 가공 방법에 의하여 실험하였다. 원료 구입 5개 회사 A_1, A_2, A_3, A_4, A_5를 랜덤화한 다음, 가공방법 4수준 B_1, B_2, B_3, B_4로 하였다(단, 가공 공정 편의상 우선 A_1회사의 원료에 대하여 인자 B의 각 수준을 실시하고(B는 랜덤하게) 차례로 A_2, A_3, A_4, A_5까지 실험하고 이 실험 전체를 2회 블록 반복한다].

[블럭반복 I]

I	A_1	A_2	A_3	A_4	A_5	$T_{\cdot j}$
B_1	64	67	76	76	73	356
B_2	65	81	81	84	80	391
B_3	76	82	88	83	84	413
B_4	64	91	90	92	91	428
$T_{i\cdot}$	269	321	335	335	328	1,588

연습문제

[블럭반복 II]

II	A_1	A_2	A_3	A_4	A_5	$T_{\cdot j}$
B_1	73	67	68	76	64	348
B_2	76	82	67	80	69	374
B_3	81	80	76	81	75	393
B_4	78	95	89	85	85	432
$T_{i\cdot}$	308	324	300	322	293	1,547

(1) 수정항을 구하라.

(2) SS_{AR}의 값은?

(3) SSA의 값은?

(4) SSR의 값은?

(5) SS_{E1}의 값은?

(6) SS_{E2}의 값은?

(7) 1차 단위 오차항의 자유도 ϕ_{E1}의 값은?

(8) 2차 단위 오차항의 자유도 ϕ_{E2}의 값은?

4 매일 생산되는 실의 수분이 어느 정도의 산포를 갖고 있는지를 조사하기 위하여, 1일에 3포대씩 선택하고, 선택한 각 포대에 대하여 2회씩 5일간 수분을 측정한 결과, 다음 표와 같이 되었다. 분산분석을 하여 각각의 산포를 추정하라.

포대 \ 일	A_1 제1일	A_2 제2일	A_3 제3일	A_4 제4일	A_5 제5일
B_1	2.30	2.42	2.29	2.68	2.26
	2.34	2.48	2.30	2.64	2.31
B_2	2.41	2.46	2.11	2.52	2.33
	2.35	2.44	2.18	2.55	2.39
B_3	2.28	2.29	2.17	2.55	2.40
	2.32	2.35	2.15	2.53	2.35

연 습 문 제

5 A, B 두 인자의 변화에 따라서 얻어지는 제품의 물성을 구하였다. A인자는 4수준이고, B인자는 3수준이며, 4×3=12회의 실험조건을 랜덤하게 순서를 정한 후에 각 회마다 2개씩의 샘플을 취하여 물성을 측정하였다. 얻어진 데이터는 다음과 같다.

	A_1	A_2	A_3	A_4
B_1	35 36	39 41	45 44	38 37
B_2	42 45	44 47	50 51	48 47
B_3	29 28	32 34	40 41	35 32

(1) 이 실험은 2인자 모수이고 인자가 분할이 안 된 분할법에 해당된다. 분산분석을 행하라.

(2) A, B의 어떤 수준조합에서 물성이 최대가 되는가? 이 조합에서 물성의95(%) 신뢰구간을 구하라.

6 어떤 부품에 대해서 재료의 배합 A를 1차 단위(A_1, A_2), 처리후의 방법 B를 2차 단위(B_1, B_2, B_3)로 블록 반복 2회(R_1, R_2)의 분해법에 의한 실험을 하였다. 얻은 부품의 품질 특성은 신도(%)로 다음 표와 같다.

R_1

	A_1	A_2
B_1	4.4	5.0
B_2	3.0	3.7
B_3	4.2	3.6

R_2

	A_1	A_2
B_1	4.2	4.7
B_2	3.1	3.7
B_3	4.8	4.2

(1) 분산분석을 행하라.

(2) 만약 1차 단위의 오차 E_1이나 반복 R이 유의하지 않으면 E_2에 풀링시킨 후 다시 분산분석표를 작성하라. 그리고 A_i, B_j의 어떤 수준의 조합에서 신도가 최대가 되는가를 구하고, 이 조합조건에서 모평균의 95(%) 신뢰구간을 구하라.

연 습 문 제

7 5사에서 구입한 원료를 사용하여 가공방법에 대하여 실험하였다. 원료구입선 5사는 $A_1, A_2, A_3 A_4 A_5$이고, 가공방법은 4수준 B_1, B_2, B_3, B_4이다. 단 구입 5사를 랜덤화하여 뽑은 후에 뽑혀진 순서대로 $A_1, A_2, A_3 A_4 A_5$라는 부호를 달았다. 가공공정의 편의상 우선 A_1사의 원료에 대하여 인자 B의 각 수준을 실시하고 (B의 순서를 랜덤화하였다.) 차례로 A_2사 …, A_5사에 대하여 실험하였다. 이 실험전체를 2회 블록 반복하였다. 얻어진 데이터는 생산성으로 다음과 같다. 분산분석을 행하라.

	A_1	A_2	A_3	A_4	A_5
B_1	64	67	76	76	73
B_2	65	81	81	84	80
B_3	76	82	88	83	84
B_4	64	91	90	92	91

반복 Ⅰ(R_1)

	A_1	A_2	A_3	A_4	A_5
B_1	73	67	68	76	64
B_2	76	82	67	80	69
B_3	81	80	76	81	75
B_4	78	95	89	85	85

반복 Ⅱ(R_1)

8 A, B, C는 각각 변량인자로서 A_1, A_2, A_3, A_4에서 2×2×2=8회를 랜덤하게 데이터를 얻어서 지분실험(다단계 분할 실험)을 실시하고, 분산분석을 하였다. 분산 성분 σ_A^2, $\sigma_{B(A)}^2$의 추정치는?

요 인	SS	ϕ	V	F_0
A	1.895	3	0.632	3.38
B(A)	0.746	4	0.187	4.35
C(AB)	0.341	8	0.043	35.83
E	0.019	16	0.0012	
T	3.001	31		

연습문제

9 로트의 품질특성의 변동 상태를 파악하여 철광석의 샘플링 방법을 확립하기 위하여 다음과 같이 실험을 실시하였다. 먼저 입하된 화물을 랜덤하게 화차 3량을 선택하고, 5kg과 10kg의 인크리멘트용 수저로 각 화차에서 2개씩의 인크리멘트를 샘플링하였다. 이것을 다시 나누어 2개의 샘플을 만들고 $3 \times 2 \times 2 \times 2 = 24$개의 각 샘플에 대하여 랜덤하게 2회씩 분석하여 철분의 비율(%)을 구하였다. 그 결과는 다음과 같다. 각 요인의 분산성분을 추정하시오.

B(인크리멘트의 크기)		B_1				B_2			
C(인크리멘트의 번호)		C_1		C_2		C_1		C_2	
A	D(샘플) E(반복)	D_1	D_2	D_1	D_2	D_1	D_2	D_1	D_2
A_1	E_1	53.1	54.2	53.1	51.8	52.8	51.8	54	53.3
	E_2	53.0	54.2	53.1	51.7	53.0	51.9	53.6	52.9
A_2	E_1	53.4	54.1	53.6	54.4	53.0	53.2	53.6	53.9
	E_2	53.6	53.3	53.1	53.9	52.2	53.5	53.4	54.0
A_3	E_1	53.6	51.8	50.9	50.8	54.9	53.8	53.0	53.4
	E_2	54.0	52.2	50.6	50.6	54.1	53.8	53.1	53.3

10 다음 표는 A, B, C 3인자에 대하여 반복 2회인 다단계 분할실험을 한 분산분석표이다. $\sigma^2_{C\,(A\,B)}$의 값은 얼마인가?

요인	S	∅	V	E(V)
A	91	1	91	
B(A)	60	6	10	
C(AB)	32	8	4	
E	8	16	0.5	
T	191	31		

11 어떤 실험을 실시하는데 인자 A를 1차 단위, 인자 B를 2차 단위로 블록 반복 2회의 분할실험을 하여 다음과 같은 블록 반복(R)과 A의 이원표를 얻었다. 블록반복(R) 간의 제곱합 SSR을 구하면? (단, m은 B의 수준수이다.)

m=4	A_1	A_2	A_3	A_4	A_5
블록반복 I	-31	3	12	13	5
블록반복 II	-8	7	-18	6	-19

9

Introduction to Design of Experiments

직교배열표에 의한 실험계획

주효과와 몇 개의 2인자 교호작용효과의 검출에 관심이 있는 경우에 보다 적은 실험횟수로 보다 쉽게 일부실시법의 실험조건을 결정할 수 있도록 만든 표가 직교배열표이다. 따라서 모든 주효과와 교호작용효과들 중에서 유의한 효과들을 검출하려면 모든 인자들의 가능한 수준들의 결합, 즉 처리에서 적어도 한 번의 실험을 실시해야 하기 때문에 총 실험횟수는 인자의 수가 증가함에 따라 급격히 증가하게 된다.

결국 보다 많은 실험조건들 중에서 실제로 실험이 실시되어야 하는 실질적으로 특성치에 영향을 주는 실험조건들을 결정하고 각 효과들의 변동계산을 용이하게 할 수 있도록 도와주는 표가 직교배열표이다.

1. 실험의 의의

주효과와 몇 개의 2인자 교호작용효과의 검출에 관심이 있는 경우에 보다 적은 실험횟수로 보다 쉽게 일부실시법의 실험조건을 결정할 수 있도록 만든 표가 직교배열표이다. 따라서 모든 주효과와 교호작용효과들 중에서 유의한 효과들을 검출하려면 모든 인자들의 가능한 수준들의 결합, 즉 처리에서 적어도 한 번의 실험을 실시해야 하기 때문에 총 실험횟수는 인자의 수가 증가함에 따라 급격히 증가하게 된다.
예를 들어, 모든 인자가 간단한 2수준의 실험인 경우에 인자의 수가 5이면 처리의 수가 $2^5 = 32$, 인자의 수가 10개이면 처리의 수가 $2^{10} = 1024$이어서 각각 32개,1024개의 서로 다른 실험조건에서 실험을 실시해야 된다. 실험현장에서의 실험조건 변경은 시간과 비용의 문제 때문에 32개, 1024개의 각각의 실험조건에서 실험을 전부 실시하는 것은 불가능하다. 예를 들어 5개의 인자 중에서 실질적으로 특성치에 영향을 주는 인자의 수가 5개인 경우에 영향을 주는 3개의 인자를 사전에 인지하고 있다면 $2^3 = 8$개의 3인자들의 모든 실험조건에서 실험을 실시한 결과를 가지고 관련된 요인효과들을 분석할 수 있어서, 32개의 실험조건에서 실험을 실시하는 것은 실용적인 면에서도 비효율적이다. 즉, 위의 예에서 32개의 실험조건들 중에서 실제로 실험이 실시되어야 할 8개의 필요한 실험조건들을 결정하고 각 효과들의 변동계산을 용이하게 할 수 있도록 도와주는 표가 직교배열표이다.
직교배열표를 이용하는 실험의 장단점은 다음과 같이 알려져 있다. 장점으로는 일부실시법, 분할법, 교락법 등의 배치를 이론적인 지식 없이도 쉽게 할 수 있고 실험의 크기를 확대하지 않고서도 실험에 많은 인자를 배치시킬수 있어서 실험의 실시가 용이하며 또한 실험의 크기가 크지 않으므로 실험의 실시가 용이하며 실험 데이터의 해석이 용이하게 된다. 이와 반대로 단점인 경우는 어떤 시료의 양이 한정되어 있어 그 시료의 효과가 그 사용량에 비례하는 경우 직교배열표를 사용하면 실용적 배치 중에서 가장 정밀도가 나쁜 배치가 될 수 있으며 여러 인자의 조합 조건으로 실험이 이루어지기 때문에 일반적으로 오차가 클 수 있다.

2. 직교배열표의 표시방법

❶ 직교조건

직교배열표는 (0, 1), (1, 2), (+1, −1), (+, −) 등으로 표시한다. 즉, (1), (2), (3), (4) 가 모두 동일한 것이다. 일반적으로 (1)번을 사용한다.

(1)

0	0	0
0	1	1
1	0	1
1	1	0

(2)

1	1	1
1	2	2
2	1	2
2	2	1

(3)

−1	−1	−1
−1	+1	+1
+1	−1	−1
+1	+1	−1

(4)

−	−	−
−	+	+
+	−	+
+	+	−

일반적으로 l 차원에서 두 직선의 직교식은 다음과 같이 표현된다.

$$C_1 C_1' + C_2 C_2' + \cdots + C_l C_l' = 0$$

예를 들어 위의 (3) 그림에서 제1열과 제2열로부터 직교조건을 적용하면 다음과 같이 표현되므로 직교한다고 할 수 있다.

$$(-1)(-1)+(-1)(+1)+(+1)(-1)+(+1)(+1)=0$$

❷ 표시방법

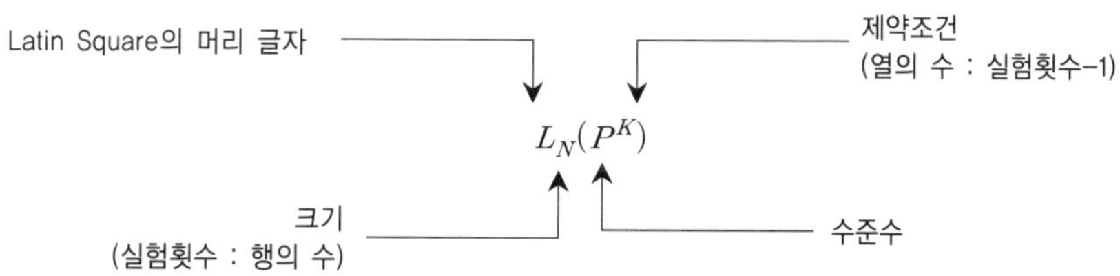

예를 들어 2^n 형 직교배열 중에서 $L_4\,(2^3\,)$은 행의수가 4개이고 수준수가 2이고 열의 수가 3인 직교배열을 의미한다. 즉 다음 표와 같다.

실험번호	열 번 호			실험조건
	1	2	3	
1	0	0	0	
2	0	1	1	
3	1	0	1	
4	1	1	0	
기본표시	a	b	ab	
실험배치				

3. 2수준 인자의 실험

인자가 2수준인 경우에는 인자의 주효과의 자유도는 수준수 -1(즉, $2-1=1$)이고, 교호작용효과의 자유도는 관련인자의 자유도의 곱이기 때문에, 주효과는 물론 모든 교호작용효과의 자유도는 1이 된다. 따라서 모든 효과는 대비가 되므로 직교대비에 의해 표시할 수 있다. 예를 들어 2^3실험에서 주효과 A에 관한 대비는 8개의 특성치를 인자 A의 수준값에 따라 0, 1 두 그룹으로 나누어서, 각 그룹에 속한 4개씩의 특성치들의 합계의 차이로 결정된다. 3인자 교호작용 $A\times B\times C$에 관한 대비는 실험조건을 결정하는 3인자 각각의 수준을 2진법으로 더한 값에 따라서 0, 1 두 그룹으로 나누어서, 각 그룹의 특성치들의 합계의 차이로 결정된다.

2수준계의 직교배열표는 일반적으로 다음과 같이 나타낸다.

$$L_{2^m}(2^{2^m-1})$$

여기서 2^m은 실험의 크기이고, 2는 2수준계를 나타내는 숫자이다. 2수준직교배열표의 각 열은 0, 1로 구성되어 있어서 각 열의 자유도는 $2-1$인 1이다. 따라서 직교배열표의 열의 수는 실험의 총자유도와 같아서 총자유도인 2^m-1은 직교배열표의 열의 수를 나타낸다. 가능한 직교배열표는 $m=2$, $m=3$, $m=4$인 경우에 해당되는 $L_4(2^3)$, $L_8(2^7)$, $L_{16}(2^{15})$ 직교배열표이다.

1) $L_4(2^3)$직교배열표

2^2요인실험의 요인효과 A, B, $A\times B$를 결정하는 대비를 나타내기 위하여 +, − 부호를 각각 1, 0으로, 각 열의 요인효과 A, B, $A\times B$를 기본표시라는 행의 이름으로 a, b, ab로 표시한 다음과 같은 표가 $L_4(2^3)$ 직교배열표이다.

실험번호	열 번 호			실험조건
	1	2	3	
1	0	0	0	
2	0	1	1	
3	1	0	1	
4	1	1	0	
기본표시	a	b	ab	
실험배치				

3열에서 +를 0으로, −를 1로 표시한 이유는 1열과 2열을 2진법으로 더한 결과로 3열을 표시하기 위해서이다. 각 열에 해당되는 효과의 변동을 계산할 때에, 0그룹 특성치들의 합과 1그룹 특성치들의 합의 차이에 의해서 변동이 계산되기 때문에 3열에서 0, 1을 1, 0으로 표시해도 교호작용 제곱합 $SS_{A\times B}$의 값은 똑같다.

교호작용효과 $A\times B$는 A의 수준과 B의 수준을 2진법으로 더한 결과에 따라서 0, 1 두 그룹으로 나누어지므로 직교배열표의 2개 열의 교호작용에 해당되는 열은 2개 열을 2진법으로 더한 결과에 해당되는 열이다. 기본표시는 직교배열표의 2개 열을 더한 열이 어느 열인가를 찾을 수 있게 해 주어서 2개 열의 교호작용열에 대한 정보를 제공한다. 각 열의 더하기가 기본표시에서는 해당열의 문자의 곱하기로 표시된다.

$L_4(2^3)$직교배열표의 3열 중 2열을 임의로 선택해서 2진법으로 더하면 나머지 1열과 같아진다. 예를 들어서 1열과 2열의 2진법 덧셈의 결과는 3열이다. 이는 기본표시에서도 쉽게 알 수 있다. 1열과 2열의 기본표시의 곱은 1열의 기본표시인 a와 2열의 기본표시인 b의 곱인 ab이다. 따라서 기본표시가 ab에 해당되는 3열이 1열과 2열을 2진법으로 더한 결과에 해당되어서, 1열과 2열의 교호작용에 해당되는 열이다. 다음에는 2열과 3열의 교호작용열을 구해 보자. 2열과 3열에 해당되는 기본표시의 곱은 다음과 같다.

$$b\cdot ab=ab^2=ab^0=a$$

단, 문자의 지수도 2진법으로 표시되기 때문에 다음을 만족한다.

$$a^2=a^0=1$$

결국 기본표시 a에 해당되는 1열이 2열과 3열의 교호작용에 해당되는 열이다.

2인자실험에서 1열에 A인자, 2열에 B인자를 배치하는 경우에는 3열에 오차 e가 배치되어 반복이 없는 2원배치법인 2^2실험과 같아진다. 이런 경우에 실험조건은 A, B인자가 배치된 1열, 2열의 각각의 실험번호에서의 값이 실험조건을 결정한다. 예를 들어서 실험번호 3번은 인자 A가 배치된 1열의 값이 1, 인자 B가 배치된 2열의 값이 0이므로, 실험조건은 A_1B_0가 된다. 각 실험번호에서의 특성치를 첨자 사용하여 y_1, …, y_4로 표시하면 다음과 같은 실험조건이 된다.

실험번호	열 번 호			실험조건	특성치
	1	2	3		
1	0	0	0	A_0B_0	y_1
2	0	1	1	A_0B_1	y_2
3	1	0	1	A_1B_0	y_3
4	1	1	0	A_1B_1	y_4
기본표시	a	b	ab		
실험배치	A	B	e		

위 표에서 1열의 변동 S_1은 1열의 값이 1에 해당되는 특성치의 그룹과 0에 해당되는 특성치의 그룹간의 변동으로 각 그룹에서의 특성치의 합의 차이의 제곱을 총 실험횟수로 나눈 값으로 다음과 같이 표된다.

$$S_1 = \frac{1}{4}(y_3 + y_4 - y_1 - y_2)^2$$

따라서 1 열에 인자 A가 배치되어서 1열의 0, 1 값이 인자 A의 수준을 나타내기 때문에 1열의 변동인 S_1은 인자 A의 변동인 SSA가 된다. 유사한 방법으로 2열의 변동 S_2, S_3는 다음과 같이 표현된다.

$$S_2 = \frac{1}{4}(y_2 + y_4 - y_1 - y_3)^2 \ , \ S_3 = \frac{1}{4}(y_2 + y_3 - y_1 - y_4)^2$$

2열의 변동인 S_2는 인자 B의 변동인 SSB가 되고 3열은 오차 e가 배치되어서 3열의 변동은 잔차변동 SSE가 된다. 결국 총변동 SST는 다음과 같이 나타낼 수 있다.

$$SST = S_1 + S_2 + S_3$$

3인자실험의 경우에 3인자 A, B, C를 3개의 열에 배치하여 실험을 실시하게 된다.. 실험배치에 따라서 2^3개의 실험조건 중에서 4개의 실험조건이 결정된다.

실험번호	열 번 호			실험조건	특성치
	1	2	3		
1	0	0	0	$A_0B_0C_0$	y_1
2	0	1	1	$A_0B_1C_1$	y_2
3	1	0	1	$A_1B_0C_1$	y_3
4	1	1	0	$A_1B_1C_0$	y_4
기본표시	a	b	ab		
실험배치	A	B	C		

변동계산을 하면, 직교배열표 각 열의 변동은 앞에서와 유사하게 계산되며 변동의 합은 다음과 같다.

$$SST = SSA + SSB + SSC$$

따라서 3개의 변동 SSA, SSB, SSC를 비교하여 3인자들의 상대적인 중요성을 평가할 수 있다. 반복이 없는 2원배치법과 유사하게 분석 한다.

2) $L_8(2^7)$ 직교배열표

$L_8(2^7)$ 직교배열표는 $L_4(2^3)$ 직교배열표의 확장에 불과하다. 실험의 크기가 2^3 요인배치법과 같기 때문에 기본 표시 행에 3인자 교호작용 abc까지를 포함한다.

실험번호	열	번	호					실험조건
	1	2	3	4	5	6	7	
1	0	0	0	0	0	0	0	
2	0	0	0	1	1	1	1	
3	0	1	1	0	0	1	1	
4	0	1	1	1	1	0	0	
5	1	0	1	0	1	0	1	
6	1	0	1	1	0	1	0	
7	1	1	0	0	1	1	0	
8	1	1	0	1	0	0	1	
기본표시	a	b	ab	c	ac	bc	abc	
실험배치								

위 표에서 2개의 열의 교호작용에 해당하는 열은, 각 열의 기본표시의 곱과 같은 열이 된다. 예를 들면, 1열과 2열의 교호작용은 기본표시가 1열, 2열 기본표시의 곱인 ab에 해당되는 3열이고, 1열, 4열의 교호작용은 5열이 된다. 5열과 7열의 교호작용열의 기본표시는 5열과 7열의 기본표시의 곱으로 다음과 같이 표현된다.

$$ac \cdot abc = a^2bc^2 = a^0bc^0 = b$$

즉, 기본표시가 b에 해당되는 열인 2열이 교호작용열이 된다. 따라서 교호작용 $A \times B$의 유의성에 관심이 있는 경우에 5열에 인자 A, 7열에 B가 배치되었을 때,

5열과 7열의 교호작용에 해당되는 2열에는 다른 인자를 배치 할 수 없으며 교호작용 $A \times B$가 반드시 2열에 배치되어야 한다. 직교배열표의 2개 열의 교호작용열을 기본표시의 2진법 곱셈을 통해서 작성된 다음 표는 임의로 선택한 2개의 열 간의 교호작용에 해당되는 열을 찾을 수 있게 한다.

열	1	2	3	4	5	6	7	8	9	10	11	12	13	14	15
	(1)	3	2	5	4	7	6	9	8	11	10	13	12	15	14
		(2)	1	6	7	4	5	10	11	8	9	14	15	12	13
			(3)	7	6	5	4	11	10	9	8	15	14	13	12
				(4)	1	2	3	12	13	14	15	8	9	10	11
					(5)	3	2	13	12	15	14	9	8	11	10
						(6)	1	14	15	12	13	10	11	8	9
							(7)	15	14	13	12	11	10	9	8
								(8)	1	2	3	4	5	6	7
									(9)	3	2	5	4	7	6
										(10)	1	6	7	4	5
											(11)	7	6	5	4
												(12)	1	2	3
													(13)	3	2
														(14)	1

위 표에서 5열과 7열의 교호작용에 해당되는 열을 구하기 위해서는 대각선에 있는 숫자들 중에서 5와 7 중에서 작은 수인 5를 찾아서 행을 결정하고, 1행에서 7에 해당되는 열을 찾아 선택된 행과 열이 만나는 칸의 숫자인 2가 5열과 7열의 교호작용에 해당되는 열이다.

또다른 방법으로 직교배열표의 3개 열 간의 교호작용에 해당되는 열을 그림으로 도시하여서, 직교배열표를 이용한 실험계획에서 인자의 주효과를 포함한, 관심이 있는 2인자 교호작용효과를 직교배열표의 각 열에 쉽게 실험배치를 할 수 있도록 만들어 놓은 그림이 선점도이다. $L_8(2^7)$직교배열표의 선점도인 $L_8(2^7)$형 선점도의 유형은 다음과 같다.

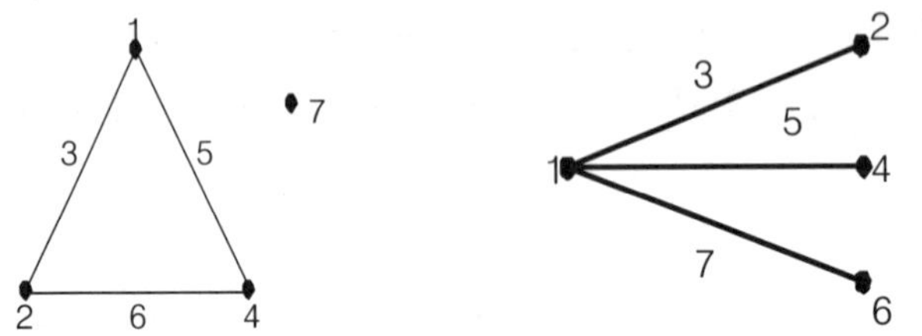

(A) (B)

위의 선점도에서 점 및 선에 부여된 숫자가 열 번호를 나타내고 두 점을 연결하는 선에 나타난 숫자가 두 점에 씌어 있는 번호에 해당되는 2개 열의 교호작용열을 의미한다. (A)에서 점 1과 점 2를 연결하는 직선상의 숫자가 3이므로 1열과 2열의 교호작용열은 3열이 된다. 유사한 방법으로 2열과 4열의 교호작용열은 6열, 1열과 4열의 교호작용열은 5열을 나타내고 있다. 일반적으로 교호작용과 관련된 인자들을 점에 배치하고, 두 점 사이의 선에 있는 열 번호에 두 인자의 교호작용을 배치한다.
예를 들어서 $A, B, A\times B, C$ 중에서 유의한 효과를 직교배열표를 이용한 실험에서 검출하고자 하는 경우에는, 교호작용과 관련된 요인효과들을 우선적으로 배치한다. 2개의 점에 A, B를 배치하고 두 점을 연결하는 직선상의 번호에 해당하는 열에 $A\times B$를 배치한다. 그 다음에 나머지 주 효과인 C를 점에 배치한다. (A) 산점도를 이용하는 경우에 1열에 A, 2열에 B, 3열에 $A\times B$, 그 다음에 점에 해당되는 4열, 7열 중에서 하나를 선택하여 C를 배치한다. 두 점을 1, 2 대신에 1, 4 또는 2, 4를 선택할 수도 있다.

(1) 교호작용이 없는 경우의 실험

실험번호	열 번 호						
	1	2	3	4	5	6	7
1	0	0	0	0	0	0	0
2	0	0	0	1	1	1	1
3	0	1	1	0	0	1	1
4	0	1	1	1	1	0	0
5	1	0	1	0	1	0	1
6	1	0	1	1	0	1	0
7	1	1	0	0	1	1	0
8	1	1	0	1	0	0	1
기본표시	a	b	ab	c	ac	bc	abc
배치1	A	B	C	D	e	e	e
배치2	A	B	e	C	e	e	D

4개의 인자의 주효과에만 관심이 있는 경우에 배치 1에서는 직교배열표의 1, 2, 3, 4열에 4개의 인자 A, B, C, D를 배치하였고, 배치 2에서는 의 $L_8(2^7)$형 선점도 (A) 그림에서 점에 해당되는 4개의 열 1, 2, 4, 7에 A, B, C, D를 배치하였다. 직교배열표의 열 중에서 관심이 있는 요인효과가 배치되지 않은 열은 모두 오차 e로 채워진다. 실험배치를 어떻게 하는가에 따라서 8개의 실험조건이 달라짐을 의미하고 있다.

경우에 따라서 교호작용 $A \times B$가 존재하여 실제로 유의한 경우를 가정하여 두 실험배치를 비교하고자하면 배치 1에서는 이 교호작용에 해당되는 열이 3열이 된다. 그러나 3열에는 인자 C가 배치되어서 3열에 의한 변동이 교호작용 $A \times B$에 의한 변동인지, 주효과 C에 의한 변동인지를 구별할 수가 없기 때문에 C와 교호작용효과 $A \times B$가 교락되어 있음을 의미한다. 배치 2에서는 $L_8(2^7)$형 선점도 (A) 그림에서 볼 수 있듯이 1, 2, 4, 7열의 교호작용에 해당되는 열은 나머지 3열 중의 하나로 되어, 어느 2개의 주효과에 대한 교호작용도 다른 주효과와 교락되지 않는다. 따라서 실험배치 2에서는 오차로 배치된 3, 5, 6열의 변동 중에서 값이 비교적 큰 열에 대해서는 그 열에 해당되는 교호작용효과의 유의성 여부도 검토할 수 있게 된다. 따라서 인자의 주효과에만 관심이 있는 경우에도, 선점도에서 점에 해당되는 번호의 열에 우선 인자를 배치하고 배치해야 할 인자가 남아 있을 경우에는 기술적으로 보아서 거의 존재하지 않으리라 기대되는 교호작용에 해당되는 열에 남은 인자들을 배치함이 좋다. 실험의 랜덤화는 인자들을 직교배열표의 열에 합리적으로 배치한 후에, 각 열에 배치된 인자의 2수준을 랜덤하게 0, 1에 할당하고 8개의 실험조건의 실험을 실시하는 순서는 완전확률화법에 의해 랜덤하게 실시한다.

기본 예제 9.1

교호작용이 없는 $L_8(2^7)$직교배열표에 다음과 같이 A, B, C, D를 배치하여 랜덤한 순서대로 다음 결과를 얻었다. 분산분석표를 작성하고 특성치에 영향을 주는 인자를 검토하고 가장 크게하는 최적수준조합에서의 95% 신뢰구간을 계산하라.

실험번호	열 번 호							특성치
	1	2	3	4	5	6	7	
1	0	0	0	0	0	0	0	15
2	0	0	0	1	1	1	1	17
3	0	1	1	0	0	1	1	7
4	0	1	1	1	1	0	0	13
5	1	0	1	0	1	0	1	10
6	1	0	1	1	0	1	0	18
7	1	1	0	0	1	1	0	9
8	1	1	0	1	0	0	1	10
실험배치	A	B	e	C	e	e	D	

결과

다음과 같은 사실을 이용하여 계산표를 만든다.

주효과 = $\frac{1}{4}$(수준 1의 데이터합−수준 0의 데이터합)

주효과 제곱의 합 = $\frac{1}{8}$[(수준 1의 데이터합)−(수준 0의 데이터합)]^2

계산표

열번호	1	2	3	4	5	6	7
요인효과	A	B	e	C	e	e	D
T_0(수준 0의 데이터합)	52	60	51	41	50	48	55
T_1(수준 1의 데이터합)	47	39	48	58	49	51	44
T_0+T_1	99	99	99	99	99	99	99
$S=\frac{(T_1-T_0)^2}{8}$	3.125	55.125	1.125	36.125	0.125	1.125	15.125

예를 들어 52=15+17+7+13, 47=10+18+9+10. 유사한 방법으로 위 표를 채운다. 마지막 행의 S는 각 열의 변동이다. 오차가 3, 5, 6열에 배치되었으므로 오차변동은 3, 5, 6열의 변동의 합으로서 다음과 같다.

$$SSE=S_3+S_5+S_6=1.125+0.125+1.125=2.375$$

이 결과를 정리하여 분산분석표를 작성하면 다음과 같다.

분산분석표

요 인	제곱합	자유도	평균제곱	F_0	$F_{0.05}(1,3)$
A	3.125	1	3.125	3.95	
B	55.125	1	55.125	69.63*	10.1
C	36.125	1	36.125	45.63*	
D	15.125	1	15.125	19.11*	
오차 E	2.375	3	0.79		
T	111.875	7			

인자 A요인은 통계적으로 유의하지 않으므로 오차항으로 풀링할 수가 있다. 풀링한 후의 분산분석표는 새로운 오차변동 SSE'는 다음과 같이 되고 오차의 자

유도는 $\phi_E{}' = \phi_E + \phi_A = 3 + 1 = 4$.

$$SSE' = SSE + SSA = 2.375 + 3.125 = 5.5$$

●● 풀링한 후의 분산분석표

요 인	제곱합	자유도	평균제곱	F_0	$F_{0.05}(1,4)$
B	55.125	1	55.125	40.09*	
C	36.125	1	36.125	26.27*	7.71
D	15.125	1	15.125	11.00*	
오차 E'	5.5	4	1.375		
T	111.875	7			

《풀링한 후의 분산분석표》로부터 인자 B, C, D가 특성치에 영향을 주는 요인으로 나타나고 있어서 실험조건 $B_iC_jD_k$에서의 특성치를 y_{ijk}로 표시할 때에 구조식은 다음과 같다.

$$y_{ijk} = \mu + b_i + c_j + d_k + \varepsilon_{ijk}$$

따라서 실험조건 $B_iC_jD_k$에서의 특성치의 모평균의 추정치는 다음과 같이 표현된다.

$$\begin{aligned}\hat{\mu}(B_iC_jD_k) &= \widehat{\mu+b_i} + \widehat{\mu+c_j} + \widehat{\mu+d_k} - 2\hat{\mu} \\ &= \hat{\mu}(B_i) + \hat{\mu}(C_j) + \hat{\mu}(D_k) - 2\hat{\mu} \\ &= \overline{y_{i..}} + \overline{y_{.j.}} + \overline{y_{..k}} - 2\overline{\overline{y}}\end{aligned}$$

위의 계산표로부터 B_0, C_1, D_0에서 특성치의 값이 크기 때문에 특성치를 크게 하는 최적조건은 $B_0C_1D_0$이고 모평균의 추정치는 다음과 같다.

$$\begin{aligned}\hat{\mu}(B_0C_1D_0) &= \overline{y_{0..}} + \overline{y_{.1.}} + \overline{y_{..0}} - \overline{\overline{y}} \\ &= \frac{60}{4} + \frac{58}{4} + \frac{55}{4} - 2\times\frac{99}{8} = 18.5\end{aligned}$$

이 된다. $\hat{\mu}(B_0C_1D_0)$의 유효반복수 n_e는 다음과 같이 계산된다.

$$\frac{1}{n_e} = \frac{1}{4} + \frac{1}{4} + \frac{1}{4} - \frac{2}{8} = 0.5$$

즉, $\mu(B_0C_1D_0)$의 95% 신뢰구간은

$$(\overline{y}_{0\cdot\cdot}+\overline{y}_{\cdot1\cdot}+\overline{y}_{\cdot\cdot0}-\overline{\overline{y}})\pm t(4\,;0.025)\sqrt{\frac{MSE}{n_e}}$$

$$=18.5\pm 2.776\sqrt{1.375\times 0.5}$$

$$=18.5\pm 2.30174$$

Minitab

1 통계분석(S) → 실험계획법(D) → 요인 설계(F) → 요인 설계 생성(C)..을 선택하면 요인 설계 대화상자가 나타난다. 이 대화상자에서 [설계유형]은 4가지 형태가 있는데 2개에서 15개 까지 가능한 [2-수준 요인 (기본 생성자)] 항목을 선택하고 인자가 "4"이기 때문에 [요인개수] 항목에는 "4" 을 선택한다. 그리고 [설계] 버튼을 클릭한다.

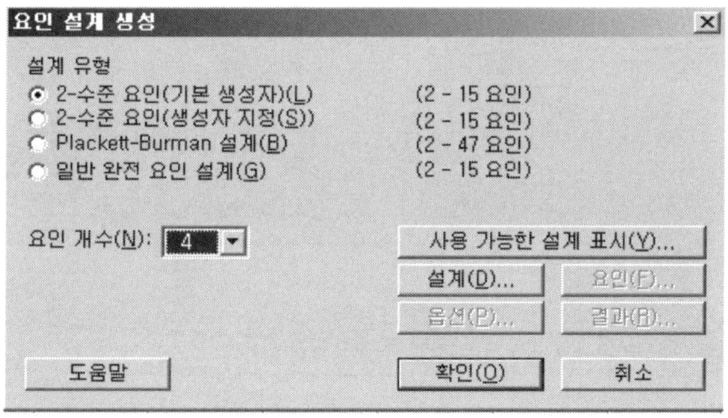

2 다음과 같은 대화상자가 나타나면 [1/2 부분 실시]만 선택하고 반복이 없으므로 [반복 실험 횟수]에 "1", 블록반복도 없으므로 [블럭수] 항목에 "1"을 입력 하고 확인(O) 버튼을 누른다. 원 상태로 돌아오면 [요인] 버튼을 클릭한다.

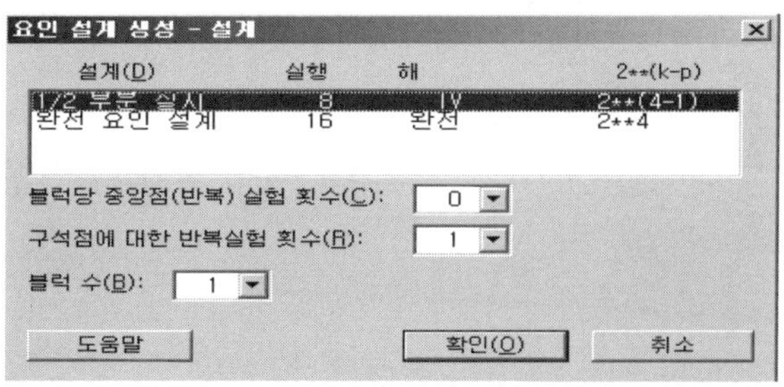

3 다음과 같은 요인 대화상자가 나타나면 [낮음]열에는 구분을 편리하게 하기위하여(uncoded) "0"을 입력한다.

요인 설계 생성 - 요인

요인	이름	유형	낮음	높음
A	A	숫자	-1	1
B	B	숫자	-1	1
C	C	숫자	-1	1
D	D	숫자	-1	1

도움말 | 확인(O) | 취소

4 다음과 같이 변경되었으면 [확인(O)] 버튼을 누른다.

요인 설계 생성 - 요인

요인	이름	유형	낮음	높음
A	A	숫자	0	1
B	B	숫자	0	1
C	C	숫자	0	1
D	D	숫자	0	1

도움말 | 확인(O) | 취소

5 원 상태로 돌아오면 다시 [확인(O)] 버튼을 누른다. 그러면 [워크시트] 창에 처음에 실험이 설계될 때의 순서인 [StdOrder(표준순서], 실험 계획후 실험 실시에 따른 랜덤순서인 [RunOrder(실험실행순서)], 중앙점, 블럭열이 차례로 나타난다. 그리고 C9열에 변수 이름을 "자료"라고 입력하여 해당수준에 데이터를 입력한다.

워크시트 1 ***

↓	C1	C2	C3	C4	C5	C6	C7	C8	C9	C10
	StdOrder	RunOrder	중앙점	블럭	A	B	C	D	자료	
1	5	1	1	1	0	0	1	1	17	
2	1	2	1	1	0	0	0	0	15	
3	4	3	1	1	1	1	0	0	9	
4	8	4	1	1	1	1	1	1	10	
5	2	5	1	1	1	0	0	1	10	
6	7	6	1	1	0	1	1	0	13	
7	6	7	1	1	1	0	1	0	18	
8	3	8	1	1	0	1	0	1	7	
9										
10										

6 통계분석(S) → 실험계획법(D) → 요인 설계(F) → 요인 설계 분석(A)..을 선택하고 나타난 대화상자에서 [반응] 항목에 마우스 포인트를 올려놓고 C9을 더블클릭하고 [항] 버튼을 클릭한다.

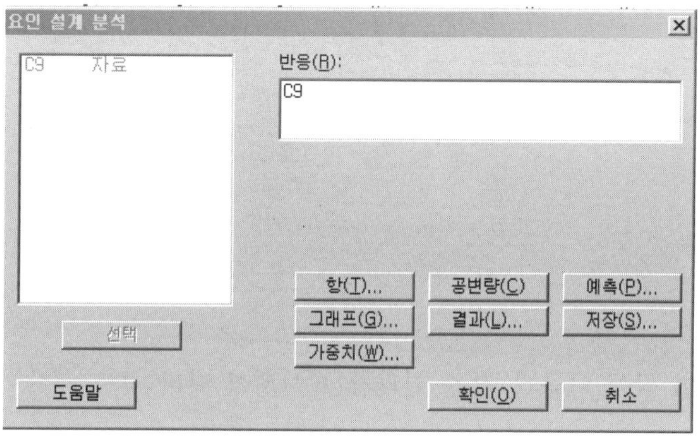

7 교호작용이 없는 상황이므로 [사용가능항] 에 있는 주효과 A,B,C와 D 인자를 화살표를 이용하여 [선택항]에 선택하고 확인(O) 버튼을 클릭한다. 원상태로 돌아오면 다시 [결과] 버튼을 누른다.

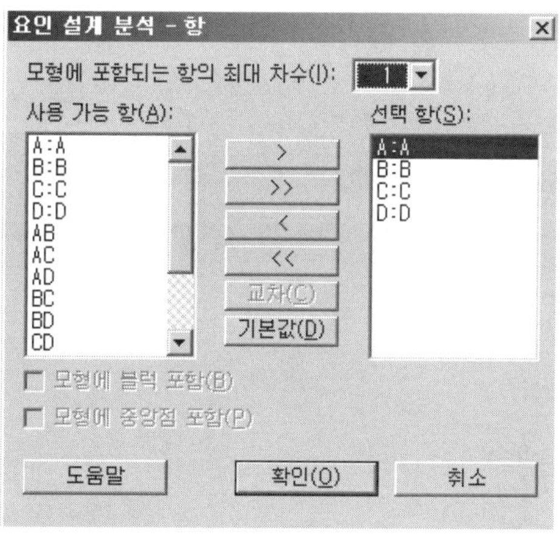

8 결과 대화상자에서 [계수 및 분산분석표] 항목과 [기본상호작용] 항목을 선택하고 확인(O) 버튼을 누른다. 원상태로 돌아오면 다시 확인(O) 버튼을 누른다.

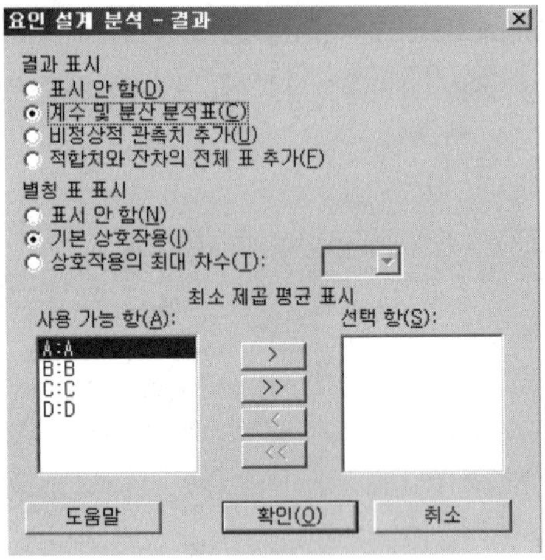

9 [세션] 창에 다음과 같은 결과가 표시되어 나타난다.

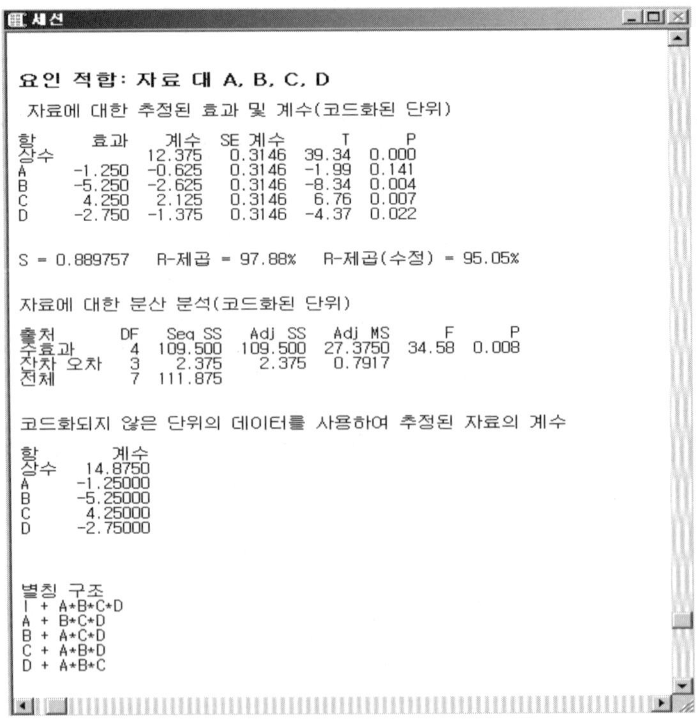

요인 적합: 자료 대 A, B, C, D

자료에 대한 추정된 효과 및 계수(코드화된 단위)

항	효과	계수	SE 계수	T	P
상수		12.375	0.3146	39.34	0.000
A	-1.250	-0.625	0.3146	-1.99	0.141
B	-5.250	-2.625	0.3146	-8.34	0.004
C	4.250	2.125	0.3146	6.76	0.007
D	-2.750	-1.375	0.3146	-4.37	0.022

S = 0.889757　R-제곱 = 97.88%　R-제곱(수정) = 95.05%

자료에 대한 분산 분석(코드화된 단위)

출처	DF	Seq SS	Adj SS	Adj MS	F	P
주효과	4	109.500	109.500	27.3750	34.58	0.008
잔차 오차	3	2.375	2.375	0.7917		
전체	7	111.875				

코드화되지 않은 단위의 데이터를 사용하여 추정된 자료의 계수

항	계수
상수	14.8750
A	-1.25000
B	-5.25000
C	4.25000
D	-2.75000

별칭 구조
I + A*B*C*D
A + B*C*D
B + A*C*D
C + A*B*D
D + A*B*C

해석 선택된 모형에서는 A인자 이외에는 모든 인자 계수가 유의적으로 나타나고(유의수준 5%) 결정계수가 97.88%로서 "모형이 적합하다"고 간 주 할 수 있다. 그러고 분산분석표에서도 주효과는 유의수준 5%에서 유의적으로 나타나고 있다. 즉 주효과의 2수준의 차이는 있는 것으로 판단된다.

10 원 상태의 [요인 설계분석] 대화상자에서 그래프(G)... 을 클릭하고 나타난 그래프 대화상자에서 효과그림의 [정규확률도], [Pareto], [잔차], 잔차그림의 [정규확률도]를 체크 및 선택하고 확인(O) 버튼을 클릭한다. 원 상태로 돌아오면 다시 확인(O) 버튼을 클릭한다.

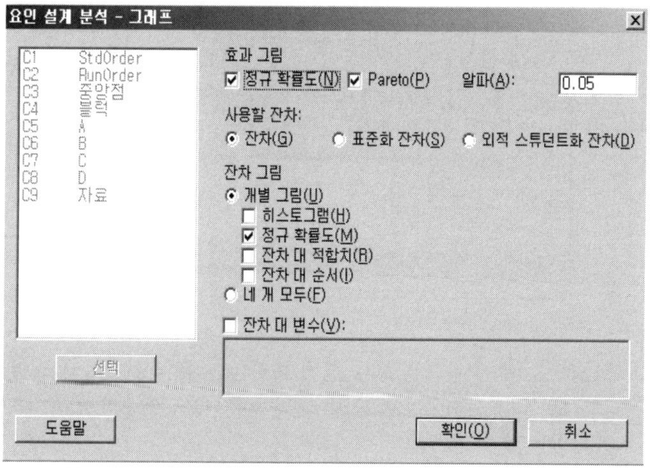

▶ 표준화된 효과의 정규 확률그림

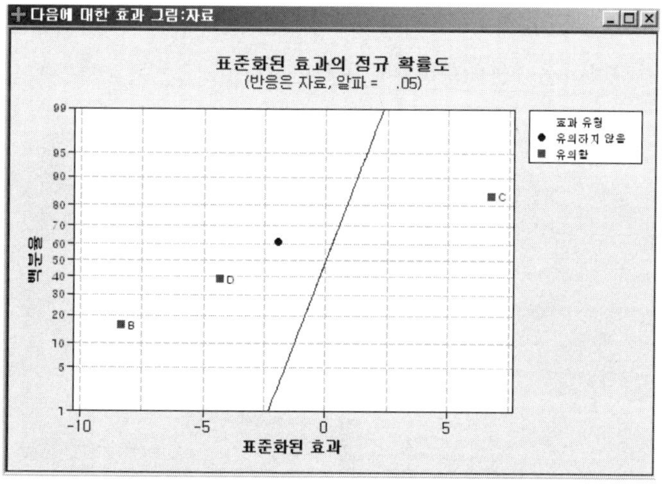

해석 비유의적인 인자는 직선 근처에 나타난다. 즉, 수준이 변해도 별로 변화하지 않음을 의미하고 멀리 떨어져 표시될수록 유의성이 크다는 의미이다. 여기서는 고려된 인자 중에서 주효과 B,C,D 인자 만이 유의적인 인자로 판명 되었다.

▸ 표준화된 효과의 파레토그림

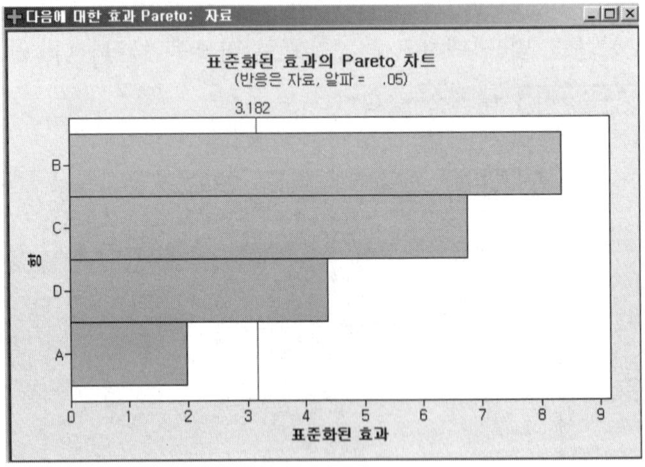

해석 중간의 실선(0.05유의선)보다 크게 나타나면 유의성을 가지고 있고 실선보다 작게 나타나면 비유의적이라고 볼 수 있다. 여기서도 주효과 B, C, D 인자 만이 유의적인 인자로 판명 되었다.

≪비유의적인 교호작용 인자에 대한 풀링(pooling) 작업≫

1 앞에서와 같이 1에서 5까지는 유사하고 통계분석(S) → 실험계획법(D) → 요인 설계(F) → 요인 설계 분석(A)...을 선택하고 [항] 항목을 선택하여 나타난 [항] 대화상자에서 "A" 인자항목을 [선택항]에서 제거한다.

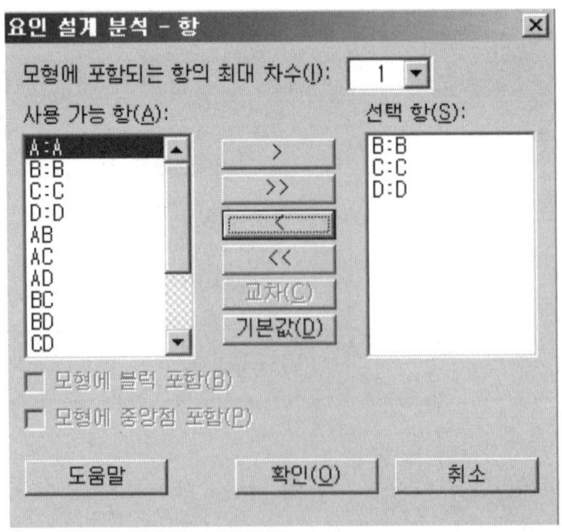

2 원 상태로 돌아오면 다시 [그래프] 버튼을 누른다.

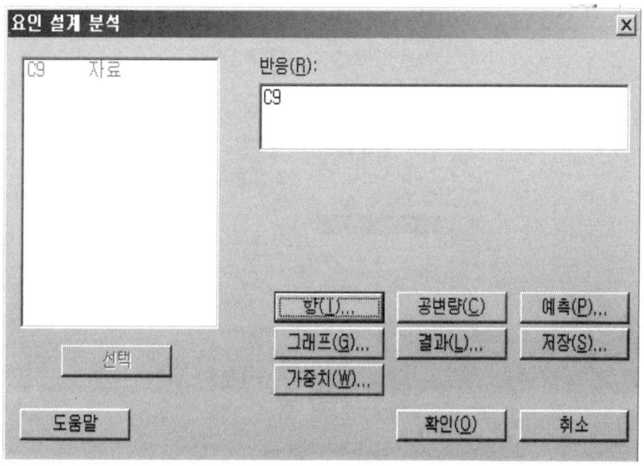

3 그래프 대화상자에서 효과그림의 [정규확률도], [Pareto], [잔차], 잔차그림의 [정규확률도]를 체크 및 선택하고 [확인(O)] 버튼을 클릭한다. 원 상태로 돌아오면 다시 [결과]버튼을 누른다.

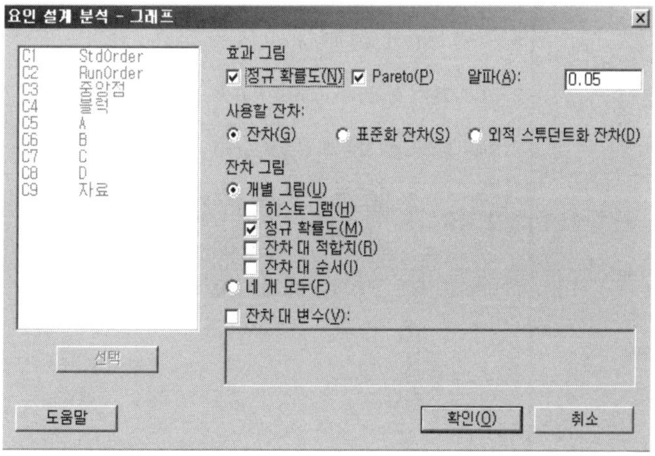

4 결과 대화상자에서 [계수 및 분산분석표] 항목과 [기본상호작용] 항목을 선택하고 [확인(O)]버튼을 누른다. 원상태로 돌아오면 다시 [확인(O)]버튼을 누른다.

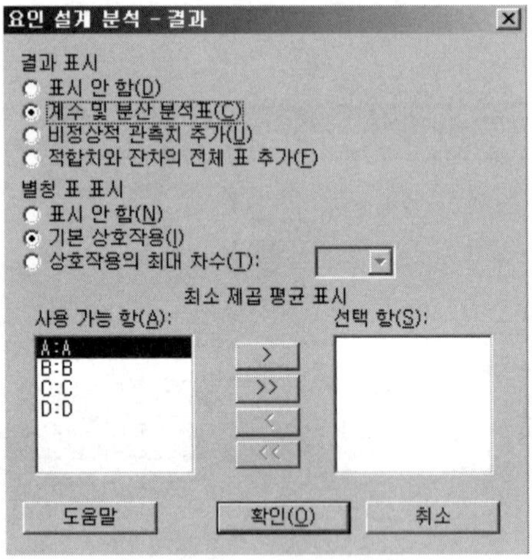

5 [세션] 창에 다음과 같이 표시된다.

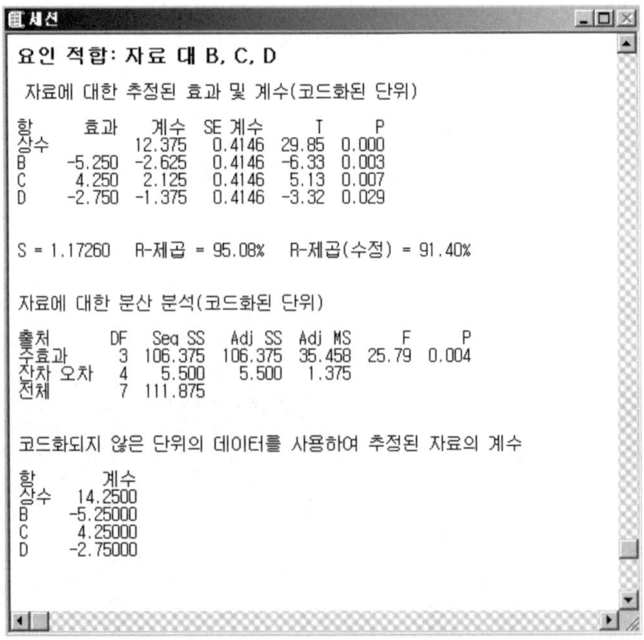
세션

요인 적합: 자료 대 B, C, D

자료에 대한 추정된 효과 및 계수(코드화된 단위)

항	효과	계수	SE 계수	T	P
상수		12.375	0.4146	29.85	0.000
B	-5.250	-2.625	0.4146	-6.33	0.003
C	4.250	2.125	0.4146	5.13	0.007
D	-2.750	-1.375	0.4146	-3.32	0.029

S = 1.17260 R-제곱 = 95.08% R-제곱(수정) = 91.40%

자료에 대한 분산 분석(코드화된 단위)

출처	DF	Seq SS	Adj SS	Adj MS	F	P
주효과	3	106.375	106.375	35.458	25.79	0.004
잔차 오차	4	5.500	5.500	1.375		
전체	7	111.875				

코드화되지 않은 단위의 데이터를 사용하여 추정된 자료의 계수

항	계수
상수	14.2500
B	-5.25000
C	4.25000
D	-2.75000

해석 선택된 모형에서는 모든 인자(B, C, D) 계수가 유의적으로 나타나고(유의수준 5%) 결정계수가 95.08%로서 "모형이 적합하다"고 간 주 할 수 있다. 그러고 분산분석표에서도 주효과는 유의수준 5%에서 유의적으로 나타나고 있다. 즉 주효과의 2수준의 차이는 있는 것으로 판단된다.

6 효과그림 분석

▸ 표준화된 효과의 정규 확률그림

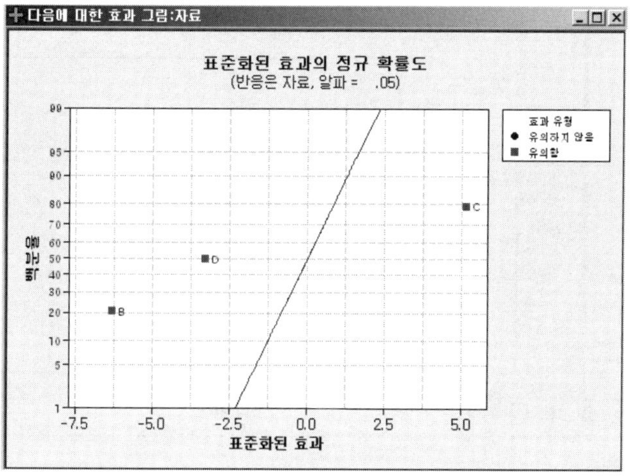

해석 비유의적인 인자는 직선 근처에 나타난다. 즉, 수준이 변해도 별로 변화하지 않음을 의미하고 멀리 떨어져 표시될수록 유의성이 크다는 의미이다. 여기서는 모든 인자(A, B,C) 효과를 인정될 수 있다.

▸ 표준화된 효과의 파레토그림

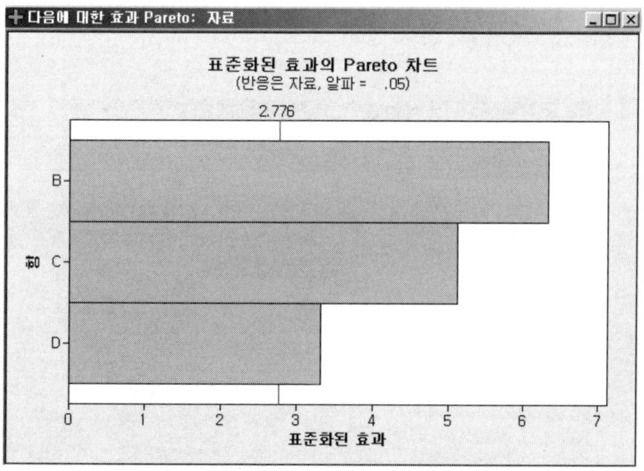

해석 중간의 실선(0.05유의선)보다 크게 나타나면 유의성을 가지고 있고 실선보다 작게 나타나면 비유의적이라고 볼 수 있다. 여기서도 모든 인자(A, B,C) 효과를 인정될 수 있다.

▸ 잔차 정규 확률 그림

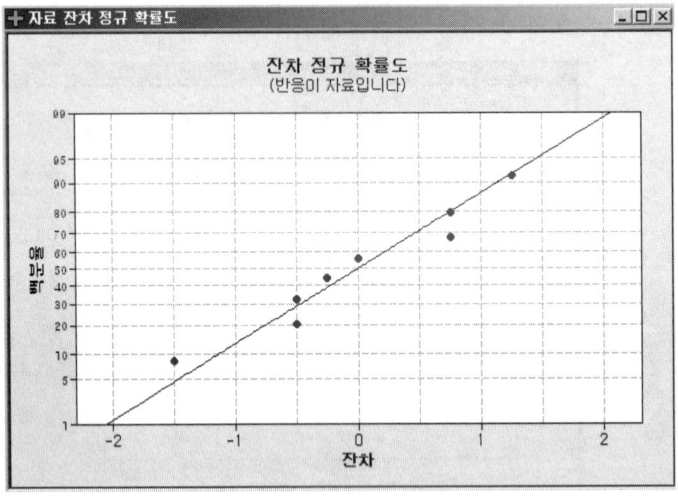

해석 잔차가 직선주위에 표시됨으로서 어느 정도는 정규성을 가진다고 볼 수 있다.

≪최적수준 조합≫을 알아보기 위한 순서는 다음과 같다.

1 통계분석(S) → 실험계획법(D) → 요인 설계(F) → 요인 그림(F)... 선택하고 나타난 요인그림 대화상자에서 [주효과도], [상호효과도] 및 [데이터 평균] 항목을 선택 체크하고 [설정] 버튼을 클릭한다.

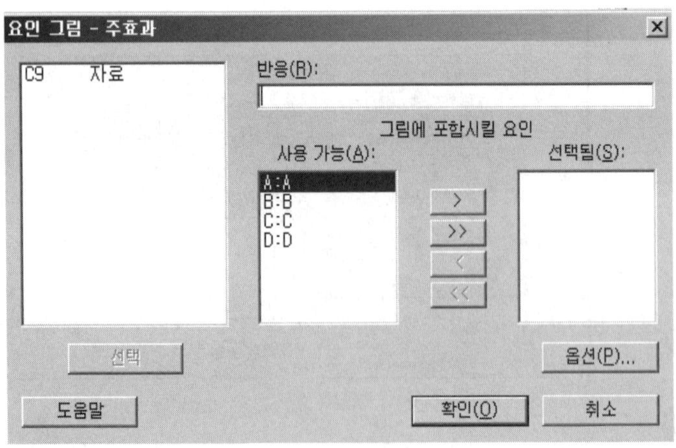

2 [반응] 항목에 마우스 포인트를 올려놓고 C9을 더블클릭하고 [사용가능] 항목에 있던 B, C, D인자를 옆의 화살표를 이용하여 [선택됨] 항목으로 이동 시키고

확인(O) 버튼을 누른다. [상호효과 그림] 설정도 유사하게 한다. [요인 그림] 대화상자로 돌아오면 다시 확인(O) 버튼을 누른다.

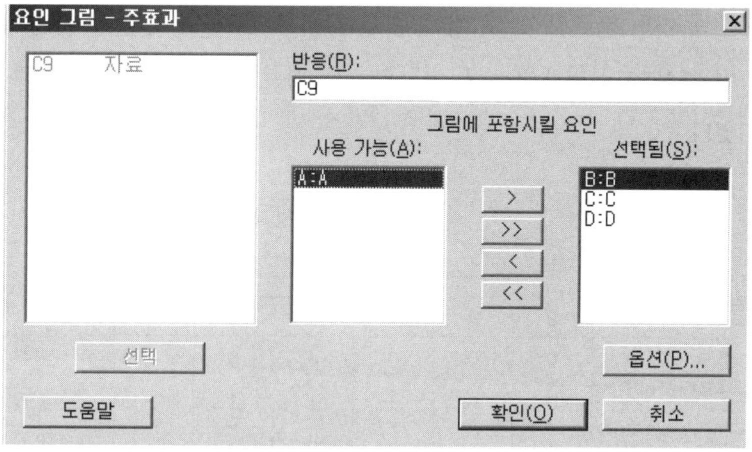

9 주효과 및 상호 효과도 출력

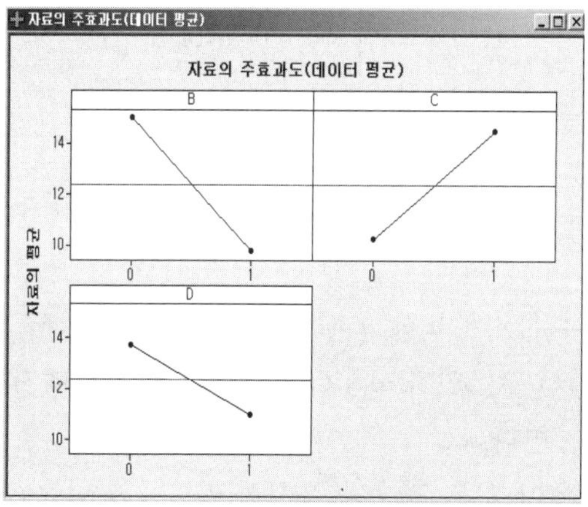

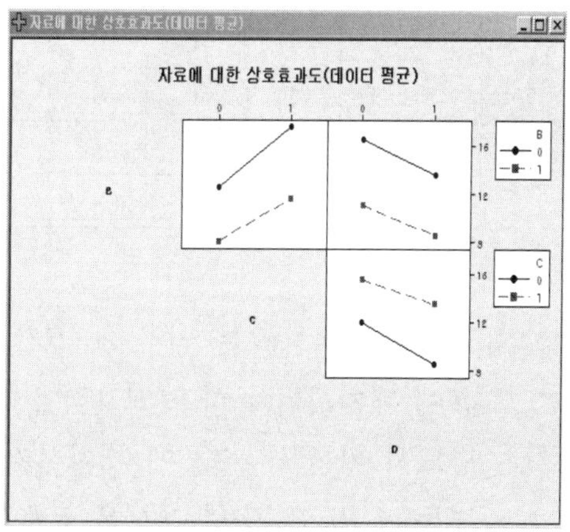

해석 주효과 그림에서는 최적수준조합은 B0C1D0이 되고 상호 효과그림에서는 평행하여 나타나고 있으므로 상호(교호)작용은 없는 것으로 판단된다.

(2) 교호작용이 있는 경우의 실험

4개 인자 A, B, C, D에 관한 실험을 8회 실험 만으로 실시하여 주효과와 2개의 교호작용 $A\times B$, $A\times C$ 중에서 특성치에 영향을 주는 유의한 효과의 검출에 관심이 있다고 하자. 물론 여기서 선정된 교호작용은 기술적 지식이나 제조상의 정보등을 토대로 선정 된 것이다. 따라서 8회의 실험에서 자유도는 7이며 알고자 하는 요인효과는 6이므로 자유도 하나가 남는데 이것을 오차항으로 간주되지만 분산분석 후 유의하지 않는 요인도 오차항에 풀링된다.

이 경우에 실험배치는 $L_8(2^7)$형 직교배열표를 사용하여 다음과 같이 배치할 수 있다.

●● $L_8(2^7)$ 의 4인자의 배치

실험번호	열 번 호							실험조건
	1	2	3	4	5	6	7	
1	0	0	0	0	0	0	0	$A_0B_0C_0D_0=(1)$
2	0	0	0	1	1	1	1	$A_0B_0C_1D_1=cd$
3	0	1	1	0	0	1	1	$A_0B_1C_0D_1=bd$
4	0	1	1	1	1	0	0	$A_0B_1C_1D_0=bc$
5	1	0	1	0	1	0	1	$A_1B_0C_0D_0=a$
6	1	0	1	1	0	1	0	$A_1B_0C_1D_1=acd$
7	1	1	0	0	1	1	0	$A_1B_1C_0D_1=abd$
8	1	1	0	1	0	0	1	$A_1B_1C_1D_0=abc$
기본표시	a	b	ab	c	ac	bc	abc	
실험배치	A	B	$A\times B$	C	$A\times C$	D	e	

교호작용 $A\times B$는 인자 A, B가 각각 기본표시 a , b 에 배치되면 반드시 기본표 ab에 배치시켜야 하고 교호작용 $A\times C$ 는 인자 A , C 가 각각 a , c에 배치시키면 반드시 기본표시 ac 에 배치시켜야 한다.

변동 A, B, C, D 의 계산은 교호작용이 없는 경우와 유사하고 $A\times B$, $A\times C$ 는 다음과 같이 계산된다.

$$S_{A\times B}=\frac{1}{8}\left[\text{수준 1(=3, 4, 5, 6번 실험)의 데이터합}-\text{수준 0(=1, 2, 7, 8번 실험)의 데이터합}\right]^2$$

$$S_{A\times C}=\frac{1}{8}\left[\text{수준 1(=2, 4, 5, 7번 실험)의 데이터합}-\text{수준 0(=1, 3, 6, 8번 실험)의 데이터합}\right]^2$$

기본 예제 9.2

교호작용이 있는 $L_8(2^7)$직교배열표에 다음과 같이 4개 인자 A, B, C, D에 관한 실험을 8회 실험 만으로 실시하여 주효과와 2개의 교호작용 $A \times B$, $A \times C$ 중에서 특성치에 영향을 주는 유의한 효과의 검출하기 위하여 랜덤한 순서대로 다음 결과를 얻었다. 분산분석표를 작성하고 특성치에 영향을 주는 인자를 검토하고 가장 크게하는 최적수준조합에서의 95% 신뢰구간을 계산하라.

•• $L_8(2^7)$직교배열표에 의한 실험

실험번호	열 번 호							특성치 y
	1	2	3	4	5	6	7	
1	0	0	0	0	0	0	0	8
2	0	0	0	1	1	1	1	21
3	0	1	1	0	0	1	1	3
4	0	1	1	1	1	0	0	27
5	1	0	1	0	1	0	1	29
6	1	0	1	1	0	1	0	3
7	1	1	0	0	1	1	0	26
8	1	1	0	1	0	0	1	4
기본표시	a	b	ab	c	ac	bc	abc	
실험배치	A	B	$A \times B$	C	$A \times C$	D	e	

결과

계산의 편리성을 위하여 다음과 계산표를 만든다.

•• 계산표

열	1	2	3	4	5	6	7
배치	A	B	$A \times B$	C	$A \times C$	D	e
T_0	59	61	59	66	18	68	64
T_1	62	60	62	55	103	53	57
$S = \frac{(T_1 - T_0)^2}{8}$	1.125	0.125	1.125	15.125	903.125	28.125	6.125

2) 분산분석표 작성

●● 분산분석표

요 인	제곱합	자유도	평균제곱	F_0
A	1.125	1	1.125	0.18
B	0.125	1	0.125	0.02
$A\times B$	1.125	1	1.125	0.18
C	15.125	1	15.125	2.47
$A\times C$	903.125	1	903.125	147.45
D	28.125	1	28.125	4.59
오차 E	6.125	1	6.125	
T	954.875	7		

위 분산분석표에서 $A\times C$의 F_0가 147.45으로 가장 중요한 요인으로 판단되고 C, D의 F_0도 2보다 커서 중요하다고 판단(자유도가 1 로서 아주 작기 때문에) 되며 교호작용 $A\times C$가 유의할 때 관련된 주효과는 일반적으로 오차항으로 풀링하지 않는다. 즉, B, $A\times B$를 오차항에 풀링한 후 분산분석표 작성하면 되고 풀링한 후의 오차의 제곱합과 자유도는 다음과 같이 계산된다.

$$SSE' = SSE + SSB + SS_{A\times B} = 6.125 + 0.125 + 1.125 = 7.375$$

$$\phi_E' = \phi_E + \phi_B + \phi_{A\times B} = 1+1+1 = 3$$

●● 풀링한 후의 분산분석표

요 인	제곱합	자유도	평균제곱	F_0	$F_{0.05}(1,3)$
A	1.125	1	1.125	0.46	
C	15.125	1	15.125	6.15	
$A\times C$	903.125	1	903.125	367.12	10.1
D	28.125	1	28.125	11.43	
오차 E'	7.375	3	2.46		
T	954.875	7			

위의 풀링한 후의 분산분석표에서는 교호작용 $A\times C$와 주효과 D만이 유의수준 $\alpha = 0.05$에서 유의하다.

교호작용 $A \times C$, 주효과 D가 유의하기 때문에 관련된 주효과도 모형에 포함시킨 구조모형은 다음과 같다.

$$y_{ijk} = \mu + a_i + c_j + (ac)_{ij} + d_k + \varepsilon_{ijk}$$

따라서 최적조건에서의 모평균의 신뢰구간은 다음과 같이 계산된다.

$$\begin{aligned} \mu(A_i C_j D_k) &= \mu + a_i + c_j + (ac)_{ij} + d_k \\ &= \underbrace{\mu + a_i + c_j + (ac)_{ij}}_{(1)} + \underbrace{\mu + d_k}_{(2)} - \mu \\ &= A, C \text{ 인자의 반복이 있는 이원배치법의 모형} \\ &\quad + D \text{ 인자의 일원배치법 모형} - \mu \end{aligned}$$

따라서 (1)식의 추정치는 $A_i C_j$ 칸에서의 실험자료의 평균이고 (2)식의 추정치는 D_k 칸에서의 실험자료의 평균이 되므로 $A_i C_j D_k$에서의 모평균의 추정치는 다음과 같다.

$$\hat{\mu}(A_i C_j D_k) = \bar{y}_{ij.} + \bar{y}_{..k} - \bar{\bar{y}}$$

최적조건에서의 모평균의 신뢰구간을 구하기 위해서는 A, C가 배치된 1, 4열에서의 특성치들을 요약한 AC 이원표와 계산표를 사전에 작성한다.

●● AC 이원표

	C_0	C_1
A_0	8+3=11	21+27=48
A_1	29+26=55*	3+4=7

이 AC 이원표에서 $A_1 C_0$에서, $\bar{y}_{1 \cdot 0} = \dfrac{55}{2} = 27.5$ 그리고 D가 배치된 6열의 정보에서 $T_0 = 68^*$, $T_1 = 53$가 되므로 D_0에서 $\bar{y}_{..0} = \dfrac{68}{4} = 17$ 이되고 $\bar{\bar{y}} = \dfrac{59+62}{8} = 15.13$. $A_1 C_0 D_0$의 최적조건 은 다음과 같이 계산된다.

$$\hat{\mu}(A_1 C_0 D_0) = 27.5 + 17 - 15.13 = 29.37$$

따라서 유효반복수 n_e 는 다음과 같이 나타낼 수 있다.

$$\frac{1}{n_e}=\frac{1}{2}+\frac{1}{4}-\frac{1}{8}=\frac{5}{8}$$

결국 $\mu(A_1\,C_0\,D_0)$의 95% 신뢰구간은 다음과 같이 추정 된다.

$$(\bar{y}_{1\cdot 0\cdot}+\bar{y}_{\cdots 0}-\bar{\bar{y}})\pm t(3\,;0.025)\frac{\sqrt{MS_E'}}{n_e}$$

$$=29.37\pm 3.182\sqrt{2.46\times\frac{5}{8}}$$

$$=29.37\pm 3.95$$

Minitab

1. 통계분석(S) → 실험계획법(D) → 요인 설계(F) → 요인 설계 생성(C)...을 선택하면 요인 설계 대화상자가 나타난다. 이 대화상자에서 [설계유형]은 4가지 형태가 있는데 2개에서 15개 까지 가능한 [2-수준 요인 (기본 생성자)] 항목을 선택하고 인자가 "4"이기 때문에 [요인개수] 항목에는 "4"을 선택한다. 그리고 [설계] 버튼을 클릭한다.

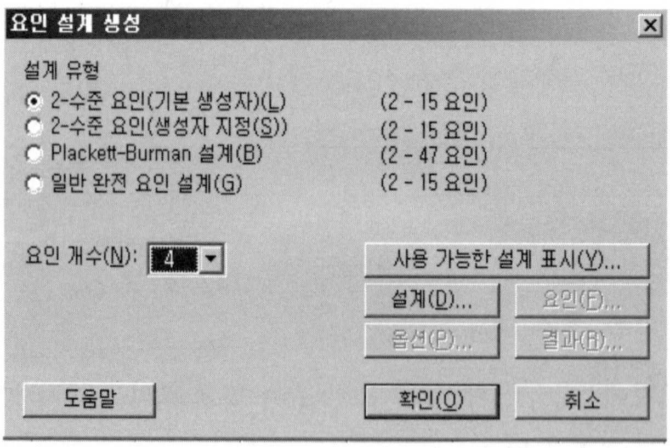

2. 다음과 같은 대화상자가 나타나면 [1/2 부분 실시]만 선택하고 반복이 없으므로 [반복 실험 횟수]에 "1", 블록반복도 없으므로 [블럭 수] 항목에 "1"을 입력 하고 확인(O) 버튼을 누른다. 원 상태로 돌아오면 [요인] 버튼을 클릭한다.

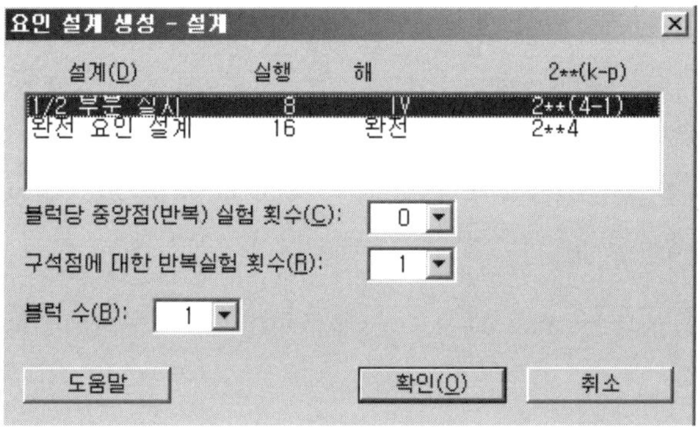

3 다음과 같은 요인 대화상자가 나타나면 [낮음]열에는 구분을 편리하게 하기위하여(uncoded) "0"을 입력한다.

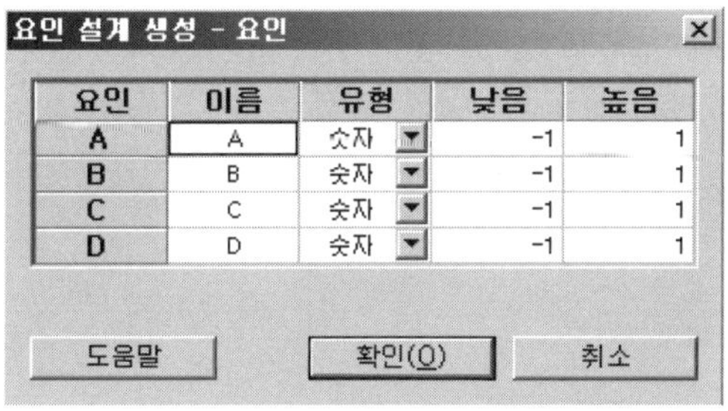

4 다음과 같이 변경되었으면 [확인(O)] 버튼을 누른다.

5 원 상태로 돌아오면 다시 [확인(O)] 버튼을 누른다. 그러면 [워크시트] 창에 처음에 실험이 설계될 때의 순서인 [StdOrder(표준순서)], 실험 계획후 실험 실시에 따른 랜덤순서인 [RunOrder(실험실행순서)], [중앙점], [블럭]열이 차례로 나타난다.

워크시트 5 ***

↓	C1	C2	C3	C4	C5	C6	C7	C8	C9
	StdOrder	RunOrder	중앙점	블럭	A	B	C	D	
1	8	1	1	1	1	1	1	1	
2	1	2	1	1	0	0	0	0	
3	6	3	1	1	1	0	1	0	
4	4	4	1	1	1	1	0	0	
5	2	5	1	1	1	0	0	1	
6	7	6	1	1	0	1	1	0	
7	5	7	1	1	0	0	1	1	
8	3	8	1	1	0	1	0	1	
9									

6 실험조건이 이 예제와 맞지 않은 조건이 있어서 A 열, B열, C열, D열에 다음과 같이 0, 1을 입력 변경하여 실험조건을 다음과 같이 수정하고 C9열에 변수 이름을 "자료"라고 입력하여 해당수준에 데이터를 입력 한다.

워크시트 4 ***

↓	C1	C2	C3	C4	C5	C6	C7	C8	C9
	StdOrder	RunOrder	중앙점	블럭	A	B	C	D	자료
1	2	1	1	1	0	0	0	0	8
2	5	2	1	1	0	0	1	1	21
3	3	3	1	1	0	1	0	1	3
4	6	4	1	1	0	1	1	0	27
5	4	5	1	1	1	0	0	0	29
6	7	6	1	1	1	0	1	1	3
7	1	7	1	1	1	1	0	1	26
8	8	8	1	1	1	1	1	0	4
9									

7 통계분석(S) → 실험계획법(D) → 요인 설계(F) → 요인 설계 분석(A)...을 선택하고 나타난 대화상자에서 [반응] 항목에 마우스 포인트를 올려놓고 C9을 더블클릭하고 [항] 버튼을 클릭한다.

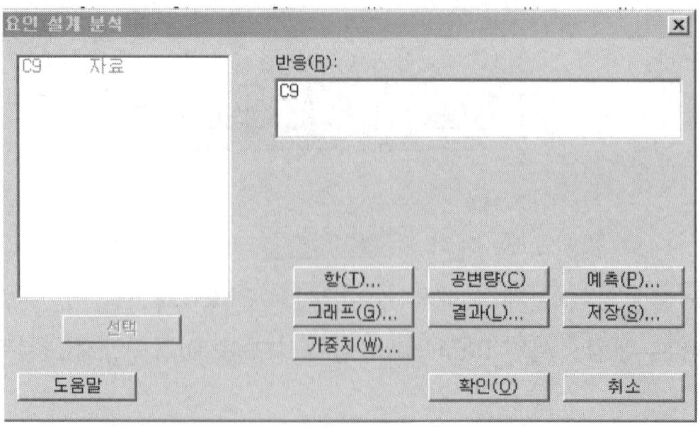

8 [사용가능] 항목에 있던 A, C, D, AC인자를 옆의 화살표를 이용하여 [선택됨] 항목으로 이동 시키고 확인(O) 버튼을 클릭하고 원 상태로 돌아오면 다시 확인(O) 버튼을 누른다.

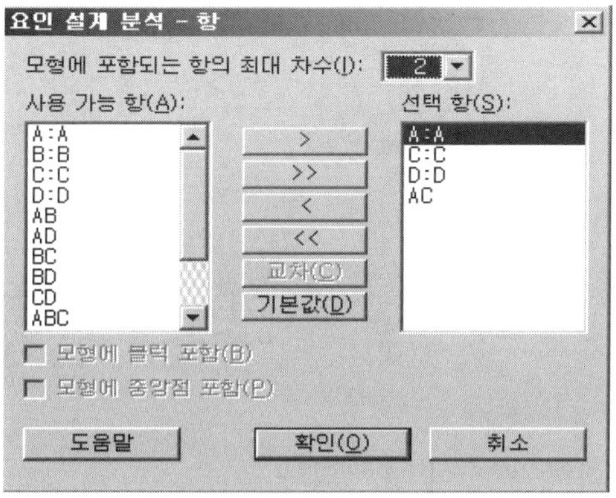

9 [그래프] 버튼을 누르고 그래프 대화상자에서 효과그림의 [정규확률도], [Pareto], [잔차]를 체크 및 선택하고 확인(O) 버튼을 클릭한다. 원 상태로 돌아오면 다시 [결과] 버튼을 누른다.

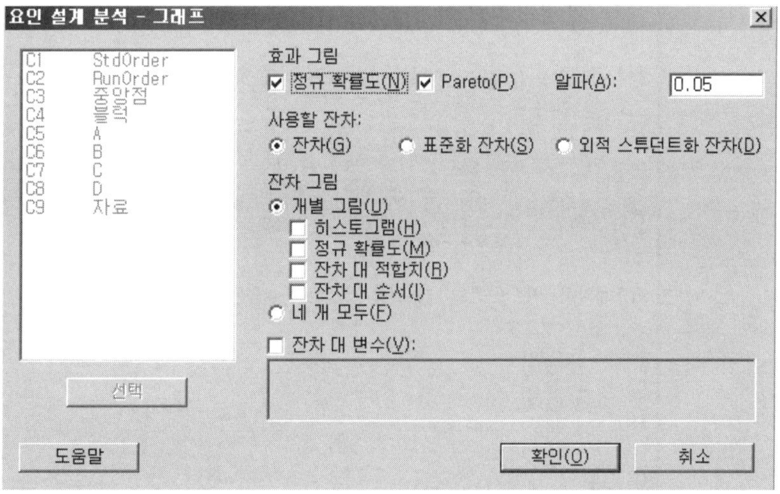

10 결과 대화상자에서 [계수 및 분산분석표] 항목과 [기본상호작용] 항목을 선택하고 확인(O) 버튼을 누른다. 원상태로 돌아오면 다시 확인(O) 버튼을 누른다.

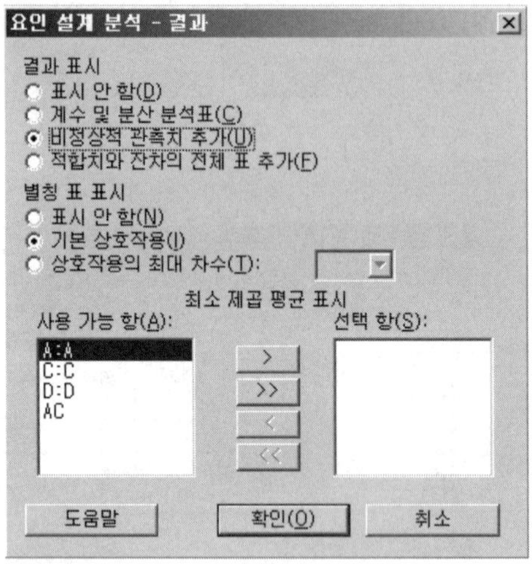

11 [세션] 창에 다음과 같이 표시된다.

세션

요인 적합: 자료 대 A, C, D

자료에 대한 추정된 효과 및 계수(코드화된 단위)

항	효과	계수	SE 계수	T	P
상수		15.13	0.5543	27.28	0.000
A	0.75	0.37	0.5543	0.68	0.547
C	-2.75	-1.37	0.5543	-2.48	0.089
D	-3.75	-1.88	0.5543	-3.38	0.043
A*C	-21.25	-10.63	0.5543	-19.17	0.000

S = 1.56791 R-제곱 = 99.23% R-제곱(수정) = 98.20%

자료에 대한 분산 분석(코드화된 단위)

출처	DF	Seq SS	Adj SS	Adj MS	F	P
주효과	3	44.375	44.375	14.792	6.02	0.087
2원 상호작용	1	903.125	903.125	903.125	367.37	0.000
잔차 오차	3	7.375	7.375	2.458		
전체	7	954.875				

코드화되지 않은 단위의 데이터를 사용하여 추정된 자료의 계수

항	계수
상수	7.37500
A	22.0000
C	18.5000
D	-3.75000
A*C	-42.5000

해석 선택된 모형에서는 A*C 와 D계수가 유의적으로 나타나고(유의수준 5%) 결정계수가 99.23%로서 "모형이 적합하다" 고 간 주 할 수 있다. 그러고 분산분석표에서도 주효과는 유의수준 10%에서 유의적으로 나타나고 있고 2원 상호작용(A*C)는 유의수준 5%에서 유의적으로 나타나고 있다.

12 효과그림 분석

▶ 표준화된 효과의 정규 확률그림

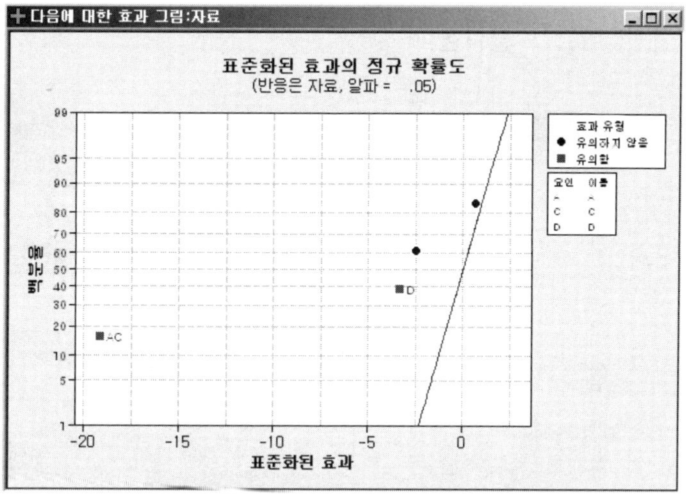

해석 비유의적인 인자는 직선 근처에 나타난다. 즉, 수준이 변해도 별로 변화하지 않음을 의미하고 멀리 떨어져 표시될수록 유의성이 크다는 의미이다. 여기서는 2원 상호작용(A*C)과 주효과(D)가 유의적이다.

▶ 표준화된 효과의 파레토그림

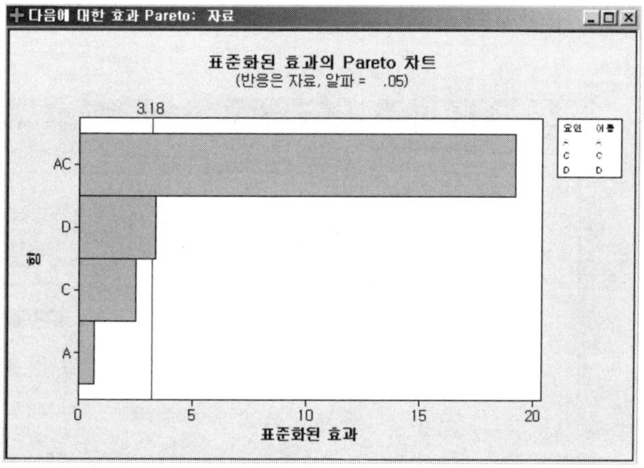

해석 중간의 실선(0.05유의선)보다 크게 나타나면 유의성을 가지고 있고 실선보다 작게 나타나면 비유의적이라고 볼 수 있다. 여기서도 2원 상호작용(A*C)과 주효과(D) 가 유의적이다.

≪최적수준 조합≫을 알아보기 위한 순서는 다음과 같다.

1 통계분석(S) → 실험계획법(D) → 요인 설계(F) → 요인 그림(F)... 선택하고 나타난 요인그림 대화상자에서 [주효과도], [상호효과도] 및 [데이터 평균] 항목을 선택 체크하고 [설정] 버튼을 클릭한다.

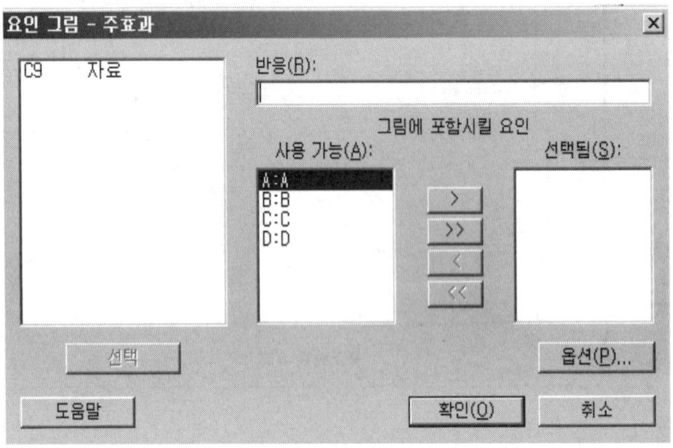

2 [반응] 항목에 마우스 포인트를 올려놓고 C9을 더블클릭하고 [사용가능] 항목에 있던 A, C, D인자를 옆의 화살표를 이용하여 [선택됨] 항목으로 이동 시키고 확인(O) 버튼을 누른다. [상호효과 그림] 설정도 유사하게 한다. [요인 그림] 대화상자로 돌아오면 다시 확인(O) 버튼을 누른다.

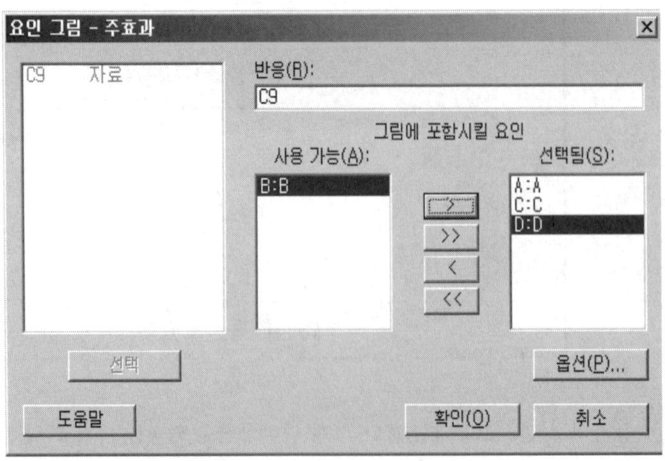

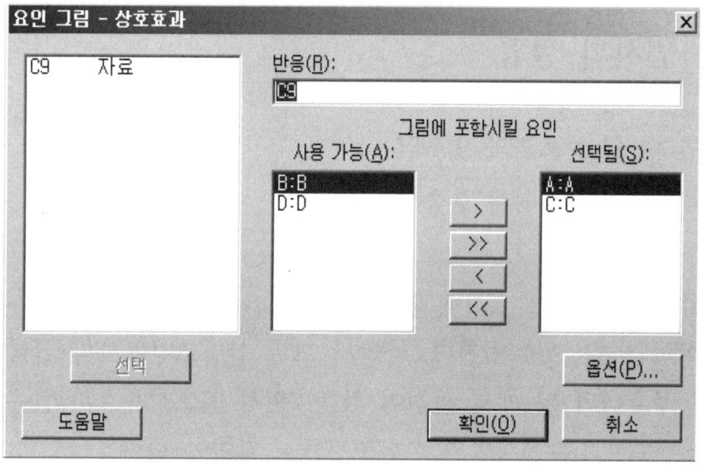

3 주효과 및 상호 효과도 출력

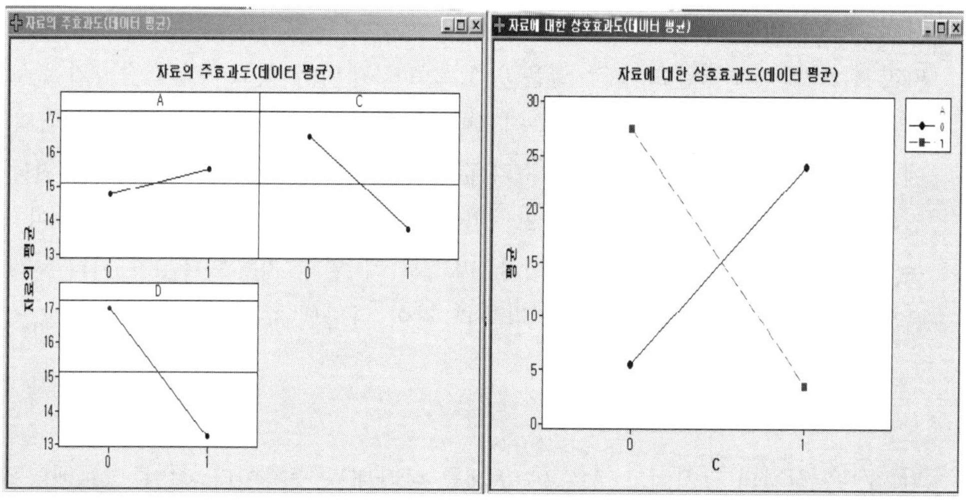

해석 주효과 그림에서는 최적수준조합은 A1C0D0이 되고 상호 효과그림에서는 교차하여 나타나고 있으므로 상호(교호)작용은 있는 것(A*C)으로 판단된다.

4. 3수준 인자의 실험

3수준인자들의 주효과와 몇 개의 2인자 교호작용효과에 관심이 있는 경우에 일부실시법의 실험조건을 쉽게 결정해 주는 3수준직교배열표인 $L_9(3^4)$, $L_{27}(3^{13})$직교배열표가 있다.

모든 인자의 3수준인 3^n요인배치법의 실험에서는 2수준 실험과 유사하게 n이 커짐에 따라서 기하급수적으로 커진다. 따라서 모든 실험조건에서의 실험의 실시가 불가능해지므로 주효과와 몇 개의 관심이 있는 2인자 교호작용효과의 유의성을 검출할 수 있도록 해 주는 일부실시법의 실험조건들을 찾아야 한다.

2수준직교배열표와 유사하게 3수준직교배열표는 3^n요인배치법의 일부실시법의 실험조건을 정의대비를 이용하지 않고 단지 직교배열표의 열에 인자들을 배치함으로써 보다 쉽게 구할 수 있도록 도와주는 표이고 고려된 인자가 모두 3수준인 경우에는 인자의 주효과의 자유도는 $3-1=2$가 된다.

따라서 3수준직교배열표의 각 열은 0, 1, 2로 구성되어 있고 3개의 숫자가 똑같은 수만큼 반복이 되어 각 인자의 3수준직교배열표의 열에 배치되는데, 배치된 열의 각 행에 있는 숫자가 배치된 인자의 수준의 값이 된다. 직교배열표의 열에 의한 변동은, 그 열의 각각의 행에서의 값인 0, 1, 2에 따라서 특성치들을 3그룹으로 분류하여 얻어지는, 3그룹 간의 특성치들의 변동이다. 따라서 각 열의 자유도가 2가 된다.

3수준직교배열표는 일반적으로 다음과 같이 나타낼 수 있다.

$$L_{3^m}(3^{(3^m-1)/2})$$

단, 3^m은 실험의 크기이고, 3은 3수준계를 나타내는 숫자이다. 3수준직교배열표의 각 열의 자유도는 2이어서, 직교배열표의 열의 수는, 가로 안의 3의 지수인 $(3^m-1)/2$이다. 가장 많이 사용되는 3수준직교배열표는 $m=2$인 $L_9(3^4)$직교배열표와 $m=3$인 경우의 $L_{27}(3^{13})$직교배열표이다.

1) $L_9(3^4)$직교배열표를 이용한 실험계획

$L_9(3^4)$직교배열표의 구성은 다음과 같다.

•• $L_9(3^4)$직교배열표

실험번호	열 번 호				실험조건
	1	2	3	4	
1	0	0	0	0	
2	0	1	1	1	
3	0	2	2	2	
4	1	0	1	2	
5	1	1	2	0	
6	1	2	0	1	
7	2	0	2	1	
8	2	1	0	2	
9	2	2	1	0	
기본표시	a	b	a b	a b^2	
배 치					

이 표에서 $L_9(3^4)$직교배열표의 총 실험횟수는 $3^2=9$로 직교배열표의 행의 수가 되고 각 열이 0, 1, 2로 구성되어 있기 때문에 각 열의 자유도는 3−1인 2이고, 전체의 자유도는 총 실험횟수 −1인 8이기 때문에 열의 수는 (전체의 자유도)/(열의 자유도) $=8/2=4$가 된다.

인자가 배치된 열의 숫자 0, 1, 2는 해당열에 배치된 각각의 인자의 수준을 표시한다. 직교배열표의 각 열에 의한 변동은 각 실험조건에서 실험된 9개의 특성치들을 각 열의 숫자인 0, 1, 2에 따라서 3그룹으로 나누어서 일원배치법에서와 같은 방법으로 3그룹 간의 변동을 계산하여 결정된다. 따라서 9개의 실험자료의 총변동은 4개의 각 열 간의 변동으로 분할된다.

각 열의 기본표시에는 a, b, ab, ab^2으로 나누어져 있다. 3수준직교배열표의 각 열의 자유도는 2이기 때문에, 실험자가 2인자 교호작용효과의 검출에 관심이 있을 경우에, 교호작용에 해당되는 열은 2개 열이 된다. 기본표시가 a, b인 1열과 2열의 교호작용에 해당되는 2개 열은 기본표시가 ab, ab^2에 해당되는 3열과 4열이다. 따라서, 주효과가 배치된 2개 열의 기본표시의 3진법연산에 의해서 교호작용에 해당되는 2개 열이 결정되어, 교호작용효과가 배치된다. 즉, 예를 들어 기본표시가 x, y인 2개 열의 교호작용에 해당되는 열은 기본표시가 xy, xy^2에 해당되는 열이다.

교호작용과 오차가 무시할 수 있으면 $L_9(3^4)$형 직교배열표의 각 열에 4개의 인자를 배치할 수도 있다. 이 경우에는 총 변동이 4개의 주효과들의 변동으로 분할되어서, 오차의 변동을 독립적으로 구할 수가 없기 때문에 각 열의 변동에 따라서 열에 배치된

4개의 인자들 간의 상대적인 중요성을 평가할 수도 있다.

$L_9(3^4)$형 직교배열표의 기본표시가 ab인 3열은 기본표시가 a인 1열과 기본표시가 b인 2열을 3진법으로 더하여 얻은 것이다. 예를 들어서 실험번호 9에서는 $2+2=4$이고 4를 3진법으로 표시하면 1이 되고, 이 값이 3열의 값이다. 4열은 1열을 2배 한 후에 2열을 3진법으로 더해서 얻는다. 따라서 기본표시도 a^2b로 쓰는 것이 타당해 보인다. 그러나 3수준계의 기본표시에서는 a나 a^2이나 똑같은 정보를 제공한다.

따라서 다음과 같은 결과를 만족한다.

$$a^2b=(a^2b)^2=a^4b^2=a^3ab^2=ab^2$$

$$a^3=b^3=c^3=\cdots=1$$

실험의 랜덤화는 인자들을 직교배열표의 열에 합리적으로 배치한 후에, 각 열에 배치된 인자의 3수준을 랜덤하게 0, 1, 2에 할당하여 실험조건이 결정된 후에, 9개의 실험조건의 실험을 실시하는 순서는 완전확률화법에 의해 랜덤하게 실시한다.

기본 예제 9.3

교호작용효과를 무시하고 3인자 A, B, C의 주효과만을 검토하기 위하여 $L_9(3^4)$ 직교배열표의 4개의 열 중에서 3개의 열을 임의로 선택하여 A, B, C를 배치하고 특성치에 영향을 주는 유의한 효과의 검출하기 위하여 랜덤한 순서대로 다음 결과를 얻었다.

실험번호	열 번 호				실험조건	특성치
	1	2	3	4		
1	0	0	0	0	$A_0B_0C_0$	14
2	0	1	1	1	$A_1B_0C_1$	17
3	0	2	2	2	$A_2B_0C_2$	1
4	1	0	1	2	$A_0B_1C_2$	58
5	1	1	2	0	$A_1B_1C_0$	56
6	1	2	0	1	$A_2B_1C_1$	56
7	2	0	2	1	$A_0B_2C_1$	62
8	2	1	0	2	$A_1B_2C_2$	35
9	2	2	1	0	$A_2B_2C_0$	32
기본표시	a	b	a b	a b^2		
배 치	B	A	e	C		

분산분석표를 작성하고 특성치에 영향을 주는 인자를 검토하고 가장 크게하는 최적 수준조합에서의 95% 신뢰구간을 계산하라.

결과

계산의 편리성을 위하여 다음과 계산표를 만든다.

우선, 각 열의 0, 1, 2 그룹의 3개의 특성치들의 합인 T_0, T_1, T_2를 계산해야 되는데 1열의 경우에는 다음과 같다.

$T_0 = 14 + 17 + 1 = 32$(0 그룹)

$T_1 = 58 + 56 + 56 = 170$(1 그룹)

$T_2 = 62 + 35 + 32 = 129$(2 그룹)

유사한 방법으로 2,3,4열도 계산한다.
각 열의 변동은 3수준인 일원배치법의 처리변동으로 간주되며 1열의 경우에는 3그룹 간의 변동으로 다음과 같이 계산된다. 다른 변동도 유사한 방법으로 계산된다.

$$S_1 = \frac{32^2 + 170^2 + 129^2}{3} - \frac{331^2}{9} = 3348.22$$

••계 산 표

열 번 호	1	2	3	4
배 치	B	A	e	C
T_0	32	134	105	102
T_1	170	108	107	135
T_2	129	89	119	94
T	331	331	331	331
$S = \frac{T_0^2 + T_1^2 + T_2^2}{3} - \frac{T_2}{9}$	3348.22	340.22	38.22	314.89

직교배열표의 4열들의 변동의 합은

$$S_1 + S_2 + S_3 + S_4 = 3348.22 + 340.22 + 38.22 + 314.89 = 4041.56$$

다른 방법으로 총변동은 전체자료를 이용하여 다음과 같이 계산된다.

$$SST = 14^2 + 17^2 + \cdots + 32^2 - \frac{331^2}{9} = 4041.56$$

따라서 총변동이 4개 열들의 변동으로 분할됨을 확인할 수 있다.
위 자료를 이용하여 분산 분석표를 다음과 같이 작성된다.

●● 분산분석표

요 인	제곱합	자유도	평균제곱	F_0	$F_{0.05}(2,2)$
A	340.22	2	170.11	8.90	19.0
B	3348.22	2	1674.11	87.60*	
C	314.89	2	157.44	8.24	
오차 E	38.22	2	19.11		
T	4041.56	8			

위 분산 분석표에서 인자 A가 2열에 배치되어서 A에 의한 변동 SSA는 2열의 변동이고 B, C 와 오차 E의 변동은 1, 4, 3열의 변동이다.
따라서 인자 B가 유의수준 $\alpha = 0.05$에서 유의하기 때문에 특성치에 영향을 줄 수 있다고 판단한다.

위 모형의 모형은 다음과 같이 나타낼 수 있다.

$$y_{ijk} = \mu + a_i + b_j + c_k + \varepsilon_{ijk}$$

위 예제의 실험조건을 다음과 같이 행, 열, 칸으로 표시하면 라틴방격법의 모형과 같은 모형이 된다.

	B_0	B_1	B_2
A_0	C_0	C_2	C_1
A_1	C_1	C_0	C_2
A_2	C_2	C_1	C_0

최적조건에서의 모평균의 신뢰구간를 계산하기 위하여 위의 계산표에서 특성치를 가장 크게 하는 A, B, C의 조건은 $A_0B_1C_1$가 된다.

$A_0B_1C_1$에서의 모평균의 추정치는

$$
\begin{aligned}
\hat{\mu}(A_0B_1C_1) &= \mu + \widehat{a_0 + b_1} + c_1 \\
&= (\widehat{\mu + a_0}) + (\widehat{\mu + b_1}) + (\widehat{\mu + c_1}) - 2\hat{\mu} \\
&= \bar{y}_{0..} + \bar{y}_{.1.} + \bar{y}_{..1} - 2\bar{\bar{y}} \\
&= \frac{134}{3} + \frac{170}{3} + \frac{135}{3} - 2 \times \frac{331}{9} \\
&= 72.78
\end{aligned}
$$

유효반복수 $\frac{1}{n_e} = \frac{1}{3} + \frac{1}{3} + \frac{1}{3} - \frac{2}{9} = \frac{7}{9}$이 되므로 $\mu(A_0B_1C_1)$의 95% 신뢰구간은 다음과 같이 추정된다.

$$
\begin{aligned}
& 72.78 \pm t(2;0.025)\sqrt{19.11 \times \frac{7}{9}} \\
&= 72.78 \pm 4.303\sqrt{19.11 \times \frac{7}{9}} \\
&= 72.78 \pm 3.86
\end{aligned}
$$

Minitab

1 다음과 같이 자료를 입력한다.

워크시트 2 ***

↓	C1	C2	C3	C4	C5
	A	B	C	DATA	
1	0	0	0	14	
2	1	0	1	17	
3	2	0	2	1	
4	0	1	2	58	
5	1	1	0	56	
6	2	1	1	56	
7	0	2	1	62	
8	1	2	2	35	
9	2	2	0	32	
10					

2 통계분석(S) → 분산 분석(A) → 일반 선형 모형(G)... 선택하고 [반응] 항목란에 마우스 포인터를 올려놓고 C4를 더블 클릭하고 [모형] 란에는 A, B, C를 입력하고 확인(O) 버튼을 누른다.

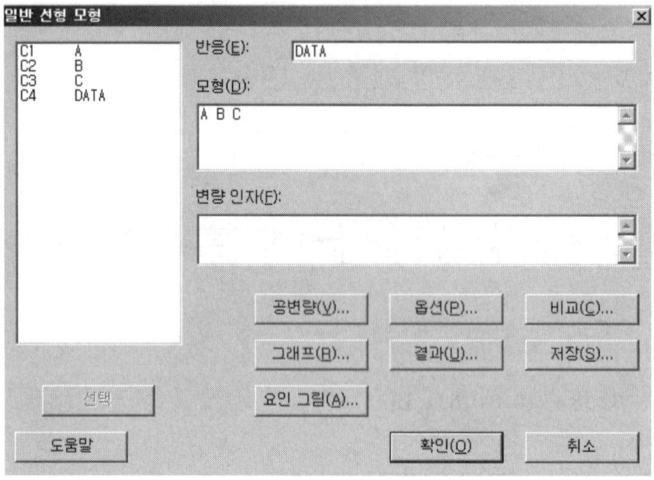

3 [세션] 창에 다음과 같은 결과가 표시되어 나타난다.

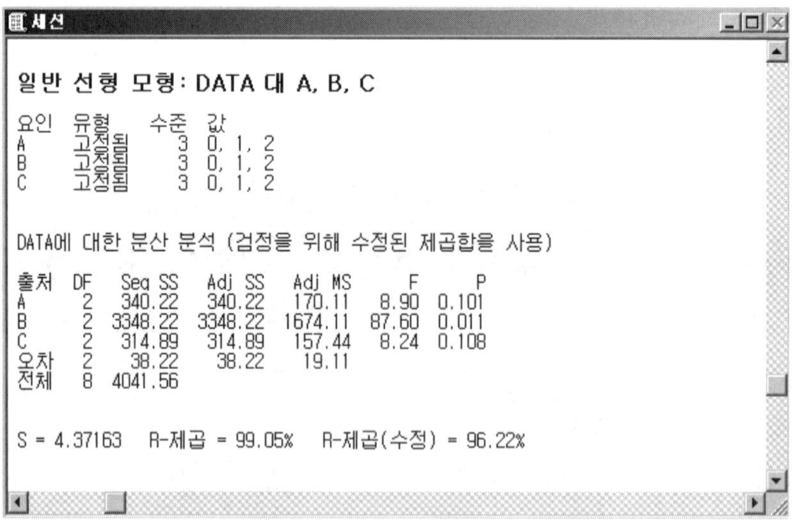

세션

일반 선형 모형: DATA 대 A, B, C

요인	유형	수준	값
A	고정됨	3	0, 1, 2
B	고정됨	3	0, 1, 2
C	고정됨	3	0, 1, 2

DATA에 대한 분산 분석 (검정을 위해 수정된 제곱합을 사용)

출처	DF	Seq SS	Adj SS	Adj MS	F	P
A	2	340.22	340.22	170.11	8.90	0.101
B	2	3348.22	3348.22	1674.11	87.60	0.011
C	2	314.89	314.89	157.44	8.24	0.108
오차	2	38.22	38.22	19.11		
전체	8	4041.56				

S = 4.37163 R-제곱 = 99.05% R-제곱(수정) = 96.22%

해석 분산분석표에서 유의수준 5%에서 주효과 B인자만 유의적인 인자로 나타나고 있다

2) $L_{27}(3^{13})$직교배열표를 이용한 실험계획

$L_{27}(3^{13})$직교배열표의 구성원리는 $L_9(3^4)$직교배열표의 확장 개념이다. $L_{27}(3^{13})$직교배열표는 3^3요인배치법에 근거하여 직교배열표가 만들어졌기 때문에, 실험의 크기 27, 직교배열표의 열의 수는 13이고 각 열의 기본표시가 a, b, c의 결합으로 이루어진 다음과 같은 모습을 가진다.

●● $L_{27}(3^{13})$직교배열표

실험 번호	열 번호 1	2	3	4	5	6	7	8	9	10	11	12	13	실험 조건
1	0	0	0	0	0	0	0	0	0	0	0	0	0	
2	0	0	0	0	1	1	1	1	1	1	1	1	1	
3	0	0	0	0	2	2	2	2	2	2	2	2	2	
4	0	1	1	1	0	0	0	1	1	1	2	2	2	
5	0	1	1	1	1	1	1	2	2	2	0	0	0	
6	0	1	1	1	2	2	2	0	0	0	1	1	1	
7	0	2	2	2	0	0	0	2	2	2	1	1	1	
8	0	2	2	2	1	1	1	0	0	0	2	2	2	
9	0	2	2	2	2	2	2	1	1	1	0	0	0	
10	1	0	1	2	0	1	2	0	1	2	0	1	2	
11	1	0	1	2	1	2	0	1	2	0	1	2	0	
12	1	0	1	2	2	0	1	2	0	1	2	0	1	
13	1	1	2	0	0	1	2	1	2	0	2	0	1	
14	1	1	2	0	1	2	0	2	0	1	0	1	2	
15	1	1	2	0	2	0	1	0	1	2	1	2	0	
16	1	2	0	1	0	1	2	2	0	1	1	2	0	
17	1	2	0	1	1	2	0	0	1	2	2	0	1	
18	1	2	0	1	2	0	1	1	2	0	0	1	2	
19	2	0	2	1	0	2	1	0	2	1	0	2	1	
20	2	0	2	1	1	0	2	1	0	2	1	0	2	
21	2	0	2	1	2	1	0	2	1	0	2	1	0	
22	2	1	0	2	0	2	1	1	0	2	2	1	0	
23	2	1	0	2	1	0	2	2	1	0	0	2	1	
24	2	1	0	2	2	1	0	0	2	1	1	0	2	
25	2	2	1	0	0	2	1	2	1	0	1	0	2	
26	2	2	1	0	1	0	2	0	2	1	2	1	0	
27	2	2	1	0	2	1	0	1	0	2	0	2	1	
기본표시	a	b	ab	ab^2	c	ac	ac^2	bc	abc	ab^2c^2	bc^2	ab^2c	abc^2	
배치														

위 직교배열표의 각 열에 인자를 배치하는 경우, 총 27회 실험으로 13개까지의 3수준인자를 배치하여 실험을 랜덤화하여 실험자료를 분석한 후에 각 인자의 변동의 크기를 비교함으로써 인자들의 상대적인 중요성을 평가할 수 있는 정보를 제공한다.

교호작용효과의 검출에 관심이 있는 경우에, 직교배열표를 이용하여 실험계획을 작성하는데 교호작용효과는 반드시 주효과가 배치된 두 열의 교호작용에 해당되는 2개 열에 교호작용효과가 배치되어야 한다는 것이다. 3수준인자의 경우에는 2인자 교호작용의 자유도가 4이기 때문이다. 예를 들어서 1열과 5열의 교호작용에 해당되는 열은 기본 표시가 각각의 기본표시의 곱인 $a \cdot c$와, 1열 기본표시와 5열 기본표시의 제곱의 곱인 $a \cdot c^2$에 해당되는 6열, 7열이 된다. 즉 기본표시에 문자 a, c의 결합을 갖는 2개 열이 교호작용에 해당되는 열이다. 따라서 1열에 인자 A를, 5열에 인자 B를 배치한 경우에는, 1, 5열의 교호작용열에 해당되는 6열과 7열에 교호작용효과 $A \times B$를 배치해야 한다. 또 다른 예로 2개 열의 교호작용에 대한 3진법 연산이 약간 복잡한 경우를 생각하자. 4열과 9열의 교호작용에 해당되는 열의 기본표시는 기본표시가 각 열의 기본표시의 곱인

$$ab^2 \times abc = a^2b^3c = a^2c = (a^2c)^2 = a^4c^2 = ac^2$$

과 4열 기본표시와 9열 기본표시의 제곱의 곱처럼 다음을 만족시킨다.

$$ab^2 \times (abc)^2 = a^3b^4c^2 = bc^2$$

따라서 기본표시가 ac^2인 7열과 기본표시가 bc^2인 11열이 4열과 9열의 교호작용에 해당되는 열이다. 따라서 4열과 9열에 인자 A, B를 배치한 경우에는 4, 9열의 교호작용열인 7, 11열에는 다른 인자가 배치되어서는 안 되고 교호작용효과 $A \times B$가 배치되어야 한다. 3수준직교배열표의 두 열의 교호작용에 해당되는 열들을 구한 결과들을 표로 정리하여 기본표시의 3진법 연산을 하지 않고도, 2인자 교호작용에 해당되는 열을 쉽게 찾을 수 있도록 만들어 놓은 표는 다음과 같다. 4열과 9열의 교호작용열을 다음페이지의 교호작용을 구하는 표에서 찾기 위해서는, 우선 대각선에 있는 값 중에서 (4)를 찾아서 행을 결정하고, 열 번호 행인 1행에서 9를 찾아 열을 결정하고, 결정된 행과 열이 만나는 칸의 두 수인 7과 11이 4열과 9열의 교호작용에 해당되는 열이 된다. 교호작용을 구하는 표에서 1, 4열의 교호작용열을 구해 보면 2, 3열이 되고, 5, 8열의 교호작용열을 구해 보면 2, 11열임을 확인 할 수 있다.

●● 3수준직교배열표에서 2인자 교호작용을 구하는 표

열번호	1	2	3	4	5	6	7	8	9	10	11	12	13
	(1)	3 4	2 4	2 3	6 7	5 7	5 6	9 10	8 10	8 9	12 13	11 13	11 12
		(2)	1 4	1 3	8 11	9 12	10 13	5 11	6 12	7 13	5 8	6 9	7 10
			(3)	1 2	9 13	10 11	8 12	7 12	5 13	6 11	6 10	7 8	5 9
				(4)	10 12	8 13	9 11	6 13	7 11	5 12	7 9	5 10	6 8
					(5)	1 7	1 6	2 11	3 13	4 12	2 8	4 10	3 9
						(6)	1 5	4 13	2 12	3 11	3 10	2 9	4 8
							(7)	3 12	4 11	2 13	4 9	3 8	2 10
								(8)	1 10	1 9	2 5	3 7	4 6
									(9)	1 8	4 7	2 6	3 5
										(10)	3 6	4 5	2 7
											(11)	1 13	1 12
												(12)	1 11

2인자 교호작용효과를 확인하고자 하는 경우에 3수준인자들의 실험계획에서는 인자가 3개 이상이고, 교호작용효과의 자유도가 4가 되어서 2개 열에 배치되기 때문에 적어도 5개의 열이 필요하므로 $L_{27}(3^{13})$직교배열표를 사용하여야 가능하다.

$L_{27}(3^{13})$직교배열표를 사용하여 요인효과들을 배치할 때에 인자의 주효과와 교호작용효과가 서로 교락되지 않도록 2인자 교호작용을 구하는 표를 이용해서 주효과와 교호작용효과들을 적절하게 배치할 수가 있다.

다른 방법으로 인자의 주효과와 교호작용효과를 그림을 통해서 직교배열표의 각 열에 시각적으로 쉽게 배치할 수 있도록 만들어 놓은 $L_{27}(3^{13})$형 선점도의 유형은 다음 그림과 같다. 선점도에서 두 점을 연결하는 선에 나타난 두 숫자가 해당되는 두 열의 교호작용열이다. 점의 번호에는 인자를 배치하고 두 점 사이의 선에 있는 2개의 열 번호에 교호작용효과를 배치한다.

[$L_{27}(3^{13})$형 선점도]

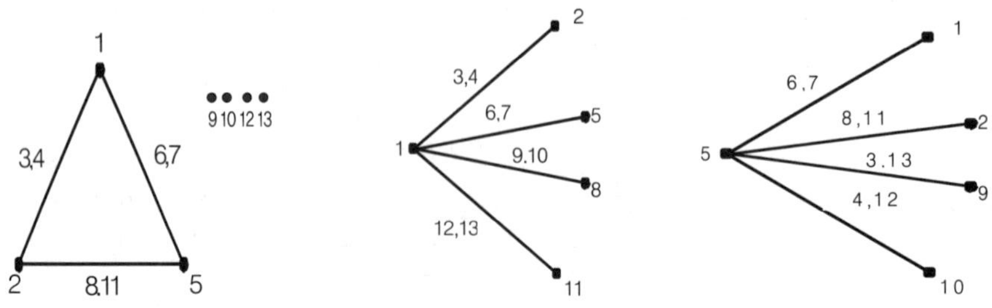

(A) (B) (C)

기본 예제 9.4

각 3수준인자 A, B, C, D, F, G와 교호작용 $A \times B$, $A \times C$를 확인하고자 한다. 각 열에 인자를 어떻게 배치하는 방법을 계획하시오.

결과

구하고자 하는 요인의 총자유도는 20이므로 $L_{27}(3^{13})$형에 배치되어야 한다.

요인	A	B	C	D	F	G	$A \times B$	$A \times C$	합
자유도	2	2	2	2	2	2	4	4	20

가능한 선점도는 다음과 같이 계획 가능하다.

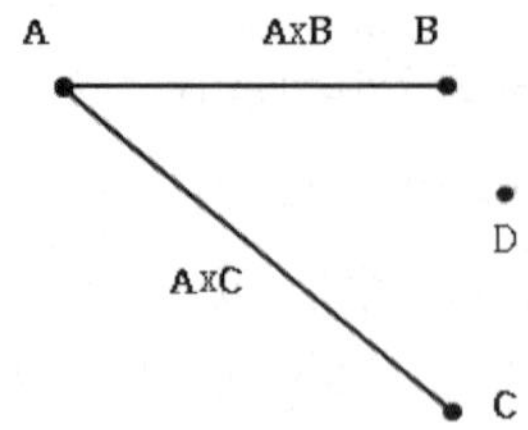

이 선점도를 포함할 수 있는 $L_{27}(3^{13})$의 선점도는 위의 $L_{27}(3^{13})$의 선점도의 유형 (A, B, C) 모두 가능하지만 (A) 유형을 사용하여 배치하면 다음과 같다.

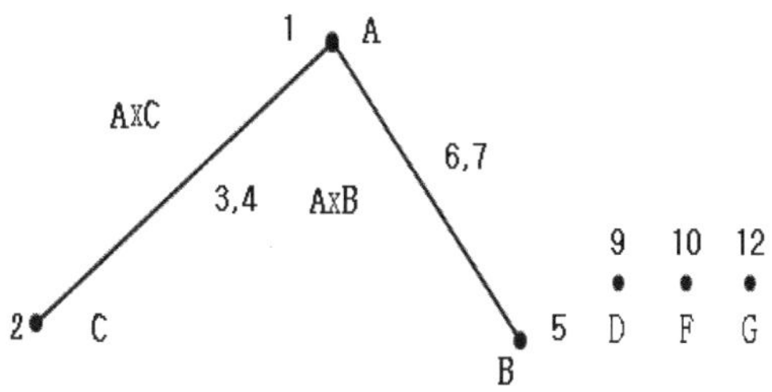

즉, A, B, C, D, F, G는 1 ,5, 2, 9, 10, 12 열에 배치시키고 $A \times B$는 6, 7 열에,$A \times C$는 3, 4 열에 배치하면 된다.

$L_{27}(3^{13})$ 선점도상에 배치

실험번호	열				번				호				
	1	2	3	4	5	6	7	8	9	10	11	12	13
기본표시	a	b	a	a	c	a	a	b	a	a	b	a	a
			b	b^2		c	c^2	c	b	b^2	c^2	b^2	b
									c	c^2		c	c^2
배 치	A	C	$A \times C$	$A \times C$	B	$A \times B$	$A \times B$	e	D	F	e	G	e

각 열의 변동은 다음과 같은 식으로 계산된다.

$\frac{1}{9}$[(수준 0의 데이터합)^2+(수준 1의 데이터합)^2+(수준 2의 데이터합)^2)]−CT

따라서 A, B, C, D, F, G는 1 ,5, 2, 9, 10, 12 열의 변동이며 $A \times B$의 변동은 6, 7 열의 변동의 합, $A \times C$는 3, 4 열의 변동의 합으로 계산된다.

즉, $S_{A \times C} = S_{(3)} + S_{(4)} = S_{AC} + S_{AC^2}$, $S_{A \times B} = S_{(6)} + S_{(7)} = S_{AB} + S_{AB^2}$

예를 들어 3열과 4열의 변동을 구분하여 3열의 변동을 S_{AC}, 4열의 변동을 S_{AC^2}이라고 일반적으로 표기한다.

기본 예제 9.5

3^n 형 직교 배열표를 이용하여 교호 작용을 무시할 수 없는 경우에 A, B, C, D, F, G와 교호작용 $B\times C$를 확인하기 위하여 $L_{27}(3^{13})$형의 직교배열표를 사용하여 랜덤으로 다음과 같은 자료를 수집하였다. 분산분석표를 작성하고 특성치에 영향을 주는 인자를 검토하고 가장 크게하는 최적수준조합에서의 95% 신뢰구간을 계산하라.

•• $L_{27}(3^{13})$ 실험자료

실험번호	열 번 호													특성치
	1	2	3	4	5	6	7	8	9	10	11	12	13	
1	0	0	0	0	0	0	0	0	0	0	0	0	0	0.9
2	0	0	0	0	1	1	1	1	1	1	1	1	1	0.9
3	0	0	0	0	2	2	2	2	2	2	2	2	2	1.2
4	0	1	1	1	0	0	0	1	1	1	2	2	2	0.9
5	0	1	1	1	1	1	1	2	2	2	0	0	0	1.3
6	0	1	1	1	2	2	2	0	0	0	1	1	1	2.2
7	0	2	2	2	0	0	0	2	2	2	1	1	1	1.3
8	0	2	2	2	1	1	1	0	0	0	2	2	2	1.8
9	0	2	2	2	2	2	2	1	1	1	0	0	0	2.1
10	1	0	1	2	0	1	2	0	1	2	0	1	2	0.8
11	1	0	1	2	1	2	0	1	2	0	1	2	0	1.1
12	1	0	1	2	2	0	1	2	0	1	2	0	1	1.9
13	1	1	2	0	0	1	2	1	2	0	2	0	1	1.1
14	1	1	2	0	1	2	0	2	0	1	0	1	2	2.4
15	1	1	2	0	2	0	1	0	1	2	1	2	0	1.8
16	1	2	0	1	0	1	2	2	0	1	1	2	0	1.8
17	1	2	0	1	1	2	0	0	1	2	2	0	1	2.5
18	1	2	0	1	2	0	1	1	2	0	0	1	2	2.6
19	2	0	2	1	0	2	1	0	2	1	0	2	1	0.9
20	2	0	2	1	1	0	2	1	0	2	1	0	2	1.9
21	2	0	2	1	2	1	0	2	1	0	2	1	0	2.0
22	2	1	0	2	0	2	1	1	0	2	2	1	0	1.7
23	2	1	0	2	1	0	2	2	1	0	0	2	1	2.0
24	2	1	0	2	2	1	0	0	2	1	1	0	2	2.6
25	2	2	1	0	0	2	1	2	1	0	1	0	2	1.8
26	2	2	1	0	1	0	2	0	2	1	2	1	0	2.6
27	2	2	1	0	2	1	0	1	0	2	0	2	1	4.8
기본표시	a	b	a b	a b^2	c	a c	a c^2	b c	a b c	a b^2 c^2	b c^2	a b^2 c	a b c^2	
배 치	A	B	e	e	C	D	e	$B\times C$	e	e	$B\times C$	F	G	

결과

우선 계산표 작성을 위하여 각 열의 9개씩의 0그룹, 1그룹, 2그룹 특성치의 합인 T_0, T_1, T_2를 계산한다. 예를 들어 1열의 경우에, T_0는 0에 해당되는 실험번호 1에서 9까지의 특성치들의 합, T_1은 1에 해당되는 실험번호 10에서 18까지의 특성치들의 합, T_2는 2에 해당되는 실험번호 19에서 27까지의 특성치들의 합으로 다음과 같다.

$$T_0 = 0.9 + 0.9 + \cdots + 2.1 = 12.6$$
$$T_1 = 0.8 + 1.1 + \cdots + 2.6 = 16$$
$$T_2 = 0.9 + 1.9 + \cdots + 4.8 = 20.3$$

각 열의 변동은 3수준일원배치법의 처리변동으로 계산한다. 1열의 변동은 다음과 같다.

$$S_1 = \frac{12.6^2 + 16.0^2 + 20.3^2}{9} - \frac{48.9^2}{27} = 3.31$$

유사한 방법으로 다음과 같은 계산표를 작성한다.

●● 계산표

열 번 호	1	2	3	4	5	6	7	8	9	10	11	12	13
배 치	A	B	e	e	C	D	e	$B\times C$	e	e	$B\times C$	F	G
T_0	12.6	11.6	16.2	17.5	11.2	15.9	18.5	16.1	19.4	15.5	17.8	16.1	15.3
T_1	16.0	16.0	17.4	16.1	16.5	17.1	14.7	17.1	14.8	16.1	15.4	16.5	17.6
T_2	20.3	21.3	15.3	15.3	21.2	15.9	15.7	15.7	14.7	17.3	15.7	16.3	16.0
T	48.9	48.9	48.9	48.9	48.9	48.9	48.9	48.9	48.9	48.9	48.9	48.9	48.9
$S = \frac{T_0^2 + T_1^2 + T_2^2}{9} - \frac{T^2}{27}$	3.31	5.24	0.25	0.28	5.56	0.11	0.86	0.12	1.60	0.19	0.38	0.01	0.31

분산분석표 작성하기 위한 인자의 변동은 인자 A가 1열에 배치되어서 A에 의한 변동 SSA는 1열의 변동이고 B, C, D, F는 2, 5, 6, 12열의 변동이다.

그리고 교호작용 $B\times C$는 8, 11열에 배치되어서 다음과 같이 나타낼 수 있다.

$$S_{B\times C} = S_{(8)} + S_{(11)} = 0.50$$

오차가 3, 4, 7, 9,10열에 배치되어서 오차변동은 다음과 같이 계산된다.

$$SSE = S_{(3)} + S_{(4)} + S_{(7)} + S_{(9)} + S_{(10)} = 3.18$$

•• 분산분석표

요 인	제곱합	자유도	평균제곱	F_0	$F_{(0.05)}$
A	3.31	2	1.66	5.19	
B	5.24	2	2.62	8.19	
C	5.56	2	2.78	8.69	4.10
D	0.11	2	0.06	0.19	
F	0.01	2	0.01	0.00	
G	0.31	2	0.16	0.50	
$B\times C$	0.50	4	0.13	0.41	3.48
오차 E	3.18	10	0.32		
T	18.22	26			

따라서 유의수준 $\alpha=0.05$에서 인자 A,B,C 가 특성치에 영향을 줄 수 있다고 판단된다. 즉, 인자 A, B, C 가 유의하게 나타나고 있다. 최적수준조합에서의 95% 신뢰구간은 ≪기본예제9.3≫과 유사하게 계산하면 된다.

Minitab

1 다음과 같이 자료를 입력한다.

워크시트 4 ***

↓	C1	C2	C3	C4	C5	C6	C7	C8
	A	B	C	D	F	G	자료	
1	0	0	0	0	0	0	0.9	
2	0	0	1	1	1	1	0.9	
3	0	0	2	2	2	2	1.2	
4	0	1	0	0	2	2	0.9	
5	0	1	1	1	0	0	1.3	
6	0	1	2	2	1	1	2.2	
7	0	2	0	0	1	1	1.3	
8	0	2	1	1	2	2	1.8	
9	0	2	2	2	0	0	2.1	
10	1	0	0	1	1	2	0.8	
11	1	0	1	2	2	0	1.1	
12	1	0	2	0	0	1	1.9	
13	1	1	0	1	0	1	1.1	
14	1	1	1	2	1	2	2.4	
15	1	1	2	0	2	0	1.8	
16	1	2	0	1	2	0	1.8	
17	1	2	1	2	0	1	2.5	
18	1	2	2	0	1	2	2.6	
19	2	0	0	2	2	1	0.9	
20	2	0	1	0	0	2	1.9	
21	2	0	2	1	1	0	2.0	
22	2	1	0	2	1	0	1.7	
23	2	1	1	0	2	1	2.0	
24	2	1	2	1	0	2	2.6	
25	2	2	0	2	0	2	1.8	
26	2	2	1	0	1	0	2.6	
27	2	2	2	1	2	1	4.8	
28								

2 통계분석(S) → 분산 분석(A) → 일반 선형 모형(G)... 선택하고 [반응] 항목란에 마우스 포인터를 올려놓고 C7를 더블 클릭하고 [모형] 란에는 A, B, C, D, F, G와 B*C를 입력하고 확인(O) 버튼을 누른다.

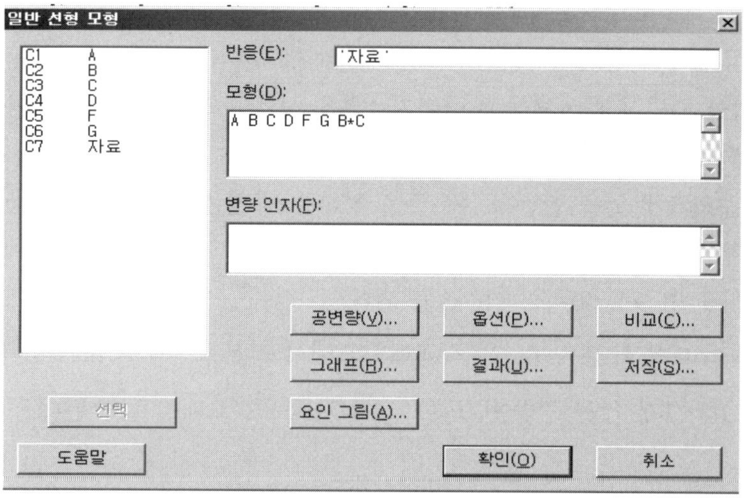

3 [세션] 창에 다음과 같은 결과가 표시되어 나타난다.

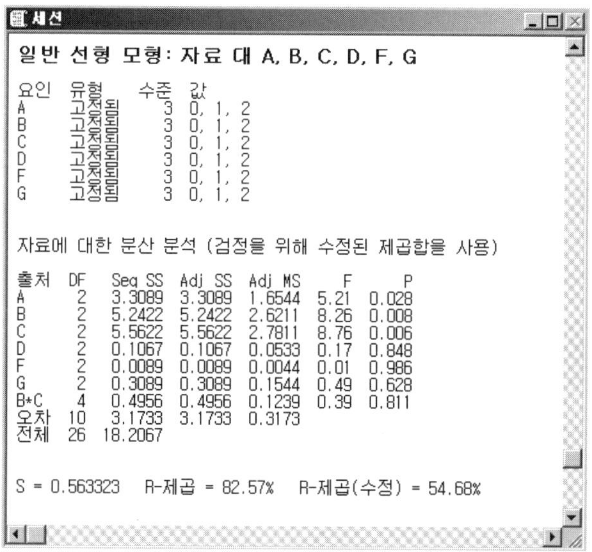

세션

일반 선형 모형: 자료 대 A, B, C, D, F, G

요인	유형	수준	값
A	고정됨	3	0, 1, 2
B	고정됨	3	0, 1, 2
C	고정됨	3	0, 1, 2
D	고정됨	3	0, 1, 2
F	고정됨	3	0, 1, 2
G	고정됨	3	0, 1, 2

자료에 대한 분산 분석 (검정을 위해 수정된 제곱합을 사용)

출처	DF	Seq SS	Adj SS	Adj MS	F	P
A	2	3.3089	3.3089	1.6544	5.21	0.028
B	2	5.2422	5.2422	2.6211	8.26	0.008
C	2	5.5622	5.5622	2.7811	8.76	0.006
D	2	0.1067	0.1067	0.0533	0.17	0.848
F	2	0.0089	0.0089	0.0044	0.01	0.986
G	2	0.3089	0.3089	0.1544	0.49	0.628
B*C	4	0.4956	0.4956	0.1239	0.39	0.811
오차	10	3.1733	3.1733	0.3173		
전체	26	18.2067				

S = 0.563323 R-제곱 = 82.57% R-제곱(수정) = 54.68%

해석 유의수준 $\alpha = 0.05$에서 인자 A, B, C가 특성치에 영향을 줄 수 있다고 판단된다. 즉, 인자 A, B, C가 유의하게 나타나고 있다.

5. 4수준 인자의 실험

4수준인자는 2수준직교배열표를 응용하여 실험을 계획하는 실험으로 4수준인자의 자유도는 3이다. 2수준직교배열표의 각각의 열의 자유도는 1이기 때문에 2수준직교배열표의 3개의 열에 4수준인자가 배치되어야 한다. 인자를 배치하는 방법은 우선 2개의 열을 랜덤하게 선택하고 나머지 1열은 선택된 2개 열의 교호작용에 해당되는 열을 선택하여 4수준인자를 배치한다. 즉, 3개의 열의 기본표시가 a, b, ab인 열을 합하여 4수준의 1개 열을 만든다. 4수준을 정하는 방법은 기본표시가 a, b인 열에서 얻어진 2진법의 두 자리의 수를 4진법으로 표현한다.

즉, 00→0, 01→1, 10→2, 11→3이 된다.

예를 들어 다음과 같은 $L_8(2^7)$직교배열표에서 기본표시가 a, b, ab인 1, 2, 3열을 합쳐서 4수준의 1개 열을 만들면 $L_8(4\times2^3)$형 응용직교배열표가 된다.

●● $L_8(2^7)$직교배열표

실험번호	열 번 호						
	1	2	3	4	5	6	7
1	0	0	0	0	0	0	0
2	0	0	0	1	1	1	1
3	0	1	1	0	0	1	1
4	0	1	1	1	1	0	0
5	1	0	1	0	1	0	1
6	1	0	1	1	0	1	0
7	1	1	0	0	1	1	0
8	1	1	0	1	0	0	1
기본표시	a	b	ab	c	ac	bc	abc
실험배치	A	B	$A\times B$	C	$A\times C$	D	e

●● $L_8(4\times2^3)$형 응용직교배열표

실험번호	열 번 호							
	1	2	3	[1]	4[2]	5[3]	6[4]	7[5]
1	0	0	0	0	0	0	0	0
2	0	0	0	0	1	1	1	1
3	0	1	1	1	0	0	1	1
4	0	1	1	1	1	1	0	0
5	1	0	1	2	0	1	0	1
6	1	0	1	2	1	0	1	0
7	1	1	0	3	0	1	1	0
8	1	1	0	3	1	0	0	1
기본표시	a	b	ab		c	ac	bc	abc
배 치								

이 $L_8(4\times 2^3)$형 응용직교배열표에서 열 번호가 1에서 7까지의 숫자가 $L_8(2^7)$직교배열표의 열 번호를 나타내고 [1]에는 4수준인자를 배치해야 한다. $L_8(2^7)$직교배열표의 1, 2, 3열이 합쳐져서 4수준인자나타내는 열이 [1]열 이고 [2]에서[5]까지의 4개 열에는 2수준인자를 배치한 것이다.

변동을 계산하는 방법은 $L_8(2^7)$의 계산표를 이용하여, 1, 2, 3열에 해당되는 변동을 합하여 구하면 4수준 인자의 변동을 계산할 수 있으며 다른 요인의 변동도 배치된 열의 변동을 계산하여 계산하면 된다. 4수준인자의 변동은$L_8(4\times 2^3)$의 응용직교배열표에서 [1]열의 0, 1, 2, 3 그룹 간의 변동을 구하여도 동일한 값이 된다.

기본 예제 9.6

제조공정에서 제품의 내압강도(kg/cm^3)y에 영향을 주리라 기대되는 인자가 A, B, C, D이다. 인자 A는 소성온도에 대한 종류로 4수준이고 B, C, D는 모두 2수준인자이다. 4개의 인자를 배치하여 실험을 랜덤하게 실시한 결과가 다음과 같은 자료를 수집하였다. 분산분석표를 작성하고 특성치에 영향을 주는 인자를 검토하고 가장 크게 하는 최적수준조합에서의 95% 신뢰구간을 계산하라.

실험번호	열 번 호								실험조건	특성치
	1	2	3	[1]	4[2]	5[3]	6[4]	7[5]		
1	0	0	0	0	0	0	0	0	$A_0B_0C_0D_0$	52
2	0	0	0	0	1	1	1	1	$A_0B_1C_1D_1$	47
3	0	1	1	1	0	0	1	1	$A_1B_0C_1D_1$	46
4	0	1	1	1	1	1	0	0	$A_1B_1C_0D_0$	40
5	1	0	1	2	0	1	0	1	$A_2B_0C_0D_1$	63
6	1	0	1	2	1	0	1	0	$A_2B_1C_1D_0$	60
7	1	1	0	3	0	1	1	0	$A_3B_0C_1D_0$	73
8	1	1	0	3	1	0	0	1	$A_3B_1C_0D_1$	69
기본표시	a	b	ab		c	ac	bc	abc		
배 치	A	A	A		B	e	C	D		

결과

우선 분산분석표 작성을 위한 기초자료로 다음과 같은 계산표를 작성한다.

•• 계산표

열	1	2	3	4	5	6	7
배치	A	A	A	B	e	C	D
T_0	185	222	241	234	227	224	225
T_1	265	228	209	216	223	226	225
$S=\dfrac{(T_1-T_0)^2}{8}$	800	4.5	128	40.5	2	0.5	0

4수준인자 A의 변동은 계산표의 1, 2, 3열의 변동의 합이며 다음과 같이 계산된다.

$$SSA=S_1+S_2+S_3=800+4.5+128=932.5$$

이 값을 확인해보기 위하여 실험자료에서 A의 변동을 직접 구하면 다음과 같다.

$$SSA=\frac{(52+47)^2+(46+40)^2+(63+60)^2+(73+69)^2}{2}-\frac{450^2}{8}=932.5$$

따라서 1, 2, 3열의 변동의 합과 같음을 확인할 수 있다.

SSC와 SSD가 0.5, 0의 값을 가지고 있으므로 5열의 변동인 오차변동 2보다 작은 값을 가지기 때문에 오차항으로 풀링작업을 실시하고자 한다. 풀링한 결과의 오차변동과 자유도는 다음과 같이 표현된다.

$$\begin{aligned} SSE' &= SSE+SSC+SSD \\ &= 2+0.5+0=2.5 \\ \phi_{E'} &= 1+1+1=3 \end{aligned}$$

따라서 풀링한 후의 분산분석표의 결과는 다음과 같다.

•• 풀링 작업실시 이후의 분산분석표

요 인	제곱합	자유도	평균제곱	F_0	$F(0.05)$
A	932.5	3	310.83	374.5*	9.28
B	40.5	1	40.5	48.8*	10.10
오차 E	2.5	3	0.83		
T	975.5	7			

최종 분산분석 결과는 유의수준 $\alpha=0.05$에서 인자 A, B가 특성치에 영향을 준다. 실험자료의 분석 결과 실험조건 A_iB_j에서의 모평균과 모평균의 추정치는 다음과 같이 표현 할 수 있다.

$$\mu(A_iB_j)=\mu+a_i+b_j,\ \ \hat{\mu}(A_iB_j)=\bar{y}_{i.}+\bar{y}_{.j}-\bar{\bar{y}}$$

따라서 실험자료에서 A_3에서의 내압강도가 가장 높고 계산표에서 B_0에서의 내압강도가 가장 높으므로 다음과 같이 계산된다.

$$\bar{y}_{3.}=\frac{73+69}{2}=71,\ \ \bar{y}_{.0}=\frac{234}{4}=58.5$$

따라서 최적조건은 A_3B_0이고, A_3B_0에서의 모평균의 추정치와 유효반복수 (n_e)는 다음과 같다.

$$\hat{\mu}(A_3B_0)=\bar{y}_{3.}+\bar{y}_{\cdot 0}-\bar{\bar{y}}\ \ =71+58.5-56.25=73.25$$

$$\frac{1}{n_e}=\frac{1}{2}+\frac{1}{4}-\frac{1}{8}=\frac{5}{8}$$

결국 $\mu(A_3B_0)$의 95% 신뢰구간은 다음과 같이 계산된다.

$$\begin{aligned}(\bar{y}_{3.}+\bar{y}_{\cdot 0}-\bar{\bar{y}})&\pm t(3;\ 0.025)\sqrt{\frac{MSE}{n_e}}\\ &=73.25\pm 3.182\sqrt{0.83\times\frac{5}{8}}\\ &=73.25\pm 2.292\end{aligned}$$

Minitab

1 다음과 같이 자료를 입력한다.

워크시트 1 ***

↓	C1 A	C2 B	C3 C	C4 D	C5 DATA	C6
1	0	0	0	0	52	
2	0	1	1	1	47	
3	1	0	1	1	46	
4	1	1	0	0	40	
5	2	0	0	1	63	
6	2	1	1	0	60	
7	3	0	1	0	73	
8	3	1	0	1	69	
9						

2 통계분석(S) → 분산 분석(A) → GLM 일반 선형 모형(G)... 선택하고 [반응] 항목란에 마우스 포인터를 올려놓고 C5를 더블 클릭하고 [모형] 란에는 A, B를 입력하고 확인(O) 버튼을 누른다.

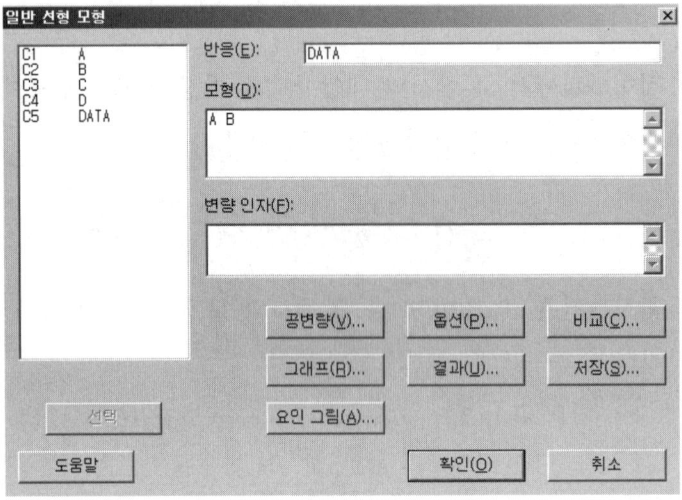

3 [세션] 창에 다음과 같은 결과가 표시되어 나타난다.

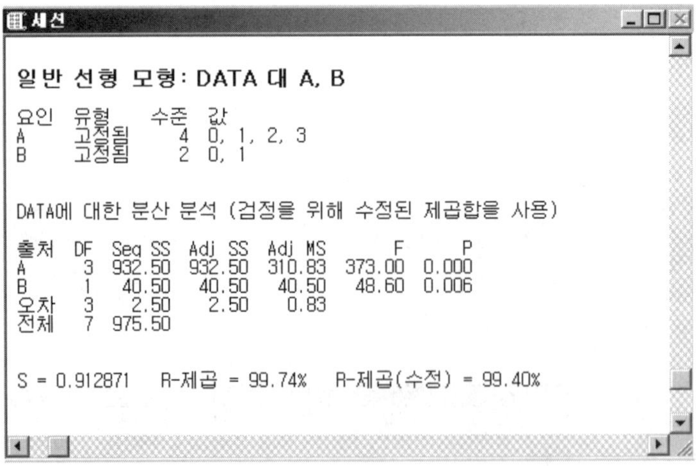

일반 선형 모형: DATA 대 A, B

요인	유형	수준	값
A	고정됨	4	0, 1, 2, 3
B	고정됨	2	0, 1

DATA에 대한 분산 분석 (검정을 위해 수정된 제곱합을 사용)

출처	DF	Seq SS	Adj SS	Adj MS	F	P
A	3	932.50	932.50	310.83	373.00	0.000
B	1	40.50	40.50	40.50	48.60	0.006
오차	3	2.50	2.50	0.83		
전체	7	975.50				

S = 0.912871 R-제곱 = 99.74% R-제곱(수정) = 99.40%

해석 분산분석표에서 유의수준 5%에서 주효과 A, B인자만 유의적인 인자로 나타나고 있다.

연습문제

1 소프트웨어 제품의 압축률을 향상시키기 위한 실험을 실시하려한다. 4인자 A, B, C, D가 압축률에 영향을 주리라 기대되어 각각 2수준씩 선택하여 $L_8(2^7)$직교배열표를 이용하여 실험을 실시한 결과가 다음과 같이 주어진다.

●● 실험자료

실험번호	열 번 호							실험조건	특정치
	1	2	3	4	5	6	7		
1	0	0	0	0	0	0	0	$A_0B_0C_0D_0$	0.12
2	0	0	0	1	1	1	1	$A_0B_0C_1D_1$	0.09
3	0	1	1	0	0	1	1	$A_0B_1C_0D_1$	0.18
4	0	1	1	1	1	0	0	$A_0B_1C_1D_0$	0.07
5	1	0	1	0	1	0	1	$A_1B_0C_0D_1$	0.13
6	1	0	1	1	0	1	0	$A_1B_0C_1D_0$	0.09
7	1	1	0	0	1	1	0	$A_1B_1C_0D_0$	0.17
8	1	1	0	1	0	0	1	$A_1B_1C_1D_1$	0.16
기본표시	a	b	ab	c	ac	bc	abc		
실험배치	A	B	e	C	e	e	D		

(1) 분산분석을 통해서 압축률에 영향을 주리라 기대되는 인자들을 검출하라.

(2) 압축률을 가장 크게 하는 최적수준조합에서의 모평균에 대한 95% 신뢰구간을 구하라.

2 4인자 A, B, C, D가 합성 섬유의 강도에 영향을 주리라 기대되어 각각 2수준씩 선택하였다. 4개의 주효과와 2개의 교호작용효과 $A\times B$, $A\times C$ 중에서 유의한 효과를 검출하기 위해서 $L_8(2^7)$직교배열표를 이용하여 다음 자료를 수집하였다.

연습문제

●● $L_8(2^7)$직교배열표에 의한 실험

실험번호	열번호 1	2	3	4	5	6	7	실험조건	특성치 y
1	0	0	0	0	0	0	0	$A_0B_0C_0D_0$	62.5
2	0	0	0	1	1	1	1	$A_0B_0C_1D_1$	73.5
3	0	1	1	0	0	1	1	$A_0B_1C_0D_1$	62.5
4	0	1	1	1	1	0	0	$A_0B_1C_1D_0$	78.4
5	1	0	1	0	1	0	1	$A_1B_0C_0D_1$	67.8
6	1	0	1	1	0	1	0	$A_1B_0C_1D_0$	70.7
7	1	1	0	0	1	1	0	$A_1B_1C_0D_0$	80.3
8	1	1	0	1	0	0	1	$A_1B_1C_1D_1$	67.3
기본표시	a	b	ab	c	ac	bc	abc		
실험배치	A	B	$A\times B$	C	$A\times C$	e	D		

(1) 분산분석을 통해서 특정치에 영향을 주리라 기대되는 요인효과들을 검출하라.

(2) 합성 섬유강도를 가장 크게 하는 최적수준조합에서의 모평균에 대해서 95% 신뢰구간을 구하라.

3 교호작용효과를 무시하고 3인자 A, B, C의 주효과만을 검토하기 위하여 $L_9(3^4)$ 직교배열표의 4개의 열 중에서 3개의 열을 임의로 선택하여 A, B, C를 배치하고 내구성(특성치)에 영향을 주는 유의한 효과의 검출하기 위하여 랜덤한 순서대로 다음 결과를 얻었다. 분산분석표를 작성하고 특성치에 영향을 주는 인자를 검토하고 가장 크게하는 최적수준조합에서의 95% 신뢰구간을 계산하라.

실험번호	열번호 1	2	3	4	실험조건	특성치
1	0	0	0	0	$A_0B_0C_0$	13
2	0	1	1	1	$A_1B_0C_1$	12
3	0	2	2	2	$A_2B_0C_2$	4
4	1	0	1	2	$A_0B_1C_2$	35
5	1	1	2	0	$A_1B_1C_0$	25
6	1	2	0	1	$A_2B_1C_1$	42
7	2	0	2	1	$A_0B_2C_1$	36
8	2	1	0	2	$A_1B_2C_2$	52
9	2	2	1	0	$A_2B_2C_0$	13
기본표시	a	b	a b	a b^2		
배　치	B	A	e	C		

연습문제

4 전구제조공정을 향상시키려는 연구에서 특성치인 전구수명에 영향을 주리라 기대되는 인자가 3수준인자인 A, B, C, D, F이고 교호작용 $C\times D$, $C\times F$, $F\times D$의 검출를 하고자 했을 때 만족되어야 할 선점도의 모양을 계획하라.

5 3^n 형 직교 배열표를 이용하여 교호 작용을 무시할 수 없는 경우에 A, B, C, D, F와 교호작용 $F\times C$, $F\times D$, $C\times D$를 확인하기 위하여 $L_{27}(3^{13})$형의 직교배열표를 사용하여 랜덤으로 다음과 같은 자료를 수집하였다. 분산분석표를 작성하고 특성치에 영향을 주는 인자를 검토하고 가장 크게하는 최적수준조합에서의 95% 신뢰구간을 계산하라.

$L_{27}(3^{13})$ 실험자료

실험번호	열번호 1	2	3	4	5	6	7	8	9	10	11	12	13	특성치
1	0	0	0	0	0	0	0	0	0	0	0	0	0	0.9
2	0	0	0	0	1	1	1	1	1	1	1	1	1	0.9
3	0	0	0	0	2	2	2	2	2	2	2	2	2	1.2
4	0	1	1	1	0	0	0	1	1	1	2	2	2	0.9
5	0	1	1	1	1	1	1	2	2	2	0	0	0	1.3
6	0	1	1	1	2	2	2	0	0	0	1	1	1	2.2
7	0	2	2	2	0	0	0	2	2	2	1	1	1	1.3
8	0	2	2	2	1	1	1	0	0	0	2	2	2	1.8
9	0	2	2	2	2	2	2	1	1	1	0	0	0	2.1
10	1	0	1	2	0	1	2	0	1	2	0	1	2	0.8
11	1	0	1	2	1	2	0	1	2	0	1	2	0	1.1
12	1	0	1	2	2	0	1	2	0	1	2	0	1	1.9
13	1	1	2	0	0	1	2	1	2	0	2	0	1	1.1
14	1	1	2	0	1	2	0	2	0	1	0	1	2	2.4
15	1	1	2	0	2	0	1	0	1	2	1	2	0	1.8
16	1	2	0	1	0	1	2	2	0	1	1	2	0	1.8
17	1	2	0	1	1	2	0	0	1	2	2	0	1	2.5
18	1	2	0	1	2	0	1	1	2	0	0	1	2	2.6
19	2	0	2	1	0	2	1	0	2	1	0	2	1	0.9
20	2	0	2	1	1	0	2	1	0	2	1	0	2	1.9
21	2	0	2	1	2	1	0	2	1	0	2	1	0	2.0
22	2	1	0	2	0	2	1	1	0	2	2	1	0	1.7
23	2	1	0	2	1	0	2	2	1	0	0	2	1	2.0
24	2	1	0	2	2	1	0	0	2	1	1	0	2	2.6
25	2	2	1	0	0	2	1	2	1	0	1	0	2	1.8
26	2	2	1	0	1	0	2	0	2	1	2	1	0	2.6
27	2	2	1	0	2	1	0	1	0	2	0	2	1	4.8
기본표시	a	b	a b	a b^2	c	a c	a c^2	b c	a b c	a b^2 c^2	b c^2	a b^2 c	a b c^2	
배치	F	C	$F\times C$	$F\times C$	D	$F\times D$	$F\times D$	$C\times D$	A	B	$C\times D$	e	e	

연 습 문 제

6 화학공정에서 수율 y에 영향을 주리라 기대되는 인자가 A, B, C, D이다. 인자 A는 촉매의 종류료 4수준이고 B, C, D는 모두 2수준인자이다. 4개의 인자를 배치하여 실험을 랜덤하게 실시한 결과 다음과 같은 자료를 수집하였다. 분산분석표를 작성하고 특성치에 영향을 주는 인자를 검토하고 가장 크게하는 최적수준조합에서의 95% 신뢰구간을 계산하라.

실험번호	열 번 호								실험조건	특성치
	1	2	3	[1]	4[2]	5[3]	6[4]	7[5]		
1	0	0	0	0	0	0	0	0	$A_0B_0C_0D_0$	0.53
2	0	0	0	0	1	1	1	1	$A_0B_1C_1D_1$	0.45
3	0	1	1	1	0	0	1	1	$A_1B_0C_1D_1$	0.41
4	0	1	1	1	1	1	0	0	$A_1B_1C_0D_0$	0.37
5	1	0	1	2	0	1	0	1	$A_2B_0C_0D_1$	0.64
6	1	0	1	2	1	0	1	0	$A_2B_1C_1D_0$	0.53
7	1	1	0	3	0	1	1	0	$A_3B_0C_1D_0$	0.76
8	1	1	0	3	1	0	0	1	$A_3B_1C_0D_1$	0.73
기본표시	a	b	ab		c	ac	bc	abc		
배 치	A	A	A		B	e	C	D		

7 다음$L_8(2^7)$형 직교 배열표에서 실험을 한 결과 아래와 같은 데이터를 얻었다. 인자A는 2번 열에 배치되어 있다. 인자A의 변동 SSA를 구하면 얼마인가?

실험번호	열번호							데이터
	1	2	3	4	5	6	7	
1	0	0	0	0	0	0	0	15
2	0	0	0	1	1	1	1	12
3	0	1	1	0	0	1	1	13
4	0	1	1	1	1	0	0	14
5	1	0	1	0	1	0	1	10
6	1	0	1	1	0	1	0	11
7	1	1	0	0	1	1	0	12
8	1	1	0	1	0	0	1	15
기본표시	a	b	ab	c	ac	bc	abc	
군	1	2		3				
배치		A		B	C	D		

연 습 문 제

8 테레프탈 알데하드의 벤조인 축합에서 얻어지는 폴리벤조 생성물의 수확률과 성장을 조사하기 위하여 다음의 인자와 수준을 택해서 $L_8(2^7)$형 직교배열표로 배치하여 다음의 조건하에 실험을 하였다.

〈실험 조건〉

A : 용매의 종류, A_0 = 디메틸술폭시드, A_1 = 디메틸포름아미드

B : 촉매 농도 (mol %), B_0=0.5, B_1=0.8

C : 단위체 농도 (ml), C_0=10, C_1=5

D : 반응시간(day), D_0=3, D_1=6

실험 번호	열번호 1	2	3	4	5	6	7	데이터
1	0	0	0	0	0	0	0	54.6
2	0	0	0	1	1	1	1	60.1
3	0	1	1	0	0	1	1	64.2
4	0	1	1	1	1	0	0	67.0
5	1	0	1	0	1	0	1	81.9
6	1	0	1	1	0	1	0	77.2
7	1	1	0	0	1	1	0	82.3
8	1	1	0	1	0	0	1	75.4
기본 표시	a	b	ab	c	ac	bc	abc	
군	1	2		3				
배치	A	B	$A\times B$	D	$A\times D$	C	오차	

(1) 분산분석표를 작성하시오.

(2) 유의하지 않은 교호작용을 오차항에 풀링한 분산분석표를 작성하시오.

(3) 최적수준조합을 찾고 이 조합의 모평균에 대한 95% 신뢰구간을 구하시오.

연습문제

9 다음 $L_{16}(2^{15})$형에 배치된 요인에 대한 분산분석을 행하여 그 결과를 해석하시오.

실험번호	열번호 1	2	3	4	5	6	7	8	9	10	11	12	13	14	15	데이터
1	0	0	0	0	0	0	0	0	0	0	0	0	0	0	0	78.3
2	0	0	0	0	0	0	0	1	1	1	1	1	1	1	1	85.7
3	0	0	0	1	1	1	1	0	0	0	0	1	1	1	1	77.8
4	0	0	0	1	1	1	1	1	1	1	1	0	0	0	0	85.0
5	0	1	1	0	1	1	1	0	0	1	1	0	0	1	1	89.1
6	0	1	1	0	1	1	1	1	1	0	0	1	1	0	0	90.5
7	0	1	1	1	0	0	0	0	0	1	1	1	1	0	0	89.2
8	0	1	1	1	0	0	0	1	1	0	0	0	0	1	1	91.4
9	1	0	1	0	1	0	1	0	1	0	1	0	1	0	1	92.6
10	1	0	1	0	1	0	1	1	0	1	0	1	0	1	0	94.9
11	1	0	1	1	0	1	0	0	1	0	1	1	0	1	0	92.8
12	1	0	1	1	0	1	0	1	0	1	0	0	1	0	1	94.7
13	1	1	0	0	1	1	0	0	1	1	0	0	1	1	0	82.3
14	1	1	0	0	1	1	0	1	0	0	1	1	0	0	1	90.0
15	1	1	0	1	0	0	1	0	1	1	0	1	0	0	1	81.7
16	1	1	0	1	0	0	1	1	0	0	1	0	1	1	0	90.2
기본표시	a	b	ab	c	ac	bc	abc	d	ad	bd	abd	cd	acd	bcd	abcd	
인자배치	A	B	A×B	e	e	e	E	C	A×C	B×C	e	e	B×D	A×D	D	

10

Introduction to Design of Experiments

계수치데이터의 분석

계량변수란 어떤 구간에 속하는 모든 값을 취할 수 있는 변수로서, 강도, 수율, 수축률, 온도, 무게 등과 같은 것이다. 이 변수는 양적으로 비교가 가능한 변수다. 이와 반면에 양적으로 비교가 안 되는 변수 들이 있는데, 이를 계수변수라고 부른다. 예를 들어, 성별(남, 여), 불량여부(양품, 불량품), 신용(좋음, 나쁨) 등과 같은 변수는 계수변수이다.

계량변수에 관한 데이터를 계량치의 데이터라 부르고, 계수변수의 데이터를 계수치의 데이터라 부른다. 반응특성치가 계량치인 경우만이 분산분석이 가능한 것이 아니라 계수치인 경우도 가능하다.

1. 실험의 의의

변수는 계량변수와 계수변수로 구분 할 수 있는데 계량변수는 어떤 구간에 속하는 모든 값을 취할 수 있는 변수를 의미한다. 예를 들면 강도, 키, 온도, 무게 등과 같은 것이고 양적으로 비교가 가능한 변수가 된다. 계수변수는 양적으로 비교가 안 되는 변수 들을 의미하는데 예를 들면 성별(남, 여), 불량여부(양품, 불량품), 신용(좋음, 나쁨) 등과 같은 변수이다. 계량변수에 관한 데이터를 계량치의 데이터라 하고 계수변수의 데이터를 계수치의 데이터라 한다. 대부분 반응특성치가 계량치인 경우만이 분산분석을 사용 하지만 계수치인 경우도 분산분석이 가능하다.

2. 1원배치 데이터 분석

계수치의 데이터는 성별(남, 여), 불량여부(양품, 불량품) 등과 같이 두 가지 성질로 분류되는 자료로서 데이터 처리의 간편성 때문에 일반적으로 0과 1의 값을 부여한다. 예를 들어 불량여부의 동일성에 관한 실험에서 양품이면 0, 불량품이면 1의 값을 주기로 하고 l대의 기계에서 제조되는 200개씩(n)의 제품 중 불량 여부를 실험 하였다고 하면 계수치의 데이터 배열은 일반적으로 다음과 같은 패턴으로 이루어진다.

A_1	A_2	……	A_i	……	A_l	
0, 0, ·, ·, ·, 0 } 190	0, 0, ·, ·, ·, 0 } 178		0, 0, ·, ·, ·, 0 } 양품수		0, 0, ·, ·, ·, 0 } 양품수	
1, 1, ·, ·, ·, 1 } 10	1, 1, ·, ·, ·, 1 } 22		1, 1, ·, ·, ·, 1 } 불량품의 수		1, 1, ·, ·, ·, 1 } 불량품의 수	
$T_{1}. = 10$	$T_{2}. = 22$		$T_{i}. =$ 불량품의수		$T_{l}. =$ 불량품의수	T

이러한 형태의 분산분석표 작성은 일반적으로 다음과 같이 이루어진다.

요 인	SS	ø	V	F_0
A	$SSA=\dfrac{\sum_{i=1}^{l} T_{i\cdot}^2}{n}-CT$	$l-1$	$\dfrac{SSA}{\phi_E}$	$\dfrac{V_A}{V_E}$
E	$SST-SSA$	$\phi_T-\phi_A$	$\dfrac{SSE}{\phi_E}$	
T	$SST=\sum_{i=1}^{l}\sum_{j=1}^{n} y_{ij}^2-CT$ $=\sum_{i=1}^{l}\sum_{j=1}^{n} y_{ij}-CT$	$N-1$		

단, $CT=\dfrac{T^2}{ln}$ 이고 $y_{ij}^2=y_{ij}$이므로 $SST=\sum_{i=1}^{l}\sum_{j=1}^{n} y_{ij}^2-CT=\sum_{i=1}^{l}\sum_{j=1}^{n} y_{ij}-CT$을 만족하고 $F_o=\dfrac{V_A}{V_E}>F(\phi_{A,}\phi_E\,;\alpha)$이면 귀무가설 ($H_0$: 수준간에 불량률에 차이가 없다)을 유의수준 α 에서 기각한다. 일반적으로 ϕ_E가 충분히 클 경우는 $\phi_E=\infty$ 로 대체 가능하다.

기본 예제 10.1

많은 작업자 중에서 5명을 임의추출하여 이 작업자들에 의하여 만들어지는 제품의 불량률을 검사하여 다음과 같은 자료를 수집하였다. 분산분석표를 작성하여 작업자들간의 불량률의 차가 있는지를 확인하시오.

작업자	A_1	A_2	A_3	A_4	A_5
양 품	135	140	138	145	146
불 량 품	15	10	12	5	4
계	150	150	150	150	150

결과

$$CT=\frac{T^2}{ln}=\frac{46^2}{5\times 150}=2.82$$

$$SST=\sum_{i=1}^{5}\sum_{j=1}^{150} y_{ij}^2-CT=\sum_i\sum_j y_{ij}-CT$$

$$=T-CT=46-2.82=43.18$$

$$SSA = \frac{\sum_{i=1}^{5} T_{i\cdot}^2}{n} - CT$$

$$= \frac{1}{150}[15^2 + 10^2 + 12^2 + 5^2 + 4^2] - 2.82 = 0.57$$

$$SSE = SST - SSA = 43.18 - 0.57 = 42.61$$

•• 분산분석표

요 인	SS	ø	V	F_0	$F_{0.05}$
A E	0.57 42.61	4 745	0.143 0.057	2.51	2.37
T	43.18	749			

따라서 유의수준 0.05에서 작업자간의 차이가 있다고 할 수 있다. 기계간의 불량률 차는 대단히 유의하다. 여기서 기각치 $F_\alpha(ø_A, ø_E)$에서 $ø_E$는 충분히 크므로 무한대(∞)로 놓고 구하였다. 그리고 이와 같은 1원배치 실험의 데이터에 관한 분산분석은 오차에 관하여 정규가정이 만족되지 않으므로 위험률(유의수준) α로 검정하여도 그 결과는 보장 할 수 없으나 반복수 n이 커짐에 따라 이러한 정규가정이 어느 정도 만족된다. 즉, 만약 불량률이 p라고 할 때, $np > 5$, $n(1-p) > 5$이면 충분하다고 알려져 있다.

Minitab

1 다음과 같이 C1열에는 "0"이 135행, "1"이 15행 을 입력하고 또, C2열에는 "0"이 140행, "1"이 10행을 입력한다. 유사한 방법으로 C3, C4, C5열에 입력한다.

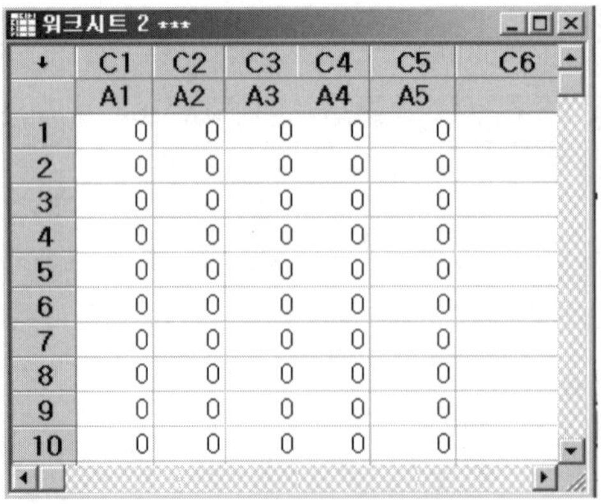

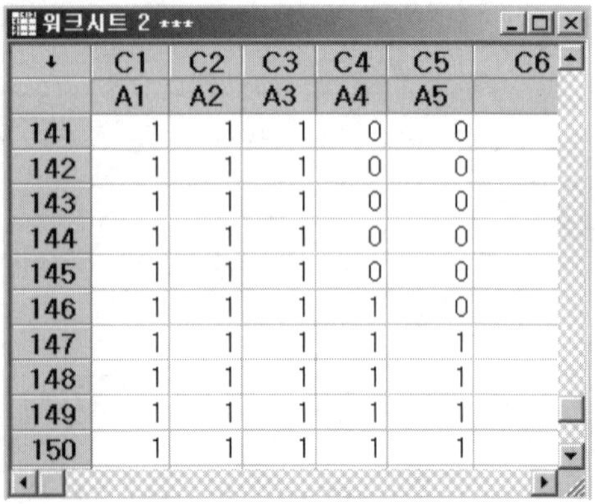

2 통계분석(S) → 분산 분석(A) → 일원 분산 분석(O)...을 선택하고 나타난 일원분산분석 대화상자에서 반응 항목에 마우스 포인트를 올려놓고 "A1-A5"을 입력한다.

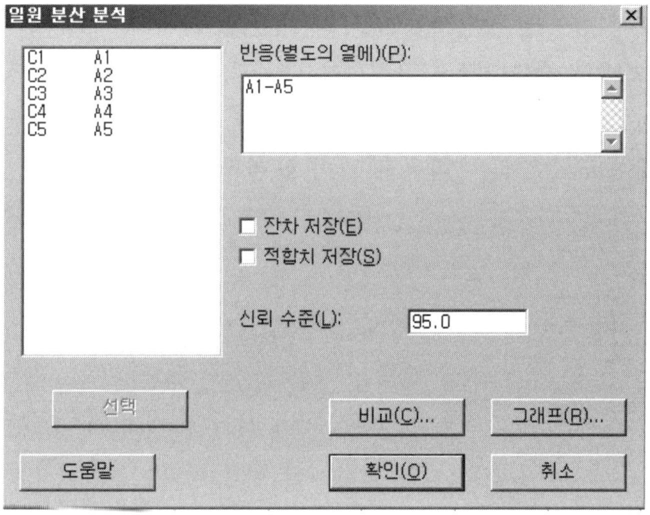

3 확인(O) 버튼을 누르면 다음과 같이 [세션] 창에 다음과 같이 나타난다.

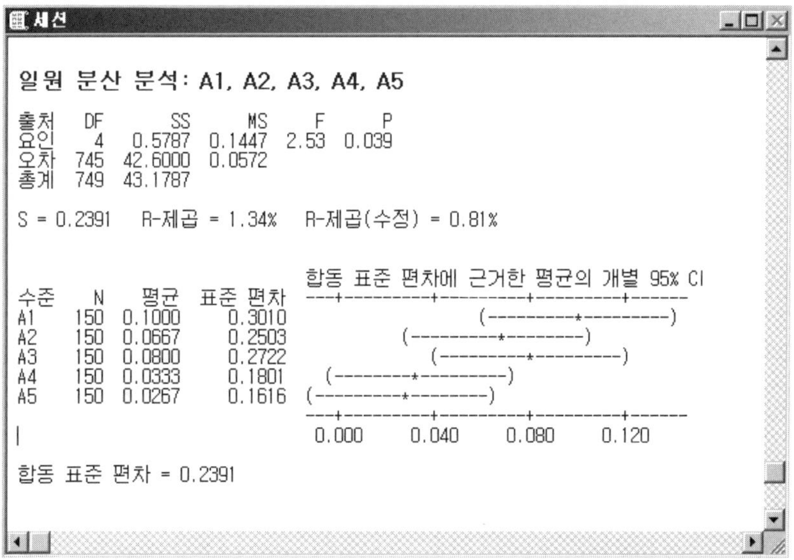

해석 p 값이 0.039(<0.05=유의수준)로 나타나 통계적으로 유의적이어서 작업자간에 차이가 있음을 인정한다는 의미가 된다.

3. 2원배치 데이터분석

1원 배치의 경우를 확장시켜 인자로서 기계(A)외에 이들 기계에 의한 제조공정의 작업 온도 (B)가 중요하다고 가정하여 다음과같은 데이터가 수집되었다면 반복이 있는 2원배치법의 경우와 같은 방법이 된다.
이 경우 데이터 구조식은 다음과 같이 표현된다.

$$y_{ijk} = \mu + a_i + b_j + \varepsilon_{(1)ij} + \varepsilon_{(2)ijk}$$

단, $y_{ijk} = 0$: 양품 , $y_{ijk} = 1$: 불량품, $i = 1,2,\cdots,l$, $j = 1,2,3,\cdots,m$, $k = 1,2,\cdots,n$.

위 구조식으로부터 교호작용의 효과 $(ab)_{ij}$는 오차 $\varepsilon_{(1)ij}$와 교락되어 있음을 알 수 있다. 즉, $A \times B$는 A와 B의 조합 조건에서 행한 1차의 실험오차 ε_1과 완전히 교락되어 있어 분리할 수 없다. 또한 ε_2는 A, B의 동일한 조합조건에서 만들어진 n개의 제품간의 산포를 반영하고 있으므로 실험은 완전히 분할법(split-polt design)형태로 되어 있다. 따라서 분산분석표 작성은 다음과 같이 이루어진다.

요 인	S	ø	V	F_0
A	$SSA = \dfrac{\sum_{i=1}^{l} T_{i\cdot\cdot}^2}{mn} - CT$	$l-1$	$\dfrac{SSA}{\phi_A}$	$\dfrac{V_A}{V_{A\times B}}$
B	$SSB = \dfrac{\sum_{j=1}^{m} T_{\cdot j\cdot}^2}{ln} - CT$	$m-1$	$\dfrac{SSB}{\phi_B}$	$\dfrac{V_B}{V_{A\times B}}$
$E_1(A\times B)$	$S_{E_1} = SS_{AB} - SSA - SSB$	$(l-1)(m-1)$	$\dfrac{SS_{A\times B}}{\phi_{A\times B}}$	$\dfrac{V_{A\times B}}{V_E}$
E_2	$S_{E_2} = SST - SS_{AB}$	$lm(n-1)$	$\dfrac{SSE}{\phi_E}$	
T	$SST = T - CT$	$lmn-1$		

$$\text{단,}\quad CT = \frac{T^2}{lmn},\quad SS_{AB} = \frac{\sum_{i=1}^{l}\sum_{j=1}^{m} T_{ij\cdot}^2}{n} - CT$$

분산분석 후 A_i수준과 B_j수준에서의 모불량률 $p(A_i)$와 $p(B_j)$의 점추정과 신뢰구간은 다음과 같이 계산된다.

❶ $p(A_i)$와 $p(B_j)$의 점추정

$$\hat{p}(A_i) = \frac{T_{i\cdot\cdot}}{mn} \times 100\,[\%]\ ,\ \hat{p}(B_j) = \frac{T_{\cdot j \cdot}}{ln} \times 100\,[\%]$$

❷ 신뢰구간

$$\hat{p}(A_i) \pm t(\phi_E; \frac{\alpha}{2}) \sqrt{\frac{V_E}{mn}},\quad \hat{p}(B_j) \pm t(\phi_E; \frac{\alpha}{2}) \sqrt{\frac{V_E}{ln}}$$

A_iB_j의 수준조합의 모불량률의 추정은 다음과 같다.

❶ 섬추정

$$\hat{p}(A_iB_j) = \hat{p}(A_i) + \hat{p}(B_j) - \hat{p}$$

단, $\hat{p}$는 전체의 불량률의 추정치

❷ 구간추정

$$\hat{p}(A_iB_j) \pm t(\phi_E; \frac{\alpha}{2}) \sqrt{\frac{V_E}{n_e}},\ n_e = \frac{lmn}{l+m-1}$$

기본 예제 10.2

세가지 공정라인(A)에서 나오는 제품의 불량률이 같은가를 확인하기 위하여 샘플링 조사를 시행하였다. 작업시간별(B)로 차이가 있는가도 검토하기 위하여 낮, 저녁, 밤 근무조에서 공정 라인 별로 각각 100개씩 조사한 다음과 같은 자료를 수집하였다.
분산분석을 행하고 공정라인별, 작업시간별로 불량품에 유의한 차이가 있는지를 살펴보고 어떤 공정라인과 어떤 작업시간에서 가장 큰 불량률이 큰 수준조합에 대한 95% 신뢰구간을 구하라

	공 정 라 인						계
	A1		A2		A3		
	양품	불량품	양품	불량품	양품	불량품	
B1 (낮)	95	5	97	3	92	8	16
B2 (저녁)	92	8	95	5	87	13	26
B3 (밤)	90	10	94	6	85	15	31
계		23		14		36	73

결과

이 데이터에 대한 변동의 계산은 다음과 같다.

$$CT = \frac{T^2}{lmn} = \frac{(73)^2}{(3)(3)(100)} = 5.92$$

$$SST = T - CT = 73 - 5.92 = 67.08$$

$$SSA = \frac{\sum_i T_{i}^2..}{mn} - CT$$
$$= \frac{1}{300}[23^2 + 14^2 + 36^2] - 5.92 = 0.82$$

$$SSB = \frac{\sum_j T_{\cdot j \cdot}^2}{ln} - CT = \frac{1}{300}[16^2 + 26^2 + 31^2] - 5.92 = 0.39$$

$$SS_{AB} = \frac{\sum_i \sum_j T_{ij\cdot}^2}{n} - CT$$
$$= \frac{1}{100}[5^2 + 8^2 + 10^2 + 3^2 + 5^2 + 6^2 + 8^2 + 13^2 + 15^2] - 5.92 = 1.25$$

$$SS_{E_1} = SS_{A\times B} = SS_{AB} - SSA - SSB = 1.25 - 0.82 - 0.39 = 0.04$$

$$SS_{E_2} = SST - SS_{AB} = 67.08 - 1.25 = 65.83$$

이상의 결과를 종합하여 분산분석표로 정리하면 다음과 같다.

●● 분산분석표

요 인	SS	ø	V	F_0	$F_{0.05}$
A	0.82	2	0.41	41*	6.94
B	0.39	2	0.19	19*	6.94
$E_1(A\times B)$	0.04	4	0.01	0.14	2.37
E_2	65.83	891	0.07		
T	67.08	899			

단, $F_{0.05}(2,4) = 6.94$, $F_{0.05}(4,\infty) = 2.37$

결과는 공정라인(A)과 작업시간별(B)의 차이는 유의하지만 $A \times B$의 교호작용은 있다고 볼 수 없다. 따라서 E_1이 유의하지 않으므로, E_2에 풀링 후에 다시 분산분석표를 작성하면 다음과 같다.

풀링후 분산분석표

요 인	SS	ϕ	V	F_0	$F_{0.05}(2,\infty)$
A	0.82	2	0.41	5.86*	3.0
B	0.39	2	0.19	2.71	3.0
E_2	65.87	895	0.07		
T	67.08	899			

따라서 공정라인별 차이는 유의수준 5%에서 유의하지만 작업시간별 차이는 유의하지 않음을 알 수 있다.

다음으로 유의한 A_i수준에서의 모불량률 $p(A_i)$의 신뢰한계들 추정하여 보자.

먼저 $p(A_i)$의 점추정치는 다음과 같다.

$$\hat{p}(A_1) = \frac{23}{300} \times 100 = 7.67\%$$
$$\hat{p}(A_2) = \frac{14}{300} \times 100 = 4.67\%$$
$$\hat{p}(A_3) = \frac{36}{300} \times 100 = 12\%$$

각 수준에서의 95%의 신뢰한계의 폭은

$$t_{\frac{\alpha}{2}}(\phi_E)\sqrt{\frac{V_E}{ln}} = t_{0.025}(895)\sqrt{\frac{0.07}{300}} = (1.96)(0.015) = 0.0294$$

이다. 따라서 $p(A_i)$의 95%신뢰한계는 다음과 같다.

$$p(A_1) = 7.67 \pm 0.0294 = (7.64,\ 7.79\%)$$
$$p(A_2) = 4.67 \pm 0.0294 = (4.64,\ 4.70\%)$$
$$p(A_3) = 12 \pm 0.0294 = (11.97,\ 12.03\%)$$

같은 방법으로 $p(B_j)$의 신뢰한계를 추정할 수 있다. 먼저 점추정치는

$$\hat{p}(B_1) = \frac{16}{300} \times 100 = 5.33\%$$

$$\hat{p}(B_2) = \frac{26}{300} \times 100 = 8.67\%$$

$$\hat{p}(B_3) = \frac{31}{300} \times 100 = 10.33\%$$

이고,

각 수준에서의 95%의 신뢰한계의 폭은

$$t_{\frac{\alpha}{2}}(\phi_E)\sqrt{\frac{V_E}{ln}} = t_{0.025}(895)\sqrt{\frac{0.07}{300}} = (1.96)(0.015) = 0.0294$$

이다. 따라서 $p(B_j)$의 95% 신뢰한계는 다음과 같다.

$$p(B_1) : 5.33 \pm 0.0294 = (5.30,\ 5.362\%)$$
$$p(B_2) : 8.67 \pm 0.0294 = (8.64,\ 8.70\%)$$
$$p(B_3) : 10.33 \pm 0.0294 = (10.30,\ 10.36\%)$$

교호작용 $A \times B$가 없다고 생각되므로 불량률을 최대로 하는 A_iB_j의 수준조합은 A_3B_3이다.

이 조건에서 불량률의 신뢰한계를 구하여 보자. 우선 점 추정치는 $\hat{p}$을 전체의 불량률의 추정치라고 할 때, 다음과 같이 계산 된다.

$$\begin{aligned}\hat{p}(A_3B_3) &= \hat{p}(A_3) + \hat{p}(B_3) - \hat{p} \\ &= 12 + 10.33 - \left(\frac{73}{900} \times 100\right) \\ &= 14.22\%\end{aligned}$$

유효반복수는 다음과 같이 계산된다.

$$n_e = \frac{lmn}{l+m-1} = \frac{(3)(3)(100)}{3+3-1} = 180$$

이므로, 신뢰한계 폭은

$$t_{\frac{\alpha}{2}}(\phi_E)\sqrt{\frac{V_E}{n_e}} = t_{0.025}(895)\sqrt{\frac{0.07}{180}} = (1.96)(0.02) = 0.039$$

이고, $t_{0.025}(895) \fallingdotseq 1.96$이므로 $p(A_3B_3) = 14.22 \pm 3.9 = (10.32,\ 18.12\%)$

Minitab

1 다음과 같이 C1열에는 "1"이 300행, 다음 300행이 "2", 그 다음 300행이 "3"을 입력한다. 유사한 방법으로 C2를 입력하고 C3열에는 양품은 "0"을 불양품은 "1"을 입력하여 자료입력을 마감한다.

워크시트 1 ***

↓	C1	C2	C3	C4
	A	B	자료	
1	1	1	0	
2	1	1	0	
3	1	1	0	
4	1	1	0	
5	1	1	0	
6	1	1	0	
7	1	1	0	
8	1	1	0	
9	1	1	0	
10	1	1	0	
11	1	1	0	
12	1	1	0	
13	1	1	0	
14	1	1	0	
15	1	1	0	

워크시트 1 ***

↓	C1	C2	C3	C4
	A	B	자료	
886	3	3	1	
887	3	3	1	
888	3	3	1	
889	3	3	1	
890	3	3	1	
891	3	3	1	
892	3	3	1	
893	3	3	1	
894	3	3	1	
895	3	3	1	
896	3	3	1	
897	3	3	1	
898	3	3	1	
899	3	3	1	
900	3	3	1	

2 통계분석(S) → 분산 분석(A) → 이원 분산 분석(T)... 을 선택하고 나타난 이원분산분석 대화상자에서 [반응] 항목에 마우스 포인트를 올려놓고 C3을 더블클릭한다. 물론 [행 요인]항목에는 C1을 [열 요인] 항목에는 C2 더블 클릭하여 데이터 입력을 마감한다.

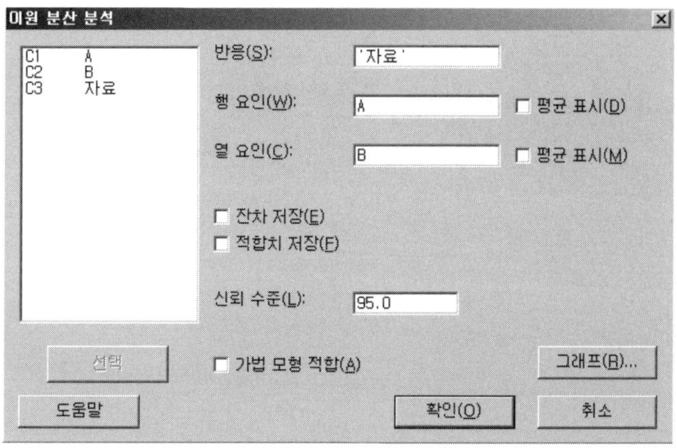

3 [확인(O)] 버튼을 누르면 [세션]창에 다음과 같이 표시된다.

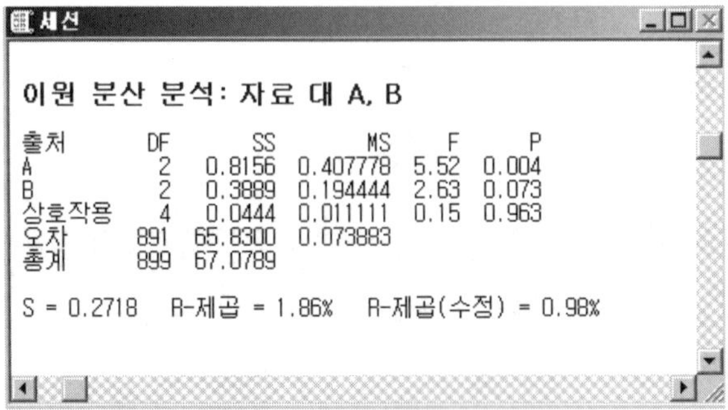

해석 결과는 공정라인(A:유의수준5%)과 작업시간별(B:유의수준 10%)의 차이는 유의하지만 $E_1=A\times B$의 상호(교호)작용은 있다고 볼 수 없다.

4 E_1이 유의하지 않으므로, E_2에 풀링 후에 다시 분산분석표를 작성하기 위해서는 [이원분산분석] 대화상자에서 [평균 표시]와 [가법 모형 적합] 항목을 체크하고 [확인(O)] 버튼을 클릭한다.

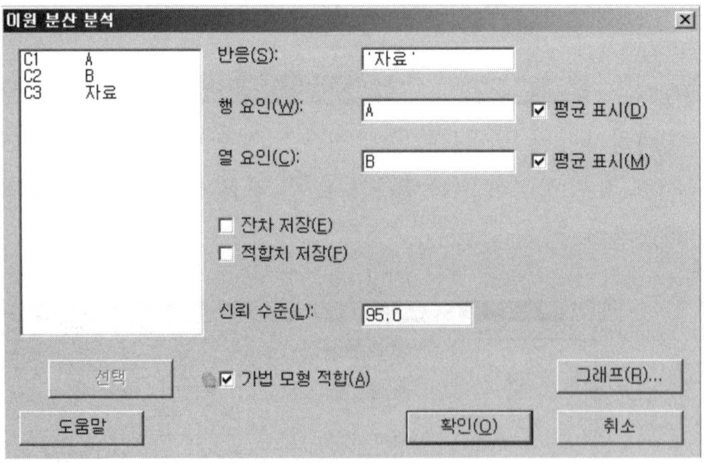

5 [세션]창에 다음과 같이 표시된다.

```
세션

이원 분산 분석: 자료 대 A, B

출처   DF       SS        MS     F      P
A       2   0.8156  0.407778  5.54  0.004
B       2   0.3889  0.194444  2.64  0.072
오차  895  65.8744  0.073603
총계  899  67.0789

S = 0.2713   R-제곱 = 1.80%   R-제곱(수정) = 1.36%

                  합동 표준 편차에 근거한 평균의 개별 95% CI
A        평균     -----+---------+---------+---------+----
1   0.076667            (--------*--------)
2   0.046667      (--------*--------)
3   0.120000                            (--------*--------)
                  -----+---------+---------+---------+----
                     0.035     0.070     0.105     0.140

                  합동 표준 편차에 근거한 평균의 개별 95% CI
B        평균     --+---------+---------+---------+-------
1   0.053333      (---------*---------)
2   0.086667                (---------*---------)
3   0.103333                     (---------*----------)
                  --+---------+---------+---------+-------
                  0.030     0.060     0.090     0.120
```

해석 결과는 유의수준 5%에서 공정라인(A)별 차이는 유의하지만 작업시간별(B)의 차이는 유의하지 않다고 할 수 있다.

연습문제

1 불량여부의 동일성에 관한 실험에서 양품이면 0, 불량품이면 1의 값을 주기로 하고 4대의 기계에서 제조되는 200개씩의 제품 중 불량 여부를 실험 하였다고 하자. 그 결과로 다음의 데이터를 얻었다. 기계에 따라 불량률에 차가 있는가?

[기계간 불량품 데이터]

기 계	A_1	A_2	A_3	A_4
양 품	190	178	194	170
불 량 품	10	22	6	30
계	200	200	200	200

2 어떤 제조공정에서 제품의 양품과 불량품에 대하여 기계(A)와 열처리 온도(B)를 인자로 하여 반복이 있는 2원 배치 실험을 한 결과 다음과 같은 자료를 수집하였다. 분산분석표를 작성하고 불량품을 최소로하는 최적수준에 대한 95%의 신뢰구간을 구하라.

[기계 및 열처리 온도에 관한 불량률 데이터] ($l=4,\ m=2,\ n=120$)

작업온도 \ 기계	A1		A2		A3		A4		계
	양품	불량품	양품	불량품	양품	불량품	양품	불량품	
B_1	115	5	108	12	117	3	100	20	$T_{\cdot 1 \cdot}=40$
B_2	110	10	100	20	112	8	98	22	$T_{\cdot 2 \cdot}=60$
계	$T_{1\cdot\cdot}=15$		$T_{2\cdot\cdot}=32$		$T_{3\cdot\cdot}=11$		$T_{4\cdot\cdot}=42$		$T=100$

3 자동 판매기의 시험 제작 연구에서 부품 A(A1: 현재품, A2 : 신제품), 발전장치 B(B1 : 없음, B2 :α형, B3 : β형)의 2원 배치법으로 각각 100회 실험을 실시하였다. 다음표는 불량품의 횟수를 나타낸 표이다. 분산분석표를 작성하고 불량품을 최소로하는 최적수준에 대한 95%의 신뢰구간을 구하라.

인자	B_1	B_2	B_3
A1	50	30	40
A2	25	20	15
계	75	50	55

연 습 문 제

4 다음 표는 어떤 제품을 조건 $A_i B_j$에서 각각 120회씩 검사한 결과 불량품의 횟수이다. 분산분석표를 작성하고 불량품을 최소로하는 최적수준에 대한 95%의 신뢰구간을 구하라.

인자	A_1	A_2	A_3	A_4
B1	5	12	3	20
B2	15	20	8	22
계	20	32	11	42

5 다음은 불량 여부의 동일성에 관한 실험에서 양품을0, 불량품은 1의 값을 부여하기로 하고 4대의 기계로부터 만들어지는 제품을 200씩 조사하였다.

기계	A_1	A_2	A_3	A_4
양품	190	178	194	170
불량품	10	22	6	30

(1) 기계간에 불량률에 차이가 있는지 분산분석으로 검정하시오.
(2) 적합도 검정을 하시오.

6 기계 4대로부터 가공되는 부품을 60개씩 샘플링하여 검사하였더니 다음과 같았다. 분산분석표를 작성하여.(단, 양품은 1, 불량품은 0으로 간주) 기계간의 불량률의 차가 있는지를 확인하시오.

기계	A_1	A_2	A_3	A_4
양품	52	58	54	49
불량품	8	2	6	11

11

Introduction to Design of Experiments

상관과 회귀분석

두 개 이상의 변수들간의 관계를 설명하기 위한 분석기법에는 공분산분석, 상관분석, 단순회귀분석이 있다. 공분산기법은 두 확률변수의 관계를 측정하는 척도인 공분산을 이용하여 변수관계를 설명하는 기법이고 상관분석은 두 변수 사이의 선형관계를 나타내는 상관계수를 이용하여 변수들간의 선형관계를 설명하는 기법이다. 그리고 회귀분석은 변수들을 설명변수(독립변수, 회귀변수)와 종속변수(반응변수) 사이의 관계를 수학적 함수 형태로 표현할 수 있는 기법이다.

1. 상관과 회귀분석의 의의

두 개 이상의 변수들간의 관계를 설명하기 위한 분석기법에는 공분산분석, 상관분석, 회귀분석이 있다. 공분산기법은 두 확률변수의 관계를 측정하는 척도인 공분산을 이용하여 변수관계를 설명하는 기법이고 상관분석은 두 변수사이의 선형관계를 나타내는 상관계수를 이용하여 변수들간의 선형관계를 설명하는 기법이다. 그리고 회귀분석은 변수들을 설명변수(독립변수, 회귀변수)와 종속변수(반응변수) 사이의 관계를 수학적 함수 형태로 표현할 수 있는 기법이다.

2. 상관분석

1) 상관계수

모집단에서 두 변수 X와 Y사이에 직선적인 관계가 있는 경우에 그 두 변수 사이의 관련 정도를 측정하기 위한 측도로서 모상관계수가 있다. 모상관계수는 다음 식으로 정의된다.

$$\rho = \frac{Cov(X, Y)}{\sqrt{Var(X)} \cdot \sqrt{Var(Y)}}$$

이러한 모상관계수 ρ 은 -1과 1 사이의 값을 가진다. $\rho > 0$의 경우 양의 상관이 있다고 하고, $\rho < 0$의 경우 음의 상관이 있다고 한다. 또 $\rho = 0$의 경우, 상관관계가 없다고 한다.

이와 같은 두 변수사이의 관계에 대한 대략적인 파악은 산점도를 그려보면 알 수 있다. 한편 랜덤표본으로부터 두 특성에 대한 자료가 $(x_1, y_2), \cdots, (x_n, y_n)$ 으로 주어지면 표본상관계수는 다음과 같이 정의된다.

$$\hat{\rho} = r = \frac{\Sigma(x - \bar{x})(y - \bar{y})}{\sqrt{\Sigma(x - \bar{x})^2 \Sigma(y - \bar{y})^2}}$$

위 식은 표본상관계수를 모상관계수 ρ의 추정값으로 사용되고 다음과 같이 변환하는 것이 가능하다.

$$r = \frac{\Sigma xy - \dfrac{\Sigma x \Sigma y}{n}}{\sqrt{\left(\Sigma x^2 - \dfrac{(\Sigma x)^2}{n}\right)\left(\Sigma y^2 - \dfrac{(\Sigma y)^2}{n}\right)}}$$

표본상관계수의 값도 언제나 −1과 1 사이에 존재하며 ≪그림 11.1≫에서 알 수 있듯이 어떤 직선주위에 밀집되어 나타날수록 표본상관계수는 −1 혹은 1에 가깝게 나타난다.

표본상관계수의 값이 0에 가까운 형태는 두 변수사이에 아무런 관련성이 없음을 의미하는 것이 아니고 약한 직선관계가 있음을 의미하는 것이다. 다음 〈그림 11.1〉은 두 변수 사이의 관계에 따른 상관계수의 값을 나타내고 있다.

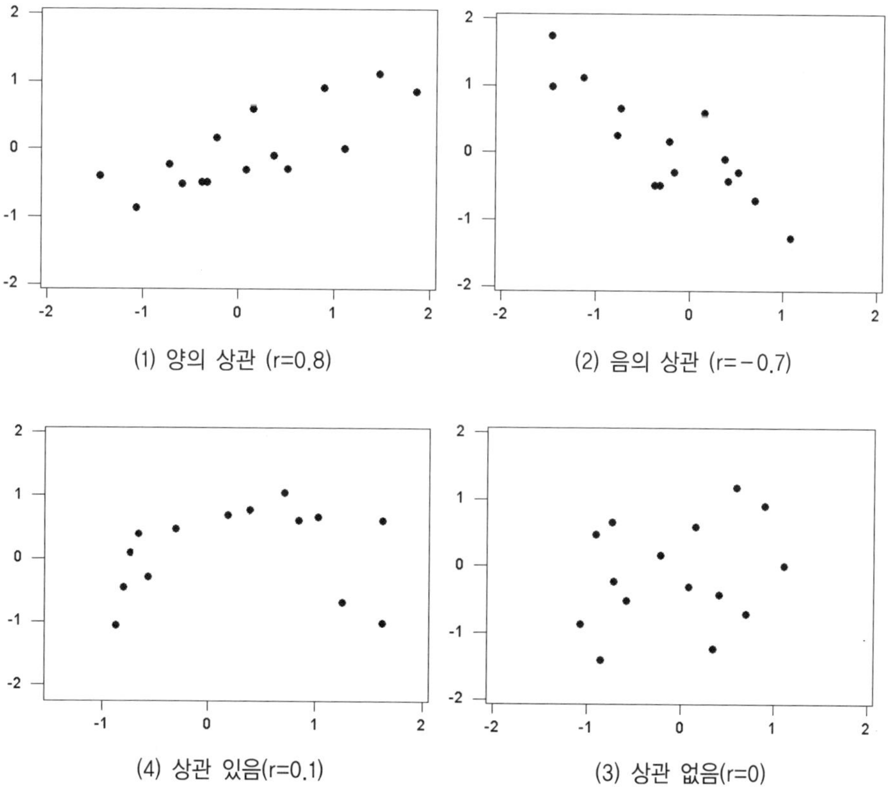

●● 그림 11.1 표본상관계수의 형태

기본 예제 11.1

10명의 학생에 대한 몸무게(X)와 이 학생들이 비만도(Y) 조사결과 다음과 같은 자료를 이용하여 x에 대한 y의 상관계수 r를 계산하라.

x_i (kg)	57.4	64.7	50.4	55.8	64.1	72.3	50.5	52.3	60.3	54.5
y_i(%)	44.4	52.0	38.1	49.3	60.3	63.2	39.5	30.3	57.5	41.0

결과

$$S_{(xx)} = \Sigma x^2 - \frac{(\Sigma x)^2}{n} = 34{,}374.12 - \frac{582.3^2}{10} = 455.301$$

$$S_{(yy)} = \Sigma y^2 - \frac{(\Sigma y)^2}{n} = 23{,}653.38 - \frac{475.6^2}{10} = 1{,}033.844$$

$$S_{(xy)} = \Sigma xy - \frac{\Sigma x \Sigma y}{n} = 28{,}299.92 - \frac{(582.3)(475.6)}{10} = 605.732$$

$$r = \frac{\Sigma xy - \frac{\Sigma x \Sigma y}{n}}{\sqrt{\left(\Sigma x^2 - \frac{(\Sigma x)^2}{n}\right)\left(\Sigma y^2 - \frac{(\Sigma y)^2}{n}\right)}} = \frac{605.732}{\sqrt{((455.301)(1{,}033.844)}} = 0.883$$

즉, 비교적 강상관형태를 가진 양의 상관관계를 나타내고 있다.

Minitab

1 C1열에 몸무게(x) C2에 비만도(y) 자료를 입력하고 메뉴에서 [통계분석(S)] → 기초통계(B) → 상관 분석(C)...을 클릭한다.

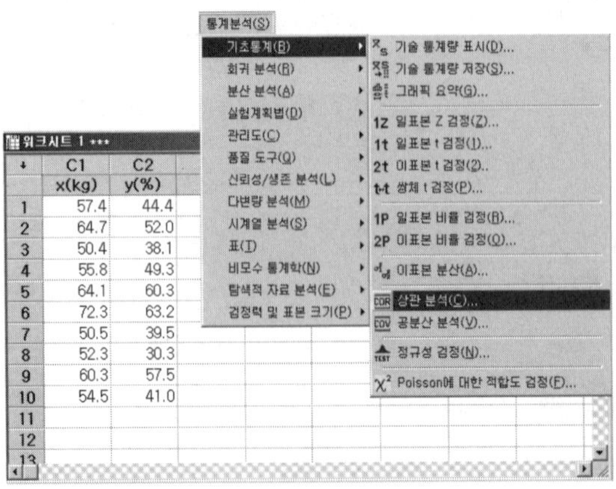

2 나타난 **상관 계수** 대화 상자에서 변수란에 마우스를 올려놓고 “C1”과 “C2”를 더블 클릭하여 데이터를 입력하고 **확인(O)** 버튼을 클릭한다.

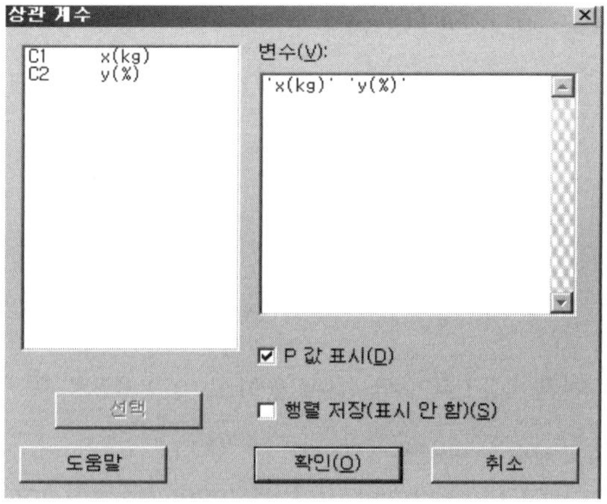

3 다음과 같은 결과화면이 나타난다.

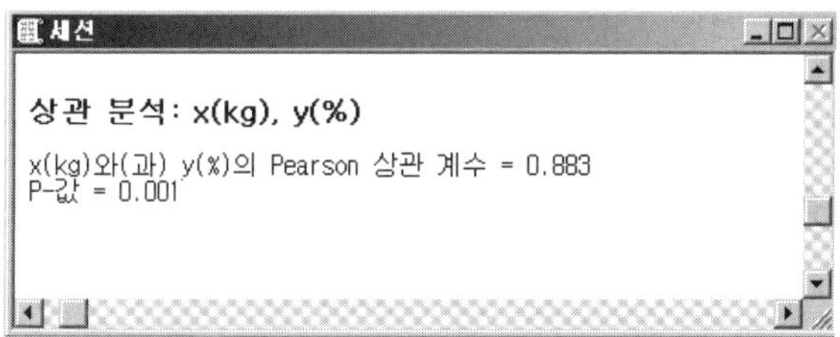

2) 상관계수의 검정

모집단 분포의 상관관계의 유무에 관한 검정는 다음과 같다.
귀무가설 $H_0: \rho = 0$에 대한 검정 통계량은

$$t = \sqrt{n-2}\frac{r}{\sqrt{1-r^2}}$$

라면 유의수준 α에서 의사결정은 다음과 같다.

대립가설 $H_1: \rho > 0$이고 $t \ge t_\alpha(n-2)$이면 H_0를 기각
대립가설 $H_1: \rho < 0$이고 $t \le -t_\alpha(n-2)$이면 H_0를 기각
대립가설 $H_1: \rho \neq 0$이고 $|t| \ge t_{\alpha/2}(n-2)$이면 H_0를 기각

기본 예제 11.2

≪기본예제 11.1≫의 자료를 이용하여 몸무게(x)과 비만도(y)사이의 상관관계가 있는가를 유의수준 5%에서 검정하라.

결과

검정을 하고자 하는 귀무가설은 다음과 같다.

$$H_0: \rho = 0 \qquad H_1: \rho \neq 0$$

그리고 ≪기본예제 11.1≫에서 $n = 10$이고, $r = 0.883$이므로 검정통계량은 다음과 같이 계산된다.

t분포표로부터 $t_{0.025}(8) = 2.306$, $|t| = |5.320931| \geq 2.306$이므로 유의수준 5%에서 귀무가설 $H_0: \rho = 0$을 기각한다.

3) 순위 상관계수의 검정

n개의 관측값 $(x_1, y_2), \cdots, (x_n, y_n)$으로 주어지면 x, y가 모두 큰 것부터(혹은 작은 것부터) 순위만을 고려하는 경우를 생각하자.

이 경우 순서쌍(x_i, y_i)에 대하여 x_i의 순위를 $x_{(i)}$으로 y_i의 순위를 $y_{(i)}$으로 할 때 순위의 쌍 $(x_{(i)}, y_{(i)})$을 변량으로 생각한 상관계수 ρ_R을 Spearman의 순위상관계수(coefficient of rank correction)라고 한다. 순위상관 계수는 다음과 같이 정의된다.

순위상관계수는 보통의 상관계수와 비슷한 성질을 가지고 있으며 그 값이 0에 가까우면 무상관을 가진다.

> 순위의 쌍 $(x_{(i)}, y_{(i)})$ $(i = 1, 2, \cdots, n)$에 대하여
>
> (1) $\rho_R = 1 - \dfrac{6}{n(n^2-1)} \sum_{i=1}^{n} (x_{(i)} - y_{(i)})^2$
>
> (2) $-1 \leq \rho_R \leq 1$

변량 (x, y)에 수치가 사용 될 때는 보통의 상관계수가 r를 계산할 수 있으나 이 중 어느 한쪽 혹은 양쪽이 순위만을 알고 있을 때는 순위상관계수 ρ_R를 계산하여야 한다.

기본 예제 11.3

대학입학시험의 성적순위를 알고 있는 16명의 학생에 대하여 입학 후 시험을 보았더니 다음과 같은 결과를 얻었다. 순위상관계수를 구하라.

입학시험 성적 순위	1	2	3	4	5	6	7	8	9	10	11	12	13	14	15	16
입학 후 시험 점수	18	14	15	10	17	8	10	12	13	5	7	3	11	5	6	4

결과

$x_{(i)}$	1	2	3	4	5	6	7	8	9	10	11	12	13	14	15	16	계
$y_{(i)}$	1	4	3	8.5	2	10	8.5	6	5	13.5	11	16	7	13.5	12	15	
$(x_{(i)}-y_{(i)})^2$	0	4	0	20.25	9	16	2.25	4	16	12.25	0	16	36	0.25	9	1	146

그러므로 $\rho_R = 1 - \dfrac{6\times 146}{16(16^2-1)} = 0.79$ 즉, 입학성적이 좋으면 입학 후 시험점수도 좋다.

3. 회귀분석

1) 단순 회귀

일반적으로 두 개의 변수 사이의 관계를 방정식으로 나타내는 경우, 이 방정식을 회귀 방정식이라 한다. 설명변수 x 와 종속변수 y 와의 간에 직선 관계가 가능한 경우에 그 관계를 나타내는 선형모형

$$Y_i = \beta_0 + \beta_1 x_i + \epsilon_i,\ (i=1,2,\cdots,n)$$

을 회귀식이라 부른다. β_0, β_1 는 회귀계수라고 하고 오차항 ϵ_i 는 모든 i 에 관해서 독립이며 동시에 같은 분포에 따르는 확률변수이고 기대값이 0 이고 분산은 σ^2 인 정규분포를 가진다.

▶ 최소자승법에 의한 회귀선의 추정

최소자승법은 단순선형회귀모형 $Y_i = \beta_0 + \beta_1 x_i + \epsilon_i$, $i=1,2,\cdots,n$ 에서 제곱합인

$$SS = \sum_{i=1}^{n} \{ Y_i - (\beta_0 + \beta_1 x_i) \}^2$$

을 최소로 하는 β_0, β_1 의 값을 그 추정값으로 한다.

최소제곱법에 의한 β_0, β_1 의 추정량 $\hat{\beta_0}, \hat{\beta_1}$ 을 구하려면 오차의 제곱합을 각각 β_0, β_1 에 대하여 편미분하여 얻은 식을 0으로 놓은 연립방정식을 풀면 된다.

$$\frac{\partial SS}{\partial \beta_0} = -2\,\Sigma(y_i - \beta_0 - \beta_1 x_i)$$

$$\frac{\partial SS}{\partial \beta_1} = -2\Sigma x_i(y_i - \beta_0 - \beta_1 x_i)$$

위의 편미분을 0으로 하는 β_0, β_1 의 추정값을 $\hat{\beta_0}, \hat{\beta_1}$ 로 놓고 정리하면 다음과 같은 정규방정식을 만들 수 있다.

$$\Sigma y = n\hat{\beta_0} + \hat{\beta_1}\,\Sigma x$$

$$\Sigma xy = \hat{\beta_0}\,\Sigma x + \hat{\beta_1}\,\Sigma x^2$$

위 식을 풀면 다음 식 최소자승추정치 $\hat{\beta_0}, \hat{\beta_1}$ 의 값을 다음과 같이 구한다.

$$\hat{\beta_1} = \frac{\Sigma(x_i - \bar{x})(y_i - \bar{y})}{\Sigma(x_i - \bar{x})^2} = \frac{\Sigma x_i y_i - n\bar{x}\bar{y}}{\Sigma x_i^2 - n\bar{x}^2}$$

$$\hat{\beta_0} = \bar{y} - \hat{\beta_1}\bar{x}$$

최소제곱회귀직선을 이용하여 설명변수의 x_i 에 대응하는 추측값 $\hat{y_i} = \hat{\beta_0} + \hat{\beta_1} x_i$ 를 구하면 실제 관측값 y_i 와 다르게 나타 날 것이다. 이들의 차인

$$\hat{\epsilon_i} = e_i = y_i - \hat{y_i}\ ,\ (i = 1, 2, \cdots, n)$$

을 잔차(residual)라고 부르며 이들이 작은 값으로 나타날수록 최소제곱회귀직선에 의한 적합이 실제 관측 결과를 잘 설명해주는 것이다.

이러한 잔차들은 몇 가지 성질을 가지고 있다. 첫째 잔차들의 합은 0이다.

즉, 앞에 기술한 정규방정식 $\Sigma y = n\hat{\beta_0} + \hat{\beta_1}\,\Sigma x$ 을 이용하면 다음과 같이 나타 낼 수 있다.

$$\sum e_i = \sum(y_i - \hat{y_i}) = \sum y_i - n\hat{\beta_0} - \hat{\beta_1}\sum x_i = 0$$

둘째 x_i 에 잔차 가중치를 부여한 합들은 0이다.

정규방정식 $\Sigma xy = \widehat{\beta_0}\,\Sigma x + \widehat{\beta_1}\,\Sigma x^2$을 이용하면 다음이 성립한다.

$$\sum x_i e_i = \sum x_i (y_i - \widehat{y_i}) = \sum x_i (y_i - \widehat{\beta_0} - \widehat{\beta_1}\, x_i)$$
$$= \sum x_i\, y_i - \widehat{\beta_0} \sum x_i - \widehat{\beta_1} \sum x_i^2 = 0$$

셋째 $\widehat{y_i}$ 에 잔차 가중치를 부여한 합들은 0이다. 즉, 첫째 및 둘째 성질을 이용하면 다음이 성립한다.

$$\sum \widehat{y_i} e_i = \sum (\widehat{\beta_0} + \widehat{\beta_1}\, x_i) e_i$$
$$= \widehat{\beta_0} \sum e_i + \widehat{\beta_1} \sum x_i\, e_i = 0$$

x 와 y 의 관계를 이 회귀직선이 어느 정도 설명하느냐를 결정계수 r^2 으로 나타낸다. 슥

$$r^2 = 1 - \frac{\Sigma(y_i - \hat{y}\,)^2}{\Sigma(y_i - \bar{y}\,)^2}$$

여기서 r^2 은 0과 1 사이의 값이다.

$$0 \le r^2 \le 1$$

1에 가까운 만큼 y 와 x 사이 관계는 회귀방정식에 잘 들어맞는 것을 의미한다. 단순 회귀의 경우 결정계수의 제곱근은 상관계수와 같게 된다.

기본 예제 11.4

≪기본예제 11.1≫의 10명의 학생에 대한 몸무게와 (x)이 학생들이 비만도(y) 조사 결과 자료를 이용하여 x 에 대한 y 의 회귀직선과 결정계수를 구하라.

결과

$\bar{x} = 58.23,\ \ \bar{y} = 47.56$

$\Sigma x = 582.3,\ \ \Sigma y = 475.6$

$\Sigma x^2 = 34,362.36$, $\Sigma y^2 = 23,653.38$ 이므로

최소자승 추정치 $\hat{\beta}_1 = \dfrac{\Sigma x_i y_i - n\bar{x}\bar{y}}{\Sigma x_i^2 - n\bar{x}^2}$ =1.33, $\hat{\beta}_0 = \bar{y} - \hat{\beta}_1 \bar{x} = -29.91$

즉, $y = -29.91 + 1.33x$ 의 회귀직선을 추정할 수 있다.
상관계수의 제곱은 결정계수가 되므로 ≪기본예제 11.1≫에서 상관계수는 0.883을 계산하였다. 따라서 $r^2 = 0.78$ 이 된다.

▶ 분산분석

Y_i의 관측값 y_i와 y_i들의 평균값 $\bar{y}$와의 차이를 총편차(total deviation)라고 하고 이 편차를 회귀직선에 의하여 설명되는 편차와 오차에 기인하는 부분인 회귀에 의해 설명되는 편차로 분해 할 수 있다. 즉,

$$y_i - \bar{y} = (\hat{y}_i - \bar{y}) + (y_i - \hat{y}_i)$$

위 식에서 양변을 제곱하고 합하면 다음과 같이 나타낼 수 있다.

$$\sum_{i=1}^{n}(y_i - \bar{y})^2 = \sum_{i=1}^{n}(\hat{y}_i - \bar{y})^2 + \sum_{x=1}^{n}(y_i - \hat{y}_i)^2 + 2\sum_{i=1}^{n}(\hat{y}_i - \bar{y})(y_i - \hat{y}_i)$$

위 식에서 마지막 항은 $\sum_{i=1}^{n}(\hat{y}_i - \bar{y})(y_i - \hat{y}_i) = \sum_{i=1}^{n}(\hat{y}_i - \bar{y})e_i = 0$ (잔차의 성질 이용)이 되므로 총편차의 자승합은 두 개의 자승합으로 분할된다.

$$\sum_{i=1}^{n}(y_i - \bar{y})^2 = \sum_{i=1}^{n}(\hat{y}_i - \bar{y})^2 + \sum_{x=1}^{n}(y_i - \hat{y}_i)^2$$

총제곱합(Total sum of squares) 혹은 총변동 $SST = \sum_{i=1}^{n}(y_i - \bar{y})^2$로 표시되고

$\sum_{i=1}^{n}(y_i - \hat{y}_i)^2$은 회귀선에 설명되지 않은 제곱합인 잔차제곱합으로 SSE로 표시되고 회귀선에 의해 설명되는 변동인$\sum_{i=1}^{n}(\hat{y}_i - \bar{y})^2$을 SSR으로 표시한다.

따라서 $SST = SSE + SSR$가 됨을 알 수 있고, SST, SSE, SSR의 자유도가 각각 $n-1$, $n-2$, 1 임을 알 수 있다.

결정계수는 $r^2 = \frac{SSR}{SST}$로 정의된다. 이것은 전체 변동 중에서 회귀가 차지하는 비중을 나타내며 또한 $SST = SSE + SSR$ 이므로 $0 \le r^2 \le 1$임을 알 수 있다. 만약 $r^2 = 1$이면 $SSE = 0$ 이 되고 이는 자료가 추정회귀직선 상에 있음을 나타낸다. 만약 $r^2 = 0$ 이면 $SSR = 0$ 되고 이는 SSR의 정의에서 보듯이 모든 i에 대하여 $\hat{y}_i = \bar{y}$ 이므로 추정 회귀직선은 x축에 평행하게 되고 y와 x가 별 관계가 없음을 의미한다.

▶ 분산분석표 작성 및 검정

요인	제곱합	자유도	평균제곱	F_0	$F(\alpha)$
회귀	SSR	1	$MSR = \frac{SSR}{1}$	$F = \frac{MSR}{MSE}$	$F(1, n-2, \alpha)$
잔차	SSE	$n-2$	$MSE = \frac{SSE}{n-2}$		
전체	SST	$n-1$			

가설검정의 절차는 다음과 같다.

(1) 가설의 설정 : $H_0 : \beta_1 = 0,\ H_1 : \beta_1 \ne 0$

(2) 유의수준 α 설정(예 0.05, 0.10)

(3) 검정통계량 F_0 계산(분산분석표 이용)

(4) 의사결정 $F_0 \ge F(1, n-2, \alpha)$ 이면 H_1 을 채택하고 그렇지 않으면 H_0를 채택하게 된다. H_0 가 채택되면 $\beta_1 = 0$ 이므로 이는 x가 y에 영향을 미치지 않음을 뜻하고 H_1 가 채택되면 $\beta_1 \ne 0$ 이므로 x값에 따라 y가 달라짐을 의미한다.

기본 예제 11.5

≪기본예제 11.1≫의 10명의 학생에 대한 몸무게와 (x)이 학생들이 비만도(y) 조사 결과 자료를 이용하여 분산분석표를 작성하라.

결과

$\bar{x} = 58.23,\ \bar{y} = 47.56\ ,\ \Sigma x = 582.3,\ \Sigma y = 475.6$

$\Sigma x^2 = 34,362.36,\ \ \Sigma y^2 = 23,653.38$ 이므로

최소자승 추정치 $\hat{\beta}_1 = \dfrac{\Sigma x_i y_i - n\overline{x}\overline{y}}{\Sigma x_i^2 - n\overline{x}^2}$ =1.33, $\hat{\beta}_0 = \overline{y} - \hat{\beta}_1 \overline{x} = -29.91$ 을 이용한 추정식은 $\hat{y} = -29.91 + 1.33x$.

$$SST = \sum_{i=1}^{n}(y_i - \overline{y})^2 = (44.4 - 47.56)^{2+\cdots} \cdots + (41.0 - 47.56)^2 = 1033.844$$

$$SSR = \sum_{i=1}^{n}(\hat{y_i} - \overline{y})^2 = \sum_{i=1}^{n}\left\{\overline{y} + \hat{\beta}_1(x_i - \overline{x}) - \overline{y}\right\}^2 = (\hat{\beta}_1)^2 \sum_{i=1}^{n}(x_i - \overline{x})^2$$

$$= 1.33^2\left[(57.4 - 58.23)^2 + \cdots\cdots + (54.5 - 58.23)\right] = 805.8653$$

$$SSE = \sum_{i=1}^{n}(y_i - \hat{y_i})^2 = SST - SSR = 227.9787.$$

[분산분석표]

요인	제곱합	자유도	평균제곱	F_0	$F(\alpha)$
회귀	805.8653	1	805.8653	28.27861	$F_{0.05}(1,8) = 5.32$
잔차	227.9787	8	28.49734		
전체	1033.844	9			

분산분석의 F비는 28.27861은 귀무가설 H_0: $\beta_1 = 0$ (가정된 회귀직선이 적합하지 않다)을 검정하기 위한 통계량을 5% 유의수준 하에서 H_0를 기각한다. 즉 가정된 단순선형회귀직선이 적합하다고 할 수 있다.

Minitab

1 C1열에 몸무게(x) C2에 비만도(y) 자료를 입력하고 메뉴에서 통계분석(S) → 회귀 분석(R) → 회귀 분석(R)... 을 클릭하고 나타난 [회귀분석] 대화상자에서 반응변수란에 마우스를 올려놓고 "C2"를 더블 클릭하고 예측변수란에 "C1"를 더블 클릭하여 데이터를 입력하고 확인(O) 버튼을 클릭한다.

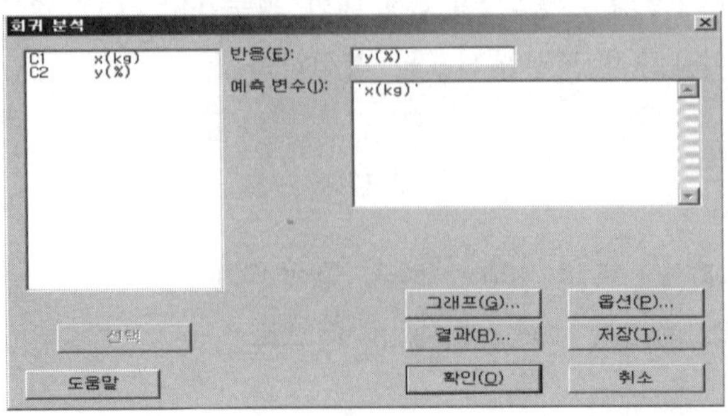

2 다음과 같은 결과화면이 나타난다.

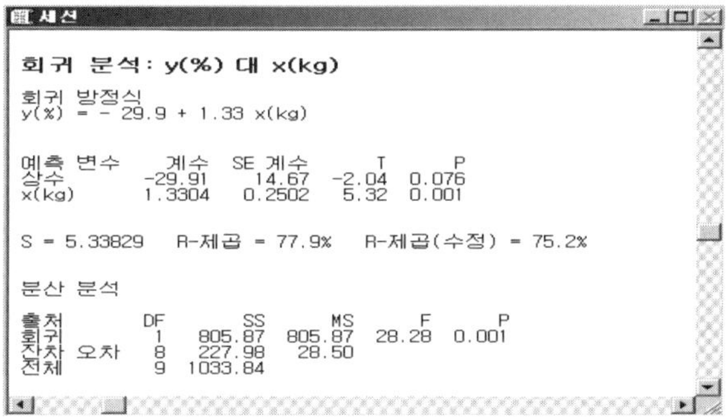

3 회귀선을 그리기 위하여 메뉴에서 [통계분석(S)] → [회귀 분석(R)] → [적합선 그림(F)...]을 클릭하고 나타난 [적합선 그림] 대화 상자에서 반응변수란에 마우스를 올려 놓고 "C2"를 더블 클릭하고 설명변수란에 "C1"를 더블 클릭하여 데이터를 입력하고 또, [선형] 항목을 선택하고 [확인(O)]버튼을 클릭한다.

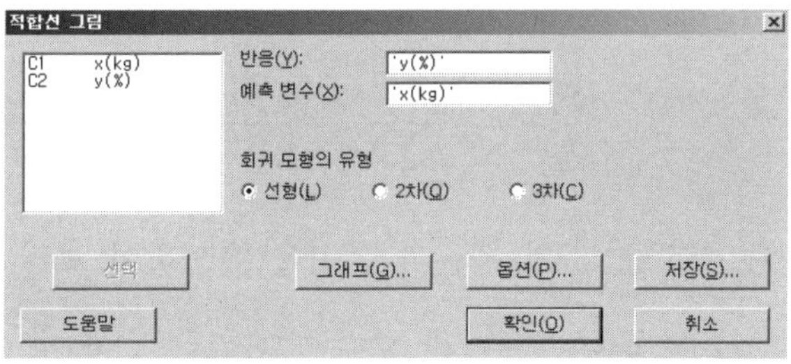

4 다음과 같은 결과화면이 나타난다.

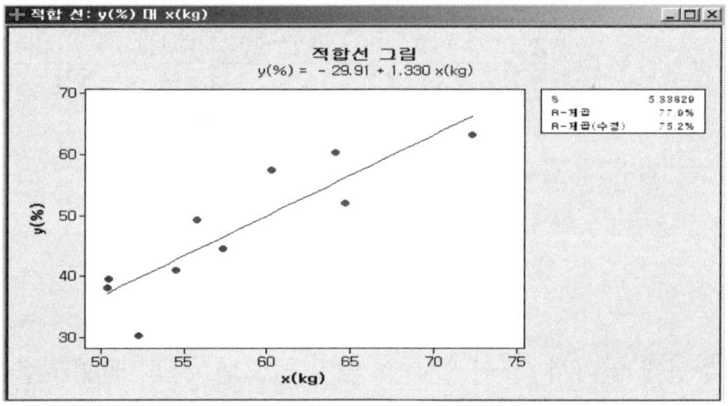

2) 단순 회귀에서 통계적 추론

설명변수 x 와 종속변수 y 와의 간에 직선 관계가 가능한 경우에 그 관계를 나타내는 선형 모형

$$y_i = \beta_0 + \beta_1 x_i + \epsilon_i \ , \ (i=1,2,\cdots,n)$$

을 회귀식이라 부른다. β_0, β_1 는 회귀계수라고 하고 오차항 ϵ_i 는 모든 i 에 관해서 독립이며 동시에 같은 분포에 따르는 확률변수이고 기대값이 0이고 분산은 σ^2 인 정규분포를 가진다. 표본으로부터 회귀식을 추정하면 $\hat{y_i} = \hat{\beta_0} + \hat{\beta_1} x_i$이 되고 이 식은 표본에 의존하게 된다.

따라서 이것들에 대한 추론문제에 대하여 살펴보자

▶ β_1 의 추정과 검정

단순 회귀모형에서 $y_i = \beta_0 + \beta_1 x_i + \epsilon_i$ 에서 기울기 추정량 $\hat{\beta_1}$ 은 다음과 같이 됨이 알려져 있다.

$$\hat{\beta_1} = \frac{S_{(xy)}}{S_{(xx)}} = \frac{\sum(x_i-\bar{x})(y_i-\bar{y})}{\sum(x_i-\bar{x})^2} = \frac{\sum(x_i-\bar{x})\,y_i}{\sum(x_i-\bar{x})^2}$$

우선 기울기 추정량 $\hat{\beta_1}$ 의 평균과 분산을 유도하여 보자.

$$E(\hat{\beta_1}) = E\left(\frac{\sum(x_i-\bar{x})\,y_i}{\sum(x_i-\bar{x})^2}\right) = \frac{\sum(x_i-\bar{x})\,E(y_i)}{\sum(x_i-\bar{x})^2} = \frac{\sum(x_i-\bar{x})\,(\beta_0+\beta_1 x_i)}{\sum(x_i-\bar{x})^2}$$

$$= \beta_0 \frac{\sum(x_i-\bar{x})}{\sum(x_i-\bar{x})^2} + \beta_1 \frac{\sum(x_i-\bar{x})\,x_i}{\sum(x_i-\bar{x})^2} = 0 + \beta_1 = \beta_1$$

$$Var(\hat{\beta_1}) = Var\left(\frac{\sum(x_i-\bar{x})\,y_i}{\sum(x_i-\bar{x})^2}\right) = \frac{\sum(x_i-\bar{x})^2\ Var(y_i)}{\left[\sum(x_i-\bar{x})^2\right]^2} = \frac{\sigma^2}{\sum(x_i-\bar{x})^2} = \frac{\sigma^2}{S_{(xx)}}$$

즉, $\hat{\beta_1}$ 는 다음과 같은 분포를 가진다.

$$\hat{\beta_1} \sim N\left(\beta_1, \frac{\sigma^2}{S_{(xx)}}\right)$$

분산의 추정에 있어서 σ^2이 알려져 있지 않으면 σ^2의 불편추정량인 잔차제곱평균

$MSE=\dfrac{SSE}{n-2}$ 을 사용한다. 즉, $Var(\hat{\beta_1})$의 불편추정량은 $\dfrac{MSE}{S_{(xx)}}$가 된다. 그러므로 다음과 같은 분포가 됨이 알려져 있다.

$$\frac{\hat{\beta_1}-\beta_1}{\sqrt{\dfrac{MSE}{S_{(xx)}}}} \sim t(n-2)$$

이 사실을 이용하여 β_1의 $100(1-\alpha)\%$ 신뢰구간은 다음과 같이 유도된다.

$$\hat{\beta_1} \pm t(n-2,\ \alpha/2)\sqrt{\frac{MSE}{S_{(xx)}}}$$

따라서 검정에 관한 사항은 다음과 같이 요약할 수 있다.

β_1 에 관한 검정

1. 검정통계량 : $t_0=\dfrac{\hat{\beta_1}-\beta_{10}}{\sqrt{\dfrac{MSE}{S_{(xx)}}}}$
2. 판정
   (a) H_0: $\beta_1 \le \beta_{10}$ vs H_1: $\beta_1 > \beta_{10}$ 일 때 $t_0 \ge t(n-2;\alpha)$ 이면 H_0을 기각.
   (b) H_0: $\beta_1 \ge \beta_{10}$ vs H_1: $\beta_1 < \beta_{10}$ 일 때 $t_0 \le -t(n-2;\alpha)$ 이면 H_0을 기각.
   (c) H_0: $\beta_1 = \beta_{10}$ vs H_1: $\beta_1 \ne \beta_{10}$ 일 때 $|t_0| \ge t(n-2;\alpha/2)$ 이면 H_0을 기각.

기본 예제 11.6

≪기본예제 11.1≫의 10명의 학생에 대한 몸무게와 (x)이 학생들이 비만도(y) 조사결과 자료에 대하여 회귀모형을 가정하고 다음 가설을 유의수준 $\alpha=0.05$를 이용하여 검정하여라.

$$H_0:\ \beta_1=0 \ \text{ vs } \ H_1:\ \beta_1 \ne 0$$

결과

추정식은 $\hat{y}=-29.91+1.33x$ 이 되고 $MSE=28.49734$, $S_{(xx)}=455.144$이 되고 H_0 하에서 검정통계량 값은 다음과 같이 계산되었다.

$$t_0=\frac{1.33-0}{\sqrt{\dfrac{28.49734}{455.144}}}=5.315252372>2.306=t(8,0.025)$$

귀무가설 H_0: $\beta_1 = 0$을 유의수준 5%에서 기각하고 몸무게는 비만도에 영향을 준다.

▶ β_0 의 추정과 검정

단순 회귀모형에서 $y_i = \beta_0 + \beta_1 x_i + \varepsilon_i$ 에서 추정량 $\hat{\beta}_0 = \bar{y} - \hat{\beta}_1 \bar{x}$ 이 같이 된다. β_0 의 구간추정과 검정은 기울기 모수 β_1 과 유사한 방법으로 유도 할 수 있다. $\hat{\beta}_0$의 기대값은 다음과 같이 유도 할 수 있다.

$$\begin{aligned} E(\hat{\beta}_0) &= E(\bar{y}) - \bar{x}\, E(\hat{\beta}_1) \\ &= (\beta_0 + \beta_1 \bar{x}) - \bar{x}\beta_1 \\ &= \beta_0 \end{aligned}$$

$\hat{\beta}_0$ 의 분산도 다음과 같다.

$$\begin{aligned} Var(\hat{\beta}_0) &= Var(\bar{y} - \hat{\beta}_1 \bar{x}) \\ &= Var(\bar{y}) + (\bar{x})^2\, Var(\hat{\beta}_1) - 2Cov(\bar{y},\, \hat{\beta}_1 \bar{x}) \\ &= \sigma^2 \left(\frac{1}{n} + \frac{(\bar{x})^2}{S_{(xx)}} \right) - 2\,\bar{x}\, Cov(\bar{y},\, \hat{\beta}_1) \end{aligned}$$

단, 여기에서 $Cov(\bar{y},\, \hat{\beta}_1) = 0$ 이라고 알려져 있다. 이것에 관한 증명은 참고서적을 참고하기 바란다.

즉, $\hat{\beta}_0$ 는 다음과 같은 분포를 가진다.

$$\hat{\beta}_0 \sim N\left[\beta_{0,}\, \sigma^2 \left(\frac{1}{n} + \frac{(\bar{x})^2}{S_{(xx)}} \right)\right]$$

따라서 β_0 의 $100(1-\alpha)\%$ 신뢰구간과 검정통계량은 각각 다음과 같다.

$$\hat{\beta}_0 \pm t(n-2,\, \alpha/2) \sqrt{\left[\frac{1}{n} + \frac{(\bar{x})^2}{S_{(xx)}} \right] MSE}$$

따라서 검정에 관한 사항은 다음과 같이 요약할 수 있다.

β_0 에 관한 검정

1. 검정통계량 : $t_0 = \dfrac{\widehat{\beta_0} - \beta_{00}}{\sqrt{MSE\left[\dfrac{1}{n} + \dfrac{(\overline{x})^2}{S_{(xx)}}\right]}}$

2. 판정
   (a) $H_0: \beta_0 \le \beta_{00}$ vs $H_1: \beta_0 > \beta_{00}$ 일 때 $t_0 \ge t(n-2;\alpha)$ 이면 H_0을 기각.
   (b) $H_0: \beta_0 \ge \beta_{00}$ vs $H_1: \beta_0 < \beta_{00}$ 일 때 $t_0 \le -t(n-2;\alpha)$ 이면 H_0을 기각.
   (c) $H_0: \beta_0 = \beta_{00}$ vs $H_1: \beta_0 \ne \beta_{00}$ 일 때 $|t_0| \ge t(n-2;\alpha/2)$ 이면 H_0을 기각.

기본 예제 11.7

≪기본예제 11.1≫의 10명의 학생에 대한 몸무게와 (x)이 학생들이 비만도(y) 조사결과 자료에 대하여 회귀모형을 가정하고 다음 가설을 유의수준 $\alpha = 0.05$에서 검정하여라.

$$H_0:\ \beta_0 = 0 \ \text{ vs } \ H_1:\ \beta_0 \ne 0$$

결과

추정식은 $\hat{y} = -29.91 + 1.33x$ 이 되고 $MSE = 28.49734$, $S_{(xx)} = 455.144$이 되고 H_0 하에서 검정통계량 값은 다음과 같이 계산되었다.

$$t_0 = \frac{-29.91 - 0}{\sqrt{\left[\dfrac{1}{10} + \dfrac{58.24 \times 58.24}{455.144}\right] \times 28.49734}} = -11.7351 \leftarrow 2.306 = t(8, 0.025)$$

귀무가설 $H_0:\ \beta_1 = 0$ 을 유의수준 5%에서 기각하고 y 절편이 존재한다.

▶ $E(y)$ 의 추정과 검정

임의로 주어진 x값에서 y의 기대값 $E(y) = \beta_0 + \beta_1 x$의 추정 회귀식은 $\hat{y} = \widehat{\beta_0} + \widehat{\beta_1}x$ 이되며 이것을 다음과 같이 변형이 가능하다.

$$\begin{aligned}\hat{y} = \widehat{\beta_0} + \widehat{\beta_1}x &= (\widehat{\beta_0} + \widehat{\beta_1}\overline{x}) + \widehat{\beta_1}(x - \overline{x}) \\ &= (\overline{y} - \widehat{\beta_1}\overline{x} + \widehat{\beta_1}\overline{x}) + \widehat{\beta_1}(x - \overline{x}) \\ &= \overline{y} + \widehat{\beta_1}(x - \overline{x})\end{aligned}$$

따라서 $\hat{y}$ 의 평균은 $E(\hat{y}) = \beta_0 + \beta_1 x$ 이고 분산은 다음과 같이 된다.

$$\begin{aligned} Var(\hat{y}) &= Var\left[\bar{y} + \hat{\beta}_1 (x - \bar{x})\right] \\ &= Var(\bar{y}) + (x-\bar{x})^2\, Var(\hat{\beta}_1) + 2\,(x-\bar{x})^2\, Cov(\bar{y},\, \hat{\beta}_1) \\ &= \sigma^2\left(\frac{1}{n} + \frac{(x-\bar{x})^2}{S_{(xx)}}\right) + 2\,(x-\bar{x})^2\, Cov(\bar{y},\, \hat{\beta}_1) \end{aligned}$$

단, 여기에서도 $Cov(\bar{y},\, \hat{\beta}_1) = 0$ 이라고 알려져 있다

즉, $\hat{y}$는 다음과 같은 분포를 가진다.

$$\hat{y} \sim N\left[\beta_0 + \beta_1 x\,,\ \sigma^2\left(\frac{1}{n} + \frac{(x-\bar{x})^2}{S_{(xx)}}\right)\right]$$

따라서 $E(y\,|\,x)$ 의 $100(1-\alpha)\%$ 신뢰구간 다음과 같다.

$$\hat{\beta}_0 + \hat{\beta}_1 x \pm t(n-2,\, \alpha/2)\ \sqrt{\left[\frac{1}{n} + \frac{(x-\bar{x})^2}{S_{(xx)}}\right] MSE}$$

결국 검정에 관한 사항은 다음과 같이 요약할 수 있다.

$E(y) = \beta_0 + \beta_1 x$에 관한 검정

1. 검정통계량 : $t_0 = \dfrac{\hat{\beta}_0 + \hat{\beta}_1 x - \mu_0}{\sqrt{\left[\dfrac{1}{n} + \dfrac{(x-\bar{x})^2}{S_{(xx)}}\right] MSE}}$
2. 판정
   (a) H_0: $E(y) \le \mu_0$ vs H_1: $E(y) > \mu_0$ 일 때 $t_0 \ge t(n-2;\alpha)$ 이면 H_0을 기각.
   (b) H_0: $E(y) \ge \mu_0$ vs H_1: $E(y) < \mu_0$ 일 때 $t_0 \le -t(n-2;\alpha)$ 이면 H_0을 기각.
   (c) H_0: $E(y) = \mu_0$ vs H_1: $E(y) \ne \mu_0$ 일 때 $|t_0| \ge t(n-2;\alpha/2)$ 이면 H_0을 기각.

기본 예제 11.8

≪기본예제 11.1≫의 10명의 학생에 대한 몸무게와 (x)이 학생들이 비만도(y) 조사결과 자료에 대하여 회귀모형을 가정하고 $x=60$ 일 때의 $E(y)$ 의 95%의 신뢰구간을 구하시오.

결과

$MSE = 28.49734$, $S_{(xx)} = 455.144$, $\bar{x} = 58.24$ 이고 추정식은 $\hat{y} = -29.91 + 1.33x$ 이 되므로 $\hat{y} = -29.91 + 1.33 \times 60 = 49.89$ 이고 $E(y)$ 의 95%의 신뢰구간 다음과 같이 된다.

$$49.89 \pm 2.306 \sqrt{\left[\frac{1}{10} + \frac{1.77^2}{455.144}\right] 28.49734} = 49.89 \pm 4.024542$$

Minitab

1. C1열에 몸무게(x) C2에 비만도(y) 자료를 입력하고 메뉴에서 통계분석(S) → 회귀 분석(R) → 회귀 분석(R)...을 클릭하고 나타난 [회귀분석] 대화상자에서 반응변수란에 마우스를 올려놓고 “C2”를 더블 클릭하고 예측변수란에 “C1”를 더블 클릭하여 데이터를 입력하고 옵션(P)... 버튼을 클릭한다.

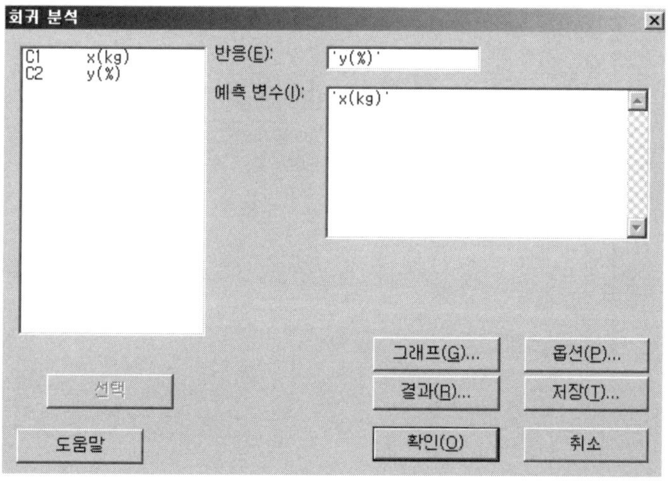

2. 다음과 같은 [옵션] 대화 상자에서 [예측 구간] 항목에 “60”을 입력하고 신뢰수준란에 95%을 확인 한 후 확인(O) 버튼을 클릭한다.

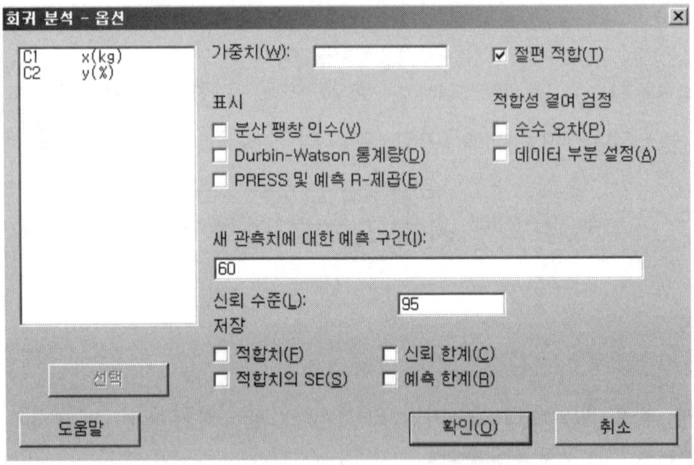

3 다음과 같은 결과화면이 나타난다.

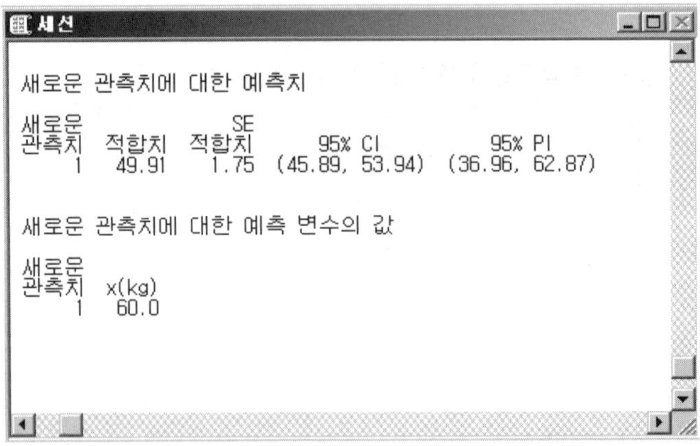

4. 다중 선형 회귀 분석

앞 절에서는 종속변수 y 의 예측에 사용될 수 있는 독립변수가 존재하는 경우 선형 회귀직선을 적합시키기 위해 최소제곱법(least squares method)을 사용하였으며, 이와 같은 방법으로 결정된 회귀직선은 $\hat{y}=\hat{\beta}_0 + \hat{\beta}_1 x$ 와 같은 형태를 가진다. 앞 절의 비만도 자료에 대해서 적합된 회귀직선은

$$\hat{y}= 1.33x - 29.91$$

이고, 여기서 x 는 몸무게 자료를 나타내며 y 는 비만도를 나타낸다. 만일 분석에 사용된 비만도에 대한 더 만은 정보를 알고 있다면 비만도를 더욱 잘 예측할 수 있을 것이다. 예를 들어 몸무게 자료를 나타내는 변수 이외에 나이, 실적 자료, 체지방 지수와 같은 다른 변수들도 비만도에 영향을 미칠 수 있을 것이다.

하나 이상의 독립변수가 종속변수의 값을 예측하기 위해서 사용되는 경우에 사용되는 분석방법이 다중회귀분석(multiple regression analysis)이다. 다중회귀분석은 선형과 비선형 식을 포함한다. 선형회귀직선은 다음과 같은 형태를 가진다.

$$\hat{y}=\hat{\beta}_0+\hat{\beta}_1 x_1+\hat{\beta}_2 x_2+\hat{\beta}_3 x_3+\cdots+\hat{\beta}_k x_k$$

여기서, $\hat{y}$ 은 예측된 변수이며, $x_1, x_2, x_3, \cdots, x_k$ 는 k개의 변수로서 알려진 값이다. 그리고, $\hat{\beta}_0, \hat{\beta}_1, \hat{\beta}_2, \cdots, \hat{\beta}_k$ 는 알려진 정보로부터 결정된 실제값을 가지는 추정계수이다. 본 절에서는 선형회귀직선에 대해서만 고려하고자 한다.

기본 예제 11.9

보험회사 영업사원들의 보험계약 실적수를 반영하는 요소들중 여러 가지 요인이 있겠지만 일반적으로 고려되어지는 요소는 나이 와 고용기간을 생각 할 수 있다. 보험계약 실적수(y)에 미치는 변수로서 나이(x_1)와 고용기간(x_2)이다. 다음 표는 6명의 보험회사 영업사원 대한 각 변수들을 관찰한 것이다.

●● 보험회사 영업사원들에 대한 나이, 고용기간(년.월) 및 보험계약 실적수(월)

영업사원	나이 (x_1)	고용기간(x_2)	보험계약 실적수(y)
A	39	3.8	12
B	31	3.4	20
C	34	2.9	21
D	35	3.3	17
E	33	3.9	15
F	37	3.1	19

이러한 정보를 이용하여 보험회사 직원들의 나이와 고용기간 관점에서 보험계약 실적수를 예측할 수 있는 선형회귀직선을 찾을 수 있다.

위 자료에 대한 선형회귀직선은 $\hat{y}=\hat{\beta}_0+\hat{\beta}_1 x_1+\hat{\beta}_2 x_2$ 와 같은 형태를 적용하여 $\hat{\beta}_0$, $\hat{\beta}_1$, $\hat{\beta}_2$

의 값은 최소제곱법을 이용하면 구해질 수 있다. 이 방법은 제곱합 $\sum(y-\hat{y})^2$를 최소화시키는 방법이며 y 의 값은 관측된 값이고, $\hat{y}$ 의 값은 두 독립변수에 대한 선형방정식으로부터 구해진다. 이러한 경우에 최소제곱법은 다음과 같은 미지의 방정식 3개를 풀어서 구해질 수 있다.

이러한 방정식을 정규방정식(normal equation)이라고 하며, 다음과 같이 정의된다.

$$\sum y = n\hat{\beta}_0 + \hat{\beta}_1(\sum x_1) + \hat{\beta}_2(\sum x_2)$$

$$\sum x_1 y = \hat{\beta}_0(\sum x_1) + \hat{\beta}_1(\sum x_1^2) + \hat{\beta}_2(\sum x_1 x_2)$$

$$\sum x_2 y = \hat{\beta}_0(\sum x_2) + \hat{\beta}_1(\sum x_1 x_2) + \hat{\beta}_2(\sum x_2^2)$$

≪기본예제 11.9≫의제시된 자료에 대해 정규방정식을 결정하기 위하여 계산된 자료는 아래 표와 같다.

x1	x2	y	x1^2	x2^2	x1*x2	y	x1*y	x2*y
39	3.8	12	1521	14.44	148.2	12	468	45.6
31	3.4	20	961	11.56	105.4	20	620	68
34	2.9	21	1156	8.41	98.6	21	714	60.9
35	3.3	17	1225	10.89	115.5	17	595	56.1
33	3.9	15	1089	15.21	128.7	15	495	58.5
37	3.1	19	1369	9.61	114.7	19	703	58.9
209	**20.4**	**104**	**7321**	**70.12**	**711.1**	**104**	**3595**	**348**

이 예제에 대한 정규방정식은 다음과 같다.

$$104 = 6\hat{\beta}_0 + 209\,\hat{\beta}_1 + 20.4\,\hat{\beta}_2$$

$$3595 = 209\,\hat{\beta}_0 + 7321\,\hat{\beta}_1 + 711.1\,\hat{\beta}_2$$

$$348 = 20.4\,\hat{\beta}_0 + 711.1\,\hat{\beta}_1 + 70.12\,\hat{\beta}_2$$

$\hat{\beta}_0$, $\hat{\beta}_1$, $\hat{\beta}_2$에 대해서 위의 세 선형방정식을 푸는 것은 어렵지 않으나, 행렬의 형태로 변화시켜서 이 방정식을 푸는 것이 더 간단한 방법이며, 실제로 통계 팩키지로 계산된 분산분석표는 아래와 같다.

●● 분산분석표

분산 분석					
	자유도	제곱합	제곱 평균	F 비	유의한 F
회귀	2	55.46305721	27.7315286	44.48251505	0.005891797
잔차	3	1.870276123	0.623425374		
계	5	57.33333333			

위의 제시된 분산분석표(ANOVA table)를 살펴보면, 제곱합은 일반적으로 SST로 표기되는 y의 제곱합은 총제곱합(total sum of squares)으로 이는 두 개의 성분으로 분할될 수 있다. 즉 SSR 이라고 표기되는 회귀식에 대한 제곱합(sum of squares for regression)과 SSE 라고 표기되는 오차에 대한 제곱(sum of squares for error)으로 구분된다. 즉 다음과 같은 결과로 나타난다.

$$SST = SSR + SSE$$

회귀식에 대한 제곱합은 총 제곱합 중에서 독립변수에 의해서 설명되는 부분이고, 오차 제곱합은 독립변수에 의해 설명되지 못하는 y의 총 제곱합의 일부분이다. 이러한 성분들의 값이 분산분석표에 제시되어 있으며, 이 표로부터 다음과 같은 정보들을 얻을 수 있다.

$$SST = \sum(y - \bar{y})^2 = 57.3333331$$
$$SSE = \sum(y - \hat{y})^2 = 1.870276143$$
$$SSR = SST - SSE = 55.46305721$$

각 요인에 대한 관측자의 수와 관련된 자유도(degrees of freedom)를 나타내는 것은 관측치의 수가 6이기 때문에 전체 자유도는 df_T로 표시되며, $n-1=6-1=5$와 같다. 회귀식에 대한 자유도는 df_R로 표시되며, 이 값은 독립변수의 수와 같다. k 개의 독립변수가 사용되었다면, $df_R = k$ 가 된다.

따라서, 본 예제에서는 $k=2$ 이므로 회귀식에 대한 자유도는 2이다. 그리고, 오차에 대한 자유도는 df_E로 표시되며, 이는 보통 전체 자유도에서 회귀식에 대한 자유도를 빼서 구해질 수 있다. 즉, $df_E = (n-1)-k = n-(k+1)$이므로 본 예제에서는 $df_E = 5-2 = 3$이다. 여기서, $(k+1)$ 은 회귀방정식에서 독립변수와 상수항의 수와 같다.

만일 각 상수항에 대한 하나의 자유도를 알고 있지 않은 경우, 오차에 대한 자유도는 단순히 $n-(k+1)$ 에 의해 구해질 수 있다. 요약하면, 자유도에 관해서 다음과 같은 간단한 공식을 얻을 수 있다.

자유도의 관계

$df_T = df_R + df_E$

$(df_T = n-1,\ df_R = k,\ df_E = n-1-k = n-(k+1))$

분산분석표에서 제곱평균은 제곱합을 각 자유도로 나눔으로써 구해질 수 있다. 즉,

$$MSR = \frac{SSR}{df_E} = \frac{55.46305721}{2} = 27.7315286$$

$$MSE = \frac{SSE}{df_E} = \frac{1.870276123}{3} = 0.623425374$$

하나의 독립변수에 대한 경우에서와 마찬가지로 선형모형이 적당하게 자료를 설명하고 있는지를 알아보기 위해서 F 검정이 사용된다. 〈〈기본예제 11.9〉〉의 자료에 대해서 가설은 다음과 같이 설정될 수 있다.

$$\begin{cases} H_0 : \beta_1 = \beta_2 = 0 \\ H_1 : \beta_1 \neq 0 \quad \text{or} \quad \beta_2 \neq 0 \end{cases}$$

여기서, 귀무가설이 사실이면 모형에 포함되는 회귀계수들은 모두 0이므로 이는 종속변수의 값(≪기본예제 11.9≫에서의 보험계약실적수)을 예측하는데 사용될 수 없다. F통계량은 MSR을 MSE로 나눔으로써 다음과 같이 구해진다. 즉,

$$F = \frac{MSR}{MSE}$$

≪기본예제 11.9≫의 자료에 대해서 F 통계량의 값을 쉽게 구할 수 있으며, 이 값은 다음과 같다.

$$F = \frac{27.7315286}{0.623425374} = 44.48251505$$

F 검정에 대한 $p-$값(유의한 F 값)은 0.005891797로서 0.05〉0.005891797이므로 유의수준 0.05에서 귀무가설 H_0를 기각할 수 있다. 따라서 모집단 회귀계수의 값들이 0이 될 수 없다. 결국 예측 목적으로 위해서 이 회귀방정식을 사용할 수 있는 것이다.
다중결정계수 R^2는 앞 절에서의 결정계수 r^2 과 유사한 값이며, 이는 y에 대한 총변동 중에서 독립변수 또는 회귀식에서의 변동에 의해 설명되는 부분의 비율을 나타낸다. 이 값은 SSR 을 SST로 나눔으로써 다음과 같이 얻어질 수 있다.

$$R^2 = \frac{SSR}{SST}$$

≪기본예제 11.9≫의 자료에 대해서 이 값을 구해보면

$$R^2 = \frac{55.46305721}{57.33333333} = 0.967378905 \approx 96.7\%$$

와 같다.
이 값은 변수 나이와 고용기간에 의한 변동에 의해 설명되는 보험계약실적수에 대한 변동의 비율이 근사적으로 96.7%임을 의미한다.
다시 말하면, 종속변수에 대한 변동의 (100−96.7)%만이 설명되지 못한다는 것을 의미한다.

Minitab

1 C1열에 나이(x1), C2에 고용기간(x2), C3에 실적수(y) 자료를 입력하고 메뉴에서 [통계분석(S)] → [회귀 분석(R)] → [회귀 분석(R)...]을 클릭하고 나타난 [회귀분석] 대화상자에서 반응변수란에 마우스를 올려놓고 "C3"를 더블 클릭하고 예측변수란에 "C1", "C2"을 더블 클릭하여 데이터를 입력하고 [확인(O)]버튼을 클릭한다.

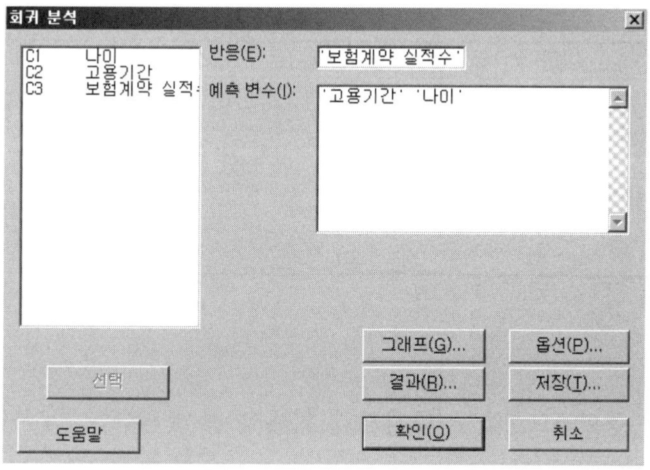

2 다음과 같은 결과화면이 나타난다.

```
세션

회귀 방정식
보험계약 실적수 = 61.7 - 6.98 고용기간 - 0.592 나이

예측 변수      계수   SE 계수      T      P
상수        61.686    5.093  12.11  0.001
고용기간   -6.9789   0.9094  -7.67  0.005
나이       -0.5921   0.1241  -4.77  0.017

S = 0.789573   R-제곱 = 96.7%   R-제곱(수정) = 94.6%

분산 분석

출처        DF      SS      MS      F      P
회귀         2  55.463  27.732  44.48  0.006
잔차 오차    3   1.870   0.623
전체         5  57.333

출처       DF  Seq SS
고용기간    1  41.263
나이        1  14.200
```

기본 예제 11.10

≪기본예제 11.9≫의 보험계약실적수 자료를 다시 고려하여 보자. 나이와 고용기간 변수와 같이 또 하나의 혈압 지수변수가 영향을 미치는 변수인지를 알아보고자 한다면, 다음 표와 같이 6명의 영업사원들의 혈압 지수점수가 다음과 같이 추가되어야 한다.

영업사원	나이 (x_1)	고용기간(x_2)	혈압지수(x_3)	보험계약실적수(y)
A	39	3.8	131	12
B	31	3.4	140	20
C	34	2.9	115	21
D	35	3.3	116	17
E	33	3.9	137	15
F	37	3.1	122	19

결과

새로운 선형회귀모형을 적합시키기 위해서 $\hat{y}=\hat{\beta}_0+\hat{\beta}_1x_1+\hat{\beta}_2x_2+\hat{\beta}_3x_3$와 같은 회귀모형의 형태를 고려해 보자. 각 회귀계수의 유의성을 검정하기 위하여 다음과 같은 세 개의 가설을 설정할 수 있다.

(1) 나　　이 : $H_0:\beta_1=0$

(2) 고용기간 : $H_0:\beta_2=0$

(3) 혈압지수 : $H_0:\beta_3=0$

각각의 귀무가설을 유의수준 0.05에서 검정할 수 있으며, 이 검정을 위해서 자유도가 $df_E = n-(k+1)$ 인 t 분포가 사용된다. 6명의 연구원에 대한 자료이므로 $n=6$ 이고, 독립변수의 수 $k=3$ 이다. 따라서 자유도 $df=2$ 인 t-분포가 사용되어야 한다. 즉, $df_E = n-(k+1) = 6-(3+1) = 2$, $\beta_i = 0$ 라는 가정하에서 통계량의 표본분포는 자유도가 $df = n-(k+1)$ 인 t-분포를 따른다. 예를 들어 회귀계수 β_i 가 0인지를 검정하기 위해서는 회귀계수 β_i 에 대해서 t-값을 계산해야 한다. 따라서 각각의 회귀계수에 대한 p- 값이 아래 표와 같다.

	계수	표준 오차	t 통계량	P-값
Y 절편	51.66907377	5.220861246	9.896657149	0.010056184
β_1	−0.448448288	0.097319002	−4.608023926	0.044008981
β_2	−8.886895857	0.972125624	−9.14171547	0.011755301
β_3	0.090675329	0.037635493	2.409303569	0.137593142

즉, Y절편, β_1, β_2 는 유의수준 0.05에서 귀무가설을 기각할 수 있지만 β_3 에 대한 회귀계수의 귀무가설은 기각할 수 없게 된다. 즉 , 혈압지수변수만이 유의수준 0.05에서 유의한 변수가 아님을 알 수 있다.

Minitab

1 C1열에 나이(x1), C2에 고용기간(x2), C3에 혈압지수(X3), C4에 실적수(y) 자료를 입력하고 메뉴에서 통계분석(S) → 회귀 분석(R) → 회귀 분석(R)... 을 클릭하고 나타난 [회귀분석] 대화상자에서에서 반응변수란에 마우스를 올려놓고 "C4"를 더블 클릭하고 예측변수란에 "C1", "C2", "C3"을 더블 클릭하여 데이터를 입력하고 확인(O) 버튼을 클릭한다.

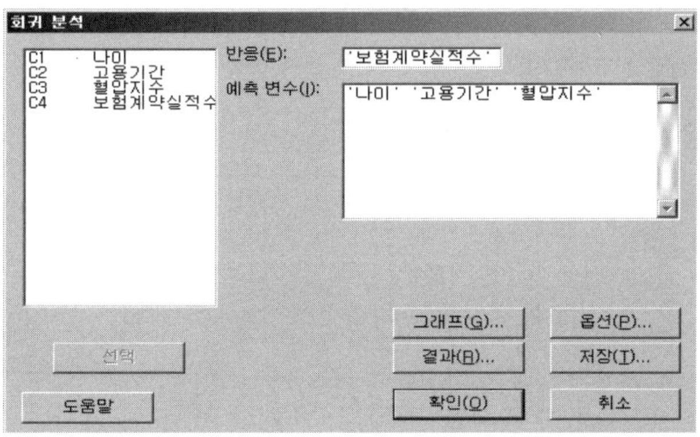

2 다음과 같은 결과화면이 나타난다.

```
세션

회귀 분석: 보험계약실적수 대 나이, 고용기간, 혈압지수

회귀 방정식
보험계약실적수 = 51.7 - 0.448 나이 - 8.89 고용기간 + 0.0907 혈압지수


예측 변수       계수   SE 계수      T      P
상수          51.669    5.221   9.90  0.010
나이        -0.44845  0.09732  -4.61  0.044
고용기간     -8.8869   0.9721  -9.14  0.012
혈압지수     0.09068  0.03764   2.41  0.138


S = 0.489523   R-제곱 = 99.2%   R-제곱(수정) = 97.9%


분산 분석

출처         DF      SS      MS      F      P
회귀          3  56.854  18.951  79.08  0.013
잔차 오차     2   0.479   0.240
전체          5  57.333


출처       DF  Seq SS
나이        1  18.746
고용기간    1  36.717
혈압지수    1   1.391
```

5. 행렬을 이용한 중회귀 모형

독립변수가 두 개 있는 경우에 i 번째 관찰점을 고려하면 다음과 같은 행렬의 형태로 표현 해 볼 수 있다.

$$
\begin{aligned}
y_i &= \beta_0 + \beta_1 x_{1i} + \beta_{2i} x_{2i} + \varepsilon_i \\
&= [1,\, x_{1i},\, x_{2i}] \begin{bmatrix} \beta_0 \\ \beta_1 \\ \beta_2 \end{bmatrix} + \varepsilon_i
\end{aligned}
$$

n 개의 관찰점을 표현하기 위하여

$$
\boldsymbol{y} = \begin{bmatrix} y_1 \\ y_2 \\ \vdots \\ y_3 \end{bmatrix}, \quad \boldsymbol{X} = \begin{bmatrix} 1 & x_{11} & x_{21} \\ 1 & x_{12} & x_{22} \\ \vdots & \vdots & \vdots \\ 1 & x_{1n} & x_{2n} \end{bmatrix}, \quad \boldsymbol{\beta} = \begin{bmatrix} \beta_0 \\ \beta_1 \\ \beta_2 \end{bmatrix}, \quad \boldsymbol{\varepsilon} = \begin{bmatrix} \varepsilon_1 \\ \varepsilon_2 \\ \vdots \\ \varepsilon_n \end{bmatrix}
$$

으로 표현하면 n 개의 관찰점을 고려한 행렬은 다음과 같이 나타 낼 수 있다.

$$\boldsymbol{y}_{n\times1} = \boldsymbol{X}_{n\times3}\,\boldsymbol{\beta}_{3\times1} + \boldsymbol{\varepsilon}_{n\times1}$$

최소자승법에 의하여 회귀계수 $\boldsymbol{\beta}$의 최소자승추정량을 다음과 같은 오차자승합의 형태로부터 계산 할 수 있다.

$$\begin{aligned} SS = \sum_{i=1}^{n}\varepsilon_i^2 &= \boldsymbol{\varepsilon}'\boldsymbol{\varepsilon} = (\boldsymbol{y} - \boldsymbol{X\beta})'(\boldsymbol{y} - \boldsymbol{X\beta}) \\ &= \boldsymbol{y}'\boldsymbol{y} - 2\boldsymbol{\beta}'\boldsymbol{X}'\boldsymbol{y} + \boldsymbol{\beta}'\boldsymbol{X}'\boldsymbol{X\beta} \end{aligned}$$

이 오차자승의 합을 $\boldsymbol{\beta}$에 대하여 미분하면 다음과 같은 형태로 유도 된다.

$$\frac{dSS}{d\boldsymbol{\beta}} = -2\boldsymbol{y}'\boldsymbol{X} + 2\boldsymbol{\beta}'\boldsymbol{X}'\boldsymbol{X}$$

이 식을 **0**으로 하는 $\boldsymbol{\beta} = (\beta_0, \beta_1, \beta_2)'$의 값을 추정치 $\hat{\boldsymbol{\beta}} = (\hat{\beta}_0, \hat{\beta}_1, \hat{\beta}_2)'$라 놓으면 다음 정규방정식이 유도 된다.

$$(\boldsymbol{X}'\boldsymbol{X})\hat{\boldsymbol{\beta}} = \boldsymbol{X}'\boldsymbol{y}$$

만약 $(\boldsymbol{X}'\boldsymbol{X})$ 행렬의 역행렬(Inverse matrix)이 존재하면 위 식의 양변에 $(\boldsymbol{X}'\boldsymbol{X})^{-1}$ 을 곱하여 다음과 같은 $\boldsymbol{\beta}$의 최소자승추정량을 다음과 같이 구 할 수 있다.

$$\hat{\boldsymbol{\beta}} = (\boldsymbol{X}'\boldsymbol{X})^{-1}\boldsymbol{X}'\boldsymbol{y}$$

따라서 이러한 사실로부터 독립변수가 k 개인 경우 i 번째 관찰점에 대한 중회귀모형은 다음과 같이 표현 가능하다.

$$y_i = \beta_0 + \beta_1 x_{1i} + \beta_{2i} x_{2i} + \cdots + \beta_k x_{ki} + \varepsilon_i \quad (\text{단, } \varepsilon_i \sim N(0, \sigma^2))$$

n 개의 관찰점을 표현하기 위하여

$$\boldsymbol{y} = \begin{bmatrix} y_1 \\ y_2 \\ \vdots \\ y_n \end{bmatrix}, \quad \boldsymbol{X} = \begin{bmatrix} 1 & x_{11} & x_{21} & \cdots & x_{k1} \\ 1 & x_{12} & x_{22} & \cdots & x_{k2} \\ & \vdots & \vdots & \vdots & \\ 1 & x_{1n} & x_{2n} & \cdots & x_{kn} \end{bmatrix}, \quad \boldsymbol{\beta} = \begin{bmatrix} \beta_0 \\ \beta_1 \\ \vdots \\ \beta_k \end{bmatrix}, \quad \boldsymbol{\varepsilon} = \begin{bmatrix} \varepsilon_1 \\ \varepsilon_2 \\ \vdots \\ \varepsilon_n \end{bmatrix}$$

으로 표현하면 n 개의 관찰점을 고려한 행렬은 다음과 같이 나타 낼 수 있다.

$$\boldsymbol{y}_{n\times1} = \boldsymbol{X}_{n\times(k+1)}\,\boldsymbol{\beta}_{(k+1)\times1} + \boldsymbol{\varepsilon}_{n\times1} \quad (\text{단, } \boldsymbol{\varepsilon} \sim N(0, \boldsymbol{I}\sigma^2))$$

위식에서 $n\times(k+1)$의 행렬 $\boldsymbol{X}$의 계수는 일반적으로 $r(\boldsymbol{X}) = k+1$을 가짐으로 인

해서 $(\boldsymbol{X}'\boldsymbol{X})$의 역행렬 이 존재하며 회귀계수 $\boldsymbol{\beta}=\begin{bmatrix}\beta_0\\ \beta_1\\ \vdots\\ \beta_k\end{bmatrix}$의 최소자승 추정량 $\hat{\boldsymbol{\beta}}=\begin{bmatrix}\hat{\beta}_0\\ \hat{\beta}_1\\ \vdots\\ \hat{\beta}_k\end{bmatrix}$

은 다음과 같은 식으로 구 할 수 있다.

$$\hat{\boldsymbol{\beta}}=(\boldsymbol{X}'\boldsymbol{X})^{-1}\boldsymbol{X}'\boldsymbol{y}$$

기본 예제 11.11

다음은 같은 자료를 이용하여 중회귀모형

$y_i=\beta_0+\beta_1 x_{1i}+\beta_2 x_{2i}+\beta_3 x_{3i}+\varepsilon_i\ (\ i=1,2,3,4\ )$ 에 대하여 기울기 $\hat{\boldsymbol{\beta}}$를 구하라.

표본	A 인자	B 인자	C 인자	효과
1	4	2	7	13
2	7	4	6	7
3	5	6	10	8
4	3	9	12	5

결과

위 자료로부터 행렬식을 이용하여 계산을 하면 다음과 같이 $\hat{\boldsymbol{\beta}}$ 를 계산할 수 있다.

$$\boldsymbol{X}=\begin{bmatrix}1\ 4\ 2\ 7\\ 1\ 7\ 4\ 6\\ 1\ 5\ 6\ 10\\ 1\ 3\ 9\ 12\end{bmatrix}\qquad \boldsymbol{y}=\begin{bmatrix}13\\ 7\\ 8\\ 5\end{bmatrix}$$

$$\boldsymbol{X}'\boldsymbol{X}=\begin{bmatrix}4 & 19 & 21 & 35\\ 19 & 99 & 93 & 156\\ 21 & 93 & 137 & 206\\ 35 & 156 & 206 & 329\end{bmatrix}\qquad (\boldsymbol{X}'\boldsymbol{X})^{-1}=\begin{bmatrix}65.34 & -5.48 & 4.26 & -7.02\\ -5.48 & 0.504 & -0.331 & 0.551\\ 4.26 & -0.331 & 0.418 & -0.558\\ -7.02 & 0.551 & -0.558 & 0.838\end{bmatrix}$$

$$\hat{\boldsymbol{\beta}}= \begin{bmatrix} 65.34 & -5.48 & 4.26 & -7.02 \\ -5.48 & 0.504 & -0.331 & 0.551 \\ 4.26 & -0.331 & 0.418 & -0.558 \\ -7.02 & 0.551 & -0.558 & 0.838 \end{bmatrix} \begin{bmatrix} 33 \\ 156 \\ 147 \\ 273 \end{bmatrix} = \begin{bmatrix} 11.10 \\ -0.367 \\ -1.933 \\ 1.033 \end{bmatrix}$$

1) 분산 분석

중회귀 모형에서 유의성 검정이라는 것은 종속(반응)변수 Y와 독립(설명)변수 $X_1, X_2, \cdots, X_k$ 사이의 선형관계를 규명하는 검정으로서 귀무가설 및 대립가설은 다음과 같이 설정된다.

$$\begin{cases} H_0 : \beta_0 = \beta_2 = = \cdots = \beta_k = 0 \\ H_1 : \beta_j \neq 0 \text{ (적어도 하나의 } j \text{ 에대하여)} \end{cases}$$

위 검정에서 귀무가설 H_0 가 기각되면 k 개의 독립변수 $X_1, X_2, \cdots, X_k$ 중 적이도 어느 하나는 종속변수의 변동에 영향을 끼친다는 사실이 입증된다. 이러한 사실은 분산분석법으로 설명이 가능하다.

분산분석법은 단순회귀 모형과 유사하게 Y_i 의 관측값 y_i 와 y_i 들의 평균값 $\bar{y}$ 와의 차이를 총편차(total deviation)라고 하고 이 편차를 회귀직선에 의하여 설명되는 편차와 오차에 기인하는 부분인 회귀에 의해 설명되는 편차와로 나눌수 있다. 즉,

$$y_i - \bar{y} = (\hat{y}_i - \bar{y}) + (y_i - \hat{y}_i)$$

위 식에서 양변을 제곱하고 합하면 다음과 같이 나타낼 수 있다.

$$\sum_{i=1}^{n} (y_i - \bar{y})^2 = \sum_{i=1}^{n} (\hat{y}_i - \bar{y})^2 + \sum_{x=1}^{n} (y_i - \hat{y}_i)^2$$

총제곱합(Total sum of squares) 혹은 총변동

$$SST = \sum_{i=1}^{n} (y_i - \bar{y})^2 = \boldsymbol{y}' \boldsymbol{y} - n(\bar{y})^2$$

으로 표시되고 회귀선에 설명되지 않은 제곱합인 잔차제곱합

$$SSE = \sum_{i=1}^{n}(y_i - \hat{y}_i)^2 = \boldsymbol{y}'\,\boldsymbol{y} - \boldsymbol{b}'\boldsymbol{X}'\boldsymbol{y}$$

으로 표시되고 회귀선에 의해 설명되는 변동인 $SSR = \sum_{i=1}^{n}(\hat{y}_i - \overline{y})^2 = SST - SSE$이 된다. SST, SSE, SSR의 자유도가 각각 $n-1$,$n-k-1$, k 가 된다.

따라서 분산 분석표는 다음과 같이 요약 할 수 있다.

▶ 중회귀 모형의 분산분석표 및 검정

요인	제곱합	자유도	평균제곱	F_0	$F(\alpha)$
회귀	SSR	k	$MSR = \frac{SSR}{k}$	$F = \frac{MSR}{MSE}$	$F(k, n-k-1, \alpha)$
잔차	SSE	$n-k-1$	$MSE = \frac{SSE}{n-k-1}$		
전체	SST	$n-1$,			

가설검정의 절차는 다음과 같다.

(1) 가설의 설정 : $H_0 : \beta_1 = \beta_2 = \cdots = \beta_k = 0$, $H_1 : \beta_j \neq 0$
(2) 유의수준 α 설정(예 0.05, 0.10)
(3) 검정통계량 F_0 계산 (분산분석표 이용)
(4) 의사결정 $F_0 \geq F(k, n-k-1, \alpha)$이면 H_0을 기각하고 그렇지 않으면 H_0를 채택하게 된다. H_0 가 기각되면 회귀모형은 유의하다고 하고 k 개의 독립변수 중에서 적어도 하나는 종속변수 Y의 변동에 영향을 주고 있음을 의미하지만 모든 독립변수가 영향을 준다는 의미는 아니다.

추정된 회귀식

$$\hat{y} = \hat{\beta}_0 + \hat{\beta}_1 x_1 + \hat{\beta}_2 x_2 + \hat{\beta}_3 x_3,\ \cdots,\ \hat{\beta}_k x_k$$

의 정도를 측정하는 방법으로는 단순 회귀 모형에서와 같이 결정계수를 이용 할 수 있다. 결정계수는 $r^2 = \frac{SSR}{SST} = \frac{\hat{\boldsymbol{\beta}}'\,X'\boldsymbol{y} - n(\overline{y})^2)}{\boldsymbol{y}\,\boldsymbol{y}' - n(\overline{y})^2}$로 정의된다. 이것은 전체 변동 중에서 회귀가 차지하는 비중을 나타내며 또한 $SST = SSE + SSR$ 이므로 $0 \leq r^2 \leq 1$임을

알 수 있다. 만약 $r^2 = 1$이면 $SSE = 0$ 이 되는데 r^2 가 1에 가까운 값을 가지면 이는 추정회귀식이 관찰점들을 잘 설명해 주고 있음을 의미하고 만약 $r^2 = 0$이면 $SSR = 0$ 되는데 이는 r^2가 0에 가까운 값을 가지면 추정회귀식이 관찰점들을 거의 설명하지 못하므로 다른 형태의 회귀식을 추정해야 한다.

기본 예제 11.12

다음은 같은 자료를 이용하여 중회귀모형 $y_i = \beta_0 + \beta_1 x_{1i} + \beta_2 x_{2i} + \varepsilon_i$ ($i = 1, 2, 3, 4, 5, 6$)에 적합시키고 분산분석표를 작성하여 유의수준 $\alpha = 0.05$ 로 F-검정을 실시하라.

표본	A인자	B인자	효과
1	5	7	10
2	3	8	12
3	7	6	15
4	8	9	21
5	13	20	32
6	11	10	27

결과

가설은 H_0 ; $\beta_1 = \beta_2 = 0$이고 분산분석표를 이용하여 SST, SSE, SSR을 먼저 계산한다.

$$SST = \boldsymbol{y}'\boldsymbol{y} - n(\bar{\boldsymbol{y}})^2$$

$$= \sum_{i=1}^{n} y_i^2 - n(\bar{y})^2 = 10^2 + 12^2 + 15^2 + \cdots + 27^2 - 6(19.5)^2 = 381.5$$

$SSR = \hat{\boldsymbol{\beta}}'\boldsymbol{X}'\boldsymbol{y} - n(\bar{y})^2$ 을 계산하기 위한 $\hat{\boldsymbol{\beta}}$를 유도하면 계산하면 다음과 같다.

위 자료로부터 행렬식을 이용하여 계산을 하면 다음과 같이 $\hat{\boldsymbol{\beta}}$를 계산할 수 있다.

$$\hat{\boldsymbol{\beta}} = (\boldsymbol{X}'\boldsymbol{X})^{-1}\boldsymbol{X}'\boldsymbol{y} = \begin{bmatrix} 1.1573034 \\ 1.8539326 \\ 0.3820225 \end{bmatrix}, \quad SSR = 2640.461 - 2281.5 = 358.961$$

따라서 $SSE = SST - SSR = 381.5 - 358.961 = 22.539$

[분산분석표]

변 동	제곱합	자유도	평균제곱	F^*
회 귀	358.961	2	179.48	23.89
오 차	22.539	3	7.51	
총 합	381.5	5		

해석 F-검정의 기각치(critical value)는 $F(0.05\ ;\ 2,3)=9.55$이므로 $F^*=23.89>9.55$가 성립되어 회귀변동이 유의하게 되며, 가정된 중회 귀식이 데이터를 설명하는데 유의함을 알수 있다. 이것은 또한 귀무가설 H_0; $\beta_1=\beta_2=0$가 기각되므로 β_1과 β_2가 동시에 0(zero)이 되지 않을 것이라는 의미가 된다.

또, $R^2=1-\dfrac{SSE}{SST}=1-\dfrac{22.539}{381.5}=1-0.05907995=0.9409201$. 즉, R^2의 값이1에 가까운 값을 가지므로 추정된 회귀식이 관찰점들을 잘 설명해 주고 있다고 말할 수 있다.

2) 회귀모수 ($\boldsymbol{\beta}$)의 추정과 검정

$\boldsymbol{\beta}$의 추정량 $\hat{\boldsymbol{\beta}}$에 대하여 간단히 알아보기로 하자. 먼저 $\hat{\boldsymbol{\beta}}$의 기대값(expectation)을 구해 보면 다음과 같다.

$$E(\hat{\boldsymbol{\beta}})=E\{(\boldsymbol{X}'\boldsymbol{X})^{-1}\boldsymbol{X}'\boldsymbol{y}\}=(\boldsymbol{X}'\boldsymbol{X})^{-1}\boldsymbol{X}'\boldsymbol{X}\boldsymbol{\beta}=\boldsymbol{\beta}$$

Gauss-Markov Theorem에 의하면 $\hat{\boldsymbol{\beta}}$는 $\boldsymbol{\beta}$의 불편추정량(unbiased estimator)이라고 알려져 있고 $\hat{\boldsymbol{\beta}}$의 분산-공분산 행렬은 다음과 같이 나타낸다.

$$Cov(\hat{\boldsymbol{\beta}})=(\boldsymbol{X}'\boldsymbol{X})^{-1}\boldsymbol{X}'Cov(\boldsymbol{y})\boldsymbol{X}(\boldsymbol{X}'\boldsymbol{X})^{-1}=\sigma^2(\boldsymbol{X}'\boldsymbol{X})^{-1}$$

위식에서 $Cov(\hat{\boldsymbol{\beta}})$의 불편추정량은 또한 $S^2_{\hat{\boldsymbol{\beta}}}=MSE(\boldsymbol{X}'\boldsymbol{X})^{-1}$이라고 알려져 있다. 따라서 정규오차 회귀모형식 $\boldsymbol{y}_{n\times 1}=\boldsymbol{X}_{n\times(k+1)}\boldsymbol{\beta}_{(k+1)\times 1}+\boldsymbol{\varepsilon}_{n\times 1}$(단, $\boldsymbol{\varepsilon}\sim N(0,\boldsymbol{I}\sigma^2)$) 에서 i번째 계수의 표준화된 변수는 다음과 같이 표현된다.

$$\frac{\hat{\boldsymbol{\beta}}_i-\beta_i}{S_{\hat{\boldsymbol{\beta}}_i}}\sim t(n-k-1)\ ,\ i=0,1,\cdots,\ k$$

따라서 $100(1-\alpha)$ 신뢰수준(confidence level)를 가진 $\boldsymbol{\beta_i}$에 대한 신뢰한계는 다음과 같다.

$$\hat{\boldsymbol{\beta}}_i\pm t(\frac{\alpha}{2};\ n-k-1)S_{\hat{\boldsymbol{\beta}}_i}$$

$\boldsymbol{\beta_i}$에 대한 검정은 기본적인 유형에서 시작한다. 검정을 하기 위해 가설을 먼저 세운다.

$$H_0\,;\ \boldsymbol{\beta_i} = 0$$

$$H_1\,;\ \boldsymbol{\beta_i} \neq 0$$

그 다음 단계에서 $\boldsymbol{\beta_i} = 0$을 대입해서 검정통계량(test statistic)을 유도한다. 검정통계량은 다음과 같다.

$$t^* = \frac{\hat{\boldsymbol{\beta}}_i}{S_{\hat{\boldsymbol{\beta}}_i}} \sim t(n-k-1)\ \ (H_0\text{가 사실일때})$$

검정통계량을 유도한 다음 결정규칙(decision rule)을 확인한다. 기각치 $t\left(\frac{\alpha}{2}; n-k-1\right)$를 찾아서 t^*값과 비교하여 결론을 낼수 있다. 결정규칙은 다음과 같이 표현된다.

$$|\,t^*\,| \le t\left(\frac{\alpha}{2};\ n-k-1\right),\ H_0\ \text{포함}$$

$$|\,t^*\,| > t\left(\frac{\alpha}{2};\ n-k-1\right),\ H_1\ \text{포함}$$

기본 예제 11.13

【기본예제 12】의 자료를 이용하여 중회귀모형
$y_i = \beta_0 + \beta_1 x_{1i} + \beta_2 x_{2i} + \varepsilon_i\ (\ i = 1, 2, 3, 4, 5, 6)$에 적합시켜 모수 β_2에 대하여 유의수준 $\alpha = 0.05$로 검정을 실시하라.

결과

가설검정은 $H_0\,;\ \beta_2 = 0$ 이다. [기본예제 12]에서 유도한 $\hat{\boldsymbol{\beta}}$는 다음과 같다.

$$\hat{\boldsymbol{\beta}} = (\boldsymbol{X'X})^{-1}\boldsymbol{X'y} = \begin{bmatrix} 1.1573034 \\ 1.8539326 \\ 0.3820225 \end{bmatrix}$$

검정통계량을 구하는데 필요한 $S^2_{\hat{\boldsymbol{\beta}}}$의 값은 다음과 같다.

$$S_{\hat{\boldsymbol{\beta}}}^2 = MSE(\boldsymbol{X}'\boldsymbol{X})^{-1} = 7.51 \cdot (\boldsymbol{X}'\boldsymbol{X})^{-1} = \begin{bmatrix} 8.26 & 0.6 & -0.23 \\ 0.6 & 0.3 & 0.15 \\ -0.23 & 0.15 & 0.14 \end{bmatrix}$$

검정통계량 $t^* = \dfrac{\widehat{\boldsymbol{\beta}}_{\boldsymbol{2}}}{S_{\hat{\boldsymbol{\beta}}_2}} = \dfrac{0.3820225}{\sqrt{(0.14)}} = 1.02$

해석 t-검정의 기각치는 $t(0.025\,;\ 3) = 3.182$이므로 $t^* = 1.02 < 3.182$ 이 성립되어 회귀변동이 유의하지 않게 되며 가정된 중회귀방정식이 데이터를 설명하는데 유의하지 않음을 알 수 있다. 즉 이것은 귀무가설, $H_0\,;\ \beta_2 = 0$를 기각할 수 없다는 것이다. 그리고 β_2의 $100(1-\alpha)\%$의 신뢰구간을 구하면 다음과 같다.

$$\widehat{\boldsymbol{\beta}}_{\boldsymbol{2}} \pm t\left(\frac{\alpha}{2}\,;\ n-k-1\right) S_{\widehat{\boldsymbol{\beta}}_{\boldsymbol{2}}}$$

$$\Rightarrow\ 0.3820225 \pm 3.182 \cdot \sqrt{(0.14)}$$

$$\Rightarrow\ (-0.80857288,\ 1.57261788)$$

연 습 문 제

1 다음 자료는 골프에 관한 것이다. x는 골프의 공이 비행하는 과정에서 지상에서의 최고 높이를 나타내고 y는 최고 높이에서 땅에 떨어질때까지의 직선거리를 나타내고 둘다 단위는 m이다. 다음 자료의 회귀 직선과 결정계수 r^2를 계산하여라.

x	103	96	107	116	98	100	114	99	104	117
y	91	78	88	100	86	88	94	86	91	99

2 세대 인원별 1개월분의 식료비의 평균 지출의 관계가 다음 표와 같다. 상관세수를 계산 하라.

세대 인원(x)	2	3	4	5	6	7	8
식료비(y)	53	67	79	88	97	107	101

3 두 변수 x, y에 대하여 다음과 같은 6개의 데이터가 있다.

(1) 표본상관계수 r를 구하라.

(2) 기여율(결정계수)을 계산하라.

x	1	2	3	5	6	7
y	3	4	6	8	9	12

4 다음의 X_i, Y_i 데이터에 대해 요구에 답하시오. (단, 답의 숫자는 소숫점 이하 3자리까지 적으시오.)

X_i	54.6	57.2	65.3	55.6	61.0	79.3	72.8	62.4	84.4	65.7
Y_i	45.8	50.1	47.4	36.3	58.2	53.5	49.3	55.7	66.3	61.2

(1) 단순상관계수 r을 구하라.

(2) X에 대한 Y의 추정회귀직선을 구하라. (단, n이 작고, r이 별로 크지 않을 것이나 무시하시오.)

연 습 문 제

(3) X=80일 때 E(Y)의 추정치를 구하라.

5 어떤 집단의 다이어트를 위한 약물 사용량(x)와 목표달성치(y%)에 관한 데이터를 50개 얻었으며 이 데이터에 $X_i = x_i - 20$, $Y_i = (y_i - 50.0) \times 10$ 의 수치변환을 한 후에 계산표로부터 $\Sigma X_i = -10$, ΣY_i =20, ΣX_i^2 =20, ΣY_i^2 =800, $\Sigma X_i Y_i$ =250을 얻었다.

(1) x와 y의 시료 상관계수를 구하라.

(2) 회귀계수 β의 값을 구하라.

6 다음의 (X_i, Y_i)데이터에 대한 물음에 답하라.

(단, 계산은 소수점 이하 3자리까지 한다.)

X_i	57.5	64.7	50.4	55.8	64.1	72.3	50.5	52.3	60.3	54.5
Y_i	44.4	52.0	38.1	49.3	60.3	63.2	39.5	30.3	57.5	41.0

(1) x에 대한 y의 단순상관계수 r를 계산하라.

(2) 결정계수를 구하라.

(3) x에 대한 y의 추정회귀직선과 y에 대한 x의 추정회귀직선을 각각 구하라.

7 좋은 고등학교 학생 12명을 선택하여 그들의 수학점수와 영어점수를 조사하여 다음과 같이 구했다.

수학점수	65	63	67	64	68	62	70	66	68	67	69	71
영어점수	68	66	68	65	69	66	68	65	71	67	68	70

1) 회귀직선을 구하라. 2) 표준오차와 상관계수를 구하라.

8 19대의 소형 중고차의 연령과 가격에 대해 조사한 자료가 다음과 같다.

연령(년)	3	5	3	6	4	4	6	7	2	2
가격(만원)	340	260	315	120	300	300	140	180	340	320
연령(년)	6	8	5	6	5	8	4	7	5	
가격(만원)	210	110	250	180	230	180	240	100	180	

연 습 문 제

1) 산점도를 그려라.
2) 상관계수를 구하라.
3) 상관관계가 존재하는가?
4) 회귀직선을 추정하고, 이를 산점도에 그려라.

9 두 개의 독립변수와 한 개의 종속변수가 다중회귀모형을 만족할 때 다음 자료를 이용하여 그 관계를 추정하려 한다. 회귀계수를 최소제곱법으로 추정하고 회귀계수가 0 이라는 가설을 검정하라.

자료	1	2	3	4	5	6	7	8	9	10	11	12	13	14	15
x_1	27	29	30	34	33	35	36	37	39	42	41	43	40	43	45
x_2	56	66	61	66	59	64	64	62	55	58	57	68	67	65	60
y	111	119	123	124	120	125	125	131	135	140	138	142	140	144	150

10 다음 표는 18명의 야구선수의 타격성적이다. 타점을 목적변수 y로서, 타율과 홈런 수를 설명 변수 x_1과 x_2로 한다. 중회귀식을 구하고 x_1과 x_2가 중회귀 모형에 있어서 필요한가, 아닌가를 유의수준 5%로 검정하라.

야구선수의 타격성적

선수	타점(y)	타율(x_1)	홈런(x_2)	선수	타점(y)	타율(x_1)	홈런(x_2)
1	94	0.307	37	10	52	0.287	18
2	91	0.256	35	11	50	0.253	11
3	47	0.298	8	12	34	0.262	6
4	70	0.284	21	13	72	0.243	21
5	106	0.273	37	14	67	0.265	18
6	96	0.285	37	15	38	0.338	3
7	69	0.314	20	16	27	0.265	5
8	51	0.274	17	17	52	0.273	14
9	71	0.270	22	18	74	0.258	20

연습문제

11 다음 자료는 표본지점의 홍보비용과 직원수가 예금 유치액을 생성하는데 영향을 미친다고 생각하여 표집한 자료이다.

표본지점의 예금 유치액			
지점	홍보비용(x1)	직원수(x2)	예금 유치액 (y)
1	30	15	131
2	40	18	142
3	40	20	142
4	50	18	158
5	55	30	153
6	67	19	168
7	40	16	146
8	50	16	158
9	70	17	169
10	60	16	162
11	50	19	152
12	40	20	148
13	60	18	161
14	65	15	165
15	55	18	158

(1) 중회귀 모형을 추정하라.

(2) 분산분석표를 작성하고 회귀선이 유의한지를 유의수준 $\alpha = 0.05$ 에서 검정하라.

(3) 직원수의 계수인 β_2 에 대한 부분회귀계수 검정을 실시하라.

(4) β_2 의 $100(1-\alpha)\%$ 의 신뢰구간을 구하라.

12 다음은 SS 대학 졸업생 중에서 올해 신입사원으로 채용된 졸업생을 표본으로 하여 수학 및 토익 점수가 연봉에 어떤 영향을 미치는 지를 알아보기 위하여 다음과 같은 자료를 표집 하였다.

신입사원	1	2	3	4	5	6	7	8	9	10	11	12
수학점수	65	63	67	64	68	62	70	66	68	67	69	71
토익점수	68	66	68	65	69	66	68	65	71	67	68	70
연봉	2500	2100	1900	2400	2700	3100	2900	2500	2400	3200	3100	2600

(1) 회귀직선을 구하라.

(2) 각 회귀계수에 대하여 95%의 신뢰구간을 구하라.

12

Introduction to Design of Experiments

다구찌에 의한 실험계획

다구찌는 목표치(target value)의 개념을 도입하여 허용한계내의 제품으로 이원화시켜 생각하는 기존의 이론에서 벗어나 허용한계내에 있어도 손실이 발생한다는 개념의 손실함수(loss function)를 제시하였다. 여기에서 손실은 제품의 성능 특성치가 이상적인 값을 일관성 있게 유지하지 못하고 변동하기 때문에 발생한다. 이러한 변동들은 사용환경(외부잡음, outer noise), 제품의 노후화(내부잡음, inner noise), 불완전 제조 등의 원인에 의해서 발생하게 되고, 이렇게 변동을 야기하는 모든 원인들을 통칭하여 간단히 잡음(noise)이라고 하였다. 따라서 새로운 품질의 정의에 의하면, 좋은 품질은 어떤 상황에서도 산포가 적은 제품. 즉, 변동에 둔감한 제품은 사회에 손실을 작게 유발시키는 좋은 품질의 제품이기 때문에 다구찌 방법은 변동에 둔감한 제품을 만드는 것을 목적으로 하고 있다.

1. 실험의 의의

다구찌 기법이란, 일본의 다구찌 박사가 구현한 구체적인 제품최적화 기법으로, 그의 이름을 따서 다구찌 기법이라 알려져 있고 다구찌 기법의 기본은 품질개선보다는 제조비용의 절감이라고 할 수 있다. 즉, 회사 경영상의 이점을 위한 원가절감에 초점을 두어 원가개선이 목적이고, 품질개선은 그를 위한 수단이라고 간주 할 수 있다. 따라서 생산설계에서부터 생산성을 중시한 종합원가관리(TCM : Total Cost Management)를 강조하는 기법인 셈이다.

다구찌 기법의 목적인 품질개선과 원가절감의 두 가지를 동시에 달성하는 것이기 때문에 기술자는 제품 코스트를 품질보다 더 비중을 두어야 한다.

결룩, 다구찌 기법은 모든 상황에 일정하게 적용하는 기법이 아니라, 상황에 따라 기법을 변형하여 적용하는 기법이라고도 할 수 있다.

다구찌는 목표치(Target value)의 개념을 도입하여 허용한계내의 제품으로 이원화시켜 생각하는 기존의 이론에서 벗어나 허용한계내에 있어도 손실이 발생한다는 개념의 손실함수(Loss function)를 제시하였다. 여기에서 손실은 제품의 성능 특성치가 이상적인 값을 일관성 있게 유지하지 못하고 변동하기 때문에 발생한다. 이러한 변동들은 사용환경(외부잡음, Outer noise), 제품의 노후화(내부잡음, Inner noise), 불완전 제조 등의 원인에 의해서 발생하게 되고, 이렇게 변동을 야기하는 모든 원인들을 통칭하여 간단히 잡음(noise)이라고 하였다. 따라서 새로운 품질의 정의에 의하면, 좋은 품질은 어떤 상황에서도 산포가 적은 제품, 즉 변동에 둔감한 제품은 사회에 손실을 작게 유발시키는 좋은 품질의 제품이기 때문에 다구찌 방법은 변동에 둔감한 제품을 만드는 것을 목적으로 하고 있다.

2. 손실함수와 SN 비

다구찌는 목표치(Target value)의 개념을 도입하여 허용한계내의 제품으로 이원화시켜 생각하는 기존의 이론에서 탈피하여 허용한계내에 있어도 손실이 발생한다는 개념의 손실함수(Loss function)를 제시하였다. 여기에서 손실은 제품의 성능 특성치가 이상적인 값을 일관성 있게 유지하지 못하고 변동하기 때문에 발생한다. 이러한 변동들은 사용환경(외부잡음, Outer noise), 제품의 노후화(내부잡음, Inner noise), 불완전 제조 등의 원인에 의해서 발생하게 되고, 이렇게 변동을 야기하는 모든 원인들을 통칭하여 간단히 잡음(noise)이라고 하였다.

기존의 개념적인 측면은 어떤 품질특성이 규격 이나 허용차의 한계내에만 있으면 양품으로 간주되어 어떤 손실도 발생하지 않고 규격의 상한선을 넘거나 혹은 하한선을 벗어나면 손실이 발생한다는 개념이었지만 다꾸찌는 품질 특성치가 소비자 규격내에 부합된다 하드라도 목표치에서 벗어남에 따라 어느 정도의 손실이 발생한다는 개념으로 설명된다. 따라서 기존 품질 개념에 의한 손실함수와 다꾸치 손실함수의 패턴은 다음과 같다.

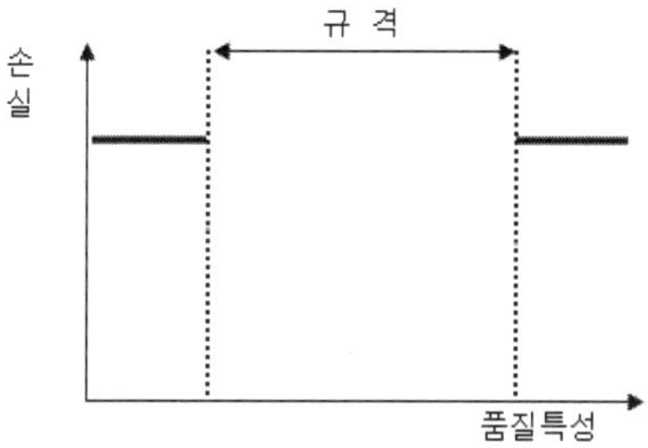

●● 기존 품질 개념에 의한 손실함수

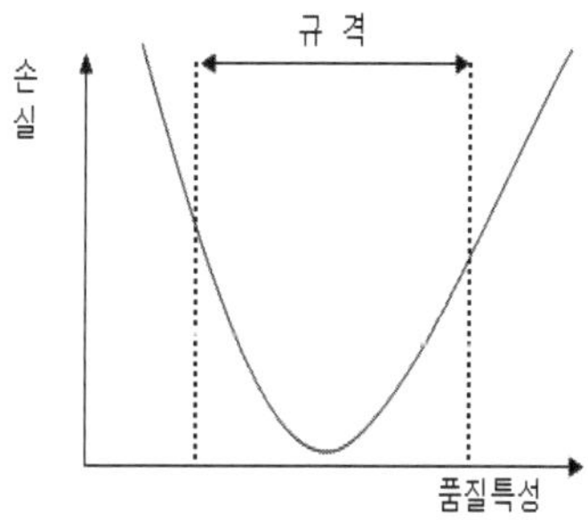

●● 다꾸치 손실함수

즉, 기존 품질 개념에 의한 손실함수는 규격에 약간만 벗어나도 급격한 손실비용이 발생하는 단점을 가지고 있지만 다꾸치 손실함수는 품질특성치가 목표치에 벗어남에 따라 손실비용이 부드러운 곡선 형태를 가지며 증가하는 모습으로 나타나고 있다. 따라서 품질에 따른 다꾸치의 손실함수를 수용하는 생산자는 품질 비용 손실을 줄이기 위하여 목표치에 보다 가깝게 품질개선 노력을 하게 될 것이다.

품질특성치를 세가지로 분류하여 각각에 대한 손실함수(Loss function)를 망목특성, 망소특성, 망대특성 3가지 경우로 구분된다.

1) 손실함수

(1) 망목특성(Nomal-is-best characteristics)

특정한 목표치가 주어져 있는 경우로 길이, 무게, 두께 등과 같이 지정된 목표가 있는 경우를 의미하며 특성치가 y 이고 목표치가 m 인 경우에 손실함수

$L(y)$는 다음과 같이 정의 된다.

$$L(y) = k(y-m)^2$$

위 식에서 k는 상수이고 다음 그림과 같이 특성치의 소비자 허용 한계시점$m \pm \Delta$에서 소비자의 손실이 A원 이라면 다음과 같이 표현 된다.

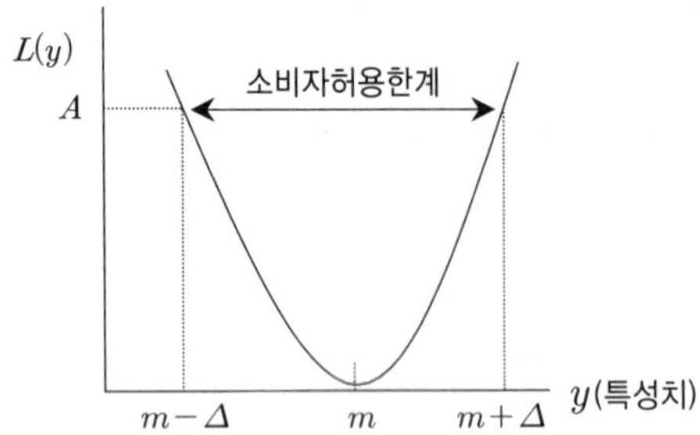

$$A = k(m \pm \Delta - m)^2 = k\Delta^2$$

따라서 $k = \dfrac{A}{\Delta^2}$을 유도 할 수 있다.

결국 망목특성인 경우의 손실 함수는 $L(y) = \dfrac{A}{\Delta^2}(y-m)^2$이 된다.

(2) 망소특성(Smaller-the-better characteristics)인 경우

특성치가 작으면 작을수록 좋은 경우로 마모, 진동, 불량률 등의 특성치이다. 이 경우에는 m이 0이므로 손실함수는 다음과 같은 패턴이 된다.

$$L(y) = ky^2 = \frac{A}{\Delta^2}y^2$$

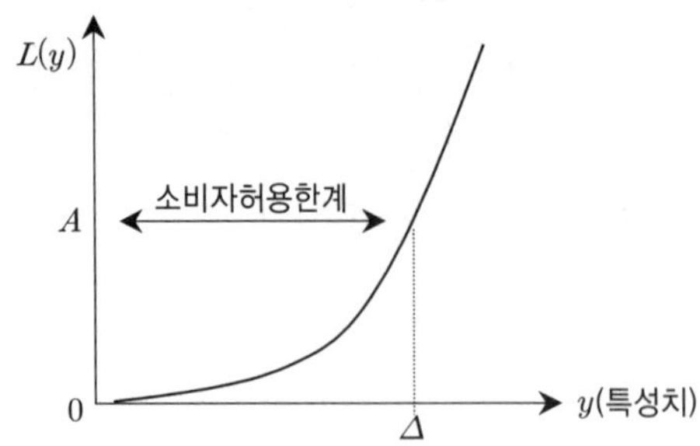

(3) 망대 특성(Larger-the-better characteristics)인 경우

값이 크면 클 수록 좋은 경우도 강도, 수명, 연료효율 등의 특성치를 의미하고 다음과 같은 패턴이 된다. 망대특성 y를 $y' = \frac{1}{y}$로 변환하면 망소특성이 되고 이 경우 망대특성의 손실함수는 다음과 같은 패턴이 된다.

$$L(y) = k\left(\frac{1}{y^2}\right)$$

$$k = A\Delta^2$$

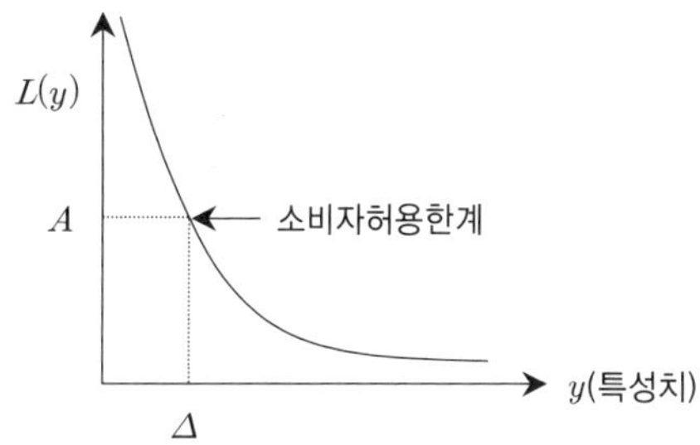

2) SN비 (signal to noise ratio)

다꾸치기법에서 실험의 특성치로 SN비가 사용되는데 이 개념은 원래 통신공학에서 이용되는 기법이었다. 즉, 통신공학에서 기능적인 품질 특성을 구분 할 때 다음 그림과 같이 신호입력과 잡음이 시스템의 산출물에 어느 정도의 영향을 주는 지를 조사하게 된다.

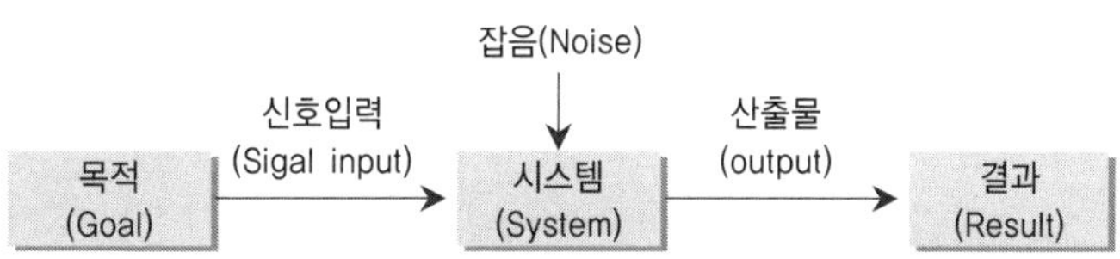

이런 환경에서 원하는 목적을 수행하기 위해서는 전달된 신호입력이 산출물의 품질 수준에 영향을 주며 시스템에 가해지는 잡음이 산출물의 품질에 변동을 초래하게 되어 신뢰성을 떨어뜨리게 된다. SN비는 신호 대 잡음의 비율을 의미하는 개념으로 다음과 같이 정의 된다.

$$SN\text{비} = \frac{\text{신호의힘}(power\ of\ \ signal)}{\text{잡음의힘}(power\ of\ \ noise)}$$

$$= \frac{\text{목적이 산출물의 결과에 얼마나 반영 되었는가?}}{\text{잡음의 크기가 산출물 결과에 얼마나 나쁜 영향을 주는가?}}$$

SN비는 종류별로 다르게 정의 된다.

(1) 망목특성인 경우

SN비의 비율을 실험 데이터로부터 추정할 때에 다구찌는 다음과 같이 정의 하였다.

$$\frac{신호의힘}{잡음의힘} = \frac{모평균\mu의제곱(\mu^2)의추정값}{분산\sigma^2의추정값}$$

만약 n개의 데이터 $y_1, y_1, \cdots, y_n$이 얻어졌다면, σ^2의 추정값은 다음과 같이 표현할 수 있다.

$$\widehat{\sigma^2} = V = \sum_{i=1}^{n}(y_i - \bar{y})^2/(n-1)$$

μ^2의 추정치는 $S_m = (y_1 + y_2 + \cdots + y_n)^2/n$인 경우에 $E(S_m) = \sigma^2 + n\mu^2$이 성립되므로

$S_m = \widehat{\sigma^2} + n\widehat{\mu^2}$이며 $\widehat{\mu^2} = \frac{1}{n}(S_m - V)$이 된다.

위 사항을 종합하면 SN비는 다음과 같이 나타낼 수 있다.

$$SN비 = \frac{\frac{1}{n}(S_m - V)}{V}$$

그러나 실제 사용되는 SN 비의 값은 통신공학에서와 같이 SN 비에 상용대수를 취하고 10을 곱하여 데시벨(decibal, db)의 단위로 나타낸다. 즉,

$$SN = 10\log\left[\frac{\frac{1}{n}(S_m - V)}{V}\right]$$

이다. 그런데 $S_m = n(\bar{y})^2$이므로, 다음과 같이 표현 가능하다.

$$SN = 10 \ \log\left[\frac{(\bar{y})^2 - \frac{V}{n}}{V}\right]$$

n이 충분히 크면 $\frac{V}{n}$가 무시될 수 있을 정도로 작아지므로
$V = s^2$으로 나타내는 경우에 다음과 같이 변환하여 사용 할 수도 있다.

$$SN = 10\log\left[\frac{(\bar{y})^2}{V}\right]$$

$$= 10\log[\frac{(\bar{y})^2}{s^2}]$$

$$= 20\log[\frac{(\bar{y})}{s}]$$

(2) 망소특성인 경우

망소특성인 경우는 SN비의 정의식에서 목표치 m 이 0이므로 μ^2 을 추정할 경우에 $\hat{\mu}^2 < 0$ 이 될 수도 있으며, 상용대수를 취하여 실시되는 데시벨을 사용할 수 없다. 이런 이유로 인하여 망소특성인 경우에는 손실함수의 기대값

$$L = kE(y^2)$$

을 최소화시키는 SN비를 이용하게 된다.

반복 측정 데이터 $y_1, y_1, \cdots, y_n$ 이 얻어진 경우에 $E(y^2)$ 의 추정값은

$$MSD = \frac{1}{n}\sum_{i=1}^{n}(y_i - 0)^2$$
$$= \frac{1}{n}\sum_{i=1}^{n}y_i^2$$

으로 볼 수 있다. 여기서 MSD는 0으로부터의 평균제곱편차(Mean Squared Deviation)를 의미한다. 따라서 데시벨로 나타내는 SN비로 $10\log(MSD)$ 로 사용할 수 있으나, 망목특성이 경우와 같이 SN값을 크게 하는 것이 좋은 것으로 하기 위하여

$$SN = -10\log\left[\frac{1}{n}\sum_{i=1}^{n}y_i^2\right]$$

을 망소특성인 경우의 SN 비로 한다. 이 SN 의 값도 단위는 데시벨이다.

(3) 망대특성인 경우

망소특성인 경우와 같이 기대손실 $L = kE(\frac{1}{y^2})$ 을 작게 해주기 위하여 $E(\frac{1}{y^2})$ 의 추정값을

$$MSD = \frac{1}{n}\sum_{i=1}^{n}(\frac{1}{y_i} - 0)^2$$
$$= \frac{1}{n}\sum_{i=1}^{n}\frac{1}{y_i^2}$$

으로 사용하여 SN 비를

$$SN = -10\log\left[\frac{1}{n}\sum_{i=1}^{n}\frac{1}{y_i^2}\right]$$

으로 계산하다. SN 비의 값은 크면 클수록 좋은 것이다. 여기서 망대 특성에서의 MSD는 $\frac{1}{y} = \frac{1}{\infty} = 0$ 이 목표치가 되므로 $\frac{1}{y_i}$ 들이 0으로부터 얼마나 벗어나 있는가를 나타내는 평균제곱편차에 해당하고 SN의 값도 단위는 데시벨이다.

지금까지 열거한 내용을 정리하면 다음 표와 같다.

●● 손실함수 와 SN 비

특성치의 종류	1개의 데이터 y 의 손실함수	n개의 사료 데이터에서 얻어진 경우의 개당 평균 손실함수	SN 비
망목특성	$k_1(y-m)^2$	$k_1\left[\frac{1}{n}\sum_{i=1}^{n}(y_i-m)^2\right]$	$10\log\left[\frac{\frac{1}{n}(S_m-V)}{V}\right]$ $=20\log\left[\frac{\bar{y}}{s}\right]$
망소특성	$k_1 y^2$	$k_1\left[\frac{1}{n}\sum_{i=1}^{n}y_i^2\right]$	$-10\log\left[\frac{1}{n}\sum_{i=1}^{n}y_i^2\right]\}$
망대특성	$k_2\left(\frac{1}{y^2}\right)$	$k_2\left[\frac{1}{n}\sum_{i=1}^{n}\frac{1}{y_i^2}\right]$	$-10\log\left[\frac{1}{n}\sum_{i=1}^{n}\frac{1}{y_i^2}\right]$

단, $k_1 = \frac{A}{\Delta^2}$, $k_2 = A\Delta^2$

기본 예제 12.1

다음과 같이 5개의 반복측정값이 얻어졌다고 하자.

15, 16, 15, 17, 15

망목, 망소, 망대특성치로 가정 SN비를 구하시오.

결과

❶ 망목특성인 경우

$$\bar{y} = \frac{15+16+15+17+15}{5} = 15.6$$

$$S_m = \frac{1}{n}\left(\sum_{i=1}^{n} y_i\right)^2 = \frac{(15+16+15+17+15)^2}{5} = 1216.8$$

$$V = \frac{1}{n-1}\sum_{i=1}^{n}(y_i - \bar{y})^2$$

$$= \frac{1}{4}\left[(15-15.6)^2 + (16-15.6)^2 + (15-15.6)^2 + (17-15.6)^2 + (15-15.6)^2\right]$$

$$= 0.8$$

따라서

$$SN = 10\log\left[\frac{\frac{1}{n}(S_m - V)}{V}\right] = 10\log\left(\frac{\frac{1}{5}(1216.8-0.8)}{0.8}\right) = 24.8db$$

다른 식 $SN = 20\log\left[\frac{\bar{y}}{s}\right] = 20\log\left(\frac{15.6}{\sqrt{0.8}}\right) = 24.8db$

❷ 망소특성치인 경우

$$SN = -10\log\left[\frac{1}{n}\sum_{i=1}^{n} y_i^2\right] = -10\log\left(\frac{15^2+16^2+15^2+17^2+15^2}{5}\right) = -23.87db$$

❸ 망대특성인 경우

$$SN = -10\log\left[\frac{1}{n}\sum_{i=1}^{n}\frac{1}{y_i^2}\right] = 23.83$$

3. 계량치의 파라미터 설계

1) 설계의 구조

파라미터 설계(Parameter design)는 제품설계 또는 공정설계를 위해 잡음의 영향하에서도 성능특성치의 분산이 작고, 평균이 목표치에 접근하도록 하는 제어인자(설계변수)의 조건을 찾는 것이다. 제어인자의 최적조건에서도 특성치의 변동이 아직 만족할 만한 상태가 아닐 때에는 허용차 설계를 통하여 성능변동에 큰 영향을 주는 부품 등을 교환시키거나 기타 적절한 조치를 위하여 허용차를 줄여 주게 된다.

직교배열표를 이용한 파라미터 설계는 다음 몇 가지 중요한 특징이 있다.

❶ 파라미터 설계에서는 설계변수의 한 조합(직교배열표의 한 행)에서 여러개의 특 성치를 얻는다. 어느 한 실험점에서 성능특성치에 대한 잡음(내란, 외란, 불완전 제조)의 영향을 파악하기 위하여 특성치를 반복해서 얻는 방법에는 크게 다음 두 가지가 있다.
첫째, 잡음인자들(Noise factors)을 있는 상태에서 특성치를 반복하여 측정되고
둘째, 잡음인자들의 수준을 정하여 이들 수준조합에서 성능특정치를 측정하게 된다.

위와 같이 실험계획이 이루어지는 경우에 실험은 2개의 직교배열표가 교차(Crossed) 되는 형태로 주어지며 제어인자들로 이루어진 직교배열을 내측배열(Inner array), 설계변수행렬(Matrix of design variables)이라고 부르고, 비제어인 자들로 이루어진 직교배열을 외측배열(Outer array, 비제어인자행렬(Matrix of uncontrol factors)이라고 부른다. 다음과 같은 형태로 이루어진다.

구분	내측배열($L_8(2^7)$)							외측배열($L_4(2^3)$)				
요인배치	A	B	C	D	F	ⓔ	ⓔ	원 데이터				SN 비
인자이름												
수 준	0							실험번호				비제어인자배치
	1							1	2	3	4	
열번호 / 실험번호	1	2	3	4	5	6	7	0	0	1	1	U
								0	1	0	1	V
								0	1	1	0	W
1	0	0	0	0	0	0	0	y_{11}	y_{12}	y_{13}	y_{14}	SN_1
2	0	0	0	1	1	1	1	y_{21}	y_{22}	y_{23}	y_{24}	SN_2
3	0	1	1	0	0	1	1	…	…	…	…	…
4	0	1	1	1	1	0	0	…	…	…	…	…
5	1	0	1	0	1	0	1	…	…	…	…	…
6	1	0	1	1	0	1	0	…	…	…	…	…
7	1	1	0	0	1	1	0	…	…	…	…	…
8	1	1	0	1	0	0	1	y_{81}	y_{82}	y_{83}	y_{84}	SN_8

❷ 분산분석시에 성능특성치 y_{ij} (i번째 행의 j번째 데이터)에 대하여 분석하지 않고 y_{ij}들로부터 SN비를 계산하여 SN 비를 새로운 특성치로 간주하여 분석을 실시한다.

따라서 SN비는 다음과 같이 계산하는데, SN는 i행의 SN 비값을 의미하고, n은 각 행에서의 반복수이다.

망소특성인 경우 $SN_i = -10\log\left[\frac{1}{n}\sum_{j=1}^{n} y_{ij}^2\right]$ 이며 망대특성인 경우

$SN_i = -10\log\left[\frac{1}{n}\sum_{j=1}^{n}\frac{1}{y^{2_{ij}}}\right]$ 이고 망목특성인 경우는 다음과 같다.

$$SN_i = -10\log\left[\frac{\frac{1}{n}(S_{m(i)} - V_i)}{V_i}\right]$$

혹은 $SN_i = 10\log\left[\frac{\frac{1}{n}S_{m(i)}}{V_i}\right] = 10\ \log\left[\frac{\frac{1}{n}[n(\bar{y}_i)^2]}{V_i}\right] = 10\ \log\left[\frac{(\bar{y}_i)^2}{V_i}\right] = 20\ \log\left[\frac{\bar{y}}{s}\right]$

단, $V_i = \frac{\sum_{j=1}^{n}(y_{ij} - \bar{y}_i)^2}{n-1}$; i번째 행의 n개 데이터의 표본분산

$S_{m(i)} = \frac{(\sum_{j=1}^{n} y_{ij})^2}{n}$; i번째 행의 n개 데이터의 수정항

$\bar{y}_{i.} = \frac{\sum_{j=1}^{n} y_{ij}}{n}$; i번째 행의 n개 데이터의 평균

망목특성인 경우에는 SN 비 값은 주로 분산 V에 의하여 좌우되므로, SN비를 크게 하는 조건은 V를 작게 하는 조건이 된다. 따라서 평균 $\bar{y}$ 에 유의한 영향을 주는 인자를 찾기 위하여 민감도(Sensitivity)를 다음과 같은 식을 정의하여 사용하기도 한다.

$$S_{n(i)} = 10\log(CT_i)$$

여기서 CT 는 수정항으로 $T_{i.} = \sum_j y_{ij}$라 하면 $CT_i = \frac{T_i^2}{n} = n(\bar{y}_i)^2$ 가 되므로

$$S_{n(i)} = 10\log[n(\overline{y_i^2})] = 20\log(\sqrt{n}\,\overline{y_i})$$

으로 표현된다. 즉 i 번째 행의 민감도 $S_{n(i)}$는 $\bar{y}_{i.}$에 의하여 좌우되는 값이다.

❸ 제품설계나 공정설계의 대상이 되는 시스템에 대하여는 특성치에 영향을 주리라고 예상되는 가능한 모든 제어인자를 포함시키고, 비제어인자로서 잡음인자, 블록인자, 보조인자, 또는 표시인자 등을 배치하되 가능한 한 너무 많지 않게 배치한다.

2) 파라미터 설계 방법

(1) 망소특성과 망대특성인 경우

망소특성과 망대특성에 대한 파라미터의 설계 방법 및 순서는 다음과 같다.

① 제어인자들로 이루어진 실험을 구성하며 이 때 주로 직교배열표가 사용되며 각 실험조건에서 반복측정치가 있도록 한다.

② 각 실험조건의 반복측정치로부터 SN비를 계산한다.

③ SN 비에 대한 분산분석을 통하여 SN비에 영향을 미치는 제어인자를 찾는다.

④ 위의 ③에서 찾은 유의한 제어인자들의 최적수준은 SN 비를 최대로 하는 수준조 합이 되기 때문에 SN 비에 유의한 영향을 못주는 제어인자는 경제성, 작업성 등을 고려하여 적절한 수준을 선택한다.

⑤ 위의 ④에서 구한 최적 수준조합에서 특성치의 모평균을 추정하여보고, 확인실험을 실시하여 재현성이 있는가를 조사한다.

(2) 망목특성인 경우

망목특성에 대한 파라미터의 설계 방법 및 순서는 다음과 같다.

① 망소특성과 망대특성의 경우의 ①과 동일하게 구성한다

② 각 실험조건의 반복측정치로부터 SN 비와 민감도 $S_{n(i)}$을 계산한다.

③ SN비에 대한 분산분석을 통하여 SN 비에 유의한 영향을 주는 제어인자를 찾아낸다.

④ $S_{n(i)}$에 대한 분산분석을 통하여 $\bar{y}$에 영향을 주는 제어인자를 찾아내고 ③과 ④의 분석을 실시하여 다음과 같이 3가지로 제어인자를 분류할 수 있다.

- 산포제어인자(Dispersion control factor) : SN 비에 유의한 영향을 주는 인자

• 평균조정인자(Mean adjustment factor) : $\bar{y}$에만 유의한 영향을 주는 인자

• 기타제어인자 : SN 비나 $\bar{y}$ 에 유의한 영향을 주지 못하는 인자

만약, 하나의 제어인자가 SN 비와 $\bar{y}$를 동시에 영향을 준다면 이는 산포 제어인자로 분류한다.

⑤ 산포제어인자는 SN비를 최대로 하는 수준에 놓고, $\bar{y}$가 목표치에 접근하도록 평균조정인자의 수준을 조정한다. 기타 제어인자에 대해서는 경제성, 작업성등을 고려하여 적절한 수준을 선택한다.

⑥ 위의 ⑤에서 구한 최적수준조합에서 특성치의 모평균을 추정하여 보고, 확인실험을 실시하여 재현성이 충분한가를 조사한다.

위의 ⑤에서 보는 바와 같이 인자의 최적수준을 선택할 때, 산포를 작게 해주는 조건이 가장 우선하며, 그 다음으로 평균치를 목표치에 근접시키는 조건이 따르게 된다. 이 원리는 파라미터 설계에서는 비제어인자에 의한 산포를 최소화시키는 것이 가장 중요함을 말하여 주고 있으며, 따라서 파라미터 설계를 로버스트(둔감성) 설계(Robust design)라고도 부른다.

기본 예제 12.2

건강 보조 식품을 생산하는 NJ회사에서는 이 건강 보조식품에 포함되는 지방 함유량을 줄이기 위한 실험을 하고 있다. 규격 상한은 6%이고 이 규격에 만족되지 않으면 1kg 당 200원 손실이 발생된다고 한다. 지방 함유량에 영향을 주리라 예상되는 제어인자를 4가지 선택되었다.

A 인자 : 물과 우유의 배합비 3 수준 A_0 , A_1, A_2

B 인자 : 우유 생산지 3 수준 B_0 , B_1, B_2

C 인자 : 성분 요소 분리 방법 3 수준 C_0 , C_1, C_2

D 인자 : 보관처리방법 3 수준 D_0 , D_1, D_2

비 제어인자로서는

U : 작업자 2수준(남, 녀)

V : 가공 생산라인 2 수준

이러한 실험 환경에서 지방 함유량의 자료를 수집하였다. 이 실험은 망소특성실험으로 간주하고 현재 생산하고 있는 생산조건은 $A_1\ B_1\ C_1\ D_1$ 이다. 분산분석을 이용하여 분석하시오.

인자배치	A	B	C	D	지방함유량(%)				$SN_i = -10\log\left[\frac{1}{n}\sum_j y_{ij}^2\right]$
열번호	1	2	3	4	U_0		U_1		
실험번호					V_0	V_1	V_0	V_1	
1	0	0	0	0	8.23	7.41	4.39	5.80	-16.42
2	0	1	1	1	5.28	4.68	4.51	4.21	-13.42
3	0	2	2	2	4.31	4.45	3.63	3.79	-12.17
4	1	0	1	2	3.68	4.79	3.24	3.68	-11.80
5	1	1	2	0	3.72	4.32	4.62	4.24	-12.54
6	1	2	0	1	4.82	4.84	4.72	4.20	-13.35
7	2	0	2	1	4.35	4.23	3.80	3.61	-12.06
8	2	1	0	2	6.19	5.85	3.82	3.72	-14.02
9	2	2	1	0	6.12	5.31	3.45	4.33	-13.82

결과

각 실험별로 SN비의 값을 우선 계산해야 하는데 첫 번째 실험번호에서의 SN비의 값은 다음과 같이 계산된다.

$$SN_1 = -10\log\left[\frac{1}{4}\sum_j y_{1j}^2\right]$$

$$= 10\log\left(\frac{8.23^2 + 7.41^2 + 4.39^2 + 5.80^2}{4}\right) = -16.42$$

다른 실험번호에서도 유사하게 계산된다.

그리고 이 SN비의각 인자별 수준의 합을 다음과 같이 계산한다.

•• SN비의각 인자별 수준의 합

수준 \ 인자	A	B	C	D
0	-42.01	-40.28	-43.80	-42.78
1	-37.69	-39.98	-39.03	-38.83
2	-39.90	-39.34	-36.77	-37.99
합	-119.60	-119.60	-119.60	-119.60

이 표를 참고로 하여 각 인자의 변동을 구하면 다음과 같다.

$$SSA = \frac{(-42.01)^2 + (-37.69)^2 + (-39.90)^2}{3} - \frac{(-119.60)^2}{9} = 3.104$$

유사한 방법으로 $SSB = 0.155$, $SSC = 8.577$, $SSD = 4.364$.

계산된 인자의 변동을 이용하여 SN비의 분산 분석표를 작성하면 다음과 같이 나타난다. 그런데 오차항의 항목이 없으므로 변동이 제일작은 B인자의 변동을 오차항으로 간주하여(풀링) 분산분석표를 작성하는 것이 일반적이다.

이런 결과를 이용하여 분산 분석표를 만들면 다음과 같이 표현 된다.

●● SN비의 분산 분석표

요인	SS	ϕ	V	F_0	$F_{0.05}(2,2)$
A	3.104	2	1.552	20.2	19
C	8.577	2	4.288	55.7	
D	4.364	2	2.182	28.3	
E	0.155	2	0.077		
계	16.200	8			

유의수준 5%에서 A, C, D 인자가 유의함을 나타내고 있다.

유의한 A, C, D 인자의 각 수준에서 모평균에 대한 95%신뢰구간을 구하기 위하여 우선 A_0 수준에서의 신뢰구간은 구하여 보자.

A_0 수준에서의 점추정치 $\hat{\mu}(A_0) = \dfrac{-42.01}{3} = -14$ 이고

신뢰구간의 폭은 $t(\phi_E, 0.025)\sqrt{\dfrac{0.077}{3}} = 4.303\ \sqrt{(0.077/3)} = 0.6894$ 이므로 다음과 같이 신뢰구간이 계산된다.

즉, 신뢰구간은 -14 ± 0.6894이고 계산하면$(-14.69, -13.31)$이 된다. 다른 경우도 유사하게 계산된다. 계산된 결과표는 다음과 같다.

●● 유의한 인자의 각 수준에서의 SN비 모평균의 95% 신뢰구간

인자	수준	SN비의 점추정치	95% 신뢰구간	
			하한	상한
A	0	-14.00	-14.69	-13.31
	1	-12.56	-13.25	-11.88
	2	-13.30	-13.99	-12.61
C	0	-14.60	-15.29	-13.91
	1	-13.01	-13.70	-12.32
	2	-12.26	-12.95	-11.57
D	0	-14.26	-14.95	-13.57
	1	-12.94	-13.63	-12.25
	2	-12.66	-13.35	-11.97

SN비를 크게 하는 조건이 좋은 조건이므로 A, C, D 인자의 최적조건은 $A_1\ C_2\ D_2$가 된다. B인자는 유의하지 않은 인자이므로 B_1 수준을 그대로 사용하면 최적조건은 $A_1\ B_1\ C_2\ D_2$이 된다.

따라서 SN비의 추정치는 다음과 같이 표현가능하다.

$$\begin{aligned}\hat{\mu}(A_1\ B_1\ C_2\ D_2) &= \mu + a_1 + \widehat{b_1 +} c_2 + d_2 \\ &= \widehat{\mu + a_1} + \widehat{\mu + b_1} + \widehat{\mu + c_2} + \widehat{\mu + d_2} - 3\hat{\mu} \\ &= (-12.56) + (-13.33) + (-12.26) + (-12.66) - 3\,(-13.29) \\ &= -10.94db\end{aligned}$$

이 실험이 실시하기전의 생산조건은 $A_1\ B_1\ C_1\ D_1$이였다. 이 조건에서 SN비의 추정치는 다음과 같다.

$$\begin{aligned}\hat{\mu}(A_1\ B_1\ C_1\ D_1) &= \mu + a_1 + \widehat{b_1 +} c_1 + d_1 \\ &= \widehat{\mu + a_1} + \widehat{\mu + b_1} + \widehat{\mu + c_1} + \widehat{\mu + d_1} - 3\hat{\mu} \\ &= (-12.56) + (-13.33) + (-13.01) + (-12.94) - 3\,(-13.29) \\ &= -11.97db\end{aligned}$$

망소특성인 경우의 평균손실금액은 $L = \dfrac{A}{\Delta^2} MSD$가 된다. 단, $MSD = \dfrac{1}{n}\sum_{i=1}^{n} y_i^2$ 따라서 $SN = -10\log(MSD)$인 관계가 성립하므로 최적조건에서 SN비가 −10.94이므로 이에 해당하는 MSD는 다음과 같이 계산된다.

$$MSD = 10^{1.094} = 12.42$$

즉, $\Delta = 6.0\%$, $A = 200$원이므로 손실금액은 다음과 같다.

$$L = \frac{A}{\Delta^2} MSD = \frac{200}{(6.0)^2} \times (12.42) = 69(\text{원})$$

이 실험이 실시하기전의 생산조건은 $A_1\ B_1\ C_1\ D_1$이 였다. 이조건에서 SN비의 추정치는 −11.97이다. 따라서

$$MSD = 10^{1.197} = 15.74$$

$$L = \frac{A}{\Delta^2} MSD = \frac{200}{(6.0)^2} \times (15.74) = 87$$

그러므로 이 실험을 통해서 손실금액의 감소는 1kg당 18원이 된다.

Minitab

1 다음과 같이 통계분석(S)→[실험계획법] →[Taguchi 설계] →[Taguchi 설계생성]을 선택한다.

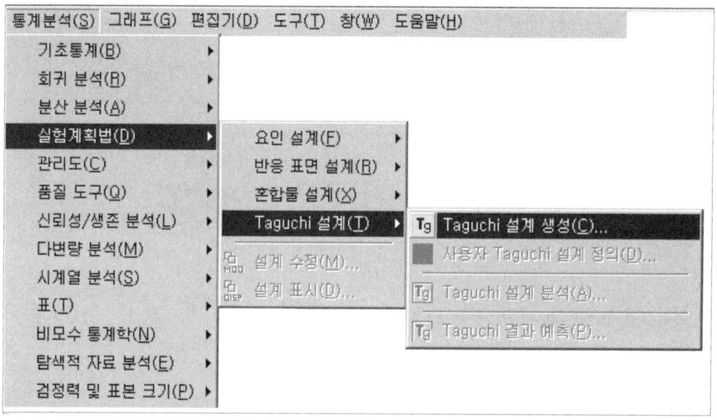

2 [Taguchi 설계] 대화 상자가 나타나면 설계유형에서 [3-수준 설계]를 선택하고 [요인 개수]에 '3'을 입력하고 [설계] 버튼을 누른다.

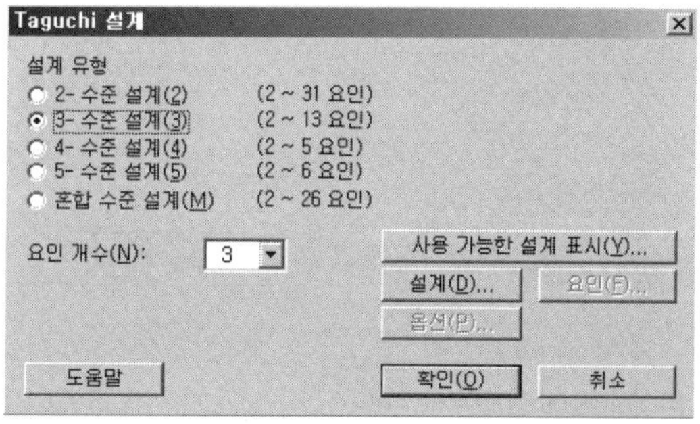

3 [설계] 대화상자에서 'L9'을 선택하고 확인(O) 버튼을 누른다.

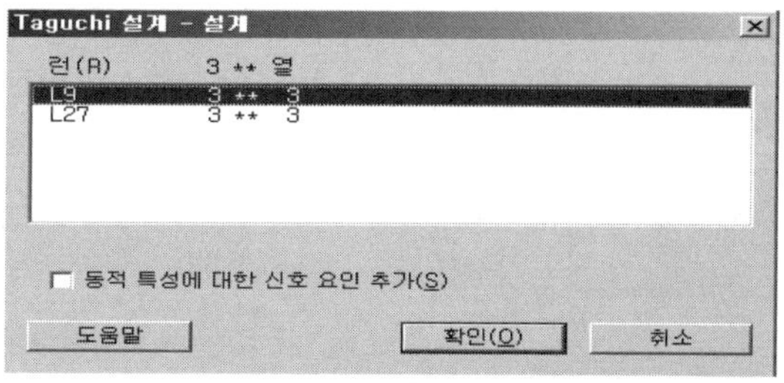

4 [Taguchi 설계] 대화 상자가 나타나면 [요인] 버튼을 클릭한다.

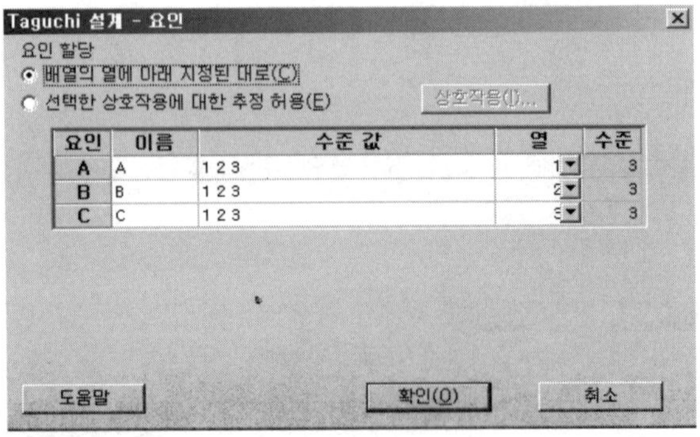

5 [요인] 대화상자에서 수준값을 문제의 예제에 맞게 "123"을 "012"로 수정하고 [확인(O)] 버튼을 누른다.

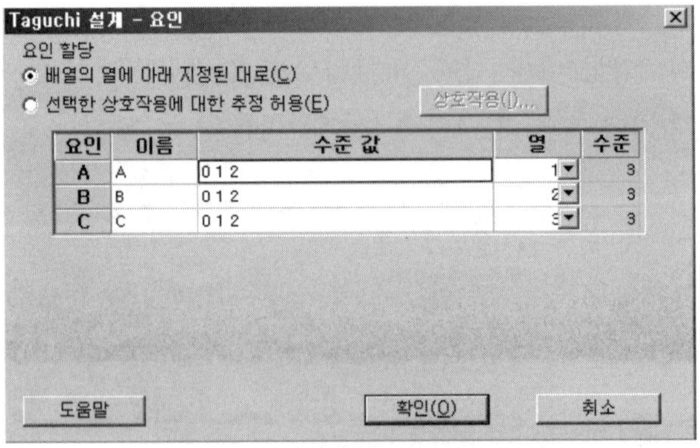

6 다음과 같은 직교배열표가 나타난다. 여기서 C5-C8열에 데이터를 입력한다.

워크시트 4 ***

↓	C1	C2	C3	C4	C5	C6	C7	C8	C9
	A	B	C	D	V0	V00	V1	V11	
1	0	0	0	0	8.23	7.41	4.39	5.80	
2	0	1	1	1	5.28	4.68	4.51	4.21	
3	0	2	2	2	4.31	4.45	3.63	3.79	
4	1	0	1	2	3.68	4.79	3.24	3.68	
5	1	1	2	0	3.72	4.32	4.62	4.24	
6	1	2	0	1	4.82	4.84	4.72	4.20	
7	2	0	2	1	4.35	4.23	3.80	3.61	
8	2	1	0	2	6.19	5.85	3.82	3.72	
9	2	2	1	0	6.12	5.31	3.45	4.33	
10									

7 다음과 같이 통계분석(S)→[실험계획법] →[Taguchi 설계] →[Taguchi 설계 분석]을 선택한다.

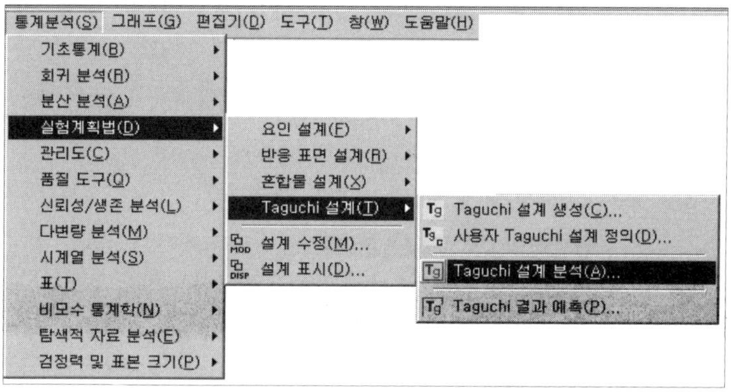

8 [Taguchi 설계 분석] 대화상자에서 해당 데이터을 [반응 데이터열] 항목에 입력하거나 더블 클릭한나. 그리고 다음과 같이 여러 항목을 셋팅하고 확인(O) 버튼을 클릭한다.

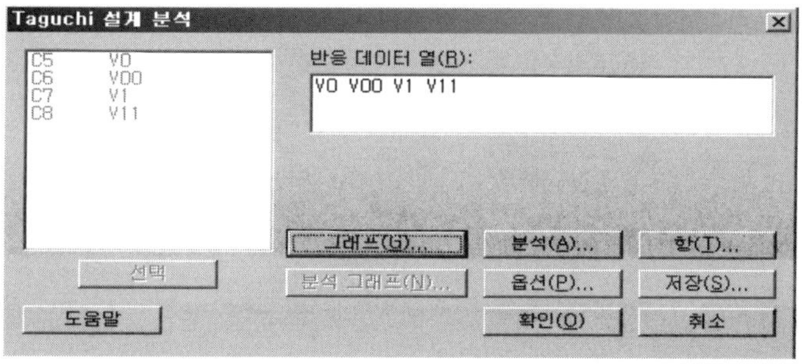

▶ [항] 항목 ; 모형 항 선택

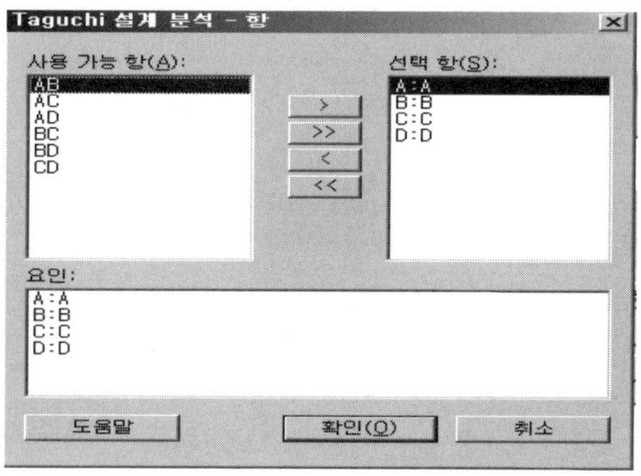

▶ [분석] 항목 ; 신호대 잡음 비 및 평균 분석

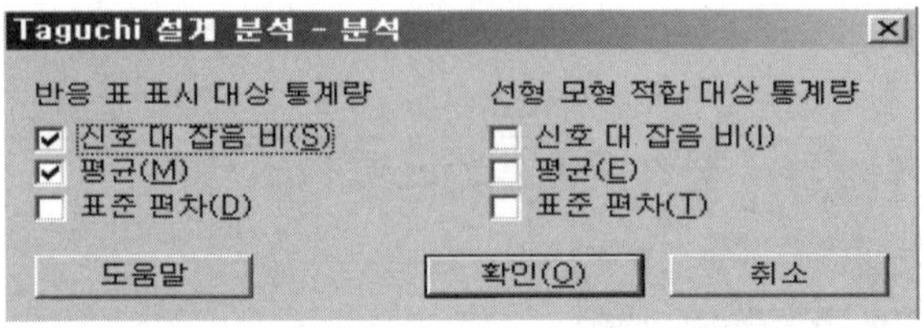

▶ [저장] 항목 ; 세션창에 SN비, 평균 출력

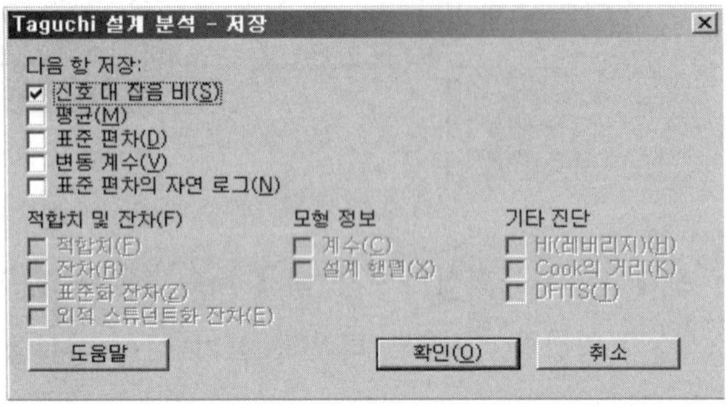

▶ [옵션] 항목 ; 지방 함유량을 줄이기 위한 실험이므로 망소특성

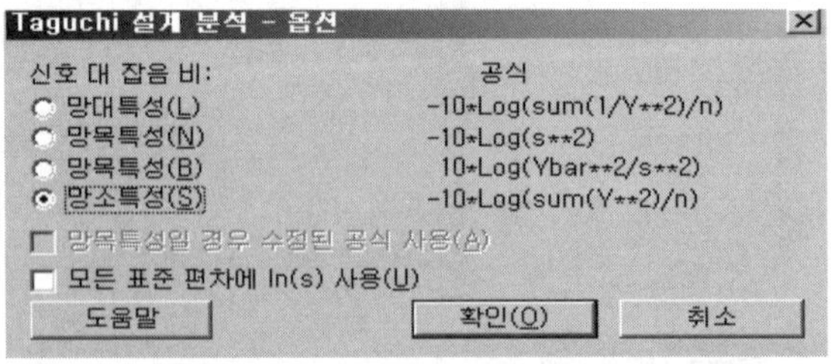

▶ [그래프] 항목 ; 신호대 잡음 비 및 평균에 대한 그림

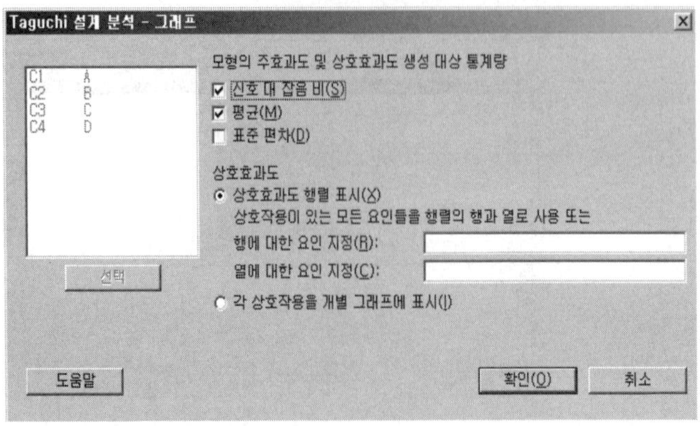

9 다음과 같은 SN결과가 [세션] 창에 표시되고 기타 여러 결과도 나타난다.

▶ [세션] 창

세션

Taguchi 설계

Taguchi 직교 배열 설계

L9(3**3)

요인: 3
실행: 9

열 L9(3**4) 배열

1 2 3

결과: 워크시트 4

Taguchi 분석: V0, V00, V1, V11 대 A, B, C, D

신호 대 잡음 비에 대한 반응 표
망소특성

수준	A	B	C	D
1	-14.00	-13.43	-14.60	-14.26
2	-12.56	-13.33	-13.01	-12.94
3	-13.30	-13.11	-12.26	-12.66
델타	1.44	0.31	2.34	1.60
순위	3	4	1	2

평균에 대한 반응 표

수준	A	B	C	D
1	5.058	4.768	5.333	5.162
2	4.239	4.597	4.440	4.438
3	4.565	4.498	4.089	4.263
델타	0.818	0.270	1.243	0.899
순위	3	4	1	2

해석 [신호 대 잡음 비에 대한 반응 표]에서 델타값은 각 인자에서 SN비가 가장 큰 값에서 작은 값의 차이를 나타낸 값이고 순위는 어떤 인자가 반응함수에 영향을 미치는지를 순위로 나타낸 값이다. 여기서는 C, D, A, B 인자의 순위로 나타났다.

▶ [워크시트] 창 ; SN비 표시값

워크시트 4 ***

↓	C1	C2	C3	C4	C5	C6	C7	C8	C9	C1
	A	B	C	D	V0	V00	V1	V11	SNRA2	
1	0	0	0	0	8.23	7.41	4.39	5.80	-16.4234	
2	0	1	1	1	5.28	4.68	4.51	4.21	-13.4166	
3	0	2	2	2	4.31	4.45	3.63	3.79	-12.1695	
4	1	0	1	2	3.68	4.79	3.24	3.68	-11.7989	
5	1	1	2	0	3.72	4.32	4.62	4.24	-12.5420	
6	1	2	0	1	4.82	4.84	4.72	4.20	-13.3534	
7	2	0	2	1	4.35	4.23	3.80	3.61	-12.0607	
8	2	1	0	2	6.19	5.85	3.82	3.72	-14.0213	
9	2	2	1	0	6.12	5.31	3.45	4.33	-13.8157	
10										

▶ [그래프] 창

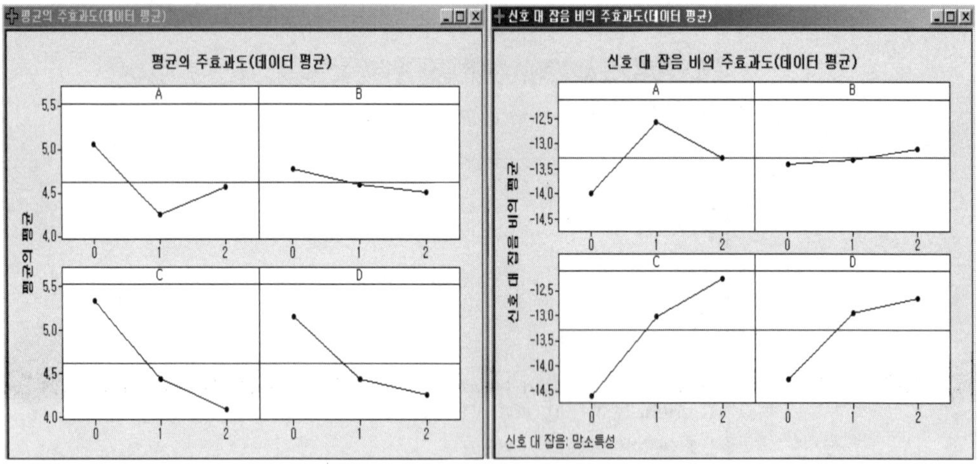

해석 [신호 대 잡음 비의 주효과]그림에서는 B인자를 제외한 A1, C2, D2 인자는 반응변수에 큰 영향을 주고 있음을 알 수 있다. 물론 [평균의 주효과도] 에서도 유사하게 나타나고 있다.

≪Taguchi 결과 예측≫

1 다음과 같이 통계분석(S)→[실험계획법] →[Taguchi 설계] →[Taguchi 결과예측]을 선택한다.

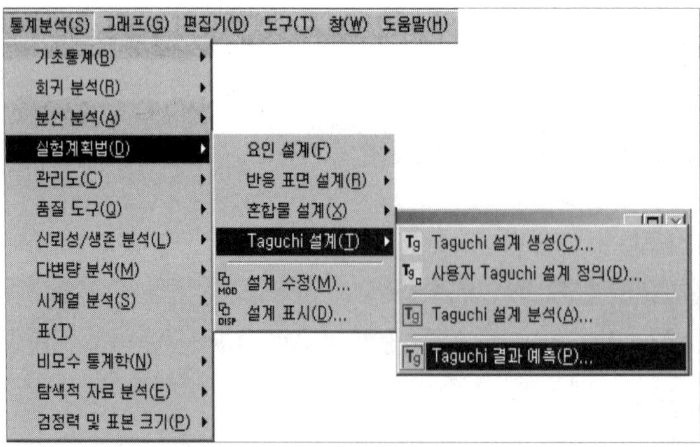

2 [Taguchi 결과예측] 대화상자에서 [평균 대 잡음 비] 항목을 선택하고 다음과 같이 여러 항목을 셋팅하고 확인(O) 버튼을 클릭한다.

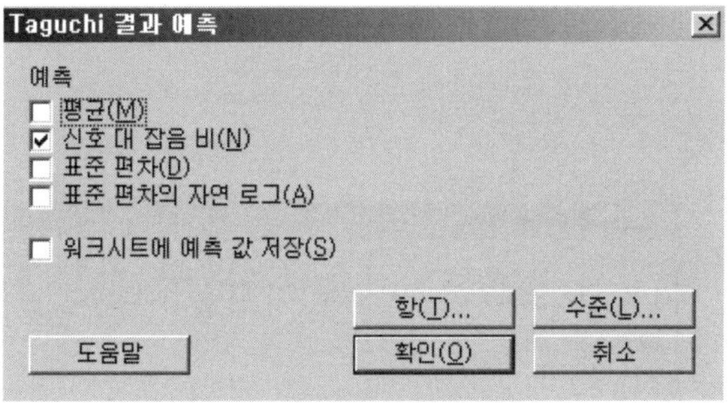

▸ [항] 항목 ; 모형 항 선택

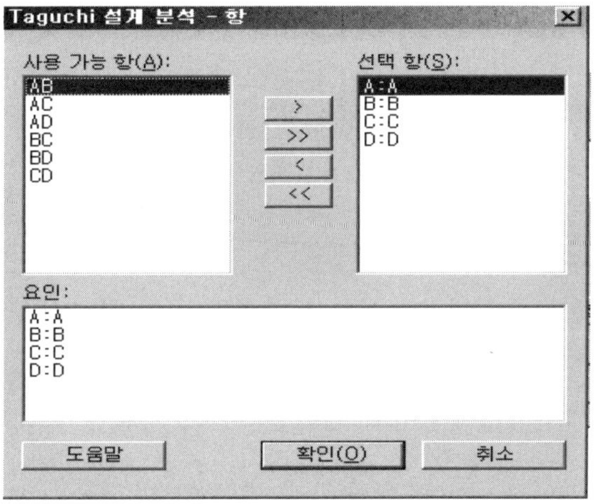

▸ [분석] 수준 ; 신호대 잡음 비 및 평균 분석

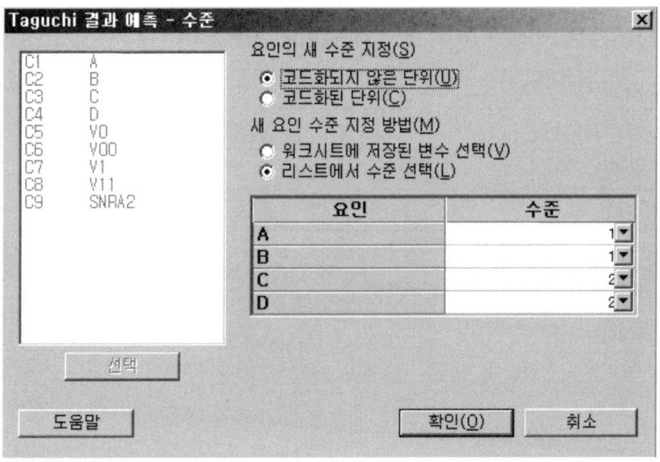

9 다음과 같은 SN결과가 [세션] 창에 표시되고 기타 여러 결과도 나타난다.

▸ [세션] 창

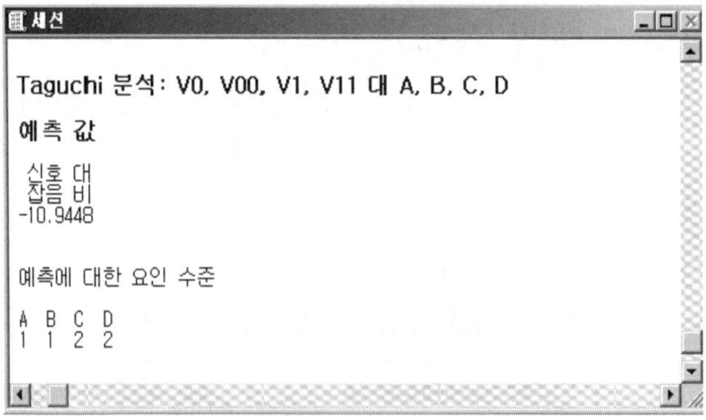

기본 예제 12.3

어떤 화학제품의 합성반응공정에서 합성률(%)을 향상시킬 목적으로 정해진 목표치(50%)에 가까운 함유량을 얻기위한 실험을 하고 있다. 주요 실험인자와 각 인자의 수준은 다음과 같다.(망목실험이고 인자간의 교호작용은 고려하지 않음). A 인자의 수준은 2수준이고 그 외 인자는 3수준이므로 $L18$ 배열표를 이용하고 평균조정인자를 찾기 위하여 민감도 $S_{n(i)}$ 에 대하여도 분석 되어야 하며 분산분석을 통하여 최적수준 조합을 분석을 시행하시오.

•• 실험인자와 수준

인자 명	수준0	수준1	수준2
원료제조회사	A1	A2	
반응시간	2.0	2.5	3
반응온도	150℃	160℃	170℃
반응압력	10	12	14
탄소의 함유량	0.15%	0.3%	0.45%

인자배치	A	B	C	D	e	F	e	e	반복실험			합계	평균	분산	SN비	민감도
열 번호/실험번호	1	2	3	4	5	6	7	8	1	2	3		$(\bar{y}_i)$	(s_i^2)	(SN_i)	$(S_{n(i)})$
1	0	0	0	0	0	0	0	0	49.4	23.28	53.2	125.88	41.96	265.08	8.22	37.23
2	0	0	1	1	1	1	1	1	49.9	6.74	52.3	108.86	36.29	656.22	3.02	35.97
3	0	0	2	2	2	2	2	2	50.5	30.85	49.6	130.88	43.63	122.59	11.91	37.57
4	0	1	0	0	1	1	2	2	49.3	14.06	46.9	110.27	36.76	387.86	5.42	36.08
5	0	1	1	1	2	2	0	0	51.2	32.89	46.3	130.45	43.48	90.22	13.21	37.54
6	0	1	2	2	0	0	1	1	46.6	25.84	50.8	123.17	41.06	178.09	9.76	37.04
7	0	2	0	1	0	2	1	2	50.5	10.28	53	113.76	37.92	574.49	3.98	36.35
8	0	2	1	2	1	0	2	0	49.7	48.22	46.9	144.86	48.29	1.93	30.83	38.45
9	0	2	2	0	2	1	0	1	48	5.31	47.6	100.91	33.64	601.62	2.74	35.31
10	1	0	0	2	2	1	1	0	49.7	3.22	52.9	105.87	35.29	773.90	2.07	35.72
11	1	0	1	0	0	2	2	1	50.6	36.15	47.7	134.47	44.82	58.43	15.36	37.80
12	1	0	2	1	1	0	0	2	51.6	18.62	50	120.16	40.05	345.11	6.67	36.82
13	1	1	0	1	2	0	2	1	50	39.73	49.6	139.33	46.44	33.88	18.04	38.11
14	1	1	1	2	0	1	0	2	49.3	33.92	49	132.26	44.09	77.57	13.99	37.66
15	1	1	2	0	1	2	1	0	48.2	13.72	52	113.98	37.99	445.49	5.11	36.37
16	1	2	0	2	1	2	0	1	49.5	46.53	49.1	145.14	48.38	2.61	29.53	38.46
17	1	2	1	0	2	0	1	2	51.5	45.40	45.8	142.67	47.56	11.47	22.95	38.32
18	1	2	2	1	0	1	2	0	51.2	27.06	47.3	125.61	41.87	168.37	10.18	37.21
	합계								897	461.82	890	2248.50	41.64		213.00	667.99

결과

위의 SN비는 다음식을 이용하여 계산된 값들이다.

$$SN_i = 20\ \log\left[\frac{\bar{y}}{s}\right]$$

평균 조정인자를 찾기 위하여 민감도 $(S_{n(i)})$는 다음과 같은 식을 이용하여 계산된 값들이다.

$$S_{n(i)} = 10\log[n(\overline{y_i^2})]$$

위의 민감도 식에서 i 번째 민감도는 $\bar{y}_i$ 에 의하여 그 크기가 결정되기 때문에 분산보다는 평균값이 목표치에 민감함을 알 수 있다.

일단 SN비에 대한 분산분석표 작성을 위하여 각 인자 수준별 합계와 평균은 다음과 같다.

•• 인자수준별 SN비의 합 및 평균

인자		A	B	C	D	F	
수준 합계	0	89.10	47.26	67.27	59.80	96.47	합계 T
	1	123.90	65.53	99.36	55.11	37.42	1065.00
	2		100.21	46.37	98.09	79.11	
수준 평균	0	9.90	7.88	11.21	9.97	16.08	평균
	1	13.77	10.92	15.56	9.18	6.24	11.83
	2		16.70	7.73	16.35	13.19	

각 요인에 대한 제곱합은 다음과 같이 계산된다.

$$CT=\frac{213^2}{18}=2520.48$$

$$SST=(8.22^2+3.02^2+\cdots+22.95^2+10.28^2)-2520.48=1305.45$$

$$SSA=\frac{(89.10-123.90)^2}{18}=67.25$$

$$SSB=\frac{(47.26^2+65.53^2+100.21^2)}{6}-2520.48=241.14$$

유사한 방법으로 $SSC=237.53$, $SSD=185.26$, $SSF=307.05$

$$SSE=SST-SAS-SSB-SSC-SSD-SSF=267.23$$

이러한 정보를 이용하여 SN비에 대한 분산 분석표를 작성하면 다음과 같다.

•• SN비의 분산 분석표

요인	SS	ϕ	V	F_0	$F(0.10)$
A	67.25	1	67.25	2.01	3.46
B	241.14	2	120.57	3.61*	3.11
C	237.53	2	118.76	3.56*	3.11
D	185.26	2	92.63	2.77	3.11
F	307.05	2	153.52	4.6*	3.11
e	267.23	8	33.40		
계	1305.45	17			

단, $F_{0.10}(1,8)=3.46$, $F_{0.10}(2,8)=3.11$

유의수준 10%에서 B, C, F 인자가 유의함을 알 수 있다. 인자들의 최적 수준 조합은 SN비를 크게 해주는 수준들의 조합이므로 $B_2\ C_1\ F_0$ 임을 알 수 있다.
그 다음 단계로 평균조정인자를 찾기 위하여 인자수준별 민감도의 합계와 평균을 정리한 보조표는 다음과 같다.

●● 인자수준별 민감도의 합계와 평균

인자		A	B	C	D	F	
수준 합계	0	331.52	221.11	221.95	221.09	225.96	합계 T
	1	336.47	222.79	225.72	222.00	217.94	3339.94
	2		224.09	220.31	224.90	224.08	
수준 평균	0	36.84	36.85	36.99	36.85	37.66	평균
	1	37.39	37.13	37.62	37.00	36.32	37.11
	2		37.35	36.72	37.48	37.35	

각 요인에 대한 제곱합은 SN비와 유사한 방법으로 계산하여 분산분석표를 작성하면 다음과 같다.

●● 민감도의 분산 분석표

요인	SS	ϕ	V	F_0	$F(0.10)$
A	1.36	1	1.36	2.61	3.46
B	0.75	2	0.37	0.71	3.11
C	2.57	2	1.28	2.46	3.11
D	1.32	2	0.66	1.26	3.11
F	5.87	2	2.93	5.62	3.11
e	4.17	8	0.52		
계	16.04	17			

위의 분산분석표에서 F 값이 1이상인 인자를 유의성이 있는 것으로 가정한다면 A, C, D, F 인자가 유의성을 가진다. 이 인자중에서 C, F 인자는 SN비에 대한 분산분석표에서 유의한 인자로 판명되었기 때문에 SN비와 민감도에 대한 분산분석의 결과의 정보를 이용하면 다음과 같은 결론을 도출할 수 있다.
즉, 산포제어인자는 B, C, F이고 평균조정 인자는 A, D가 된다.
평균조정인자로 채택된 A, D 에 대한 최적 수준을 찾기 위하여 다음과 같이 두 인자에 대한 각 수준에서의 데이터 평균을 산출해야 한다. 예를 들어 A_0 수준에서 데이터 평균은 $\frac{331.52}{9} = 36.84$. 다른 수준에서도 수준의 합을 이용하여 계산 하면 된다.

인자		A	D
수준 합계	0	331.52	221.09
	1	336.47	222.00
	2		224.90
수준 평균	0	36.84	36.85
	1	37.39	37.00
	2		37.48

따라서 두 인자의 모든 수준 조합 중에서 어떤 조합에서의 추정치가 합성률(%)의 목표치 50%에 가까운 조합인지를 찾아야 한다.

예를 들어 $A_i\,D_j$ 수준에서의 평균 합성률 추정치는 다음과 같이 계산된다.

$A_i\,D_j$ 수준에서의 평균 합성률 추정치

=A_i 수준에서의 평균 합성률 추정치 + D_j 수준에서의 평균 합성률 추정치 −전체평균

(단, $i = 1,2, j = 0,1,2$)

각 수준에서의 평균 합성률 추정치는 다음과 같이 계산되어 최적수준 조합은 $A_1\,D_2$ 조합이 된다.(단, $\bar{y} = (36.84 + 37.39 + 36.85 + 37.0 + 37.48)/5 = 37.1$)

$A_0\,D_0$수준에서의 평균 합성률 추정치=36.84+36.85−37.1=36.23

$A_0\,D_1$수준에서의 평균 합성률 추정치=36.84+37.00−37.1=36.74

$A_0\,D_2$수준에서의 평균 합성률 추정치=36.84+37.48−37.1=37.22

$A_1\,D_0$수준에서의 평균 합성률 추정치=37.39+36.85−37.1=37.14

$A_1\,D_1$수준에서의 평균 합성률 추정치=37.39+37.00−37.1=37.29

$A_1\,D_2$수준에서의 평균 합성률 추정치=37.39+37.48−37.1=37.77

따라서 SN비와 민감도를 통한 최적 수준 조합은 $A_1\,B_2\,C_1\,D_2\,F_0$ 으로 결정된다.

Minitab

1 다음과 같이 예제 정보를 이용하여 자료를 입력한다.

워크시트 5 ***

↓	C1	C2	C3	C4	C5	C6	C7	C8	C9
	A	B	C	D	F	R1	R2	R3	
1	0	0	0	0	0	49.4	23.28	53.2	
2	0	0	1	1	1	49.9	6.74	52.3	
3	0	0	2	2	2	50.5	30.85	49.6	
4	0	1	0	0	1	49.3	14.06	46.9	
5	0	1	1	1	2	51.2	32.89	46.3	
6	0	1	2	2	0	46.6	25.84	50.8	
7	0	2	0	1	2	50.5	10.28	53.0	
8	0	2	1	2	0	49.7	48.22	46.9	
9	0	2	2	0	1	48.0	5.31	47.6	
10	1	0	0	2	1	49.7	3.22	52.9	
11	1	0	1	0	2	50.6	36.15	47.7	
12	1	0	2	1	0	51.6	18.62	50.0	
13	1	1	0	1	0	50.0	39.73	49.6	
14	1	1	1	2	1	49.3	33.92	49.0	
15	1	1	2	0	1	48.2	13.72	52.0	
16	1	2	0	2	2	49.5	46.53	49.1	
17	1	2	1	0	2	51.5	45.40	45.8	
18	1	2	2	1	1	51.2	27.06	47.3	
19									

2 C9, C10, C11, 12열의 변수에 "평균", "분산", "SN비", "민감도"라고 기입하고 계산(C) → 계산기(L).을 선택하고 나타난 [계산기] 대화상자에서 [변수에 결과저장] 항목에는 C9열을 더블클릭하여 데이터 입력하고 [식] 항목에는 "(R1+R2+R3)/3"을 기입하고 확인(O) 버튼을 누른다.

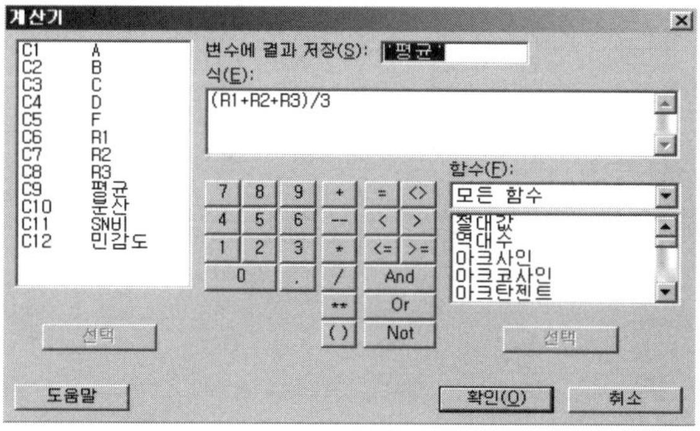

3 다음과 같이 평균 값이 기입된다 유사한 방법으로 [계산기] 대화상자에서 [변수에 결과 저장] 항목에는 C10 열을 더블클릭하여 데이터 입력하고 [식] 항목에는 "(RSTDEV(R1, R2, R3))**2"을 기입하고 C11열을 더블클릭하여 [식] 항목에는 "10*LOGT(평균**2/분산)", C12열을 더블클릭하여 [식] 항목에는 "10*LOGT(3*

((c6+c7+c8)/3*(c6+c7+c8)/3))" 기입 후 [확인(O)] 버튼을 누른다 .

워크시트 5 ***

↓	C3	C4	C5	C6	C7	C8	C9
	C	D	F	R1	R2	R3	평균
1	0	0	0	49.4	23.28	53.2	41.9600
2	1	1	1	49.9	6.74	52.3	36.3133
3	2	2	2	50.5	30.85	49.6	43.6500
4	0	0	1	49.3	14.06	46.9	36.7533
5	1	1	2	51.2	32.89	46.3	43.4633
6	2	2	0	46.6	25.84	50.8	41.0800
7	0	1	2	50.5	10.28	53.0	37.9267
8	1	2	0	49.7	48.22	46.9	48.2733
9	2	0	1	48.0	5.31	47.6	33.6367
10	0	2	1	49.7	3.22	52.9	35.2733
11	1	0	2	50.6	36.15	47.7	44.8167
12	2	1	0	51.6	18.62	50.0	40.0733
13	0	1	0	50.0	39.73	49.6	46.4433
14	1	2	1	49.3	33.92	49.0	44.0733
15	2	0	1	48.2	13.72	52.0	37.9733
16	0	2	2	49.5	46.53	49.1	48.3767
17	1	0	2	51.5	45.40	45.8	47.5667
18	2	1	1	51.2	27.06	47.3	41.8533
19							

[4] 다음과 같은 자료가 표시된다.

워크시트 5 ***

↓	C1	C2	C3	C4	C5	C6	C7	C8	C9	C10	C11	C12
	A	B	C	D	F	R1	R2	R3	평균	분산	SN비	민감도
1	0	0	0	0	0	49.4	23.28	53.2	41.9600	265.317	8.2191	37.2279
2	0	0	1	1	1	49.9	6.74	52.3	36.3133	657.377	3.0232	35.9725
3	0	0	2	2	2	50.5	30.85	49.6	43.6500	123.083	11.8977	37.5709
4	0	1	0	0	1	49.3	14.06	46.9	36.7533	387.681	5.4212	36.0771
5	0	1	1	1	2	51.2	32.89	46.3	43.4633	89.849	13.2273	37.5337
6	0	1	2	2	0	46.6	25.84	50.8	41.0800	178.603	9.7537	37.0438
7	0	2	0	1	2	50.5	10.28	53.0	37.9267	574.816	3.9836	36.3501
8	0	2	1	2	0	49.7	48.22	46.9	48.2733	1.962	30.7469	38.4454
9	0	2	2	0	1	48.0	5.31	47.6	33.6367	601.840	2.7414	35.3075
10	1	0	0	2	1	49.7	3.22	52.9	35.2733	773.122	2.0664	35.7201
11	1	0	1	0	2	50.6	36.15	47.7	44.8167	58.436	15.3620	37.8000
12	1	0	2	1	0	51.6	18.62	50.0	40.0733	345.824	6.6686	36.8283
13	1	1	0	1	0	50.0	39.73	49.6	46.4433	33.842	18.0440	38.1097
14	1	1	1	2	1	49.3	33.92	49.0	44.0733	77.340	13.9995	37.6547
15	1	1	2	0	1	48.2	13.72	52.0	37.9733	444.778	5.1081	36.3608
16	1	2	0	2	2	49.5	46.53	49.1	48.3767	2.598	29.5469	38.4639
17	1	2	1	0	2	51.5	45.40	45.8	47.5667	11.643	22.8853	38.3173
18	1	2	2	1	1	51.2	27.06	47.3	41.8533	167.935	10.1832	37.2058
19												

[5] 통계분석(S) → 분산 분석(A) → GLM 일반 선형 모형(G)... 선택하고 [반응] 항목란에 마우스 포인터를 올려놓고 C11를 더블 클릭하고 [모형] 란에는 A, B, C, D, F를 입력하고 [확인(O)] 버튼을 누른다.

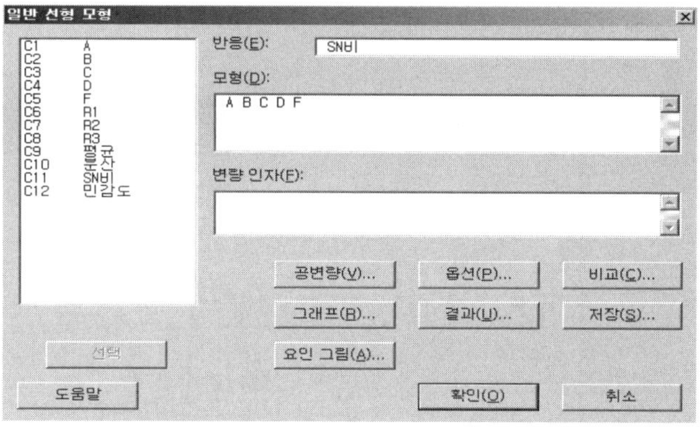

6 [세션] 창에 다음과 같은 결과가 표시되어 나타난다.

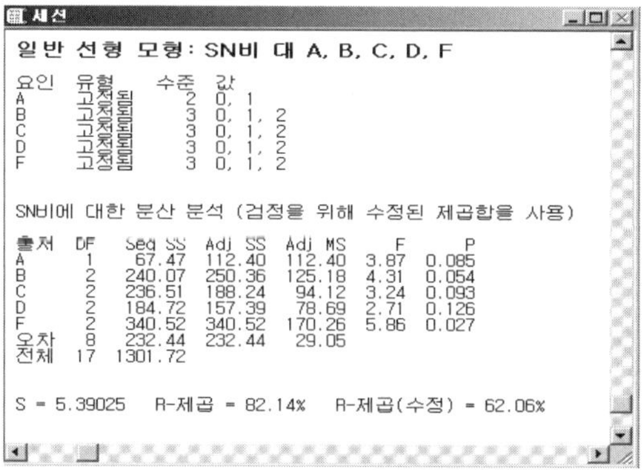

일반 선형 모형: SN비 대 A, B, C, D, F

요인	유형	수준	값
A	고정됨	2	0, 1
B	고정됨	3	0, 1, 2
C	고정됨	3	0, 1, 2
D	고정됨	3	0, 1, 2
F	고정됨	3	0, 1, 2

SN비에 대한 분산 분석 (검정을 위해 수정된 제곱합을 사용)

출처	DF	Seq SS	Adj SS	Adj MS	F	P
A	1	67.47	112.40	112.40	3.87	0.085
B	2	240.07	250.36	125.18	4.31	0.054
C	2	236.51	188.24	94.12	3.24	0.093
D	2	184.72	157.39	78.69	2.71	0.126
F	2	340.52	340.52	170.26	5.86	0.027
오차	8	232.44	232.44	29.05		
전체	17	1301.72				

S = 5.39025 R-제곱 = 82.14% R-제곱(수정) = 62.06%

해석 분산분석표에서 유의수준 5%에서 B, C, F 인자가 유의함을 알 수 있다.

5 유사한 방법으로 통계분석(S) → 분산 분석(A) → 일반 선형 모형(G)... 선택하고 [반응] 항목란에 마우스 포인터를 올려놓고 C12를 더블 클릭하고 [모형] 란에는 A, B, C, D, F를 입력하고 확인(O) 버튼을 누른다.

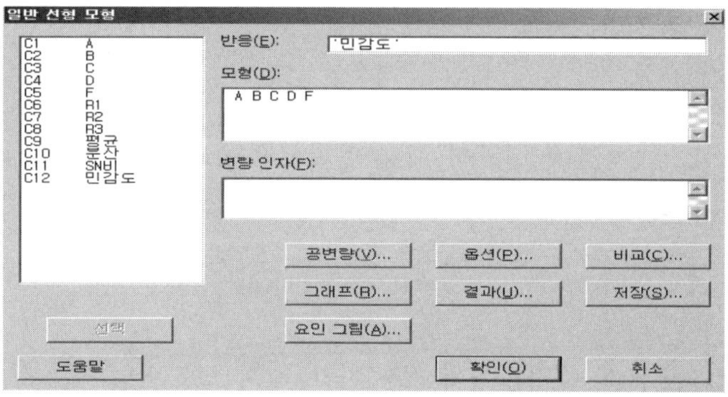

6 [세션] 창에 다음과 같은 결과가 표시되어 나타난다.

세션

일반 선형 모형: 민감도 대 A, B, C, D, F

요인	유형	수준	값
A	고정됨	2	0, 1
B	고정됨	3	0, 1, 2
C	고정됨	3	0, 1, 2
D	고정됨	3	0, 1, 2
F	고정됨	3	0, 1, 2

민감도에 대한 분산 분석 (검정을 위해 수정된 제곱합을 사용)

출처	DF	Seq SS	Adj SS	Adj MS	F	P
A	1	1.3512	2.1819	2.1819	5.35	0.049
B	2	0.7385	1.0035	0.5017	1.23	0.342
C	2	2.5634	1.7620	0.8810	2.16	0.178
D	2	1.3185	0.7984	0.3992	0.98	0.417
F	2	6.7906	6.7906	3.3953	8.33	0.011
오차	8	3.2627	3.2627	0.4078		
전체	17	16.0249				

S = 0.638617 R-제곱 = 79.64% R-제곱(수정) = 56.74%

해석 분산분석표에서 유의수준 5%에서 A, F 인자가 유의함을 알 수 있다.

4. 계수치의 파라미터 설계

1) 0, 1 데이터의 실험

어떤 실험에서 제품을 n개 만들어 품질검사를 수행하고자 할 때 i번째 제품의 결과가 불합격품인 경우와 합격품일 경우 로 나타나는 즉, 특성치가 계수치로 나타나는 경우에 대하여 본 절에서는 알아보고자 한다.

따라서 i번째 제품의 결과를 다음과 같이 나타날 수 있다.

$$y_i = \begin{cases} 0: \text{불합격품인 경우} \\ 1: \text{합격품인 경우} \end{cases}$$

이와 같이 0, 1자료에 대하여 시료 합격률을 p라고 하고 SN 비를 다음과 같이 정의하여 사용된다.

$$SN = -10\log\left(\frac{1}{p} - 1\right)$$

시료 합격률 p가 증가할수록 SN 비가 커지므로 바람직한 상황이 된다.

기본 예제 12.4

자동차 공장의 도금 불량 중 크롬불량을 줄이기 위하여 공정조건에 대한 최적화를 연구하기 위하여 다음과 같은 실험을 하여 자료를 수집하였다(크롬불량은 결점수가 하나라도 나타나면 불량으로 간주한다.) 최적조건을 찾으시오.

●● 실험인자와 수준

인자명	수준0	수준1	수준2
수세불량	0.0-0.10(%)	0.11-0.15(%)	0.16-0.20(%)
바닥 불량	0.0-10(%)	11-20(%)	21-30(%)
벗겨짐	0-5(%)	6-15(%)	16-20(%)
예열온도	60℃	70℃	80℃

인자배치	A	B	C	D	자료	
열번호 / 실험번호	1	2	3	4	200개중 양품수	$SN_i = -10\log\left[\frac{1}{p}-1\right]$
1	0	0	0	0	156	5.50
2	0	1	1	1	183	10.32
3	0	2	2	2	149	4.66
4	1	0	1	2	147	4.43
5	1	1	2	0	169	7.37
6	1	2	0	1	149	4.66
7	2	0	2	1	172	7.88
8	2	1	0	2	175	8.45
9	2	2	1	0	157	5.62
합 계					1457	58.88

결과

위의 SN비는 다음 식을 이용하여 계산된 값들이다.

$SN_i = -10\log\left[\frac{1}{p}-1\right]$, 예를들어 $SN_1 = -10\log\left[\frac{200}{156}-1\right] = 5.50$, 다른 값들도 유사하게 계산된 값들이다.

SN비의 값이 크면 클수록 합격률은 높은 환경을 의미하며 분산분석표를 작성하기 위하여 SN비의 합을 나타내는 보조표를 작성하여 보자.

●● SN비의 합 보조표

인자		A	B	C	D
수준 합계	0	20.47	17.81	18.60	18.49
	1	16.45	26.14	20.37	22.86
	2	21.96	14.94	19.91	17.54
합		58.88	58.88	58.88	58.88

이 표를 참고로 하여 각 인자의 변동을 구하면 다음과 같다.

$$SSA = \frac{(20.47)^2 + (16.45)^2 + (21.96)^2}{3} - \frac{(58.88)^2}{9} = 5.46$$

유사한 방법으로 $SSB = 22.61$, $SSC = 0.61$, $SSD = 5.42$.

계산된 인자의 변동을 이용하여 SN비의 분산 분석표를 작성하면 다음과 같이 나타난다. 그런데 오차항의 항목이 없으므로 변동이 제일작은 C인자의 변동을 오차항으로 간주하여(풀링) 분산분석표를 작성하는 것이 일반적이다.
이런 결과를 이용하여 분산 분석표를 만들면 다음과 같이 표현 된다.

●● [SN비의 분산 분석표

요인	SS	ϕ	V	F_0	$F_{0.05}(2;2)$
A	5.46	2	2.73	8.81	19.0
B	22.61	2	11.31	36.48*	
D	5.42	2	2.71	8.74	
E(C)	0.61	2	0.31		
계	34.1	8			

분석결과 유의수준 5%에서 B 인자가 유의함을 나타내고 있다. 그러나 인자 A도 무시못할 정도로 크기 때문에 A, B에 대한 최적조건을 구하여 보자. 인자 A, B의 수준의 합을 이용하면 최적인자는 A_2, B_1이 된다. 이 조건에서 SN비의 추정값은 인자 C, D와 대해서 경제성과 작업성을 고려하여 C_1, D_1을 사용할 경우 다음과 같이 추정된다.

$$\hat{\mu}(A_2 B_1 C_1 D_1) = \mu + a_2 + \widehat{b_1 + c_1} + d_1$$

$$= \widehat{\mu + a_2} + \widehat{\mu + b_1} + \widehat{\mu + c_1} + \widehat{\mu + d_1} - 3\hat{\mu}$$

$$= \overline{A_2} + \overline{B_1} + \overline{C_1} + \overline{D_1} - 3\overline{T}$$
$$= \frac{21.96}{3} + \frac{26.14}{3} + \frac{20.37}{3} + \frac{22.86}{3} - 3 \cdot \frac{58.88}{9}$$
$$= 15.14$$

이 실험이 실시하기전의 생산조건은 $A_1\ B_1\ C_1\ D_1$이 였다.고 가정하면 SN비의 추정치는 다음과 같다.

$$\hat{\mu}(A_1\ B_1\ C_1\ D_1) = \widehat{\mu + a_1 + b_1 + c_1 + d_1}$$
$$= \widehat{\mu + a_1} + \widehat{\mu + b_1} + \widehat{\mu + c_1} + \widehat{\mu + d_1} - 3\hat{\mu}$$
$$= \overline{A_1} + \overline{B_1} + \overline{C_1} + \overline{D_1} - 3\overline{T}$$
$$= \frac{16.45}{3} + \frac{26.14}{3} + \frac{20.37}{3} + \frac{22.86}{3} - 3 \cdot \frac{58.88}{9}$$
$$= 8.98$$

따라서 SN비의 증가는 $15.14 - 8.98 = 6.16$로 이만큼 개선된 것이다. 이와 같은 품질개선은 합격률로 비교하면 다음과 같다.

현재품의 SN비:$8.98 = -10\log\left[\frac{1}{p} - 1\right],\ p = 0.89$

개선품의 SN비:$15.14 = -10\log\left[\frac{1}{p} - 1\right],\ p = 0.97$

따라서 합격률이 89%에서 97%로 향상되는 결과를 얻게 된다.

Minitab

1 다음과 같이 예제 정보를 이용하여 자료를 입력한다.

워크시트 1 ***

↓	C1	C2	C3	C4	C5	C6
	A	B	C	D	DATA	
1	0	0	0	0	156	
2	0	1	1	1	183	
3	0	2	2	2	149	
4	1	0	1	2	147	
5	1	1	2	0	169	
6	1	2	0	1	149	
7	2	0	2	1	172	
8	2	1	0	2	175	
9	2	2	1	0	157	
10						

2 C6, "SN비" 라고 기입하고 계산(C) → 계산기(L). 을 선택하고 나타난 [계산기] 대화상자에서 [변수에 결과저장] 항목에는 C5을 더블클릭하여 데이터 입력하고 [식] 항목에는 "-10*LOGT(200/C5-1)"을 기입하고 확인(O) 버튼을 누른다.

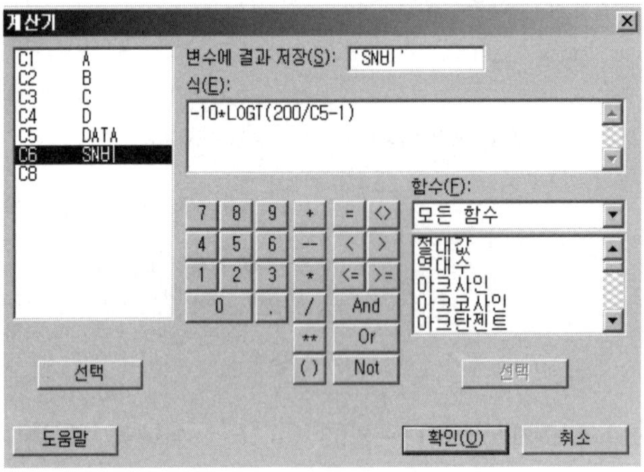

3 다음과 같이 SN비가 표시된다.

워크시트 1 ***

↓	C1	C2	C3	C4	C5	C6	C7
	A	B	C	D	DATA	SN비	
1	0	0	0	0	156	5.4967	
2	0	1	1	1	183	10.3200	
3	0	2	2	2	149	4.6562	
4	1	0	1	2	147	4.4304	
5	1	1	2	0	169	7.3653	
6	1	2	0	1	149	4.6562	
7	2	0	2	1	172	7.8837	
8	2	1	0	2	175	8.4510	
9	2	2	1	0	157	5.6243	
10							

4 통계분석(S) → 분산 분석(A) → GLM 일반 선형 모형(G)... 선택하고 [반응] 항목란에 마우스 포인터를 올려놓고 C6를 더블 클릭하고 [모형] 란에는 A, B, D를 입력하고 확인(O) 버튼을 누른다.

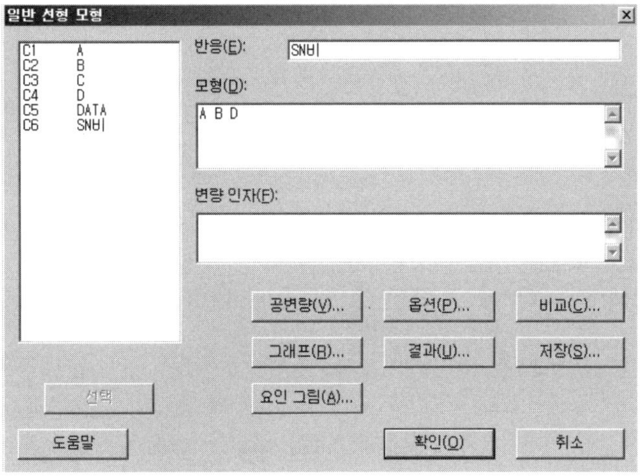

5 [세션] 창에 다음과 같은 결과가 표시되어 나타난다.

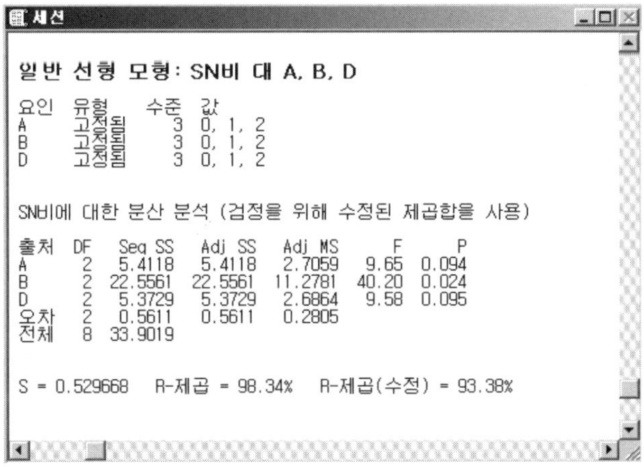

해석 분산분석표에서 유의수준 5%에서 B인자가 유의함을 알 수 있다.

2) 계수 분류치의 실험

계수분류치가 3조 이상으로 분류되는 경우, 즉 "상, 중, 하" 혹은 "우, 양, 가" 등으로 나누어져 있는 경우에는 각 조에 적절한 가중치를 주어 계산하는 방식을 채택한다. 일반적으로 가중치는 좋은 것으로부터 나쁜 것의 순서로 0,1,2,3,....의 무게를 부여한다. k 개의조로 나누어진 계수분류치의 경우에 그 합이 n 이라고 하고 각 조에 속하는 각 계수치자료를 n_i, 가중치를 w_i 라고 하면 SN비는 다음과 같이 표현하여 계산 할 수 있다.

$$SN = -10\log\left[\frac{\sum_{i=1}^{k} w_i^2 n_i}{n}\right]$$

단, $n_1 + n_2 + \cdots + n_k = n$

위 SN비의 정의식 에 포함된 $\sum_{i=1}^{k} w_i^2 n_i$에 대하여 모든 $i = 1, 2, \cdots, k$ 와 $j = 1, 2, \cdots, n$경우에

$$y_i = \begin{cases} 1: i \text{ 조에서 } j \text{ 번째 제품이 } i \text{ 조의 특성을 가진 경우} \\ 0: \text{ 그렇지 않은 경우} \end{cases}$$

이라고 표현하면 다음과 같은 의미로 해석된다.

$$\sum_{i=1}^{k}\sum_{j=1}^{n}(w_i\, y_{ij})^2 = \sum_i w_i^2 \sum_j y_{ij}^2 = \sum_i w_i^2\, n_i$$

예를 들어 제품을 150개 만들어서 상품, 중품, 하품으로 분류하여 각 각 80, 55, 15개였다고 가정하여 가중치를 0, 1, 2를 부여하여 계산하면 SN비는 다음과 같이 표현하여 계산 할 수 있다.

$$SN = -10\log\left[\frac{\sum_{i=1}^{k} w_i^2 n_i}{n}\right]$$

$$= -10\log\left(\frac{0^2 \cdot 80 + 1^2 \cdot 55 + 2^2 \cdot 15}{15}\right)$$

$$= -10\log(7.67 \times 10^{-1})$$

$$= 1.15db$$

결국 하품보다는 상품이 많을수록 로그안의 값이 작이지므로 SN비가 커진다. SN비가 큰 것이 좋은 상황이며 상품쪽의 비율이 커짐을 의미한다.

연 습 문 제

1 어떤 자동차 회사에서 자동차의 문을 조립하는 공정에서 기능한계 Δ_0는 4mm이고, 문이 닫히지 않거나 물이 샜을 때 필요한 수리비 등의 손실인 A_0는 100,000원이다. 유리문의 목표치가 300mm일때 특정 제품의 유리문의 치수가 310mm이라면 손실금액은 얼마인가?

2 다음과 같이 5개의 반복 측정값이 얻어졌다고 하자.

43, 47, 48, 49, 51

망목, 망소, 망대특성치 일 경우로 나누어 SN비를 구하시오.

3 배기가스의 일산화탄소 함량을 줄이기 위한 실험에서 선택한 제어인자는 A, B, C, D, E, F, G이다. 각 제어인자는 2수준을 취했으며, $L_8(2^7)$에 다음과 같이 배치하고 3가지의 운전상태 하에서 Co량을 측정하였다. 최적 설계조건을 구하고, 최적조건에서의 SN비에 대한 95% 예측구간을 구하시오.

	A	B	C	D	E	F	G	R1	R2	R3	SN비
1	1	1	1	1	1	1	1	1.04	1.20	1.54	-2.1247
2	1	1	1	2	2	2	2	1.42	1.76	2.10	-5.0170
3	1	2	2	1	1	2	2	1.01	1.23	1.52	-2.0803
4	1	2	2	2	2	1	1	1.50	1.87	2.25	-5.5668
5	2	1	2	1	2	1	2	1.28	1.34	2.05	-4.0577
6	2	1	2	2	1	2	1	1.14	1.26	1.88	-3.3052
7	2	2	1	1	2	2	1	1.33	1.42	2.10	-4.3644
8	2	2	1	2	1	1	2	1.33	1.52	2.13	-4.5819

4 자동차의 점화 케이블(cable)의 코어 인장력(core pulling force)을 규격 $(40 \pm 5lb)$에 맞도록 하는 제품을 개발하기 위한 실험이다. 주요 실험인자와 수준은 다음과 같이 선택하여 주었다.

연습문제

인자구분	인 자 명	수준0	수준1	수준2
제어인자	A : 압출장치	A_0형	A_1형	
	B : 생산라인의 속도	저속	중속	고속
	C : 가열온도	저온	보통	고온
	D : 절연재료	D_0	D_1	D_2
	F : CV압력	저압	중압	고압
	G : CV속도	저속	종속	고속
	H : 편조기 장력	낮다	보통	높다
	I : 릴리스도포	I_0	I_1	I_2
잡음인자	S : 작업샘플	S_0	S_1	
	P : 샘플내의 위치	P_0	P_1	

$L_{18}(2^4 \times 3^7)$형 직교배열표에 배치하여 다음과 같은 실험 데이터를 얻었다. 평균조정인자를 찾기 위해 민감도 S_n에 대하여도 계산되었다. 분산분석표를 작성하여 분석하시오.

요인배치	A	B	C	D	F	G	H	I	데이터:코어 인장력(db)				합계	평균	분산	SN비	민감도
									S_0		S_1					$=10log\dfrac{(\bar{y}_i.)^2}{V_i}$	$S_{m(i)}=10\log\left(\dfrac{T_{i.}^2}{4}\right)$
열번호 / 실험번호	1	2	3	4	5	6	7	8	P_0	P_1	P_0	P_1	$(T_i.)$	$(\bar{y}_i.)$	(V_i)		
1	0	0	0	0	0	0	0	0	30	40	38	49	157	39.25	60.92	14.0	37.90
2	0	0	1	1	1	1	1	1	10	15	25	25	75	18.75	56.25	7.8	31.49
3	0	0	2	2	2	2	2	2	49	53	53	55	210	52.50	6.33	26.4	40.41
4	0	1	0	0	1	1	2	2	62	58	52	68	240	60.00	45.33	19.0	41.58
5	0	1	1	1	2	2	0	0	30	50	49	62	191	47.75	174.92	11.0	39.60
6	0	1	2	2	0	0	1	1	10	25	29	36	100	25.00	120.67	6.9	33.98
7	0	2	0	1	0	2	1	2	58	42	41	50	191	47.75	62.92	16.5	39.60
8	0	2	1	2	1	0	2	0	28	29	32	31	120	30.00	3.33	24.3	35.56
9	0	2	2	0	2	1	0	1	110	72	94	115	393	98.25	341.58	14.5	45.87
10	1	0	0	2	0	1	1	0	76	88	66	103	333	83.25	254.25	14.3	44.42
11	1	0	1	0	1	2	2	1	52	37	54	59	202	50.50	89.67	14.5	40.09
12	1	0	2	1	2	0	0	2	55	79	62	98	294	73.50	368.33	11.6	43.34
13	1	1	0	1	2	0	2	1	5	35	16	42	98	24.50	289.67	2.6	33.80
14	1	1	1	2	0	1	0	2	52	96	79	91	318	79.50	387.00	12.1	44.03
15	1	1	2	0	1	2	1	0	50	70	56	65	241	60.25	80.25	16.5	41.61
16	1	2	0	2	1	2	0	1	15	20	18	21	74	18.50	7.00	16.9	31.37
17	1	2	1	0	2	0	1	2	51	62	59	70	242	60.50	61.67	17.7	41.64
18	1	2	2	1	0	1	2	0	77	83	66	74	300	75.00	50.00	20.5	43.52
	합 계								820	956	889	1,114	3,779	944.75		266.2	709.81

연 습 문 제

5 자동판매기의 신뢰도(동전을 넣었을 때 물품이 틀림없이 나오는 비율)는 신제품개발 초기단계에서 85% 정도로 추정되어 있다. 이 신뢰도를 향상시키기 위해 4가지 대책 A, B, C, D를 직교배열표 $L_9(3^4)$형으로 실험하였다. 물음에 답하라.

A : 부품	A_0(현)	B_1(신 I)	A_2(신 II)
B : 부품	B_0(현)	B_1(신 I)	B_2(신 II)
C : 부품	C_0(현)	C_1(신 I)	C_2(신 II)
D : 부품	D_0(−20%)	D_1(현)	D_2(+20%)

실험번호 \ 열번호 \ 인자배치	A	B	C	D	데이터
	1	2	3	4	100회 중 정확한 동작 횟수
1	0	0	0	0	82
2	0	1	1	1	94
3	0	2	2	2	72
4	1	0	1	2	90
5	1	1	2	0	96
6	1	2	0	1	76
7	2	0	2	1	80
8	2	1	0	2	89
9	2	2	1	0	77
합계					756

① 최적조건을 구하라.

② 최적조건에서는 100회 중 정확한 동작 횟수가 어느 정도일까 추정하라.

부록 수치표

[표1] 누적 이항분포표

[표2] 누적 포아송분포표

[표3] 표준 정규분포표

[표4] t - 분포표

[표5] χ^2 분포표

[표6] F - 분포표

표 1 누적 이항분포표

$$P(X \leq c) = \sum_{x=0}^{c} \binom{n}{x} p^x (1-p)^{n-x}$$

	c	p .05	.10	.20	.30	.40	.50	.60	.70	.80	.90	.95
n=1	0	.950	.900	.800	.700	.600	.500	.400	.300	.200	.100	.050
	1	1.000	1.000	1.000	1.000	1.000	1.000	1.000	1.000	1.000	1.000	1.000
n=2	0	.902	.810	.640	.490	.360	.250	.160	.090	.040	.010	.002
	1	.997	.990	.960	.910	.840	.750	.640	.510	.360	.190	.97
	2	1.000	1.000	1.000	1.000	1.000	1.000	1.000	1.000	1.000	1.000	1.000
n=3	0	.857	.729	.512	.343	.216	.125	.064	.027	.008	.001	.000
	1	.993	.972	.896	.784	.648	.500	.352	.216	.104	.028	.007
	2	1.000	.999	.992	.973	.936	.875	.784	.667	.488	.271	.143
	3	1.000	1.000	1.000	1.000	1.000	1.000	1.000	1.000	1.000	1.000	1.000
n=4	0	.815	.656	.410	.240	.130	.063	.026	.008	.002	.000	.000
	1	.986	.948	.819	.652	.475	.313	.179	.084	.027	.004	.000
	2	1.000	.996	.973	.916	.821	.688	.525	.348	.181	.052	.014
	3	1.000	1.000	.998	.992	.974	.938	.870	.760	.590	.344	.185
	4	1.000	1.000	1.000	1.000	1.000	1.000	1.000	1.000	1.000	1.000	1.000
n=5	0	.774	.590	.328	.168	.078	.031	.010	.002	.000	.000	.000
	1	.977	.919	.737	.528	.337	.188	.087	.031	.007	.000	.000
	2	.999	.991	.942	.837	.683	.500	.317	.163	.058	.009	.001
	3	1.000	1.000	.993	.969	.913	.813	.663	.472	.263	.081	.023
	4	1.000	1.000	1.000	.998	.990	.969	.922	.832	.672	.410	.226
	5	1.000	1.000	1.000	1.000	1.000	1.000	1.000	1.000	1.000	1.000	1.000
n=6	0	.735	.531	.262	.118	.047	.016	.004	.001	.000	.000	.000
	1	.967	.886	.655	.420	.233	.109	.011	.011	.002	.000	.000
	2	.998	.984	.901	.744	.544	.344	.070	.070	.017	.001	.000
	3	1.000	.999	.983	.930	.821	.656	.256	.256	.099	.016	.002
	4	1.000	1.000	.998	.989	.959	.891	.580	.580	.345	.114	.033
	5	1.000	1.000	1.000	.999	.996	.984	.882	.882	.738	.469	.265
	6	1.000	1.000	1.000	1.000	1.000	1.000	1.000	1.000	1.000	1.000	1.000
n=7	0	.698	.478	.210	.082	.028	.008	.002	.000	.000	.000	.000
	1	.956	.850	.577	.329	.159	.063	.019	.004	.000	.000	.000
	2	.996	.974	.852	.647	.420	.227	.096	.029	.005	.000	.000
	3	1.000	.997	.967	.874	.710	.500	.290	.126	.033	.033	.000
	4	1.000	1.000	.995	.971	.904	.773	.580	.353	.148	.026	.004

〈표 1〉의 계속

		p										
		.05	.10	.20	.30	.40	.50	.60	.70	.80	.90	.95
	c											
	5	1.000	1.000	1.000	.996	.981	.938	.841	.671	.423	.150	.044
	6	1.000	1.000	1.000	1.000	.998	.992	.972	.918	.790	.522	.302
	7	1.000	1.000	1.000	1.000	1.000	1.000	1.000	1.000	1.000	1.000	1.000
n=8	0	.663	.430	.168	.058	.017	.004	.001	.000	.000	.000	.000
	1	.943	.813	.503	.255	.106	.035	.009	.001	.000	.000	.000
	2	.994	.962	.797	.552	.315	.145	.050	.011	.001	.000	.000
	3	1.000	.995	.944	.806	.594	.363	.174	.058	.010	.000	.000
	4	1.000	1.000	.990	.942	.826	.637	.406	.194	.056	.005	.000
	5	1.000	1.000	.999	.989	.950	.855	.685	.448	.203	.038	.006
	6	1.000	1.000	1.000	.999	.991	.965	.894	.745	.497	.187	.057
	7	1.000	1.000	1.000	1.000	.999	.996	.983	.942	.832	.570	.337
	8	1.000	1.000	1.000	1.000	1.000	1.000	1.000	1.000	1.000	1.000	1.000
n=9	0	.630	.387	.134	.040	.010	.002	.000	.000	.000	.000	.000
	1	.929	.775	.436	.196	.071	.020	.004	.000	.000	.000	.000
	2	.992	.947	.738	.463	.232	.090	.025	.004	.000	.000	.000
	3	.999	.992	.914	.730	.483	.254	.099	.025	.003	.000	.000
	4	1.000	.999	.980	.901	.733	.500	.267	.099	.020	.001	.000
	5	1.000	1.000	.997	.975	.901	.746	.517	.270	.086	.008	.001
	6	1.000	1.000	1.000	.996	.975	.910	.768	.537	.262	.053	.008
	7	1.000	1.000	1.000	1.000	.996	.980	.929	.804	.564	.225	.071
	8	1.000	1.000	1.000	1.000	1.000	.998	.990	.960	.866	.613	.370
	9	1.000	1.000	1.000	1.000	1.000	1.000	1.000	1.000	1.000	1.000	1.000
n=10	0	.599	.349	.107	.028	.006	.001	.000	.000	.000	.000	.000
	1	.914	.736	.376	.149	.046	.011	.011	.000	.000	.000	.000
	2	.988	.930	.678	.383	.167	.055	.055	.002	.000	.000	.000
	3	.999	.987	.879	.650	.382	.172	.172	.011	.001	.000	.000
	4	1.000	.998	.967	.850	.633	.377	.377	.047	.006	.000	.000
	5	1.000	1.000	.994	.953	.834	.623	.623	.150	.033	.002	.000
	6	1.000	1.000	.999	.989	.945	.828	.828	.350	.121	.013	.001
	7	1.000	1.000	1.000	.998	.988	.945	.945	.617	.322	.070	.012
	8	1.000	1.000	1.000	1.000	.998	.989	.989	.851	.624	.264	.086
	9	1.000	1.000	1.000	1.000	1.000	.999	.999	.972	.893	.651	.401
	10	1.000	1.000	1.000	1.000	1.000	1.000	1.000	1.000	1.000	1.000	1.000
n=11	0	.569	.314	.086	.020	.004	.000	.000	.000	.000	.000	.000
	1	.898	.697	.322	.113	.030	.006	.001	.000	.000	.000	.000
	2	.985	.910	.617	.313	.119	.033	.006	.001	.000	.000	.000
	3	.998	.981	.839	.570	.296	.113	.029	.004	.000	.000	.000

〈표 1〉의 계속

n	c	.05	.10	.20	.30	.40	.50	.60	.70	.80	.90	.95
	4	1.000	.997	.950	.790	.533	.274	.099	.022	.002	.000	.000
	5	1.000	1.000	.998	.922	.753	.500	.247	.078	.012	.000	.000
	6	1.000	1.000	.998	.978	.901	.726	.467	.210	.050	.003	.000
	7	1.000	1.000	1.000	.996	.971	.887	.704	.430	.161	.019	.002
	8	1.000	1.000	1.000	1.000	.994	.967	.881	.687	.383	.090	.015
	9	1.000	1.000	1.000	1.000	.999	.994	.970	.887	.678	.303	.102
	10	1.000	1.000	1.000	1.000	1.000	1.000	.996	.980	.914	.686	.431
	11	1.000	1.000	1.000	1.000	1.000	1.000	1.000	1.000	1.000	1.000	1.000
n=12	0	.540	.282	.069	.014	.002	.000	.000	.000	.000	.000	.000
	1	.882	.659	.275	.085	.020	.003	.000	.000	.000	.000	.000
	2	.980	.889	.558	.253	.083	.019	.003	.000	.000	.000	.000
	3	.998	.974	.795	.493	.225	.073	.015	.002	.000	.000	.000
	4	1.000	.996	.927	.724	.438	.194	.057	.009	.001	.000	.000
	5	1.000	.999	.981	.882	.665	.387	.158	.039	.004	.000	.000
	6	1.000	1.000	.996	.961	.842	.613	.335	.118	.019	.001	.000
	7	1.000	1.000	.999	.991	.943	.806	.562	.276	.073	.004	.000
	8	1.000	1.000	1.000	.998	.985	.927	.775	.507	.205	.026	.002
	9	1.000	1.000	1.000	1.000	.997	.981	.917	.747	.442	.111	.020
	10	1.000	1.000	1.000	1.000	1.000	.997	.980	.915	.725	.341	.118
	11	1.000	1.000	1.000	1.000	1.000	1.000	.998	.986	.931	.718	.460
	12	1.000	1.000	1.000	1.000	1.000	1.000	1.000	1.000	1.000	1.000	1.000
n=13	0	.513	.254	.055	.010	.001	.000	.000	.000	.000	.000	.000
	1	.865	.621	.234	.064	.013	.002	.000	.000	.000	.000	.000
	2	.975	.866	.502	.202	.058	.011	.000	.000	.000	.000	.000
	3	.997	.966	.747	.421	.169	.046	.001	.000	.000	.000	.000
	4	1.000	.994	.901	.654	.353	.133	.004	.000	.000	.000	.000
	5	1.000	.999	.970	.835	.574	.291	.018	.001	.001	.000	.000
	6	1.000	1.000	.993	.938	.771	.500	.062	.007	.007	.000	.000
	7	1.000	1.000	.999	.982	.902	.709	.165	.030	.030	.001	.000
	8	1.000	1.000	1.000	.996	.968	.867	.346	.099	.099	.006	.000
	9	1.000	1.000	1.000	.999	.992	.954	.579	.253	.253	.034	.003
	10	1.000	1.000	1.000	1.000	.999	.989	.798	.498	.498	.134	.025
	11	1.000	1.000	1.000	1.000	1.000	.998	.936	.766	.766	.379	.135
	12	1.000	1.000	1.000	1.000	1.000	1.000	.990	.945	.945	.746	.487
	13	1.000	1.000	1.000	1.000	1.000	1.000	1.000	1.000	1.000	1.000	1.000
n=14	0	.488	.229	.044	.007	.001	.000	.000	.000	.000	.000	.000
	1	.847	.585	.198	.047	.008	.001	.000	.000	.000	.000	.000
	2	.970	.842	.448	.161	.040	.006	.001	.000	.000	.000	.000

(Column heading: p)

〈표 1〉의 계속

		p										
		.05	.10	.20	.30	.40	.50	.60	.70	.80	.90	.95
	c											
	3	.996	.956	.698	.355	.124	.029	.004	.000	.000	.000	.000
	4	1.000	.991	.870	.584	.279	.090	.018	.000	.000	.000	.000
	5	1.000	.999	.956	.781	.486	.212	.058	.000	.000	.000	.000
	6	1.000	1.000	.988	.907	.692	.395	.150	.002	.000	.000	.000
	7	1.000	1.000	.998	.969	.850	.605	.308	.012	.000	.000	.000
	8	1.000	1.000	1.000	.992	.942	.788	.514	.044	.001	.001	.000
	9	1.000	1.000	1.000	.998	.982	.910	.721	.130	.009	.009	.000
	10	1.000	1.000	1.000	1.000	.996	.971	.876	.302	.044	.044	.004
	11	1.000	1.000	1.000	1.000	.999	.994	.960	.552	.158	.158	.030
	12	1.000	1.000	1.000	1.000	1.000	.999	.992	.802	.415	.415	.153
	13	1.000	1.000	1.000	1.000	1.000	1.000	.999	.956	.771	.771	.512
	14	1.000	1.000	1.000	1.000	1.000	1.000	1.000	1.000	1.000	1.000	1.000
n=15	0	.463	.206	.035	.005	.000	.000	.000	.000	.000	.000	.000
	1	.829	.549	.167	.035	.005	.000	.000	.000	.000	.000	.000
	2	.964	.816	.398	.127	.027	.004	.000	.000	.000	.000	.000
	3	.995	.944	.648	.297	.091	.018	.002	.000	.000	.000	.000
	4	.999	.987	.836	.515	.217	.059	.009	.001	.000	.000	.000
	5	1.000	.998	.939	.722	.403	.151	.034	.004	.000	.000	.000
	6	1.000	1.000	.982	.869	.610	.304	.095	.015	.001	.000	.000
	7	1.000	1.000	.996	.950	.787	.500	.213	.050	.004	.000	.000
	8	1.000	1.000	.999	.985	.905	.696	.390	.131	.018	.000	.000
	9	1.000	1.000	1.000	.996	.966	.849	.597	.278	.061	.002	.000
	10	1.000	1.000	1.000	.999	.991	.941	.783	.485	.164	.013	.001
	11	1.000	1.000	1.000	1.000	.998	.982	.909	.703	.352	.056	.005
	12	1.000	1.000	1.000	1.000	1.000	.996	.973	.873	.602	.184	.036
	13	1.000	1.000	1.000	1.000	1.000	1.000	.995	.965	.833	.451	.171
	14	1.000	1.000	1.000	1.000	1.000	1.000	1.000	.995	.965	.794	.537
	15	1.000	1.000	1.000	1.000	1.000	1.000	1.000	1.000	1.000	1.000	1.000
n=16	0	.440	.185	.028	.003	.000	.000	.000	.000	.000	.000	.000
	1	.811	.515	.141	.026	.003	.000	.000	.000	.000	.000	.000
	2	.957	.789	.352	.099	.018	.002	.000	.000	.000	.000	.000
	3	.993	.932	.598	.246	.065	.011	.001	.000	.000	.000	.000
	4	.999	.983	.798	.450	.167	.038	.005	.000	.000	.000	.000
	5	1.000	.997	.918	.660	.329	.105	.019	.002	.000	.000	.000
	6	1.000	.999	.973	.825	.527	.227	.058	.007	.000	.000	.000
	7	1.000	1.000	.993	.926	.716	.402	.142	.026	.001	.000	.000
	8	1.000	1.000	.999	.974	.858	.598	.284	.074	.007	.000	.000
	9	1.000	1.000	1.000	.993	.942	.773	.473	.175	.027	.001	.000
	10	1.000	1.000	1.000	.998	.981	.895	.671	.340	.082	.003	.000

〈표 1〉의 계속

	c	.05	.10	.20	.30	.40	p .50	.60	.70	.80	.90	.95
	11	1.000	1.000	1.000	1.000	.995	.962	.833	.550	.202	.017	.001
	12	1.000	1.000	1.000	1.000	.999	.989	.935	.754	.402	.068	.007
	13	1.000	1.000	1.000	1.000	1.000	.998	.982	.901	.648	.211	.043
	14	1.000	1.000	1.000	1.000	1.000	1.000	.997	.974	.859	.485	.189
	15	1.000	1.000	1.000	1.000	1.000	1.000	1.000	.997	.972	.815	.560
	16	1.000	1.000	1.000	1.000	1.000	1.000	1.000	1.000	1.000	1.000	1.000
n=17	0	.418	.167	.023	.002	.000	.000	.000	.000	.000	.000	.000
	1	.792	.482	.118	.019	.002	.000	.000	.000	.000	.000	.000
	2	.950	.762	.310	.077	.012	.001	.000	.000	.000	.000	.000
	3	.991	.917	.549	.202	.046	.006	.000	.000	.000	.000	.000
	4	.999	.978	.758	.389	.126	.025	.003	.000	.000	.000	.000
	5	1.000	.995	.894	.597	.264	.072	.011	.001	.000	.000	.000
	6	1.000	.999	.962	.775	.448	.166	.035	.003	.000	.000	.000
	7	1.000	1.000	.989	.895	.641	.315	.092	.013	.000	.000	.000
	8	1.000	1.000	.997	.960	.801	.500	.199	.040	.003	.000	.000
	9	1.000	1.000	1.000	.987	.908	.685	.359	.105	.011	.000	.000
	10	1.000	1.000	1.000	.997	.965	.834	.552	.225	.038	.001	.000
	11	1.000	1.000	1.000	.999	.989	.928	.736	.403	.106	.005	.000
	12	1.000	1.000	1.000	1.000	.997	.975	.874	.611	.242	.022	.001
	13	1.000	1.000	1.000	1.000	1.000	.994	.954	.798	.451	.083	.009
	14	1.000	1.000	1.000	1.000	1.000	.999	.988	.923	.690	.238	.050
	15	1.000	1.000	1.000	1.000	1.000	1.000	.998	.981	.882	.518	.208
	16	1.000	1.000	1.000	1.000	1.000	1.000	1.000	.998	.977	.833	.582
	17	1.000	1.000	1.000	1.000	1.000	1.000	1.000	1.000	1.000	1.000	1.000
n=18	0	.397	.150	.018	.002	.000	.000	.000	.000	.000	.000	.000
	1	.774	.450	.099	014	.001	.000	.000	.000	.000	.000	.000
	2	.942	.734	.271	.060	.008	.001	.000	.000	.000	.000	.000
	3	.989	.902	.501	.165	.033	.004	.000	.000	.000	.000	.000
	4	.998	.972	.716	.333	.094	.015	.001	.000	.000	.000	.000
	5	1.000	.994	.867	.534	.209	.048	.006	.000	.000	.000	.000
	6	1.000	.999	.949	.722	.374	.119	.020	.001	.000	.000	.000
	7	1.000	1.000	.984	.859	.563	.240	.058	.006	.000	.000	.000
	8	1.000	1.000	.996	.940	.737	.407	.135	.021	.001	.000	.000
	9	1.000	1.000	.999	.979	.865	.593	.263	.060	.004	.000	.000
	10	1.000	1.000	1.000	.994	.942	.760	.437	.141	.016	.000	.000
	11	1.000	1.000	1.000	.999	.980	.881	.626	.278	.051	.001	.000
	12	1.000	1.000	1.000	1.000	.994	.952	.791	.466	.133	.006	.000
	13	1.000	1.000	1.000	1.000	.999	.985	.906	.667	.284	.028	.002
	14	1.000	1.000	1.000	1.000	1.000	.996	.967	.835	.499	.098	.011

〈표 1〉의 계속

		p										
	c	.05	.10	.20	.30	.40	.50	.60	.70	.80	.90	.95
	15	1.000	1.000	1.000	1.000	1.000	.999	.992	.940	.729	.266	.058
	16	1.000	1.000	1.000	1.000	1.000	1.000	.999	.986	.901	.550	.226
	17	1.000	1.000	1.000	1.000	1.000	1.000	1.000	.998	.982	.850	.603
	18	1.000	1.000	1.000	1.000	1.000	1.000	1.000	1.000	1.000	1.000	1.000
n=19	0	.377	.135	.014	.001	.000	.000	.000	.000	.000	.000	.000
	1	.755	.420	.083	.010	.001	.000	.000	.000	.000	.000	.000
	2	.933	.705	.237	.046	.005	.000	.000	.000	.000	.000	.000
	3	.987	.885	.455	.133	.023	.002	.000	.000	.000	.000	.000
	4	.998	.965	.673	.282	.070	.010	.001	.000	.000	.000	.000
	5	1.000	.991	.837	.474	.163	.032	.003	.000	.000	.000	.000
	6	1.000	.998	.932	.666	.308	.084	.012	.001	.000	.000	.000
	7	1.000	1.000	.977	.818	.488	.180	.035	.003	.000	.000	.000
	8	1.000	1.000	.993	.916	.667	.324	.088	.011	.000	.000	.000
	9	1.000	1.000	.998	.967	.814	.500	.186	.033	.002	.000	.000
	10	1.000	1.000	1.000	.989	.912	.676	.333	.084	.007	.000	.000
	11	1.000	1.000	1.000	.997	.965	.820	.512	.182	.023	.000	.000
	12	1.000	1.000	1.000	.999	.988	.916	.692	.334	.068	.002	.000
	13	1.000	1.000	1.000	1.000	.997	.968	.837	.526	.163	.009	.000
	14	1.000	1.000	1.000	1.000	.999	.990	.930	.718	.327	.035	.002
	15	1.000	1.000	1.000	1.000	1.000	.998	.977	.867	.545	.115	.013
	16	1.000	1.000	1.000	1.000	1.000	1.000	.995	.954	.763	.295	.067
	17	1.000	1.000	1.000	1.000	1.000	1.000	.999	.990	.917	.580	.245
	18	1.000	1.000	1.000	1.000	1.000	1.000	1.000	.999	.986	.865	.623
	19	1.000	1.000	1.000	1.000	1.000	1.000	1.000	1.000	1.000	1.000	1.000
n=20	0	.358	.122	.012	.001	.000	.000	.000	.000	.000	.000	.000
	1	.736	.392	.069	.008	.001	.000	.000	.000	.000	.000	.000
	2	.925	.677	.206	.035	.004	.000	.000	.000	.000	.000	.000
	3	.984	.867	.411	.107	.016	.001	.000	.000	.000	.000	.000
	4	.997	.957	.630	.238	.051	.006	.000	.000	.000	.000	.000
	5	1.000	.989	.804	.416	.126	.021	.002	.000	.000	.000	.000
	6	1.000	.998	.913	.608	.250	.058	.006	.000	.000	.000	.000
	7	1.000	1.000	.968	.772	.416	.132	.021	.001	.000	.000	.000
	8	1.000	1.000	.990	.887	.596	.252	.057	.005	.000	.000	.000
	9	1.000	1.000	.997	.952	.755	.412	.128	.017	.001	.000	.000
	10	1.000	1.000	.999	.983	.872	.588	.245	.048	.003	.000	.000
	11	1.000	1.000	1.000	.995	.943	.748	.404	.113	.010	.000	.000
	12	1.000	1.000	1.000	.999	.979	.868	.584	.228	.032	.000	.000
	13	1.000	1.000	1.000	1.000	.994	.942	.750	.392	.087	.002	.000
	14	1.000	1.000	1.000	1.000	.998	.979	.874	.584	.196	.011	.000

〈표 1〉의 계속

n	c	p .05	.10	.20	.30	.40	.50	.60	.70	.80	.90	.95
	15	1.000	1.000	1.000	1.000	1.000	.994	.949	.762	.370	.043	.003
	16	1.000	1.000	1.000	1.000	1.000	.999	.984	.893	.589	.133	.016
	17	1.000	1.000	1.000	1.000	1.000	1.000	.996	.965	.794	.323	.075
	18	1.000	1.000	1.000	1.000	1.000	1.000	.999	.992	.931	.608	.264
	19	1.000	1.000	1.000	1.000	1.000	1.000	1.000	.999	.988	.878	.642
	20	1.000	1.000	1.000	1.000	1.000	1.000	1.000	1.000	1.000	1.000	1.000
n=25	0	.277	.072	.004	.000	.000	.000	.000	.000	.000	.000	.000
	1	.642	.271	.027	.002	.000	.000	.000	.000	.000	.000	.000
	2	.873	.537	.098	.009	.000	.000	.000	.000	.000	.000	.000
	3	.966	.764	.234	.033	.002	.000	.000	.000	.000	.000	.000
	4	.993	.902	.421	.090	.009	.000	.000	.000	.000	.000	.000
	5	.999	.967	.617	.193	.029	.002	.000	.000	.000	.000	.000
	6	1.000	.991	.780	.341	.074	.007	.000	.000	.000	.000	.000
	7	1.000	.998	.891	.512	.154	.022	.001	.000	.000	.000	.000
	8	1.000	1.000	.953	.677	.274	.054	.004	.000	.000	.000	.000
	9	1.000	1.000	.983	.811	.425	.115	.013	.000	.000	.000	.000
	10	1.000	1.000	.994	.902	.586	.212	.034	.002	.000	.000	.000
	11	1.000	1.000	.998	.956	.732	.345	.078	.006	.000	.000	.000
	12	1.000	1.000	1.000	.983	.846	.500	.154	.017	.000	.000	.000
	13	1.000	1.000	1.000	.994	.922	.655	.268	.044	.002	.000	.000
	14	1.000	1.000	1.000	.998	.966	.788	.414	.098	.006	.000	.000
	15	1.000	1.000	1.000	1.000	.987	.885	.575	.189	.017	.000	.000
	16	1.000	1.000	1.000	1.000	.996	.946	.726	.323	.047	.000	.000
	17	1.000	1.000	1.000	1.000	.999	.978	.846	.488	.109	.002	.000
	18	1.000	1.000	1.000	1.000	1.000	.993	.926	.659	.220	.009	.000
	19	1.000	1.000	1.000	1.000	1.000	.998	.971	.807	.383	.033	.001
	20	1.000	1.000	1.000	1.000	1.000	1.000	.991	.910	.579	.098	.007
	21	1.000	1.000	1.000	1.000	1.000	1.000	.998	.967	.766	.236	.034
	22	1.000	1.000	1.000	1.000	1.000	1.000	1.000	.991	.902	.463	.127
	23	1.000	1.000	1.000	1.000	1.000	1.000	1.000	.998	.973	.729	.358
	24	1.000	1.000	1.000	1.000	1.000	1.000	1.000	1.000	.996	.928	.723
	25	1.000	1.000	1.000	1.000	1.000	1.000	1.000	1.000	1.000	1.000	1.000

표 2 누적 포아송분포표

$$P(x \le c) = \sum_{x=0}^{c} \frac{e^{-m} m^{x}}{x!}$$ (( )안은 누적값)

c \ m	0.1	0.2	0.3	0.4	0.5
0	0.905 (0.905)	0.819 (0.819)	0.741 (0.741)	0.670 (0.670)	0.607 (0.607)
1	0.091 (0.096)	0.164 (0.983)	0.222 (0.963)	0.268 (0.938)	0.303 (0.910)
2	0.004 (1.000)	0.016 (0.999)	0.033 (0.996)	0.054 (0.992)	0.076 (0.986)
3		0.010 (1.000)	0.004 (1.000)	0.007 (0.999)	0.013 (0.999)
4				0.001 (1.000)	0.001 (1.000)

c \ m	0.6	0.7	0.8	0.9	1.0
0	0.549 (0.549)	0.497 (0.497)	0.449 (0.449)	0.406 (0.406)	0.368 (0.368)
1	0.329 (0.878)	0.349 (0.845)	0.359 (0.808)	0.366 (0.772)	0.368 (0.736)
2	0.099 (0.977)	0.122 (0.967)	0.144 (0.952)	0.166 (0.938)	0.184 (0.920)
3	0.020 (0.997)	0.028 (0.995)	0.039 (0.991)	0.049 (0.987)	0.061 (0.981)
4	0.003 (1.000)	0.005 (1.000)	0.008 (0.999)	0.011 (0.998)	0.016 (0.997)
5			0.001 (1.000)	0.002 (1.000)	0.003 (1.000)

c \ m	1.1	1.2	1.3	1.4	1.5
0	0.333 (0.333)	0.301 (0.301)	0.273 (0.273)	0.247 (0.247)	0.223 (0.223)
1	0.366 (0.699)	0.361 (0.662)	0.354 (0.627)	0.345 (0.592)	0.335 (0.558)
2	0.201 (0.900)	0.217 (0.879)	0.230 (0.857)	0.242 (0.834)	0.251 (0.809)
3	0.074 (0.974)	0.087 (0.966)	0.100 (0.957)	0.113 (0.947)	0.126 (0.935)
4	0.021 (0.995)	0.026 (0.992)	0.032 (0.989)	0.039 (0.986)	0.047 (0.982)
5	0.004 (0.999)	0.007 (0.999)	0.009 (0.998)	0.011 (0.997)	0.014 (0.996)
6	0.001 (1.000)	0.001 (1.000)	0.002 (1.000)	0.003 (1.000)	0.004 (1.000)

c \ m	1.6	1.7	1.8	1.9	2.0
0	0.202 (0.202)	0.183 (0.183)	0.165 (0.165)	0.150 (0.150)	0.135 (0.135)
1	0.323 (0.525)	0.311 (0.494)	0.298 (0.463)	0.284 (0.434)	0.271 (0.406)
2	0.258 (0.783)	0.264 (0.758)	0.268 (0.731)	0.270 (0.704)	0.271 (0.677)
3	0.138 (0.921)	0.149 (0.907)	0.161 (0.892)	0.171 (0.875)	0.180 (0.857)
4	0.055 (0.976)	0.064 (0.971)	0.072 (0.964)	0.081 (0.956)	0.090 (0.947)
5	0.018 (0.994)	0.022 (0.993)	0.026 (0.990)	0.031 (0.987)	0.036 (0.983)
6	0.005 (0.999)	0.006 (0.999)	0.008 (0.998)	0.010 (0.997)	0.012 (0.995)
7	0.001 (1.000)	0.001 (1.000)	0.002 (1.000)	0.003 (1.000)	0.004 (0.999)
8					0.001 (1.000)

〈표 2〉의 계속

c \ m	2.1	2.2	2.3	2.4	2.5
0	0.123 (0.123)	0.111 (0.111)	0.100 (0.100)	0.091 (0.091)	0.082 (0.082)
1	0.257 (0.380)	0.244 (0.355)	0.231 (0.331)	0.218 (0.309)	0.205 (0.287)
2	0.270 (0.650)	0.268 (0.623)	0.265 (0.596)	0.261 (0.570)	0.256 (0.543)
3	0.189 (0.839)	0.197 (0.820)	0.203 (0.799)	0.209 (0.779)	0.214 (0.757)
4	0.099 (0.938)	0.108 (0.928)	0.117 (0.916)	0.125 (0.904)	0.134 (0.891)
5	0.042 (0.980)	0.048 (0.976)	0.054 (0.970)	0.060 (0.964)	0.067 (0.958)
6	0.015 (0.995)	0.017 (0.993)	0.021 (0.991)	0.024 (0.988)	0.028 (0.986)
7	0.004 (0.999)	0.005 (0.998)	0.007 (0.998)	0.008 (0.996)	0.010 (0.996)
8	0.001 (1.000)	0.002 (1.000)	0.002 (1.000)	0.003 (0.999)	0.003 (0.999)
9				0.001 (1.000)	0.001 (1.000)

c \ m	2.6	2.7	2.8	2.9	3.0
0	0.074 (0.074)	0.067 (0.067)	0.061 (0.061)	0.055 (0.055)	0.050 (0.050)
1	0.193 (0.267)	0.182 (0.249)	0.170 (0.231)	0.160 (0.215)	0.149 (0.199)
2	0.251 (0.518)	0.245 (0.494)	0.238 (0.469)	0.231 (0.446)	0.224 (0.423)
3	0.218 (0.736)	0.221 (0.715)	0.223 (0.692)	0.224 (0.670)	0.224 (0.647)
4	0.141 (0.877)	0.149 (0.864)	0.156 (0.848)	0.162 (0.832)	0.168 (0.815)
5	0.074 (0.931)	0.080 (0.944)	0.087 (0.935)	0.094 (0.926)	0.101 (0.916)
6	0.032 (0.983)	0.036 (0.980)	0.041 (0.976)	0.045 (0.971)	0.050 (0.966)
7	0.012 (0.995)	0.014 (0.994)	0.016 (0.992)	0.019 (0.990)	0.022 (0.988)
8	0.004 (0.999)	0.005 (0.999)	0.006 (0.998)	0.007 (0.997)	0.008 (0.999)
9	0.001 (1.000)	0.001 (1.000)	0.002 (1.000)	0.002 (0.999)	0.003 (0.999)
10				0.001 (1.000)	0.001 (1.000)

c \ m	3.1	3.2	3.3	3.4	3.5
0	0.045 (0.045)	0.041 (0.041)	0.037 (0.037)	0.033 (0.033)	0.030 (0.030)
1	0.140 (0.185)	0.130 (0.171)	0.122 (0.159)	0.113 (0.146)	0.106 (0.136)
2	0.216 (0.401)	0.209 (0.380)	0.201 (0.360)	0.193 (0.339)	0.185 (0.321)
3	0.224 (0.625)	0.223 (0.603)	0.222 (0.582)	0.219 (0.558)	0.216 (0.537)
4	0.173 (0.798)	0.178 (0.781)	0.182 (0.764)	0.186 (0.744)	0.189 (0.726)
5	0.107 (0.905)	0.114 (0.895)	0.120 (0.884)	0.126 (0.870)	0.132 (0.858)
6	0.056 (0.061)	0.061 (0.956)	0.066 (0.950)	0.071 (0.941)	0.077 (0.935)
7	0.025 (0.986)	0.028 (0.984)	0.031 (0.981)	0.035 (0.976)	0.038 (0.973)
8	0.010 (0.996)	0.011 (0.995)	0.012 (0.993)	0.015 (0.991)	0.017 (0.990)

〈표 2〉의 계속

c \ m	3.1	3.2	3.3	3.4	3.5
9	0.003 (0.999)	0.004 (0.999)	0.005 (0.998)	0.006 (0.997)	0.007 (0.997)
10	0.001 (1.000)	0.001 (1.000)	0.001 (1.000)	0.002 (0.999)	0.002 (0.999)
11				0.001 (1.000)	0.001 (1.000)

c \ m	3.6	3.7	3.8	3.9	4.0
0	0.027 (0.027)	0.025 (0.025)	0.022 (0.022)	0.020 (0.020)	0.018 (0.018)
1	0.098 (0.125)	0.091 (0.116)	0.085 (0.107)	0.079 (0.099)	0.073 (0.091)
2	0.177 (0.302)	0.169 (0.285)	0.161 (0.268)	0.154 (0.253)	0.147 (0.238)
3	0.213 (0.515)	0.209 (0.494)	0.205 (0.473)	0.200 (0.453)	0.195 (0.433)
4	0.019 (1.706)	0.193 (0.687)	0.194 (0.667)	0.195 (0.648)	0.195 (0.628)
5	0.138 (0.844)	0.143 (0.830)	0.148 (0.815)	0.152 (0.899)	0.157 (0.785)
6	0.083 (0.927)	0.088 (0.918)	0.094 (0.909)	0.099 (0.899)	0.104 (0.889)
7	0.042 (0.969)	0.047 (0.965)	0.051 (0.960)	0.055 (0.954)	0.060 (0.949)
8	0.019 (0.988)	0.022 (0.987)	0.024 (0.984)	0.027 (0.981)	0.030 (0.979)
9	0.008 (0.996)	0.009 (0.996)	0.010 (0.994)	0.012 (0.993)	0.013 (0.992)
10	0.003 (0.999)	0.003 (0.999)	0.004 (0.998)	0.004 (0.997)	0.005 (0.997)
11	0.001 (1.000)	0.001 (1.000)	0.001 (0.999)	0.002 (0.999)	0.002 (0.999)
12			0.001 (1.000)	0.001 (1.000)	0.001 (1.000)

c \ m	4.1	4.2	4.3	4.4	4.5
0	0.017 (0.017)	0.015 (0.015)	0.014 (0.014)	0.012 (0.012)	0.011 (0.011)
1	0.068 (0.085)	0.063 (0.078)	0.058 (0.072)	0.054 (0.066)	0.050 (0.061)
2	0.139 (0.224)	0.132 (0.210)	0.126 (0.198)	0.119 (0.185)	0.113 (0.174)
3	0.190 (0.414)	0.185 (0.395)	0.180 (0.378)	0.174 (0.359)	0.169 (0.343)
4	0.195 (0.609)	0.195 (0.590)	0.193 (0.571)	0.192 (0.551)	0.190 (0.533)
5	0.160 (0.769)	0.163 (0.753)	0.166 (0.737)	0.169 (0.720)	0.171 (0.704)
6	0.110 (0.879)	0.114 (0.867)	0.119 (0.856)	0.124 (0.844)	0.128 (0.832)
7	0.064 (0.943)	0.069 (0.936)	0.073 (0.929)	0.078 (0.922)	0.082 (0.914)
8	0.033 (0.976)	0.036 (0.972)	0.040 (0.969)	0.043 (0.965)	0.046 (0.960)
9	0.015 (0.991)	0.017 (0.989)	0.019 (0.988)	0.021 (0.986)	0.023 (0.983)
10	0.006 (0.997)	0.007 (0.996)	0.008 (0.996)	0.009 (0.995)	0.011 (0.994)
11	0.002 (0.999)	0.003 (0.999)	0.003 (0.999)	0.004 (0.999)	0.004 (0.998)
12	0.001 (1.000)	0.001 (1.000)	0.001 (1.000)	0.001 (1.000)	0.001 (0.999)
13					0.001 (1.000)

표 3 표준 정규분포표

$$P[Z \geq z] = \int_z^{\infty} \frac{1}{\sqrt{2\pi}} exp(-t^2/2)\, dt$$

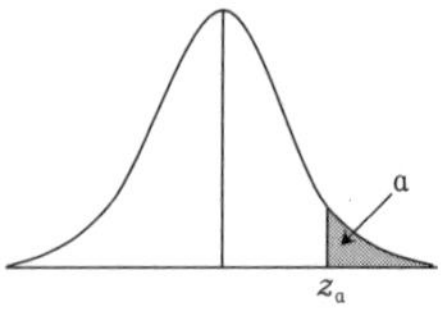

z	0.00	0.01	0.02	0.03	0.04	0.05	0.06	0.07	0.08	0.09
0.0	0.5000	0.4960	0.4920	0.4480	0.4840	0.4801	0.4761	0.4721	0.4681	0.4641
0.1	0.4602	0.4562	0.4522	0.4483	0.4443	0.4404	0.4364	0.4325	0.4286	0.4247
0.2	0.4207	0.4168	0.4129	0.4090	0.4052	0.4013	0.3974	0.3936	0.3897	0.3859
0.3	0.3821	0.3783	0.3745	0.3707	0.3669	0.3632	0.3594	0.3557	0.3520	0.3483
0.4	0.3446	0.3409	0.3372	0.3336	0.3300	0.3264	0.3228	0.3192	0.3156	0.3121
0.5	0.3085	0.3050	0.3015	0.2981	0.2946	0.2912	0.2877	0.2843	0.2810	0.2776
0.6	0.2743	0.2709	0.2676	0.2643	0.2611	0.2578	0.2546	0.2514	0.2483	0.2451
0.7	0.2420	0.2389	0.2358	0.2327	0.2296	0.2266	0.2236	0.2206	0.2177	0.2148
0.8	0.2119	0.2090	0.2061	0.2033	0.2005	0.1977	0.1949	0.1922	0.1894	0.1867
0.9	0.1841	0.1841	0.1788	0.1762	0.1736	0.1711	0.1685	0.1660	0.1635	0.1611
1.0	0.1587	0.1562	0.1539	0.1515	0.1492	0.1469	0.1446	0.1423	0.1401	0.1379
1.1	0.1357	0.1335	0.1314	0.1292	0.1271	0.1251	0.1230	0.1210	0.1190	0.1170
1.2	0.1151	0.1131	0.1112	0.1093	0.1075	0.1056	0.1038	0.1020	0.1003	0.0985
1.3	0.0968	0.0951	0.0934	0.0918	0.0901	0.0885	0.0869	0.0853	0.0838	0.0823
1.4	0.0808	0.0793	0.0778	0.0764	0.0749	0.0735	0.0721	0.0708	0.0694	0.0681
1.5	0.0668	0.0655	0.0643	0.0630	0.0618	0.0606	0.0594	0.0582	0.0571	0.0559
1.6	0.0548	0.0537	0.0526	0.0516	0.0505	0.0495	0.0485	0.0475	0.0465	0.0455
1.7	0.0446	0.0436	0.0427	0.0418	0.0409	0.0401	0.0392	0.0384	0.0375	0.0367
1.8	0.0359	0.0351	0.0344	0.0336	0.0329	0.0322	0.0314	0.0307	0.0301	0.0294
1.9	0.0287	0.0281	0.0274	0.0268	0.0262	0.0256	0.0250	0.0244	0.0239	0.0233
2.0	0.0228	0.0222	0.0217	0.0212	0.0207	0.0202	0.0197	0.0192	0.0188	0.0183
2.1	0.0179	0.0174	0.0170	0.0166	0.0162	0.0158	0.0154	0.0150	0.0146	0.0143
2.2	0.0139	0.0136	0.0132	0.0129	0.0125	0.0122	0.0119	0.0116	0.0113	0.0110
2.3	0.0107	0.0104	0.0102	0.0099	0.0096	0.0094	0.0091	0.0089	0.0087	0.0084
2.4	0.0082	0.0080	0.0078	0.0075	0.0073	0.0071	0.0069	0.0068	0.0066	0.0064
2.5	0.0062	0.0060	0.0059	0.0057	0.0055	0.0054	0.0052	0.0051	0.0049	0.0048
2.6	0.0047	0.0045	0.0044	0.0043	0.0041	0.0040	0.0039	0.0038	0.0037	0.0036
2.7	0.0035	0.0034	0.0033	0.0032	0.0031	0.0030	0.0029	0.0028	0.0027	0.0026
2.8	0.0026	0.0025	0.0024	0.0023	0.0023	0.0022	0.0021	0.0021	0.0020	0.0019
2.9	0.0019	0.0018	0.0018	0.0017	0.0016	0.0016	0.0015	0.0015	0.0014	0.0014
3.0	0.0013	0.0013	0.0013	0.0012	0.0012	0.0011	0.0011	0.0011	0.0010	0.0010
3.1	0.0010	0.0009	0.0009	0.0009	0.0008	0.0008	0.0008	0.0008	0.0007	0.0007
3.2	0.0007	0.0007	0.0006	0.0006	0.0006	0.0006	0.0006	0.0005	0.0005	0.0005
3.3	0.0005	0.0005	0.0005	0.0004	0.0004	0.0004	0.0004	0.0004	0.0004	0.0003
3.4	0.0003	0.0003	0.0003	0.0003	0.0003	0.0003	0.0003	0.0003	0.0003	0.0002
3.5	0.0002	0.0002	0.0002	0.0002	0.0002	0.0002	0.0002	0.0002	0.0002	0.0002
3.6	0.0002	0.0002	0.0001	0.0001	0.0001	0.0001	0.0001	0.0001	0.0001	0.0001
3.7	0.0001	0.0001	0.0001	0.0001	0.0001	0.0001	0.0001	0.0001	0.0001	0.0001
3.8	0.0001	0.0001	0.0001	0.0001	0.0001	0.0001	0.0001	0.0001	0.0001	0.0001
3.9	0.0000	0.0000	0.0000	0.0000	0.0000	0.0000	0.0000	0.0000	0.0000	0.0000

표 4 t-분포표

$$P[t(\phi) \geq t(\phi;\alpha)] = \alpha$$

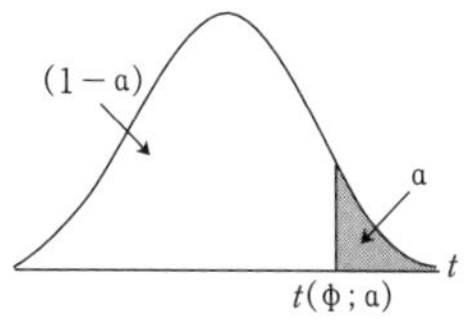

자유도 ϕ \ α	0.10	0.05	0.025	0.01	0.005	0.0005
1	3.078	6.314	12.706	31.281	63.657	636.619
2	1.886	2.920	4.303	6.965	9.925	31.598
3	1.638	2.353	3.182	4.541	5.841	12.924
4	1.533	2.132	2.776	3.747	4.604	8.610
5	1.476	2.015	2.571	3.365	4.032	6.869
6	1.440	1.943	2.447	3.143	3.707	5.959
7	1.415	1.895	2.365	2.998	3.499	5.408
8	1.397	1.860	2.306	2.896	3.355	5.041
9	1.383	1.833	2.262	2.821	3.250	4.781
10	1.372	1.812	2.228	2.764	3.169	4.587
11	1.363	1.796	2.201	2.718	3.106	4.437
12	1.356	1.782	2.179	2.681	3.055	3.318
13	1.350	1.771	2.160	2.650	3.012	4.221
14	1.345	1.761	2.145	2.624	2.977	4.140
15	1.341	1.753	2.131	2.602	2.947	4.073
16	1.337	1.746	2.120	2.583	2.921	4.015
17	1.333	1.740	2.110	2.567	2.898	3.965
18	1.330	1.734	2.101	2.552	2.878	3.922
19	1.328	1.729	2.093	2.539	2.861	3.833
20	1.325	1.725	2.086	2.528	2.845	3.850
21	1.323	1.721	2.080	2.518	2.831	3.819
22	1.321	1.717	2.074	2.508	2.819	3.792
23	1.319	1.714	2.069	2.500	2.807	3.767
24	1.318	1.711	2.064	2.492	2.797	2.745
25	1.316	1.708	2.060	2.485	2.787	3.725
26	1.315	1.706	2.056	2.479	2.779	3.707
27	1.314	1.703	2.052	2.473	2.771	3.690
28	1.313	1.701	2.048	2.467	2.763	3.674
29	1.311	1.699	2.045	2.462	2.756	3.659
30	1.310	1.697	2.042	2.457	2.750	3.646
40	1.303	1.684	2.021	2.423	2.704	3.551
60	1.296	1.671	2.004	2.390	2.660	3.460
120	1.289	1.658	1.980	2.358	2.617	3.373
∞	1.282	1.645	1.960	2.326	2.576	3.291

표 5 카이제곱(χ^2) 분포표

$$P[\chi^2 \geq \chi^2(\phi;\alpha)] = \alpha$$

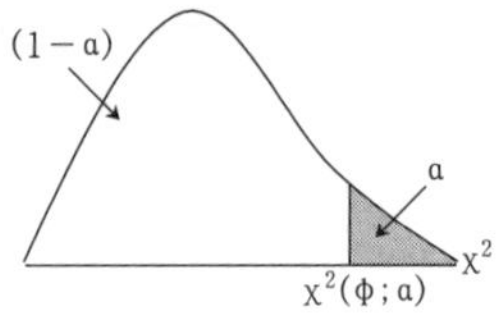

자유도 φ \ α	0.995	0.990	0.975	0.950	0.900	0.100	0.050	0.025	0.010	0.005
1	0.0^4393	0.0^3157	0.0^3982	0.0^2393	0.0158	2.71	3.84	5.02	6.63	7.88
2	0.0100	0.0201	0.0506	0.103	0.211	4.61	5.99	7.38	9.21	10.60
3	0.072	0.115	0.216	0.352	0.584	6.25	7.81	9.35	11.34	12.84
4	0.207	0.297	0.484	0.711	1.064	7.78	9.49	11.14	13.28	14.86
5	0.412	0.554	0.831	1.145	1.61	9.24	11.07	12.83	15.09	16.75
6	0.676	0.872	1.24	1.64	2.20	10.64	12.59	14.45	16.81	18.55
7	0.989	1.24	1.69	2.17	2.83	12.02	14.07	16.01	18.48	20.28
8	1.34	1.65	2.18	2.83	3.49	13.36	15.51	17.53	20.09	21.96
9	1.73	2.09	2.70	3.33	4.17	14.68	16.92	19.02	21.67	23.59
10	2.16	2.56	3.25	3.94	4.87	15.99	18.31	20.48	23.21	25.19
11	2.60	3.05	3.82	4.57	5.58	17.28	19.68	21.92	24.73	26.76
12	3.07	3.57	4.40	5.23	6.30	18.55	21.03	23.34	26.22	28.30
13	3.57	4.11	5.01	5.89	7.04	19.81	22.36	24.71	27.69	29.82
14	4.07	4.66	5.63	6.57	7.79	21.06	23.68	26.12	29.14	31.32
15	4.60	5.23	6.26	7.26	8.55	22.31	25.00	27.49	30.58	32.80
16	5.14	5.81	6.91	7.96	9.31	23.54	26.30	28.85	32.00	34.27
17	5.70	6.41	7.56	8.67	10.09	24.77	27.59	30.19	33.41	35.72
18	6.26	7.01	8.23	9.39	10.86	25.99	28.87	31.53	34.81	37.16
19	6.84	7.63	8.91	10.12	11.65	27.20	30.14	32.85	36.19	38.58
20	7.43	8.26	9.59	10.85	12.44	28.41	31.41	34.17	37.57	40.00
21	8.03	8.90	10.28	11.59	13.24	29.62	32.67	35.48	38.93	41.40
22	8.64	9.54	10.98	12.34	14.04	30.81	33.92	36.78	40.29	42.80
23	9.26	10.20	11.69	13.09	14.85	32.01	35.17	38.08	41.64	44.18
24	9.89	10.86	12.40	13.85	15.66	33.20	36.42	39.36	42.98	45.66
25	10.52	11.52	13.12	14.61	16.47	34.38	37.65	40.65	44.31	46.93
26	11.16	12.20	13.84	15.38	17.29	35.56	38.89	41.92	45.64	48.29
27	11.81	12.88	14.57	16.15	18.11	35.74	40.11	43.19	46.96	49.64
28	12.46	13.56	15.31	16.93	18.94	37.92	41.34	44.46	48.28	50.99
29	13.12	14.26	16.05	17.71	19.77	39.09	42.56	45.72	49.59	52.34
30	13.79	14.95	16.79	18.49	20.60	40.26	43.77	46.98	50.89	53.67
40	20.71	22.16	24.43	26.51	29.05	51.81	55.76	59.34	63.69	66.77
50	27.99	29.71	32.33	34.76	37.69	63.17	67.50	71.42	76.15	79.49
60	35.53	37.48	49.48	43.19	46.46	74.40	79.08	83.30	88.38	91.95
70	43.28	45.44	48.76	51.74	55.33	85.53	90.53	95.02	100.4	104.2
80	51.17	53.54	57.15	60.39	64.28	96.58	101.9	106.0	112.3	113.6
90	51.20	61.75	65.65	69.13	73.29	107.6	113.1	118.1	124.1	128.3
100	67.33	70.06	74.22	77.93	82.36	118.5	124.3	129.6	153.8	140.2

표 6 F-분포표

$$P[F(\phi_1,\phi_2) \geq F(\phi_1,\phi_2;\alpha)] = \alpha$$
$$F(\phi_1,\phi_2;\alpha) = \frac{1}{F(\phi_2,\phi_1;1-\alpha)}$$

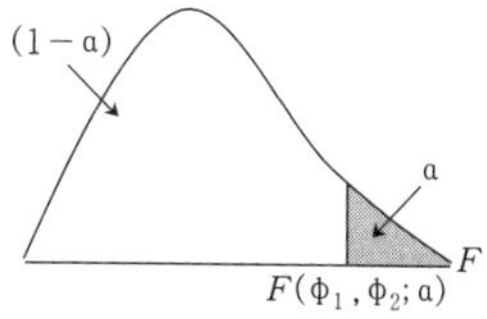

ϕ_2	α	ϕ_1								
		1	2	3	4	5	6	7	8	9
1	0.10	39.9	49.5	53.6	55.8	57.2	58.2	58.9	59.4	59.9
	0.05	161	200	216	225	230	234	237	239	241
	0.025	648	800	864	900	922	937	948	957	963
	0.01	4,052	5,000	5,403	5,625	5,764	5,859	5,928	5,981	6,022
2	0.10	8.53	9.00	9.16	9.24	9.29	9.33	9.35	9.37	9.38
	0.05	18.5	19.0	19.2	19.2	19.3	19.3	19.4	19.4	19.4
	0.025	38.5	39.0	39.2	39.3	39.3	39.3	39.4	39.4	39.4
	0.01	88.5	99.0	99.2	99.2	99.3	99.3	99.4	99.4	99.4
3	0.10	5.54	5.46	5.39	5.34	5.31	5.28	5.27	5.25	5.24
	0.05	10.1	9.55	9.28	9.12	9.01	8.94	8.89	8.85	8.81
	0.025	17.4	16.0	15.4	15.1	14.9	14.7	14.6	14.5	14.5
	0.01	34.1	30.8	29.5	28.7	28.2	27.9	27.7	27.5	27.3
4	0.10	4.54	4.32	4.19	4.11	4.05	4.01	3.98	3.95	3.94
	0.05	7.71	6.94	6.59	6.39	6.26	6.16	6.09	6.04	6.00
	0.025	12.2	10.7	9.98	9.60	9.36	9.20	9.07	8.98	8.90
	0.01	21.2	18.0	16.7	16.0	15.5	15.2	15.0	14.8	14.7
5	0.10	4.06	3.78	3.62	3.52	3.45	3.40	3.37	3.34	3.32
	0.05	6.61	5.79	5.41	5.19	5.05	4.95	4.88	4.82	4.77
	0.025	10.0	8.43	7.76	7.39	7.15	6.98	6.85	6.76	6.68
	0.01	16.3	13.3	12.1	11.4	11.0	10.7	10.5	10.3	10.2
6	0.10	3.78	3.46	3.29	3.18	3.11	3.05	3.01	2.98	2.96
	0.05	6.99	5.14	4.76	4.53	4.39	4.28	4.21	4.15	4.10
	0.025	8.81	7.26	6.60	6.23	5.99	5.82	5.70	5.60	5.52
	0.01	13.7	10.9	9.78	9.15	8.75	8.47	8.26	8.10	7.98
7	0.10	3.59	3.26	3.07	2.96	2.88	2.83	2.78	2.75	2.72
	0.05	5.59	4.74	4.35	4.12	3.97	3.87	3.79	3.73	3.68
	0.025	8.07	6.54	5.89	5.52	5.29	5.12	4.99	4.90	4.82
	0.01	12.2	9.55	8.45	7.85	7.46	7.19	6.99	6.84	6.72
8	0.10	3.46	3.11	2.92	2.81	2.73	2.67	2.62	2.58	2.56
	0.05	5.32	4.46	4.07	3.84	3.69	3.58	3.50	3.44	3.39
	0.025	7.57	6.06	5.42	5.05	4.82	4.65	4.53	4.43	4.36
	0.01	11.3	8.65	7.59	7.01	6.63	6.37	6.18	6.03	5.91
9	0.10	3.36	3.01	2.81	2.69	2.61	2.55	2.51	2.47	2.44
	0.05	5.12	4.26	3.86	3.63	3.48	3.37	3.29	3.23	3.18
	0.025	7.21	5.71	5.08	4.72	4.48	4.32	4.20	4.10	4.03
	0.01	10.6	8.02	6.99	6.42	6.06	5.80	5.61	5.47	3.35
10	0.10	3.29	2.92	2.73	2.61	2.52	2.46	2.41	2.38	2.35
	0.05	4.96	4.10	3.71	3.48	3.33	3.22	3.14	3.07	3.02
	0.025	6.94	5.46	4.83	4.47	4.24	4.07	3.95	3.85	3.78
	0.01	10.0	7.56	6.55	5.99	5.64	5.39	5.20	5.06	4.94
11	0.10	3.23	2.86	2.66	2.54	2.45	2.39	2.34	2.30	2.27
	0.05	4.84	3.98	3.59	3.36	3.20	3.09	3.01	2.95	2.90
	0.025	6.72	5.26	4.63	4.28	4.04	3.88	3.76	3.66	3.59
	0.01	9.65	7.21	6.22	5.67	5.32	5.07	4.89	4.74	4.63
12	0.10	3.18	2.81	2.61	2.48	2.39	2.33	2.28	2.24	2.21
	0.05	4.75	3.89	3.49	3.26	3.11	3.00	2.91	2.85	2.80

〈표 6〉의 계속

ϕ_2	α	ϕ_1 1	2	3	4	5	6	7	8	9
	0.025	6.55	5.10	4.47	4.12	3.89	3.73	3.61	3.51	3.44
	0.01	9.33	6.93	5.95	5.41	5.06	4.82	4.64	4.50	4.39
13	0.10	3.14	2.76	2.56	2.43	2.35	2.28	2.23	2.20	2.16
	0.05	4.67	3.81	3.41	3.18	3.03	2.92	2.83	2.77	2.71
	0.025	6.41	4.97	4.35	4.00	3.77	3.60	3.48	3.39	3.31
	0.01	9.07	6.70	5.74	5.21	4.86	4.62	4.44	4.30	4.19
14	0.10	3.10	2.73	2.52	2.39	2.31	2.24	2.19	2.15	2.12
	0.05	4.60	3.74	3.34	3.11	2.96	2.85	2.76	2.70	2.65
	0.025	6.30	4.86	4.24	3.89	3.66	3.50	3.36	3.29	3.26
	0.01	8.86	6.51	5.56	5.04	4.69	4.46	4.28	4.14	4.03
15	0.10	3.07	2.70	2.49	2.36	2.27	2.21	2.16	2.12	2.09
	0.05	4.54	3.68	3.29	3.06	2.90	2.79	2.76	2.64	2.59
	0.025	6.20	4.77	4.15	3.80	3.58	3.41	3.36	3.20	3.12
	0.01	8.68	6.36	5.42	4.89	4.56	4.32	4.28	4.00	3.89
16	0.10	3.05	2.97	2.46	2.33	2.24	2.18	2.16	2.09	2.06
	0.05	4.49	3.63	3.24	3.01	2.85	2.74	2.71	2.59	2.54
	0.025	6.12	4.69	4.08	3.73	3.50	3.34	3.29	3.12	3.05
	0.01	8.53	6.23	5.29	4.77	4.44	4.20	4.14	3.89	3.78
17	0.10	3.03	2.64	2.44	2.31	2.22	2.15	2.13	2.06	2.03
	0.05	4.45	3.59	3.20	2.96	2.81	2.70	2.66	2.55	2.49
	0.025	6.04	4.62	4.01	3.66	3.44	3.28	3.22	3.06	2.98
	0.01	8.40	6.11	5.18	4.67	4.34	4.10	4.03	3.79	3.68
18	0.10	3.01	2.62	2.42	2.29	2.20	2.13	2.10	2.04	2.00
	0.05	4.41	3.55	3.16	2.93	2.77	2.66	2.61	2.51	2.46
	0.025	5.98	4.56	3.95	3.61	3.38	3.22	3.16	3.01	2.93
	0.01	8.29	6.01	5.09	4.58	4.25	4.01	3.93	3.71	3.60
19	0.10	2.99	2.61	2.40	2.27	2.18	2.11	2.08	2.02	1.98
	0.05	4.38	3.55	3.13	2.90	2.74	2.63	2.58	2.48	2.42
	0.025	5.92	4.56	3.90	3.56	3.33	3.17	3.10	2.96	2.88
	0.01	8.18	6.01	5.01	4.50	4.17	3.94	3.84	3.63	3.52
20	0.10	2.97	2.59	2.38	2.25	2.16	2.09	2.06	2.00	1.96
	0.05	4.35	3.49	3.10	2.87	2.71	2.60	2.54	2.45	2.39
	0.025	5.87	4.46	3.86	3.51	3.29	3.13	3.05	2.91	2.84
	0.01	8.10	5.85	4.94	4.43	4.10	3.87	3.77	3.56	3.46
24	0.10	2.93	2.54	2.33	2.19	2.10	2.04	2.04	1.94	1.91
	0.05	4.26	3.40	3.01	2.78	2.62	2.51	2.51	2.36	2.30
	0.025	5.72	4.32	3.72	3.38	3.15	2.99	3.01	2.78	2.70
	0.01	7.82	5.61	4.72	4.22	3.90	3.67	3.70	3.36	3.26
30	0.10	2.88	2.49	2.28	2.14	2.05	1.98	1.98	1.88	1.85
	0.05	4.17	3.32	2.92	2.69	2.53	2.42	2.42	2.27	2.21
	0.025	5.57	4.18	3.59	3.25	3.03	2.87	2.87	2.65	2.57
	0.01	7.56	5.39	4.51	4.02	3.70	3.47	3.50	3.17	3.07
60	0.10	2.79	2.39	2.18	2.04	1.95	1.87	1.82	1.77	1.74
	0.05	4.00	3.15	2.76	2.53	2.37	2.25	2.17	2.10	2.04
	0.025	5.29	3.93	3.34	3.01	2.79	2.63	2.51	2.41	2.33
	0.01	7.08	4.98	4.13	3.65	3.34	3.12	2.95	2.82	2.72
120	0.10	2.79	2.36	2.13	1.99	1.90	1.82	1.77	1.72	1.68
	0.05	4.00	3.07	2.68	2.45	2.29	2.18	2.09	2.02	1.96
	0.025	5.29	3.80	3.23	2.89	2.67	2.52	2.39	2.30	2.22
	0.01	7.08	4.98	4.13	3.65	3.34	3.12	2.95	2.82	2.72
∞	0.10	2.71	2.30	2.08	1.94	1.85	1.77	1.72	1.67	1.63
	0.05	3.84	3.00	2.60	2.37	2.21	2.10	2.01	1.94	1.88
	0.025	5.02	3.69	3.12	2.79	2.57	2.41	2.29	2.19	2.11
	0.01	6.63	4.61	3.78	3.32	3.02	2.80	2.64	2.51	2.41

〈표 6〉의 계속

ϕ_2	α	ϕ_1									
		10	11	12	15	20	24	30	60	120	∞
1	0.10	60.2	60.5	60.7	61.2	61.7	62.0	62.3	62.8	63.1	63.3
	0.05	242	243	244	246	248	249	250	252	253	254
	0.025	969	973	977	985	993	997	1,001	1,010	1,014	1,018
	0.01	6,056	6,082	6,106	6,157	6,209	6,235	2,261	6,313	6,339	6,366
2	0.10	9.39	9.40	9.41	9.42	9.44	9.45	9.46	9.47	9.48	9.49
	0.05	19.4	19.4	19.4	19.4	19.4	19.5	19.5	19.5	19.5	19.5
	0.025	39.4	39.4	39.4	39.5	39.5	39.5	39.5	39.5	39.5	39.5
	0.01	99.4	99.4	99.4	99.4	99.5	99.4	99.5	99.5	99.5	99.5
3	0.10	5.23	5.22	5.22	5.20	5.18	5.18	5.17	5.15	5.14	5.13
	0.05	8.79	8.76	8.74	8.70	8.66	8.64	8.62	8.57	8.55	8.53
	0.025	14.4	14.4	14.3	14.3	14.2	14.1	14.1	14.0	14.0	13.9
	0.01	27.2	27.1	27.1	26.9	26.7	26.6	2.65	26.3	26.2	26.1
4	0.10	3.92	3.91	3.90	3.87	3.84	3.83	3.82	3.79	3.78	3.76
	0.05	5.96	5.94	5.91	5.85	5.80	5.77	5.75	5.69	5.66	5.63
	0.025	8.84	8.80	8.75	8.66	8.56	8.51	8.46	8.36	8.31	3.26
	0.01	14.5	14.4	14.4	14.2	14.0	13.9	13.8	13.7	13.6	13.5
5	0.10	3.30	3.28	3.27	3.24	3.21	3.19	3.17	3.14	3.12	3.11
	0.05	4.74	4.71	4.68	4.62	4.56	4.53	4.50	4.43	4.40	4.37
	0.025	6.62	6.57	6.52	6.43	6.33	6.28	6.23	6.12	6.07	6.02
	0.01	10.1	9.96	9.89	9.72	9.55	9.47	9.38	9.20	9.11	9.02
6	0.10	2.94	2.92	2.90	2.87	2.84	2.82	2.80	2.76	2.74	2.72
	0.05	4.06	4.03	4.00	3.94	3.87	3.84	3.81	3.74	3.70	3.67
	0.025	5.46	5.41	5.27	5.27	5.17	5.12	5.07	4.96	4.90	4.85
	0.01	7.87	7.79	7.72	7.56	7.40	7.31	7.23	7.06	6.97	6.88
7	0.10	2.70	2.68	2.67	2.63	2.59	2.58	2.56	2.51	2.49	2.47
	0.05	3.64	3.60	3.57	3.51	3.44	3.41	3.38	3.30	3.27	3.23
	0.025	4.76	4.71	4.67	4.57	4.47	4.42	4.36	4.25	4.20	4.14
	0.01	6.62	6.54	6.47	6.31	6.16	6.07	5.99	5.82	5.74	5.65
8	0.10	2.54	2.52	2.50	2.46	2.40	2.40	2.38	2.34	2.32	2.29
	0.05	3.35	3.31	3.28	3.22	3.12	3.12	3.08	3.01	2.97	2.93
	0.025	4.30	4.25	4.20	4.10	3.95	3.95	3.89	3.78	3.73	3.67
	0.01	5.81	5.73	5.67	5.52	5.28	5.28	5.20	5.03	4.95	4.86
9	0.10	2.42	2.40	2.38	2.34	2.28	2.28	2.25	2.21	2.18	2.16
	0.05	3.14	3.10	3.07	3.01	2.90	2.90	2.86	2.79	2.75	2.71
	0.025	3.96	3.91	3.87	3.77	3.61	3.61	3.56	3.45	3.39	3.33
	0.01	5.26	5.18	5.11	4.96	4.73	4.73	4.65	4.48	4.40	4.31
10	0.10	2.32	2.30	2.28	2.24	2.20	2.18	2.16	2.11	2.08	2.06
	0.05	2.98	2.94	2.91	2.84	2.77	2.74	2.70	2.62	2.58	2.54
	0.025	3.72	3.67	3.62	3.52	3.42	3.37	3.31	3.20	3.14	3.08
	0.01	4.85	4.77	4.71	4.56	4.41	4.33	4.25	4.08	4.00	3.91
11	0.10	2.25	2.23	2.21	2.17	2.12	2.10	2.08	2.03	1.99	1.97
	0.05	2.85	2.82	2.79	2.72	2.65	2.61	2.57	2.49	2.43	2.40
	0.025	3.53	3.48	3.43	3.33	3.23	3.17	3.12	3.00	2.94	2.88
	0.01	4.54	4.46	4.40	4.25	4.10	4.02	3.94	3.78	3.66	3.60
12	0.10	2.19	2.17	2.15	2.10	2.06	2.04	2.01	1.96	1.93	1.90
	0.05	2.75	2.72	2.69	2.62	2.54	2.51	2.47	2.38	2.34	2.30
	0.025	3.37	3.32	3.28	3.18	3.07	3.02	2.96	2.85	2.79	2.72
	0.01	4.30	4.22	4.16	4.01	3.86	3.78	3.70	3.54	3.45	3.36
13	0.10	2.14	2.12	2.10	2.05	2.01	1.98	1.96	1.90	1.86	1.85
	0.05	2.67	2.63	2.60	2.53	2.46	2.42	2.38	2.30	2.23	2.21
	0.025	3.25	3.20	3.15	3.05	2.95	2.89	2.84	2.72	2.66	2.60
	0.01	4.10	4.02	3.96	3.82	3.65	3.59	3.51	3.34	3.22	3.17

〈표 6〉의 계속

ϕ_2	α	ϕ_1									
		10	11	12	15	20	24	30	60	120	∞
14	0.10	2.10	2.08	2.05	2.01	1.96	1.94	1.91	1.86	1.83	1.80
	0.05	2.60	2.57	2.53	2.46	2.39	2.35	2.31	2.22	2.18	2.13
	0.025	3.15	3.10	3.05	2.95	2.84	2.79	2.73	2.61	2.55	2.49
	0.01	3.94	3.86	3.38	3.66	3.51	3.43	3.35	3.18	3.09	3.00
15	0.10	2.06	2.04	2.02	1.97	1.92	1.90	1.87	1.82	1.79	1.76
	0.05	2.54	2.51	2.48	2.40	2.33	2.29	2.25	2.16	2.11	2.07
	0.025	3.06	3.01	2.96	2.86	2.76	2.70	2.64	2.52	2.46	2.40
	0.01	3.80	3.73	3.67	3.52	3.37	3.29	3.21	3.05	2.96	2.87
16	0.10	2.03	2.01	1.99	1.94	1.89	1.87	1.84	1.78	1.75	1.72
	0.05	2.49	2.46	2.42	2.35	2.28	2.24	2.19	2.11	2.06	2.01
	0.025	2.99	2.94	2.89	2.79	2.68	2.63	2.57	2.45	2.38	2.32
	0.01	3.69	3.62	3.55	3.41	3.26	3.18	3.10	2.93	2.84	2.75
17	0.10	2.00	1.98	1.96	1.91	1.89	1.87	1.84	1.78	1.75	1.72
	0.05	2.45	2.41	2.38	2.31	2.28	2.24	2.19	2.11	2.06	2.01
	0.025	2.92	2.87	2.82	2.72	2.68	2.63	2.57	2.45	2.38	2.32
	0.01	3.59	3.52	3.46	3.41	3.26	3.18	3.10	2.93	2.84	2.75
18	0.10	1.98	1.96	1.93	1.89	1.84	1.81	1.78	1.72	1.69	1.66
	0.05	2.41	2.37	2.34	2.27	2.19	2.15	2.11	2.02	1.97	1.92
	0.025	2.87	2.82	2.77	2.67	2.56	2.50	2.44	2.32	2.26	2.19
	0.01	3.51	3.43	3.37	3.23	3.08	3.00	2.92	2.75	2.66	2.57
19	0.10	1.96	1.94	1.91	1.86	1.81	1.79	1.76	1.70	1.67	1.63
	0.05	2.38	2.34	2.31	2.23	2.14	2.11	2.07	1.98	1.93	1.88
	0.025	2.82	2.77	2.72	2.62	2.51	2.45	2.39	2.27	2.20	2.13
	0.01	3.43	3.36	3.30	3.15	3.00	2.92	2.84	2.67	2.58	2.49
20	0.10	1.94	1.92	1.89	1.84	1.79	1.77	1.74	1.68	1.64	1.61
	0.05	2.35	2.31	2.28	2.20	2.12	2.08	2.04	1.95	1.90	1.84
	0.025	2.77	2.72	2.68	2.57	2.46	2.41	2.35	2.22	2.16	2.09
	0.01	3.37	3.29	3.23	3.09	2.94	2.86	2.78	2.61	2.52	2.42
24	0.10	1.88	1.85	1.83	1.78	1.73	1.70	1.67	1.61	1.57	1.53
	0.05	2.25	2.21	2.18	2.11	2.03	1.98	1.94	1.84	1.79	1.73
	0.025	2.64	2.59	2.54	2.44	2.33	2.27	2.21	2.08	2.01	1.94
	0.01	3.17	3.09	3.03	2.89	2.74	2.66	2.58	2.40	2.31	2.21
30	0.10	1.82	1.79	1.77	1.72	1.67	1.64	1.61	1.54	1.50	1.46
	0.05	2.16	2.13	2.09	2.01	1.93	1.89	1.84	1.74	1.68	1.62
	0.025	2.51	2.46	2.41	2.31	2.20	2.14	2.07	1.94	1.87	1.79
	0.01	2.98	2.91	2.84	2.70	2.55	2.47	2.39	2.21	2.11	2.01
60	0.10	1.71	1.68	1.66	1.60	1.54	1.51	1.48	1.40	1.35	1.29
	0.05	1.99	1.95	1.92	1.84	1.75	1.70	1.65	1.53	1.47	1.39
	0.025	2.27	2.22	2.17	2.06	1.94	1.88	1.82	1.67	1.58	1.48
	0.01	2.63	2.56	2.50	2.35	2.20	2.12	2.03	1.84	1.73	1.60
120	0.10	1.65	1.62	1.60	1.55	1.48	1.45	1.41	1.32	1.26	1.19
	0.05	1.91	1.87	1.83	1.75	1.66	1.61	1.55	1.43	1.35	1.25
	0.025	2.16	2.11	2.05	1.94	1.82	1.76	1.69	1.53	1.43	1.31
	0.01	2.47	2.40	2.34	2.19	2.03	1.95	1.86	1.66	1.53	1.38
∞	0.10	1.60	1.57	1.55	1.49	1.42	1.38	1.34	1.24	1.17	1.00
	0.05	1.83	1.79	1.75	1.67	1.57	1.52	1.46	1.32	1.22	1.00
	0.025	2.05	2.00	1.94	1.83	1.71	1.64	1.57	1.39	1.27	1.00
	0.01	2.32	2.25	2.18	2.04	1.88	1.79	1.70	1.47	1.32	1.00

참·고·문·헌

■ 국내서적

1. 현대실험계획법(민영사, 박성현, 2003)
2. 실험계획법(한경사, 송서일, 2005)
3. 실험 계획법 Ⅰ, Ⅱ(한국방송대학출판부, 임용빈 외 2 , 1996)
4. 최신실험계획법(형설출판사, 임명준, 2002)
5. 실험 계획과 응용(교우사, 장석환, 2002)
6. (Minitab을 활용한 현장 실무 중심의)실험계획법(도서출판 청호, 박상규 외 1, 2003)
7. (최신)실험계획법(한국공업표준협회번역, 田口玄一 외 1, 1992)
8. 실험계획법(지구문화사, 문영길, 1998)
9. 품질공학(민영사, 박성현, 1993)
10. 응용실험계획법(영지문화사, 박성현, 1990)
11. 공학응용통계(홍릉과학출판사, 전치혁 외 2 , 2004)
12. 품질공학 사례집 일본편.일반(한국공업표준협회번역, 1991)
13. 품질평가를 위한 SN비(한국공업표준협회번역, 1991)
14. 최신 통계적 품질관리(영지문화사, 배도선 , 1992)
15. 통계적 품질관리(교우사, 김평구 외 1 , 1997)
16. 통계학의 이해와 응용(한올출판사, 김희철 외 1인, 2005)
17. 통계적 품질관리(대영사, 박성현 , 1989)
18. 통계적 품질관리(율곡출판사, 박창순 , 1995)
19. 공업통계학(오성미디어, 김희철 , 2006)
20. 선형회귀분석입문(한올출판사. 김희철 , 2006)
21. 회귀분석(한국방송통신대학교 출판부, 박성현외 1인 , 1994,1)
22. 실험계획법 입문(한올출판사, 김희철, 2007)
23. Minitab 실무완성(이레테크, 2001)
24. 새 Minitab 실무완성(이레테크, 2005)

■ 서양서적 및 논문

1. D.C. Montgomery, Design and Analysis of Experiments (4th ed.)(John Wiley and Sons, 1997)
2. D.C. Montgomery, Introduction to Statistical Quality Control, 3rd ed., Wiley, New York, 1996
3. J. Neter, W. Wasserman and M. H. Kunter, Applied Linear Statistical Models, (2nd., Richard D. Irwin, Homewood, 1985).
4. Genichi Taguchi, Introduction to quality engineering(Tokyo : APO, 1987)
5. Kempthorne, Oscar. Design and analysis of experiments(John Wiley and Sons, 1975)
6. S, M. Ross, Introduction to Probability and Statistics for Engineers and Scientists(A Harcourt Science and Technology Company,2000)
7. Hogg, R. V and Crag, A. T, Introduction to Mathematical Statistics(macmillan publishing co, inc. 3 red, New York, 1970)
8. INCHOSMER,D.W.and LEMESHOW,S., APPLIED SURVIVAL ANALYSIS(JOHN WILEY & SONS, 1999)
9. Casell, G and Bergrer, R. L, Statistical Inference(Duxbury press 1990)
10. Lawless, J. F., Statistical Models and Methods for Lifetime Data(JOHN WILEY & SONS, 1982)
11. JAY L. DEVORE, PROBABILITY AND STATISTICS 5(Duxbury press, 2000)

찾 · 아 · 보 · 기

한글 미니탭과 함께 하는 **실험계획법**

2009년 7월 10일 초판1쇄 인쇄
2009년 7월 15일 초판1쇄 발행
저 자 김 희 철
펴낸이 임 순 재
펴낸곳 **한올출판사**
등록 제11-403호
121-849
주 소 서울시 마포구 성산동 133-3 한올빌딩 3층
전 화 (02)376-4298(대표)
팩 스 (02)302-8073
홈페이지 www.hanol.co.kr
e-메일 hanol@hanol.co.kr
정 가 **27,000원**

• ISBN 978-89-8325-702-4